Marie-Luise Kreuter

# Pflanzenschutz im Bio-Garten

Zweite Auflage

*Ich habe dieses Buch geschrieben
zum hilfreichen Nutzen für die Menschen,
zum liebevollen Verständnis der Tiere
und zum Wohlergehen der Pflanzen.*

*Bildnachweis:*

Angermayer: 90 u, 93 o, 93 ul, 95 or, 95 u, 96 u, 97 o, 97 ul, 99 ur, 100 o, 101 o, 101 u, 102 o, 103 o, 103 ul, 104 o, 105 M, 126, 127, 146 u, 147 lo, 147 lu
Angermayer/Pfletschinger: 110 u, 128, 136 M, 141 o, 141 ur, 152 o, 146 o, 150 r, 151 oM, 151 or, 153 l, 153 r, 159 M, 159 u, 161 lo, 161 lu, 161 ro, 164 o, 165 o, 166 l, 172 u, 175 r, 215 lM, 216 r
Angermayer/Reinhard: 108 u
BASF: 37 o, 37 ul, 37 ur, 38 r, 98 uM, 135 u, 136 r, 144 o, 176 o, 184 u, 188, 194, 205 u
Bäßler: 37 M, 38 M, 91 u, 151 u, 163, 175 l, 182, 191 u, 193 u, 196 u, 203 o
Bäuerle: 113
BBA: 115 o, 117 o
BBA/Stein: 117 u
BBA/BASF: 115 u
Berling: 94 l, 99 M, 176 u, 181 u, 200 r, 202 l
Bosch: 93 ur
Bühl: 120, 153 or, 137 u, 162 ul, 167 u, 205 o
Dittmer: 15, 34 u, 35, 36, 39, 40, 46, 47, 48, 49 o, 49 u, 50 l, 50 M, 50 r, 54 o, 61 o, 61 u, 62 l, 63 o, 67, 68, 70, 80, 81, 83, 86, 87 o, 88 o, 88 u, 101 M, 140 ul, 148 r, 151 ol, 184 o, 218 o, 218 u, 220 l, 222, 223, 238
Eisenreich: 5, 6, 7, 21, 96 o, 98 o, 108 o, 215 ol, 216 l, 219
Fader: 114
Hagemann: 22, 89, 90 o, 95 ol, 98 ul, 100 u, 105 u, 130 u, 131 o, 136 l, 152 o, 171 o
Henseler: 38 l, 91 o, 129 ol, 129 u, 130 M, 134 u, 135 ol, 138 l, 140 ol, 140 o, 141 or, 150 ol, 156 l, 160 r, 161 ur, 162 o, 164 u, 169 ol, 169 ur, 170 o, 171 u, 172 o, 177, 185 Ml, 185 ul, 193 or, 195 u, 201 l, 204
Kopp: 84 r, 118, 220 r

Limbrunner: 105 o, 106 l, 106 r, 109, 110 o, 111, 214, 215 ul, 217
Löhr: 221
De Meester: 17, 107 u, 112 u, 215 r
Niehoff: 50 o, 56 u
Nill: 210, 211
Nuridsani: 53
Pforr: 112 o, 140 r
PPZ/Höller: 96 ol
PPZ/Zunke: 92 o, 92 u, 102 o, 103 ur, 129 or, 131 ur, 133 l, 133 r, 137 o, 138 r, 139 o, 142 u, 143 or, 143 ur, 145 ul, 148 l, 150 ul, 150 M, 154 l, 156 r, 157 u, 158, 159 o, 162 ur, 165 u, 166 r, 168, 169 lu, 171 M, 173, 181 o, 181 M, 185 r, 198 ul, 199 l, 212, 213 o
Pretscher: 42, 85 u
Prillwitz: 207
Redeleit: 57, 65, 224
Reinhard: 14, 18, 32, 33, 45, 51, 52, 54 u, 58, 59 o, 60, 62 r, 64, 71, 78, 82, 85 o, 106 M, 107 o, 116, 209
Reithmeier: 132 u, 134 o, 139 u, 145 o, 145 u, 149 l, 154 r, 155, 167 o, 173 o, 178 l, 178 r, 179 l, 180 l, 180 r, 183 o, 185 ol, 186, 187 r, 189 o, 189 u, 190 u, 191 u, 192 o, 195 o, 196 o, 197 o, 197 u, 198 ol, 199 or, 199 ur, 200 l, 202 r, 203 u, 206, 208
Ruckszio: 55 u, 56, 220 M
Schlüter: 94 r, 97 M, 98 o, 99 ul, 131 uM, 132 o, 143 ol, 144 u, 147 ur, 149 r, 152 o, 157 o, 167 M, 169 or, 179 r, 187 l, 190 o, 193 ol, 201 or
Stangl: 2, 3, 44, 198 r, 201 ur
Stehling: 43
Steiner: 99 o, 129 M, 130 o, 131 ul, 143 ul, 213 u
Sulzberger: 8, 9, 11, 34 o, 55 o, 63 u, 87 u, 119, 160 l, 174, 183 u, 192 u
Zeininger: 104 u

Titelfoto: Jürgen Daudt

Grafik: Barbara v. Damnitz

CIP-Titelaufnahme der Deutschen Bibliothek

**Kreuter, Marie-Luise:**
Pflanzenschutz im Bio-Garten / Marie-Luise-Kreuter. – 2. Aufl. – München; Wien; Zürich: BLV, 1991
ISBN 3-405-13506-0

BLV Verlagsgesellschaft mbH
München Wien Zürich
8000 München 40

© 1990 BLV Verlagsgesellschaft mbH, München, 1991

Das Werk einschließlich aller seiner Teile ist urheberrechtlich geschützt. Jede Verwertung außerhalb der engen Grenzen des Urheberrechtsgesetzes ist ohne Zustimmung des Verlags unzulässig und strafbar. Das gilt insbesondere für Vervielfältigungen, Übersetzungen, Mikroverfilmungen und die Einspeicherung und Verarbeitung in elektronischen Systemen.

Gestaltung: Ernst Großkopf
Lektorat: Katja Holler
Einbandentwurf: Julius Negele
Satz: Filmsatz Schröter GmbH, München
Druck: Appl, Wemding
Bindung: Ludwig Auer, Donauwörth

Printed in Germany
ISBN 3-405-13506-0

# Inhaltsübersicht

**9 Einleitende Gedanken**
10 Pflanzenschutz – Umweltschutz

**13 Was Pflanzen krank machen kann**
13 Umwelt- und Lebensbedingungen
Das Klima 13 – Das Kleinklima des Gartens 15 – Wasser 15 – Der Boden 15 – Nahrungsmangel oder Nahrungsüberfluß 16 – Schadstoffe in Luft, Wasser und Boden 16 – Umweltschäden 17

18 Die aktiven »Schädlinge«
Insekten 19

23 Wegweiser für Gärtner durch das Reich der Insekten und anderer Tiere 23
Spinnentiere 27 – Nematoden 27 – Schnecken 28 – Säugetiere 29 – Pilze 29 – Bakterien 30 – Viren 30

**33 Was Pflanzen gesund erhält**
33 Gesundes Wachstum in gesundem Boden
Die Bodenarten 33 – Die Bodenanalyse 34 – Bodenverbesserung 35

36 Die Ernährung der Pflanzen
Die Nährstoffe 36 – Organische Düngemittel 39 – Bodenverbesserungsmittel 40

41 Mischkulturen

42 Ökologisches Gleichgewicht
Standort und Klima 42 – Lebensraum für Tiere und Wildpflanzen 44

**47 Naturgemäßer Pflanzenschutz**
47 Mittel und Helfer

48 Selbstgemachte Spritzbrühen aus Pflanzen
Grundrezepte 48

49 Die wichtigsten Pflanzen und ihre Verwendung
Ackerschachtelhalm 50 – Baldrian 51 – Beinwell und Comfrey 51 – Brennessel 52 – Farnkraut 54 – Holunder 55 – Kamille 56 – Kapuzinerkresse 56 – Knoblauch 57 – Kohl 58 – Kräuter-Mischungen 58 – Löwenzahn 59 – Meerrettich 59 – Möhrenkraut 60 – Rainfarn 60 – Rhabarber 61 – Ringelblumen 62 – Schafgarbe 62 – Tomatenblätter 63 – Wermut 63 – Zwiebeln 64

65 Spritzmittel aus mineralischen und anderen natürlichen Grundstoffen
Alaun 66 – Kalium-Permanganat 66 – Kali-Kalk-Wasserglas 66 – Lehmbrühe 67 – Magermilch/Molke 67 – Quassia-Bitterholz 67 – Schmierseife 68 – Schwefelleber 69 – Spiritus 70 – Stamm-Anstrich 70 – Wasserglas 70 – Wo bekommt man die Zutaten 71 – Tabelle: Selbstgemachte Spritzbrühen 72

77 Einige Spritzmittel, die Sie kennen, aber möglichst nicht benutzen sollten
Kupfer 77 – Paraffinöle 77 – Tabak (Nikotin) 78 – Schwefel, Netzschwefel 78

79 Biologisch-dynamische Spezialbrühen
Hornmist-Präparat 80 – Hornkiesel-Präparat 80

80 Streu- und Stäubemittel

82 Mechanische und biotechnische Abwehrmaßnahmen
Handarbeit 82 – Mechanische Maßnahmen 83 – Biotechnische Maßnahmen 84

**85 Pflanzen für den Pflanzenschutz**
Schädlingsabwehrende Mischkulturen 86 – Einzelpflanzen mit schädlingsabwehrenden Wirkungen 87 – Schädlingsabwehrender und gesundheitsstärkender Pflanzenmulch 88

**89 Tiere als Helfer im Pflanzenschutz**

**90 Die wichtigsten Nützlinge**
*Hautflügler 90* – Schlupfwespen 90 – Erzwespen oder Zehrwespen 91 – Gallwespen 92
*Echte Netzflügler 92* – Florfliegen 92 – Blattlauslöwen 93
*Zweiflügler 94* – Fliegen und Mücken 94 – Gallmücken 94 – Schwebfliegen 94 – Blattlausfliegen 96 – Raupenfliegen 96
*Käfer 97* – Laufkäfer 97 – Marienkäfer 98 – Kurzflügler, Raubkäfer 99 – Weichkäfer 100 – Glühwürmchen 100 – Ohrwürmer 101 – Wanzen 101
*Spinnentiere 102* – Spinnen 103 – Milben 103
*Wirbeltiere 104* – Lurche 104 – Bergmolch 104 – Teichmolch 104 – Erdkröte 105 – Grasfrosch 105 – Kriechtiere 106 – Mauereidechse 106 – Zauneidechse 106 – Blindschleiche 106 – Vögel 107

*Säugetiere 109* – Fledermäuse 109 – Igel 110 – Maulwurf 111 – Spitzmaus 111 – Mauswiesel 112

**113 Forschung für die Zukunft – Mittel, wenn es heute brennt**
Die Entwicklung zum biologischen Pflanzenschutz 114 – Versuche – Tendenzen – Ausblicke 115 – Tendenz: nützlingsschonend 117 – Natürliche Spezialisten: Bakterien und Viren 118 – Räuber, die man kaufen kann 119

**120 Käufliche Mittel für den naturgemäßen Garten**

**127 Gärtner-Lexikon der Schädlinge und Krankheiten**

**127 Tiere, die Schäden an den Pflanzen verursachen können**
Ameisen 128 – Apfelblattlaus, Grüne 128 – Apfelblattlaus, Mehlige 129 – Apfelblütenstecher 129 – Apfelwickler 129 – Asseln 130 – Blattläuse 131 – Blattsauger 132 – Blutlaus 133 – Bohnenfliege 133 – Bohnenblattlaus, Schwarze 134 – Brombeermilbe 134 – Dickmaulrüßler, Gefurchter 135 – Drahtwürmer, Lar-

ven der Schnellkäfer 136 – Engerlinge, Maikäferlarven 136 – Erbsenblattlaus, Grüne 137 – Erbsenblattrandkäfer, Gestreifter Blattrandkäfer 137 – Erbsenwickler 137 – Erdbeer-Älchen 138 – Erdbeer-Blütenstecher 138 – Erdbeer-Stengelstecher 138 – Erdbeer-Wurzelrüßler 138 – Erdbeer-Milben 139 – Erdflöhe 139 – Erdraupen/Eulenfalter 140 – Feldmaus 140 – Frostspanner, Kleiner 141 – Frostspanner, Großer 142 – Gallmilben 142 – Gallmücken 142 – Gallwespen 143 – Gespinstmotten 143 – Himbeerkäfer 144 – Haselnußbohrer 144 – Johannisbeer-Blasenlaus 145 – Johannisbeer-Gallmilbe 145 – Johannisbeer-Glasflügler 146 – Kartoffelkäfer 146 – Kirschenblattlaus, Schwarze 147 – Kirschfruchtfliege 147 – Kohlblattlaus, Mehlige 148 – Kohldrehherzmücke 148 – Kohlfliege, Kleine 149 – Kohlgallenrüßler 149 – Kohlmotte/Kohlschabe 150 – Kohlweißling, Großer 150 – Kohlweißling, Kleiner 151 – Lauchmotte 152 – Lilienhähnchen 152 – Maulwurfsgrille 153 – Milben 153 – Möhrenfliege 154 – Möhrenminierfliege 154 – Narzissenfliege, Große 154 – Nematoden, 155 – Blattälchen 155 – Stengel- oder Stockälchen 156 – Wandernde Wur-

zelälchen 156 – Zystenbildende Wurzelnematoden 156 – Wurzelgallenälchen 156 – Obstbaumminiermotte 157 – Pfirsichblattlaus, Grüne 157 – Pflaumensägewespe, Gelbe 158 – Pflaumenwickler/Pflaumenmade 158 – Ringelspinner 159 – Rosenblattlaus, Große 160 – Rosenblattrollwespe 160 – Rosenblattwespe, Schwarze 160 – Rosen-Blütenstecher 161 – Rosengallwespe 161 – Rosenkäfer 161 – Rosentriebbohrer 161 – Rosenwickler 162 – Rosenzikade 162 – Sägewespen 163 – Salatwurzellaus 163 – Schildläuse 164 – San-José-Schildlaus 164 – Napfschildlaus, Gemeine 165 – Kommaschildlaus, Gemeine 165 – Schildläuse an Zierpflanzen 165 – Schnaken 166 – Sellerie-Blattminierfliege 167 – Sitkafichtenlaus 167 – Spargelfliege 168 – Spinnmilben 168 – Gemeine Spinnmilbe 168 – Obstbaumspinnmilbe 169 – Stachelbeer-Blattwespe 170 – Tausendfüßler 170 – Thripse 171 – Trauermücken 172 – Wanzen 172 – Blattwanzen 173 – Baum- und Schildwanzen 173 – Weiße Fliege, Mottenschildlaus 173 – Weiße Fliege der Gewächshäuser 174 – Kohlmottenschildlaus 174 – Wickler 174 – Wolläuse, Tannenläuse 174 – Wurzelläuse 175 – Zikaden 175 – Zwiebelfliege 176

**177 Pflanzenkrankheiten, die durch Pilze, Bakterien oder Viren verursacht werden**

Bakterienbrand 178 – Blattfallkrankheit 178 – Blattfleckenkrankheiten 179 – Brennfleckenkrankheiten 179 – Eckige Blattfleckenkrankheit 180 – Fettfleckenkrankheit 180 – Feuerbrand 181 – Fusarium-Welke 182 – Grauschimmel 184 – Himbeerrutenkrankheit 186 – Iris-Rhizomfäule 186 – Johannisbeer-Rost/Säulchenrost 187 – Kartoffelschorf, Gewöhnlicher 187 – Kohlhernie 188 – Kragenfäule 189 – Kräuselkrankheit 189 – Kraut- und Knollenfäule der Kartoffeln, Kraut- und Braunfäule der Tomaten 190 – Lauch (Porree)-Purpurfleckenkrankheit 191 – Lauch (Porree)-Papierfleckenkrankheit 191 – Lederfäule 191 – Mehltau, Echter 192 – Mehltau, Falscher 194 – Monilia-Fruchtfäule und Monilia-Spitzendürre 195 – Mosaik-Krankheiten 195 – Narren- oder Taschenkrankheit der Zwetsche 197 – Obstbaumkrebs 198 – Rittersporn-Schwarzfleckenkrankheit 198 – Rostkrankheiten 198 – Rußtau 199 – Salatfäule 200 – Scharkakrankheit 200 – Schorfkrankheiten 201 – Schrotschußkrankheit 202 – Schwarzbeinigkeit, Keimlingskrankheit 202 – Sellerie-Blattfleckenkrankheit 203 – Sellerie-Schorf 203 – Sprühfleckenkrankheit 203 – Sternrußtau 204 – Tomaten-Faden- oder Farnblättrigkeit 204 – Tomaten-Welke 205 – Tomaten-Stengelfäule 205 – Umfallkrankheit 206 – Valsa-Krankheit, Kirschensterben 206 – Verticillium-Welke 207 – Virosen 207 – Welkekrankheiten 207 – Weichfäule 207 – Weiß- und Rotfleckenkrankheit 208 – Zwiebel-Gelbstreifigkeit 208

**211 Naturgemäßer Pflanzenschutz in der Gartenpraxis**

**211 Jeder Garten hat seine besonderen Probleme**

**212 Die großen Plagen**
Läuse 212 – Schnecken 214 – Wühlmäuse 221

**224 Im Garten entdeckt – im Buch gefunden**

**238 Gedanken zum Ausklang**

**239 Bezugsquellen**

**242 Literaturhinweise**

**243 Stichwortregister**

# Einleitende Gedanken

Jeder Gärtner möchte die Pflanzen in seinem Garten behüten und beschützen. Dieser Wunsch ist sowohl von Liebe als auch von Eigennutz geprägt. Beides ist menschlich und natürlich.

Die Blumen, die Tomaten und die Stachelbeersträucher, die der gärtnernde Mensch hinter seinem Zaun pflanzt, sollen sich gesund und schön entfalten. Er möchte sich freuen am Anblick üppiger Rosenblüte, und er möchte voller Stolz von seinen Beeten rundlich-knackige Kohlrabi und wohlgestaltete Salatköpfe ernten. Wer diese Träume stört, der ist nicht willkommen im grünen Reich des Gärtners. Wo Grauschimmel die Erdbeeren verunstaltet, Kohlweißlingsraupen die Kohlblätter zerfressen und Schwarze Läuse die Margeriten überfallen, da sinnt jeder Gartenmensch auf Abhilfe. Dies ist normal. Er möchte seine Pflanzen vor Krankheiten, Not und häßlichen Folgen bewahren; er möchte aber auch seine eigenen Freuden retten. Erst an der Frage der Mittel scheiden sich die guten oder ungutem Geister, die friedfertigen oder die aggressiven Gärtner.

Dieses Buch möchte Ihnen helfen, gelassen zu bleiben, wenn Unheil droht. Es möchte Ihnen für alle kleinen und großen Notsituationen im Garten wirkungsvolle Mittel und Maßnahmen zeigen, die auf natürliche Weise Ihre Pflanzen schützen, ohne der Umwelt zu schaden.

Wenn Sie sich mit dieser Art des Pflanzen-Schutzes vertraut machen, werden Sie bald verstehen, daß es im naturgemäßen Garten nicht um kriegerische Schädlings-»Bekämpfung«, sondern um eine sanftere Schädlings-Abwehr geht. Nicht die »Ausrottung« von Läusen oder Schnecken ist das Ziel des Gärtners, sondern die Begrenzung des Schadens und seiner Verursacher auf ein erträgliches und vernünftiges Maß. Dabei sind zahlreiche Nützlinge Ihre wichtigsten Verbündeten.

Damit Sie wirklich erfolgreich im biologischen Pflanzenschutz werden, versucht dieses Buch Ihnen möglichst viele Antworten auf möglichst viele Fragen zu geben. Sie können sich genau über die Ursachen von Krankheiten oder Schädlingen informieren. Sie lernen die ökologischen Zusammenhänge kennen und können sinnvoller und gezielter reagieren.

Vor allem aber sollen Sie in jeder besonderen Situation ganz schnell nachschlagen können: Welches Insekt ist das? Welche Pilzkrankheit ist hier ausgebrochen? Und welche naturgemäßen Mittel oder Vorbeugungsmaßnahmen stehen in diesem oder jenem speziellen Fall zur Verfügung.

In einem Punkt dürfen Sie ganz sicher sein: Es gibt heute eine solche Fülle naturgemäßer Pflanzenschutzmittel, daß Sie immer und bei jedem Problem eine wirkungsvolle Hilfe finden!

Dieses Buch breitet die große Palette der selbst zubereiteten und der käuflichen Mittel vor Ihnen aus. Es zeigt Ihnen alterprobte Spritzbrühen oder Vorbeugemaßnahmen neben den neuesten Entwicklungen der Wissenschaft. Denn auf dem Gebiet des biologischen Pflanzenschutzes wird ständig weiter geforscht. Neue Entdeckungen und neue Produkte machen die sanfte Methode der Schädlingsabwehr immer erfolgreicher und viel umweltschonender als zu Großvaters Zeiten.

Dem naturgemäßen Garten und dem naturgemäßen Pflanzenschutz gehört die Zukunft. Auf dem Wege dorthin möchte dieses Buch Sie als zuverlässiger Ratgeber und Helfer begleiten.

# 10 Einleitende Gedanken

## Pflanzenschutz – Umweltschutz

Mehr als jemals zuvor in der Geschichte der Erde und der Menschen sind der Schutz der Gartenpflanzen und der Schutz der Umwelt miteinander verbunden. Jahrtausendelang betrachteten die seßhaft gewordenen Bauern und Gärtner die Natur als wilde Urkraft. Die Gewächse, die von Menschenhand auf Feldern oder in kleinen Gärten am Haus gezogen wurden, mußten gegen die wuchernde Wildnis draußen geschützt und verteidigt werden.

Heute ist in unseren mitteleuropäischen Landschaften die urwüchsige Kraft der Natur gebrochen. Sie wurde nicht nur gezähmt, sondern auf vielfältige Weise ausgebeutet und zerstört. Erde, Pflanzen und Tiere – die lebendige Welt um uns herum – sind aufs höchste gefährdet. Da die Gewächse des Gartens aber nicht auf einer isolierten Insel wachsen, ist ihr Gedeih und Verderb eng mit dem der Umwelt verbunden. Es ist deshalb sehr kurzsichtig, wenn ein Gärtner »mit allen Mitteln« die Gesundheit seiner Pflanzen verteidigt, dabei aber mit giftigen Produkten das Bodenleben schädigt, die Nutzinsekten tötet und mit gefährlichen Rückständen das Grundwasser verseucht. Ein solcher Gärtner sägt sich selber den Ast ab, auf den er geklettert ist, um »gesunde« Äpfel zu ernten. Er trägt mit dazu bei, die Umwelt noch mehr zu gefährden und aus dem Gleichgewicht zu bringen, als dies bereits geschehen ist.

Es wäre aber ebenso eine Illusion zu glauben, daß alle Mittel, die »früher« benutzt wurden, auf jeden Fall besser seien. Sicher: Es gibt zahlreiche gute Hausmittel, die sich in Großvaters Garten ebenso bewährt haben wie im Biogarten unserer Zeit. Es gab aber auch damals schon Produkte, die außerordentlich giftig waren. Sie bedeuteten für die Gesundheit von Menschen, Pflanzen und Tieren eine große Gefahr. In den vergangenen Jahrhunderten benutzten Bauern und Gärtner zum Beispiel Arsen oder Nikotin. Sie waren sich über mögliche Schäden und giftige Inhaltsstoffe nicht im klaren.

Heute kennt man die Gefährlichkeit solcher Substanzen; deshalb wird die von Generationen benutzte Brühe aus Tabak nicht mehr empfohlen, obgleich es sich um ein natürliches Mittel auf pflanzlicher Basis handelt. Das darin enthaltene Nikotin tötet nicht nur die Läuse auf den Bohnen und die Raupen am Kohl, es bringt auch alle Nützlinge in der näheren Umgebung um! Auch für den Menschen bedeuten die hochgiftigen Alkaloide, die die Hauptinhaltsstoffe der Tabakblätter bilden, ein beträchtliches Gesundheitsrisiko.

Wachsamkeit und sorgfältige Prüfung des Bio-Angebotes sind deshalb unerläßlich. Ein moderner, weitsichtiger Biogärtner muß heute traditionsbewußt und fortschrittlich zugleich sein. Er muß bei allem, was er zum Wohl seiner kleinen Gartenwelt tut, auch das größere Wohl der Umwelt im Auge behalten. Denn beide sind untrennbar miteinander verbunden. Naturgemäßer Pflanzenschutz bedeutet immer auch Umweltschutz. Und umgekehrt bietet die Schonung der Umwelt auch den Pflanzen des Gartens Schutz und Gesundheit.

### Pflanzen schützen ohne Schaden

Es ist heute ohne Risiko möglich, auf den Einsatz gefährlicher Gifte zu verzichten und den Hausgarten dennoch gesund zu erhalten. Dabei muß der Gärtner, der sich entschlossen hat, im Sinne der Natur zu arbeiten, weder auf Schönheit noch auf reiche Ernten verzichten. Seine Rosen werden sich formvollendet entfalten, und seine Äpfel sehen nicht schrumpelig, sondern glatt und rotbackig aus. Es stimmt einfach nicht, daß man den »besseren Bio-Geschmack« mit wurmstichigem Obst und zerfressenen Kohlblättern bezahlen muß. Ein guter Biogärtner kennt genug Mittel, um solche Schäden abzuwenden. Seine größte Stärke besteht aber darin, Krankheiten und Schädlingsbefall möglichst zu verhindern. Vorbeugen, Abwehrkräfte stärken, Gesundheit fördern – sind für ihn die wichtigsten Grundlagen des Pflanzen-Schutzes. Erst dann folgen die zahlreichen naturgemäßen Mittel und Maßnahmen, die im Notfall helfen.

Ein Gärtner, der mit der Natur zusammenarbeitet, denkt immer in größeren Zusammenhängen. Er will nicht nur die Schnecken von seinem Salatbeet vertreiben, er überlegt auch gleichzeitig: Warum sind sie so zahlreich geworden? Wer ist letzten Endes der Verursacher dieser weitverbreiteten Plage? Sind die Schnecken schuld? Oder trägt der Mensch die Verantwortung für eine übermäßige Vermehrung der Kriechtiere, weil er ihre natürlichen Feinde aus dem Gartenparadies vertrieben hat? Wie war das denn in Großmutters Garten? Schnecken, Läuse, Erdflöhe und Raupen hat es seit undenklichen Zeiten gegeben. Aber es gelang den Gärtnern jahrhundertelang mit verhältnismäßig einfachen Mitteln, die gefräßigen Mitbewohner des Gartens in Grenzen zu halten und dennoch den größten Teil des Gemüses und Obstes zu ernten. Aufpassen, absammeln, abschütteln, mit Wasser herunterspritzen – das waren beliebte und erfolgreiche Methoden. Sie erforderten ein wenig Zeit und Geduld, aber sie fügten außer den direkt betroffenen Insekten niemandem Schaden zu.

Gespritzt wurde – oft auch aus finanziellen Gründen – viel weniger als in unserem Jahrhundert. Es gab damals auch nur wenige käufliche Produkte. So blieb das natürliche Gleichgewicht zwischen »Nützlingen« und »Schädlingen« weitgehend erhalten. Auch die Unterschlupfmöglichkeiten und Lebensräume für zahlreiche spezialisierte »Fresser« waren damals noch weit verbreitet: Scheunen, Bretterhütten, Gebüsch, Hecken, Steinhaufen, feuchte Wiesen und artenreiche Feldränder. So gab es überall eine große Insektenvielfalt, außerdem Frösche, Kröten, Blindschleichen, Wiesel, Greifvögel, Eulen und viele andere, die ständig einen Teil der Gartenschädlinge wegholten. Trotzdem gab es auch in der »guten alten Zeit« Jahre, in denen Läuse, Wühl-

Die bunte Vielfalt schafft die Voraussetzungen für gesunde Lebensgemeinschaften.

mäuse oder Raupen plötzlich in erschreckenden Mengen auftauchten. Diese Plagen waren aber zeitlich begrenzt. Sie hingen mit natürlichen Populationsschwankungen zusammen, die ihrerseits durch Witterungsextreme oder andere natürliche Ursachen bedingt waren. Ein Gleichgewicht pendelte sich von selbst wieder ein.

Dies ist die wichtigste Lehre, die ein moderner Biogärtner aus Großvaters Garten übernehmen kann: Nur das beständige Miteinander aller Lebewesen bewahrt uns vor den Plagen einseitiger Schädlingsvermehrung! Nur weil das Ökosystem intakt blieb, konnte Großvater mit »Handarbeit« und einigen wenigen Spritzbrühen in seinem Garten auskommen.

Deshalb ist der Aufbau eines kleinen Lebensraums für Nützlinge eine der wichtigsten Voraussetzungen für das Funktionieren des naturgemäßen Pflanzenschutzes im Garten. Gewöhnen Sie sich rechtzeitig an den Gedanken, daß nicht »zuschlagen« sondern »zuschauen« auf die Dauer hilfreicher ist. Das bedeutet nicht, daß Sie zusehen müssen, wie die Pflanzen vor Ihren Augen aufgefressen werden. Es bedeutet zum Beispiel: Sehen Sie genau hin; wenn in der Nähe der Läuse Marienkäfer oder ihre Larven auftauchen, brauchen Sie nicht zu spritzen. Beobachten und warten genügt. Die »Gartenpolizei« räumt von alleine auf.

Natürlich gibt es trotz aller vorbeugenden Maßnahmen immer wieder Situationen, in denen auch ein Biogärtner einmal direkt eingreifen muß. Dafür werden Sie in diesem Buch zahlreiche praktische Ratschläge finden. Behalten Sie aber bei allem, was Sie zum Wohl Ihres Gartens unternehmen, immer auch das Wohl der Lebensgemeinschaft im Auge, die auf diesem begrenzten Raum zu Hause ist. Schützen Sie Ihre Nutz- und Zierpflanzen so, daß Regenwürmer, Schwebfliegen und Schmetterlingsraupen keinen Schaden nehmen.

Bedenken Sie zum Beispiel, daß auch natürliche Gifte Löcher in das ökologische Netz reißen können. Der Schaden ist dann manchmal größer als der Nutzen. Wenn Sie mit einer Pyrethrum-Spritzung erfolgreich die Läuse von Ihren Rosen entfernen, gleichzeitig aber auch Marienkäfer, Schwebfliegenlarven und Florfliegenlarven töten, ist der »Erfolg« nicht sehr sinnvoll. Nur in seltenen, begrenzten Fällen rechtfertigt er solche Mittel.

Bleiben sie also stets wachsam, kritisch und vor allem naturfreundlich; dann werden Sie Ihre Pflanzen gut beschützen, ohne dem vielfältigen Leben ringsum zu schaden.

### Gärtnern ohne Gift?
### Das kann jeder!

Die Zahl derjenigen Gärtner, die ihrer Familie und der Umwelt zuliebe ganz auf Gifte verzichten möchten, wächst ständig. Vom entscheidenden Schritt in die Bio-Praxis hält sie oft nur die bange Frage ab: Wie geht das denn? Funktioniert das auch – gärtnern ohne Gift? Und was mache ich, wenn Schnecken, Läuse, Mäuse und Kohlweißlinge in Scharen in meinen neueröffneten Biogarten eindringen?

Seien Sie unbesorgt, Sie werden mit Ihren Problemen nicht im Stich gelassen. Eine Übergangszeit müssen Sie natürlich einkalkulieren. Aber schon bald werden Sie erleben und erfahren, daß Ihre Pflanzen gesund gedeihen, daß ungebetene Mitesser sich in erträglichen Grenzen halten. Hoffen Sie aber nicht auf ein blankgefegtes »Paradies«. Was für ein Paradies wäre das, in dem die Vögel keine Raupen mehr finden, um ihre Jungen zu füttern, in dem Marienkäfer aussterben, weil nirgends eine Laus aufzutreiben ist?

Ein guter Gärtner sorgt dafür, daß auch seine zahlreichen Gehilfen satt werden. Wenn er dann den größten Teil der Ernte – gut gewachsen und wohlschmeckend – in seinen eigenen Keller bringen kann, ist das Ziel des biologischen Anbaus erreicht.

In diesem Buch werden Sie deshalb nicht nur die »Feinde« Ihrer Pflanzen kennenlernen, sondern auch Ihre Freunde, die Nützlinge. Es geht beim Pflanzen-Schutz nicht um »Kampf« und negative Erfahrungen, sondern vor allem auch um ein friedfertiges Miteinander und positive Aufbauarbeit. Selbstverständlich gehört dazu auch eine Fülle praktischer Ratschläge für alle erdenklichen Notfälle.

Gärtnern ohne Gift ist keine Hexenkunst. Jeder kann lernen, mit den Hilfsmitteln der Natur erfolgreich zu arbeiten. Jeder kann in seinem privaten Reich auf den Einsatz gefährlicher Gifte verzichten, ohne negative Folgen zu befürchten. Im Gegenteil – Sie können nur gewinnen: Ein kleines Stückchen gesündere Umwelt – wenigstens hinter dem eigenen Haus.

# Was Pflanzen krank machen kann

Zahlreiche Schäden an den Pflanzen werden durch Insekten verursacht; hier sind es die Larven einer Ritterwanze *(Spilostethus)*.

Wenn Pflanzen kränkeln oder von Schädlingsplagen heimgesucht werden, so ist das meist kein Zufall. Die Gartentür muß bereits einen Spalt breit geöffnet sein, ehe ein ungebetener Gast eindringen kann. So locken Blumen, Gemüse oder Obstbäume schädliche Insekten und Pilze gewissermaßen durch Schwachstellen an. Anzeichen für Gesundheitsstörungen sind zum Beispiel weiches, aufgeschwemmtes Blattwerk, verkrüppelte Wurzeln und gehemmtes Wachstum. Die Widerstandskräfte und die Vitalität solcher Pflanzen sind auf jeden Fall geschwächt. Die Gründe dafür können sehr verschieden sein.

Für einen guten Gärtner ist es wichtig, die Ursachen zu erkennen, die seinen Pflanzen das Leben schwermachen können. Dazu gehört nicht nur die richtige Einordnung verschiedener Pilzinfektionen oder schädlicher Insekten, sondern vor allem auch die Einsicht in wichtige Umweltzusammenhänge. Deshalb müssen Sie Bescheid wissen über die Lebensbedingungen der Pflanzen, die Sie in Ihrem Garten heimisch machen möchten. Genauso wichtig ist es aber auch, daß sie die Boden-, Licht- und Wasserbedingungen auf Ihrem Stück Erde genauer kennenlernen. Denn dies sind die Grundlagen, die für gesundes oder gestörtes Wachstum verantwortlich sind.

Ganz einfach gesagt: Wenn Sie die richtigen Pflanzen am richtigen Platz in gute Erde setzen, dann haben Sie schon viel für ein gesundes Wachstum getan. Dies ist der wichtigste Schritt zum vorbeugenden Pflanzenschutz.

## Umwelt- und Lebensbedingungen

Betrachten Sie die verschiedenen Faktoren, die Einfluß auf das Pflanzenwachstum nehmen, einmal genauer. Prägen Sie sich aber nicht nur die allgemeinen Fakten ein, sondern versuchen Sie alle wichtigen Gesichtspunkte stets auf die kleine, besondere Situation Ihres Gartens zu übertragen.

### Das Klima

Der wechselnde Rhythmus der Jahreszeiten, die Zahl der Sonnenstunden, die Menge des Regens, die Dauer des Frostes – das sind die wichtigsten Faktoren, die das Klima einer Landschaft prägen. Diese Wetterbedingungen werden hauptsächlich von der geographischen Lage bestimmt. Ein Garten ist immer eingebettet in solche größeren Zusammenhänge. Kein Gärtner kann die Einflüsse des Klimas ändern. Er muß damit leben und seine Anbaumethoden auf Wärme und Kälte, auf Nässe und Trokkenheit abstimmen. Dies ist ein wichtiger Teil der natürlichen Umwelt. Es hat keinen Sinn, dagegen zu arbeiten.

In der Praxis bedeutet dies zum Beispiel: Wer der Natur in rauhen Landschaften tropische Früchte abtrotzen möchte, der wird mit Sicherheit scheitern! Wenn sie dagegen Feigen, Mandelbäumchen, Kiwis und Melonen im milden Weinbauklima anbauen, dann werden Sie sich an gesundem Wachstum und guten Ernten freuen können.

In jeder Landschaft gedeihen Pflanzen, die sich über lange Zeit an das örtliche Klima angepaßt haben. Sanddorn und

Die Pflanzen des Gartens sollten stets an das Klima und an die Eigenarten der heimatlichen Landschaft angepaßt sein.

Apfelrosen ertragen zum Beispiel die rauhen Winde in den Küstenregionen, während empfindliche Hochstammrosen oder Stauden mit hohen Stengeln, die leicht knicken, dort immer gefährdet sind. In kühlen, regenreichen Mittelgebirgen gedeiht wetterfester Kohl besser als sonnenhungrige Tomaten, die ohne genügende Wärme unweigerlich von Pilzinfektionen heimgesucht werden. Im milden Rheintal können Sie Pfirsiche und Aprikosen ernten; auf der rauhen Schwäbischen Alb pflanzen Sie besser einfache Hauszwetschen und alte Apfelbaumsorten, die sich schon seit Generationen in diesem Klima bewährt haben. Mit der Natur arbeiten – nicht gegen sie – das ist immer die erfolgreichere Methode. Wenn Sie die unabänderlichen Klimabedingungen außer acht lassen, dann schaffen Sie selber die ersten Voraussetzungen für kleinere und größere Katastrophen in Ihrem Garten.

■ In hohen Lagen, wo regelmäßig mit späten Frösten gerechnet werden muß, sind frühe Freilandaussaaten, Frühkartoffeln und frühblühende Obstsorten stets gefährdet. Wenn Sie zu früh säen oder ungeeignete Sorten wählen, müssen Sie damit rechnen, daß Ihre Pflanzen bei plötzlichen Frosteinbrüchen einen »Knacks« bekommen und danach schwach und anfällig bleiben.

■ In regenreichen und kühlen Landschaften leiden wärmebedürftige Gewächse, wie zum Beispiel Tomaten und Gurken, oft unter Wachstumsstockungen. Sie werden dadurch anfällig für Krankheiten und Schädlinge.

■ Rauhe Winde – am Meer oder an Gebirgshängen – gefährden empfindliche oder nicht besonders standfeste Gewächse. Geknickte Stengel, abgerissene Äste oder zerfetzte Blätter schwächen solche Pflanzen. Ständige Windbewegungen können auch gefährliche Austrocknung verursachen.

■ Hitze und langanhaltende Trockenheit sind ebenfalls Klimafaktoren, die sich auf das Pflanzenwachstum negativ auswirken können. Nur angepaßte Gewächse werden unter solchen Bedingungen gesund gedeihen.

Auf das »normale«, vorherrschende Klima einer Landschaft kann ein einsichtiger Gärtner sich einstellen. Durch die Wahl möglichst angepaßter Pflanzen beugt er bereits manchem Schaden vor. Schwieriger wird es mit unvorhergesehenen Wetterkapriolen, die jedes Jahr mit sich bringen kann. Wenn zum Beispiel späte Fröste im Frühling oder sehr frühe Frosteinbrüche im Herbst drohen, dann hilft nur schnelles Handeln: zum Beispiel das Abdecken gefährdeter Kulturen mit Folien oder Strohmatten und das Spritzen von Baldrianblüten-Extrakt über die Obstbäume. Praktische Tips für solche Situationen finden Sie natürlich in den folgenden Kapiteln.

Auch gegen sommerliche Dürre oder feuchtwarme Witterung, die die Ausbreitung mancher Schädlinge oder Krankheiten fördert, gibt es naturgemäße Hilfsmittel. Wichtig ist, daß ein Gärtner das Wetter und seine Umwelt aufmerksam beobachtet, so daß er rechtzeitig vorbeugende Maßnahmen ergreifen kann.

## Das Kleinklima des Gartens

Das besondere Klima in einem Garten kann sich von den Bedingungen außerhalb des Gartenzauns unterscheiden. Man spricht dann vom sogenannten Kleinklima: Dies ist gewissermaßen eine Wetteroase innerhalb der Großwetterlage ringsum.

Klima-Unterschiede können durch verschiedene Faktoren entstehen. Wenn zum Beispiel eine hohe Hecke den Garten umschließt, dann entsteht ein windgeschützter Innenraum. Dort ist es milder als »draußen«, wo vielleicht rauhe Winde über flache Felder fegen. Starke Fröste werden ebenfalls »abgebremst«. Auch wenn ein Garten in einer günstigen Mulde liegt, kann ein pflanzenfreundliches Kleinklima entstehen. Sogar mitten in der Stadt, wo manchmal die Gärten auf der Rückseite der Häuser zusammenstoßen, entstehen geschützte, warme Klima-Inseln.

Umgekehrt kann natürlich das Kleinklima eines Gartens auch ungünstiger sein als die Bedingungen ringsum. Ein »feucht-kühles Loch« oder eine Hanglage, die ständig heftigen Windbewegungen ausgesetzt ist, wirken sich zunächst nachteilig auf eine Gartenanlage und auf die Gesundheit zahlreicher Pflanzen aus.

## Wasser

Wasser, das zu den lebenserhaltenden Elementen der Pflanze gehört, kann aber auch unter bestimmten Umständen zur Ursache von Gesundheitsstörungen werden. Zu wenig Wasser läßt die grünen Gewächse verdorren. Zuviel Wasser ist ebenfalls ungesund; es löst Fäulnis und Wachstumshemmungen aus. Durch Bodenverdichtungen kann zum Beispiel stauende Nässe entstehen. Weder Regen noch Gießwasser verteilen sich gleichmäßig im Boden. Vor allem können übermäßige Wassermengen nicht in den Untergrund abfließen. Bei solchen Problemen helfen nur grundlegende Verbesserungen der Gesamtsituation, zum Beispiel Dränagen, Bodenlockerung durch tiefwurzelnde Gründüngung, die Einarbeitung von Sand und vor allem eine Bodenbelebung, die über längere Zeit die Humusstruktur verbessert.

Wasserschäden können aber auch vom Gärtner selbst verursacht werden, wenn er bei heißem Sommerwetter den Sprenger zur Mittagszeit im Garten aufstellt. Dann kann es leicht zu Verbrennungsschäden kommen. Zuviel Nässe auf den Blättern führt bei warmem Wetter auch oft zu Pilzinfektionen. Solche Gesundheitsschäden lassen sich vermeiden, wenn Sie vernünftig und naturgemäß gärtnern.

## Der Boden

Der Gartenboden ist der Heimatstandort Ihrer Pflanzen. Dort sind sie mit den Wurzeln verankert; an diesem Platz verbringen sie ihr ganzes Leben. Salatköpfe, Kerbel und Ringelblumen brauchen sich nur wenige Wochen oder Monate an die Bodenbedingungen anzupassen. Rittersporn und Johannisbeer-Hochstämmchen müssen sich dagegen für mehrere Jahre einrichten. Ein Apfelbaum oder eine Kletterrose werden den Gärtner – wenn die Umstände günstig sind – sogar überleben.

Der Boden kann den Pflanzen aber auch das Leben schwermachen und ihre Gesundheit untergraben. Da die fest eingewurzelten Gewächse keine Ausweichmöglichkeiten haben, sind sie an ihrem Standort auf die Hilfe eines einsichtigen Gärtners angewiesen. Gesundheitsschädlich können sich zum Beispiel folgende Bodenverhältnisse auswirken:

■ <u>Humusarmer Boden</u> verursacht vor allem bei Nutzpflanzen und anspruchsvollen Ziergewächsen Wachstumsstörungen. Sie leiden unter Ernährungsmangel und werden dadurch oft anfällig für Krankheiten und Schädlingsüberfälle.

■ <u>Verdichteter Boden</u> verursacht oft Staunässe und Wurzelschäden. Dadurch werden Wachstum und Widerstandsfähigkeit ebenfalls negativ beeinflußt.

■ <u>Sehr magerer, sandiger Boden</u> trocknet rasch aus und kann für feuchtigkeitsliebende Pflanzen sehr problematisch werden.

■ <u>Saurer Boden</u> kann sowohl durch saure Niederschläge als auch durch spezielle geologische Verhältnisse entstehen. Auf jeden Fall ist ein zu hoher Säuregehalt der Erde für die meisten Pflanzen lebensfeindlich. Schwere Wachstumsstörungen und Gesundheitsschäden können die Folge sein. Nur einige Spezialisten unter den Pflanzen fühlen sich in saurem Bodenmilieu wohl.

Diese wenigen Beispiele zeigen Ihnen schon, daß selbst das Urelement der Pflanzen, die Erde, Gefahren für die Gesundheit enthalten kann. Auf die Qualität des Gartenbodens hat der Gärtner aber einen besonders großen Einfluß. Durch zahlreiche naturgemäße Hilfsmittel kann er seinen Humus verbessern und damit seine Pflanzen vor Schäden schützen.

Ein lebendiger, humusreicher Boden ist die Grundlage für gesundes Wachstum.

# 16 Was Pflanzen krank machen kann

## Nahrungsmangel oder Nahrungsüberfluß

Eng verbunden mit dem Zustand des Bodens ist das Nährstoffangebot für die Pflanzen. Es ist leicht einzusehen, daß Gewächse, die gleichmäßig und ausgewogen ernährt werden, sich kräftig und gesund entwickeln. Sie sind dann auch widerstandsfähig gegenüber Krankheiten und Schädlingen.

Mangel an Nährstoffen bewirkt dagegen immer eine Schwächung der Pflanzen. Weniger bekannt ist, daß auch ein »Zuviel des Guten« negative Auswirkungen auf das Wachstum und die Gesundheit hat. Nahrungsüberfluß verursacht Veränderungen im Stoffwechsel und im Pflanzengewebe. Die Ausbildung von Blättern, Stengeln, Blüten und Früchten verläuft nicht harmonisch. Überdüngter Spinat oder Salat entwickeln aufgetriebene Blätter, die zuviel Wasser enthalten. Übermäßig ernährte Sommerblumen oder Stauden schießen in üppiges Blattwerk und bilden weniger Blüten. Sie knicken leicht bei Wind oder Gewitterregen.

Schädlinge haben offenbar ein untrügliches Gespür für Gewächse, bei denen »etwas nicht stimmt«. Sie stürzen sich immer zuerst auf weiche, aufgeschwemmte Blätter oder auf Pflanzen, die im Wachstum zurückgeblieben sind. Mit solchen »Schwächlingen« haben sie leichtes Spiel. Umgekehrt bieten Pflanzen mit festem, gesundem Gewebe buchstäblich weniger Angriffsflächen für Läuse, Pilzsporen und andere »Feinde«; sie sind schwieriger »zu knacken«. Wie zahlreiche andere Lebewesen gehen auch die »Schädlinge« wohl lieber den Weg des geringsten Widerstandes. Alles Wichtige über Ernährungsfehler und was Sie dagegen tun können finden Sie auf S. 36 ff.

## Schadstoffe in Luft, Wasser und Boden

Neben der Erde gehören Luft und Wasser zu den wichtigsten Lebenselementen der Pflanzen. Hier hat es der Gärt-

ner schwer, Einfluß auszuüben. Die Luft ist einfach da. Der Wind bewegt sie und bringt oft von weit her Luftmassen, die über uns hinwegziehen, ohne daß irgend jemand sie daran hindern kann. Das unsichtbare Element enthält mancherlei Bestandteile, die weder für den Menschen noch für die Pflanzenwelt gesund sind. Schadstoffe sinken »von oben« auf Blätter, Früchte und Erde, ohne daß der Gärtner sie mit seinen fünf Sinnen wahrnehmen kann. Nur chemische Untersuchungen geben über Menge und Gefährlichkeit Auskunft.

Zu den schädlichen Stoffen, die mit der Luft transportiert werden, gehören vor allem Schwermetalle, wie Arsen, Blei, Cadmium, Chrom, Quecksilber und Zink. Diese Stoffe gelangen unter anderem durch Industrieabgase, Kupferhütten, Eisen- und Stahlwerke, Düngerfabriken, Kraftwerke und Müllverbrennungsanlagen in die Luft. Höhere Schwermetallbelastungen schädigen das Bodenleben und damit auch das Wachstum der Pflanzen.

Chrom verursacht zum Beispiel Störungen in Wurzeln, Stengeln und Blättern. Nickel hemmt das Wachstum. Vor allem aber lagern sich Schwermetalle auf und in den Früchten ab, die der Gärtner ernten und essen möchte. Wenn die Konzentration bestimmte Grenzwerte überschreitet, verwandeln sich Äpfel, Möhren oder Salat von gesunden Nahrungsmitteln in giftige »Naturprodukte«, die die Gesundheit gefährden. Blei lagert sich auf den Oberflächen von Blättern und Früchten ab, kann also zum großen Teil abgewaschen werden. Cadmium und Zink werden dagegen über die Wurzeln aufgenommen und reichern sich in Blättern, Knollen und Wurzeln an. Deshalb müssen Gärtner in stark belasteten Gebieten auf den Anbau von Salat, Petersilie, Grünkohl, Möhren, Sellerie, Kartoffeln und Rettichen ganz verzichten.

Durch systematische Humusverbesserung und eine naturgemäße Bodenbelebung kann ein Gärtner bis zu einem gewissen Grad die schädlichen Schwermetalle in der Erde binden. Auch die

Vermeidung von Überdüngung durch Phosphat oder Stickstoff hilft mit, Schwermetallanreicherungen zu vermeiden.

Einen hohen Anteil an der allgemeinen Luftverschmutzung haben auch die privaten Heizungen und Autos. Auf Gärten, die sich in unmittelbarer Nähe verkehrsreicher Straßen oder Autobahnen befinden, geht ständig ein »Regen« von Blei und Abgasen nieder. Hinzu kommt Zink, das vor allem durch den Reifenabrieb freigesetzt wird. Auf solchen Grundstücken sollten Gemüse und Obst möglichst weit entfernt von der Straßenseite angebaut werden. Dichte Hecken können einen Teil der Schadstoffe abfangen.

Liegt ein Garten in der Nähe eines Flughafens, dann müssen Sie im Bereich von Start- und Landebahnen, wo die Flugzeuge sehr niedrig fliegen, damit rechnen, daß die Abgase direkt in der Umgebung absinken.

Selbst eine bäuerliche Landschaft mit Ackerbau und Viehzucht bietet heute keine Garantie mehr für saubere Luft. Wenn auf angrenzenden Feldern mit Insektiziden (Insektenvernichtungsmittel), Fungiziden (Pilzvernichtungsmittel) oder Herbiziden (Unkrautvernichtungsmittel) gespritzt wird, treibt der Wind oft einen Teil giftiger fein vernebelter Stoffe in private Gärten. Gegen solche »Luftfracht« hilft kein Zaun. Verbrennungsartige Erscheinungen an den kurz vorher noch grünen Blättern zeigen oft solche »Grenzüberschreitungen« an.

Durch Luft und Regen gelangen auch die schädlichen Schwefeldioxide und Stickoxide in den Garten. In der Landschaft gehören sie zu den Verursachern des Waldsterbens. In Verbindung mit Sauerstoff und Wasser entsteht aus Schwefeldioxid Schwefelsäure. Dieser ätzende Stoff zerfrißt die steinernen Fassaden gotischer Kathedralen ebenso erbarmungslos wie das weiche lebendige Grün der Pflanzen. Schweflige Säure hinterläßt zum Beispiel auf einem Ahornblatt bräunlich-gelbe Flecken. Das zerstörte, ausgetrocknete Gewebe fällt, wenn man es berührt, heraus

Die Luft kennt keine Grenzen. Gegen Schadstoffe, die der Wind über den Zaun weht, ist der Gärtner machtlos. Schwermetalle aus Industrieanlagen gehören zu den weitverbreiteten Bodenbelastungen.

wie ein ausgeätztes Fenster. Man braucht nicht viel Phantasie, um sich vorzustellen, daß diese aggressive Säureverbindung auch für das Bodenleben verheerende Folgen haben muß.

Im Garten kann der »saure Regen« in ungünstigen Lagen ebenfalls zu Schäden an Bäumen und Sträuchern führen. Vor allem aber trägt er zur Übersäuerung des Bodens bei. Den Säuregehalt oder pH-Wert der Gartenerde sollten Sie regelmäßig selber überprüfen. Auf der begrenzten Fläche seiner Beete kann ein Gärtner diesem Übel durch naturgemäße Mittel verhältnismäßig leicht entgegenwirken. Eine gezielte Kalkung führt zum Beispiel übersäuerte Erde in einen neutralen pH-Bereich zurück. Wo dies nicht geschieht, da verursacht der saure Boden mit Sicherheit Pflanzenkrankheiten und Schädlingsbefall.

Vorsicht ist auch beim Gießen mit dem einst so pflanzenfreundlichen Regenwasser geboten. In Gegenden mit stark belasteten Niederschlägen sollten Sie vorsichtshalber auf das verdorbene himmlische Naß verzichten. Auf jeden Fall ist es empfehlenswert, das Regenfallrohr mit einer Verschlußkappe zu versehen. Dann können Sie den ersten Guß, der den »schlimmsten Dreck« vom Dach und aus der Luft wäscht, abfließen lassen. Nach einiger Zeit öffnen Sie dann die Klappe und lassen das relativ saubere Regenwasser in die Tonne laufen.

## Umweltschäden

Der größte Teil der Schadstoffe, die aus der Umwelt in den Garten eindringen, werden durch Luft oder Regen dorthin transportiert. Es handelt sich dabei vor allem um Substanzen, die durch Industriewerke, Heizungen, Autos und Flugzeuge verursacht und freigesetzt werden. Hinzu kommen die verschiedenen Pestizide, die in der Landwirtschaft oder auch beim Gartennachbarn benutzt werden.

Noch häufiger als mit dem direkten Niederschlag von chemischen Pflanzenschutzspritzungen aus nächster Nachbarschaft haben wir es mit den »Resten« und indirekten Nachwirkungen zu tun. Rückstände von Spritzmitteln gelangen ständig ins Grundwasser, in Bäche und Flüsse. Der Wasserkreislauf führt das Gift zu uns zurück.

Umweltschäden, die von der Straße oder dem Bürgersteig aus bis in den Garten vordringen können, verursacht das Streusalz. Eine Hecke, die auf der Grundstücksgrenze wächst, oder Bäume, die mit ihren Wurzeln bis dorthin reichen, können durch das versalzene Schmelzwasser geschädigt und geschwächt werden.

Umweltschäden einer ganz neuen Dimension haben die Strahlen von Tschernobyl über uns und unsere Gärten gebracht. Auch diese unsichtbaren Gefahren wurden durch die Luft weitergetragen. Die radioaktive »Wolke« verbreitete sich über Hunderte von Kilometern, und niemand konnte sie aufhalten. Zu ihren gefährlichen Bestandteilen gehörten vor allem Jod, Cäsium und Strontium. Diese radioaktiven Substanzen lagerten sich auf Pflanzen und im Boden ab. Bedrohlich ist ihre lange »Haltbarkeit«. Cäsium 137 und Strontium 90 werden zum Beispiel erst nach 30 bzw. 29 Jahren zur Hälfte zerfallen sein.

Die Umweltschäden durch Radioaktivität sind hier nur der Vollständigkeit halber erwähnt. Ihre Rückstände bedeuten ein großes gesundheitliches Risiko für Menschen und Tiere. Sie gelangen über die Nahrungskette »Boden-Pflanze-Tier« in den menschlichen Körper und können vielfältige Schäden auslösen. Ob auch Pflanzenkrankheiten direkt durch Radioaktivität ausgelöst werden, ist bisher noch nicht genügend erforscht. Deshalb wird das Problem im Rahmen dieses Buches nicht im Detail verfolgt. Die akute Gefahr der Verseuchung ist abgeklungen – mit den Langzeitfolgen müssen wir alle leben.

Pflanzen-Schutz kann ein Gärtner jetzt nur noch durch allgemeine Maßnahmen betreiben. Die naturgemäße Bodenpflege ist dafür besonders geeignet. So kann Gartenerde mit hohem Humusgehalt Strontium 90 nach und nach binden. Cäsium 137 wird durch Ton festgehalten; die Gefahr, daß es von den Pflanzen aufgenommen wird und in

Giftige Spritzmittel können vom Feld des Bauern in angrenzende Gärten geweht werden.

## Die aktiven »Schädlinge«

Klima, Boden, Luft und Wasser gehören zu den allgemeinen Ursachen, die die Gesundheit der Pflanzen positiv oder negativ beeinflussen können. Die Einwirkungen der näheren oder weiteren Umwelt machen sich zwar deutlich bemerkbar, aber der Gärtner bekommt sie nicht direkt zu fassen. Es geht dabei mehr um Schäden, Schädigungen und ähnliche allgemein umschriebene Vorgänge. Selbst die Schadstoffe führen ein für normale Sinnesorgane weitgehend unsichtbares Dasein. Ganz anders sieht es bei den aktiven »Schädlingen« aus. Vielen von ihnen kann der Gärtner »Aug in Auge« gegenüberstehen. Er kann sie auf frischer Tat erwischen!

Die Gefahr, daß er zuschlägt, bevor er wirklich erkannt hat, wen er da krabbelnd oder flatternd vor sich hat, ist bei den zahlreichen Vertretern des Tierreiches besonders groß. Deshalb sollte jeder ernsthaft bemühte Bio- und Ökogärtner versuchen, ein wenig Einblick in die vielgestaltige Welt der Lebewesen zu gewinnen, die den Garten und die Erde mit ihm teilen. Je mehr er von der wunderbaren Ordnung der Natur und den eng verflochtenen Beziehungen ihrer großen und kleinen Geschöpfe weiß, desto verständiger kann er reagieren. »Schädliche« und »nützliche« Verhaltensweisen überschneiden sich oft. »Feinde« gibt es nur in den Augen des Menschen, der als Gärtner einen winzigen Ausschnitt aus dem riesigen Naturprogramm bevorzugt behandeln möchte. Aus dieser Einstellung leiten sich zahlreiche Fehlreaktionen ab, die zuerst dem natürlichen Ökosystem, irgendwann später aber auch dem Gärtner selbst Schaden zufügen. Lernen Sie deshalb zunächst einmal die großen Gruppen der möglichen Garten-»Schädlinge« ohne Wertung kennen. Schauen Sie einfach hin. Und lassen Sie sich vom ungeheuren Einfallsreichtum der uralten Mutter Erde beeindrucken. Schlußfolgerungen ziehen

den Nahrungskreislauf gelangt, verringert sich also in lehmig-tonigen Böden. Leichte Sandböden können mit Hilfe von reichlich Kompost und Tonmehl, zum Beispiel Bentonit, bindiger gemacht werden.

Pflanzen, die stets ausreichend mit Kali versorgt sind, nehmen weniger Cäsium auf. Ganz allgemein kann man darauf vertrauen, daß Gartenerde, die humusreich und intensiv belebt ist, auch starke Regenerationskräfte besitzt. Wir wissen nicht, wie die Bilanz in 20 oder 30 Jahren aussehen wird. Wir können an diesem dunklen Punkt nur hoffen, daß der Wahlspruch des naturgemäßen Pflanzenschutzes auch hier zutrifft: Negative Erscheinungsbilder wie Krankheiten und Schädlingsinvasionen können nur durch positive Reaktionen dauerhaft überwunden werden.

Wer die Gesundheit fördern und das Leben erhalten möchte, der darf nicht leichtfertig den Tod zu Hilfe rufen. Ist es nicht paradox, daß die Menschen lange Zeit geglaubt haben, durch möglichst viel Gift und möglichst hohe Todesraten könnten im Garten oder auf dem Acker paradiesische Zustände erreicht werden?

Beim naturgemäßen Pflanzenschutz geht es nicht um radikale, kurzfristige »Endlösungen«, sondern um den langsamen aber sicheren Aufbau einer gesunden Lebensgrundlage. Die Umwelt- und Wachstumsbedingungen, die Pflanzen krank machen, müssen verändert werden. Bevor die Heilung einsetzen kann, muß der Gärtner-Arzt aber zunächst die Krankheitssymptome richtig deuten und dann eine klare Diagnose stellen. Dabei möchte ihn dieses mit Absicht umfangreiche Kapitel so weit wie möglich unterstützen.

## Was Pflanzen krank machen kann

Sie am besten erst dann, wenn Sie sich auch ein ausgewogenes und »weises« Urteil erlauben können.

Zur größten Gruppe der ungebetenen und ungeliebten »Mitesser« im Garten gehören die Mitglieder des Tierreiches. Zu ihnen zählen winzige Fadenwürmer und vielgestaltige Insekten ebenso wie die Schnecken aus dem Stamm der Weichtiere und die Wirbeltiere. Die Zoologen haben in langer mühsamer Arbeit Ordnung in diese unübersehbare, bunte Gesellschaft gebracht. Für den Gärtner ist es sehr nützlich, sich ebenfalls einen kurzen, geordneten Überblick zu verschaffen. Die wichtigsten Tiergruppen werden hier kurz vorgestellt. Ausgewählt wurden nur Tiere, die in unseren Gärten eine mehr oder weniger »schädliche« Rolle spielen.

### Insekten

Die umfangreichste Klasse im gesamten Tierreich ist die der Insekten. Sie umfaßt – nach Jacobs/Renner – etwa 1,2 Millionen Arten. Das sind rund 80% aller Tierarten. Jedes Jahr werden rund 10 000 neue Arten und Unterarten von der Wissenschaft entdeckt und beschrieben. Die Fülle der Evolution scheint noch unerschöpflich zu sein. Falls sie nicht vorzeitig vernichtet wird, wie die noch weitgehend unerforschten Urwälder am Amazonas. Diese Gefahr droht nicht durch »Schädlinge«, sondern durch den Menschen.

Die Insekten sind ungeheuer vielgestaltig und anpassungsfähig. Sie bevölkerten die feste Erde lange vor den größeren Tieren und den Menschen. Sie entwickelten sich aus den einfacher gebauten Tausendfüßern und lebten lange Zeit als Landtiere. Aber bereits im Erdaltertum entstanden geflügelte Insekten. Diese kleinen Tiere waren die ersten Eroberer der Lüfte. Es waren noch 150 Millionen Jahre der Evolution nötig, bis im Zeitalter des Jura die ersten Flugechsen und die Vögel ihre Schwingen ausbreiteten und den luftigen Raum über der Erde eroberten.

Vitale Pioniere sind die Insekten auch auf vielen anderen Gebieten. Sie drangen auf alle Kontinente vor und paßten sich den extremsten Lebensbedingungen erfolgreich an. So gibt es zum Beispiel Insekten, die die eisige Kälte polarer Winter überstehen; andere ertragen unbeschadet das Wasser heißer Quellen; Insekten leben im Boden, in Flüssen, Seen und Meeren ebenso wie in Pilzen, Pflanzen und Tieren. Selbst salzige Salinen und Petroleumansammlungen werden von diesen Anpassungskünstlern erobert. So erfinderisch und zählebig sind also die Insekten, von denen wir einen kleinen Teil in unseren Gärten antreffen.

Das Wort Insekt kommt vom lateinischen »insectum« und bedeutet »das Eingeschnittene«. Damit haben die Zoologen ein wesentliches Merkmal beschrieben, das der riesigen Tierklasse gemeinsam ist: Der Körper der Insekten ist an verschiedenen Stellen mehr oder weniger tief eingeschnitten. Charakteristisch ist außerdem, daß nur am Vorderleib vollständig entwickelte Laufbeine vorhanden sind. Diese Hauptmerkmale unterscheiden die Insekten von der verwandten niedrigeren Tierklasse der Tausendfüßer, die einen einheitlichen regelmäßigen Rumpf besitzen.

Nach der lateinischen Bezeichnung »insectum« entstand ursprünglich die sinngemäße deutsche Übersetzung »Kerbtiere«. Das sind also Lebewesen, die an ihrer Einkerbung erkannt und richtig eingeordnet werden können. Das Wort Insekt hat sich aber inzwischen im allgemeinen Sprachgebrauch eingebürgert. Die Forscher, die sich als Spezialisten mit der Insektenkunde beschäftigen, nennen sich Entomologen. Diese Bezeichnung stammt aus dem Griechischen und bedeutet, ebenso wie das lateinische »insectum«, das »Eingeschnittene«.

Die Insektenforscher haben ein schier unübersehbares Arbeitsfeld vor sich. Sie befassen sich nicht nur mit der Beschreibung der unterschiedlichsten Arten und Unterarten; sie versuchen auch, die Beziehungen der Lebewesen untereinander und ihre Verflechtungen mit der Umwelt zu durchleuchten. Diese Untersuchungen sind natürlich für einen Gärtner, der in naturgemäßen Zusammenhängen denkt, besonders interessant.

Die Insektenforschung ist aber nicht

Bei der Holzschlupfwespe ist der typische Körperbau der Insekten gut erkennbar.

nur ein theoretisch-wissenschaftlicher Selbstzweck. »Angewandte Insektenkunde« beschäftigt sich zum Beispiel mit den verschiedenartigsten »Tätigkeiten« der Kerbtiere. Auf diesem Gebiet beginnt die dem Gärtner so geläufige Einteilung in »nützlich« und »schädlich«. Positiv wird unter anderem die Rolle der Insekten als Blütenbestäuber und als Helfer bei der Erhaltung des biologischen Gleichgewichtes angesehen. Als negativ und »schädlich« werden dagegen Insekten betrachtet, die Krankheiten wie Malaria und Pest übertragen, die Pflanzen in den Gärten und auf den Feldern angreifen und Erntevorräte dezimieren. Auf diesem Gebiet der Insektenkunde fühlen sich die Gärtner wiederum besonders angesprochen.

**Körperbau**

Bevor Sie die wichtigsten Vertreter des riesigen Insektenreiches kennenlernen, die im Garten als »Schädlinge« auftauchen, ist es nützlich und aufschlußreich, wenn Sie sich die charakteristischen Körpermerkmale der Kerbtiere einmal genauer anschauen.
Die Insekten gehören zum Stamm der Gliederfüßer. Ihr Körper ist in drei Teile gegliedert: Kopf, Brustabschnitt und Hinterleib. Stark vereinfacht kann man den Aufbau so beschreiben:

■ Der Kopf ist kapselförmig gestaltet und mit Fühlern, Augen und anderen Sinnesorganen ausgestattet. Hier befinden sich auch die sehr unterschiedlich ausgebildeten Mundwerkzeuge, die zum Beißen, Saugen oder Stechen geeignet sein können.

■ Der Brustabschnitt ist wieder in drei Teile gegliedert. An jedem Segment befindet sich auf der Bauchseite je ein Beinpaar. An den beiden hinteren Brustabschnitten entfalten sich bei vielen Insekten (aber nicht bei allen!) die Flügel. Diese Flughilfen können sehr verschiedenartig geformt und gefärbt sein: zum Beispiel durchsichtig mit grünem Adernetz wie bei den Florfliegen, farbenfroh gezeichnet wie bei den Schmetterlingen oder glänzend und hart wie bei den Käfern.

■ Der Hinterleib ist aus mehreren gleichmäßig geformten Segmenten zusammengesetzt, die eine Röhre bilden. In diesem Körperteil befinden sich die Verdauungs- und die Geschlechtsorgane. Bei den Insektenweibchen gehören dazu oft ganz charakteristische Legebohrer. Manchmal ist dieses Organ – wie bei den Bienen und Wespen – auch zu einem Giftstachel umgebildet.

**Metamorphose**

Der Lebenszyklus der Insekten ist ein weiteres charakteristisches Merkmal dieser Tierklasse. Gerade für einen Gärtner ist es sehr wichtig, über diese Eigenschaft näher Bescheid zu wissen. Die verschiedenen Stufen der Entwicklung sind wahre Wunderwerke der Verwandlung. Das gleiche Insekt begegnet auf diesem Wege dem aufmerksamen Gärtner in immer neuen überraschenden Gestalten. Die Körperumwandlungen werden in der Wissenschaft Metamorphose genannt. Dieser Begriff kommt aus dem Griechischen und bedeutet »Gestaltsveränderung«. Die Entwicklung aller mehrzelligen Lebewesen, auch die der Insekten, beginnt in einem Ei. Aus den sehr verschiedenartig geformten Eiern schlüpfen die Larven der Insekten. Diese häuten sich mehrmals. Das heißt, sie fressen und wachsen so lange, bis sie an die Grenzen der Dehnbarkeit ihrer chitin-harten Außenhülle stoßen. Diese Haut wird dann abgestreift, damit wieder Möglichkeiten für neues Wachstum und eine neue Entwicklungsphase entstehen. Die Zahl der Häutungen und das Aussehen der Larven variieren bei den verschiedenen Insektenarten sehr stark. Man muß zwei unterschiedliche Entwicklungsmöglichkeiten beachten.

■ Unvollkommene Verwandlung

Ein gemeinsames Merkmal aller Tiere dieser Gruppe ist eine kontinuierliche Entwicklung von der Larve zum ausgewachsenen Insekt. Die endgültige Gestalt prägt sich dabei immer deutlicher aus: Das bedeutet zum Beispiel, daß charakteristische Körpermerkmale in allen Verwandlungsstadien erkennbar sind. So besitzt schon die krabbelnde Larve stummelartige Flügelansätze. Vor allem die Mundwerkzeuge gleichen sich in beiden Stadien. Larve und Vollinsekt ernähren sich also auf ähnliche Weise.
Libellen, Ohrwürmer, Pflanzenläuse und Wanzen gehören zum Beispiel zu dieser Art der Verwandlungskünstler.

■ Vollkommene Verwandlung

In dieser Gruppe wachsen die Larven in mehreren Schüben, ohne sich im Detail körperlich zu verändern. Sie sammeln dabei wichtige Speichersubstanzen an. Wenn sie eine bestimmte Größe erreicht haben, beginnt eine ganz neue Stufe der Verwandlung: Die Larve verpuppt sich. In dieser fast unbeweglichen Lebensform spielt sich hinter einer schützenden Hülle ein Wunder der hormongesteuerten Verwandlung ab. Der Körper der Larve wird fast vollständig umgebaut. Organe, die überflüssig geworden sind, werden abgebaut und dienen zusammen mit gespeicherten Substanzen dem Aufbau eines Insektes in ganz veränderter Gestalt. Wenn dieses Tier in der Puppenhülle ausgewachsen ist, sprengt es die schützende Außenhaut, schlüpft ins Freie und beginnt ein neues Leben.
So entsteht zum Beispiel aus einer Raupe, die Kohlblätter fraß, ein Schmetterling, der sich von Blütennektar ernährt. Nicht nur seine äußere Gestalt, auch viele wichtige Organe haben sich im Lauf der Metamorphose vollkommen verwandelt.

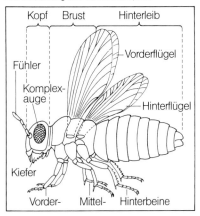

Die Gliederung des Insektenkörpers.

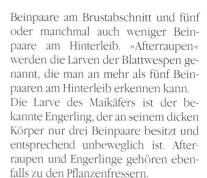

Außer den Schmetterlingen durchlaufen unter anderen auch Käfer, Hautflügler, Netzflügler, Zweiflügler und Flöhe diese wunderbare Verwandlung.

Das erwachsene Insekt, das am Ende aufs neue das Licht der Welt erblickt, nennen die Wissenschaftler die Imago (Mehrzahl: Imagines). Dieser lateinische Begriff bedeutet wörtlich »das Bild« oder »das Abbild«. So ist der geflügelte Schmetterling das schöne vollkommene Bild eines Wesens, das lange Zeit in einer kurzbeinigen Raupe oder in einer unbeweglichen Puppe verborgen war.

**Larvenformen**

Schließlich ist es für einen naturkundigen Gärtner wichtig zu wissen, daß die Larven der Insekten in sehr unterschiedlichen Formen vorkommen, die auch verschiedene Namen erhalten haben. Eine besondere Rolle als Erkennungsmerkmale spielen hier die Zahl und die Anordnung der Beine.

Die Larven der verschiedenen Schmetterlingsarten sind die mannigfaltig gestalteten Raupen; diese Tiere ernähren sich nur von Pflanzen. Sie besitzen drei Beinpaare am Brustabschnitt und fünf oder manchmal auch weniger Beinpaare am Hinterleib. »Afterraupen« werden die Larven der Blattwespen genannt, die man an mehr als fünf Beinpaaren am Hinterleib erkennen kann.

Die Larve des Maikäfers ist der bekannte Engerling, der an seinem dicken Körper nur drei Beinpaare besitzt und entsprechend unbeweglich ist. Afterraupen und Engerlinge gehören ebenfalls zu den Pflanzenfressern.

Larven ohne Beine werden als Maden bezeichnet. Fliegen, Wespen und verschiedene Käfer schlüpfen als Maden aus dem Ei. Hochentwickelte Insekten, wie die Bienen, füttern ihre Maden. Die meisten anderen werden mitten im Nahrungsangebot geboren, weil die Insektenmutter ihre Eier genau dort ablegt, wo Futter für den Nachwuchs vorhanden ist. Ein unter Biogärtnern gut bekanntes Beispiel sind die Schlupf-

Wilde Möhren sind typische Futterpflanzen der Schwalbenschwanz-Raupen.
Die ausgewachsene Raupe hängt sich zur Verpuppung auf. Im Brustbereich wird sie von einem starken Spinnfaden (Gürtel) gehalten. – Die letzte Raupenhaut platzt auf und gibt die ganz anders geformte Gestalt der Puppe frei. – Nach etwa zwei Wochen schimmert die Färbung des Schmetterlings durch die Puppenhaut (Mitte von oben nach unten).
Die wunderbare Verwandlung ist vollendet: Ein Schwalbenschwanz ist ausgeschlüpft. Seine Flügel sind noch nicht ganz ausgedehnt; über ihm hängt die leere Puppenhülle (r. o.). Der Falter sorgt bald für neuen Raupennachwuchs.

wespen, die mit Hilfe eines Legestachels ihre Eier in den Larven anderer Arten deponieren. Die Wespenmaden fressen dann als Parasiten ihre Wirtslarve von innen auf. Wenn es sich dabei um eine Kohlweißlingsraupe handelt, ordnet der Biogärtner diesen grausamen Vorgang zufrieden unter »Nützlinge« ein.

**Entwicklungszyklen**
Der Zyklus der verschiedenen Entwicklungsstadien dehnt sich über viele Monate, oft über das ganze Jahr aus. So überwintern zahlreiche Insekten in der kalten Jahreszeit in einem bestimmten Stadium, zum Beispiel als Ei, Larve oder Puppe, unbeschadet bis zum nächsten Frühling. Andererseits können manche Insektenarten in warmen Sommern mehrere Nachwuchsgenerationen in die Welt setzen. Die Witterungsverhältnisse und das Nahrungsangebot spielen dabei eine entscheidende Rolle. Pflanzenläuse passen sich dem Wechsel der Jahreszeiten zum Beispiel hervorragend an, indem sie sich zuerst im Eiltempo ungeschlechtlich und flügellos vermehren. In dieser Zeit gebären die Tiere lebendige Junge. Später, wenn die Nahrung knapp wird, entwickeln sich Läuse mit Flügeln, die beweglicher sind und zu weiter entfernten Futterquellen »auswandern« können. Erst im Herbst setzt die geschlechtliche Vermehrung ein – trickreich genug fürs Überleben. Denn die Eier, die die Läuse nun an geschützten Stellen ablegen, überstehen winterliche Kälte leichter als die weichhäutigen erwachsenen Tiere.

**Ökologische Regelsysteme**
Mindestens ebenso erfindungsreich ist der Kartoffelkäfer. Er sichert das Überleben seiner Art durch einen zeitweisen Entwicklungsstillstand, eine sogenannte Diapause. In kühlen Regionen oder in besonders kalten Sommern würde die zweite Generation der Käfer keine Nahrung mehr finden. Das Kartoffellaub wäre bereits hart oder abgestorben, wenn die kleinen Larven schlüpften. Die klugen Insekten vermeiden aber den Untergang einer ganzen Generation »in weiser Voraussicht«. Ein Teil der Kartoffelkäfer gräbt sich »im besten Alter« mitten im Sommer im Boden ein. Diese Tiere verfallen in einen Entwicklungsstillstand. Erst im nächsten Frühjahr wachen sie wieder auf. Rechtzeitig genug, um ihre Eier an frischen, jungen Kartoffelpflanzen abzulegen!

Für den vorbeugenden naturgemäßen Pflanzenschutz sind solche genauen Kenntnisse des Insektenlebens sehr aufschlußreich. Ein Biogärtner, dem diese Zusammenhänge vertraut sind, kann bereits beim Hacken oder bei der Kartoffelernte auf versteckte Kartoffelkäfer achten. Er wird auch großen Wert auf die Rindenpflege legen, um Läusen und anderen Insekten die Eiablage an rauhen, borkigen Stämmen zu erschweren.

Sehr wichtig ist auch das Wissen um die »Schaukelpolitik« mancher Insekten, die die Wissenschaftler »Massenwechsel« nennen. Günstiges Wetter, überreiches Nahrungsangebot und wenige Feinde können zur massenhaften Vermehrung einer Schädlingsart innerhalb eines Jahres führen. Diese Tiere bilden nun ihrerseits eine üppige Nahrungsquelle für ihre natürlichen Feinde, die der schadenfrohe Gärtner »Nützlinge« nennt. Die gutgenährten »Schmarotzer« können sich nun ebenfalls rasch vermehren und in immer größeren Mengen »zuschlagen«. Dadurch bricht die Massenpopulation der »Schädlinge« wieder zusammen. Im folgenden Jahr schlägt das Pendel zurück. Ein natürliches Gleichgewicht zwischen Fressen und Gefressenwerden stellt sich von selbst wieder ein.

Solche ökologischen Regelsysteme funktionieren aber nur, solange der Mensch nicht störend eingreift. Auch hier kann der Biogärtner aus seiner Kenntnis des Insektenlebens wichtige Schlußfolgerungen für sein Verhalten im Garten ziehen. Pflanzen-Schutz bedeutet zu einem wesentlichen Teil auch die Nutzung der zahlreichen Tricks und Überlebenskünste, die die Natur selbst in Jahrmillionen entwickelt hat. Wo der Garten eingebettet wird in das natürliche Wechselspiel der Kräfte, da entstehen auch wieder gesunde Gleichgewichte. Wo der Gärtner auf artenreiche Lebensräume und auf die vielfältigen Beziehungen zwischen Pflanzen und Tieren achtet, da erledigt die Natur selbst einen großen Teil der Schädlings- und Krankheitsabwehr.

Auf dieser Wissensgrundlage können Sie nun die wichtigsten Insektengruppen betrachten, die im Garten auftauchen: die »Schädlinge« und ihre Gegenspieler, die »Nützlinge«.

Lilienhähnchen

# Wegweiser für Gärtner durch das Reich der Insekten und anderer Tiere

Das Reich der Tiere ist groß und vielgestaltig. Vor allem der Formenreichtum der Insekten wirkt auf den ungeübten Betrachter oft sehr verwirrend. Dieser Wegweiser führt Sie auf einfachen, übersichtlichen Pfaden durch die wichtigsten Ordnungssysteme. Er dient nicht der Vollständigkeit sondern dem Versuch, speziell dem Gärtner einen »Einstieg« zu erleichtern.

### Ordnung Ohrwürmer
*Dermaptera*
Die allgemein bekannten Ohrwürmer machen sich als Blattlausfresser nützlich; sie fressen aber auch Pflanzen an.

### Ordnung Langfühlerschrecken
*Ensifera*
Wichtiges Merkmal sind die Fühler, die oft länger sind als der gesamte Körper. Der Kopf ist nach unten gerichtet, mit Mundwerkzeugen, die zum Kauen dienen. Die Vorderflügel sind schmal und fest, die größeren, dünnhäutigen Hinterflügel werden zusammengefaltet. Bei einigen Arten sind die Flugorgane ganz zurückgebildet. Die Männchen sind meist mit »Schrillorganen« ausgerüstet; damit veranstalten sie die sommerlichen »Grillenkonzerte«. In diese Ordnung gehören vor allem die Laubheuschrecken und Grillen.
Im Garten:
Die Maulwurfsgrille gräbt im Boden. Ihre Fühler sind wegen dieser Lebensweise kürzer. Sie frißt kleine Bodentiere, aber auch Pflanzenwurzeln.

### Ordnung Fransenflügler
*Thysanoptera*
Zu dieser Gruppe gehören kleine Insekten mit Flügeln, die bei den meisten Arten an den Rändern wimpernartig gefranst sind. Der zweite gebräuchliche Name Thripse oder Blasenfüße stammt von blasenähnlichen Gebilden an den Fußgliedern der Tierchen. Die Fransenflügler besitzen zwei Paar schmale Flügel, die meist nicht zusammengefaltet werden können. Die Mundwerkzeuge dienen zum Stechen und Saugen.
Im Garten:
Hier können zum Beispiel Tabakthrips *(Thrips tabaci)*, Gladiolenthrips *(Taeniothrips simplex)* und der Nelkenthrips *(Taeniothrips dianthi)* auftauchen. Diese Insekten saugen Pflanzensaft und können dadurch Schäden verursachen.

### Ordnung Zikaden
*Auchenorrhyncha*
Ihre Vorder- und Hinterflügel sind gleichartig gebildet, entweder durchsichtig oder hart und bunt gefärbt; sie werden in der Ruhestellung dachförmig über den Körper gelegt. Zikaden besitzen stechend-saugende Mundwerkzeuge, mit denen sie Pflanzensaft saugen.
Über ähnliche Mundwerkzeuge verfügen auch Pflanzenläuse und Wanzen. Diesem hochspezialisierten, langgezogenen Einstichorgan, dem »Schnabel«, verdanken die Tiere dieser Ordnungen ihren gemeinsamen Namen Schnabelkerfe *(Rhynchota)*.
Im Garten:
Die Larven der Schaumzikade *(Philaenus spumarius)* sind in den sogenannten Kuckucksspeichel gehüllt und saugen an den Pflanzen.
Die Rosenzikade *(Thyphlocyba rosae)* schädigt Rosenblätter. Die Schwarzpunktzikade *(Eupteryx atropunctata)* ernährt sich an Kartoffellaub oder Heilkräutern. Beide gehören zur artenreichen Familie der Zwergzikaden; ihre kleinen, meist grünlichen Mitglieder springen sehr behende.

### Ordnung Pflanzenläuse
*Sternorrhyncha*
Hier finden sich meist kleine Arten, die mit ihren stechend-saugenden Mundwerkzeugen Pflanzensäfte saugen. Ihre Flügel sind dünnhäutig und oft zurückgebildet. Außer den Blattläusen gehören auch die Blattflöhe, die Mottenschildläuse, die auch »Weiße Fliegen« genannt werden und die Schildläuse in diese Ordnung. Bei den meisten Pflanzenläusen herrschen komplizierte Fortpflanzungsverhältnisse mit Generations- und Wirtswechsel, die am Beispiel der Blattläuse auf Seite 131 näher beschrieben sind.
Im Garten:
**Blattflöhe** sind gute Springer. Zu dieser Gruppe gehören zum Beispiel die Larven von Apfelblattsauger *(Psylla mali)*, Birnblattsauger *(Psylla pirisuga)* und Gefleckter Birnblattsauger *(Psylla piricola)*, die sich von Obstgehölzen ernähren. Die Möhrenblattflöhe *(Trioza apicalis)* sind auf Möhren spezialisiert.
**Die Weiße Fliege** *(Trialeurodes vaporariorum)* lebt meist in Gewächshäusern und an Zimmerpflanzen. Schaden entsteht durch Saugen und durch klebrige Kotausscheidungen.
**Die Blattläuse** sind eine sehr artenreiche Gruppe unter den Pflanzenläusen. Charakteristische Erkennungszeichen der meisten Arten sind kleine Röhren am Hinterleib. Alle Blattläuse richten durch ihre Saugtätigkeit Schäden an Pflanzen an. Es gibt acht Blattlausfamilien. Im Garten finden sich zahlreiche unterschiedliche Arten, von denen hier nur die wichtigsten aufgezählt werden können:
Die Schwarze Bohnenlaus *(Aphis fabae)* ernährt sich hauptsächlich von Bohnen.
Die Mehlige Kohlblattlaus *(Brevicoryne brassicae)* ist auf verschiedene Kohlpflanzen spezialisiert.
Die Grüne Pfirsichblattlaus *(Myzus persicae)* lebt auf den Blättern der Pfirsichbäume, aber auch zeitweise auf krautigen Pflanzen.
Die Rosenblattlaus *(Macrosiphon rosae)* frißt im Frühling an Rosenblättern.
Die Blutlaus *(Eriosoma lanigerum)* befällt vor allem Apfelbäume.
Die Ulmen-Blattrollenlaus *(Schizoneura ulmi)* ernährt sich von Ulmenblättern.

Die Douglasienwollaus (*Gilletteella cooleyi*) ist von weißen Wachsausscheidungen umgeben. Sie schädigt vor allem Nadelbäume wie Douglasien.

**Die Schildläuse** bilden ebenfalls eine eigene große Gruppe innerhalb der Pflanzenläuse. Der feste, rundliche Rückenschild ist charakteristisch für die Schildlaus-Weibchen, die unbeweglich an den Pflanzen sitzen. Schaden entsteht vor allem durch starke Honigtau-Absonderungen. Im Garten finden sich unter anderem:

Die Zwetschgen-Napfschildlaus (*Eulecanium corni*) befällt unter anderem Zwetschgen, Pflaumen, Pfirsichbäume, Johannisbeeren und Walnußbäume.

Die Kommaschildlaus (*Lepidosaphes ulmi*) lebt hauptsächlich auf Obstbäumen.

Die San-José-Schildlaus (*Quadraspidiotus perniciosus*) ist ein gefürchteter Obstbaumschädling.

### Ordnung Wanzen
*Heteroptera*

Diese Insekten besitzen meist auffallend flache Körper, harte, ledrige Vorderflügel mit weichen Flügelspitzen und Stinkdrüsen.

Im Garten:
Die Feuerwanzen (*Pyrrhocoris apterus*) oder die Grüne Stinkwanze (*Palomena prasina*) saugen Pflanzen oder Beeren an. Die Raubwanze (*Rhinocoris iracundus*) macht sich als Insektenjäger nützlich. Die Blumenwanze (*Anthocoris nemorum*) saugt Blattläuse und Milben an Blütenpflanzen aus.

### Ordnung Echte Netzflügler
*Planipennia*

Das wichtigste Erkennungszeichen sind die zarten Flügel, die von einem Netz oft farbiger Adern durchzogen sind. Weiche, braun oder grün gefärbte Körper, lange Antennen und große Augen sind weitere charakteristische Merkmale der Netzflügler. Die erwachsenen Insekten besitzen beißende, die Larven teilweise stechend-saugende Mundwerkzeuge. Alle leben räuberisch.

Im Garten:
Goldaugen oder Florfliegen sind meist grün, manchmal auch bräunlich gefärbt. Sie besitzen große »goldene« Augen und durchsichtige, farbig geäderte Flügel. Nach diesen auffallenden Merkmalen erhielten die Tiere auch ihren Namen.

**Die Florfliege** (*Chrysopa carnea*) ist hellgrün gefärbt; die Insekten und vor allem ihre Larven sind große Blattlausjäger, die häufig in naturgemäßen Gärten auftauchen.

**Die Blattlauslöwen** (*Hemerobiidae*) unterscheiden sich von den Florfliegen nur durch ihre mehr graue oder bräunliche Farbe und durch ein anders gezeichnetes Adernetz der Flügel. Die erwachsenen Insekten gehören ebenso wie ihre Larven zu den räuberischen Blattlausjägern.

Im allgemeinen gärtnerischen Sprachgebrauch werden auch die Florfliegen wegen ihrer nützlichen Tätigkeit »Blattlauslöwen« genannt. In der wissenschaftlichen Ordnung handelt es sich aber um zwei unterschiedliche Familien.

### Ordnung Käfer
*Coleoptera*

Die Vorderflügel der Käfer sind immer hart und fest. Sie stoßen meist auf der Mittellinie des Rückens zusammen und bilden einen panzerartigen Schild. Darunter liegen die weichhäutigeren, zusammengefalteten Hinterflügel. Die meisten Vertreter dieser Ordnung besitzen kauende Mundwerkzeuge. Sie fressen, je nach Art, Pflanzen, Fleisch oder Aas. Diese große Ordnung ist außerordentlich reich an Familien und Arten. Die Erscheinungsformen sind so mannigfaltig, daß sie den Rahmen dieser Übersicht sprengen. Deshalb werden hier aus der Fülle der über 350 000 weltweit bekannten Arten nur einige charakteristische Beispiele genannt.

Im Garten:
Käfer und ihre Larven können im Garten Schaden anrichten, wenn sie Pflanzenteile fressen; sie können aber auch sehr nützlich sein. Zahlreiche Käfer ernähren sich unter anderem von Läusen, Larven und Schnecken.

**Die Laufkäfer** weisen zahlreiche räuberische Familienmitglieder auf, die sich von wirbellosen Tieren ernähren, zum Beispiel:

Der Puppenräuber (*Calosoma sycophanta*) jagt Schmetterlingsgruppen, die Bäume schädigen, zum Beispiel Prozessionsspinnerraupen.

Der Goldschmied (*Carabus auratus*) frißt Nacktschnecken.

Die Goldleiste (*Carabus violaceus*) geht ebenfalls auf Schneckenjagd.

**Die Blatthornkäfer** bilden eine große Gruppe. Unter den über 20 000 bekannten Arten finden sich überwiegend Pflanzenfresser, zum Beispiel:

Der Maikäfer (*Melolontha melolontha*) ernährt sich als erwachsenes Insekt von Laubblättern; die Larven (Engerlinge) fressen Pflanzenwurzeln.

Der Junikäfer (*Amphimallon solstitialis*) ernährt sich ähnlich wie die Maikäfer.

Der Rosenkäfer (*Cetonia aurata*) nagt an Rosenblüten und auch an anderen Blumen.

**Die Schnellkäfer** erhielten ihren Namen, weil sie die Fähigkeit besitzen, aus der Rückenlage hochzuschnellen und sich dabei umzudrehen. Die kurzbeinigen Larven der Schnellkäfer sind die Drahtwürmer, die zum Teil an Pflanzenwurzeln nagen.

Der Saatschnellkäfer (*Agriotes lineatus*) lebt auf Kulturflächen; seine Larven richten großen Schaden an Pflanzenwurzeln an.

**Die Weichkäfer** besitzen relativ weiche Flügeldecken; die erwachsenen Tiere sind meist in Blüten zu finden.

Der Soldatenkäfer (*Rhagonycha fulva*) lebt meist in Doldenblüten und fängt Insekten. Seine Larven ernähren sich hauptsächlich von Schnecken.

Die Glühwürmchen leuchten im Garten an warmen Sommerabenden. Ihre Larven sind große Schneckenjäger.

**Marienkäfer** sind kleine Käfer mit gewölbtem Rücken und leuchtender, meist roter oder gelber Farbe. Charakteristisch sind die über die Flügel verteilten Punkte. Farbe und Zahl variieren stark.

Der Siebenpunkt (Coccinella septempunctata) ist der bei uns weitverbreitete Glückskäfer, der allgemein Marienkäfer genannt wird. Käfer und Larven vertilgen Blattläuse.

**Die Blattkäfer** haben meist eine rundovale Form und sind oft leuchtend gefärbt. Sie ernähren sich nur von Blättern. Zu ihren rund 35000 verschiedenen Arten gehören zum Beispiel:

Das Spargelhähnchen (Cricoceris asparagi) frißt ebenso wie seine Larven am Spargelgrün.

Das Lilienhähnchen (Lilioceris lilii) lebt an Gartenlilien; die Larven fressen an den Blättern.

Der Kartoffelkäfer (Leptinotarsa decemlineata) ernährt sich ebenso wie seine Larven hauptsächlich vom Kartoffellaub.

Der Kohlerdfloh (Phyllotreta nemorum) frißt Löcher in die Blätter junger Kohlpflanzen und anderer Kreuzblütler. Die Larven der Käfer bohren Gänge in die Blätter.

**Die Rüsselkäfer** sind an ihrem rüsselförmigen, langgezogenen Kopfende zu erkennen. Die meisten Arten gehören zu den Pflanzenfressern; unter ihnen finden sich zum Beispiel viele Obstgehölzschädlinge.

Der Apfelblütenstecher (Anthonomus pomorum) legt seine Eier in Apfel- und Birnenblütenknospen.

Der Haselnußbohrer (Curculio nucum) bohrt junge Haselnüsse an; die Larven wachsen in der Nuß heran und fressen sie auf.

Der Gefurchte Dickmaulrüssler (Otiorhynchus sulcatus) frißt die Blätter von Ziergehölzen an (zum Beispiel Rhododendron). Seine dicken Larven richten größere Schäden an den Wurzeln an.

## Ordnung Hautflügler
### Hymenoptera

Diese große, mehr als 100000 Arten umfassende Insektengruppe besitzt zwei Paar häutige Flügel. Die Hinterflügel sind wesentlich kleiner als die Vorderflügel. Die meisten Mitglieder dieser Ordnung haben beißende Mundwerkzeuge. Nektaresser, wie die Bienen, haben außerdem einen langen Rüssel entwickelt, mit dessen Hilfe sie in die Blüten gelangen. Zu den Hautflüglern gehören so wichtige Insektengruppen wie Ameisen, Wespen und Bienen.

Im Garten:

Die Gelbe Stachelbeerblattwespe (Pteronidea ribesii) gehört zu den Pflanzenwespen, die keine »Wespentaille« besitzen. Ihre Larven fressen Stachelbeer- und Johannisbeerblätter und können ganze Büsche in kurzer Zeit entlauben.

**Die Gallwespen** sind klein, besitzen einen ameisenartigen Körperbau, teils mit, teils ohne Flügel. Die Weibchen legen ihre Eier in Pflanzen ab; wenn die Larven schlüpfen, beginnt das Pflanzengewebe zu wuchern und bildet Gallen. In diesen Gallen überwintern auch die Puppen. Schlupf- und Erzwespen parasitieren ihrerseits die Gallwespenlarven. Aus den Gallen können also am Ende der Entwicklung ganz unterschiedliche Insekten schlüpfen.

Die Rosengallwespe (Diplolepis rosae) verursacht moosartige, runde Gallen an Wildrosen.

Die Eichengallwespe (Cynips kollari) erzeugt Galläpfel an Eichenblättern.

**Die Schlupfwespen** sind sehr schlank; sie besitzen lange Fühler und oft einen Legebohrer. Schlupfwespen sind Parasiten, deren Larven in den Larven anderer Insekten, z. B. in Schmetterlingsraupe aufwachsen.

**Die Brackwespen** haben eine ähnliche Lebensweise. Zu ihnen gehört die Art Apanteles glomeratus, die ihre Eier in Kohlweißlingsraupen ablegt; die Larven fressen ihren Wirt von innen auf. Auch andere Schmetterlinge werden »benutzt«.

**Die Erzwespen** erhielten ihren Namen nach ihrer metallisch-bunten Färbung. Diese kleinen Insekten gehören zu verschiedenen Familien. Die meisten leben als Parasiten.

Pteromalus puparum legt ihre Eier in Kohlweißlingspuppen ab.

**Die Ameisen** leben in streng geordneten »Staaten« zusammen. Die Arbeitstiere sind flügellos; die Geschlechtstiere, die für die Vermehrung sorgen, besitzen Flügel, die aber bei den Weibchen nach der Paarung abfallen. Je nach Art ernähren sich die Ameisen räuberisch, von Pflanzen oder als Allesfresser.

Die Rotgelbe Knotenameise (Myrmica laevinodis) kommt häufig im Garten vor; sie lebt als Allesfresser.

Die Schwarze Gartenameise (Lasius niger) gehört ebenfalls zu den Allesfressern. Diese Ameisenart hält sich Blattläuse als »Honigkühe«.

Die Rote Waldameise (Formica rufa) errichtet große Ameisenhaufen, vor allem im Wald. Diese Art ist geschützt, weil die Waldameisen große Mengen »schädlicher« Insekten vertilgen.

**Wespen, Bienen und Hummeln** bilden große artenreiche Gruppen, die ebenfalls zu den Hautflüglern gehören. Die meisten von ihnen sind im Garten gern gesehen als wichtige Helfer bei der Bestäubung. Im übrigen spielen diese Insekten als »Schädlinge« oder »Schädlingsvertreiber« im Garten keine größere Rolle und werden deshalb hier nicht im einzelnen aufgeführt.

## Ordnung Schmetterlinge
### Lepidoptera

Mit über 150000 bisher bekannten Arten bilden die Schmetterlinge eine der größten Insektengruppen. Ihre wichtigsten Erkennungsmerkmale sind die farbigen, abwechslungsreich gemusterten Flügel. Diese weichhäutigen Flugorgane sind mit besonderen Schuppen bedeckt, die das Farbenspiel und die Zeichnung hervorrufen. Die meisten Schmetterlinge besitzen einen langen Saugrüssel, mit dessen Hilfe sie Nektar aus Blüten saugen. Die Flügelspannweite dieser bunten Insekten reicht von winzigen 2 mm bei Zwergmotten bis zu stattlichen 30 cm bei tropischen Schmetterlingsarten.

Die Raupen der Schmetterlinge sind

fast alle auf Pflanzennahrung spezialisiert. Deshalb begegnen viele von ihnen dem Gärtner als »Schädlinge«.
Im Garten:
Aus der für einen Laien unübersehbaren Fülle der Schmetterlinge und ihrer Raupen können hier nur einige Beispiele herausgegriffen werden, die für den Gärtner von besonderer Bedeutung sind. Ausführlicher und vollständiger werden die ungeliebten Mitglieder dieser Insektengruppe im großen Kapitel »Gärtner-Lexikon« (ab Seite 128) beschrieben.

**Die Weißlinge** sind verschiedenartige weiß oder gelb gefärbte Falter, die oft schwarze Flecken auf den Flügeln haben. Zu ihnen gehören:
Der Kleine Kohlweißling (Pieris rapae) und der Große Kohlweißling (Pieris brassicae); die Raupen beider Arten leben vor allem auf Kohlarten, aber auch auf wilden Kreuzblütlern.

**Die Wickler** deuten bereits durch ihre Namen auf eine charakteristische Eigenschaft ihrer Raupen; diese wickeln sich bei vielen Arten in Blätter ein:
Apfelwickler (Laspeyresia pomonella); die Raupen fressen am Fruchtfleisch von Äpfeln, Birnen, Pfirsichen und Pflaumen.
Rosenwickler (Croesia bergmanniana); die Raupen schädigen Rosen.

**Die Zünsler** besitzen sehr schmale Vorderflügel als besonderes Kennzeichen. Zünslerraupen liegen oft in röhrenförmigen Gespinsten.
Kohlzünsler (Evergestis forficalis); die Raupen ernähren sich an Kohlpflanzen.
Maiszünsler (Ostrinia nubilalis); die Raupen bohren sich in Maispflanzen; vor allem in Großkulturen können beträchtliche Schäden entstehen.

**Die Schwärmer** sind meist kräftig gebaut, aber sonst sehr vielgestaltig. Sie können schnell und ausdauernd fliegen. Einige Arten besitzen einen langen Rüssel zum Nektarsaugen und stehen wie Kolibris mit schnellem Flügelschlag vor den Blüten. Die Raupen zahlreicher Arten haben einen dornartigen Fortsatz am Hinterleib.

Lindenschwärmer (Mimas tiliae); die Raupen ernähren sich von den Blättern der Linden, aber auch von Hainbuchen, Birken, Eschen, Eichen und Obstbäumen.
Ligusterschwärmer (Sphinx ligustri); die Raupen ernähren sich unter anderem von Liguster, Eschen, Flieder und Stechpalmen.
Nachtkerzenschwärmer (Proserpinus proserpina); die Raupen leben an Nachtkerzen, Weidenröschen und Weiderich.

**Die Bärenspinner** sind kräftige, behaarte Nachtschmetterlinge mit auffallender farbiger Zeichnung. Der Name Bären-Spinner bezieht sich auf die stark behaarten, ausgesprochen pelzig wirkenden Raupen. Sie leben meist auf Wildkräutern in Wiesen und Gärten. Einige Bärenspinner sind auf Flechten spezialisiert.
Holunderbär (Spilarctia lubricipeda); die Raupen ernähren sich von Holunder, Himbeeren, Nesseln, Fuchsien und verschiedenen anderen Gartenpflanzen.
Harlekinbär (Utetheisa pulchella); die Raupen finden sich auf Vergißmeinnicht, Boretsch und Natternkopf. Die Schmetterlinge gehören zu den Wanderfaltern.

**Die Eulen** bilden eine große Schmetterlingsfamilie. Ihre Vorderflügel zeigen meist eine unauffällige Tarnfarbe und drei besonders geformte Flecken. Die Raupen sind kaum behaart.
Kohleule (Mamestra brassicae); die Raupen ernähren sich von Kohlpflanzen.
Gemüseeule (Mamestra oleracea); die Raupen fressen an verschiedenen Gemüsepflanzen, vor allem an Gänsefußgewächsen.
Saateule (Scotia segetum); die Raupen leben im Boden und fressen an den Wurzeln vieler Kulturpflanzen.

**Die Spanner** bilden eine große Familie, deren Falter meist schlanke, zarte Körper und große Flügel besitzen. Der Name stammt von den relativ »nackten« Raupen, die nur zwei Paar Afterfüße besitzen. Sie bewegen sich auf ganz charakteristische Weise fort, indem sie sich mit ihrem Körper weit »ausspannen«: Die Raupe streckt sich lang nach vorne, hält sich mit den Vorderfüßen fest und zieht dann die Afterfüße ebenfalls ganz nach vorne. Der Mittelteil des Körpers wölbt sich dabei wie ein Bogen hoch. Nun verankert die Raupe ihre Afterbeine und streckt den Vorderkörper wieder aus. Unter den Spannern finden sich zahlreiche Baum- und Obstgehölz-Schädlinge.
Stachelbeerspanner (Abraxas grossulariata); die Raupen leben hauptsächlich von Stachelbeer- und Johannisbeersträuchern, fressen aber auch an anderen Gehölzen.
Großer Frostspanner (Erannis defoliaria) und Kleiner Frostspanner (Operophthera brumata); die Raupen beider Schmetterlinge leben auf vielen Laubbäumen und schädigen vor allem Obstgehölze.
Kiefernspanner (Bupalus piniarius); die Raupen richten durch massenhafte Vermehrung an Kiefern und anderen Nadelbäumen große Schäden an.

**Weitere Schmetterlingsarten**
Ebenfalls für den Gärtner von Bedeutung sind die folgenden Arten, die anderen als den bisher genannten Familien angehören:
Kohlschabe (Plutella xylostella); die Raupen fressen Kohl und andere Kreuzblütler.
Zwetschgen-Gespinstmotte (Yponomeuta padellus); die Raupen leben in Zwetschgenbäumen und anderen Prunus-Arten. Sie verpuppen sich in dichten Gespinsten.
Ringelspinner (Malacosoma neustria); die Raupen leben unter anderen auf Schlehen, Weißdorn und Obstbäumen. Die ringförmig um Baumäste angeordneten Gelege verhalfen den Tieren zu ihrem Namen.
Goldafter (Euproctis chrysorrhoea); die Raupen fressen an Schlehen, Weißdorn und Obstgehölzen; ihre Haare üben eine Reizwirkung aus.

Pinien-Prozessionsspinner *(Thaumetopoea pityocampa)*; die Raupen richten große Schäden in Pinien-, Kiefern- und Lärchenwäldern an. Die Haare der Raupen lösen sich ab und können die menschliche Haut gefährlich reizen.

### Ordnung Zweiflügler
#### Diptera
Die Insekten dieser großen Gruppe besitzen nur zwei häutige, meist durchscheinende Vorderflügel. Die Hinterflügel sind zurückgebildet zu sogenannten Schwingkölbchen. Die Mundwerkzeuge sind unterschiedlich ausgebildet, teils saugend, teils stechend, teils beißend. Die riesige Gruppe der Zweiflügler umfaßt fast 100 000 bisher bekannte Arten.

Im Garten:

**Die Schnaken** fallen durch einen schlanken Körper, schmale Flügel und vor allem durch ihre überlangen, zerbrechlichen Beine auf. Die Weibchen legen ihre Eier in den Boden, wo auch die zum Teil »schädlichen« Larven sich aufhalten.

Wiesenschnake *(Tipula paludosa)*; die walzenförmigen Larven fressen an den Wurzeln der Kulturpflanzen.

Kohlschnake *(Tipula oleracea)*; die Larven schädigen vor allem Kohlgewächse.

**Die Schwebfliegen** sind vielen Gärtnern als Nützlinge bekannt. Typisch für die etwa 5000 sehr unterschiedlichen Arten ist der schwirrende Flug mit sehr raschen Flügelbewegungen und abrupten Kehrtwendungen. Die meisten Schwebfliegen leben von Nektar; Doldenblütler sind bei ihnen besonders beliebt. Bei einigen Arten, die auch im Garten vorkommen, ist der Hinterleib gelbschwarz gestreift. Die Larven der Schwebfliegen ernähren sich sehr verschieden, von Pflanzen bzw. ihren Säften, von kleinen Insekten oder von Aas.

*Epistrophe balteata*; diese Schwebfliegenart ist häufig im Garten anzutreffen. Ihre Larven jagen Blattläuse.

**Die Bohr- und Fruchtfliegen** sind meist klein; sie besitzen gemusterte Flügel. Der Hinterleib der Weibchen läuft oft in eine Spitze aus, die zum Eierlegen dient. Die Larven wachsen in verschiedenen Früchten heran und tauchen im Garten an vielen Stellen als ungebetene Mitesser auf.

Selleriefliege *(Pilophylla heraclei)*; die Larven fressen Gänge in die Blätter von Sellerie, Pastinaken und anderen Doldenblütlern.

Kirschfliege *(Rhagoletis cerasi)*; die Larven leben in den Kirschen.

Die Möhrenfliege *(Psila rosae)* gehört zu einer anderen Familie. Ihre weitverbreiteten Maden fressen rostbraune Gänge in die Möhren.

## Spinnentiere

In diese große Gruppe gehören neben den eigentlichen Spinnen und den Skorpionen auch die Milben. Sie werden hier angefügt, weil die Spinnentiere zusammen mit den Insekten, den Tausendfüßern und den Krebstieren zum gemeinsamen Stamm der Gliederfüßer zählen.

**Die Milben** sind überwiegend sehr kleine Tiere, deren Körpergröße zwischen 0,1 mm und 30 mm schwankt. Sie ernähren sich, je nach Art, von Tieren, Pflanzen oder vermodernden Stoffen; viele Arten leben als Parasiten.

Im Garten:

Die Obstbaumspinnmilbe *(Panonychus ulmi)* oder »Rote Spinne« lebt in großen Kolonien auf Obstbäumen und schädigt die Bäume durch das Aussaugen der Blattzellen. Der unter Gärtnern bekannte Begriff »Rote Spinne« umfaßt mehrere Spinnmilbenarten.

Die Sammetmilben *(Trombidium holosericeum)* sind leuchtend rote Tierchen, die gern über Gartenwege und warme Steine laufen; sie leben räuberisch.

Die Erntemilben *(Trombicula autumnalis)* saugen sich an Säugetieren, auch an Menschen, fest und verursachen sehr unangenehme Hautreizungen. Die Larven der ebenfalls rötlich gefärbten Erntemilben leben im Spätsommer oft in großen Mengen an trockenen Stellen im Gras.

Die Insekten und die Milben nehmen nicht nur im Tierreich einen umfangreichen Platz ein; sie verursachen auch im Garten den größten Teil der Probleme, mit denen ein Gärtner sich Jahr für Jahr auseinandersetzen muß. Dies ist der Grund dafür, daß auch der systematische Überblick über diese Tierarten besonders umfangreich ausfällt.

Wenn Sie sich auf diesen Seiten ein wenig in die Biologie der Insekten vertieft haben, werden Sie bereits an vielen Stellen die direkte Querverbindung von der theoretischen Ordnung zur grünen Gartenpraxis entdeckt haben. Ein Gärtner, der sich wenigstens in groben Zügen mit der Lebensweise dieser interessanten schillernden Tiergruppe vertraut gemacht hat, kann den Insekten im Garten mit ganz neuem Verständnis begegnen. Er wird genauer beobachten und sorgfältiger unterscheiden. Die so oft benutzten Worte »nützlich« und »schädlich« bekommen plötzlich einen anderen Klang. Dort, wo ein Gärtner wirklich eingreifen muß, kann er es mit genauerer Einsicht in die Zusammenhänge und mit besserer Kenntnis wichtiger Details tun.

## Nematoden

Diese einfach gebauten, niederen Tiere gehören zum Stamm der Rundwürmer. Fast alle Fadenwürmer besitzen eine langgestreckte, fadenförmige Gestalt. Sie bestehen hauptsächlich aus einem Hautmuskelschlauch, dessen Muskeln nur in Längsrichtung verlaufen. Die Fadenwürmer leben ohne Wirbelsystem. Ihr Körper bleibt stabil durch das Zusammenspiel von elastischer Außenhaut und dem Druck der Körperflüssigkeit im Inneren der Tiere. Sie bewegen sich meist schlängelnd weiter, deshalb erhielten sie auch den Namen Älchen. Die meisten Fadenwürmer vermehren sich auf zweigeschlechtlichem Wege. Die Weibchen legen nach der Befruch-

tung Eier, aus denen später Larven schlüpfen. Ganz selten finden auch Geburten lebender Junger statt. Die Larven häuten sich viermal, ehe sie die Geschlechtsreife erreicht haben. Es gibt freilebende Nematoden und Schmarotzer. Je nach Art leben sie mit Tieren, Menschen oder Pflanzen zusammen.

Im Garten:
Für den Gärtner sind aus der Fülle der überall in der Welt vertretenen Fadenwürmer vor allem diejenigen interessant, die mit Pflanzen zusammenleben. Arten, die als Pflanzen-»Schädlinge« auftreten, leben meist eine zeitlang im Boden, ehe sie ihre »Wirte« überfallen. Zwei große Gruppen muß ein Gärtner unterscheiden:

**Die wandernden Fadenwürmer** saugen zum Beispiel an den Wurzelhaaren, in den Wurzeln der Pflanzen oder auch oberirdisch an Stengeln und Blättern. Sie benutzen dazu einen Mundstachel, mit dessen Hilfe sie die Zellwände durchstechen. Zu diesen beweglichen Nematoden gehören zum Beispiel Stengelälchen *(Ditylenchus dipsaci)* und Blattälchen (Gattung *Aphelenchoides*). Stengelälchen leben unter anderem an Phlox, Narzissen, Zwiebeln, Rotklee, Mais und Roggen. Blattälchen sind zum Beispiel auf Erdbeeren, Chrysanthemen, Rosen und Farne spezialisiert.

**Die festsitzenden Pflanzenfadenwürmer** geben in einem bestimmten Entwicklungsstadium ihre Beweglichkeit auf und setzen sich im Pflanzengewebe, zum Beispiel im Wurzelinneren, fest. Einige Arten bilden Zysten, die sehr lange unter ungünstigen Bedingungen überlebensfähig sind.
Diese Art der Vermehrung spielt sich so ab: Im Inneren der Weibchen entwickeln sich Eier, die von den Männchen befruchtet werden. Im Herbst sterben die weiblichen Würmer ab. Nur ihre Außenhaut bleibt erhalten. Sie verhärtet sich und bildet ein prall mit Eiern gefülltes Säckchen (Zyste), das nach dem Absterben der Wurzeln in der Erde bleibt. Dort können die Eier und Larven der Nematoden jahrelang in ihrem sicheren Gehäuse überleben.
Zu diesen Spezialisten gehören zum Beispiel das Kartoffelzystenälchen *(Globodera rostochiensis)* und das Rübenzystenälchen *(Heterodera schachtii)*. Die Zystenälchen können vor allem dort große Schäden anrichten, wo jahrelang die gleiche Pflanzenart in Großkulturen angebaut wird.

## Schnecken

Die Schnecken gehören zum Stamm der Weichtiere und sind auf der ganzen Welt zu Lande und im Wasser in einer ungeheuren Formen- und Artenvielfalt verbreitet. Allen Schnecken gemeinsam ist der weiche, feuchte Körper, der in der Hauptsache aus einem »Fuß« besteht. An der Fußsohle sondern die Tiere einen Schleim ab, auf dem sie vorwärtsgleiten. So entsteht die schleimige Schneckenspur im Garten.
Auf dem Rücken tragen die Schnecken, je nach Art, ein Gehäuse, Gehäusereste oder einen Mantelschild. Am Kopf befinden sich bei vielen Arten zwei Paar bewegliche Fühler, die ausgestreckt oder eingezogen werden können. An den Spitzen des langen Fühlerpaares befinden sich die Augen der Schnecken. Alle Landlungenschnecken sind Zwitter, die sowohl männliche als auch weibliche Geschlechtsorgane besitzen.

Im Garten:
An den Zier- und Nutzpflanzen des Gartens finden sich Schnecken aus der großen Gruppe der Landlungenschnecken. Es gibt Formen mit und ohne Gehäuse (Nacktschnecken).

**Die Wegschnecken** gehören zu den Nacktschnecken; sie sind in unterschiedlichen Tönungen rötlich, braun oder schwarz gefärbt. Es sind Pflanzenfresser, die aber auch Abfälle verzehren, zum Beispiel tote Artgenossen oder andere verwesende kleine Tiere.

Die Große Wegschnecke *(Arion ater)* wird 10–15 cm lang. Sie kann rötlich, grau oder schwarz gefärbt sein.

Die Braune Wegschnecke *(Arion subfuscus)* erreicht 5–7 cm Länge und ist meist braun gefärbt.

Die Gartenwegschnecke *(Arion hortensis)* gehört zu den kleinen Schnecken, die 2,5–3 cm lang werden und unterschiedliche Farben zeigen, von gelblich-grau bis schwärzlich.

**Die Egelschnecken** sind vielgestaltig; zu ihnen gehören große »nackte« Schnecken mit unterschiedlicher Färbung und zum Teil ausgeprägter Zeichnung ebenso wie kleine, weitverbreitete Nacktschneckenformen.

Die Große Egelschnecke *(Limax maximus)* wird sehr groß, etwa 10–20 cm lang; sie ist hellbraun bis grau gefärbt und auf den Seiten mit dunklen, fast schwarzen Streifen geschmückt.

Die Ackerschnecke *(Deroceras reticulatum)* wird 3,5–5 cm lang. Die nackten Tiere sind hell cremefarben, bräunlich oder grau gefärbt. Oft zeigen sie netzartig verteilte dunklere Flecken.

**Die Hain- oder Schnirkelschnecken** gehören zu den Gehäuseschnecken. Im Garten finden sich hauptsächlich zwei Arten:

Die Gartenschnirkelschnecke *(Cepaea hortensis)* trägt ein kugelförmiges, etwas gedrücktes Gehäuse, das leuchtend gefärbt und mit unregelmäßigen dunklen Streifen geschmückt ist.

Die Hainschnirkelschnecke *(Cepaea nemoralis)* besitzt ein sehr ähnliches Gehäuse; von der Gartenschnirkelschnecke unterscheidet sie sich durch den dunkleren Rand an der Gehäusemündung.

Beide Schneckenarten leben sowohl in Wäldern, Wiesen, Gebüschen und Hecken als auch im Garten. Die Gehäuseschnecken richten bedeutend weniger Schäden an als die Nacktschnecken.

Die Weinbergschnecke *(Helix pomatia)* gehört ebenfalls zur Familie der Schnirkelschnecken. Sie zählt im Garten aber eher zu den Nützlingen. Diese großen Schnecken verzehren die Eier anderer Arten, ernähren sich aber in der Hauptsache von Blättern, jungen Trieben und organischen Abfällen.

Weinbergschnecken lieben kalkhaltige Böden.

Weitere interessante Details aus dem Leben der Schnecken erfahren Sie im Kapitel »Die großen Plagen« (Seite 214).

## Säugetiere

Aus dieser umfangreichen Tierklasse tauchen nur einige wenige Vertreter im Garten als »Schädlinge« auf. Sie sind allgemein bekannt und werden deshalb einfach aufgezählt.

**Die Wühlmaus oder Schermaus** (*Arvicola terrestris*) gehört zu den Nagetieren, deren typische Nagezähne ständig nachwachsen. Wühlmäuse fressen Blumenzwiebeln und Pflanzenwurzeln. Sie können an Zierpflanzen, Sträuchern, Obstbäumen und Gemüse erhebliche Schäden anrichten. Mehr darüber erfahren Sie im Kapitel »Die große Plagen« (Seite 221).

**Die Feldmaus** (*Microtus arvalis*), ebenfalls ein Nagetier, ist an ihrem kurzen Schwanz, der nur 3 cm Länge erreicht, gut zu erkennen. Sie nagt an Tulpenzwiebeln, Wurzelgemüse und Obstbaumrinde.

**Hasen und Wildkaninchen** (*Lepus europaeus* und *Oryctolagus cuniculus*) dringen in bestimmten Gegenden in den Garten ein, meist dort, wo er an Felder oder an den Wald grenzt. Hasen und Kaninchen gehören zu den Hasentieren. Sie knabbern junge Bäume und Beerensträucher an. Auch Gemüse und Blumen sind vor ihnen nicht sicher.

Im Vergleich zum Riesenaufgebot von Insekten und zum Massenauftreten der Schnecken wirken die Säugetiere fast wie Einzelgänger im Heer der Garten-»Schädlinge«. Läuse gibt es überall; die Verbreitung von Mäusen und Kaninchen ist dagegen lokal begrenzt und von bestimmten Umweltbedingungen abhängig. In manchen Gärten können Wühlmäuse allerdings verheerende Schäden anrichten. Auch »Wildverbiß«

ist kein Vergnügen für diejenigen Gärtner, die mit diesem Problem fertig werden müssen. Niedliche Hasen und großäugige Rehe können die Liebe zur Natur auf eine harte Probe stellen, wenn diese mit verstümmelten Obstbäumen und abrasierten Nelkenpolstern bezahlt werden muß.

## Pilze

Pilze gehören zu den niederen Pflanzen; sie besitzen kein Blattgrün. Ohne den grünen Lebensstoff Chlorophyll kann aber keine Pflanze Stoffwechselprodukte für ihre Ernährung erzeugen. Das heißt, sie kann nicht assimilieren. Zahlreiche Pilze gleichen diesen Mangel aus, indem sie eng mit bestimmten Pflanzen zusammenleben und sich von deren Säften ernähren. Dies kann in Form einer Lebensgemeinschaft (Symbiose) oder durch »Schmarotzen« (Parasitismus) geschehen. Viele Pilze leben auch von zerfallenden organischen Stoffen (Saprophyten).

Die wichtigsten Organe vieler Pilze sind feine verzweigte Fäden, die sogenannten Hyphen. Das Geflecht der Hyphen, das einem Wurzelsystem gleicht, nennen die Botaniker Myzel. Anstelle der Samen, durch die sich die höheren Pflanzen vermehren, bilden die Pilze Sporen. Diese Fortpflanzungszellen werden mit dem Wind, durch Wasser oder Tiere fortgetragen und weiter verbreitet. Manche Pilzsporen können langere Zeit im Boden überleben. Für die meisten Pilze bedeutet warme, feuchte Witterung ideales Vermehrungsklima.

Pilze begegnen dem Gärtner in sehr unterschiedlichen Formen:
– als eßbare oder giftige Waldpilze,
– als nützliche Bodenbewohner, die an der Humusbildung wesentlich beteiligt sind und
– als sogenannte Schad-Pilze an den Gartenpflanzen.

Diejenigen Pilze, die den Nutz- und Zierpflanzen Schaden zufügen, leben sozusagen als Pflanze in der Pflanze.

Deshalb sind sie so schwer zu vertreiben. Alle vorbeugenden Maßnahmen, die verhindern, daß die Pilze mit ihren feinen Fäden in Blätter oder Früchte eindringen, sind deshalb die erfolgreichsten. Diese Art des Pflanzenschutzes ist ja auch ganz im Sinne des Gärtners, der mit der Natur zusammenarbeiten möchte.

Die Anwesenheit bestimmter Pilze erkennt der Gärtner zum Beispiel an mehlig-weißem Belag auf den Blättern, an schwarzen oder braunen Flecken, an rötlichen Pusteln oder auch an Fäulnisstellen. Die Infektion kann Früchte, Blätter, Stengel oder Wurzeln befallen. Im schlimmsten Fall stirbt die ganze Pflanze ab. Für den Gärtner ist es wichtig, die beiden Hauptverbreitungsformen der Pilze zu kennen und zu unterscheiden.

**Die Gefäßparasiten** dringen von innen in die Pflanze ein. Ihre feinen, Fäden finden Eingang über die Wurzeln in die Leitbahnen; sie verstopfen mit der Zeit diese Lebensadern der Pflanzen und führen oft zum tödlichen Kollaps ihrer Wirte.

Auf diesem Wege entsteht zum Beispiel die gefürchtete Asternwelke. Auch die Stengelgrundfäule (die Schwarzbeinigkeit der Setzlinge) und Zwiebelfäule werden durch Pilzwucherungen in den Leitbahnen verursacht. Eine solche Infektion kann durch Spritzmittel von außen nicht beeinflußt werden.

**Die Gewebeparasiten** dringen von außen in bestimmte Pflanzenteile ein. Durch die Luft fliegen zum Beispiel die Sporen des Echten Mehltaus auf den Rosenstrauch, die Monilia an die Blätter der Sauerkirsche und die Erreger der Braun- und Krautfäule auf das Laub von Tomaten oder Kartoffeln. Diese Pilzansiedlungen befinden sich an der Oberfläche von Blättern und Früchten. Sie können durch Spritzmittel, wie zum Beispiel Schachtelhalm-Brühe, direkt erreicht und beeinflußt werden.

Es gibt aber auch Gewebeparasiten, die vom Boden her in die Pflanzen eindringen. Dazu gehören zum Beispiel die

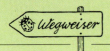

gefürchtete Kohlhernie, die Wurzelfäule oder die Rutenkrankheit der Himbeeren. Diese Pilzerkrankungen sind wesentlich schwieriger zu behandeln. Pilzinfektionen schwächen die Pflanzen mehr oder weniger stark. Manche Pilze sind auf bestimmte Gewächse spezialisiert, andere geben sich weniger wählerisch und siedeln sich auf unterschiedlichen Pflanzen an.

Außerdem gibt es Pilze, die ihren »Wohnsitz« regelmäßig wechseln: Sie haben einen Haupt- und einen Zwischenwirt. Ein auffallendes Beispiel dieses Wechselspiels ist der Birnengitterrost; er siedelt sich im Winter an verschiedenen Wacholderarten an und »springt« im Sommer auf benachbarte Birnbäume über.

Grundsätzlich sollte sich jeder Gärtner merken, daß Pilzinfektionen durch bestimmte Voraussetzungen besonders leicht und heftig auftreten können. Pilze vermehren sich rasch bei

- feucht-warmer Witterung,
- unter stickig engen Wachstumsbedingungen,
- an überdüngten Pflanzen, die weiches aufgeschwemmtes Blattwerk haben,
- bei anfälligen Züchtungen.

Wer naturgemäß gärtnert und für gesundes, harmonisches Wachstum sorgt, der hat bereits viel getan, um bestimmten Pilzen den »Appetit« auf seine Pflanzen zu verderben.

## Bakterien

Bakterien sind winzige, einzellige Lebewesen, die der Gärtner mit bloßem Auge nicht zu erkennen vermag. Erst unter einem Elektronenmikroskop könnte er ihre kugeligen, stäbchenförmigen oder spiraligen Gestalten unterscheiden. Da viele Formen sich selbst ernähren können, werden sie oft dem Pflanzenreich zugeordnet. Bakterien vermehren sich durch einfache Zellteilung. Unter günstigen Voraussetzungen kann aus einer einzigen Bakterie innerhalb eines Tages und einer Nacht ein millionenstarkes Angreiferheer entstehen.

Bakterien gehören zu den Lebewesen, die in unvorstellbaren Mengen auf der ganzen Welt verbreitet sind. Sie leben im Boden, im Wasser und in der Luft ebenso selbstverständlich wie in den Organen von Pflanzen, Tieren und Menschen. Es gibt eine Fülle hilfreicher Bakterien, die an wichtigen Lebensprozessen beteiligt sind. Auf der anderen Seite gibt es zahlreiche Bakterien, die bei Menschen, Tieren und auch bei Pflanzen schwere Krankheiten verursachen können.

Bakterien-Infektionen werden im Garten durch Wasser, durch den Wind und vor allem durch Insekten übertragen. Schwachstellen, durch die Bakterien in das Pflanzengewebe oder in die Leitbahnen eindringen können, sind vor allem offene Wunden. Eingeschleppt werden die Erreger auch durch infiziertes Saatgut; sie haften dann an der Außenhaut der Samen. Eine gefährliche Ansteckungsquelle können auch bereits verseuchte Blätter oder Pflanzenteile sein, die auf den Boden fallen und nicht weggeräumt werden.

Warmes Wetter mit hoher Luftfeuchtigkeit begünstigt die Ausbreitung und die Vermehrung der Bakterien im Garten. Bei ungünstiger Witterung können diese winzigen Wesen sehr dauerhafte Überlebensformen bilden.

Die folgenden Krankheitssymptome sind typisch für Bakterien-Erkrankungen:

**Bakterienflecken** zeigen sich anfangs durch nadelstichartige Pünktchen, die hell und durchsichtig erscheinen. Dies sind zum Beispiel Anzeichen für die Blattfleckenkrankheit der Gurken oder die Fettfleckenkrankheit der Bohnen.

Die kranken Stellen können auch größer sein und durch wäßrige Ränder, eingesunkene Gewebestellen oder schleimige Absonderungen auffallen.

**Der Bakterienbrand** beginnt ebenfalls mit Flecken, die aber manchmal rundliche Formen bilden. Das Gewebe darin wirkt durchscheinend, färbt sich rötlich-braun und fällt zuletzt heraus. So entstehen runde Löcher in den Blättern. Dieses Bild ist typisch für den Bakterienbrand beim Steinobst, zum Beispiel bei Kirschen, Pflaumen und Aprikosen.

Die gefürchtetste Bakterienkrankheit, der Feuerbrand, kündigt sich oft durch Feuchtigkeitsabsonderungen an. Er befällt Birnen, Äpfel, Quitten, Ebereschen, Feuerdorn, Weiß- und Rotdorn.

**Die Bakterienwelke** entsteht durch Bakterien, die die Leitungsbahnen der Pflanzen verstopfen. Ganze Triebe sterben von den Spitzen her innerhalb kurzer Zeit ab. Bakterienwelke kann zum Beispiel bei Gurken, Tomaten, Bohnen und beim Steinobst auftreten.

**Bakterienfäule** verursachen Bakterien in Blättern, Stengeln, Wurzeln oder Zwiebeln. Die erkrankten Pflanzenteile zerfallen durch die Weich- oder Naßfäule in eine breiartige Masse, die einen unangenehmen Fäulnisgeruch ausströmt.

Die verbreitete Rhizomfäule der Iris geht zum Beispiel auf eine solche Bakterienkrankheit zurück. Gefährdet sind aber unter anderen auch Kohl, Salat und Möhren.

**Bakterienwucherungen** entstehen an den Wurzeln, am Wurzelhals oder an Baumstämmen durch das Eindringen von Bakterien. Solche Wucherungen an verschiedenen Pflanzen nennt man auch Bakterienkrebs oder, wenn sie im Wurzelbereich auftauchen, Wurzelkropf.

Es gibt keine Spritzmittel, die direkt gegen Bakterien wirksam sind. Auch keine chemischen Präparate! Nur vorbeugende Maßnahmen können die Pflanzen vor Bakterieninfektionen schützen.

## Viren

Viren sind winzige Organismen, die weder zu den Pflanzen noch zu den Tieren gehören. Sie können nur im

Elektronenmikroskop sichtbar gemacht werden. Im Gegensatz zu allen anderen bekannten Lebewesen haben die Viren keinen eigenen Stoffwechsel und kein selbständiges Wachstum. Sie können sich deshalb nur in den lebenden Zellen anderer Organismen vermehren. Dies geschieht auf Kosten des Eiweißstoffwechsels der befallenen Lebewesen.

Viren können sowohl beim Menschen als auch bei Tieren und Pflanzen schwere ansteckende Krankheiten auslösen. Solche Viruserkrankungen nennt man Virosen. Kinderlähmung und Virusgrippe sind Beispiele für Infektionen beim Menschen. Die Maul- und Klauenseuche ist bei Tieren weitverbreitet.

Typische Virusinfektionen der Gartenpflanzen sind vor allem die verschiedenen »Mosaik«-Krankheiten. Da die Viren in den Zellen leben und sich ausbreiten, entstehen bei Pflanzen häufig Stoffwechselstörungen, die die Bildung des Blattgrüns beeinflussen. Dadurch entwickelt sich auf den Blättern ein mosaikartiges Fleckenbild von grünen und gelblich gefärbten Stellen. Wegen dieser Zeichnung entstand die Krankheitsbezeichnung »Mosaik«. Vor allem Gurken, Bohnen und Salat werden davon befallen.

Wachstumsstörungen, die sich in Verfärbungen, gekräuselten Blättern und gestauchtem Wuchs äußern, sind unter anderem die Kräuselkrankheit der Erdbeeren, die Scharkakrankheit der Pflaumen, die Gelbstreifigkeit der Zwiebeln, die Weißstreifigkeit der Gladiolen, die Farn- und Fadenblättrigkeit der Toma-

ten und die Stauchekrankheit der Dahlien.

Eine Virusinfektion, die bei Tulpen buntstreifige Sorten wie die Rembrandttulpen ins Leben rief, erfreut sich dagegen bei Gärtnern und Blumenfreunden großer Beliebtheit.

Virusinfektionen werden auf Gartengewächse vor allem durch Insekten übertragen, die Pflanzensaft saugen. Die wichtigsten Überträger sind die Blattläuse. Aber auch Thripse, Wanzen, Zikaden und Milben sind an der Verbreitung beteiligt.

Viren gelangen schon durch sehr kleine Verletzungen in den Säftestrom der Pflanzen. Dies kann zum Beispiel durch die Arbeitswerkzeuge des Gärtners geschehen, beim Schnitt und bei Veredelungsarbeiten. Auch durch infizierte Edelreiser, Obstbaum-Unterlagen oder Saatgut können Viruskrankheiten in den Garten eingeschleppt werden. Selbst durch Blütenpollen und durch Nematoden (Fadenwürmer) im Boden ist eine Virusübertragung möglich.

Manchmal werden Pflanzen von mehreren Virusinfektionen gleichzeitig erfaßt. Dies führt natürlich zu besonders schweren Gesundheitsschäden. Gegen Viruserkrankungen gibt es keine direkt wirkenden Spritzmittel oder andere Heilungsmöglichkeiten. Die Vermeidung von Infektionen ist deshalb der wichtigste Pflanzen-Schutz auf diesem Gebiet. Sauberkeit, gesundes Saatgut und resistente Sorten können die Gefahren vermindern. Sehr wichtig ist es auch, daß die Insekten, die Viren übertragen können, stets in Grenzen gehalten werden.

Schließlich sei noch eine Gruppe von Organismen erwähnt, deren systematische Zuordnung bislang unklar ist. Sie werden als »MLO« bezeichnet und gehören wahrscheinlich zur Bakteriengruppe der Mykoplasten. Auch diese Substanzen können Pflanzenkrankheiten auslösen. Verfärbungen der Blätter, gestörter Wuchs und hexenbesenartige Auswüchse gehören zu den Symptomen, die auf diese Organismen hindeuten. Gelbsucht bei Astern und Petunien sowie die Triebsucht beim Apfelbaum werden durch diese winzigen Erreger verursacht.

Die Zusammenhänge sind noch weitgehend unerforscht. Für den normalen Gartenbesitzer sind diese Krankheiten auch kaum von Bedeutung.

Wichtig zu wissen ist aber noch, daß zwei sehr ansteckende Infektionen meldepflichtig sind: der Feuerbrand, der durch Bakterien, und die Scharkakrankheit der Pflaumen, die durch Viren verursacht wird.

Nun haben Sie auf den zurückliegenden Seiten so viel über Krankheiten, Ansteckungsgefahren und gefräßige »Schädlinge« aller Art gehört, daß Sie kaum noch an gesunde Gartenfreuden glauben mögen. Das ist aber sicher nicht der Sinn dieser ausführlichen Aufklärung. Im Gegenteil: Mit Ihrem gesammelten Wissen können Sie nun (fast) allen Gefahren erfolgreich aus dem Weg gehen. In den folgenden Kapiteln werden – mit gutem Rat und praktischer Hilfe – die positiven Seiten der Schädlings- und Krankheitsabwehr aufgeschlagen.

# Was Pflanzen gesund erhält

Auf den vorangegangenen Seiten haben Sie eine Fülle von Ursachen und Gründen kennengelernt, die für kranke Pflanzen verantwortlich sein können. Mindestens ebenso wichtig ist aber für alle Gärtner, genau Bescheid zu wissen über die wichtigsten Mittel und Methoden, die verhindern, daß Ihre Pflanzen überhaupt krank werden können. Denn überall dort, wo das Wachstum harmonisch in natürlichen Zusammenhängen verläuft, braucht der Mensch kaum regulierend einzugreifen. Alles, was die grüne Gesundheit stärkt, erfahren Sie in diesem Kapitel.

## Gesundes Wachstum in gesundem Boden

Pflanzen sind Lebewesen, die an den Boden gebunden sind. Deshalb ist ihre gesamte Entwicklung abhängig von diesem braunen, krümeligen Element. Die Erde ist der Ur-Grund für die Stärke oder die Schwäche der Gewächse, die in ihr wurzeln. Der oft zitierte Satz – »In einem gesunden Boden wachsen auch gesunde Pflanzen« – behält deshalb seine zeitlose Gültigkeit.

Die Pflege des Bodens gehört zu den wichtigsten Aufgaben des vorbeugenden Pflanzen-Schutzes. Der Idealzustand, den jeder Biogärtner anstrebt, ist ein lockerer, feuchter Humus, in dem es von Regenwürmern und unzähligen anderen Bodenlebewesen wimmelt. Der Nährstoffgehalt dieser Traumerde ist ausgewogen; alle wichtigen Spurenelemente sind gleichmäßig darin verteilt.

Einen solchen rundum gesunden Bodenzustand erreicht ein Gärtner aber nur, wenn er seine Erde genau kennt. Erst dann kann er ihre Mängel ausgleichen und ein harmonisches Kräfteverhältnis aufbauen.

### Die Bodenarten

Die Bodenarten können, je nach Lage des Gartens, sehr unterschiedlich sein. Jeder Gärtner sollte die besonderen Eigenarten seiner Erde kennen, denn auf dieser Grundlage muß er leben, säen und pflanzen. Dies sind die beiden wichtigsten Bodentypen:

■ Lehmiger Boden ist humusreich und mehr oder weniger »fett«. Seine Qualität hängt davon ab, ob er mehr Sand oder mehr Ton enthält. Sand macht den lehmigen Boden lockerer und wärmer; ein hoher Tonanteil verdichtet die Struktur und erzeugt einen Boden, der naßkalt und schwer wird.
Im allgemeinen sind lehmige Böden fruchtbar und lebendig. Sie halten Feuchtigkeit und Nährstoffe gut fest. Kompost, Mulchdecken und Gründüngung verbessern und erhalten den Humusgehalt und das Nährstoffreservoir dieser Erde. Wo der Lehmboden einen hohen Tonanteil besitzt, da kann das Einarbeiten von Sand zur Lockerung durch Lüftung und Erwärmung beitragen.

■ Sandige Böden sind »mager«; sie zeichnen sich durch eine sehr lockere, körnige Struktur aus. Regen- und Gießwasser rinnen durch die zahlreichen Hohlräume ungehindert in den Untergrund. Der leichte Sand trocknet deshalb rasch aus; Nährstoffe werden teilweise ungenutzt ausgespült. Im Frühjahr erwärmen sich sandige Böden

Die Struktur seiner Erde kann der Gärtner mit den Händen prüfen.

schneller als schwere lehmige Erde. Sie können deshalb auch früher bearbeitet werden.

Es gibt aber auch bei diesem Bodentyp keinen »reinen Sand«, sondern stets Mischungen, die mehr oder weniger Lehmanteile enthalten. Reichlich Kompost und Mulchdecken verbessern den Humus- und Nährstoffgehalt der Sandböden. Tonmehl macht die trockenkörnige Erde bindiger und erhöht so die Fähigkeit, Wasser zu speichern.

Die Struktur seiner Erde kann ein Gärtner mit den Händen prüfen: Sand rieselt ihm leicht durch die Finger, während lehmiger Boden sich mehr oder weniger fest zusammenpressen läßt. Aus Ton können Sie eine schwere Kugel formen, die nicht mehr auseinanderfällt.

Diese Art der Bodenprobe kann leicht und rasch vorgenommen werden, weil es sich um die Erkennung äußerer Merkmale handelt. Die »inneren Werte« Ihrer Gartenerde können Sie dagegen nur durch eine systematische Untersuchung im Labor ermitteln.

## Die Bodenanalyse

Eine genaue Untersuchung des Bodens empfiehlt sich im Abstand von zwei bis drei Jahren, denn nur auf diesem Wege erhalten Sie genaue Anhaltspunkte über den Nährstoffgehalt Ihrer Gartenerde. Wissenschaftliche Analysen des Bodens werden in allen Bundesländern durch die Landwirtschaftlichen Untersuchungs- und Forschungsanstalten (LUFAS) vorgenommen. Für einen Biogärtner sind aber Spezialinstitute besonders empfehlenswert, die nach naturgemäßen Gesichtspunkten arbeiten. Sie erfahren dort nicht nur Kali-, Phosphor- und Magnesiumwerte, sondern auch auf Anfrage genauere Angaben über die Qualität des Bodenlebens und biologisch orientierte Verbesserungsvorschläge.

Nur nach einer genauen Bodenanalyse können Sie gezielt die Hauptnährstoffe und bestimmte Spurenelemente in Ihrer Gartenerde ergänzen. Für harmonisches, gesundes Pflanzenwachstum ist die ausgewogene Verteilung der Nährstoffe von großer Bedeutung.

**Bodenproben** zum Verschicken sammeln Sie am besten an verschiedenen Stellen Ihres Gartens. Erde aus dem Gemüsegarten, dem Obstgarten, von Blumenbeeten und von Spezialkulturen, zum Beispiel Rhododendren, sollte getrennt verschickt werden, da sie unterschiedlich beansprucht wird.

Eine Bodenprobe kann genau analysiert werden.

Graben Sie von den wichtigsten Beeten Ihres Gartens für jede Probe an 10–15 Stellen etwas Humus aus der obersten 10–20 cm tiefen Schicht aus. Jedes »Spezialgebiet« wird separat in einem Eimer vermischt. Dann packen Sie von jeder Probe etwa 500 g Erde in einen Plastikbeutel. Kleben Sie zum Schluß ein Etikett darauf, das zum Beispiel die Information »Erde aus dem Gemüsegarten« enthält.

In das Päckchen mit den verschiedenen Bodenproben legen Sie noch einen Zettel, auf dem Sie die Größe Ihres Gartens, die Art der Nutzung und Ihre Wünsche notieren. Sie können eine normale Grunduntersuchung in Auftrag geben oder zusätzliche Wertermittlungen, zum Beispiel über Schwermetalle (teuer!) oder den Gehalt an Mikroorganismen, anfordern. Schreiben Sie auch auf, ob Sie ausführliche Dünge- und Verbesserungsvorschläge wünschen.

Die günstigste Zeit für eine Bodenanalyse ist der Herbst oder das zeitige Frühjahr, wenn die Pflanzen die Nährstoffe einen Sommer lang verbraucht haben und der Gärtner die Reserven noch nicht wieder aufgefüllt hat. Adressen für Bodenuntersuchungen finden Sie im Anhang.

**Einen Kalktest** kann jeder Gärtner selber vornehmen. Im Handel sind verschiedene Hilfsmittel für einen solchen Säure-Test der Erde erhältlich. Verläßliche Angaben über die pH-Werte vermittelt zum Beispiel der »Calcitest«. In ein Glasröhrchen werden übereinander etwas Gartenerde, eine Spezialtablette und destilliertes Wasser gefüllt. Nach kräftigem Durchschütteln muß die Mischung sich absetzen und klären. Bereits kurze Zeit später färbt sich die Flüssigkeit im Röhrchen in gelbe, hellblaue oder dunkelblaue Farben. An dieser Tönung kann man den Säure- bzw. Kalkgehalt ablesen. Der ideale Bereich von pH 6,5–7 zeigt sich zum Beispiel durch eine tiefblaue Färbung.

Wenn Sie nach einem Kalktest durch gezielt eingesetzte Bodenverbesserungsmittel wieder pflanzenfreundliche pH-Werte herstellen, haben Sie

## Was Pflanzen gesund erhält

bereits einen wichtigen Beitrag für die Gesundheit Ihrer Gartengewächse geleistet. Zu saure Erde können Sie durch Kalk, Algenkalk und kalkhaltige Steinmehle verbessern.

### Bodenverbesserung

**Kompost** ist das beste und preiswerteste Heilmittel für alle Böden. Dieser von Menschenhand komponierte Superhumus reichert alle Gartenbeete mit Nährstoffen und wertvollen lebendigen Substanzen an. Er verbessert die Struktur und die Vitalität des Bodens. Deshalb ist der Kompostplatz das Energiezentrum des Biogartens. Hier werden alle organischen Abfälle von den Beeten und aus der Küche wieder verwertet. Der lebendige Kreislauf der Stoffe schließt sich, wenn aus den absterbenden Resten der verschiedensten Pflanzen nährstoffreiche Erde entsteht, die neuen Pflanzen als gesunde Lebensgrundlage dient.

Die unterschiedlichen Materialien, die sich im Laufe der Sommer- und Herbstmonate auf dem Kompostplatz sammeln, müssen zerkleinert und gut miteinander vermischt werden. Erst dann setzt der Gärtner diese Abfälle in Mieten oder in Silos lagenweise auf. Der Komposthaufen soll so locker aufgebaut werden, daß stets Luft zirkulieren kann. Denn Sauerstoff und eine ausgeglichene Feuchtigkeit sind wichtig für harmonisch ablaufende Zersetzungsprozesse. Wo das Kompostmaterial zu naß und zu dicht aufeinander liegt, da entsteht leicht übelriechende Fäulnis. Zuviel Nässe nach anhaltenden Regenfällen kann der Gärtner durch eine zeitweise Abdeckung der Silos mit Brettern oder der Mieten mit Folien verhindern. In heißen trockenen Sommermonaten muß der Kompost dagegen gegossen werden, damit er feucht bleibt. Kompostmieten werden, wenn sie fertig aufgesetzt sind, mit einem Mantel aus Stroh, Gras oder alten Säcken zugedeckt. So sind sie – bei normaler Witterung – vor dem Austrocknen und vor Wärmeverlusten geschützt.

Bringen Sie Ihren kostbaren Kompost »im besten Alter« auf die Gartenbeete. Wenn die organischen Substanzen noch nicht vollständig zersetzt sind und die Erde noch etwas grob wirkt, dann besitzt sie einen hohen Nährstoffgehalt. Ganz feiner, vollständig vererdeter Kompost hat bereits einen großen Teil seiner wertvollen Inhaltsstoffe abgebaut!

Der Grob- oder Mulchkompost ist außerdem noch ganz erfüllt von wimmelndem Leben. Sie verteilen mit diesem vitalen Gemisch nicht nur Regenwürmer sondern auch eine Fülle »fleißiger« Mikroorganismen auf Ihre Beete. Dieses Bodenleben regt die Aufbau- und Umsetzungsprozesse in der Gartenerde kräftig an und trägt so zu einer ständigen Erneuerung der gesunden Grundlagen für das Pflanzenwachstum bei.

Verteilen Sie Ihren Kompost im Herbst oder im zeitigen Frühling auf die Gemüsebeete, zwischen Stauden und Rosen, unter Ziersträuchern und Obstgehölzen. Der kostbare, lebensvolle Humus wird nur oberflächlich eingeharkt und dabei leicht mit der Gartenerde vermischt. Decken Sie den ausgebreiteten Kompost anschließend mit Laub, Gras oder anderem Mulchmaterial zu, damit er feucht bleibt.

Kompost wirkt belebend und gesundend auf die Erde. Die Hauptnährstoffe und wichtige Spurenelemente werden

Alle organischen Abfälle aus Garten und Küche verwandeln sich in nährstoffreiche Komposterde.

ständig erneuert, wo der Gärtner regelmäßig Kompost verteilt. Die fruchtbare Humusschicht im Garten wächst mit den Jahren stetig an. In einem so gepflegten, gesunden Boden gedeihen alle Pflanzen unter besten Bedingungen. Sie können sich ungestört und gut ernährt entwickeln. So gewinnen sie einen Vorsprung an Vitalität und Gesundheit, der sie stärkt gegenüber allen Gefahren, die durch Schädlinge oder Infektionen drohen können.

**Mulchen** nennen die Biogärtner ihre Methode, den offenen Boden mit organischem Material zuzudecken. Sie erreichen damit gleichzeitig mehrere Vorteile:

- Die Erde bleibt unter der natürlichen Abdeckung gleichmäßig feucht. Sie ist vor Sonne und austrocknenden Winden ebenso geschützt wie vor dem harten Aufprall heftiger Regenfälle.
- Die Bodenlebewesen – vom Regenwurm bis zur winzigen Mikrobe – haben stets ein reichhaltiges Nahrungsangebot zur Verfügung. Sie fressen die verrottenden Blätter und Gräser auf und wandeln sie mit Hilfe ihrer Stoffwechselprodukte in Humuskrümel und Nährstoffe um, die den Pflanzen auf den Beeten zur Verfügung stehen.
- Durch die rege Tätigkeit der Bodenlebewesen ist die Erde auf gemulchten Flächen immer locker und gut durchlüftet.
- Die Mikroorganismen erzeugen bei ihren Umsetzungsprozessen reichlich Kohlensäure, die durch die feinen Spalten und Risse im Boden nach oben steigt. Die Pflanzen nehmen diesen wichtigen Stoff durch winzige Öffnungen an den Blattunterseiten auf. Sie benötigen Kohlensäure für ihren Stoffwechsel; er ist zum Beispiel für die Erzeugung von Glukose (Zucker) in den grünen Blättern unentbehrlich.
- Die Abdeckung verhindert weitgehend das Keimen und die Ausbreitung von Wildkräutern zwischen den Kulturpflanzen. Deshalb wachsen die Pflanzen des Gärtners ohne Konkurrenz. Sie werden weder im Wurzelbereich noch bei der Ausbreitung ihrer Triebe und Blätter behindert.

Die Schlußfolgerung, daß Pflanzen auf gemulchten Beeten besonders kräftig und gesund wachsen, ergibt sich ganz logisch aus all diesen Vorteilen. Das Material für natürliche Bodendecken findet sich überall im Garten oder am Wegrand. Rasenschnitt, Laub (außer Nußbaum- und Eichenblättern), zerkleinertes Unkraut, gehäckselter Gehölzschnitt, Brennesseln, Beinwellblätter und Farnkraut eignen sich als Mulchmaterial.

Legen Sie die nützlichen Decken aber nur locker und luftig aus. Dicke Schichten unterbrechen die Sauerstoffzirkulation. Besonders auf schweren, lehmigen Böden kann unter kompakten Mulchdecken Nässe und Fäulnis entstehen. Auch die Schnecken benutzen das feuchte Dunkel unter dichten Laub- oder Grasschichten gern als Unterschlupf. Es ist auf jeden Fall sicherer, das organische Material dünn auszubreiten und öfter zu erneuern.

# Die Ernährung der Pflanzen

Eine ausgewogene Ernährung gehört zu den selbstverständlichen Grundbedingungen für gesundes Pflanzenwachstum. Gewächse, die hungern und dürsten müssen während ihrer Entwicklung, werden ein Leben lang unter Mängeln und »Schwachstellen« leiden. Umgekehrt erweist der Gärtner seinen »grünen Kindern« aber auch keinen Gefallen, wenn er sie »mästet«. Zuviel Nahrung, vor allem stark antreibender Salzdünger, erzeugt ein übermäßig schnelles Wachstum. Hochgeschossene Stengel und die »aufgeblasene« Fülle der Blätter muß mit einem Mangel an innerer Kraft und Widerstandsfähigkeit bezahlt werden. Eine maßvolle, aber gut ausgewogene Ernährung ist für die Pflanzen gesünder als alle Extreme.

## Die Nährstoffe

Garanten für die gesunde ausgewogene »Vollwertkost« sind die Hauptnährstoffe Stickstoff, Phosphor und Kali.

Selbstgemachter Kompost sorgt für eine ausgewogene Nahrungsgrundlage.

## Was Pflanzen gesund erhält

Hinzu kommen Kalk und wichtige Spurenelemente, darunter vor allem das Magnesium. Diese Stoffe müssen ausreichend in der Gartenerde vorhanden sein. Durch regelmäßige Bodenproben können Sie den Nährstoffgehalt Ihrer Beete überprüfen. Ein aufmerksamer Gärtner sieht aber bereits seinen Pflanzen an, ob etwas im Nahrungshaushalt nicht stimmt. Es gibt Merkmale, an denen er Unter- oder Überernährung deutlich erkennen kann. Die wichtigsten Nährstoffe und ihre Auswirkungen auf das Pflanzenwachstum sollten Sie sich gut einprägen. Dieses Grundwissen ist unentbehrlich für die Praxis.

**Stickstoff** gehört zu den wichtigsten Baustoffen der Eiweißverbindungen. Er ist unentbehrlicher Bestandteil des Chlorophylls und wesentlich am Aufbau von Blättern und Trieben beteiligt. Stickstoff fördert das Wachstum der Pflanzen.

Dieser lebenswichtige Baustoff kommt vor allem in der Luft vor. Im Boden muß der Stickstoff zunächst von Kleinstlebewesen wie Bakterien, Pilzen und Algen umgeformt werden. Erst die Stickstoffverbindungen Nitrat oder Ammoniak können über die Pflanzenwurzeln aufgenommen werden.

Stickstoffmangel erkennen Sie vor allem an hellgrüner bis gelblicher Blattverfärbung – die Chlorophyllproduktion ist gestört! In extremen Fällen kann sogar eine rötliche Färbung entstehen. Diese Symptome treten zuerst an den unteren, also älteren Blättern auf. Auch das Wachstum ist beeinträchtigt; die Blätter bleiben kleiner, die Pflanzen erreichen nicht die normale Höhe und Ausdehnung.

Stickstoffüberdüngung zeigt sich in übergroßen weichen Blättern, dunkelgrüner Färbung und hochaufgeschossenen Stengeln. Charakteristisch ist aufgeschwemmtes Gewebe, das zum Beispiel bei Spinat oder Salat zu hohe Nitrat- oder Nitritwerte aufweisen kann.

Stickstoffüberdüngte Pflanzen sind nicht nur krankheitsanfällig sondern oft auch mit gesundheitsschädlichen Substanzen belastet. Ihre Haltbarkeit läßt sehr zu wünschen übrig.

Die Gurkenpflanzen links leiden unter Stickstoffmangel; rechts: normales Wachstum; unten: leichter Stickstoffüberschuß.

**Phosphor** ist ebenfalls wesentlich am Eiweißaufbau beteiligt. Dieser Nährstoff fördert vor allem die Bildung von Blüten, Früchten und Samen.

Phosphormangel erkennen sie an rötlich verfärbten Blättern; auch blau- bis graugrüne Tönungen können vorkommen. Weitere Kennzeichen sind schwache Wurzeln und spärlicher Fruchtansatz. In gepflegten Böden kommt Phosphormangel aber selten vor.

Phosphorüberdüngung wirkt sich in allgemeinen Wachstumshemmungen und Stoffwechselstörungen aus. Die Aufnahme von Eisen und Kupfer kann beeinträchtigt sein. Das äußere Erscheinungsbild ist nicht ganz eindeutig erkennbar.

**Kali** sorgt vor allem für die Festigkeit der Zellwände und für die Regulierung des Wasserhaushaltes der Pflanzen. Die Bildung gesunder Wurzeln und dicker Knollen ist vom Kaligehalt abhängig.

Bei einer ausgewogenen Kaliversorgung wird der Wasserdruck in den Zellen optimal gesteuert, dadurch sind die Pflanzen vor Dürre und Frostschäden besser geschützt. Früchte und Gemüse halten sich länger im Winterlager. Das feste, kräftige Gewebe erhöht auch die Widerstandsfähigkeit gegenüber Krankheiten und Schädlingen.

Kalimangel erkennen Sie zunächst an braunen Blatträndern und -spitzen, die sich später einrollen und vertrocknen. Zuerst sind die älteren Blätter betroffen. Ganz allgemein läßt die Vitalität der Pflanzen nach; sie welken leicht, wachsen schlechter und bilden unvollkommene Früchte. So bleiben zum Beispiel die Röschen des Rosenkohls lockerer,

Zeichen von Kalium-Mangel werden an den unteren Tomatenblättern zuerst sichtbar.

Bläuliche Verfärbungen und verfestigtes Blattgewebe zeigen Phosphormangel an.

und Rote Bete oder Sellerie entwickeln nur kleine Knollen. Geschmack und Haltbarkeit lassen ebenfalls nach.

Kaliüberdüngung kann vor allem die Versorgung mit Kalk und Magnesium beeinträchtigen. Durch den Kaliüberschuß im Boden wird die Aufnahme des wichtigen Spurenelementes Magnesium gehemmt; auch Kalk wird blockiert. Dadurch entstehen Ernährungsstörungen, die mangelhaftes Wachstum zur Folge haben können.

**Kalk** ist ein wichtiger Baustoff für das Pflanzenleben. Er wirkt sich auf gesundes Wachstum der Wurzeln und Triebe aus. Vor allem spielt er eine bedeutsame Rolle bei den vielfältigen Prozessen in der Erde. Kalk regt das Bodenleben an, er verbessert die Krümelstruktur und bindet Säuren.

Zu hoher Kalkgehalt des Bodens ist der Grund für die gelben Chlorosezeichen am Rhododendron. Diese Pflanzen lieben saure Erde.

Der Säuregehalt des Bodens wird in pH-Werten gemessen. Die meisten Kulturpflanzen fühlen sich in einem neutralen bis leicht sauren Milieu wohl, das auf der pH-Skala bei Meßwerten zwischen 6 und 7,5 liegt. Über 7 nimmt der Kalkgehalt der Erde immer mehr zu; unter 6 wird der Boden immer saurer. Nur wenige Spezialisten unter den Pflanzen, wie zum Beispiel Azaleen, Rhododendren, Hortensien und Heidekraut, vertragen sauren Humus. Für die Mehrheit der Gewächse ist Kalk ein wichtiger Regulator, der zu hohe Säurewerte wieder ausgleichen kann.

Kalkmangel erkennen Sie zuerst an schlechtem Wurzelwachstum; auch verkümmerte Triebe können auf übersäuerte Erde hinweisen.

Kalküberdüngung verursacht eine alkalische Bodenreaktion, die ebenfalls Probleme mit sich bringt. Wichtige Spurenelemente, zum Beispiel Eisen und Magnesium sowie Phosphor und Kali, können in überkalkten Böden festgelegt werden und stehen den Pflanzen nicht mehr zur Verfügung. Andererseits regt reichliche Kalkversorgung das Bodenleben zu intensiver Tätigkeit und dadurch die Pflanzen zu raschem Wachstum an. Humus und Nährstoffe werden im Eiltempo verbraucht. Der Stoffwechselmotor läuft zu hochtourig. Wenn der Gärtner nicht gleichzeitig für besonders reichhaltigen Nachschub an organischer Substanz sorgt, verarmt der Boden. Daher stammt die uralte Bauernweisheit: »Kalk macht reiche Väter, aber arme Söhne!«

**Spurenelemente** sind für die Pflanzen so wichtig wie die Vitamine für die Menschen. Diese lebensnotwendigen Elemente werden nur in kleinen Mengen benötigt. Wo sie fehlen, kann es rasch zu Mangelerscheinungen und Krankheiten kommen.

Wichtige Spurenelemente sind unter anderen Magnesium, Eisen, Kupfer, Zink, Bor und Molybdän. Als stellvertretende Beispiele werden hier Magnesium und Eisen vorgestellt, deren Symptome der Gärtner besonders deutlich erkennen kann.

**Magnesium** ist im Blattgrün enthalten. Wo dieses Element fehlt, da entsteht Chlorophyllmangel, der sich in auffälligen Verfärbungen zeigt.

Magnesium ist auch an der Lösung von Phosphorsäure im Boden und an der Aufnahme dieses Nährstoffes durch die Pflanze beteiligt.

Magnesiummangel erkennen sie an hellgelblich gefärbten Stellen, die sich über die gesamte Blattfläche verteilen; Blattadern treten überdeutlich dunkelgrün hervor. Die Blätter wirken dadurch wie marmoriert. Braune Ränder und eine Tönung, die bis ins Orange gehen kann, deuten auf fortgeschrittenen Magnesiummangel hin. Später fallen die Blätter ab.

Ein Magnesiumdefizit kann vor allem auf leichten Sandböden durch Auswaschungen entstehen. Bei sauren Böden ist die Aufnahmefähigkeit von Magnesium gehemmt. Zuviel Kali und zuviel Ammonium-Stickstoff im Boden blockieren ebenfalls dieses wichtige Element.

Magnesiumüberdüngung kommt in der Praxis kaum vor. Theoretisch würde ein Magnesiumüberschuß den Nährstoff Kali festlegen.

**Eisen** ist ebenfalls an der Bildung des Blattgrüns beteiligt. Bei mangelhafter Versorgung mit Eisen können die Pflanzen durch »Gelbsucht« mehr oder weniger stark geschwächt werden.

Eisenmangel zeigt sich deutlich durch gelbliche Färbung der Blätter (Chlorose). Im Gegensatz zu Stickstoffmangel sind besonders jüngere Blätter beim Eisenmangel verfärbt. Ähnlich wie beim Magnesiummangel treten auch hier die Blattadern grün hervor. Eine solche mangelhafte Chlorophyllbildung verursacht immer eine Schwächung der ganzen Pflanze. In extremen Fällen können ganze Äste absterben,

Gelbe Flecken zeigen Magnesiummangel an.

Bei Eisenmangel entseht »Gelbsucht«.

weil Photosynthese und Stoffwechsel zusammenbrechen.

Das wichtige Element Eisen ist normalerweise in der Erde stets vorhanden. Es kann aber durch extreme Bodenverhältnisse blockiert werden. In luftigen tonarmen Böden, bei Überkalkung und Überdüngung mit Phosphat wird Eisen festgelegt, so daß die Pflanzen es nicht mehr aufnehmen können.

Eisenüberschuß kommt normalerweise nicht vor.

Es ist für einen weitsichtigen Gärtner wichtig, sich die Symptome für Nahrungsüberfluß oder Nahrungsmangel an seinen Pflanzen gut einzuprägen. Nur so kann er gefährliche Anzeichen rechtzeitig erkennen und gezielt gegensteuern. Nur wer rasch handelt, vermeidet eine schwerwiegende Schwächung der Vitalität. Für Schädlinge und Krankheiten verringert sich damit die Chance, »zum Zug zu kommen«.

## Organische Düngemittel

Organische Düngemittel, die eine ausgewogene Versorgung mit allen wichtigen Nährstoffen garantieren, stehen dem Biogärtner in großer Auswahl zur Verfügung. Als Grundlage aller Pflanzenernährung dient der Kompost. Er enthält die wichtigsten Nährstoffe und Spurenelemente in »sanfter« Dosierung. Gemüse, Obstgehölze und Blumen können sich aus diesem natürlichen Nahrungsdepot ständig nach Bedarf bedienen. Für die weniger anspruchsvollen Gewächse reicht dieses Angebot völlig aus. Kräuter, Zwiebeln, Bohnen und Erbsen benötigen zum Beispiel keine zusätzliche Düngung.

Andere Pflanzen gehören zu den »ewig Hungrigen«; sie brauchen kräftige und reichhaltige Nahrung, um sich üppig und gesund zu entfalten. Dazu zählen zum Beispiel Tomaten, Kohl, Rhabarber und Engelstrompeten. Außer Kompost sollte ein Biogärtner diese Pflanzen auch mit organischem Vorratsdünger und flüssiger Nährbrühe, zum Beispiel mit Brennesseljauche, versorgen.

Grober, halbverrotteter Kompost ist lebendig und besonders reich an Nährstoffen.

Wichtig für eine gesunde Entwicklung ist aber eine gezielte Düngung. So kann die Bodenprobe dem Gärtner Hinweise dafür geben, welche Hauptnährstoffe in seinem Garten ergänzt werden müssen. Ganz allgemein sollte er aber wissen, daß Stickstoff vor allem das Wachstum der Stengel und der Blätter fördert. Dieser Nährstoff ist besonders wichtig für Kohl. Kali festigt das Pflanzengewebe und fördert vor allem die Entwicklung dicker Knollen und gesunder Wurzeln. Möhren, Sellerie und Rote Bete müssen also ausreichend mit diesem Nährstoff versorgt sein. Für Blumen und Erdbeeren ist dagegen eine gezielte Phosphordüngung wichtig, weil dieser Stoff die Blüten- und Fruchtbildung fördert.

Die meisten organischen Dünger enthalten eine Mischung aus mehreren Nährstoffen. Oft ist ein Element besonders stark vertreten. Merken Sie sich die »richtige Betonung«, dann können Sie die Dünger gezielt anwenden.

### Stickstoffbetonte Dünger sind:

- Hornspäne und Hornmehl (enthalten auch Phosphor und Kalk);
- Blutmehl (mit wenig Phosphor und etwas Kali);
- Rizinusschrot (mit Phosphor und Kali);
- Brennesseljauche.

### Phosphorbetonte Dünger sind:

- Knochenmehl (mit Stickstoff und wenig Kali);
- Geflügelmist (mit Stickstoff und Kali);
- Peru-Guano (mit Stickstoff, Kali und reichlich Spurenelementen);
- Thomasmehl (mit viel Kalk).

### Kalibetonte Dünger sind:

- Beinwell-Jauche;
- Farnkraut (Jauche und Mulch);
- Holzasche (mit Phosphor, Kalk und Spurenelementen);
- Kalimagnesia (mit viel Magnesium);
- Schweinemist (mit Stickstoff).

## Was Pflanzen gesund erhält

In **Rinder- und Pferdemist** ist ein sehr ausgewogenes Verhältnis aller Hauptnährstoffe enthalten. Wenn dieser Dünger kompostiert wird, gehört er zu den besten »Nahrungsmitteln«.
Stark treibend wirken vor allem die hitzigen **Geflügeldünger**. Um Geilwuchs oder gar Verbrennungen zu vermeiden, werden diese Mistarten im Biogarten entweder kompostiert oder als Jauche angesetzt und verdünnt.
Ein kluger Gärtner weiß, daß gravierende Ernährungsfehler sehr schnell zum Verfall der Vitalität und zum Signal für Schädlingsinvasionen werden können. Frischer Mist ist zwar ein Naturprodukt, aber wo er roh und unbehandelt verwendet wird, da bringt er mehr Schaden als Nutzen. Auf dem Möhrenbeet lockt der »Duft« dieses Düngers zum Beispiel die Möhrenfliege an!
Der »sanfte Umweg« über den Kompost, die Jauchetonne oder das Bodenleben ist deshalb beim Düngen bereits der erste Schritt zur Gesundheit. Verteilen Sie die Nahrung im Garten mit Maß und Ziel, dann haben Sie schon viel für die allgemeine Widerstandskraft Ihrer Pflanzen getan.
Die meisten organischen Dünger wirken über längere Zeit. Das bedeutet: Die nährstoffreichen Substanzen werden in den Boden eingebracht und dienen dort zuerst den verschiedensten Kleinlebewesen als Nahrung. Diese wandeln die organischen Stoffe so um, daß sie von den Wurzeln der Pflanzen leicht aufgenommen werden können. Die Bodentiere reichen gewissermaßen die aufbereitete »Fertignahrung« an ihre Nachbarn weiter. Was übrigbleibt, wird als Vorrat im Humus eingelagert.
Der größte Vorteil dieser Kooperation ist die »Bedienung« nach Wunsch und Bedarf. Die Pflanzen greifen über ihre Wurzeln einfach zu, wenn sie Nährstoffe benötigen. Die Versorgung ist ständig gesichert, weil über längere Zeit Nahrung produziert und Vorräte angelegt werden. Durch dieses natürliche System werden sowohl Überernährung als auch Nahrungsmangel vermieden.
Rascher wirkt dagegen ein Flüssigdünger, den die Natur dem Gärtner gratis anbietet: **Brennesseljauche**. Diese gesunde Nährbrühe eignet sich vor allem für Pflanzen, die während der Hauptwachstumszeit eine kräftige Zusatznahrung benötigen. Tomaten, Zucchini, Gurken, Sellerie, Lauch und alle Kohlarten sind für Brennesseljauche besonders dankbar. In kleineren Mengen können Sie die nahrhafte Brühe aber auch an Sommerblumen, Stauden und Rosen gießen. Auch alle Obstgehölze vertragen diese Nahrung gut.
Die Jauche aus dem Brennesselkraut ist reich an Stickstoff und wertvollen Mineralstoffen. Als flüssige Nährlösung, die direkt in den Wurzelbereich gegossen wird, kann sie von den Pflanzen rasch aufgenommen werden. Eine tiefe grüne Blattfärbung zeigt schon bald die gesunde Wirkung an.
Das Rezept für Brennesseljauche finden Sie auf Seite 52.

**Allgemeine Bodenverbesserungs-Mittel** sind Stoffe, die nicht zu den direkten Nährstofflieferanten gehören, aber dennoch wichtigen Einfluß auf den Zustand des Bodens und auf das Wachstum der Pflanzen nehmen können. Kalk und Steinmehle zählen zu den wichtigsten Substanzen in dieser Gruppe.

■ Kalk regt das Bodenleben und das Wachstum der Pflanzen an. Er verbessert die Krümelstruktur und gleicht vor allem den Säurehaushalt der Erde aus. Darüber haben Sie auf den Seiten 34 und 38 bereits ausführliche Informationen erhalten.
Wenn Ihr Garten weder unter saurem Boden noch unter zu hohem Kalkgehalt leidet, genügt es, wenn Sie den relativ ausgeglichenen Zustand durch geringe Kalkgaben erhalten, die Sie über die Kompostschichten streuen. Algenkalk, der auch reichlich Spurenelemente enthält, ist in diesem Fall besonders empfehlenswert.
Für eine direkte Kalkung der Gartenerde verwenden Sie am besten milde und langsam wirkende Kalkarten, wie Kalkmergel oder kohlensauren Kalk.
Rasch, aber unter Umständen auch scharf und ätzend, wirkt Branntkalk. Er wird nur von schweren Böden vertra-

Möhren und Lauch bilden eine schädlingsabwehrende Mischkultur gegen die Möhren- und die Zwiebelfliege.

gen. Verwenden Sie diesen Kalk nie auf leichten Sandböden.

■ Steinmehle sind staubfeine Abfallprodukte, die meist in großen Steinbrüchen entstehen. Die Zusammensetzung der Steinmehle ist so unterschiedlich wie die Gesteine, aus denen sie gewonnen werden. Allen gemeinsam ist der Reichtum an Spurenelementen. Einige Steinmehle besitzen auch einen hohen Kalk- oder Magnesiumgehalt.

Diese Bodenverbesserungsmittel versorgen die Erde und die Pflanzen aber nicht nur mit wertvollen Spurenelementen, sie besitzen noch eine wichtige Eigenschaft: Steinmehle sind sehr quellfähig und können deshalb Feuchtigkeit und Nährstoffe binden. So tragen sie zu einer gleichmäßigen Versorgung der Pflanzen bei.

Mit Steinmehl kann ein Gärtner keine großen Fehler machen. Die fein verteilten Substanzen führen nie zu einer Überdüngung. Achten Sie aber beim Kauf auf die Zusammensetzung des angebotenen Produktes. Kalkhaltige Steinmehle sollten vor allem in solchen Gärten benutzt werden, die auch einen Kalkausgleich benötigen. Auf dem Umweg über den Kompost leisten die Steinmehle ebenfalls gute »Arbeit im Gesundheitsdienst«.

Der vielseitige, mineralstoffreiche Gesteinsstaub kann auch direkt als Blattdüngung über die Pflanzen gestäubt werden. Auf diesem Wege wirkt er besonders kräftigend und gesundend. Schließlich gehört Steinmehl sogar zu den natürlichen Mitteln, die mit Erfolg gegen Blattläuse eingesetzt werden. Mehr darüber können Sie auf Seite 81 nachlesen.

Steinmehl fördert die Gesundheit der Pflanzen also auf besonders vielfältige Weise: im Kompost, in der Gartenerde, auf den Blättern und als schädlingsabwehrendes Stäubemittel.

## Mischkulturen

Mischkulturen tragen im naturgemäßen Garten ganz wesentlich zum gesunden Wachstum bei. Auf den Beeten und Rabatten des Biogärtners wachsen die Pflanzen stets in abwechslungsreicher Mischung. Dabei werden besonders günstige Nachbarschaften gewählt, die sich seit Generationen bewährt haben. Aus Erfahrung und zum Teil auch aus der wissenschaftlichen Forschung weiß man, daß Pflanzen sich gegenseitig positiv oder negativ im Wachstum beeinflussen können. Unter der Erde spielen dabei die Ausscheidungen der Wurzeln eine wesentliche Rolle. Oberirdisch reagieren die grünen Gewächse offenbar auf Düfte, ätherische Öle und ähnlich feine Substanzen in ihrer unmittelbaren Umgebung. Auf diesem interessanten Gebiet gibt es noch viel zu erforschen und experimentieren.

Fest steht aber, daß die Beachtung günstiger Nachbarschaftsverhältnisse vielen Pflanzen, vor allem im Gemüse- und Kräutergarten, einen gesunden Vorsprung in der Entwicklung verschafft. Sie gedeihen freudig und zeichnen sich auch durch Widerstandsfähigkeit aus. Es gibt sogar bestimmte Partner, die sich gegenseitig vor Läusen, Wurzelälchen oder vor anderen »Angreifern« schützen können. Solche schädlingsabwehrenden Mischkulturen lernen Sie auf Seite 86 ausführlich kennen.

Am Schluß dieses Kapitels soll Ihnen eine Tabelle einige allgemeine Anregungen für gesunde Mischkulturen geben. Sie umfaßt nur eine begrenzte Auswahl und dient vor allem als »Stein des Anstoßes« für eigene Erfahrungen. Ausführlicher können Sie sich über Mischkulturen, Mulchen und Düngen in weiterführender Literatur informieren. Eine Auswahl geeigneter Titel finden Sie im Anhang auf Seite 241.

### Mischkulturen zum Ausprobieren

| Pflanze | Gesunde Nachbarschaft | Schädliche Nachbarschaft |
|---|---|---|
| Buschbohnen | Bohnenkraut, Rote Bete, Kohlrabi, große Kohlarten, Salat, Erdbeeren | Erbsen, Fenchel, Zwiebeln, Lauch, Knoblauch |
| Erbsen | Möhren, Dill, Fenchel, Gurken, Kohlrabi, große Kohlarten, Salat, Zucchini | Bohnen, Kartoffeln, Tomaten, Zwiebeln, Lauch |
| Gurken | Dill, Koriander, Kümmel, Fenchel, Erbsen, Kohlrabi, Lauch, Mais | Tomaten |
| Kohl | Dill, Koriander, Kümmel, Kopfsalat, Endivien, Erbsen, Bohnen, Kartoffeln, Sellerie, Tomaten, Spinat, Rote Bete | Erdbeeren, Knoblauch, Zwiebeln, Senfsaat |
| Kopfsalat | Dill, Kresse, Kerbel, Radieschen, Bohnen, Erbsen, Erdbeeren, Gurken, Kohl, Kohlrabi, Lauch, Möhren, Tomaten, Zwiebeln | Petersilie, Sellerie |
| Möhren | Zwiebeln, Lauch, Knoblauch, Mangold, Radieschen, Salat, Dill | |
| Tomaten | Petersilie, Kapuzinerkresse, Buschbohnen, Kohlarten, Sellerie, Salat, Lauch, Spinat | Erbsen, Fenchel, Kartoffeln |
| Zwiebeln | Möhren, Bohnenkraut, Dill, Erdbeeren, Salat | Bohnen, Erbsen, Kohlarten |

Ein natürliches Gleichgewicht zwischen »Nützlingen« und »Schädlingen« stellt sich in artenreichen Naturgärten bald von selbst ein.

## Ökologisches Gleichgewicht

Bei der Pflege des Bodens und der Ernährung seiner Pflanzen hat der Gärtner die geeigneten Mittel selbst in der Hand. Er kann eingreifen und handeln, um das Wohl der Gartengewächse zu fördern und gesunde Wachstumsbedingungen zu schaffen. Die Lage des Gartens aber kann er nicht verändern. Hier muß er sich anpassen und versuchen, aus der »naturgegebenen« Situation das beste zu machen.

Das Ziel, das der Biogärtner bei diesen Bemühungen vor Augen haben muß, heißt »ökologisches Gleichgewicht«. Das bedeutet in der Praxis: Er versucht zwischen den Pflanzen, die er auswählt, und den Standortbedingungen ein »gutes Verhältnis« herzustellen. Unter den aufmerksamen Augen und den helfenden Händen des Gärtners entsteht dann mit der Zeit eine Gemeinschaft aus Pflanzen und Tieren, die auf diesem kleinen Stück Erde gut miteinander auskommen, sich gegenseitig fördern und für gesunden Ausgleich weitgehend selber sorgen.

Das ist natürlich leichter gesagt als in der unvollkommenen grünen Wirklichkeit getan. Aber wenn Sie auf die folgenden wichtigen Gesichtspunkte achten, werden Sie dem Idealzustand schon ein gutes Stück näherkommen.

### Standort und Klima

Der Standort ist geprägt von den klimatischen und biologischen Gegebenheiten der Landschaft. Ein Biogärtner muß mit der Natur zusammenarbeiten, die ihn großräumig umgibt. Das heimatliche Klima kann mild und sonnig oder rauh und regenreich sein. Austrocknende Winde, späte oder frühe Frosteinbrüche, lange schneereiche Winter oder feuchte Nebel können zu den Elementen des Gartenalltags gehören, mit denen der Gärtner rechnen muß.

Wählen Sie deshalb stets solche Pflanzen aus, die sich an das heimische Klima bereits angepaßt haben. Dies sind zum Beispiel Obstzüchtungen, die sich schon längere Zeit in der Umgebung bewährt haben, oder Gemüse- und Blumensorten, die unter speziellen Wetterbedingungen gut gedeihen.

Außer erprobten alten Sorten können auch Neuzüchtungen mit gesundheitsfördernden Eigenschaften die Auswahl bestimmen. So gibt es zum Beispiel mehltauresistente Stachelbeeren oder Astern, Nußbaumzüchtungen, die später blühen und deshalb gegen Frostschäden besser geschützt sind, oder rotlaubige Salate, die mehr Hitze und Trockenheit vertragen als zartblättrige grüne Sorten.

Wichtig ist, daß Sie möglichst keine Gewächse in Ihrem Garten ansiedeln, die sich nur unter großen Mühen gegen die vorhandenen natürlichen Voraussetzungen durchsetzen können. Solche Pflanzen werden immer wieder unter Rückschlägen leiden müssen und nie wirklich kräftig und gesund wachsen. Gegenüber Krankheiten und Schädlin-

## Was Pflanzen gesund erhält

gen sind sie natürlich viel anfälliger als robuste, angepaßte Gewächse. Wenn Sie für Ihren Garten innerhalb des großräumigen Landschaftsklimas ein kleinräumiges »Inselklima« schaffen, können Sie aber manchen Gefahren aus dem Wege gehen und manches schwierige »Lieblingskind« dennoch erfolgreich großziehen. Eine Hecke, die das Grundstück umschließt, vermag rauhe, kalte Winde und Nachtfröste abzubremsen. Im Schutz eines Folientunnels oder eines Glashäuschens können Sie auch in kalten Landschaften früher mit den ersten Frühlingsaussaaten beginnen oder im Sommer wärmeliebende Gewächse, wie Tomaten und Gurken, aufziehen.

Naturgemäß gärtnern bedeutet also nicht, sich dem Klima bedingungslos unterzuordnen; es verlangt nur vernünftige Einsicht, um unnötige Gesundheitsrisiken zu vermeiden. Im übrigen sind dem Erfindungsreichtum des Gärtners natürlich keine Grenzen gesetzt.

**Die Licht- und Schattenseiten** seines Gartens sollte der Gärtner ebenfalls genau kennen. Den Stand der Sonne kann er genauso wenig ändern wie das Wetter. Die Pflanzen aber müssen – sobald sie fest verwurzelt im Boden stehen – Sonne oder Schatten ertragen, wie sie kommen.

Lassen Sie sich bei der Pflanzung und der Auswahl des Standortes von einer ganz einfachen Regel leiten: Setzen Sie die richtige Pflanze an den passenden Platz. Gewächse, die für eine gesunde Entwicklung viel Wärme und Licht benötigen, müssen also immer das sonnigste Beet erhalten. Dazu gehören zum Beispiel Rosen, die meisten Kräuter, Sommerblumen, zahlreiche Stauden sowie ein großer Teil der Gemüsearten und des Beerenobstes. Ein paar halbschattige Stunden im Laufe des Tages vertragen diese Pflanzen ohne Schaden; aber an tiefschattigen Gartenplätzen sind die »Sonnenkinder« zu kümmerlichem Wachstum und Krankheitsanfälligkeit verurteilt!

Umgekehrt lassen Gewächse, die kühle, dämmrige Standorte lieben, unter grellen heißen Sonnenstrahlen »die Köpfe hängen«. Sie haben sich im Laufe der Evolution darauf eingestellt, mit weniger Licht auszukommen. Ihr Organe sind für schattig-feuchte Umweltverhältnisse geschaffen. Solche Gewohnheiten, die über Jahrtausende entwickelt wurden, kann ein Gärtner nicht in ein paar Jahren ändern. Schattenpflanzen besitzen einfach nicht die »körperlichen« Eigenschaften, um viel Licht und Hitze zu verkraften. Sie werden schwach und krank an sonnigen Standorten.

Ein Gärtner, der im Sinne der Natur arbeitet, wird seine Pflanzen vor solchen ungesunden Wachstumsbedingungen bewahren. Wenn er aber einen Garten mit hohen Bäumen und Sträuchern besitzt, kann er mit Hilfe der schattenliebenden Gewächse auch an schwierigen Stellen reizvolle Pflanzenbilder schaffen. Farne, Waldgräser, Waldglockenblumen, Akeleien, Waldgeißbart, Salomonssiegel, Veilchen und viele andere Schönheiten von der Schattenseite des Lebens werden sich unter den gegebenen Bedingungen wohlfühlen und mühelos entwickeln. Nutzen Sie also die Situation, die Sie haben, und versuchen Sie nicht, der Natur Unmögliches abzutrotzen. Mit den richtigen Pflanzen am richtigen Platz haben Sie weniger Sorgen.

**Wasser** ist Lebenselixier für alle grünen Gewächse. Aber auch dieses wichtige Element wirkt am besten, wo es im richtigen Maß zur Verfügung steht. Für die Gesundheits-Vorsorge bedeutet dies: Stimmen Sie die Wahl der Pflan-

Auch an schattigen Gartenplätzen kann sich blühendes, abwechslungsreiches Leben entfalten.

# Was Pflanzen gesund erhält

zen auch auf die Feuchtigkeitsverhältnisse Ihres Grundstücks ab. Wo die Erde durch hohen Grundwasserstand, übermäßige Niederschläge oder eine schattige Lage sehr feucht ist, da gedeihen keine Pflanzen, die trockene Verhältnisse lieben. Auf südländische Gewürzkräuter und Steppenpflanzen sollten Sie dort lieber verzichten.

Wenn aus der Feuchtigkeit stauende Nässe oder gar sumpfiger Morast entsteht, dann können nur noch Spezialisten unter den Pflanzen mit dieser Situation fertig werden. In diesem Extremfall helfen dem Gärtner nur noch Dränagen, die das Wasser ableiten, oder notfalls hochgelegte Beete.

Aber auch die umgekehrte Situation kann für Pflanzen und Gärtner problematisch werden. Wenn der Garten zum Beispiel an einem sonnigen Hang liegt, trocknet die Erde sehr rasch aus. Wo unter einer dünnen Humusschicht felsiger Untergrund liegt, da wird das Gärtnern noch schwieriger. Mit Gemüsebeeten werden Sie an solchen Stellen mehr Probleme als Erfolge haben. Wenn Sie aber Pflanzen ansiedeln, die Spezialisten für trockene, sonnige Standorte sind, dann kann sich ein solcher Hang in ein gesundes, blühendes Paradies verwandeln. Um den Pflanzen-Schutz brauchen Sie sich dann keine großen Sorgen mehr zu machen.

## Lebensraum für Tiere und Wildpflanzen

**Nützlinge** schaffen die Voraussetzung dafür, daß das Gleichgewicht zwischen Fressen und Gefressenwerden im Garten überhaupt entstehen kann. Für das große ökologische Zusammenspiel genügt es nicht, daß die Pflanzen gut versorgt am richtigen Platz stehen. Das Leben der grünen Gewächse ist eng verknüpft mit den Lebens- und Freßgewohnheiten zahlreicher Tiere. So werden zum Beispiel die Schnecken angelockt von zarten Salatpflänzchen oder jungen Dahlientrieben. Die »Feinde« der Kriechtiere können aber nur dann eingreifen, wenn sie sich in nächster Nähe aufhalten und »den Braten wittern«. Igeln, Kröten und Blindschleichen müssen also Unterschlupfmöglichkeiten im Garten finden, um an Ort und Stelle zur rechten Zeit auf Futtersuche zu gehen. In kleinen und großen Gärten bieten sich zahlreiche Möglichkeiten an, solche Lebensräume für Nützlinge zu schaffen.

- <u>Ein Teich</u> oder eine kleine Wasserstelle mit sumpfiger, dichtbewachsener Uferzone entwickelt sich bald zur Heimat für Frösche und Kröten. Auch zahlreiche nützliche Insekten werden vom Wasser und den Pflanzen eines Feuchtgebietes angezogen.

- <u>Hecken</u> aus locker wachsenden Blüten- und Beerensträuchern bieten vielen Vögeln Schutz und Nahrung. Wenn am Boden unter den Gehölzen das Laub im Herbst liegen bleibt und an einigen Stellen Wildkräuter ungestört wachsen dürfen, dann entstehen Schlupfwinkel für Igel, Spitzmäuse und an feuchten Stellen auch für Blindschleichen.

- <u>Trockenmäuerchen und Steinhaufen</u> können zum warmen, sonnigen Lieblingsplatz von Eidechsen werden.

Einzelheiten über die Lebensgewohnheiten der Nützlinge im Garten erfahren Sie ab Seite 89; dort werden die wichtigsten Helfer des Biogärtners in kurzen Porträts vorgestellt.

**Wildpflanzen** müssen nicht in undurchdringlichen Mengen den Garten zuwuchern. Es genügt schon, wenn Sie einige ausgewählte Arten an geeigneten Stellen des Grundstücks auspflanzen

Selbst an trockenen, steinigen Hängen können sich Blütenteppiche ausbreiten, wenn Sie die richtigen Pflanzen für diesen kargen Standort auswählen. Hier blühen Traubenhyazinthen zwischen gelbem Steinkraut.

Ein Gartenteich, der in eine dichtbewachsene, sumpfige Uferzone übergeht, bietet zahlreichen Tieren Lebensraum und Nahrung. Kröten, Frösche und manch andere »Schädlingsjäger« finden hier ein Zuhause.

oder säen. Mit einer Gruppe von Doldenblütlern können Sie zum Beispiel die nützlichen Schwebfliegen in Scharen anlocken. Wiesenkümmel, Wilde Möhren und die prächtige Engelwurz bieten auch im Garten einen schönen Anblick.

Brennesseln, an einer Ecke des Kompostplatzes geduldet, dienen den Raupen des Kleinen Fuchses und des Tagpfauenauges als Spezialnahrung. Diese Schmetterlinge sind zwar nicht direkt im Pflanzenschutz tätig, sie tragen aber zur Artenvielfalt der Insekten im Garten und zur Freude des geplagten Gärtners bei.

Wer auf einem kleinen Beet eine bunte Mischung von »Insektenpflanzen« aussät, der kann die nützlichen Aspekte mit einem farbenfrohen Anblick auf ideale Weise verbinden.

**Was Pflanzen gesund erhält,** ist keine wunderwirkende Einzelmaßnahme. Erst das Zusammenspiel vieler wichtiger Details läßt harmonisches Gedeihen entstehen. In der Natur und im Garten sind unzählige Lebewesen miteinander verbunden. Einer bleibt auf den anderen angewiesen. Auch der Gärtner ist in das grüne Netz verstrickt. Wichtig ist vor allem, daß man sich gegenseitig erst einmal richtig kennenlernt. Dann ist das richtige Handeln weder schwierig noch kompliziert. Das System des naturgemäßen Gärtnerns samt dem biologischen Pflanzenschutz funktioniert nur in großen Zusammenhängen. Wer sich allein die Brennesseljauche oder die Schneckenfalle als »Biomittel« herausgreift, der mag zwar kurzfristig damit Erfolge erzielen, auf Dauer nützen solche Einzelmaßnahmen aber nicht viel, weil sie keine grundlegenden Veränderungen bewirken.

Das wichtigste, das Sie aus diesem Kapitel in Erinnerung behalten sollten, ist deshalb die Erkenntnis: Die Vielfalt aller naturgemäßen Maßnahmen erhält die Vielfalt des Lebens. Die Gesundheit wächst überall dort, wo der Gärtner im Einklang mit den natürlichen Abläufen lebt und arbeitet.

# Naturgemäßer Pflanzenschutz

Ein kluger Biogärtner kann vielen Gefahren aus dem Wege gehen und manches Übel überwinden, aber in ein unberührtes Paradies wird auch sein Garten sich nicht verwandeln. Es gibt immer und überall hinter dem Gartenzaun Situationen, die ohne Eingriffe des Menschen nicht bewältigt werden können. Vor allem in der Zeit des Überganges, wenn ein Garten auf die biologischen Methoden umgestellt wird, kann es zu dramatischen Einbrüchen kommen. Wenn die chemischen Spritzungen abgesetzt werden, das neue ökologische Gleichgewicht aber noch nicht aufgebaut ist, entsteht oft ein oder zwei Jahre lang ein ungeschütztes »Niemandsland«. Krankheiten und Schädlinge toben sich in diesem vorübergehenden Freiraum manchmal mit unerwarteter Härte und Vitalität aus. Dann ist es wichtig, daß ein angehender Biogärtner sich erfolgreich mit natürlichen Mitteln zur Wehr setzen kann, damit er nicht das Vertrauen in die Methoden des naturgemäßen Gartens verliert.

Auch extreme Wetterbedingungen können zu einer plötzlichen »Schädlings«-Invasion selbst in eingespielten Biogärten führen. In sehr nassen Jahren finden die Schnecken eben »ganz natürlich« beste Vermehrungsbedingungen; nach milden Wintern werden ganze Landstriche von Läusen und anderen Insekten heimgesucht.

Und schließlich ist auch der beste Gärtner nicht unfehlbar. Vielleicht hat er wegen Arbeitsüberlastung einmal irgendwo ein bißchen »geschlampt«. Vielleicht sind seine Beete während des Urlaubs zu trocken geworden. Die Nutznießer solcher »Sünden« muß niemand herbeirufen. Denn des Gärtners heimliche Gegenspieler liegen ständig auf der Lauer. Sie ergreifen jede Chance, um ihm einen Streich zu spielen und für kurze Zeit irgendwo die Oberhand zu gewinnen.

In solchen und vielen anderen Situationen bewähren sich die naturgemäßen Pflanzenschutz-Mittel. Mit ihrer Hilfe kann der Gärtner einen Schaden begrenzen und dem gestörten Gleichgewicht wieder auf die Sprünge helfen.

## Mittel und Helfer

Wirkungsvolle Mittel und verläßliche Helfer gibt es genug. Aber ein guter Biogärtner sollte nie vergessen, daß alle vorbeugenden Maßnahmen stets wichtiger sind als die direkte »Bekämpfung«. Wer mit der Natur gärtnert, der muß schon bald die Überzeugung gewinnen, daß es im Garten keine »Feinde« gibt. Deshalb darf auch kein »Kampf« stattfinden. Diese Begriffe stammen aus der chemischen »Schädlingsbekämpfung«, deren Ziel das Töten und die Ausrottung »unerwünschter« Lebewesen ist. In diesem Buch ist deshalb stets von »Abwehr« die Rede, wenn der Gärtner sich gegen eine Übermacht ungebetener Eindringlinge zur Wehr setzen muß. Es genügt, wenn Läuse, Schnecken oder Mäuse in ihre Schranken verwiesen werden. Dafür sind diejenigen Mittel gedacht, die im Notfall und in akuter Bedrängnis direkt helfen. Die wichtigste Aufgabe der meisten Spritz- und Stäubemittel, die auf natürlicher Basis wirken, heißt dagegen: Abschrecken und Vorbeugen!

Wer möglichst viele Mittel und Methoden der naturgemäßen Schädlingsabwehr kennt, der weiß sich stets zur rechten Zeit zu helfen. Er kann vor

# Naturgemäßer Pflanzenschutz

allem frühzeitig alle »sanften« Abwehr-Maßnahmen ergreifen, so daß die härteren Eingriffe vermieden werden können. Denn für ein Lebewesen, das von einem tödlichen »Regen« getroffen wird, spielt es keine Rolle, ob mit der Spritze »nur« ein natürliches Gift versprüht wird. Als »mildernde Umstände« können nur die weniger gefährlichen Auswirkungen auf die Umwelt und das ökologische System gelten. Für die direkt Betroffenen bedeuten auch »harte« Bio-Mittel den Tod. Ganz gleich, ob es sich um Seifenbrühe, Pyrethrum-Produkte oder Bierfallen handelt: Sie löschen Leben aus.

Auf den folgenden Seiten finden Sie eine umfangreiche Auswahl, die altbewährte Mittel zur Schädlingsabwehr ebenso enthält wie die Produkte neuester wissenschaftlicher Forschung. Die meisten Spritzbrühen kann ein Biogärtner preiswert selber ansetzen. Mancher hilfreiche Trick kostet nicht mehr als das berühmte »Gewußt wie«. Pflanzen und Tiere lassen sich ohne große Mühe in den Dienst der Schädlingsabwehr einspannen. Es lohnt sich aber auch, die Ergebnisse modernster Forschung zu nutzen. Denn Biogärtner sind keine Hinterwäldler! Suchen Sie sich aus, was Sie brauchen und was Ihrem Garten wohltut.

Der Rainfarn-Tee für den Pflanzenschutz wird genauso wie ein Haustee aufgebrüht.

## Selbstgemachte Spritzbrühen aus Pflanzen

Es gibt eine Fülle von Pflanzen, die schädlingsabwehrende Inhaltsstoffe besitzen. Das Erfahrungswissen auf diesem Gebiet ist zum Teil sehr alt. In vielen Fällen wurde es durch wissenschaftliche Untersuchungen bestätigt. Auch andere natürliche Substanzen stehen dem Gärtner zum Ansetzen von Spritzbrühen zur Verfügung. So gewinnt er ebenso wichtige wie preiswerte Hilfsmittel, die vor allem gegen Insekten und gegen Pilzerkrankungen eingesetzt werden können.

Aus frisch gesammelten oder aus getrockneten Pflanzen können Sie Spritzbrühen nach unterschiedlichen Verfahren ansetzen. Wichtig ist bei diesem Vorgang immer, daß die Inhaltsstoffe der jeweils gewählten Pflanzen optimal gelöst werden und in die Flüssigkeit übergehen. Die gebräuchlichsten Pflanzenauszüge sind: die Brühe, der Tee, der kalte Auszug und die Jauche. Die folgenden Grundrezepte lassen sich auf alle in diesem Buch beschriebenen pflanzlichen Mittel anwenden.

## Grundrezepte

### Die Pflanzen-Brühe

Eine Brühe entsteht, wenn Sie die zerkleinerten Pflanzenteile in der vorgeschriebenen Menge in kaltem Wasser einweichen und etwa 24 Stunden durchziehen lassen. Dieser Ansatz wird am folgenden Tag mit dem Einweichwasser aufgekocht. Die Brühe muß anschließend bei geringer Hitze noch 15 bis 30 Minuten (je nach Rezept) leise sieden. Danach nehmen Sie den Topf vom Herd, lassen die Flüssigkeit erkalten und gießen sie zum Schluß durch ein Sieb; die ausgelaugten Pflanzenreste bleiben dann zurück. Verwenden Sie ein feines Haarsieb, oder legen Sie ein dünnes Baumwolltuch in das Sieb. So erhalten Sie eine möglichst klare Flüssigkeit, die die Düsen der Spritze nicht verstopft.

Meist sind die Rezepte so berechnet, daß die fertige Brühe ein Konzentrat bildet, das dann nach Vorschrift verdünnt werden muß.

### Der Tee

Ein Tee für den Garten wird genauso aufgebrüht wie ein Kräutertee für den Gärtner. Gießen Sie kochendes Wasser in der vorgeschriebenen Menge über die zerkleinerten Kräuter oder andere Pflanzenteile (zum Beispiel Zwiebelschalen), so wie sie im Rezept angegeben sind. Anschließend decken Sie das Gefäß rasch mit einem Deckel zu. Der Tee muß nun 10 bis 15 Minuten durchziehen. Danach können Sie die Flüssigkeit absieben. Wenn der Tee abgekühlt ist, kann er als Spritzmittel verwendet werden. Ob er verdünnt oder pur benutzt werden soll, ist in den verschiedenen Rezepten genau angegeben.

### Der kalte Auszug

Für einen kalten Auszug übergießen Sie die im Rezept vorgesehene Pflanzenmenge mit kaltem Wasser. Günstig ist es, wenn Sie dafür Regenwasser oder abgestandenes Wasser aus einer Tonne verwenden. Dieser Ansatz bleibt, je nach Vorschrift, einige Stunden, höchstens aber einen Tag und eine Nacht lang stehen.

Merken Sie sich unbedingt: Der kalte Auszug darf nicht in Gärung übergehen!

### Die Jauche

Verjauchte Kräuter oder andere Pflanzenteile werden in der direkten Schädlingsabwehr seltener benutzt. Sie dienen meist als gesundheitsstärkende Flüssigdünger. Wenn die Jauche in einem Rezept vorgeschlagen wird, dann können Sie meist zwischen frischen Kräutern oder getrockneter Droge wählen. Die vorgeschriebene Menge wird in einer Tonne oder einem Faß mit Wasser angesetzt. Während der Gärung muß der Inhalt öfter kräftig umgerührt werden. Bei warmer Witterung ist die Jauche oft schon nach 10–12 Tagen fertig. Bei kühlem Wetter dauert der Gärungsprozeß ein paar Tage länger. Sie erkennen die fertige Jauche daran, daß sich die restlichen Pflanzenteile am Boden absetzen, während die Flüssigkeit eine relativ klare, bräunliche Farbe annimmt.

Pflanzenjauche wird nie unverdünnt ausgespritzt. Das Mischungsverhältnis mit Wasser wird in den Rezepten immer genau angegeben. Eine ausführlichere Darstellung der Jauche-Herstellung finden Sie auf Seite 52. Die Brennesseljauche, die dort beschrieben wird, kann als Beispiel für alle anderen Pflanzen dienen.

Aus Brennesseln und Beinwell kann auch eine halbvergorene, »beißende« Jauche verwendet werden. Darauf wird in den Rezepten besonders hingewiesen.

Die Reste der Pflanzen können Sie bei allen Zubereitungsformen auf den Kompost bringen. Teeblätter eignen sich auch als wertvolles Mulchmaterial, das direkt zwischen den Pflanzen ausgestreut wird.

## Die wichtigsten Pflanzen und ihre Verwendung

Unter den folgenden Pflanzen-Porträts und Anwendungs-Beispielen finden Sie häufig benutzte Wildkräuter wie Brennesseln und Schachtelhalm ebenso wie Gewächse, die in diesem Zusammenhang seltener genannt werden. Schafgarbe und Ringelblumen sind zum Beispiel als Heilpflanzen für die Menschen allgemein bekannt, während sie als Gesundheitsförderer im Garten nur von wenigen Gärtnern benutzt werden.

Die ätherischen Öle, die in zahlreichen Heilkräutern gebildet werden, sind die Grundsubstanzen für Duft und Aroma. Einige starke Duftnoten, wie zum Beispiel Salbei oder Wermut, wirken aber auf bestimmte Insekten irritierend oder abschreckend. Solche Abwehrmechanismen haben die Pflanzen im Laufe einer langen Entwicklung für sich selbst

Kräuter für Spritzbrühen: Farnkräuter, Wermut, Rainfarn, Beinwell, Schachtelhalm und andere.

»erfunden«. Kräuter, Blumen, Gemüse und Gehölze leben ja seit Millionen von Jahren mit den Insekten zusammen auf der Erde. Da sie fest im Boden verwurzelt sind, können sie vor ihren Plagegeistern nicht davonlaufen. Also wehren sie sich mit stiller Raffinesse: wachsbeschichtete Blätter, dichte Haarpelze oder feine Widerhaken halten ihnen manche Larve »vom Leib«.

Zu den »chemischen Waffen« der Pflanzen gehören giftige Substanzen in den Blättern, Blüten, Stengeln oder Wurzeln und vor allem intensive Gerüche. Solche Überlebenshilfen, die die Natur selbst entwickelt hat, sind die Erklärung dafür, daß die Erde vom riesigen Heer der Insekten nicht kahlgefressen wird. Die meisten Pflanzen überleben erfolgreich und bleiben grün, trotz aller Freß-Überfälle.

Kluge Gärtner haben schon vor Jahrhunderten beobachtet, daß bestimmte Gewächse auffallend von Insekten gemieden werden. So wurden die wichtigsten Abwehrpflanzen entdeckt, die noch heute in den naturgemäßen Gärten gute Dienste leisten. Biogärtner machen sich die Substanzen zunutze, die die Pflanzen selbst zur Insektenabwehr entwickelt haben.

Sicherlich ist erst ein kleiner Teil dieser Wirkstoffe entdeckt worden. Außer den Gärtnern bemühen sich jetzt auch moderne Wissenschaftler darum, weitere Inhaltsstoffe der Pflanzen ausfindig zu machen, die bei der Abwehr von Schädlingen oder Pilzerkrankungen hilfreich sein könnten. Interessante Einblicke in die neueste Forschung finden Sie auf Seite 113–119.

Die umfangreiche Rezeptauswahl in diesem Kapitel soll Sie anregen, möglichst viel auszuprobieren und eigene Erfahrungen zu sammeln.

Auch Trockenkräuter eignen sich für Brühen. Aus Wermut, Rainfarn und Schafgarbe werden jederzeit greifbare Vorräte angelegt.

## Ackerschachtelhalm
*Equisetum arvense*

Diese urtümliche Pflanzenart ist auch unter den Namen Katzenschwanz oder Zinnkraut bekannt. Schachtelhalme gehören wie Farne und Moose zu den Pflanzenpionieren des Erdballs. Sie vermehren sich nicht durch Samen sondern durch Sporen. Der Schachtelhalm treibt im zeitigen Frühjahr (ab März) fruchtbare (fertile) bräunliche Triebe, die nur aus einem Stengel und einer dicken Ähre an der Spitze bestehen. In diesem pilzhutähnlichen Gebilde befinden sich die Sporen. Der fruchtbare Frühlingstrieb, der für die Ausbreitung sorgt, stirbt bald wieder ab.

Im Mai entwickelt der Schachtelhalm neue grüne Triebe, die in Etagen quirlförmig um einen Mittelstamm angeordnet sind. Sie enden in einem einzelnen Spitzentrieb. Diese Pflanzen sind unfruchtbar (steril). Die Ackerschachtelhalme wirken wie zierliche Bäumchen. Ihre Zweige fühlen sich wegen ihres hohen Kieselgehaltes spröde und zerbrechlich an. Die Pflanzen werden, je nach Standort, 10–50 cm hoch. Ihre Wurzeln bilden ein verzweigtes System schwärzlicher Sprosse, die bis zu 1 m tief in die Erde dringen können. Der Ackerschachtelhalm wächst mit Vorliebe an Stellen, die im Untergrund reichlich Feuchtigkeit führen. Er ist auf

Der junge Sommertrieb des Schachtelhalms.

der ganzen nördlichen Halbkugel verbreitet.

**Inhaltsstoffe:** Der Ackerschachtelhalm enthält vor allem reichlich Kieselsäure, aber auch andere Säuren, Saponine und Bitterstoffe.

**Sammel-Tips:** Für Brühen wird nur der grüne Sommertrieb verwendet. Schneiden Sie das ganze Kraut bis zum Boden ab. Die günstigste Zeit ist der Sommer, wenn die Pflanzen voll entwickelt sind. Im August ist der Kieselsäuregehalt meist am höchsten. Sie finden den Ackerschachtelhalm an Wiesenrändern und Gräben, auf Äckern und manchmal auch im Garten.

Achtung: Verwechseln Sie den Ackerschachtelhalm nicht mit seinen zahlreichen Verwandten, zum Beispiel dem Sumpfschachtelhalm *(E. palustre)* und dem Waldschachtelhalm *(E. sylvaticum)*! Für heilkräftige und pflanzenschützende Auszüge ist nur der Ackerschachtelhalm geeignet.

### Verwendung: Schachtelhalm-Brühe

Damit sich die Kieselsäure gut aus den harten Trieben löst, muß der Schachtelhalm längere Zeit ausgelaugt und dann etwa 30 Minuten gekocht werden. 1–1,5 kg frisches Kraut oder 150–200 g getrockneter Schachtelhalm werden mit 10 Liter Wasser angesetzt.

Verdünnen Sie die fertige Brühe vor der Verwendung 1:5 mit Wasser.

Schachtelhalm-Brühe wird – entgegen den allgemeinen Gärtner-Gewohnheiten – vormittags, möglichst bei sonnigem Wetter ausgespritzt. Verteilen Sie dieses Mittel sowohl über die Blätter der Pflanzen als auch über das Erdreich, denn viele Pilze bilden dauerhafte Überlebensformen im Boden.

Schachtelhalm wirkt vorbeugend gegen Pilzerkrankungen. Die Brühe ist besonders wirksam, wenn sie in regelmäßigen Abständen vom Frühling (Blattaustrieb) bis zum Sommer wiederholt wird. Am besten spritzen Sie alle zwei bis drei Wochen.

Schachtelhalm wird mit Wasser eingeweicht...

...und nach 24 Stunden aufgekocht.

Die fertige Brühe muß abgesiebt werden.

Die Wirkung dieses pflanzlichen Mittels ist besonders gut erforscht und deshalb auch leicht verständlich. Der hohe Kieselsäuregehalt des Schachtelhalms wird in der Flüssigkeit gelöst und fein verteilt über die Blätter gesprüht. Er bewirkt eine Festigung der Zellen an der Blattoberfläche. Pilzsporen können in diese leicht verhärtete »Haut« nicht mehr mühelos eindringen. Infektionen werden erschwert oder ganz verhindert.

Bei akuter Pilzgefahr oder beim Ausbruch von Pilzerkrankungen muß die Schachtelhalm-Brühe in kurzem Abstand möglichst drei Tage lang hintereinander intensiv ausgesprüht werden.

### Ackerschachtelhalm-Jauche

Frisches oder getrocknetes Schachtelhalmkraut kann auch wie Brennesseln als Jauche angesetzt werden. Gärung und Klärung dieser Jauche dauern etwa drei Wochen. Dann wird die Flüssigkeit sorgfältig abgesiebt, 1:5 verdünnt und ausgesprüht. Die Schachtelhalm-Jauche kann während des ganzen Sommers verwendet werden als Mittel gegen Blattläuse und Spinnmilben. Sie wirkt noch intensiver, wenn sie mit einer 1%igen Schmierseifenlösung verstärkt wird.

Eine Mischung aus Schachtelhalm-Jauche und Brennessel-Jauche kann als Pflanzenstärkung eingesetzt werden.

## Baldrian
### Valeriana officinalis

Der Baldrian ist eine ausdauernde, heimische Wildstaude, die gern an feuchten Stellen wächst. Der typische Baldriangeruch der heilkräftigen Wurzeln lockt die Katzen an. Die buschig wachsenden Pflanzen erreichen 1–1,50 m Höhe. Von Juni bis August erscheinen rosa-weiße lockere Blütendolden.

**Inhaltsstoffe:** Die in der Medizin bekannten heilkräftigen Substanzen stammen aus der Baldrianwurzel. Dazu gehören unter anderen Valepotriate, Valerensäure, Valeriansäure, Alkaloide und ätherische Öle. Im Garten werden nur die Blüten der Baldrianstaude verwendet. Über die Zusammensetzung der Inhaltsstoffe in diesem Teil der Pflanze wird in der Fachliteratur nichts berichtet.

**Sammel-Tips:** Sie finden Baldrian an feuchten Wiesen- und Waldrändern, an Bachläufen und am Teichufer. Die Pflanzen wachsen manchmal auch an trockenen Stellen. Im Kräutergarten gedeihen sie ohne Schwierigkeiten. Schneiden Sie nur die Blütendolden, wenn die kleinen Einzelblüten gerade aufbrechen.

**Verwendung:** Aus den Blüten des Baldrians wird ein Extrakt hergestellt. Diese Methode unterscheidet sich von den sonst üblichen Pflanzenauszügen.

### Baldrianblüten-Extrakt

Zerkleinern Sie die Blüten, zusammen mit etwas Wasser (am besten Regenwasser), zu einem feinen, feuchten Brei. Dazu können Sie den Fleischwolf, einen Mixer oder auch ein Wiegemesser benutzen. Der Brei wird zum Schluß durch ein dünnes Baumwolltuch, zum Beispiel ein oft gewaschenes Taschentuch, gepreßt. Füllen Sie die so gewonnene konzentrierte Flüssigkeit in ein dunkles Glasfläschchen, das gut verschlossen und kühl aufbewahrt werden muß. Benutzen Sie als Verschluß eine Gummikappe, da die Flasche wegen der einsetzenden Milchsäuregärung sonst platzen könnte. Baldrianblüten-Extrakt ist sehr lange haltbar.

Im Pflanzenschutz wird dieses Konzentrat vor allem als Frostschutzmittel verwendet; auf 1 Liter Wasser wird 1 Tropfen Baldrianblüten-Extrakt gerechnet. Verwenden Sie lauwarmes Wasser, und rühren Sie die Flüssigkeit gleichmäßig und rhythmisch 15 Minuten lang mit einem Holzstab um.

Dieses Spritzmittel wird fein über blühende Obstbäume versprüht, wenn Nachtfrost angesagt ist; es schützt vor Kälte. Die beste Zeit für die Anwendung ist der späte Nachmittag oder der frühe Abend.

Allgemeine Spritzungen mit Baldrianblüten-Extrakt im frühen Frühling fördern die Blüten- und Fruchtbildung bei Obst, Blumen und Fruchtgemüsen wie Tomaten, Gurken, Erbsen und Bohnen. Vor der eigentlichen Blütenbildung werden die Pflanzen und der Boden mit der Flüssigkeit übersprüht.

Der Baldrianblüten-Extrakt gehört ursprünglich zu den biologisch-dynamischen Spezialpräparaten, die von Rudolf Steiner entwickelt wurden. Nach Ansicht der Anthroposophen stärkt das Mittel die Licht- und Wärmekräfte. Es fördert die Leuchtkraft der Farben und das Aroma der Früchte; ganz allgemein trägt Baldrianblüten-Extrakt zur Stärkung der Widerstandskräfte und damit zur Gesundheit der Pflanzen bei.

Baldriankraut wächst wild an feuchten Stellen.

## Beinwell *Symphytum officinalis* und Comfrey *S. peregrinum*

Der Beinwell ist eine heimische Staude, die auf feuchten Wiesen, in Gräben und am Bachufer wild wächst. Aus Rußland stammt der verwandte Comfrey, der in vielen Gärten angepflanzt wird.

Charakteristisch für die Pflanzen aus der Familie der Boretschgewächse sind die großen, rauhhaarigen Blätter und die tief in die Erde reichenden Wurzeln, die außen schwarzbraun und innen elfenbeinweiß gefärbt sind. Je nach Art und Standort variiert die Farbe der glockenförmigen Blüten von Cremeweiß über Trübrosa bis Dunkelrot und Himmelblau.

**Inhaltsstoffe:** Die Blätter des Beinwells enthalten Gerbstoffe, Schleimstoffe, Cholin und Alkaloide. Die Pflanze ist außerdem reich an Eiweiß und gehört damit zu den Stickstofflieferanten. Kali ist ein weiterer wichtiger Bestandteil der Beinwell-Blätter.

**Sammel-Tips:** Die vitalen Pflanzen bilden große Stengel- und Blattmassen. Sie können mehrmals während einer Vegetationsperiode geschnitten werden. Die Beinwellstaude treibt immer wieder kräftig aus. Nur oberirdische Pflanzenteile – Blätter und Stiele – werden für die Jauche verwendet. Praktisch und nützlich ist es, den heimischen Beinwell oder den russischen Comfrey im Garten anzupflanzen. Beide Arten können für die Pflanzengesundheit eingesetzt werden. Manche Spezialisten behaupten, daß der Comfrey noch reicher an Inhaltsstoffen sei.

**Verwendung:**
**Beinwell-Jauche**
Die zerschnittenen Beinwellstengel und die Blätter werden wie Brennesseln in einer Tonne mit Wasser angesetzt. Für kleinere Mengen können Sie 1 kg frische Pflanzenmasse auf 10 Liter Wasser rechnen. Brennesseln und Beinwell können auch gut in einer Tonne miteinander vermischt werden. Die fertige Beinwell-Jauche wird im Verhältnis 1:10 mit Wasser verdünnt und in den Wurzelbereich der Pflanzen gegossen. Diese stickstoff- und kalireiche Nährbrühe bekommt vor allem stark zehrenden Gemüsearten wie Tomaten, Sellerie und Kohl sehr gut.

Wenn Beinwell-Jauche als gesundheitsstärkende Blattdüngung über die Pflanzen gesprüht wird, muß sie 1:20 verdünnt werden.

## Brennessel
### *Urtica dioica, U. urens*

Die Große Brennessel ist eine ausdauernde Staude, die aus einem weitverzweigten Wurzelstock ständig neue Ausläufer treibt. Die vierkantigen Stengel sind ebenso wie die gezähnten Blätter mit Brennhaaren bedeckt. Die unscheinbaren gelblich-grünen Blütenrispen erscheinen von Juli bis zum Herbst. Die buschigen Stauden erreichen 0,50–1,50 m Höhe.

Die Kleine Brennessel ähnelt ihrer großen Schwester im äußeren Erscheinungsbild sehr. Ihre Blätter sind nur etwas kleiner; männliche und weibliche Blüten erscheinen an der gleichen Pflanze, während die Große Brennessel zweihäusig ist. Beide Pflanzen wachsen gern auf humusreichen Böden, die gut mit Stickstoff versorgt sind.

**Inhaltsstoffe:** Die wirksamen Substanzen der beiden Brennesselarten gleichen sich im wesentlichen. Die Brennhaare enthalten das sogenannte Nesselgift, das bei Berührung für die »brennenden« roten Schwellungen auf der Haut verantwortlich ist. Nach neueren Analysen ist darin unter anderem Histamin, Acetylcholin und Natriumformiat enthalten.

Zu den wichtigsten Substanzen, die in der relativ gut erforschten Brennessel vorkommen, gehören verschiedene Säuren, wie zum Beispiel Ameisensäure, Essigsäure und Zitronensäure, außerdem verschiedene Vitamine, Carotinoide, essentielle Aminosäuren, Spurenelemente, darunter vor allem Eisen, Silicium, Magnesium und reichlich Chlorophyll. Hinzu kommen Kalzium, Kali, Phosphor und vor allem sehr viele stickstoffhaltige Substanzen.

**Sammel-Tips:** Schneiden Sie die Zweige der Pflanzen, bevor sie Samen angesetzt haben. Die Große Brennessel treibt während der Hauptvegetationszeit immer wieder aus und kann deshalb öfter »abgeerntet« werden.

Sie finden Brennesseln am Zaun, in der Nähe von Häusern, Scheunen und Ställen, außerdem an Schuttplätzen, Wegrändern und Waldsäumen.

Gern taucht das Wildkraut auch im Garten auf. Kluge Gärtner weisen der Brennessel einen kontrollierten Platz am Kompost oder an einer Naturhecke zu. So finden Sie das wertvolle Heilkraut stets in erreichbarer Nähe.

**Verwendung:**
Die Brennessel ist sicherlich das beliebteste und am meisten genutzte Wildkraut im Biogarten. Sie dient als Medizin für den Boden, die Pflanzen und die Menschen.

**Brennessel-Jauche**
Brennesseln, die noch keine Samen angesetzt haben, können vom Frühling bis zum Sommer immer wieder geschnitten werden. Zerkleinern Sie die Stengel mit einer Schere (und Handschuhen!) auf etwa 10–20 cm Länge. Dann füllen Sie das Kraut in eine Tonne oder ein Faß. Das Gefäß darf nur zu reichlich zwei Dritteln mit Brennesseln gefüllt werden. Bei kleineren Portionen können Sie sich nach folgender Faustregel richten: 1 kg Brennesseln oder 150–200 g getrocknetes Kraut reichen für 10 Liter Wasser.

Geeignete Behälter sind Holzfässer, Steinguttöpfe oder Kunststofftonnen. Benutzen Sie keine Metallgefäße, da bei der Gärung unerwünschte chemische Reaktionen stattfinden können. Ein sonniger Standort ist günstig, weil der Zersetzungsprozeß Wärme und Sauerstoff benötigt. Decken Sie die Jauche deshalb nicht zu früh zu.

Füllen Sie soviel Wasser auf, daß ein mindestens handbreiter Rand frei

Der Beinwell ist ein heimisches Wildkraut.

Die »wehrhaften« Brennhaare der Brennessel gleichen Kanülen, die mit dem Nesselgift Histamin und anderen Wirkstoffen gefüllt sind.

bleibt. Dies ist wichtig, weil die Jauche schon bald während des Gärungsprozesses hochschäumt. Rühren Sie die Brühe jeden Tag einmal kräftig mit einem Stock durch. Streuen Sie ab und zu eine Handvoll Steinmehl über die Oberfläche; dadurch binden Sie unangenehme Gerüche. Solange die Tonne offensteht, sollten Sie ein Gitter oder Fliegendraht darüberlegen. So verhindern Sie, daß Tiere in die Brühe fallen und ertrinken.

Heftiges Aufschäumen zeigt Ihnen, daß die Gärung eingesetzt hat. Nach ein paar Tagen beruhigt sich die Jauche. Je nach Witterung hat die Brühe nach 12–20 Tagen eine relativ klare braune Farbe angenommen. Die Pflanzenreste sind größtenteils auf den Boden der Tonne abgesunken. Jetzt können Sie Ihre fertige Brennesseljauche benutzen. Sie wird 1:10 mit Wasser verdünnt und in den Wurzelbereich der Pflanzen gegossen.

Die Lösung, die über die Blätter der Pflanzen versprüht wird, muß in sehr viel feinerer, sozusagen medizinischer Verteilung, angewendet werden. Mischen Sie für diesen Zweck die Jauche im Verhältnis 1:20 mit Regenwasser. Diese stark verdünnte Brühe können Sie auch zum Angießen von Jungpflanzen und zum Anfeuchten der Saatrillen benutzen.

Sie können das Jauchegefäß nun mit einem Deckel verschließen und Ihre Vorräte den ganzen Sommer benutzen. Brennesseljauche ist nicht nur als stickstoffhaltiger Flüssigdünger, der die Blätter kräftig grün färbt, wertvoll. Sie wirkt auch allgemein gesundend und kräftigend auf die Gewächse des Gartens. Schwache Pflanzen, die bereits von Läusen überfallen wurden, können oft schon dadurch gerettet werden, daß der aufmerksame Gärtner rasch Brennesseljauche in den Wurzelbereich gießt. Die Pflanzen erholen sich rasch, kräftigen sich zusehends und »schütteln« ihre Plagegeister von selbst ab. Man könnte es auch umgekehrt sehen: Den Läusen vergeht der Appetit an dem Blattgewebe, das sich zusehends kräftiger und vitaler entwickelt. Sie sehen sich nach schwächeren und weichlicheren Opfern um.

Die Nährbrühe aus der heilkräftigen Nessel ist ein besonders einleuchtendes Beispiel dafür, wie eng gute Ernährung und Gesundheit miteinander verbunden sind.

### Gärende Brennessel-Jauche

Für diese Jauche verwenden Sie ebenfalls 1 kg frisches Kraut und 10 Liter Wasser. Stellen Sie das Gefäß in die Sonne, damit die Gärung rasch einsetzt. Nach etwa 4 Tagen kann diese Brühe benutzt werden; sie befindet sich noch mitten in den Umsetzungsprozessen und ist deshalb »aggressiv«.

Die gärende Jauche wird zur direkten Schädlingsabwehr gegen Blattläuse und Milben (unter anderem Spinnmilben) eingesetzt. Die Wirkung kann verstärkt werden, wenn Sie die gärende Brennessel-Jauche mit Schachtelhalm-Brühe vermischen.

Rühren Sie unter 1 Liter Brennessel-Jauche noch einen halben Liter Schachtelhalm-Brühe. Diese Spritzbrühe muß

# Naturgemäßer Pflanzenschutz

Brennesselkraut wird kurzgeschnitten.

vor der Verwendung im Verhältnis 1:50 verdünnt werden.

**Brennessel-Kaltwasser-Auszug**
Gießen Sie 10 Liter Wasser über 1 kg frisches Brennesselkraut. Dieser Ansatz bleibt 12–24 Stunden stehen. Es sind vor allem die brennenden Substanzen der Brennesseln, die in dieser Zeit in die Flüssigkeit übergehen. Der Kaltwasser-Auszug darf niemals gären!
Gießen Sie das Brennesselwasser ab, und drücken Sie die Pflanzenteile noch einmal kräftig aus. Dieser Auszug wird unverdünnt über diejenigen Pflanzen versprüht, auf denen sich Blattläuse angesiedelt haben. Wenn nur wenige Insekten zu sehen sind, genügt es, einmal in der Woche zu spritzen. Bei dichterem Befall muß die Behandlung mindestens an drei Tagen hintereinander durchgeführt werden.
Die Wirksamkeit des Brennessel-Kaltwasser-Auszugs ist umstritten. Bei einigen wissenschaftlichen Untersuchungen wurde nur ein sehr geringer oder gar kein Erfolg festgestellt. Wahrscheinlich liegt das Problem aber auch darin begründet, daß solche »Naturmittel« nur im Zusammenspiel mit zahlreichen anderen ökologischen Faktoren ihre volle Wirksamkeit entfalten. Wenn sie isoliert – auf neutralen wissenschaftlichen Versuchsfeldern – verwendet werden, schneiden sie schlecht ab.

Hinzu kommt, daß solche sanften Mittel nie die »hohe Todesrate« chemischer Produkte erreichen. Das sollen sie auch gar nicht. Dem Biogärtner genügt es, wenn seine Spritzmittel die ungebetenen Mitesser soweit in ihre Schranken verweisen, daß sich ein natürliches Gleichgewicht einpendelt. Er will nicht vernichten, sondern eingrenzen.
Festzustehen scheint aber, daß der Brennessel-Kaltwasser-Auszug nur bei relativ geringem Läusebefall eine zufriedenstellende Wirkung zeigt. Probieren Sie es selber aus!

## Farnkraut
### Wurmfarn *Dryopteris filix mas*
### Adlerfarn *Pteridium aquilinum*

Für natürliche Pflanzenschutz-Brühen werden vor allem zwei weitverbreitete Farnarten verwendet: der Wurmfarn und der Adlerfarn. Ihr Gebrauch hat jahrtausendealte Tradition.
Der Wurmfarn wächst aus einem starken walzenförmigen Wurzelstock. Am Boden bilden die Reste abgestorbener Blattstiele dichte Nester. Die jungen Farntriebe erscheinen im Frühling mit spiralförmig eingerollten Spitzen. Sie sehen aus wie grüne Bischofsstäbe. Die Wurmfarnblätter bilden eine Rosette, die in ihrer natürlichen Trichterform viel Feuchtigkeit sammeln kann.

Beim Adlerfarn wachsen die Blätter in Etagen.

Die derben Blätter sind bis zum Grund einfach gefiedert; sie können an günstigen Standorten bis zu 1,40 m lang werden. An den Blattunterseiten sind deutlich die braunen Sporenhäufchen zu erkennen, die der Vermehrung dienen.
Der Wurmfarn liebt nährstoffreiche Böden; in lichten Buchenwäldern gedeiht er besonders gut.
Der Adlerfarn treibt aus dem Wurzelrhizom jedes Jahr einen neuen Wedel. Auf einem starken, hohen Stengel zweigen erst in etwa 30 cm Höhe an kurzen Stielen die dreifach gefiederten Blätter ab. Sie bilden mehrere »Etagen«. Die Höhe des Adlerfarns hängt sehr vom Standort ab. Auf magerem Grund bleiben die Pflanzen niedrig, während sie auf feuchten, humusreichen Waldböden leicht 2 m Höhe erreichen. In lockeren Beständen können Adlerfarne sogar 4 m hoch werden. Die Wurzelstränge dehnen sich an günstigen Standorten viele Meter weit aus. Dann bildet das hohe Farnkraut undurchdringliche Dickichte.
Adlerfarn liebt saure aber durchlässige Böden und lichte Wälder. Er kommt auch auf Kahlschlägen und ungepflegten Weiden vor.

**Inhaltsstoffe:**
Wurmfarn enthält in seinen seit altersher medizinisch genutzten Wurzeln giftige Substanzen. Dies sind vor allem die sogenannten Filixwirkstoffe, zu denen u. a. Aspidinofilicin und Filixsäure gehören. Sie wirken lähmend auf das Nervensystem niederer Tiere, vor allem auf Bandwürmer, Spulwürmer, Hakenwürmer und Leberegel. Deshalb wurde der Wurmfarn – wie schon der Name verrät – lange Zeit als hochwirksames Mittel für Wurmkuren verwendet. Da die giftigen Substanzen aber auch dem Menschen gefährlich werden können, wird er inzwischen nicht mehr für die Hausapotheke empfohlen. Weitere Inhaltsstoffe der Wurzeln sind unter anderen ätherische Öle, Gerb- und Bitterstoffe.
Über die Zusammensetzung der wirksamen Substanzen in den Blättern wird in der Fachliteratur nichts berichtet.

# Selbstgemachte Spritzbrühen

Die Wurmfarnwedel werden aber seit Jahrhunderten als Mittel gegen Ungeziefer im Haus, im Stall und im Garten verwendet. Möglicherweise enthalten die oberirdischen Pflanzenteile ähnliche Wirkstoffe wie die Wurzeln, aber in weniger gefährlicher Dosierung.
Adlerfarn sammelt in seinen Wurzeln reichlich Stärke an. Die Blätter wirken giftig auf Rinder, wenn die Tiere auf der Weide davon fressen. Dieses Farnkraut ist reich an Kieselsäure und Kali.
**Sammel-Tips:** Während des ganzen Sommers (ab Juni) können Sie die vollentwickelten Farnwedel schneiden. Achten Sie aber darauf, daß Sie keinen Raubbau an der großen Natur begehen, um Ihren kleinen Garten zu schützen. Wurmfarn kann leicht in naturgemäßen Gartenanlagen heimisch gemacht werden; er steht dann an Ort und Stelle zur Verfügung.
Farnkraut läßt sich gut, in Büscheln aufgehängt, trocknen. Das dürre Kraut wird abgestreift, zerbröselt und eventuell in einem Mörser zerrieben. Bewahren Sie es verschlossen auf wie Tee.

### Verwendung:
Beide Farnarten werden einzeln oder gemischt nach den gleichen Rezepten zubereitet und benutzt.

### Farnkraut-Jauche
Die Blattwedel werden zerschnitten und mit Wasser zum Gären angesetzt. Nehmen Sie 1 kg frisches Farnkraut oder 100–200 g getrocknete Droge für 10 Liter Wasser.
Die fertige Farnkraut-Jauche wird zehnfach verdünnt gegen Blattläuse ausgespritzt. Über den Boden versprüht, übt sie eine Abwehrwirkung auf Schnecken aus. Unverdünnt kann die Farnkraut-Jauche gegen Rostkrankheiten eingesetzt werden. Als Winterspritzung wird sie ebenfalls unverdünnt gegen Schild- und Blutläuse eingesetzt.

### Farnkraut-Brühe
Diese Brühe wird nach dem gleichen Rezept wie Schachtelhalm-Brühe angesetzt. Die Verwendung ist die gleiche wie bei der Farnkraut-Jauche.

Junge Wurmfarnwedel rollen sich auf.

### Farnkraut-Extrakt
Aus getrocknetem, zerstoßenem Farnkraut und einem halben Liter Wasser (möglichst Regenwasser) wird in einer Flasche oder in einem großen Marmeladenglas ein Auszug angesetzt. Die Gefäße werden anschließend zugeschraubt oder verkorkt. Nach einigen Stunden lassen Sie den so gewonnenen Extrakt durch ein Baumwolltuch laufen und pressen die Rückstände kräftig aus. Dieser konzentrierte Pflanzenauszug wird unverdünnt gegen Blutläuse verwendet. Tauchen Sie eine Bürste in den Extrakt und reiben Sie die Läuseherde gründlich damit ab.
Der Extrakt kann auch zu einer vorbeugenden Spritzung der Obstbäume im Vorfrühling benutzt werden. Nehmen Sie dann 1 Liter Farnkraut-Auszug für 10 Liter Wasser.
Im Juni verdünnen Sie diese Spritzbrühe gegen die Blutläuse stärker. Ein halber Liter Extrakt auf 10 Liter Wasser ist empfehlenswert, damit die Blätter keine Schäden erleiden.

## Holunder
### *Sambucus nigra*

Der Holunder ist eine uralte Heilpflanze, die in allen Teilen – Wurzel, Rinde, Blätter, Blüten und Früchte – medizinische Wirkstoffe enthält.

Der verzweigte Strauch, der manchmal auch baumartig wächst, besitzt eine borkige, mit Korkzellen durchsetzte Rinde. Junge Zweige sind mit weißem Mark gefüllt. Drei bis sieben am Rand gezähnte Blätter sitzen an einem Stiel. Von Mai bis Juni erscheinen flache weiße Blütendolden, die stark süßlich duften. Im Herbst trägt der Strauch schwarze Beeren.
Der Holunder wächst gern in der Nähe der Menschen an Haus- und Scheunenwänden. In Feldhecken, an Waldrändern oder als Unterholz in lichten Laubholzbeständen ist er ebenfalls weit verbreitet. Die Sträucher lieben feuchten, nährstoffreichen Boden.
**Inhaltsstoffe:** Die Blätter des Holunderstrauches enthalten Sambucin (ein Alkaloid), Sambunigrin, Salpeter, Saccharose, Invertin und Emulsin.
**Sammel-Tips:** Die Blätter können während des ganzen Sommers gepflückt und verwendet werden.

### Verwendung:
### Holunder-Jauche
Füllen Sie frische grüne Blätter in ein Gefäß, und setzen Sie die Jauche so an, wie es im Rezept für Brennessel-Jauche beschrieben ist.
Die fertige Holunder-Jauche wird unverdünnt in die Gänge der Wühlmäuse gegossen. Kleinere Mengen können Sie auch unter andere Jauchen mischen als wertvolle Wirkstoffergänzung.

Holunder wächst gern nahe am Haus.

## Kamille
*Matricaria chamomilla*

Die Echte Kamille wurde schon in der Antike als wertvolle Heilpflanze genutzt.

Das einjährige Kraut bildet verzweigte Pflanzen, die je nach Art 20–50 cm hoch wachsen. Über zart gefiederten Blättchen erscheinen von Juni bis September die weiß-gelben Blütenkörbchen. Die Echte Kamille wächst auf Getreidefeldern in Gemeinschaft mit Weizen, Roggen oder Gerste; man findet sie

Die Echte Kamille ist Heilkraut für den Garten.

aber auch auf Brachland oder am Wegrand. Durch die intensiven Herbizid-Spritzungen im modernen Ackerbau ist die Kamille an ihren ursprünglichen Standorten sehr selten geworden.

**Inhaltsstoffe:** Die wichtigsten Substanzen in der Kamillenblüte sind ätherische Öle, die Cham-Azulen, das tiefblaue Azulen, enthalten. Dies wird aber erst bei der Öl-Destillation sichtbar. Weitere Wirkstoffe sind unter anderen Flavone, Bitterstoffe und Cumarinderivate. Kamille wirkt entzündungslindernd, antibakteriell und fäulnishemmend.

**Sammel-Tips:** Reich an Wirkstoffen ist nur die Echte Kamille. Sie erkennen sie an diesen charakteristischen Merkmalen: Nach der Befruchtung hängen die äußeren weißen Blütenblätter nach unten. Wenn Sie das gelbe Blütenköpfchen aufbrechen, erkennen Sie am Boden einen kegelförmigen Hohlraum. Die anderen Kamillearten besitzen dagegen einen festen, mit Mark gefüllten Blütenboden.

Frische Blüten können Sie während der ganzen sommerlichen Blütezeit sammeln. Verwendet werden aber nur die Blütenköpfchen, die man sehr behutsam bei milder Wärme trocknet.

Die »Kraft« der Kamillen ist sehr abhängig von einem günstigen Standort und intensiver Sonnenstrahlung, die die Entwicklung der ätherischen Öle fördert. Saatgut der Echten Kamille bekommen Sie im Fachhandel. So können Sie das wertvolle Kraut auch im Garten aussäen.

### Verwendung: Kamillen-Tee

Gießen Sie den Kamillentee für Ihre Pflanzen genau so auf, wie einen Heiltee für Ihre Familie. Ein gehäufter Teelöffel voll getrockneter Blüten reicht für eine Tasse Wasser.

Dieser Tee kann als fäulnishemmende Zutat zu einer natürlichen Samenbeize verwendet werden. Nehmen Sie 1 Teelöffel voll Kamillentee und verrühren Sie ihn gründlich in einem Liter lauwarmem Regenwasser. Vor allem die Samen der Schmetterlingsblütler (Erbsen und Bohnen) und die der Kreuzblütler (Kohl, Rettich, Radieschen) werden in diese Beize gelegt, die ursprünglich nach den Regeln der biologisch-dynamischen Gärtner entwickelt wurde.

Sie können die Samenkörner in einer flachen Schale direkt in die Tee-Flüssigkeit streuen; praktisch ist es auch, das Saatgut in kleine Baumwollsäckchen zu füllen und dann in die Beize zu hängen. Nach 15–30 Minuten werden die Samen herausgenommen und an einem schattigen Platz auf einer saugfähigen Unterlage (z. B. Küchenpapier) ausgebreitet. Länger als zwei Tage dürfen Sie nun nicht mehr mit der Aussaat warten, sonst verdirbt das Saatgut.

### Kamillen-Auszug

Wegen der Hitzeempfindlichkeit der ätherischen Öle dürfen Sie Kamillenblüten nicht längere Zeit auskochen. Bereiten Sie lieber einen kalten Auszug, indem Sie eine Handvoll Kamille mit einem Liter lauwarmem Wasser ansetzen und 12–24 Stunden zugedeckt ziehen lassen.

Nach dem Absieben und Auspressen wird dieser Auszug 1:5 mit Wasser verdünnt. Sie können ihn über die Pflanzen, über den Boden und über den Kompost gießen oder spritzen. So fördern die Kamillen gesundes Wachstum. Sie schützen vor Wurzelkrankheiten und Fäulnis.

## Kapuzinerkresse
*Tropaeolum majus, T. nanum*

Die Kapuzinerkresse wird im Garten oft als Zwischenpflanzung oder als Bodendecke benutzt, um von den Pflanzen in ihrer direkten Nachbarschaft die Läuse wegzulocken. Mehr über diese schädlingsabwehrende Eigenschaft erfahren Sie auf Seite 86 und 212.

Die einjährige Kapuzinerkresse stammt aus Peru. Sie bildet lange Ranken (T. majus) oder rundliche Büsche (T. nanum). Ihre schildförmigen Blät-

ter besitzen eine wachsartige Oberfläche, von der das Wasser abperlt. In warmen Gelb-, Orange- und Rottönen leuchten die glockenförmigen gespornten Blüten dieser südländischen Pflanze. Die Kapuzinerkresse gedeiht im Garten oder auf dem Balkon. Sie liebt guten Humus und viel Wärme.

**Inhaltsstoffe:** Die Kresse aus Peru ist reich an Schwefel und antibiotischen Substanzen.

**Sammel-Tips:** Diese einjährige Blume gedeiht bei uns nur im Garten. Die Blätter können während des ganzen Sommers frisch gepflückt werden.

### Verwendung:
### Kapuzinerkresse-Tee

Überbrühen Sie reichlich frische grüne Blätter oder ganze Ranken, die zerkleinert wurden, mit einem halben Liter kochendem Wasser. Die Pflanzen sollen nicht in der Flüssigkeit schwimmen, sondern gerade eben bedeckt sein, so daß ein konzentrierter starker Aufguß entsteht. Lassen Sie das Gefäß zugedeckt 10–15 Minuten stehen. Dann wird abgesiebt und ausgedrückt. Heben Sie das Konzentrat verschlossen und kühl in dunklen Flaschen auf.

Der starke Tee wird wie Farnkraut-Extrakt unverdünnt gegen Blutläuse verwendet.

Die Kapuzinerkresse enthält natürliche Schwefelsubstanzen.

## Knoblauch
### *Allium sativum*

Die heilkräftigen Wirkungen des Knoblauchs werden auch in der Mischkultur genutzt. Praktische Beispiele finden Sie auf Seite 86–87.

Die Urheimat dieser alten Heilpflanze liegt wahrscheinlich in Zentralasien. Sie gedeiht aber auch in den Mittelmeerländern bereits seit Jahrtausenden. Das Liliengewächs Knoblauch ist eng mit der Zwiebel verwandt. Beide wachsen bei uns nur in Gärten und auf Feldern. Die Pflanze besteht aus einer Zwiebel, die von mehreren »Zehen« umgeben ist, und schmalen, lauchähnlichen Blättern. Auf einem hohen Stengel erscheint ein rötlich-weißer Blütenstand, der von kleinen Brutzwiebeln durchsetzt ist. Die Pflanzen benötigen einen sonnigen Standort, um ihre wertvollen Wirkstoffe zu entwickeln.

**Inhaltsstoffe:** Die Knoblauchzwiebeln enthalten vor allem große Mengen ätherische Öle, die zum Teil schwefelhaltig sind. Der Wirkstoff Allicin besitzt antibiotische Eigenschaften; er ruft auch den typischen Knoblauchgeruch hervor. Hinzu kommen hormonartige Substanzen, Rhodanwasserstoffverbindungen, Jod und Vitamine.

Der Knoblauch wirkt antibakteriell und antibiotisch. Deshalb wird er im Garten mit viel Erfolg als desinfizierendes und keimhemmendes Mittel verwendet, das die Ausbreitung von Pilzinfektionen verhindert.

**Sammel-Tips:** Verwendet werden nur die Zehen der ausgereiften Knoblauchzwiebel. Die Erntezeit fällt meist in den Spätsommer (August bis September). Zwiebeln, die im Herbst gesetzt werden, reifen schon im Frühling des folgenden Jahres.

### Verwendung:
### Knoblauch-Jauche

500 g frische, zerhackte Knoblauchzehen werden mit 10 Liter Wasser angesetzt. Die fertige Jauche wird 1:10 mit

Knoblauch ist ein guter Helfer gegen Pilze.

Wasser verdünnt und über den Boden gegossen. Sie stärkt die dort wachsenden Pflanzen gegenüber verschiedenen Pilzerkrankungen.

Unverdünnt sollte die Knoblauch-Jauche über die jungen Möhren versprüht werden, um die Möhrenfliege von der Eiablage abzuhalten.

Sie können die Knoblauchzehen auch mit Zwiebeln mischen, als Jauche ansetzen und anschließend wie die reine Knoblauch-Jauche benutzen.

Ein kleiner Zusatz von Knoblauch bereichert auch die Inhaltsstoffe aller anderen Pflanzen-Jauchen.

### Knoblauch-Tee

Nehmen Sie etwa 70 g Knoblauch für 1 Liter Wasser. Die zerkleinerten Zehen werden mit heißem Wasser überbrüht und müssen anschließend noch mehrere Stunden (mindestens 5 Stunden) stehenbleiben.

Unverdünnt wird dieser Tee gegen Pilzerkrankungen über gefährdete Pflanzen gespritzt. In siebenfacher Verdünnung soll er auch gegen Milben wirken, wenn die Flüssigkeit über die Pflanzen und über den Boden versprüht wird.

### Knoblauch-Tee
(wissenschaftlich getestet)

Mitarbeiter der Biologischen Bundesanstalt (BBA) im Institut für Biologische

# Naturgemäßer Pflanzenschutz

Schädlingsbekämpfung stellten einen Tee-Extrakt her, der aus 10 g Knoblauch und 1 Liter Wasser bestand. Die zerkleinerten Zehen wurden mit heißem Wasser überbrüht und blieben anschließend noch 24 Stunden stehen. Das abgesiebte Konzentrat verdünnte der Versuchsleiter dann im Verhältnis 1:3 mit Wasser.

Der Knoblauch-Tee wurde an Gurkenpflanzen getestet, die bereits mit Mehltau infiziert waren. Die Versuche fanden im Gewächshaus, im Folientunnel und im Freiland statt. Die Gurken auf dem Feld eines Gärtners wurden 6 Wochen lang alle 5 Tage gespritzt. Der Knoblauch-Tee brachte bei allen Versuchen sehr zufriedenstellende Ergebnisse. Die Ausbreitung des Mehltaus wurde erfolgreich eingedämmt. Im Vergleich schnitt der 3%ige Knoblauch-Tee besser ab als die gleichzeitig geprüfte 5%ige Schachtelhalm-Brühe, die aber auch eine gute Wirkung zeigte.

In unbehandelten Vergleichskulturen breitete sich der Mehltau im gleichen Zeitraum rasant aus.

## Kohl
*Brassica oleracea*

Die verschiedenen Gemüsekohlarten, unter ihnen vor allem der Weißkohl, werden seit Jahrhunderten nicht nur als Nahrungsmittel, sondern auch als Pflanzen mit heilkräftigen Inhaltsstoffen genutzt.

Die wilden Vorfahren unserer gezüchteten Kohlarten wachsen noch heute an felsigen Küsten im Mittelmeerraum und am Atlantik. Im Garten gedeihen sehr unterschiedliche Mitglieder der großen Kohlfamilie, zum Beispiel Weißkohl, Rotkohl, Wirsing, Grünkohl, Rosenkohl, Brokkoli und Blumenkohl. Sie alle gehören zur umfangreichen Pflanzenfamilie der Kreuzblütler. Die großen Kopfkohlarten benötigen einen nahrhaften Boden, reichlich Dünger und viel Wasser.

**Inhaltsstoffe:** Kohl, vor allem der Weißkohl, enthält sehr viele Spurenelemente und wichtige Mineralstoffe, wie

Kohlblätter dienen der Pflanzengesundheit.

zum Beispiel Eisen, Magnesium, Schwefel und Kalium. Hinzu kommen Vitamine, Bitterstoffe, organische Säuren und Pflanzeneiweiß.

**Ernte-Tips:** Zum Ansetzen einer Jauche verwenden Sie von den in Ihrem Garten wachsenden Kohlarten einige große Außenblätter. Wählen Sie gut entwickelte Pflanzen, und achten Sie darauf, daß sie keine Schäden oder Wachstumsstörungen erleiden. Auch Abfälle, die beim Gemüseputzen anfallen, können in das Jauchefaß wandern.

Wenn Sie bereits im Frühling Kohlblätter brauchen, können Sie Reste der Winterkohlarten oder frühreifende Sorten wie zum Beispiel »Adventswirsing« verwenden; dieser Kohl wurde bereits im Herbst gepflanzt und entwickelt sich im Frühling sehr bald.

### Verwendung:
**Kohl-Jauche**

Setzen Sie die zerkleinerten Kohlblätter nach dem Jauche-Grundrezept an. Die fertige Jauche-Brühe wird 1:5 verdünnt. Sie dient zur Vertreibung von Erdflöhen, wenn Sie sie rund um die Kohlpflanzen gießen. Allgemein kann verdünnte Kohl-Jauche zur Kräftigung junger Gemüsepflanzen verwendet werden. Zu diesem Zweck haben sich auch Mischungen sehr bewährt. Rühren Sie zum Beispiel fertige Kohl-Jauche unter Brennessel- oder Schachtelhalm-Jauche. Oder füllen Sie bereits beim Ansetzen diese Zutaten gemeinsam in die Tonne.

Unverdünnte Kohl-Jauche wird auch gegen Kohlhernie eingesetzt (siehe Seite 188).

## Kräuter-Mischungen

Viele Pflanzen, die für spezielle Jauchen oder Spritzbrühen verwendet werden, kann man auch direkt miteinander kombinieren. Als Ergänzung sind vielseitig gemischte Zutaten aus Wild- und Gartenkräutern sehr empfehlenswert.

**Pflanzen:** Brennesseln, Schachtelhalm, Beinwell, Zwiebeln, Knoblauch und Kohl eignen sich als Mischungspartner für die wichtigsten Spritz- und Gießmittel.

Sehr wichtige Ergänzungen liefern aromatische Heilkräuter, zum Beispiel Salbei, Thymian, Minze, Ysop, Lavendel, Beifuß, Fenchel und Schnittlauch. Zahlreiche Wildkräuter wie Kamille, Schafgarbe, Rainfarn, Löwenzahn, Hirtentäschel, Bärlauch, Ehrenpreis und Vogelmiere können Sie hinzufügen. Experimentieren Sie ruhig nach eigenem Gefühl und persönlicher Heilpflanzenkenntnis. Alle wichtigen Kräuter können auch getrocknet werden, dann sind sie bei Bedarf zumindest in kleinen Mengen vorrätig.

**Inhaltsstoffe:** So vielfältig wie die verwendeten Pflanzen sind auch die Inhaltsstoffe einer gemischten Kräuter-Jauche. Je reichhaltiger, desto gesünder!

**Sammel-Tips:** Pflücken Sie diejenigen Pflanzen, die Sie gerade im Garten oder in der näheren Umgebung finden. Es genügt schon, wenn Sie – wie eine würzige Prise – zu Ihrer Brennessel-Jauche eine Handvoll Schnittlauch, Salbei oder Löwenzahn hinzufügen.

Von einigen Wildkräutern können Sie auch größere Mengen schneiden und Spezial-Jauchen ansetzen. Denken Sie beim Jäten und Schneiden im Kräutergarten an Ihre Jauchetonne! Oft fällt ein ganzer Korb voll ausgerissener Sämlinge oder zurückgeschnittener Pflan-

## Selbstgemachte Spritzbrühen

zenteile an, die reichlich Material für Kräuter-Jauche liefern.
Wichtiger Rat: Verwenden Sie keine Pflanzen, die schon Samen angesetzt haben. Manche Samenkörner sind fähig, das Bad in der Jauche zu überleben. Sie verteilen dann die nützlichen Wildkräuter am falschen Platz: im Gemüse- oder Blumengarten.

### Verwendung:
### Buntgemischte Kräuter-Jauche

Verschiedene Würz- und Heilpflanzen aus dem Kräutergarten können mit Wildkräutern nach dem Angebot der Jahreszeit gemischt werden. Diese Spezial-Jauche wird, wie üblich verdünnt, an alle wachsenden Kulturen gegossen. Sie fördert die Gesundheit und Widerstandskraft der Pflanzen wie eine natürliche Arznei.

### Spezial-Mischungen

Oft erprobt und seit langem bewährt haben sich die folgenden Pflanzenmischungen, die nach dem Grundrezept als Jauche angesetzt werden:
- Brennesseln und Beinwell
- Brennesseln und Schachtelhalm
- Schachtelhalm und Zwiebeln

Auf weitere Mischungsmöglichkeiten wird bei der Beschreibung der einzelnen Pflanzen und Rezepte hingewiesen.

## Löwenzahn
*Taraxacum officinale*

Der Löwenzahn ist über die ganze nördliche Halbkugel als vitales Wildkraut verbreitet. Aus einer tiefreichenden Pfahlwurzel wächst eine Rosette mit länglichen gezähnten Blättern. Im Frühling treibt die ausdauernde kleine Staude hohle, milchige Stengel mit goldgelben Blütenkörbchen. Die gefiederten Samen bilden wenig später die zarten Kugeln der »Pusteblumen«.
Löwenzahn wächst mit Vorliebe auf feuchten, stickstoffreichen Böden. Man findet das Allerweltskraut aber auch überall am Wegrand, auf Wiesen, in Gräben, auf Schuttplätzen und in den meisten Gärten.

Löwenzahn findet sich überall.

**Inhaltsstoffe:** Der wichtigste Wirkstoff ist der Bitterstoff Taraxacin, der vor allem in der Wurzel, in kleinen Mengen aber auch im Stengel und in den Blättern enthalten ist. Wichtige Substanzen in der Wurzel sind auch Inulin, Cholin, Laevulin und Gerbstoffe.
Das frische Kraut, das für die Jauche verwendet wird, ist reich an Mineralsalzen, vor allem an Kalium; hinzu kommen Kalzium, Mangan, Natrium, Schwefel, Kieselsäure und Vitamine.
**Sammel-Tips:** Schneiden Sie das frische Kraut von März bis Mai, dann hat es den höchsten Wirkstoffgehalt.

### Verwendung:
### Löwenzahn-Jauche

Sammeln Sie 1,5–2 kg frische Blätter und Blüten, die nach dem Grundrezept als Jauche angesetzt werden.
Die fertige Löwenzahn-Jauche kann unverdünnt im Frühling über die Pflanzen gegossen oder gesprüht werden. Sie regt harmonisches Wachstum an und verbessert die Qualität der Früchte. Bei kleinen zarten Pflanzen ist eine Verdünnung 1:5 empfehlenswert.
Im Herbst können Sie die Löwenzahn-Jauche auch unverdünnt über die Beete oder über Baumscheiben gießen.

### Löwenzahn-Tee

Für den Tee können Sie frisches Kraut benutzen oder eine Mischung aus getrockneten Blüten, Blättern und Wurzeln. 150–200 g reichen für 10 Liter Wasser. Der Tee wird nach der allgemeinen Vorschrift aufgebrüht. Wenn Sie zerkleinerte Wurzeln verwenden, lassen Sie den Aufguß einige Stunden stehen, weil die Wirkstoffe sich langsam lösen.
Der fertige, abgesiebte Löwenzahn-Tee wird unverdünnt im Frühling über ausgewählte Pflanzen versprüht. Er dient der Verbesserung der Früchte und eignet sich deshalb vor allem für Obstbäume, Beerensträucher, Erdbeeren, Tomaten und andere Fruchtgemüse.

## Meerrettich
*Armoracia rusticana*

Der Meerrettich ist als ausdauerndes Wildkraut fast überall in Europa verbreitet. Charakteristisch sind die stangenförmigen, tief in den Boden reichenden braunen Wurzeln. Die derben, bis 1 m langen Blätter bilden lockere Büsche.
Wilder Meerrettich gedeiht am Wegrand, an Ufern und an verunkrauteten Schuttplätzen. Als Würzlieferant und Heilpflanze wird die Staude auch im Garten angebaut.
**Inhaltsstoffe:** Der wichtigste Wirkstoff in den Wurzeln ist ein ätherisches Öl mit dem Glykosid Sinigrin. Beim Zerkleinern wird unter dem Einfluß von Wasser und der Mitwirkung des Enzyms

Meerrettich gedeiht oft noch wild.

Myrosin Senföl freigesetzt. Außerdem enthalten die heilkräftigen Wurzeln unter anderem Kaliumverbindungen und Schwefelverbindungen.
Über die Wirkstoffe in den Blättern ist nichts bekannt, da sie in der Heilkunde keine Rolle spielen.
**Sammel-Tips:** Frische Meerrettichwurzeln werden für die Küche und für die medizinische Verwendung im Herbst, ab September, ausgegraben und abgestochen. Nehmen Sie aber nur so viel, wie die robuste Pflanze ohne Schaden entbehren kann.
Für die Pflanzen-Brühe werden nicht nur die Wurzeln sondern auch die Blätter des Meerrettichs benutzt; sie müssen dann geerntet werden, wenn der Garten sie gerade braucht. Dies ist vor allem zur Zeit der Baumblüte im Frühling und beim Ausbruch der Monilia-Fruchtfäule im Spätsommer der Fall.

**Verwendung:**
**Meerrettich-Tee**
Bereiten Sie einen starken, konzentrierten Teeaufguß aus zerkleinerten Meerrettichblättern, etwa 500 g auf 1 Liter Wasser. Die Flüssigkeit darf die Pflanzenmasse nur wenig überdecken. Rühren Sie den Tee nach dem Aufbrühen ungefähr 15 Minuten lang mit einem Holzlöffel gleichmäßig und rhythmisch um. Danach wird die Flüssigkeit abgesiebt.
Meerrettich-Tee wird 1:1 verdünnt gegen Monilia-Fruchtfäule und gegen die Spitzendürre, die vor allem Sauerkirschen befällt, ausgesprüht.
In einer Verdünnung von 1:5 können Sie den Tee vorbeugend als Baum- und Blütenspritzung verwenden. Vor allem nach dem Rückschnitt erkrankter Bäume ist diese Maßnahme im nächsten Frühling empfehlenswert.

**Meerrettich-Brühe**
Eine Mischung aus zerkleinerten Wurzeln und Blättern kann auch als Brühe angesetzt werden. Nehmen Sie dann 300 g Meerrettich für 10 Liter Wasser.
Die fertige Meerrettich-Brühe wird – wie der Tee – unverdünnt gegen Monilia-Erkrankungen eingesetzt.

## Möhrenkraut
*Daucus carota* ssp. *sativus*

Die Vorfahren unserer Gartenmöhren wachsen noch heute am Wegrand und auf Wiesen. Diese Wildpflanzen besitzen sehr zähe, helle Wurzeln; sie sind unter den verschiedenartigen Doldenblütlern leicht erkennbar an ihren großen Blütenschirmen, die im Verblühen wie ein lockeres Vogelnest aussehen.
Durch jahrhundertelange Züchtungen entstanden die bekannten Kulturformen der Möhren mit fleischigen orange-roten Wurzeln. Im Garten gedeiht dieses gesunde Gemüse am besten in lockerem Humus, abwechselnd in Reihen mit Zwiebeln oder Lauch.
**Inhaltsstoffe:** Möhren sind nicht nur Nahrungsmittel sondern auch Heilpflanzen. Die Rüben enthalten unter anderem Carotin, Vitamine, Mineralstoffe, ätherische Öle, Traubenzucker und Invertzucker. In den Samen, die man früher als Medizin benutzte, wurden ätherische Öle und Spuren eines Alkaloids gefunden.
Das Möhrenkraut enthält wie alle anderen Teile der Pflanze ätherisches Öl. Außerdem wurden in den Blättern die Alkaloide Pyrrolidin und Daucin sowie Carotine (Lycopersen) gefunden.
**Sammel-Tips:** Pflücken Sie von frühgesäten Möhren vorsichtig einige Blätter ab, so daß die Pflanzen nicht beschädigt werden. Der wichtigste Termin ist die Flugzeit der Zwiebelfliegen und der Lauchmotten.
**Verwendung:**
Ähnlich wie beim Tomatenblätter-Auszug dient der starkriechende Möhrenkraut-Tee der Irritierung bestimmter Insekten, die von ihren gewohnten »Landeplätzen« abgelenkt und ferngehalten werden.

**Möhrenkraut-Tee**
Für 1 Liter Wasser nehmen Sie 50 g frisches Möhrenkraut. Der konzentrierte Tee wird mit heißem Wasser aufgebrüht. Decken Sie das Gefäß anschließend unbedingt mit einem Deckel zu, damit die ätherischen Öle nicht verfliegen.
Nach dem Absieben und Abkühlen versprühen Sie den starken Tee unverdünnt über Zwiebeln und Lauchpflanzen. Sie erreichen damit eine ähnliche Wirkung wie durch die Mischkultur: Der intensive aromatische Duft vertreibt die auf Zwiebelgeruch »programmierten« Schadfliegen. Die Wirkung wird verstärkt, wenn Sie auch die Erde rings um die Pflanzen einsprühen.

Möhrenkraut enthält ätherische Öle.

## Rainfarn
*Chrysanthemum vulgare*
Syn. *Tanacetum vulgare*

Der Rainfarn gehört zu den seit Jahrhunderten benutzten Pflanzen, die vor allem gegen »Ungeziefer« eingesetzt werden. Botanisch zählt das Kraut nicht zu den »Farnen« sondern zu den Korbblütlern.
An der Spitze fester, aufrechter Stengel mit doppelt fiederspaltigen Blättern öffnen sich die kleinen gelben Blüten. Sie bilden, dicht zusammenstehend, eine Trugdolde. Die einzelnen Blumen gleichen festen Knöpfchen, die nur aus gelben Röhrenblüten bestehen. Größere Strahlenblüten am Rande fehlen ganz.
Der Rainfarn gehört zu den ausdauernden Stauden; je nach Standort erreicht er 60–130 cm Höhe. Die anspruchslosen Pflanzen sind in ganz Europa wild

## Selbstgemachte Spritzbrühen

verbreitet. Sie wachsen mit Vorliebe an Wiesenrändern, auf Schuttplätzen, an Bahndämmen und auf sonnigen Kahlschlägen.

**Inhaltsstoffe:** Der stark würzig-süßliche Geruch des Rainfarns deutet bereits darauf hin, daß die Pflanzen einen hohen Gehalt an ätherischen Ölen (OL. Tanaceti) besitzen. Diese setzen sich unter anderen aus Thujon (Tanaceton), Campher, Borneol und Terpen zusammen. Hinzu kommen noch Gerb- und Bitterstoffe.

Die ätherischen Öle sind sowohl in den Blüten als auch in den Blättern enthalten. Der Rainfarn ist eine alte Heilpflanze, die früher vor allem als Wurmmittel benutzt wurde. Bei Überdosierung kann das Kraut auch beim Menschen Vergiftungen verursachen.

**Sammel-Tips:** Im Spätsommer, von Juli bis September, können Sie das blühende Wildkraut sammeln und trocknen. Schneiden Sie ganze Stengel ab, denn Blüten, Blätter und Stiele enthalten wichtige Wirkstoffe. Der Rainfarn kann auch leicht im Küchengarten angesiedelt werden.

**Verwendung:**

Nehmen Sie von den starkriechenden, giftig wirkenden Pflanzen nur 300 g frisches Kraut oder 30 g getrocknete Droge für 10 Liter Wasser. Diese Maße gelten für Brühe und Jauche. Der Tee wird konzentrierter angesetzt.

**Rainfarn-Tee**

Bei Pflanzen, die reich an ätherischen Ölen sind, ist der Tee-Aufguß die günstigste Zubereitung. Übergießen Sie 30 g getrocknete Blüten mit 1 Liter kochendem Wasser. Nach dem Abkühlen wird dieser Tee unverdünnt gegen Milben (z. B. Erdbeermilben und Brombeermilben) ausgesprüht. Er wirkt auch gegen Insekten, wie Läuse, Frostspanner oder Apfelwickler.

Bei Obstbaum-Schädlingen sind vorbeugende Spritzungen im Herbst, im Winter oder im zeitigen Frühling empfehlenswert. Im Sommer verdünnen Sie das starke Konzentrat besser 1:3 mit Wasser.

Rainfarn-Ernte am Wegrand.

**Rainfarn-Brühe**

Die Brühe wird mit 300 g frischen Blüten, Blättern und zerkleinerten Stengeln auf 10 Liter Wasser angesetzt. Sie können auch 30 g getrocknetes Kraut nehmen.

Rainfarn-Brühe wird unverdünnt verwendet gegen »Ungeziefer«, ähnlich wie der Tee. Eine Mischung aus Rainfarn-Brühe mit Schachtelhalm verbessert die Wirkung und bringt zusätzlich einen vorbeugenden Schutz gegen Pilzerkrankungen.

**Rainfarn-Jauche**

Das frische Kraut mit Stengeln, Blättern und Blüten wird zerkleinert und als Jauche angesetzt. Nehmen Sie 300 g Pflanzen auf 10 Liter Wasser. Die Jauche wird ebenfalls unverdünnt ausgespritzt gegen Milben und andere Insekten.

## Rhabarber
*Rheum rhabarbarum*

Der im Garten als Gemüse angebaute Rhabarber darf nicht mit dem Medizinal-Rhabarber (*Rheum palmatum*) verwechselt werden, der in China und Tibet zu Hause ist. Die Vorfahren unserer Rhabarber-Züchtungen stammen ebenfalls aus dem Osten. *Rheum rhabarbarum* ist von Ostsibirien bis Nordchina verbreitet.

Der Rhabarber ist eine sehr ausdauernde Staude mit fleischigen, tiefreichenden Wurzeln. Im Frühling treibt die Pflanze rötlich-grüne starke Stiele mit riesigen gelappten Blättern. Nur die säuerlich-saftigen Stengel werden in der Küche genutzt. Die Blätter sind ungenießbar, weil sie Giftstoffe, vor allem Oxalsäure enthalten.

Der mächtige Rhabarber liebt im Garten einen feuchten, halbschattigen

Die oxalsäurehaltigen Blätter des Rhabarbers werden als Brühe gegen Schwarze Läuse angesetzt.

# Naturgemäßer Pflanzenschutz

Standort und nährstoffreichen, tiefgründigen Boden.
**Inhaltsstoffe:** Die Blätter unseres Kultur-Rhabarbers enthalten Glykoside, deren Spaltprodukte giftig wirken, und Oxalsäuren.
**Sammel-Tips:** Verwendet werden nur die Blätter. Der Oxalsäuregehalt nimmt im Laufe des Sommers zu. Dies ist wahrscheinlich diejenige Substanz, die in der Spritzbrühe wirksam wird.

### Verwendung:
**Rhabarber-Brühe**
500 g zerkleinerte, grüne Blätter werden mit 3 Liter Wasser angesetzt und nach dem Grundrezept zubereitet.
Nach dem Absieben spritzen Sie die unverdünnte Brühe gegen Schwarze Läuse aus.

**Rhabarberblätter-Tee**
Die gleiche Menge wird als Tee-Konzentrat aufgebrüht. Verwenden Sie ihn gegen die Lauchmotte

**Rhabarberblätter-Jauche**
Für die Jauche nehmen Sie 1 kg frische zerkleinerte Blätter auf 10 Liter Wasser. 1:5 mit Wasser verdünnt, verteilen Sie diese Jauche vorbeugend zum Schutz gegen Läuse und Raupen mit der Brause über die Pflanzen.

Ringelblumen-Jauche ist sehr gesund!

## Ringelblumen
*Calendula officinalis*

Ringelblumen sind uralte Heilpflanzen, die auch im Garten ihre wohltätigen Kräfte entfalten.
**Pflanzen-Porträt:** Die einjährigen Blumen entwickeln in kurzer Zeit verzweigte, kleine Büsche mit kantigen Stengeln und länglichen, festen Blättern. Von Juni bis Oktober erscheinen die leuchtend gelben oder orange-farbigen Körbchenblüten. Die ganze Pflanze wird 30–50 cm hoch. Charakteristisch ist auch der streng-würzige Geruch der Ringelblumen.
Die altbekannte Bauerngartenblume ist anspruchslos und gedeiht fast überall. An sonnigen Plätzen entwickeln die Pflanzen aber mehr ätherische Öle.
**Inhaltsstoffe:** Die Blüten der Ringelblumen sind reich an ätherischen Ölen, hinzu kommen carotinverwandte Farbstoffe. In der ganzen Pflanze sind außerdem Schleim, Saponine, Harz und der Bitterstoff Calendulin enthalten.
**Sammel-Tips:** Ringelblumen gehören in jeden Biogarten. Sie kommen zwar gelegentlich auch verwildert vor, aber für die Ernte bieten sich vor allem die reichblühenden Gartenpflanzen an. Sie können Blüten, Blätter und Stengel während des ganzen Sommers frisch pflücken.

### Verwendung:
**Ringelblumen-Jauche**
Blüten, Stengel und Blätter werden in der üblichen Menge zum Verjauchen angesetzt. Da die Ringelblumen sich leicht aussamen und an vielen Stellen im Garten verbreiten, können Sie für diesen Zweck überzählige ausgerissene Pflanzen verwenden. Auch »abgeerntete« Stengel, deren Blüten für die Hausapotheke benutzt wurden, wandern ins Jauchefaß.
Mit dem Ringelblumen-Flüssigdünger verteilen Sie einen Teil der heilkräftigen Wirkstoffe auf den Gartenboden und die Pflanzen. Die Jauche wird wie üblich 1:10 verdünnt. Sie stärkt die Gesundheit und die Widerstandskräfte von Gemüse, Obst und Blumen.

## Schafgarbe
*Achillea millefolium*

Auch die Schafgarbe gehört zu den altbekannten Heilpflanzen, deren Wirkstoffe vielfältig genutzt werden können. Schafgarben sind ausdauernde Stauden, die in ganze Europa wild wachsen. Aus einem kriechenden Wurzelstock entwickelt sich im Frühling zunächst eine Rosette schmaler, gefiederter Blätter. Danach treibt die Staude kräftige behaarte Stengel, die von Juni bis Herbst weiße oder rosa Blütendolden tragen. Die ganze Pflanze wird, je nach Standort, 30–80 cm hoch.
Schafgarben gedeihen auf Wiesen oder an Weg- und Feldrändern. Sie lieben eher trockene Plätze.
**Inhaltsstoffe:** Blüten und Blätter der Schafgarbe sind reich an wertvollen Substanzen, zu denen vor allem ätherische Öle gehören. Ähnlich wie die Kamille enthält auch dieses Kraut blaues Azulen. Hinzu kommt der Bitterstoff Achillein, Gerbstoff, verschiedene Säuren, darunter ein Blausäureglykosid und zahlreiche andere Substanzen.
**Sammel-Tips:** Während der sommerlichen Blüte können Sie jederzeit Schafgarbenkraut ernten. Als wertvoller Zusatz für gemischte Jauchen wird die ganze Pflanze oberirdisch geschnitten.

Ernten Sie das blühende Schafgarbenkraut.

# Selbstgemachte Spritzbrühen 63

**Verwendung:**
Das blühende Schafgarbenkraut dient als wertvolle, heilkräftige Bereicherung für alle gemischten Pflanzen-Jauchen.

### Schafgarben-Kaltwasser-Auszug

Setzen Sie aus 20 g getrockneten Schafgarbenblüten und 1 Liter kaltem Wasser einen Auszug an, der 24 Stunden stehenbleibt. Der ausgepreßte Extrakt muß 1:10 verdünnt werden und kann dann vorbeugend gegen Pilzerkrankungen ausgespritzt werden.
Der Schafgarben-Kaltwasser-Auszug kann auch in kleinen Mengen unter andere Pflanzen-Brühen gemischt werden, die gegen Pilzinfektionen verwendet werden.
Das stark riechende Kraut besitzt außerdem eine Abwehrwirkung gegen Insekten.

## Tomatenblätter
*Solanum lycopersicum*

Die Früchte des Nachtschattengewächses Tomate werden im Garten als vitaminreiches, gesundes Gemüse angebaut. Die Blätter der gleichen Pflanzen können im Pflanzenschutz nützliche Dienste leisten.
Die aus Südamerika eingeführten Tomaten sind überall bekannt. An starken, behaarten Trieben wachsen unpaarig gefiederte Blätter. Wenn der Gärtner Seitentriebe herausbricht, bleibt an den Händen ein klebriger, grün färbender Saft zurück, der eigentümlich streng riecht. Die Tomatenfrüchte (botanisch Beeren) können sehr unterschiedliche Formen aufweisen. Sie sind leuchtend rot oder auch gelb gefärbt.
Im Garten brauchen diese einjährigen südländischen Gewächse einen sehr sonnigen, warmen Platz, reichlich Dünger und viel Wasser.
**Inhaltsstoffe:** Die saftigen Tomatenfrüchte sind reich an Vitamin C und Carotin. In allen Teilen der Pflanze, auch in den Blättern, findet sich Solanin. Das Laub enthält aber hauptsächlich ätherisches Öl und Gerbstoffe, die den starken, abwehrenden Duft erzeugen.

Tomatenblätter für den Kaltwasser-Auszug.

**Sammel-Tips:** Zum Ansetzen von Tomatenblätter-Auszügen oder Jauche werden vor allem ausgebrochene Seitentriebe verwendet, so daß die fruchttragenden Pflanzen keinen Schaden erleiden. Während der ersten Flugzeit der Kohlweißlinge (April bis Juni) sind die Tomaten-Jungpflanzen noch zu klein; dann verwenden Sie besser andere Mittel zur Schmetterlingsabwehr, zum Beispiel Wermut-Tee aus getrocknetem Kraut. Wenn die Kohlweißlinge ein zweites Mal zur Eiablage ausschwärmen (Juli bis Ende August), können Sie von großen Tomatensträuchern Geiztriebe, gekappte Spitzentriebe, überzählige Seitentriebe und eventuell einige Blätter verwenden.

### Verwendung:
### Tomatenblätter-Kaltwasser-Auszug

Gut zerkleinerte und zerdrückte Tomatenblatter werden in einem Eimer mit Wasser, das sich in der Sonne erwärmt hat, angesetzt. Nehmen Sie für eine Handvoll Tomatenlaub einen Liter Flüssigkeit. Dieser Auszug muß 2–3 Stunden ziehen; dann werden die Pflanzenreste ausgedrückt. Die abgesiebte Brühe wird unverdünnt über alle Kohlpflanzen versprüht.

### Tomatenblätter-Jauche

Wenn Sie genügend ausgebrochene Triebe haben, können Sie aus dem Tomatenlaub auch eine Jauche ansetzen. Diese wird im Verhältnis 1:1 mit Wasser verdünnt und über die Kohlpflanzen verteilt. Tomatenblätter-Jauche soll auch eine gewisse Abwehrwirkung gegen Schnecken zeigen.

## Wermut
*Artemisia absinthium*

Das bittere Wermutkraut gehört mit seinen intensiven Wirkstoffen zu den kräftigsten Abwehrmitteln gegen Läuse.
Der Wermut ist eine ausdauernde Staude, die in Süd- und Mitteleuropa wild wächst. Die Pflanzen bilden kräftige, verzweigte Büsche mit silbergrauen, gefiederten Blättern. Die unscheinbaren gelblichen Blütenköpfchen entwickeln sich an den Spitzen der Zweige in lockeren Rispen. Charakteristisch für das Kraut ist ein strenger Geruch und der bittere Geschmack.
Wermut kann leicht im Garten gezogen werden. Er ist anspruchslos und gedeiht am besten an trockenen, etwas steinigen und sehr sonnigen Plätzen. In der unmittelbaren Nachbarschaft dieses intensiven Bitterkrautes fühlen sich viele andere Pflanzen nicht wohl. Setzen Sie Wermut deshalb an einen besonderen Platz.
**Inhaltsstoffe:** Die ganze Pflanze mit Blättern und Blüten ist reich an ätheri-

Ein uraltes Ungeziefer-Kraut ist der Wermut.

schen Ölen, die unter anderem Thujon und Azulen enthalten. Hinzu kommen Bitterstoffe, darunter das Bitterstoffglykosid Absinthiin, der Bitterstoff Absinthin und das Flavon Artemitin. Außerdem sind Gerbstoffe, Harz und Vitamine vorhanden.

**Sammel-Tips:** Den größten Gehalt an Wirkstoffen hat der Wermut während der Blüte im oberen Bereich der Zweige. Schneiden Sie dann die Stengelspitzen, die gebündelt zum Trocknen aufgehängt werden.

**Verwendung:**
Vom intensiv-bitteren Wermut nehmen Sie etwas weniger als die sonst übliche Kräutermenge. 300 g frisches oder 30 g getrocknetes Kraut genügen für 10 Liter Wasser. Diese Mengen gelten für Jauche, Brühe und Tee.

**Wermut-Jauche**
Setzen Sie auch die Jauche aus blühendem Wermutkraut an. Sie wird unverdünnt über gefährdete Pflanzen und auf den Boden im Wurzelbereich gespritzt. Wermut-Jauche hilft gegen Läuse, Raupen, Ameisen und Säulchenrost an Johannisbeeren.

**Wermut-Tee**
Der Tee wird nach dem Grundrezept aufgebrüht und nach dem Abkühlen unverdünnt gegen Blattläuse und Kohlweißlinge ausgespritzt.
Sommerspritzungen gegen den Apfelwickler werden 1:3 verdünnt, wie alle intensiven Mittel, die Schäden an den grünen Blättern verursachen könnten. Herbst- und Frühjahrsspritzungen gegen Brombeer- und Erdbeermilben werden 1:2 verdünnt.

**Wermut-Brühe**
Die Brühe wird nach dem Grundrezept angesetzt und dann genauso verwendet wie der Wermut-Tee.

## Zwiebeln
*Allium cepa*

Die Zwiebeln sind eng mit dem Knoblauch verwandt und werden ähnlich wie diese heilkräftige »Stinkerzwiebel« eingesetzt. Mehr über die nützliche Rolle der Zwiebeln im biologischen Pflanzenschutz können Sie bei den Mischkulturen auf Seite 86 nachlesen. Zwiebeln sind Liliengewächse mit zweijähriger Entwicklung. Sie besitzen röhrenförmiges Laub und blühen erst ein Jahr nach der Pflanzung. Die Speicherorgane der Pflanzen, die Zwiebeln, sind von trockenen Außenhäuten umgeben. Diese Schalen können gelblich, braun oder dunkelrot gefärbt sein. Unsere Kultur-Sorten wachsen nur im Garten. Sie lieben lockeren Boden, der nicht zu naß sein darf.

**Inhaltsstoffe:** Wie der Knoblauch zählt auch die Zwiebel zu den Gemüsearten, die gleichzeitig auch Würze und Heilkräfte liefern. Sie enthalten vor allem schweflige ätherische Öle. Hinzu kommen unter anderem Flavonglykosid, organische Säuren und Vitamine. Zwiebeln wirken unter anderem desinfizierend und antiseptisch. Die keimhemmenden Stoffe machen sich die Gärtner bei der Unterdrückung von Pilzinfektionen zunutze.

**Sammel-Tips:** Verwenden Sie ausgereifte Zwiebeln und frisches Zwiebellaub. Geeignet sind Steckzwiebeln, Saatzwiebeln und Schalotten.
Ähnliche Wirkstoffe wie die Speisezwiebeln haben auch verwandte Gewächse wie Lauch, Schnittlauch, Winterheckezwiebeln *(Allium fistulosum)*, Bärlauch *(Allium ursinum)* und Knoblauchkraut *(Alliaria petiolata)*. Die Blätter dieser Gewächse können Sie ebenfalls für Zwiebel-Jauche verwenden.

**Verwendung:**
Wegen des hohen Gehaltes an flüchtigen ätherischen Ölen ist der Tee-Aufguß die günstigste Verwendungsform.

**Zwiebel-Tee**
Überbrühen Sie 75 g gehackte Zwiebeln mit 10 Liter Wasser. Der abgesiebte Tee wird nach dem Erkalten unverdünnt über gefährdete Pflanzen gesprüht. Er beugt Pilzerkrankungen vor. Sie können für den Tee auch Zwiebelschalen verwenden. Mischungen mit Knoblauch sind ebenfalls günstig.

Zwiebeln und Zwiebelschalen eignen sich zur Stärkung der Pflanzen gegenüber Pilzinfektionen.

**Zwiebel-Jauche**

Als allgemeine Faustregel können Sie sich merken: 500 g Pflanzen reichen für 10 Liter Wasser.

Es ist aber auch möglich, eine Jauchetonne locker nach dem Grundrezept mit zerkleinerten Zwiebeln und anderen »Familienmitgliedern« zu füllen. Die Wassermenge richtet sich nach der Größe des Gefäßes. Außer zerkleinerten Zwiebeln können Sie Zwiebelschalen, Zwiebellaub, Knoblauch, Schnittlauch, Winterheckezwiebeln, Bärlauch und Knoblauchkraut verwenden.

Die gegorene Jauche wird 1:10 mit Wasser verdünnt. Sie kann auf den Boden gegossen oder über die Pflanzen versprüht werden. Die Zwiebel-Jauche wirkt allgemein kräftigend und vorbeugend gegen Pilzinfektionen, vor allem bei Erdbeeren, Kartoffeln, Beerensträuchern und Obstbäumen.

Zur Abwehr der Möhrenfliege wird diese Jauche auch über die Möhrenreihen gesprüht.

Die Auswahl an Kräutern, Gewürzpflanzen und anderen heilkräftigen Gewächsen, die zur Gesundheitspflege im Garten eingesetzt werden können, ist groß und vielfältig. Zahlreiche Pflanzen besitzen Eigenschaften, die andere Pflanzen vor gefährlichen Insekten oder Pilzinfektionen zu schützen vermögen. Sicher ist das Reservoir »grüner Nothelfer«, die die Natur bereithält, noch viel größer. Neue Pflanzen-Auszüge werden bereits wissenschaftlich erforscht und erprobt. Einige interessante Einblicke in diese Arbeit finden Sie auf Seite 115. Es lohnt sich aber sicher, auch im eigenen Garten neue Erfahrungen zu sammeln und mit verschiedenen Pflanzen zu experimentieren. Die traditionsreichen und die seltener benutzten Spritzbrühen, die in diesem Kapitel beschrieben sind, stellen aus diesem Grunde keine reine Rezeptsammlung dar. Die Beschreibung der Pflanzen und ihrer wichtigsten Inhaltsstoffe geht der praktischen Verwendung voraus. So kann jeder interessierte Gärtner zuerst einen Blick »hinter die Kulissen« werfen, ehe er »zur Tat schreitet«.

Selbstgemachte Spritzbrühen können aus den verschiedensten Grundstoffen hergestellt werden.

Wenn Sie sich auf diesen Seiten ein wenig näher mit den Lebensgewohnheiten und den »inneren Werten« der Pflanzen »im grünen Gesundheitsdienst« beschäftigen, werden Sie bemerken, daß bestimmte Substanzen immer wieder auftauchen: ätherische Öle, Bitterstoffe, Gerbstoffe und pflanzliche Schwefelverbindungen spielen offenbar eine wichtige Rolle bei der natürlichen Schädlingsabwehr. Versuchen Sie, ein wenig in diese Zusammenhänge einzudringen. So gewinnen Sie wichtiges botanisches Wissen, aber auch ein Gefühl für die Wirkungsmöglichkeiten, die in vielen Pflanzen verborgen sind. Ein guter Biogärtner sollte nicht nur mechanisch mit bewährten Rezepten arbeiten; er sollte auch möglichst gut darüber Bescheid wissen, wie und warum seine Pflanzenbrühen wirken. Dann wird er die sanften Spritzmittel aus den »chemischen Werken« der Natur noch sinnvoller und erfolgreicher einsetzen können.

Wenn Sie die Heilkräuter, die in diesem Kapitel empfohlen werden, nicht frisch im Garten oder in der näheren Umgebung ernten können, dann besorgen Sie sich am besten getrocknetes Kraut. Sie bekommen Brennesseln, Schachtelhalm und andere Drogen in Reformhäusern, Bioläden, Drogerien und Apotheken. Auch der Bio-Versand hat einige häufig gebrauchte Kräuter im Angebot. Adressen finden Sie im Anhang.

## Spritzmittel aus mineralischen und anderen natürlichen Grundstoffen

In diesem Abschnitt sind sehr unterschiedliche Grundstoffe zusammengefaßt; die meisten werden bereits sehr lange für Spritzmittel im Garten oder auch in der Landwirtschaft verwendet. Einige Zutaten stammen aus natürlichen Mineralvorkommen, andere, wie Milch oder Lehm, gehören zu den ganz alltäglichen Dingen, die jedermann leicht zugänglich sind. Quassia-Bitterholz ist – streng genommen – Bestandteil einer Pflanze. Da es sich aber um eine tropische Baumart handelt, deren Holz bei uns nur als Droge in der Apotheke verkauft wird, ist Quassia hier unter dem Begriff »andere natürliche Grundstoffe« eingeordnet.

Ehe Sie eines der hier beschriebenen Mittel ausprobieren, sollten Sie sich zunächst kurz darüber informieren, mit welchem Stoff Sie es zu tun haben. Die einzelnen Rezepte sind erprobt und wirkungsvoll; sie bieten Möglichkeiten der natürlichen Schädlingsabwehr, aber sie sind kein »Muß«. Wägen Sie selber ab, was Sie von Fall zu Fall als Ergänzung zu den Pflanzen-Brühen benötigen.

# 66 Naturgemäßer Pflanzenschutz

## Alaun
### Kalium-Aluminium-Sulfat

Kali-Alaun ist ein Doppelsulfat oder Doppelsalz, das aus Kaliumsulfat und Aluminiumsulfat gebildet wird. Früher gewann man Alaun aus dem Alaunschiefer. Heute dienen Bauxit und Kaolin als Grundstofflieferanten.

Alaun ist nur mäßig in Wasser löslich; es reagiert sauer und hat eine adstringierende (zusammenziehende) Wirkung. Durch Erhitzen entsteht gebrannter Alaun, der kein Wasser mehr enthält und in diesem Zustand Alumen genannt wird. Dieser Stoff wird als blutstillendes Mittel gebraucht.

Kali-Alaun dient in verschiedenen Formen als mildes Ätzmittel. Er wird auch in der Papierindustrie zum Leimen und in der Färberei als Beize verwendet.

Früher wurde bei der Alaun-Gewinnung auch der Begriff »Schwefelsaure Tonerde« benutzt, der in manchen alten Rezepten noch auftaucht. Bei dem Versuch, diese altmodische Zutat aufzutreiben, entsteht oft Verwirrung, weil die Bezeichnung auch den Apothekern nicht mehr allgemein geläufig ist. Worum es sich handelt, soll Ihnen der folgende anschauliche Auszug aus Meyers Konversations-Lexikon von 1888 zeigen. Dort wird beschrieben, was mit den Ausgangsprodukten Alaunschiefer und Alaunerde geschieht:

»Ersterer ist ein von Schwefelkies durchdrungener kohlehaltiger Thonschiefer oder Schieferthon, die Alaunerde dagegen eine mit Schwefelkies imprägnierte thonhaltige Braunkohle oder mit Schwefelkies und Bitumen gemengter Thon. Man läßt diese Erze in Haufen verwittern, wobei sich aus dem Schwefelkies freie Schwefelsäure und schwefelsaures Eisenoxydul bilden. Letzteres nimmt aus der Luft Sauerstoff auf und verwandelt sich großen Teils in basisch schwefelsaures Eisenoxyd, wobei abermals Schwefelsäure frei wird. Die freie Schwefelsäure zersetzt den Thon (kieselsaure Tonerde) und bildet schwefelsaure Thonerde.«

Diese Verbindung ist heute kaum noch erhältlich.

## Alaun-Lösung

Alaun wird in kristallisierter Form als Salz verkauft. Es sieht aus wie feiner weißer Puderzucker und ist völlig geruchlos. Eine Spritzbrühe aus diesem Pulver sollte nicht zu intensiv angesetzt werden, da auf den Pflanzen ein Belag entsteht, der nur schwer wieder entfernt werden kann.

Nehmen Sie 40–50 g Alaun, das zunächst in einem Liter kochendem Wasser aufgelöst wird. Anschließend füllen Sie noch 9 Liter Wasser auf, so daß insgesamt 10 Liter Spritzflüssigkeit entstehen.

Diese Alaun-Lösung wird unverdünnt vor allem gegen Läuse und Raupen eingesetzt. Sie soll auch als Abwehrmittel gegen Schnecken Erfolge zeigen. Die Wirkung entsteht dadurch, daß die Salzkristalle sich auf der Oberfläche der Pflanzen absetzen, nachdem die Flüssigkeit verdampft ist. Sie bilden einen Film, der sauer und zusammenziehend schmeckt. Läusen, Raupen und Schnecken wird dadurch buchstäblich der Appetit verdorben. Dem Gärtner allerdings auch, denn dies ist der Nachteil einer Alaun-Spritzung: Die Rückstände haften lange an den Blättern und Früchten; sie können nur durch gründliches Waschen mit warmem Wasser wieder abgespült werden.

Aus diesem Grunde sollte die Alaun-Lösung nicht für Gemüse und Obst kurz vor der Ernte benutzt werden. Bei Jungpflanzen verschwindet der Belag größtenteils mit der Zeit und mit fortschreitendem Wachstum. Für Blumen und Ziersträucher kann die Alaun-Lösung dagegen ohne Nachteile benutzt werden. Sie besitzt auf jeden Fall einen sehr großen Vorteil: Die ungebetenen Mitesser werden nicht getötet sondern nur »vergrault«. Deshalb ist die Alaun-Spritzung, ökologisch gesehen, eine sanfte Lösung.

## Kalium-Permanganat

Bei dieser Verbindung handelt es sich um übermangansaures Kali, das in Form anthrazitfarbiger, metallisch glän-zender Salzkristalle im Handel ist. Im Licht schimmern die Bröckchen manchmal etwas lila oder grünlich. Wenn Kalium-Permanganat in Wasser gelöst wird, färbt sich die Flüssigkeit tiefviolett-blau. Gehen Sie vorsichtig mit dieser Lösung um, denn sie hinterläßt auf der Haut oder auf Kleidungsstücken intensive Farbflecken, die nur schwer zu entfernen sind.

Dieses Mittel ist stark sauerstoffaktiv und wirkt deshalb sowohl wachstumsfördernd als auch desinfizierend und adstringierend (zusammenziehend). Diese keimtötende Wirkung wird in der Medizin als altbekanntes Gurgelwasser und im Garten als pilzhemmendes Mittel genutzt.

### Kalium-Permanganat

1–3 g Kalium-Permanganat werden in 10 Liter Wasser aufgelöst und unverdünnt ausgespritzt. Diese Brühe hemmt die Ausbreitung von Schorf- und Rostpilzen. Sie soll auch als Samenbeize wirksam sein.

Achtung: Wenn das Mittel zu stark angesetzt wird, können Flecken auf den Pflanzen entstehen.

**Kalkbrühe:** Siehe Stammanstrich

## Kali-Kalk-Wasserglas
### Theobaldsche Lösung

Dies ist ein traditionsreiches Rezept, das mit verhältnismäßig einfachen Mitteln zubereitet werden kann. Kalkbrühe oder Kalkmilch wird seit altersher als schützender Baumanstrich benutzt. Hochprozentige Kalisalze wirken insektenabwehrend. Wasserglas ist ein Silikat und wirkt ähnlich wie Schachtelhalm (siehe auch Seite 50).

Das alte Original-Rezept gibt größere Mengen an, wie sie im Obstbau gebraucht werden. Die fertige Lösung ist für 100 Liter Wasser berechnet. Für den kleineren Garten können die Zutaten entsprechend verringert werden. Nach neueren Erfahrungen kann das Kalidüngesalz, das für die Brühe verwendet wird, auch 50–60% Kalianteile haben.

## Selbstgemachte Spritzbrühen

**Theobaldsche Lösung** (nach Könemann) entsteht in mehreren Schritten:
- 5 kg 40%iges Kali wird in 40 Liter Wasser aufgelöst.
- 10 kg gebrannter Kalk wird mit 50 Liter Wasser gelöscht und aufgelöst.
- 500 g Wasserglas wird in 10 Liter Wasser verrührt.

Zum Schluß werden alle Lösungen miteinander vermischt: Sieben Sie die Kalkmilch durch ein Tuch in das Gefäß mit der Kalilösung. Dann fügen Sie die Wasserglaslösung hinzu und verrühren alle Substanzen miteinander.

Die Theobaldsche Lösung wird im Nachwinter (Februar bis März) über die Äste der Bäume gespritzt und mit einem dicken Pinsel auf die Stämme gestrichen. Das Mittel wirkt vor allem gegen Insekten, Larven und Eigelege, die in der Rinde überwintert haben.

Frühzeitig vorbeugende Magermilch-Spritzungen schützen die Tomaten vor Pilzerkrankungen.

## Lehmbrühe

Eine dünne, gut verrührte Brühe mit Lehm kann als wertvoller Zusatz unter alle Kräuteransätze gemischt werden. Nützlich ist eine solche Mischung vor allem bei Obstgehölz-Spritzungen, weil die Flüssigkeit dann besser an der Rinde haftet.

Wenn Sie die Lehmbrühe etwas dicker anrühren, können Sie den Brei direkt auf Wunden und kranke Stellen an Gehölzen streichen. Der Lehm wirkt heilend und gesundend. Kräuter-Tees verstärken diese wohltuenden Eigenschaften. Lehm ist auch ein wichtiger Bestandteil des Baumanstrichs.

Zur Herstellung einer Lehmbrühe können Sie – falls vorhanden – lehm- und tonhaltige Gartenerde verwenden. Gut geeignet sind aber auch käufliche Stein- und Tonmehle.

Lehm ist ein uraltes Heilmittel – auch in der Humanmedizin –, das schon von Pfarrer Kneipp hoch geschätzt wurde. Im berühmten Klostergarten von Fulda und bei biologisch arbeitenden Obstbauern hat er sich immer wieder bewährt. Es lohnt sich, dieses einfache Mittel auch im Hausgarten zu erproben.

## Magermilch oder Molke

Geeignet für heilsame Spritzungen ist nur frische, unpasteurisierte Milch. Auch Molke kann verwendet werden. Mischen Sie 1 Liter Magermilch oder Molke mit 1 Liter Wasser. Diese preiswerte Brühe wird über die Tomaten gesprüht. Die ganze Pflanze kann damit benetzt werden, auch die Früchte.

Magermilch-Spritzungen müssen vom Wachstumsbeginn an regelmäßig einmal in der Woche durchgeführt werden. Sie helfen gegen Blattkrankheiten an den Tomaten, vor allem gegen Pilzinfektionen.

## Quassia-Bitterholz
*Quassia amara*

Die Quassie, die auch Bitteresche genannt wird, ist ein strauchig wachsender kleiner Baum, der im tropischen Südamerika zu Hause ist. Das Holz der Quassie enthält den Bitterstoff Quassin, der früher als Hopfen- und Chinin-Ersatz, vor allem auch als Fliegengift benutzt wurde.

Billiger und deshalb heute weiter verbreitet ist das Jamaikabitterholz *(Picrasma excelsa)*, das ebenfalls Quassin enthält. Dieser Baum, der wie die Quassie unpaarig gefiederte Blätter besitzt, erreicht bis zu 20 m Höhe und erinnert im Aussehen an eine Esche.

Im Handel werden zerkleinerte Bitterholzstückchen angeboten; sie sind gelblich gefärbt und besitzen einen stark bitteren Geschmack.

Als Pflanzenschutzmittel ist die Quassia-Brühe seit Generationen bekannt – ähnlich wie Nikotin- und Seifen-Brühe.

### Quassia-Brühe

Um die wirksamen Bitterstoffe aus dem festen Holz zu lösen, müssen die Zutaten dieser Brühe längere Zeit ausgelaugt werden. Setzen Sie 150–250 g Quassiaspäne in 2 Liter Wasser an, und lassen Sie das Gefäß über Nacht stehen. Am nächsten Tag wird diese Brühe eine Stunde lang kräftig aufgekocht.

Gießen Sie 10–20 Liter Wasser (je nachdem wie stark der Absud werden soll und welche Menge Sie brauchen) in ein größeres Gefäß. Sieben Sie die fertige, ausgekochte Bitterholz-Brühe in das Wasser ab.

Solange die Flüssigkeit noch warm ist, können Sie zusätzlich noch 50–250 g reine Schmierseife darin auflösen.

Die Quassia-Brühe hält sich eine ganze Gartensaison lang, vom Frühling bis

Grundstoffe: Quassia-Holz und Schmierseife.

zum Herbst. Sie kann immer wieder benutzt werden. Das Bitterholz können Sie nach dem Kochen wieder trocknen und noch zwei- bis dreimal weiter verwenden.

Dieses Bitterholz-Spritzmittel ist ein tödliches Berührungs- und Fraßgift für zahlreiche Insektenarten. Es wirkt schnell und »gründlich« gegen Blattläuse, Sägewespen, Blattwanzen und auch gegen Raupen, wenn Schmierseife hinzugefügt wird.

Die Wirkung läßt sich in etwa mit den Pyrethrum-Präparaten vergleichen. Für Menschen und Haustiere bringt das bittere Quassia-Holz keine Gefahr, wohl aber für das Ökosystem. Ein Gift, das auf breiter Basis tödlich für Insekten ist, wird nicht dadurch »gut«, daß es einen »natürlichen Ursprung« hat. Die Quassia-Wirkstoffe treffen Feind und Freund gleichermaßen. Nützlinge sind von dieser Spritzung ebenso tödlich betroffen wie die Läuse, die der Gärtner loswerden möchte. Die Natur unterscheidet nicht im Sinne des Menschen zwischen gut und böse. In Großvaters Garten achtete man darauf noch nicht. Wir kennen die Zusammenhänge und sind für die Folgen verantwortlich.

Betrachten Sie die Quassia-Brühe also mit der notwendigen Zurückhaltung, und wenden Sie sie so verantwortungsbewußt wie möglich an: Nur in Notfällen und nur streng begrenzt. Vergewissern Sie sich vorher, ob sich keine Nützlinge in der Nähe aufhalten!

## Schmierseife

Dieses einfache Spritzmittel wurde schon in Urgroßvaters Garten häufig benutzt. Die Seifenbrühe wirkt sehr zuverlässig – wenn sie in der richtigen Konzentration angesetzt wird – gegen Blattläuse. Häufig wird die Seifenlösung mit Spiritus vermischt; dann verstärkt sich die Wirkung, so daß die Spritzbrühe auch gegen Spinnmilben, Schildläuse und Raupen eingesetzt werden kann.

Seifenlösungen sind sogenannte Kontakt- oder Netzmittel, die dort, wo sie sich niederschlagen, gleichmäßig alles mit einem feinen Film überziehen. Es entsteht ein enger Kontakt, da die Seife gut haftet.

Unter ökologischen Gesichtspunkten muß die »gute« alte Schmierseifen-Lösung allerdings kritisch betrachtet werden. Es gibt bisher keine wissenschaftlichen Untersuchungen, die eindeutige Aussagen über die Auswirkungen der Seifen-Spritzung machen könnten. Alles, was wir darüber wissen, beruht auf individuellen Beobachtungen und mehr oder weniger wissenschaftlichen Vermutungen.

Bei Laborversuchen mit Seifen-Lösungen wurde beobachtet, daß Heuwürmer, Sauerwürmer und Blattläuse nach der »Behandlung« starben. Die Spritzbrühe war – wie allgemein üblich – stark konzentriert. Die Wissenschaftler vermuten, daß der Tod durch einen »Klebe-Effekt« oder durch einen »mechanischen Effekt« eintritt. Das bedeutet: Die Atmungsorgane der kleinen, weichhäutigen Insekten werden verklebt – die Tiere ersticken. Man kann davon ausgehen, daß der Tod relativ schnell eintreten muß, denn die Wirkung des Seifenfilms hält nicht lange an; er zersetzt sich innerhalb weniger Stunden durch den Einfluß von Licht und Luft.

Man weiß auch, daß Zellmembranen zerstört werden können. Dadurch fällt der Schutz, den die Außenhaut bietet, weg. Bei Sonnenschein vertrocknen die Tiere.

Wenn es zutrifft, daß die Seifenbrühe ein Kontaktmittel ist, das die Atmungsorgane weichhäutiger Insekten verklebt und die Hautfunktionen stört, dann taucht als nächstes die Frage auf: Wie wirkt sich eine solche Spritzung auf die weichhäutigen Nutzinsekten aus? Werden zum Beispiel die Larven der Schwebfliegen auch geschädigt? Die Vermutung liegt nahe – aber eine eindeutige Antwort gibt es noch nicht. Bei Versuchen mit einem Präparat, das auf Seifenbasis hergestellt wird, starben 70% der betroffenen Schwebfliegenlarven! Marienkäfer und andere Nützlinge wurden dagegen nicht geschädigt.

Chemiker verweisen darauf, daß bei unreinen Seifen die Gefahr größer ist, daß auch andere Insekten getroffen werden könnten. Es gibt auch keine Untersuchungen, die etwas über den Abbau der Seifenbrühe im Boden aussagen könnten! Hinzu kommt die weitverbreitete Unsicherheit: Welche Seife ist denn überhaupt für den Garten geeignet? Um die Zusammenhänge besser zu durchschauen, ist es hilfreich, sich zunächst einmal klarzumachen, woraus Seife sich zusammensetzt und wie sie entsteht. Ein kleiner Ausflug in die Chemie kann in diesem Fall für einen Biogärtner nur nützlich sein.

Bei der Seifenherstellung wird eine Fettsäure (unterschiedlicher Herkunft) mit einer alkalischen Lösung (Natron- oder Kalilauge) verseift. Das Ergebnis ist eine Kali- oder Natronseife.

Während des chemischen Prozesses bildet die Fettsäure einen wasserlöslichen und einen fettlöslichen Anteil. Dadurch entsteht der Reinigungs- oder Seifeneffekt. Er macht sich dadurch angenehm bemerkbar, daß Schmutzpartikel, die vom Wasser allein nicht entfernt werden können, durch den »Partner«, der Fette lösen kann, aufgenommen werden. Beim Waschen wird der Schmutz dann von den restlichen Bestandteilen der Seife weggeschwemmt. Dies ist die allgemeine nützliche Eigenschaft der Seifen. Im Einzelfall variiert die Zusammensetzung aber sehr stark. Für einen Gärtner ist vor allem wichtig, eine möglichst reine Seife zu bekommen. Der folgende einfache Tip kann

# Selbstgemachte Spritzbrühen 69

bereits einen wichtigen Aufschluß über die Güte des Produktes geben:
Lösen Sie ein wenig Seife in Wasser auf. Ist das Produkt rein und von guter Qualität, dann darf sich kein größerer Niederschlag bilden. Eine klare, blanke Lösung ist der Beweis für eine saubere Seife. Ein gutes Produkt behält diese Eigenschaften auch in hartem Wasser.
Empfehlenswert für Gärtner ist auf jeden Fall die Kali-Seife, die pflanzen-»freundlicher« reagiert als Natron-Seife. Verlangen Sie, wenn möglich, eine Seife, die nicht über einem Wert pH-10 liegt, damit die Pflanzen nicht zu sehr durch eine Verschiebung des Milieus zum alkalischen Bereich beeinträchtigt werden. Der alkalische Belag trägt zwar mit zur Schädlingsabwehr bei; ein einfühlsamer Gärtner muß aber abwägen, wie weit er gehen will, ohne den Pflanzen das »Leben schwer zu machen«.
Merken Sie sich für den Kauf einer Schmierseife, die für Spritzlösungen im Garten verwendet werden soll, diese wichtigen Merkmale:

- Verlangen Sie reine Kali-Seife ohne Zusätze.
- Achten Sie auf den pH-Wert.
- Verwenden Sie keine normale Haushaltsschmierseife.

Diese Produkte enthalten oft Verdickungsmittel, Duftstoffe und Farbe (z. B. grüne Seife!)
Die »Weinbergseife«, die in manchen alten Rezepten noch empfohlen wird, ist nicht mehr zu bekommen. Es handelte sich dabei um eine Schmierseife, die früher speziell für Gärtner und Weinbauern von einer Heidelberger Firma erzeugt wurde.
Im Biohandel bekommen Sie ein entsprechendes Produkt unter der Bezeichnung »Pflanzen-Pflege-Seife«. Weitere praktische »Einkaufstips« finden Sie auf Seite 71.
Der Abstecher in die »Seifenkunde« ist an dieser Stelle so ausführlich dargestellt, weil er deutlich macht, wie viele Unsicherheiten auch bei altbekannten Mitteln auftauchen können. Die »gute alte Schmierseife« ist möglicherweise gar nicht so harmlos, wie sie oft darge-

stellt wird. Sie soll hier nicht »verteufelt« werden; es wäre aber nützlich, wenn durch dieses Beispiel die kritische Aufmerksamkeit der Biogärtner geweckt würde. Machen Sie auf jeden Fall möglichst genaue eigene Beobachtungen. Und wenden Sie Seifenlösungen nicht als unbedenkliches Allerweltsmittel an.
Solange das Gegenteil nicht bewiesen ist, muß ein verantwortungsbewußter Biogärtner damit rechnen, daß auch weichhäutige Nützlinge durch eine konzentrierte Schmierseifen-Brühe Schaden erleiden können. Vergewissern Sie sich auf jeden Fall vor der Verwendung, ob sich zum Beispiel Schwebfliegenlarven in der Nähe der Läusekolonien aufhalten! Dann müssen Sie überlegen, ob die Förderung der nützlichen Läusevertilger nicht wichtiger ist als die »helfende« Spritze.

## Schmierseifen-Lösung

150–300 g Schmierseife werden in 10 Liter heißem Wasser aufgelöst. Nach dem Abkühlen wird diese Brühe unverdünnt gegen Blattläuse ausgespritzt.
Oft wird empfohlen, etwas Schmierseifen-Lösung auch unter die Kräuter-Brühen zu mischen, weil diese dann besser an den Pflanzen haften. Aus ökologischen Gründen ist dieser Rat aber sehr skeptisch zu betrachten. Bedenken muß man auch, daß die Wirkung der Seifenlösung in höherer Verdünnung stark nachläßt.

## Schmierseifen-Spiritus-Lösung

Brennspiritus darf höchstens in Mengen von 1%–3% zugefügt werden. Auf 10 Liter fertige Schmierseifen-Brühe rechnet man 0,1–0,3 Liter Spiritus, das entspricht 100–300 cm$^3$ in einem Haushaltsmeßbecher.
Die kombinierte Schmierseifen-Spiritus-Lösung wirkt »aggressiver« als die einfache wässrige Seifenlösung. Spiritus greift die wachsartige Schutzschicht einiger Insekten an; deshalb kann diese Brühe auch gegen Schild-, Woll- und Blutläuse eingesetzt werden. Die ökologischen Bedenken sind bei dieser Mischung noch schwerwiegender.

## Schwefelleber
### Hepar sulfuris = Kalium sulfuratum pro balneo

Ein mildes Schwefelprodukt, das auch im Garten verwendet werden kann, ist Schwefelleber. Diese besteht aus Kaliumkarbonat (Pottasche) und Schwefel, die zusammengeschmolzen werden. Früher verwendete man diese Mischung auch für medizinische Schwefelbäder.
Alle Schwefelpräparate, vor allem auch Netzschwefel (siehe Seite 78), wirken fungizid, das heißt, sie töten Pilze ab. In der Schwefelleber ist der Anteil reinen Schwefels geringer als im Netzschwefel.
Noch besser ist es allerdings, im Garten ganz auf Schwefel-Spritzungen zu verzichten und statt dessen vorbeugende Mittel auf pflanzlicher Basis zu verwenden. Ein wenig Schorf auf den Äpfeln verdirbt keinem Biogärtner den Appetit. Dieser Schönheitsfehler wirkt sich nur im Handel negativ aus.
Ein Gärtner, der sich trotzdem entschließt, eine eigene Schwefel-Lösung anzusetzen, darf keine empfindliche Nase haben. Der Apotheker bewahrt die Schwefelleber, die in Brocken gehandelt wird, in festverschlossenen Gläsern auf. Mit gutem Grund. Sobald der Deckel geöffnet wird, verbreitet sich ein intensiver, giftiger Geruch, der mit »faulen Eiern« noch zurückhaltend umschrieben ist!
Manche Obstarten reagieren empfindlich auf Schwefel. Auch Raubwanzen und Raubmilben werden geschädigt.

## Schwefelleber-Lösung

20–40 g Schwefelleber werden in 10 Liter Wasser aufgelöst und dann unverdünnt ausgespritzt. Das Mittel wirkt vor allem bei Pilzinfektionen an Obstgehölzen und sollte schon ab März, wenn die Knospen schwellen, angewendet werden. Danach muß noch mehrmals gespritzt werden, am besten je einmal im April, Mai und Juni.
Schwefelleber wirkt gegen Echten Mehltau, Schorf und die Schrotschußkrankheit.

## Spiritus
### Vergällter Alkohol (Äthanol)

Im Pflanzenschutz wird üblicherweise Brennspiritus (denaturierter Aethylalkohol) verwendet. Er dient als Zusatz, um die Wirksamkeit von Spritzbrühen zu verstärken. Spiritus wird vor allem unter die Seifenbrühe gemischt. Könemann empfahl ihn auch als Ergänzung zu einer Quassia-Schmierseifen-Mischung.

Spiritus hat die »Aufgabe«, die Schutzschicht zu zerstören, die manche Insekten umgibt. Vor allem Schild-, Woll- und Blutläuse werden durch Pflanzen- oder Seifen-Brühen erst angreifbar, wenn diese tiefer in den Körper der Insekten eindringen können.

Brennspiritus wird in der Regel in Mengen von 1%–3% zugesetzt. Genauere Angaben finden Sie in den Rezepten.

## Stamm-Anstrich

Die älteste und einfachste Form des Stamm- und Rindenschutzes ist die Kalkbrühe. Seit unzähligen Gärtner-Generationen war es üblich, Kalk in Wasser anzurühren und damit die Stämme und einen Teil der Äste anzustreichen. Dies geschah vor allem im Nachwinter. Der weißleuchtende Überzug reflektierte die Sonne und schützte die Bäume vor Frostrissen.

Im modernen Biogarten wurde dieser schlichte Kalkanstrich weiter entwickelt. Es kamen vor allem heilkräftige Substanzen hinzu, die die Gesundheit stärken, Wunden heilen und Schädlinge zurückdrängen.

Die Grundlage des naturgemäßen Stammanstrichs ist eine Lehmbrühe. Hinzu kommen wahlweise frische Kuhfladen, Kalk oder Algenkalk, Steinmehl, Schachtelhalm-Brühe und Rainfarn-Tee.

Die Lehmbrühe wird aus zerkleinerten Lehm- oder Tonbrocken mit Wasser angerührt, bis eine sämige, etwas dickflüssige Brühe entsteht. Wo kein lehmiges Erdreich vorhanden ist, da kann der Gärtner käufliches Tonmehl verwenden.

Die Zugabe von ein paar frischen Kuhfladen ist leider nur in ländlichen Gegenden möglich, wo Rindvieh gehalten wird. Diese Zutat ist besonders wertvoll, denn Kuhmist besitzt heilende Eigenschaften. In den Ohren »aufgeklärter« Menschen mag dies sonderbar klingen, aber es ist eine sehr alte Erfahrungstatsache. Auch bei Menschen und Tieren wurden Auflagen aus Kuhdung früher oft genutzt.

Schachtelhalm dient der Pilzabwehr, und Rainfarn wirkt gegen Insekten oder Larven, die sich über Winter in den Ritzen der Baumrinde verstecken.

Der selbstgerührte Stammanstrich muß nicht alle genannten Zutaten gleichzeitig enthalten; in der Praxis richtet sich der Gärtner ja auch immer nach den vorhandenen Möglichkeiten. Nehmen Sie also, was für Sie erreichbar ist. Nur die Schachtelhalm-Brühe sollten Sie möglichst nicht weglassen.

Der fertige Stammanstrich wird mit einem großen Malerquast oder mit einem weichen Handfeger aufgetragen. Die Rinde der Bäume muß vorher gründlich abgebürstet werden. Der Stamm und die Hauptäste werden mit der dickflüssigen Brühe gestrichen. Kleinere Äste und Beerensträucher können Sie auch übersprühen. Dann muß die Lehmbrühe so weit mit Wasser verdünnt werden, daß sie mit einer groben Kalkdüse ausgespritzt werden kann. Die günstigste Zeit für diese Arbeit ist der späte Herbst oder Winteranfang und der ausgehende Winter, vor allem der Februar.

Der Stammanstrich spielt eine sehr wichtige gesundheitsfördernde und schädlingsabwehrende Rolle im Obstgarten:

■ Der helle Überzug reflektiert, ähnlich wie der alte Kalkanstrich, die grelle Frühlingssonne. Dadurch werden starke Temperaturschwankungen zwischen klaren Frostnächten und warmen Sonnentagen gemildert und die Gefahr von Frostrissen gebannt.

■ Lehm, Kuhdung und Kräuterzusätze wirken heilend auf Wunden; die Baumrinde wird glatt und verjüngt sich.

■ Schädlinge verlieren ihre Unterschlupfmöglichkeiten; vorhandene Insekten oder Pilzsporen werden vertrieben.

Für Gärtner, die nicht die Zeit oder das Geschick haben, eine Lehmbrühe mit vielen Zutaten selber anzurühren, gibt es eine Auswahl guter fertiger Produkte im Handel (siehe Seite 124–125).

## Wasserglas
### Natrium- oder Kaliumsilikat

Durch das Schmelzen von Quarzsand mit Soda, Pottasche oder Ätznatron entstehen verschiedenartige glasige Substanzen, die sich in Wasser lösen lassen: die Wassergläser.

Diese Stoffe aus den Retorten der Chemie werden als Seifenzusatz ebenso genutzt wie als Flamm-Schutzmittel für Holz oder als konservierendes Mittel zum Eiereinlegen.

Wasserglas reagiert alkalisch. Die pH-Werte verschiedener Kalium- oder Natriumsilikat-Lösungen können zwischen pH 11 und pH 13 liegen.

Beim Schmelzen des Quarzsandes ent-

Gesundheitsvorsorge: der Stammanstrich.

steht flüssiges Kieselglas. Diese Substanz ist auch im Schachtelhalm vorhanden. Wasserglas wird deshalb im Garten ganz ähnlich benutzt wie das gute alte Zinnkraut. Für den Gärtner spielen die Unterschiede zwischen Kalium- oder Natriumsalzen keine besondere Rolle. Beide Formen können benutzt werden. Die Kali-Wassergläser sind möglicherweise etwas pflanzenfreundlicher, da das darin enthaltene Kali auch eine feste, gesunde Blattentwicklung fördert. In den alten Rezepten wurde wohl Kali-Wasserglas benutzt, da Wasserglas ursprünglich aus Pottasche (sehr kalihaltig!) hergestellt wurde. Das Eiereinlegemittel ist dagegen ein Natrium-Wasserglas.

Bei Wasserglas-Spritzungen bildet sich auf den Blättern der Pflanzen ein fester »glasiger« Film. Dadurch wird die Oberfläche verhärtet und das Eindringen von Pilzsporen erschwert. Auch das stark zum alkalischen Bereich veränderte Milieu schädigt die Pilze.

Wasserglas ist neben dem Schachtelhalm ein preiswertes und wirkungsvolles Mittel gegen Pilzinfektionen. Dieser Stoff wird zwar chemisch hergestellt, aber er ist ungiftig und umweltfreundlich. So ist Wasserglas auch ein gutes Beispiel dafür, daß nicht die Chemie schädlich ist, sondern nur das, was die Menschen daraus machen.

Wasserglas wird schon seit langem im biologischen Gartenbau benutzt, vor allem bei den Obstbauern. Es ist auch Bestandteil der alten Theobaldschen Brühe. Für Gemüse kann dieses Spritzmittel nicht so sehr empfohlen werden, da der Belag, der die Blätter leicht verhärtet, später nicht abgewaschen werden kann.

Achten Sie beim Spritzen mit Wasserglas auch darauf, daß die Kieselsäure sich nicht auf Glas (z. B. Frühbeetfenster oder Brillengläser) ablagert; sie bildet dort einen schwer entfernbaren Film. Auch in Spritzdüsen können sich glasharte Reste festsetzen, wenn diese nicht sofort sorgfältig gereinigt werden. Seien Sie vorsichtig beim Ausspritzen: Wasserglas darf nicht in die Augen gelangen – es löst Reizungen aus!

Wo nicht mit Gift gespritzt wird, da können Kinder die Früchte des Gartens sorglos genießen.

### Wasserglas-Lösung

Eine 1–2%ige Lösung wird unverdünnt über die Obstgehölze gesprüht. Wasserglas-Spritzungen helfen vor allem vorbeugend gegen Pilzinfektionen. Sie werden auch als Winterspritzung genutzt, um die Insekteneier in den Baumritzen zu verkleben.

Verwenden Sie Wasserglas nicht bei Sonnenschein, und sprühen Sie das Mittel nicht direkt in die Blüte, da sonst Verbrennungen befürchtet werden müssen.

## Wo bekommt man die Zutaten

Ein Teil der in diesem Kapitel beschriebenen Wirkstoffe ist nicht immer problemlos erhältlich. Etwas altmodische Zutaten, wie Schwefelleber oder Alaun, sind mancherorts fast in Vergessenheit geraten. Andere Substanzen, wie Wasserglas oder Kali-Seife, werden in unterschiedlichen Zusammensetzungen angeboten. Dann ist es wichtig, daß Sie genau wissen, was Sie verlangen müssen, damit Sie auch das richtige Mittel bekommen. Die folgenden Hinweise sollen Ihnen bei der Suche behilflich sein.

### In der Fachdrogerie (nicht im Drogerie-Markt) bekommen Sie:

- Brennspiritus (denaturierter Aethylalkohol)
- Alaun (Kalium-Aluminium-Sulfat)
- Schmierseife: reine Kali-Seife
- Wasserglas: Natrium-Silikat (Eiereinlegemittel)
- Paraffinöl

### In der Apotheke bekommen Sie:

- Alaun (Kalium-Aluminium-Sulfat)
- Brennspiritus (denaturierter Aethylalkohol)
- Paraffinöl
- Quassia-Bitterholz
- Schmierseife: reine Kali-Seife
- Wasserglas (Natrium-Silikat; Kalium-S. nur über Großhandel)

# Naturgemäßer Pflanzenschutz

## Selbstgemachte Spritzbrühen

### Pflanzen als Grundstoffe

| Grundstoff/ Substanz | Wieviel | Wie | Wann | Wo | Wofür | Tips |
|---|---|---|---|---|---|---|
| **Ackerschachtelhalm** <br> ganzes Kraut ohne Wurzeln (steriler Austrieb!) | *für 10 l Wasser:* <br> ● 1–1,5 kg frisch <br> ● 150–200 g getrocknet | Brühe: 1:5 verdünnt | Frühling bis Herbst regelmäßig alle 2–3 Wochen; akuter Befall: 3 Tage hintereinander | über Pflanzen und Boden | vorbeugend gegen Pilzerkrankungen, Mehltau, Rost u. a. Eindämmung von Pilzinfektionen | Bei Sonne ausspritzen. |
| | | Jauche: 1:5 verdünnt | Frühling bis Herbst | über Pflanzen und Boden | gegen Blattläuse und Spinnmilben; pflanzenstärkend | Mischungen mit Brennesseln (Stärkung) oder mit 0,3% Schmierseife (gegen Insekten). |
| **Baldrian-Blüten** | *für 1 l Wasser:* <br> ● 1 Tropfen Blütenextrakt | verdünnter Extrakt | Frühling, vor der Blütenbildung | über Pflanzen (Obst, Blumen, Fruchtgemüse) | fördert Blüten- und Fruchtbildung, Farbe und Aroma; stärkt die Widerstandskräfte | |
| | | | Obstbaumblüte | | Schutz vor Nachtfrösten | Am Spätnachmittag spritzen. |
| **Beinwell** <br> Blätter | *für 10 l Wasser:* <br> ● 1 kg frisch <br> ● 150–200 g getrocknet | Jauche: 1:10 verdünnt | Frühling Sommer | über den Boden | gut bei Kalimangel; Düngung und Gesundheitsstärkung | Mischungen mit Brennesseln und anderen Kräutern möglich. |
| | | 1:20 verdünnt (Blattdünger) | Frühling Sommer | über die Pflanzen | | |
| **Brennessel** <br> ganzes Kraut ohne Wurzeln, keine Samen! | *für 10 l Wasser:* <br> ● 1 kg frisch <br> ● 150–200 g getrocknet | Jauche: 1:10 verdünnt | Frühling Sommer | über den Boden | Düngung und Gesundheitsstärkung | Nicht für Zwiebeln und Bohnen! |
| | | 1:20 verdünnt (Blattdüngung) | Frühling Sommer | über die Pflanzen | | |
| | | gärende Jauche: 1:50 verdünnt | Vorfrühling vor Blatt- und Blütenaustrieb | über Obstgehölze | gegen überwinternde Läuse und Spinnmilben | Mischung empfehlenswert: 1 l gärende Brennesseljauche mit ½ l Schachtelhalmbrühe. |
| | nur frisches Kraut | Kaltwasser-Auszug: unverdünnt | Frühling Sommer | über die Pflanzen | gegen Blattläuse | Bei stärkerem Befall 3 Tage hintereinander spritzen. |
| **Farnkraut:** <br> Adlerfarn <br> Wurmfarn <br> Blattwedel | *für 10 l Wasser:* <br> ● 1 kg frisch <br> ● 100–200 g getrocknet | Jauche: 1:10 verdünnt | Nachwinter | über Obstgehölze | Winterspritzung gegen Schild- und Blutläuse | Gut bei Kalimangel. |
| | | | Frühling | über Pflanzen und Boden | gegen Blattläuse und Schnecken | |
| | | unverdünnt | Frühling Sommer | Pflanzen und Boden | gegen Pilzerkrankungen, Rost | |

# Selbstgemachte Spritzbrühen

## Pflanzen als Grundstoffe

| Grundstoff/ Substanz | Wieviel | Wie | Wann | Wo | Wofür | Tips |
|---|---|---|---|---|---|---|
| **Farnkraut:** Adlerfarn Wurmfarn Blattwedel | | Brühe: 1:10 verdünnt oder unverdünnt | wie Jauche | | wie Jauche | Gut bei Kalimangel. |
| | | Extrakt: unverdünnt | bei Befall | Obstgehölze, Stämme, Äste | Blutlausherde | Nicht spritzen, sondern abbürsten. |
| | | Extrakt: 1:10 verdünnt 1:20 verdünnt | Vorfrühling Juni | Obstgehölze Obstgehölze | Blutläuse Blutläuse | |
| **Holunderblätter** | Menge nach Bedarf, ähnlich wie Brennesseln, frische Blätter verwenden | Jauche: unverdünnt | Frühling bis Herbst | in Wühlmausgänge | Vertreibung der Wühlmäuse | Gut außerdem als Zugabe zu anderen Pflanzenbrühen. |
| **Kamille** Blüten | *für eine Tasse Wasser:* • 1 TL getrocknetes Kraut | Tee: 1 TL Tee für 1 l Wasser | Frühling, bei Bedarf | über Samenkörner | Saatbeize | |
| | *für 1 l Wasser:* • eine Handvoll Kamillenblüten | Auszug: 1:5 verdünnt | Frühling Sommer | über die Pflanzen und den Boden | Förderung von gesundem Wachstum; fäulnishemmend | Auch gut für den Kompost. |
| **Kapuzinerkresse** Blätter und Ranken | nach Bedarf | Tee: stark konzentriert, unverdünnt | Frühling und bei Befall | Obstgehölze | gegen Blutläuse | Ähnliche Verwendung wie Farnkraut. |
| **Knoblauch** | *für 10 l Wasser:* • 500 g frische Knoblauchzehen | Jauche: 1:10 verdünnt | Frühling Sommer | über den Boden | Pflanzenstärkung gegen Pilzerkrankungen | Vor allem vorbeugend; etwas Knoblauch kann unter alle anderen Pflanzen-Brühen gemischt werden. |
| | • 500 g Knoblauch und Zwiebeln gemischt | unverdünnt | Frühling (Flugzeit der Möhrenfliege) | über junge Möhrenpflanzen | Abwehr der Möhrenfliege | |
| | *für 1 l Wasser:* • 70 g Knoblauch | Tee: unverdünnt | Frühling Sommer | über die Pflanzen | gegen Pilzerkrankungen (Mehltau u. a.) | |
| | | Tee: 1:7 verdünnt | Frühling (Mai) | über die Pflanzen und den Boden | gegen Milben (Erdbeermilben u. a.) | Öfter in kurzen Abständen spritzen. |
| **Kohlblätter** | nach Bedarf | Jauche: 1:5 verdünnt | Frühling | über den Boden und in Pflanzlöcher | Kräftigung junger Gemüsepflanzen, Vertreibung von Erdflöhen auf Kohlbeeten | Kohlblätter, Brennnesseln und Schachtelhalm mischen. |
| | | unverdünnt | Frühling | über den Boden | Vorbeugemaßnahme gegen die Kohlhernie | |

74 *Naturgemäßer Pflanzenschutz*

## Selbstgemachte Spritzbrühen
### Pflanzen als Grundstoffe

| Grundstoff/ Substanz | Wieviel | Wie | Wann | Wo | Wofür | Tips |
|---|---|---|---|---|---|---|
| **Kräuter- mischungen** | nach Bedarf, übliche Jauche- menge | Jauche: 1:10 verdünnt | Frühling Sommer (Wachstums- zeit) | über den Boden | allgemeine Pflanzen- stärkung | Kleine Mengen ge- mischter Kräuter be- reichern alle Pflan- zenjauchen. |
| **Löwenzahn** Blätter, Blüten und Wurzeln | *für 10 l Wasser:* ● 1,5–2 kg fri- sche Blätter und Blüten ● 150–200 ge- trocknetes Kraut (Blätter, Blüten und Wurzeln) | Jauche: unverdünnt | Frühling bis Herbst | über die Pflanzen und über den Boden | fördert das Wachs- tum und die Qualität der Früchte | Löwenzahn kann un- ter andere Jauchen, z. B. Brennessel- jauche, gemischt werden. |
| | | Jauche: 1:5 verdünnt | Frühling | über Jung- pflanzen | | |
| | | Tee: unverdünnt | Frühling | über Pflan- zen (Obst und Frucht- gemüse) | verbessert die Quali- tät der Früchte | |
| **Meerrettich** Blätter und Wurzeln | *für 1 l Wasser:* ● 500 g frische Blätter | Tee: 1:1 verdünnt | Sommer | Obstbäume (Früchte und Zweige) | gegen Monilia- Fruchtfäule und -Spitzendürre | Am besten vorbeu- gend spritzen. |
| | | 1:5 verdünnt | Frühling | Obstbäume (bei Spitzen- dürre im fol- genden Frühling in die Blüte) | gegen Monilia- Spitzendürre | |
| | *für 10 l Wasser:* ● 300 g Blätter und Wurzeln | Brühe: unverdünnt | wie Tee | wie Tee | gegen Monilia- Erkrankungen | |
| **Möhrenkraut** | *für 10 l Wasser:* ● 50 g frisches Kraut | Tee: unverdünnt | Frühling (Flugzeit der Zwiebel- fliege) | über Jung- pflanzen von Zwiebeln und Lauch; außerdem über den Boden | Abwehr der Zwiebelfliege | Ähnliche Wirkung wie Mischkultur von Möhren und Zwie- beln. |
| **Rainfarn** blühendes Kraut ohne Wurzeln | *für 10 l Wasser:* ● 300 g frisches Kraut ● 30 g getrock- netes Kraut | Brühe: unverdünnt | Frühling Sommer | über die Pflanzen | gegen Läuse, Milben und andere Insekten | Eine Mischung mit Schachtelhalm- Brühe beugt auch Pilzerkrankungen vor. |
| | | Jauche: unverdünnt | wie Brühe | | vor allem bei Insektenbefall | |
| | *für 1 l Wasser:* ● 30 g getrock- netes Kraut | Tee: unverdünnt | Herbst, Win- ter und Vor- frühling | über Obst- gehölze | vorbeugend gegen verschiedene Obst- baumschädlinge | |
| | | Tee: 1:3 verdünnt | Sommer | über die Pflanzen | gegen Blattläuse, Milben, Kohlweiß- linge und andere Insekten | |

# Selbstgemachte Spritzbrühen

## Pflanzen als Grundstoffe

| Grundstoff/ Substanz | Wieviel | Wie | Wann | Wo | Wofür | Tips |
|---|---|---|---|---|---|---|
| **Rhabarberblätter** | *für 3 l Wasser:* ● 500 g frische Blätter | Brühe: unverdünnt | Frühling Sommer | über die Pflanzen | gegen Schwarze Läuse | Dreimal hintereinander spritzen. |
| | | Tee: unverdünnt | Frühling Sommer | über Lauch- pflanzen | gegen die Lauch- motte | |
| | *für 10 l Wasser:* ● 1 kg frische Blätter | Jauche: 1:5 verdünnt | Frühling Sommer | über die Pflanzen | gegen Läuse und Raupen | |
| **Ringelblumen** die ganze blühende Pflanze ohne Wurzeln | nach Bedarf, übliche Jauche- menge | Jauche: 1:10 verdünnt | Sommer | auf den Boden | Düngung und Ge- sundheitsstärkung | Gut für Gemüse, Obst und Blumen. |
| **Schafgarbe** das ganze blühende Kraut ohne Wurzeln | *für 1 l Wasser:* ● 20 g getrock- nete Blüten | Kaltwasser- Auszug: 1:10 verdünnt | Frühling Sommer | über die Pflanzen | vorbeugend gegen Pilzerkrankungen und Abwehr von Insekten | Frisches Schaf- garbenkraut kann auch unter andere Pflanzen-Brühen ge- mischt werden. |
| **Tomatenblätter** | *für 1 l Wasser:* ● eine Handvoll Blätter | Kaltwasser-Aus- zug unverdünnt | Sommer (Flugzeit der Kohlfliege) | über die Kohlpflanzen | Abwehr der Kohl- weißlinge | |
| | nach Bedarf und Vorrat | Jauche: 1:1 verdünnt | Sommer | über die Kohlpflanzen | Abwehr der Kohl- weißlinge | Diese Jauche soll auch eine Schnek- kenabwehr ausüben. |
| **Wermut** blühende Triebspitzen | *für 10 l Wasser:* ● 300 g frisch ● 30 g getrock- net | Jauche: unverdünnt | Frühling Sommer | über die Pflanzen und auf den Boden | Abwehr von Läusen, Raupen, Ameisen und Säulenrost an Johannisbeeren | Für Frühjahrssprit- zungen Wermut- kraut trocknen! |
| | | Tee: unverdünnt | Frühling | über die Pflanzen | gegen Blattläuse und Kohlweißlinge (erste Flugzeit) | |
| | | Tee: 1:3 verdünnt | Sommer | über die Apfelbäume | gegen den Apfel- wickler | |
| | | Tee: 1:2 verdünnt | Herbst | über Beeren- sträucher und Erdbeeren | gegen Milben | |
| | | Brühe: unverdünnt | Frühling Sommer | über Apfel- bäume und Kohlpflanzen | gegen Apfelwickler und Kohlweißlinge | |
| **Zwiebeln** Schalen, Schalotten, zwiebelverwandte Pflanzen | *für 10 l Wasser:* ● 75 g gehackte Zwiebeln | Tee: unverdünnt | Frühling Sommer | über die Pflanzen und den Boden | vorbeugend gegen Pilzerkrankungen an Erdbeeren, Kartof- feln, Johannisbee- ren, Obstbäumen | Auch Zwiebelscha- len können verwen- det werden; empfeh- lenswert: Mischung mit Knoblauch. |
| | *für 10 l Wasser:* ● 500 g Zwie- beln und Zwiebel- schalotten | Jauche: 1:10 unverdünnt | | über die Pflanzen, den Boden und über Baum- scheiben | wie bei Tee | Knoblauch, Schnitt- lauch, Bärlauch und andere zwiebelver- wandte Pflanzen können die Jauche bereichern. |
| | | Jauche: 1:20 verdünnt | Flugzeit der Möhren- fliege | über junge Möhren- pflanzen | Abwehr der Möhren- fliege | |

# 76  *Naturgemäßer Pflanzenschutz*

## Selbstgemachte Spritzbrühen

### Mineralische und andere Grundstoffe

| Grundstoff/ Substanz | Wieviel | Wie | Wann | Wo | Wofür | Tips |
|---|---|---|---|---|---|---|
| **Alaun** | *für 10 l Wasser:* ● 40–50 g | Lösung unverdünnt | Frühling Sommer | über die Pflanzen | Abwehr von Läusen und Raupen; soll auch gegen Schnekken wirken | Achtung: nicht kurz vor der Ernte spritzen! |
| **Kalium-Permanganat** | *für 10 l Wasser:* ● 1–3 g | Lösung | Frühling Sommer | über die Pflanzen | pilz- und fäulnishemmend; auch als Saatbeize möglich | Öfter hintereinander spritzen. |
| **Kali-Kalk-Wasserglas** Theobaldsche Lösung | siehe Rezept S. 66 | Lösungsmischung | Februar bis März | über Obstgehölze | gegen überwinternde Insekten, Larven und Eier | Wird nur für Gehölze verwendet. |
| **Lehm** Lehmige Gartenerde oder Tonmehl | nach Bedarf | dünn- bis dickflüssige Brühe | Herbst und Vorfrühling | Gehölzspritzungen und Rindenanstrich | Wundheilung, Rindenpflege, Haftmittel für andere Spritzbrühen | Kräuter-Tee-Zusätze verstärken die heilende Wirkung. |
| **Magermilch, Molke** | nach Bedarf | Mischung mit Wasser 1:1 | Juni bis Sommer | über Tomatenpflanzen | vorbeugend gegen Pilzerkrankungen | Regelmäßig einmal pro Woche spritzen. |
| **Quassia-Bitterholz** | *für 2 l Wasser:* ● 150–250 g Quassia-Späne | Brühe: verdünnt mit 10–20 l Wasser | Frühling Sommer Herbst | über die Pflanzen | tödlich für Blattläuse und andere Insekten | Achtung: gefährlich für Nützlinge! |
| | ● 50–250 g reine Kali-Seife (Schmierseife) | Mischung mit der verdünnten Quassia-Brühe | Frühling Sommer Herbst | über die Pflanzen | verstärkte Wirkung: auch gegen Raupen | |
| **Schmierseife** reine Kali-Seife | *für 10 l Wasser:* ● 150–300 g Seife | Lösung unverdünnt | Frühling Sommer Herbst | über die Pflanzen | gegen Blattläuse und andere Insekten | Vorsicht: Nützlinge können gefährdet werden! |
| | ● 100–300 ccm Brennspiritus | unter die fertige Schmierseifenlösung mischen | Frühling Sommer | über die Pflanzen | verstärkte Wirkung: gegen Blattläuse, Schild-, Woll- und Blutläuse | |
| **Schwefelleber** | *für 10 l Wasser:* ● 20–40 g | Lösung unverdünnt | März bis Juni | über Obstgehölze | gegen Pilzerkrankungen (z. B. Mehltau und Schorf) | Vorsicht: nicht bei sonnigem Wetter spritzen. |
| **Spiritus** Brennspiritus | 1–3% | Zusatzmittel zu verschiedenen Spritzbrühen | siehe Schmierseife und andere Rezepte | | gegen Insekten | Vorsicht: Nützlinge sind gefährdet! |
| **Stamm-Anstrich** Lehm, Kalk, Kuhmist, Schachtelhalm, Rainfarn | nach Bedarf | Lehmbrühe, vermischt mit verschiedenen Zutaten | Spätherbst oder Februar | über Stämme und Äste der Obstgehölze | Schutz vor Frostrissen, Rindenpflege; gegen überwinternde Insekten und Pilzsporen | Gute Fertigprodukte im Handel. |
| **Wasserglas** Kalium-Wasserglas Natrium-Wasserglas | 1–3% | Lösung, unverdünnt | Frühling Sommer Winter | über Obstgehölze | gegen Pilzinfektionen | Nicht für Gemüse geeignet. Nicht in die Blüten spritzen! |

# Weitere Spritzmittel 77

## Einige Spritzmittel, die Sie kennen, aber möglichst nicht benutzen sollten

### Kupfer
**Kupferoxid, Kupfersulfat**

Kupfer ist ein wichtiges chemisches Element, das in Spuren sowohl im Boden als auch im menschlichen Körper vorhanden ist.

Bestimmte Kupferverbindungen werden seit dem vorigen Jahrhundert in der Landwirtschaft und vor allem im Weinbau benutzt.

Kupfer-Brühen wirken auch in starker Verdünnung mit Sicherheit tödlich auf Pilzorganismen. Sie haben sich vor allem gegen den Falschen Mehltau an Weinreben bewährt, werden aber auch mit Erfolg gegen Schorf sowie gegen die Krautfäule an Kartoffeln und Tomaten eingesetzt.

Sehr beliebt sind Kupfer-Kalk-Brühen, die auf ein historisches Rezept zurückgehen, das gegen Ende des vorigen Jahrhunderts (um 1882) in der Gegend von Bordeaux ausprobiert wurde, um die kranken Reben zu retten. Man nannte deshalb dieses Kupfer-Spritzmittel »Bordelaiser-Brühe«.

Kupfer-Brühen, vor allem Kupfer-Kalk-Brühen müssen sehr vorsichtig gespritzt werden, da sie auf der Haut Verätzungen verursachen können. An den Blättern der Pflanzen können ebenfalls Verbrennungen entstehen. Rückstände auf Gemüse oder Obst sind allerdings nicht gesundheitsgefährlich, weil man sie leicht abwaschen kann.

Bedenklich sind vor allem Kupferanreicherungen im Boden durch intensive Spritzungen. Manche Kleinlebewesen, vor allem der Regenwurm, reagieren empfindlich auf konzentrierte Kupfermengen.

Kupfer-Spritzungen in geringen Konzentrationen und ohne chemische Zusätze werden in der biologisch-organisch orientierten Landwirtschaft toleriert. Die biologisch-dynamisch arbeitenden Landwirte lehnen die Kupferpräparate ab.

Im naturgemäßen Garten gibt es genügend andere Mittel, um Pilzerkrankungen erfolgreich vorzubeugen oder sie notfalls soweit einzugrenzen, daß der Schaden nicht zu groß wird. Existenzbedrohend, wie in der Landwirtschaft, kann eine Pilzinfektion im kleinen Hausgarten nie werden. Deshalb kann ein Biogärtner auch leichteren Herzens auf Mittel verzichten, die zwar das Kartoffelkraut retten, aber den Regenwürmern Schaden zufügen.

### Paraffinöle
**Mineralöl-Emulsionen**

Fette oder Öle werden schon lange Zeit als Kontaktgifte gegen Insekten verwendet. Um die Jahrhundertwende zählte Prof. Dr. Hiltner in einem Buch über den Pflanzenschutz noch Schweinefett gegen die Blutlaus, Rapsöl gegen die »Gescheine« des Heuwurms und Fischöl gegen Milben und Rote Spinne auf. Es gab damals zahlreiche Rezepte mit unterschiedlichen Mischungsvorschlägen, die aber wegen der zum Teil giftigen Zutaten für Biogärtner keine Bedeutung mehr haben.

Heute werden für Mineralöl-Spritzungen im Garten hauptsächlich Paraffine empfohlen. Auch aus solchen Grundstoffen könnten theoretisch eigene Spritzbrühen hergestellt werden, denn die wichtigsten Zutaten kann man in Drogerien oder Apotheken kaufen. Eine solche »Eigenproduktion« ist aber nicht empfehlenswert. Wer nicht auf Mineralöl-Spritzungen verzichten will, der verwendet besser gute Fertigprodukte (siehe Seite 122).

Paraffine bestehen aus einem Gemisch verschiedener Kohlenwasserstoffe, die unter anderem aus Erdgas, Erdöl oder aus den Destillationsprodukten von Holz, Torf, Ölschiefer, Braunkohle, Steinkohle oder Asphalt gewonnen werden. Festes Paraffin (Paraffinum solidum) verarbeitet die Industrie zum Beispiel zu Salben, Kerzen und Isolierstoffen.

Das Paraffinöl besteht aus einem Gemisch flüssiger Paraffine (Paraffinum liquidum). Es wird in der Medizin unter anderem zur Herstellung von Salben benutzt. Diese Verwendung zeigt schon deutlich, daß Paraffinöl für den Menschen nicht giftig ist.

Weißöl, das oft in Spritzmitteln auftaucht, ist ebenfalls ein Paraffinöl. Seinen Namen erhielt es wegen der hellen Farbe, die das Öl beim Erkalten annimmt. Paraffinöl oder Weißöl sind die Hauptbestandteile der sogenannten Winterspritzmittel. Diese werden teilweise auch im biologischen Erwerbsanbau benutzt, soweit die Präparate keine zusätzlichen chemischen Insektizide enthalten.

Mineralöle, die im Pflanzenschutz verwendet werden, sind als Wasser in Ölemulsionen im Handel. Die Verbindung ist so eingestellt, daß die Emulsion beim Ausspritzen »bricht«, das bedeutet: Das Öl wird wieder frei und bildet beim Niederschlag einen Film, der alles überzieht.

Mineralöl-Produkte werden vorbeugend im Winter und während des Austriebs über die Obstbäume gesprüht. Dabei legt sich ein feiner öliger Film über alle Insekten, Larven und Eier, die in Schlupfwinkeln auf Stämmen oder Ästen überwintert haben. Die Tiere ersticken, weil sie unter dieser luftabschließenden Schicht nicht mehr atmen können. Vor allem Woll-, Schild- und Blutläuse, aber auch Spinnmilben werden durch solche Spritzungen getroffen, ehe sie im Frühling zu neuem gefräßigem Leben erwachen.

Die Mineralöle sind ungiftig und sehr wirksam; sie haben aber einen großen Nachteil für das ökologische Gleichgewicht: Nützlinge, die sich ebenfalls über Winter in Rindenritzen verstecken, werden von den Spritzungen genauso sicher umgebracht wie die »ungewollten« Insekten. Dies ist der wichtigste Grund, warum Biogärtner auf solche Mittel verzichten sollten.

Dieses Opfer wiegt nicht schwer. In

einem privaten Garten ist es viel leichter, die »lästigen« Insekten in Grenzen zu halten als in einer großen Obstbau-Plantage. Ein paar Äpfel mehr oder weniger bringen keinen Biogärtner an den Rand des Ruins. Stammanstrich und Kräuterbrühen reichen normalerweise völlig aus, um ein vernünftiges Gleichgewicht zwischen Fressen und Gefressenwerden zu erreichen. Warum sollte dann das feine Netz der ökologischen Beziehungen ohne Not zerstört werden?

Vielleicht sollte ein Gärtner, der die Natur liebt, auch einmal daran denken, was er anrichtet, wenn er Hunderte oder Tausende kleiner Lebewesen dazu verdammt, unter einem Ölfilm zu ersticken...

## Tabak (Nikotin)
*Nicotina tabacum*

Das Nachtschattengewächs Tabak stammt ursprünglich aus Südamerika. Seit dem 16. Jahrhundert wird die Pflanze auch in Europa kultiviert. Die großen behaarten Blätter enthalten als Hauptwirkstoff das Alkaloid Nicotin und zahlreiche Nebenalkaloide. Diese Substanzen sind hochgiftig. Sie wirken auf Insekten als starkes Kontaktgift absolut tödlich, weil sie in kurzer Zeit das Nervensystem lähmen. Aber auch für den Menschen bedeutet der unvorsichtige Umgang mit Tabak oder Tabakbrühe eine Vergiftungsgefahr. Nikotin ist nach der Blausäure einer der stärksten natürlichen Giftstoffe. Es kann über die Haut, auch wenn diese unverletzt ist, ebenso aufgenommen werden wie über die Atemwege.

Innerlich eingenommen wirken die Tabak-Alkaloide in relativ kleinen Mengen tödlich: 40–60 mg genügen als Dosis für einen Erwachsenen. Diese Menge ist bereits in ein bis zwei mittelschweren Zigarren oder in einem Drittel einer schweren Zigarre enthalten. Der Tabak muß allerdings verschluckt werden. Der Tod tritt bei starker Nikotin-Vergiftung durch Kreislaufkollaps und Atemlähmung ein.

Seit Jahrhunderten wird eine Brühe aus den giftreichen Tabakblättern gegen Schädlinge im Garten und in der Landwirtschaft benutzt. Anfangs waren die Gärtner und Bauern sich sicherlich der Gesundheitsgefährdung nicht bewußt. Sie sahen vor allem die »erfolgreiche« Giftwirkung auf die Insekten, vor allem bei Läusen. Später wurde aus den Abfällen der Tabakindustrie Rohnikotin gewonnen, das durch die starke Konzentration noch giftiger ist. Manche Spritzmittel, die aus diesem Grundstoff hergestellt wurden, enthielten bis zu 98% Rohnikotin.

Im eigenen Garten brauten die Gärtner meist ihre eigene Giftbrühe aus Tabakblättern, die nach »alten Hausrezepten« dann noch mit Seifenlauge, Spiritus und anderen Zutaten gemischt wurde.

Die Tabakbrühe besitzt nur einen einzigen Vorteil: Die Giftstoffe zersetzen sich bald und hinterlassen keine Rückstände auf den Pflanzen. Kleine Dosen werden auch im menschlichen Organismus relativ rasch abgebaut und ausgeschieden. Keine Chance haben dagegen weichhäutige Insekten und Würmer. Nützlinge fallen der Nikotin-Spritzung ebenso gnadenlos zum Opfer wie die Läuse, auf die der Gärtner es abgesehen hatte.

Die Schäden, die im Ökosystem entstehen, und die Gefahren, die für Menschen und Haustiere beim Umgang mit starker Tabakbrühe auftauchen können, sind Grund genug, dieses Mittel aus naturgemäßen Gärten zu verbannen. Wir sind ja nicht darauf angewiesen, mit solchen groben Knüppeln dreinzuschlagen. Außerdem wissen wir besser Bescheid über die Inhaltsstoffe und die Auswirkungen der Tabakauszüge als unsere Vorfahren. Mit dem Wissen wächst auch die Verantwortung. Deshalb gilt für Nikotin-Brühen: Nicht alles, was aus Großvaters idyllischem Garten kommt, muß auch für den Biogarten gut und brauchbar sein.

Rezepte für Tabak-Spritzmittel werden deshalb in diesem Buch nicht weiter verbreitet.

## Schwefel, Netzschwefel
*Sulfur (S.)*

Der Schwefel ist ein chemisches Element, das in verschiedenen Formen, unter anderem in vulkanischem Gestein, in der Steinkohle, in Schwefelwasserstoff oder auch in tierischem und pflanzlichem Eiweiß, vorhanden ist.

In Gegenden mit tätigen Vulkanen entstehen noch heute Schwefelablagerungen durch die Verdichtung von Schwefeldämpfen und die Zersetzung von Schwefelverbindungen.

Reiner Schwefel wird gewonnen durch das Ausschmelzen und die anschließende Destillation schwefelhaltiger Gesteine und Erze. Er besitzt eine gelbe Färbung, die unter der Bezeichnung »schwefelgelb« als Begriff in den allgemeinen Sprachgebrauch übergegangen ist. In Blöcke gegossen, kommt der Schwefel als Stangenschwefel oder in Pulverform als sogenannte Schwefelblume in den Handel.

Reiner Schwefel wird unter anderem zur Herstellung von Schwefelsäure, Schießpulver, Streichhölzern und Feuerwerkskörpern benutzt. Beim Abbren-

Tabakblätter enthalten gefährliche Giftstoffe.

nen entsteht der typische Schwefelgeruch.

Zum »Schwefeln«, das heißt zum Abtöten von Bakterien und Schimmelpilzen, wird dieser vielseitige Stoff auch beim Reinigen der Weinfässer oder bei der Konservierung von Nahrungsmitteln (z. B. Trockenfrüchte) eingesetzt.

Antibakterielle Eigenschaften haben auch die organischen Schwefelverbindungen im Knoblauch und in der Zwiebel! (siehe Seite 57 und Seite 64)

Im Pflanzenschutz wird der Schwefel nur in Form von Netzschwefel benutzt; dies ist ein sehr fein vermahlenes Pulver mit Netzmittelzusatz, das sich besonders gut in Wasser lösen (benetzen) läßt. Netzschwefel entsteht durch Erhitzen des reinen Schwefels und anschließendes Auskristallisieren in kaltem Wasser. Spritzungen mit Netzschwefel wirken zuverlässig vor allem gegen Schorf und Echten Mehltau. Bei Falschem Mehltau und Schimmelpilz *(Botrytis)* helfen sie kaum.

Schwefelpartikel, die sich auf der Blattoberfläche der Pflanze ablagern, bilden durch die Einwirkung von Feuchtigkeit, Licht und Sauerstoff Schwefeldioxid. Diese Verbindung wirkt – auch wenn sie nur sehr schwach auftritt – giftig auf Pilze und Insekten. Schwefelteilchen, die in die Pilzorganismen eindringen, töten diese von innen ab.

Netzschwefel-Spritzungen sind ungefährlich für die Bienen; die Brühe kann also auch in die Blüte gespritzt werden. Geschädigt werden aber Marienkäfer sowie nützliche Raubwanzen und Raubmilben.

Diese Gefahren für das Ökosystem sollten schon genügen, um einen verantwortungsbewußten Naturgärtner zur Vorsicht zu mahnen. Auch die Entstehung des giftigen Schwefeldioxids – selbst wenn es nur in geringen Mengen vorhanden ist – wäre Anlaß genug zum Nachdenken. Immerhin ist dies der Stoff, der heute unsere Wälder ebenso bedroht wie die steinernen Fassaden historischer Bauwerke. Dort, wo wir die Möglichkeiten noch selber in der Hand haben, sollten wir wirklich alles vermeiden, was zu einer weiteren An-

reicherung von Schadstoffen beitragen kann.

In einem kleinen Garten besteht keine Notwendigkeit, Netzschwefel-Brühen selber einzusetzen. Wie die meisten Mittel, die in diesem Absatz beschrieben sind, gehört auch die Schwefel-Spritzung zu den Hilfsmaßnahmen der hauptberuflichen Obstbauern. Geringe Netzschwefelmengen sind sowohl bei den biologisch-organisch als auch bei den biologisch-dynamisch arbeitenden Landwirten erlaubt.

Im Garten können an die Stelle des Netzschwefels Knoblauch- oder Zwiebelauszüge treten, die ja auch einen leichten Schwefelgehalt besitzen. Wer dennoch, in Ausnahmesituationen, auf die sichere und relativ ungefährliche Wirkung des Netzschwefels nicht verzichten möchte, der wählt am besten ein fertiggemischtes biologisches Pilz-Präparat. Dann kann er sich darauf verlassen, daß der Schwefelanteil so gering wie möglich gehalten wird. Gute erprobte Produkte enthalten außer dem Netzschwefel auch noch Zusätze von Algenkalk, Bentonit, Schachtelhalm und Zwiebelgewächsen in unterschiedlichen Kombinationen. Eine Auswahl empfehlenswerter Präparate finden Sie in der Tabelle auf Seite 123.

Gute Biogärtner müssen sich wohl an den Gedanken gewöhnen, daß man nicht alles tun muß, was man tun könnte. Sie sollten immer wieder prüfen, was sie mit ihrem Gewissen und mit ihrer Verantwortung gegenüber der Umwelt vereinbaren können.

Für eine gute, sachgerechte Entscheidung ist es aber wichtig, genau Bescheid zu wissen über Mittel und Zutaten, die ständig in der Diskussion auftauchen. Aus diesem Grunde wurden am Schluß dieses Kapitels auch einige gängige Substanzen beschrieben, die nicht als Empfehlung gelten können. Sicher gibt es viel Schlimmeres als Schwefel- oder Kupfer-Brühen. Auch das Gute ist manchmal eine relative Größe. Was Sie im Einzelfall tun oder lassen, bleibt nun Ihrer persönlichen Einsicht überlassen.

# Biologisch-dynamische Spezialbrühen

Die Spritzbrühen aus Pflanzen oder mineralischen Grundstoffen, die im vorigen Kapitel beschrieben sind, können von jedem Gärtner zubereitet werden. Es genügt, wenn er sich sorgfältig und gewissenhaft mit den verschiedenen Zutaten, den Rezepten und der Verwendung beschäftigt. Das »Ausgangsmaterial« ist jedem zugänglich. Ganz anders verhält es sich mit den Spezialbrühen der biologisch-dynamisch arbeitenden Gärtner und Landwirte. Diese Mittel sollen hier nur als Ergänzung und Abrundung des Themas kurz dargestellt werden. Sie entstammen dem geisteswissenschaftlich geprägten Weltbild der Anthroposophen. Ihr Gründer, Rudolf Steiner, hat die Anleitung für die Zubereitung und Verwendung bestimmter Spritzmittel im »Landwirtschaftlichen Kurs von Koberwitz« erstmals 1924 weitergegeben.

Die Wirkung der biologisch-dynamischen Präparate ist nicht nur von stofflichen Substanzen, sondern ganz wesentlich auch von kosmischen Kräften geprägt. Das Wort »dynamos« bedeutet ursprünglich im Griechischen »Kraft«. Wer diese Methode und ihre Spezialpräparate anwenden möchte, der sollte sich auch mit dem Gedankengut der Anthroposophie beschäftigen. Die geistige Grundhaltung ist eine wichtige Voraussetzung für das tiefere Verständnis und die richtige Anwendung dieser Mittel in der Praxis. Eine rein äußerliche, mechanische Erprobung ist wenig sinnvoll.

Die Zutaten für die biologisch-dynamischen Spritzmittel werden nach besonderen Vorschriften hergestellt. Diese Präparate sind im Handel nicht erhältlich. Biologisch-dynamisch orientierte Berater geben sie nur nach persönlichen Kontakten an interessierte Gärtner weiter. Es handelt sich dabei um das Hornmist- und um das Hornkiesel-Präparat. Beide dienen einer gesunden, harmonischen Entwicklung der Pflanzen, das eine im Wurzelbereich, das andere in der Entfaltung von Blättern, Blüten und Früchten.

## Hornmist-Präparat
(Nr. 500)

Das Hornmist-Präparat wird aus Kuhmist hergestellt, der in Kuhhörner gefüllt und über Winter in der Erde vergraben wird. Im Frühling verwenden Bauern und Gärtner dieses Mistpräparat zum Ansetzen einer Spritzbrühe, die in groben Tropfen über die Erde gesprengt wird. Die günstigste Zeit für die Anwendung ist der zeitige Frühling, bevor die Saat keimt. Gesprüht wird am besten bei trübem Wetter in den frühen Abendstunden. Das Hornmist-Präparat wirkt belebend auf den Boden; es fördert die Fruchtbarkeit und regt eine kräftige, gesunde Entfaltung der Pflanzenwurzeln an.

## Hornkiesel-Präparat
(Nr. 501)

Das Hornkiesel-Präparat wird aus feingemahlenem reinem Quarz hergestellt. Auch diese Substanz füllen die Anthroposophen in Kuhhörner, legen sie während der Sommermonate in die Erde und graben sie im Herbst wieder aus. Das Kiesel-Präparat vermittelt Licht und Wärme, die für ein harmonisches Pflanzenwachstum unentbehrlich sind. Die Spritzbrühe, die mit dem Hornkiesel-Präparat angesetzt wird, verteilen die biologisch-dynamisch arbeitenden Gärtner zu bestimmten Zeiten, wenn das Wachstum der Blätter, der Blüte oder die Ausreifung der Früchte gefördert werden sollen. Für die richtige Anwendung ist eine sorgfältige Beobachtung der Pflanzen und der Wachstumsstadien nötig. Wenn das Kieselpräparat zum Beispiel zu früh auf junge Pflanzen gesprüht wird, kann es zu Verhärtungen und Entwicklungsstörungen kommen.
Das lichtwirksame Kiesel-Präparat wird bei sonnigem Wetter vormittags sehr fein vernebelt über die Pflanzen gesprüht.

Von beiden Präparaten werden nur sehr kleine Mengen in Wasser aufgelöst. Die biologisch-dynamischen Praktiker empfehlen 30 g Hornmist oder 0,5 g Hornkiesel für 5 Liter Wasser. Diese Menge reicht für ein 1000 m² großes Grundstück. Die Spritz-Brühen werden also sehr stark verdünnt, so daß man fast von einer homöopathischen Dosierung sprechen kann. Wichtig bei der Zubereitung ist auch das langandauernde rhythmische Rühren und die Verwendung von Regenwasser oder in der Sonne erwärmtem Wasser. Nachdem das Präparat eingefüllt ist, rührt der Gärtner eine Stunde lang mit einem Reisigbesen oder mit der Hand das Wasser kräftig um: eine Minute nach rechts und eine Minute nach links in ruhigem, wechselndem Rhythmus. Dabei soll sich während jeder Drehrichtung in der Mitte ein tiefer Trichter bilden.

Die feinstoffliche Verteilung der Substanzen in den biologisch-dynamischen Spritzbrühen und die geheimnisvoll wirkende Zubereitung in vergrabenen Kuhhörnern lösen bei manchen »uneingeweihten« Gärtnern skeptische Zurückhaltung gegenüber dieser Methode aus. Ein tiefer reichendes Ver-

Rhythmisches Rühren ist wichtig für die Brühe.

ständnis kann sich nur einstellen, wenn jemand bereit ist, sich ernsthaft mit der Weltanschauung der Anthroposophen auseinanderzusetzen.

Fest steht aber, daß die Hornmist- und Hornkiesel-Spritzungen deutlich erkennbare positive Auswirkungen auf das Pflanzenwachstum haben. Zahlreiche Untersuchungen und wissenschaftliche Feldversuche liefern dafür Beweise, die nicht von der Hand zu weisen sind.

Die biologisch-dynamischen Spritzmittel gehören nicht zu den Brühen, die direkt gegen Krankheiten und Schädlinge eingesetzt werden. Sie fördern aber die Gesundheit der Pflanzen und machen sie widerstandsfähiger gegen mögliche Infektionen oder gefräßige Überfälle. So gehören sie im weitesten Sinne zum vorbeugenden Pflanzen-Schutz. Wer sich intensiver mit dieser seit langem bewährten Methode beschäftigen möchte, der findet weiterführende Literatur im Anhang.

An dieser Stelle und in diesem Zusammenhang sei – zum Nachdenken – nur noch einmal an den bekannten Hamlet-Satz erinnert: »Es gibt mehr Dinge zwischen Himmel und Erde, als Eure Schulweisheit sich träumen läßt.«

Für einen Gärtner, der täglich den kleinen und großen Wundern der Natur begegnet, liegt dieser Gedanke sehr nahe. Um neue Erkenntnisse zu gewinnen, genügt es oft schon, wenn man sich nicht skeptisch verschließt, sondern wißbegierig öffnet.

## Streu- und Stäubemittel

Außer den zahlreichen Spritzbrühen gibt es noch eine ganze Reihe anderer Mittel, mit deren Hilfe ein Gärtner seinen Pflanzen unangenehme Besucher vom Leibe halten kann. Abwehrzonen, die aus verschiedenen Substanzen bestehen können, haben den Vorteil, daß sie »Schädlinge« fernhalten, ohne sie umzubringen. Die Wirkung ist allerdings nie hundertprozentig. Vor allem die Feuchtigkeits-Verhältnisse können den Erfolg beeinträchtigen. Die folgenden Mittel sind seit langem erprobt:

**Algenkalk** wird aus den Ablagerungen bestimmter Meeresalgen gewonnen. Er enthält etwa 80% kohlensauren Kalk und ist reich an Magnesium und Spurenelementen.

Algenkalk können Sie als Schutzring um schneckengefährdete Jungpflanzungen ausstreuen. Bei Regenwetter läßt die Wirkung aber rasch nach. Für kalkempfindliche Gewächse ist dieses Mittel nicht geeignet. Wenn Algenkalk fein über die Blätter der Pflanzen gestäubt wird, fördert er die Widerstandsfähigkeit gegenüber Pilzinfektionen. Er übt auch eine Abwehrwirkung gegenüber Insekten aus – ähnlich wie das Steinmehl.

Der feine Kalkbelag soll auch Kartoffelkäfer, Erdflöhe und Lauchmotten von gefährdeten Pflanzen abhalten.

**Gesteinsmehle** sind ebenfalls reich an Spurenelementen. Je nach ihrer Herkunft enthalten sie mehr oder weniger Kalkanteile. Je feiner das Gesteinsmehl vermahlen ist, desto besser eignet es sich für den Pflanzenschutz. Wichtig ist auch eine gleichmäßige Verteilung. Spezial-Zerstäuber gibt es für diesen Zweck im Handel.

Das Gesteinsmehl sollte am frühen Morgen über die taufeuchten Pflanzen gestäubt werden, dann haftet das Mittel besonders gut. Es bildet einen hauchfeinen Belag, der die Blätter festigt und stärkt. Pilze können dann nicht mehr so leicht in die Oberfläche eindringen. In dieser Beziehung ähnelt die Wirkung des Steinmehls derjenigen der Schachtelhalm-Brühe.

Direkt wirkt sich das Stäuben mit Gesteinsmehl auf weichhäutige Insekten, vor allem auf Läuse, aus. Der feine Staub verklebt die winzigen Körperöffnungen, vor allem die Atmungsorgane (Tracheen) der Tiere. Es wird berichtet, daß die Läuse diesen Staubüberzug nur als sehr unangenehme Beeinträchtigung ihrer Lebensfunktionen empfinden, aber nicht daran zugrunde gehen. Sie

Mit Hilfe einer Spezialspritze wird das Steinmehl, fein zerstäubt, über die Pflanzen verteilt.

verlassen so rasch wie möglich den unwirtlich gewordenen Ort. Es läßt sich aber sicher nur schwer feststellen, ob die winzigen Körperöffnungen nur vorübergehend oder dauerhaft verklebt werden.

Man weiß darüber hinaus, daß die feinen Quarzkristalle, die im Steinmehl enthalten sind, sich zwischen den Körpersegmenten der Insekten ablagern. Sie scheuern dort auf der Haut; die Bewegungen können dadurch so schmerzhaft werden, daß die Tiere an einer Stelle sitzen bleiben und schließlich verhungern. Höchstwahrscheinlich ist von diesen Folgen der Marienkäfer ebenso betroffen wie die Läuse.

Da es noch keine genauen Untersuchungen darüber gibt, ist der Gärtner auf eigene Beobachtungen angewiesen. Vor allem sollte er auch auf weichhäutige Nützlinge, wie zum Beispiel Schwebfliegenlarven, achten!

Abgesehen von diesen ungeklärten Fragen ist Gesteinsmehl sicher ein empfehlenswertes Mittel mit zahlreichen guten Wirkungen. Außer in der Pilz- und Insektenabwehr kann es auch als Schutzring um schneckengefährdete Pflanzen gestreut werden. Die Abwehr funktioniert aber nur sehr begrenzt; vor allem bei Regenwetter läßt sie rasch nach.

Steinmehl hinterläßt aber niemals schädliche Rückstände – im Gegenteil: Es wirkt zusätzlich als leichte Düngung und Bodenverbesserung. Die beste Wirkung erzielen Sie mit Steinmehl, wenn Sie das Mittel vorbeugend und in regelmäßigen Abständen einsetzen.

Achten Sie aber vor dem Stäuben immer auf Nützlinge. Dort, wo sie zahlreich vorhanden sind, sollten Sie besser darauf verzichten, Steinmehl über die Blätter zu verteilen. Noch eine Warnung: Stäuben Sie nicht bei Wind; das feine Mehl ist auch für die Lungen des Gärtners gefährlich!

**Gerstenspreu** ist ein altes Mittel, das durch die modernen Erntemethoden leider kaum noch erhältlich ist. Die langen Grannen der Gerste, deren feine Widerhaken man sogar an den Fingern spüren kann, sind für die weichhäutigen Schnecken sehr unangenehm. Ein Teppich aus Gerstenspreu wirkt deshalb als gutes Abwehrmittel.

**Holzasche** ist kalk- und kalihaltig. Sie wird genau wie Steinmehl über die feuchten Blätter der Pflanzen gestäubt oder als Schutzring gegen Schnecken auf den Boden gestreut. Die Wirkung ähnelt der des Steinmehls, die Verteilung ist aber nicht so fein. Bei Regenwetter lassen die schädlingsabwehrenden Eigenschaften rasch nach.

**Sägemehl** gehört zu den alten Mitteln aus Großmutters Garten. Das leichte, trockene Material ist den Schnecken unangenehm, weil es an ihrer feuchten Gleitsohle hängenbleibt. Streuen Sie Sägemehl möglichst dick um Bohnenkeime, junge Dahlientriebe und andere »Leckerbissen«, die bei den Kriechtie-

Vor der guten alten Vogelscheuche haben die gefiederten Obsträuber nicht mehr viel Respekt.

## Mechanische und biotechnische Abwehrmaßnahmen

Fallen, Netze und Zäune gehören ebenfalls zu den Tricks und Kniffen, mit denen geplagte Gärtner sich gegen die ebenso einfallsreichen wie hungrigen »Gegenspieler« aus der Natur zur Wehr setzen können. Vogelnetze, Mausefallen und Leimringe werden seit undenklichen Zeiten benutzt. Neue Erfindungen, wie zum Beispiel die Kunststoff-Vliese und Schneckenzäune, ergänzen das listenreiche Repertoire.

Zu den Neuentwicklungen gehören die sogenannten biotechnischen Verfahren. Dabei werden die »Schädlinge« durch bestimmte akustische oder optische Reize oder durch Duftstoffe und Hormone angelockt oder abgeschreckt. Die Farbe Gelb ist zum Beispiel ein Signal, auf das zahlreiche Insekten »fliegen« – auch dann, wenn es eine Falle ist. Allerdings können auch »ungerufene« Nutzinsekten an solchen klebrigen Locktafeln hängenbleiben.

Der große Vorteil solcher Fang- und Abwehrmethoden besteht vor allem darin, daß sie sehr gezielt angewendet werden können und in der Regel keine schädlichen Auswirkungen auf die Umwelt haben.

## Handarbeit

Die Hand des Menschen ist ein feinfühliges, unendlich vielseitig benutzbares Werkzeug. Hand-Arbeit lohnt sich in kleinen Gärten immer. Sie ist viel zu sehr aus der Mode gekommen, weil der »Zeitgeist« stets nach wirksamen »Mitteln« verlangt. Handarbeit kostet nichts – außer ein wenig Zeit und Geduld.

**Absammeln** lassen sich Raupen, Käfer und Läuse, wenn sie auf überschaubaren Beeten an relativ wenigen Pflanzen auftauchen. So ist es zum Beispiel sehr sinnvoll, die Kohlpflanzen in einem

ren besonders beliebt sind. Sägemehl hat den Vorteil, daß es später als Mulchdecke liegenbleiben kann. Es zersetzt sich allerdings sehr langsam. Achten Sie darauf, daß Sie Sägemehl ohne giftige Spritzmittelrückstände bekommen!

**Sand** behält seine Wirkung auch bei Regenwetter. Vor allem auf lehmigfeuchten Böden können Sie aus scharfem Sand breite Schutzstreifen um gefährdete Beete ausstreuen. Die scharfkantigen, kleinen Quarzkristalle sind den weichhäutigen Schnecken unangenehm. Sie üben allerdings keine hundertprozentige Abwehr aus. Scharfen Sand bekommen Sie überall im Bauhandel.

**Schilfhäcksel** ist ein schneckenabwehrendes Mulchmaterial, das neuerdings auch im Handel angeboten wird. Die Wirkung dieses scharfkantigen Häcksels ähnelt der Gerstenspreu. Sie ist gut und dient gleichzeitig als dauerhafte Bodendecke.

**Tannennadeln** gehören ebenfalls zu den traditionsreichen Abwehrmitteln. Das trockene Material mit den stechenden Spitzen wirkt als Schutzstreifen oder als Mulchdecke zwischen den Reihen ähnlich wie Schilfhäcksel oder Gerstenspreu. Diese Nadelholz-Bestandteile eignen sich aber für Erdbeerbeete oder Beerensträucher besser als für Gemüsebeete.

## Mechanische und biotechnische Maßnahmen

kleinen Gemüsegarten regelmäßig nach den Eiern und Raupen des Kohlweißlings abzusuchen. Schäden werden dadurch frühzeitig verhindert. Auch Kartoffelkäfer kann ein Gärtner leicht ablesen.

Läuse an den Rosen oder anderswo werden einfach zwischen zwei Fingern abgestreift, solange es sich um kleinere Ansammlungen handelt. Dies sind nur wenige Beispiele für zahlreiche Möglichkeiten, die ein aufmerksamer Gärtner entdecken kann.

**Abschneiden** hilft in vielen Fällen, wenn eine Krankheit rasch eingedämmt werden soll. Vor allem bei Pilzinfektionen wie Stachelbeermehltau oder Spitzendürre ist es wichtig, die kranken Zweigspitzen sofort abzuschneiden und zu vernichten. Auch Blätter, die von Rostinfektionen befallen sind, müssen so schnell wie möglich entfernt werden, um eine Ausbreitung der Pilzinfektion zu verhindern.

**Abschütteln** gehört zu den uralten Methoden. Früher legten die Gärtner weiße Tücher unter die Obstbäume und schüttelten dann kräftig alle Äste. Die deutlich sichtbaren Insekten, die bei solchen Aktionen herunterfallen, können anschließend leicht eingesammelt werden.

**Abspritzen** mit dem Wasserschlauch kann Läuse vertreiben. Der scharfe kalte Strahl ist aber auch für empfindliche Pflanzen unangenehm. Wenden Sie diese einfache, wirkungsvolle Methode also nur bei robusten Gewächsen an.

Alle Handarbeitsmethoden sind besonders umweltschonend – auch aus diesem Grunde lohnt sich die Mühe.

### Mechanische Maßnahmen

**Fallen** werden vor allem zum Fangen von Mäusen und Wühlmäusen benutzt. Im Handel sind sehr verschiedenartige Konstruktionen erhältlich, die zum Teil durch lokale Traditionen geprägt sind. Zum erfolgreichen Fallenstellen gehört Geschick im Umgang mit dem Mechanismus und den Gewohnheiten der klugen Nagetiere.

Es gibt auch Mausefallen, in denen die Tiere lebendig und unversehrt gefangen werden. Der Gärtner muß sie dann irgendwo am Waldrand aussetzen. Mehr über Mausefallen erfahren Sie auf Seite 223.

Zu den Fallen gehören auch alle möglichen anderen »Hinterhalte«, auf die kleine Tiere buchstäblich »hereinfallen«. Große Marmeladengläser, die der Gärtner in den Boden eingräbt, werden zu Fallgruben für Maulwurfsgrillen (Werren). An den glatten Wänden können die Tiere nicht mehr hochklettern. In solche Gläser verirren sich aber auch nützliche Laufkäfer oder andere Insekten. Wenn die Behälter nicht mit Wasser gefüllt werden, und wenn der Gärtner sie regelmäßig kontrolliert, können »Nützlinge« später wieder aussortiert werden.

In Gläser oder Flaschen mit Zuckerwasser lockt man Ameisen oder Wespen, wenn diese Tiere sich übermäßig im Garten vermehren. Zu Fallen werden auch ausgehöhlte Kartoffeln oder andere Früchte, unter denen sich Drahtwürmer und Engerlinge verkriechen, oder feuchte Bretter, die von Schnecken als Schlupfwinkel benutzt werden. Der Gärtner braucht diese Verstecke nur täglich nachzusehen und die Tiere einzusammeln. Auch die bekannten Bierbecher zählen zu den Erfindungen der »grünen Fallensteller«. Eine ausführliche Beschreibung dieser Schneckenfalle können Sie auf Seite 220 im Kapitel »Die großen Plagen« nachlesen.

**Netze** schützen Beerensträucher, Erdbeerbeete und kleinere Obstbäume wirkungsvoll vor hungrigen Vögeln. Vor allem Kirschen, Stachelbeeren und Johannisbeeren bleiben dem Gärtner unter dieser Abdeckung, die Sonne und Luft durchläßt, erhalten. Die leichten, dehnbaren Kunststoffnetze, die überall im Handel angeboten werden, leisten gute, umweltfreundliche Dienste. Verwenden Sie keine Fischernetze oder ähnliche weitmaschige Gewebe, in denen sich Vögel verfangen könnten!

Sehr engmaschige Spezialnetze oder Vliese schützen auch Gemüsebeete vor verschiedenen Gemüsefliegen, Lauchmotten, Kohlweißlingen und anderen Insekten, die zur Eiablage angelockt werden. Gemüsefliegennetze können flach über niedrige Pflanzen ausgebreitet oder wie ein Folientunnel über den Beeten ausgespannt werden.

**Schneckenkanten** sind unüberwindliche Hürden für die hungrigen Kriechtiere. Diese nach außen abgewinkelten Kanten gehören zum Konstruktionsprinzip verschiedener Schneckenzäune. Mehr darüber können Sie auf Seite 219 nachlesen.

**Vogelschreck** verbreiteten nicht nur die gute alte Vogelscheuche oder Katzenattrappen mit funkelnden Glasaugen. Auch mit knatternden und glitzernden Staniolstreifen oder blauen Plastikbändern versuchen Gärtner ihre süße Ernte zu retten. Leider fallen Stare und andere gefiederte Obstliebhaber meist nur kurzfristig auf solche Schrecksignale herein.

**Zäune** aus engem Maschendraht sollen hungrige Hasen und Kaninchen davon abhalten, die Gemüsebeete abzuernten. Diese Schutzvorrichtungen müssen aber mindestens 80 cm hoch sein, damit die geschickten Tiere nicht darüber hinwegspringen können.

Wo der Garten an freies Feld oder an den Wald grenzt, sollte der Zaun dicht über einem 80–100 cm tief reichenden Betonfundament errichtet werden. Dann können Hasen und Mäuse sich nicht unterirdisch durchwühlen.

*Netze schützen die Beerenernte wirkungsvoll.*

## Naturgemäßer Pflanzenschutz

**Fanggürtel** kann jeder Gärtner leicht selber herstellen. Im Herbst suchen zahlreiche Insekten einen Unterschlupf für die kommende kalte Jahreszeit. Dafür reichen schon kleine Höhlungen und leichte Abdeckungen. Binden Sie breite Streifen von Wellpappe mit der gerillten Seite nach innen um die Stämme der Obstbäume. Damit das Papier nicht aufweicht, wird es durch einen Mantel aus Kunststoff oder Teerpappe geschützt. Sie können die beiden Materialien in passende Streifen schneiden und aufeinander tackern oder einfach übereinander festbinden. Ähnliche Wirkungen haben auch Streifen aus festem Packpapier oder dünner Pappe, die innen mit Holzwolle beklebt werden. Außen erhalten Sie ebenfalls einen Schutz aus regenfestem Material.

Die Insekten verkriechen sich in den Rillen der Wellpappe oder in der lockeren Holzwolle. Der Gärtner muß die Fanggürtel nach ein paar Wochen abnehmen und erneuern. Da sich auch Nützlinge, wie Ohrwürmer oder Marienkäfer, gern solche Verstecke suchen, ist es wichtig, die Pappstreifen zu kontrollieren, bevor sie vernichtet werden.

Gegen den Apfelblütenstecher müssen die Fanggürtel bereits im zeitigen Frühling, vor dem Austrieb, angelegt werden, weil die Käfer um diese Zeit beginnen, an den Stämmen hochzuklettern.

**Gelbe Leimfolien** locken mit ihrer leuchtenden Farbe unter anderen auch Kirschfruchtfliegen, Weiße Fliegen, Minierfliegen und Trauermücken an. Im Handel sind spezielle Gelbtafeln, die mit Leim beschichtet wurden, erhältlich. Sie werden vor allem für Kirschbäume und für Gewächshäuser verwendet. Gelbtafeln kann man sogar schon zu den einfachen »biotechnischen Maßnahmen« zählen, da die Insekten mit dem optischen Reiz der Farbe gezielt angelockt werden.

**Kohlkragen** dienen dazu, die Kohlfliegen von den Stengeln der Kohlpflanzen fernzuhalten, damit sie dort keine Eier ablegen. Sie können dieses wirkungsvolle Hilfsmittel leicht selber herstellen. Schneiden Sie aus wetterfester Teerpappe eine runde Scheibe aus, die an einer Stelle bis zur Mitte aufgeschlitzt wird. Nun können Sie aus der Scheibe einen Trichter formen, der wie ein Kragen um die Kohlstengel gelegt wird. Die Öffnung zeigt wie eine offene Tüte nach unten. Im Handel werden inzwischen auch ähnlich konstruierte Kohlkragen fertig angeboten.

**Leimringe** gehören zu den altbewährten Hausmitteln im Garten. Sie werden vor allem gegen Frostspanner eingesetzt.

Sie können diese einfache Konstruktion selber herstellen, wenn Sie einen breiten Streifen festes Papier mit Leim bestreichen. Fertig präparierte Leimringe kann man aber auch überall im Handel kaufen.

Wichtig für den Erfolg ist der richtige Zeitpunkt: Die Falter des Großen und des Kleinen Frostspanners schlüpfen im Herbst nach den ersten Nachtfrösten. Dann klettern die flügellosen Weibchen an den Stämmen der Obstbäume hoch, um in der Baumkrone ihre Eier abzulegen.

Leimringe müssen deshalb, je nach Lage, Ende September bis Anfang Oktober in etwa ein Meter Höhe angebracht werden. Achten Sie darauf, daß die Streifen sich dicht an den Stamm anschmiegen, damit keine Ritzen zum Durchschlüpfen entstehen. Im Februar muß der Leimanstrich noch einmal erneuert werden, um Nachzügler abzufangen.

Die Leimringe sind ein einfaches, wirkungsvolles Mittel, solange der Gärtner nur den Frostspanner im Auge hat. Leider bleiben auch andere Insekten und Käfer bei ihrer Wanderung über die Baumrinde in der klebrigen Falle hängen. So sind auch Nützlinge gefährdet. Sogar Vögel können Schaden erleiden, wenn sie die gefangenen Insekten wegpicken wollen und sich dabei die Schnäbel verkleben. Wägen Sie also sorgfältig ab, ob der Schaden, den die Frostspanner anrichten könnten, solche Opfer wert ist.

## Biotechnische Maßnahmen

Sexuallockstoffe bestimmter Falter, die im Obstbau großen Schaden anrichten können, werden bereits seit den 60er Jahren von den Vertretern des integrierten Pflanzenschutzes genutzt.

Bei dieser Methode wird die Natur mit ihren eigenen Mitteln geschlagen. Die Biologen fanden heraus, daß zahlreiche Insekten, vor allem aber Schmetterlinge, zur Paarungszeit Duftstoffe aus-

Der Leimring muß gut befestigt werden.

Fanggürtel aus Wellpappe.

# Schädlingsabwehrende Pflanzen

*Gelb lockt die Kirschfruchtfliege auf den Leim!*

scheiden. Mit diesen Signalen locken die Weibchen oft über weite Distanzen die Männchen herbei. Wenn Tiere der gleichen Art sich auf diese Weise verständigen, nennt man die lockenden Wirkstoffe Pheromone. Eine große Zahl solcher Sexualsubstanzen kann die chemische Industrie inzwischen preiswert synthetisch herstellen.

**Pheromonfallen** werden vor allem im Obstbau eingesetzt gegen den Apfelwickler, den Apfelschalenwickler, den Pflaumenwickler und den Traubenwickler.

Diese Spezialkonstruktionen sind mit Leim und Duftstoffen präpariert. Sie locken zusätzlich mit Signalfarben. Die hoffnungsvoll herbeifliegenden männlichen Falter sterben an den klebrigen Wänden. Die Weibchen bleiben zwar am Leben und fressen noch eine Weile; bis auf diejenigen, die ein herbeifliegendes Männchen rechtzeitig »abgefangen« haben, sind sie aber nicht mehr in der Lage, für Nachwuchs zu sorgen.

Die Pheromonfallen dienen den Obstbauern aber nicht zur Vernichtung der Falter, sondern als Prognose für den günstigsten Spritztermin. Die regelmäßige Kontrolle der Fallen gibt Aufschluß darüber, wann der Höhepunkt des Hochzeitsfluges bei den Wicklern erreicht ist. Der Warndienst der Pflanzenschutzämter teilt diese gefährliche Zeit dann allen interessierten Obstbauern mit. Die Praktiker des integrierten Pflanzenschutzes ersparen sich durch diese Methode unnötige Spritzungen »auf Verdacht«. Sie greifen dann nur einmal gezielt und zum günstigsten Zeitpunkt ein.

Für Gärtner lohnt sich eine eigene Pheromon-Prognose nicht. Im kleinen Rahmen kämen wohl nur Duftfallen zum Fangen der unerwünschten Schmetterlinge in Frage. Es gibt aber noch keine wirklich brauchbare Konstruktion für solche Zwecke. Die Falter, die sich dorthin verirren, verringern die große Menge der einschwärmenden Apfelwickler nicht wesentlich. Immerhin sollte ein gut informierter Biogärtner über Pheromonfallen Bescheid wissen, um eventuelle Neuentwicklungen richtig beurteilen zu können.

**Gezielte Verwirrung** stiftet eine andere Lockstoffmethode: Zur Paarungszeit werden große Mengen kleiner Kapseln in gefährdeten Gebieten verteilt, die mit dem Sexualsignal bestimmter Falter präpariert wurden. Die hohe Duftkonzentration in der Luft irritiert die männlichen Schmetterlinge so sehr, daß sie die echten Weibchen nicht mehr finden können. Dieses Verfahren wird gegen Waldschädlinge eingesetzt und ist noch nicht »gartenreif«.

*Pheromonfallen locken mit Sexual-Duftstoffen.*

## Pflanzen für den Pflanzen-Schutz

Es muß nicht immer eine Spritze oder ein wirkungsvolles Mittel sein, das in der Hand des Gärtners zum Schädlings-Vertreiber wird. Im Idealfall sind die Pflanzen selbst in der Lage, sich und andere Pflanzen vor Krankheiten und Plagegeistern zu schützen. Ein guter Biogärtner braucht dann nichts anderes zu tun, als die richtigen Gewächse in der günstigsten Nachbarschaft zusammenzusetzen.

Die natürliche Schädlingsabwehr innerhalb ausgewählter Mischkulturen hat sich seit langem in der Praxis bewährt. Die Vertreibung oder die Irritierung bestimmter Insekten kommt wahrscheinlich zum Teil durch die gleichen Substanzen zustande, die auch in den Pflanzen-Brühen wirksam werden. Vor allem Duftstoffe und Wurzelausscheidungen üben auf Läuse, Raupen, Falter oder Fadenwürmer offenbar in bestimmten Fällen eine intensive Beeinflussung aus. Gewächse, die reich an Bitterstoffen, Gerbsäuren oder stark riechenden ätherischen Ölen sind, wirken auf manche Insekten abschreckend. Sie verderben den hungrigen Zuwanderern entweder direkt den Appetit, oder sie lenken sie durch kräftige Gerüche von den Zielen ab, die sie suchen. Ein fremder Duftteppich überlagert zum Beispiel für Kohlweißlinge den vertrauten Kohlgeruch, wenn Tomaten direkt neben dem Wirsing oder dem Brokkoli stehen. Die Falter verfehlen das Ziel, auf dessen »Duftmarke« sie von Natur aus »programmiert« sind.

Intensive Duftbarrieren errichten vor allem zahlreiche Gewürz- und Heilkräuter, die als Beeteinfassung oder Zwischenkultur eingesetzt werden.

Die natürlichen Schwefelverbindungen und die antibiotischen Wirkstoffe des Knoblauchs und der Zwiebeln dämmen die Gefahr von Pilzinfektionen ein. Wie diese vorbeugende »Nachbarschafts-Hilfe« zustande kommt, ist noch nicht genau erforscht.

## Die Geheimnisse der Phytonzide

Wahrscheinlich spielen bei den hochwirksamen, aber noch wenig durchschauten Prozessen die sogenannten Phytonzide eine wichtige Rolle. Diesen Begriff prägte der russische Forscher Professor Tokin bereits zwischen 1930 und 1940. Er verstand darunter verschiedene biologische Wirkstoffe, die von Pflanzen gebildet werden. Die Phytonzide wirken anregend oder auch hemmend in vielfältiger Weise auf die Lebensprozesse benachbarter Pflanzen und kleiner Lebewesen ein.

Bereits 1937 veröffentlichte Professor Hans Molisch ein Werk mit dem Titel »Der Einfluß einer Pflanze auf die andere – Allelopathie«. In dieser Arbeit wurde ein erster wissenschaftlicher Versuch unternommen, die Gesetzmäßigkeiten herauszufinden, die die Nachbarschaftsverhältnisse unter den Pflanzen bestimmen.

Fast gleichzeitig griff auch Gerhard Madaus in seinem 1938 erschienenen dreibändigen Werk »Lehrbuch der biologischen Heilmittel« diese Problematik auf. Anschaulich beschrieb er:

Pflanzen üben vielfältige Einflüsse aus.

»In gleicher Weise wie bei den Menschen gibt es auch bei den Pflanzen eine ausgesprochene Geruchsfreundschaft bzw. -feindschaft zwischen verschiedenen Arten. ... Auf Blüten- und Blattausscheidungen dürfte wohl auch das Anlocken und Vertreiben von Insekten durch die Pflanzen zurückzuführen sein. So ist es bekannt, daß der Pflaumenbaum die Fliegen anlockt, während der Walnußbaum Mücken und andere Insekten vertreibt. Man benutzte früher diese Wirkung, um die Insekten von den Latrinen fernzuhalten. Auch der Eukalyptusbaum besitzt eine insektenvertreibende Wirkung, ebenso der Wermut und das Wanzenfliehkraut.«

In seinem Institut untersuchte Madaus unter anderem die Auswirkungen besonders intensiver Pflanzen-Duftstoffe wie Bergamottöl, Terpentinöl, Pfefferminzöl (ätherische Öle), Apfelaroma und Schierling (Alkaloide) auf das Wachstum von Keimlingen.

Die ebenso interessanten wie ergebnisreichen Forschungen der dreißiger Jahre wurden sowohl durch den 2. Weltkrieg als auch durch die danach einsetzende Entwicklung der chemischen Industrie unterbrochen. Sie gerieten fast in Vergessenheit. Erst in den letzten Jahren nahm das Interesse an pflanzlichen Wirkstoffen wieder zu. Nun wird auch wieder intensiver auf diesem Gebiet geforscht. (Siehe auch Seite 115–117.)

Für den Gärtner, der sich auf Versuche mit schädlingsabwehrenden Mischkulturen einläßt, ist es an dieser Stelle nur wichtig zu wissen, daß es sich dabei nicht um vage Vermutungen oder gar um biologischen Aberglauben handelt. Im Gegenteil: Er kann sich ganz konkrete biologische Prozesse für seine Zwecke nutzbar machen. Die Forschung wird in Zukunft sicher noch zahlreiche praktische Erfahrungen wissenschaftlich untermauern können. Die bereits vorhandenen bewährten Kombinationen werden noch durch manches neue Beispiel ergänzt werden.

Es lohnt sich, im Garten auf dem interessanten Gebiet der schädlingsabwehrenden Pflanzen eigene Erfahrungen zu sammeln. Auch der Mut zu neuen Experimenten sollte nicht fehlen. Dieser einfache Schritt zum gesunden Garten ist auch deshalb so besonders empfehlenswert, weil keinerlei schädliche Einflüsse auf die Umwelt entstehen. Die pflanzliche Nachbarschaftshilfe schützt vor Krankheiten und Schäden. Sie schützt und schont aber auch alles Lebendige ringsum.

## Schädlingsabwehrende Mischkulturen

Schädlingsabwehr beim Säen und Pflanzen – das ist die einfachste Art, allen möglichen Plagen vorzubeugen. Wenn Sie wohlüberlegt die richtigen Partner auf Ihren Beeten zusammenfügen, ist der Grundstein für gesundes Gedeihen bereits gelegt. Diese gegenseitige Beeinflussung der Pflanzen, die eine günstige Entwicklung fördert, ist der Sinn und Nutzen jeder Mischkultur. Einige ausgewählte Kombinationen gehen aber noch über solche allgemein positiven Wirkungen hinaus. Bei speziellen Zusammenstellungen halten sich die grünen Partner gegenseitig sogar unangenehme »Eindringlinge« vom Leibe. Sie sind sozusagen aktiv im Pflanzenschutz tätig. Die folgenden Beispiele zeigen Ihnen die hilfreichen Wirkungen solcher Nachbarschaften:

■ Bohnen und Bohnenkraut
Das starkduftende Bohnenkraut schützt die Buschbohnen vor Schwarzen Läusen, wenn es am Beetrand oder zwischen den Reihen ausgesät wird.

■ Erdbeeren und Knoblauch
Knoblauch wirkt als Zwischenpflanzung vorbeugend gegen Pilzinfektionen an Erdbeeren.

■ Erdbeeren und Zwiebeln
Eine Reihe Steckzwiebeln oder Schalotten zwischen den Erdbeeren dienen – wie der Knoblauch – als vorbeugender Schutz gegen Pilzerkrankungen.

■ Kapuzinerkresse und Kirschbäume
Wie ein Magnet zieht die Kapuzinerkresse Schwarze Läuse an; so wird der Obstbaum entlastet. Die Pflanzen üben

# Schädlingsabwehrende Pflanzen

Mit seinem intensiven Duft vertreibt der Lavendel Läuse von den benachbarten Rosen.

auch eine gewisse Abwehrwirkung auf Blutläuse aus.

- Kohl und Tomaten

Der starke und strenge Geruch der Tomatenblätter lenkt die Kohlweißlinge von den Kohlpflanzen ab.

- Kohl und Sellerie

Auch der intensive Sellerieduft irritiert die Kohlweißlinge und schützt die Kohlpflanzen.

- Möhren und Zwiebeln

In abwechselnden Reihen schützen sich Möhren und Zwiebeln gegenseitig vor der Möhren- und vor der Zwiebelfliege.

- Möhren und Lauch

Der Lauch wirkt, als nahe verwandtes Familienmitglied, ähnlich wie die Zwiebeln. Möhren und Lauch wehren sich gegenseitig die Möhrenfliege und die Lauchmotte ab.

- Rosen und Lavendel

Der duftende Lavendel ist nicht nur optisch ein reizvoller Partner, er schützt Rosen auch vor Blattläusen.

- Rosen und Knoblauch

Vorbeugend gegen Pilzerkrankungen wirkt der Knoblauch auch in der Nachbarschaft von Rosen.

- Tagetes und Petersilie

Die Studentenblumen oder Samtkäppchen *(Tagetes)* halten Nematoden (Älchen) von den Wurzeln der Petersilie fern.

- Wermut und Johannisbeeren

Das bitter-streng riechende Wermutkraut beugt dem Säulchenrost an Johannisbeeren vor, wenn die Stauden rechtzeitig zwischen den Sträuchern ausgepflanzt werden.

## Einzelpflanzen mit schädlingsabwehrenden Wirkungen

Manche nützliche Nachbarschaft entwickelt sich nicht in Reih und Glied auf einem Beet sondern schwerpunktmäßig an bestimmten Stellen im Garten. Dabei werden einzelne Pflanzenarten ganz gezielt zur Abwehr bestimmter Tiere oder Pilzerkrankungen eingesetzt. Von solchen Kombinationen dürfen keine hundertprozentigen Erfolge erwartet werden; sie dienen als Mittel und Maßnahmen, die innerhalb eines naturgemäßen Gesamtkonzeptes gute Wirkungen zeigen. Die Intensität der Abwehr ist von den Boden- und Klimaverhältnissen ebenso abhängig wie von den Umweltbedingungen der näheren Umgebung.

- Die Hundszunge gehört zu den Pflanzen, die Wühlmäuse abwehren.
- Die Kaiserkrone wirkt durch den starken Geruch ihrer Zwiebeln abschreckend auf Wühlmäuse.
- Der Knoblauch kann überall im Garten zwischen mehltau- und rostgefährdete Gewächse gesetzt werden, auch auf Blumenbeete. Knoblauchzehen in die Beerensträucher gehängt, schrecken die Vögel ab und retten die Ernte
- Der Meerrettich kann in großen Gärten auf die Baumscheiben gepflanzt werden zur Abwehr der Monilia-Fruchtfäule.

Das Kraut soll auch gegen Kartoffelkäfer wirken. Die Pflanzung ist aber nur am Rande eines immer wieder genutzten Kartoffelackers sinnvoll, da die ausdauernde Meerrettichstaude sich tief im Boden verwurzelt und von ihrem Standort kaum noch vertrieben werden kann.

- Die Narzisse 'La Riante', eine einfache kleinkronige Sorte, vertreibt Wühlmäuse, wenn sie in größeren Mengen gepflanzt wird.

Wer Wermut neben die Johannisbeeren pflanzt, schützt die Sträucher vor dem Säulenrost.

# Naturgemäßer Pflanzenschutz

Die kreuzblättrige Wolfsmilch wird seit jeher gegen Wühlmäuse angepflanzt.

Eine Bodendecke aus Farnblättern wehrt die Schnecken ab.

- Die Pfefferminze wirkt durch ihren intensiven Mentholgeruch abwehrend auf Erdflöhe und Kohlweißlingsfalter. Bedenken muß der Gärtner aber, daß die Minzen ausdauernde Stauden sind, die den Wechsel der Kulturen nicht so leicht mitmachen. Im Gemüsegarten kann die stark wuchernde Pflanze problematisch werden.
- Die Ringelblume gehört zu den Pflanzen, deren Wurzelausscheidungen die Bodenälchen (Nematoden) zurückdrängen.
- Der Salbei irritiert mit seinem strengen Duft die Kohlweißlinge und die Möhrenfliege. Die Gewürzstaude hat auch eine gewisse Abwehrwirkung gegen Schnecken und Ameisen.
- Der Senf (Sinapis alba) hält, wenn er in breiten Streifen ausgesät wird, zuwandernde Schnecken ab.
- Der Steinklee wird auf Baumscheiben gesät zur Wühlmausabwehr.
- Die Tagetes werden vor allem als Bodenkur gegen Nematoden eingesetzt. Dichte Saat auf größeren Flächen ist besonders wirkungsvoll. So können die »Samtkäppchen« als blühender Pflanzenteppich zur Gesundung des Bodens beitragen.
- Der Thymian gehört zu den schädlingsabwehrenden Duftpflanzen. Das Kraut irritiert Kohlweißlinge und vertreibt Schnecken.
- Die Wolfsmilch (Euphorbia latyris) zählt zu den Anti-Wühlmauspflanzen (mit beschränkter Wirkung). Gefährlich für die Tiere sind die giftigen Samen der Wolfsmilch, die durch einen besonderen »Abschußmechanismus« weit in der Umgebung verstreut werden.
- Der Ysop wird gegen Schnecken benutzt.

## Schädlingsabwehrender und gesundheitsstärkender Pflanzenmulch

Auch Blätter, Zweige oder zerkleinerte Pflanzenteile können eine schädlingsabwehrende Wirkung ausüben, wenn sie als Mulchdecke zwischen den Gemüsereihen oder auf anderen Beeten im Garten ausgebreitet werden. Zum Ausprobieren empfehlen sich:

- Beinwell-Blätter sind kalireich und fördern gesundes Pflanzenwachstum. Für Tomatenbeete eignen sie sich besonders gut.
- Brennesselzweige verbessern die Humusqualität und kräftigen mit ihren gesunden Inhaltsstoffen allgemein die Gesundheit der Pflanzen.
- Farnkraut hält die Schnecken fern und verbessert die Humusqualität. Geeignet sind die Blattwedel von Adlerfarn und Wurmfarn.
- Ginsterzweige werden zur Blütezeit neben Gurkensämlinge, Kohlpflanzen, Rettich und Radieschen gelegt. Der Duft vertreibt die Erdflöhe.
- Schilfhäcksel wirkt mit seinen scharfen Kanten gut gegen Schnecken. Dieses käufliche Mulchmaterial ist besonders lange haltbar.

Ein Gärtner, der gezielt Pflanzen für den Pflanzenschutz einsetzt, darf keine blitzartig erscheinenden Wunder erwarten. Seine Aufmerksamkeit sollte stets auf das Zusammenwirken verschiedener ökologischer Einflüsse gerichtet sein. Dann wird die schädlingsabwehrende Mischkultur zu einem nützlichen Instrument der Regulierung. Sie schafft einen spürbaren aber sanften Ausgleich zwischen dem Anliegen des Gärtners und den Ansprüchen der Natur.

## Tiere als Helfer im Pflanzenschutz

Menschen betrachten die Welt gern unter eigennützigen Gesichtspunkten. Deshalb nennen Gärtner diejenigen Tiere, die Läuse, Schnecken oder Raupen auf ihrem Speiseplan haben, gern »Nützlinge«. Solche Helfer sind stets willkommen, weil sie einen beachtlichen Teil des Pflanzenschutzes übernehmen. Im Gesamtkonzept eines naturgemäßen Gartens fällt diesem Schaukelspiel zwischen Fressen und Gefressenwerden eine wichtige Rolle zu. Es bildet die Grundlage eines ökologischen Gleichgewichts, auf das alle anderen Mittel und Maßnahmen angewiesen sind.

Damit die nützlichen Tiere sich zahlreich und dauerhaft im Garten einfinden, müssen zwei wichtige Voraussetzungen erfüllt sein: Der Gärtner muß Lebensräume für Vögel, Schwebfliegen, Igel, Kröten, Spitzmäuse und viele andere Bundesgenossen schaffen. Und er muß seine kleinen lebendigen Helfer gut kennen, damit er sie schützen und fördern kann. Dazu ist es zum Beispiel auch notwendig, mit dem Lebenszyklus und mit den unterschiedlichen Erscheinungsformen eines Insekts vertraut zu sein. Denn es nützt wenig, wenn der hübsche rote Marienkäfer liebevoll behandelt wird, seine graublauen Larven aber als unbekanntes »Ungeziefer« einer Spritzaktion oder den Gartenstiefeln zum Opfer fallen.

Die detaillierten Porträts der wichtigsten »Nützlinge« auf den folgenden Seiten sollen Ihnen dabei behilflich sein, Ihre nützlichen Bundesgenossen besser und näher kennenzulernen.

Die Schlupfwespe *Apanteles glomeratus* legt ihre Eier in einer Raupe ab. Das Opfer bleibt noch lange als »Nahrungsvorrat« am Leben.

Für das ausgesuchte Opfer endet das unfreiwillige Zusammenleben immer tödlich. Wenn im Leib des Wirtstieres aus den Schlupfwespeneiern die Larven schlüpfen, fressen sie ihren lebenden Nahrungsvorrat langsam aber sicher von innen auf.

Die erwachsenen Schlupfwespen leben in der Hauptsache von Nektar und Honigtau. Sie werden von Doldenblütlern besonders angezogen. Die befruchteten Insektenweibchen überwintern meist in Rindenritzen oder im Schutz von Moos und trockenen Gräsern.

Für den Gärtner ist es wichtig zu wissen, welche besonderen Schlupfwespenarten in seinem Garten auftauchen können:

■ *Apanteles glomeratus* gehört zur Gruppe der Brackwespen *(Braconidae)*. Die kleinen Wespen bohren die Raupen des Kohlweißlings an und legen im Inneren bis zu 30 Eier ab. Insgesamt kann ein Weibchen rund 2000 Eier »verstecken«. Wenn die Larven zum Vorschein kommen, haben sie die Raupe ganz ausgehöhlt. Sie verpuppen sich an ihren toten Opfern in gelben

Die gelben Kokons der Schlupfwespenpuppen neben einer Kohlweißlingsraupe.

# Die wichtigsten Nützlinge

## Insekten

In dieser riesigen Tiergruppe finden sich auch besonders viele Gartennützlinge. Sie werden hier so eingeteilt, daß ihre Zugehörigkeit zu den Ordnungen deutlich wird. Wenn Sie sich über weitere systematische Zusammenhänge informieren möchten, finden Sie einen Überblick im Kapitel »Wegweiser«.

### Hautflügler
*Hymenoptera*

### Die Schlupfwespen
*Ichneumonidae* und andere Arten

Diese Insekten sind hochspezialisierte Parasiten. Es gibt eine Fülle verschiedener Arten, allein in Europa etwa 10 000. Viele Schlupfwespen sind eher klein und unscheinbar. Die Länge dieser Insekten schwankt zwischen 0,5 und 30 mm. Die meisten Arten besitzen einen langen Legestachel am Hinterleib, mit dessen Hilfe sie ihre Opfer anbohren. Charakteristisch für diese Tiere ist auch die enge »Wespentaille«. Oft besitzen sie dunkel metallisch schimmernde Flügel.

Das äußere Erscheinungsbild der Schlupfwespen kann stark variieren. Allen gemeinsam ist die »Kunst des Überlebens« auf Kosten anderer Tiere. Die meisten Schlupfwespenarten legen ihre Eier in Larven, Puppen oder auch in den Eiern anderer Insekten ab. Einige Arten befestigen die Eier auch außen an den ausgewählten Insekten, oder sie legen sie in der Nähe einer lebenden »Futterstelle« ab.

Es gibt unter den zahlreichen Schlupfwespen stark spezialisierte Arten, die auf ganz bestimmte Insekten angewiesen sind; andere sind nicht so wählerisch und verteilen ihre Eier dort, wo sich eine günstige Gelegenheit bietet.

# Die wichtigsten Nützlinge

Gespinsten. Diese werden von manchen Gärtnern für schädliche Raupeneier gehalten und vernichtet. Hier ist es also besonders wichtig, die nützlichen Schlupfwespen in ihrem gelben »Puppengewand« zu erkennen.

- *Apanteles ater* parasitiert verschiedene Wicklerraupen.
- *Ascogaster quadridentatus* ist auf den Apfelwickler und andere Wicklerarten spezialisiert.
- *Aphidius matricariae* und *Ephedrus persicae* legen ihre Eier in der Mehligen Apfelblattlaus ab.
- *Ephedrus plagiator* sucht sich die Grüne Apfelblattlaus aus.
- *Diaeretus rapae* bevorzugt die Kohlblattlaus. Ein aufmerksamer Gärtner kann die parasitierten Blattläuse gut erkennen: Die Körper der Tiere blähen sich auf und färben sich gelb oder schwarz. Durch ein kleines Loch verläßt die fertige Schlupfwespe nach dem Larvenstadium die tote Blattlaushülle.
- *Phygadenon* ist auf Gemüsefliegen »programmiert« und bohrt die tönnchenförmigen Puppen der Zwiebelfliegen an. Die ausgeschlüpfte Larve ernährt sich von der Puppe. Nach etwa 10 Tagen hat sich eine neue fertige Schlupfwespe entwickelt, die die leere Hülle verläßt.

Diese Auswahl zeigt nur einen kleinen Ausschnitt aus dem zehntausendfachen Wirkungsspektrum der Schlupfwespen. Zu ihnen gehören auch noch größere Spezialisten, die mit 3 cm langen Legebohrern tief ins Holz der Waldbäume vordringen und dort ihre Eier in die gut versteckten Larven von Bockkäfern und Holzwespen legen. Die große Vielfalt der Erscheinungsformen macht schon deutlich, daß die äußerlich so unscheinbaren Schlupfwespen zu den wichtigsten Insektenvertilgern gehören. Sie spielen eine große Rolle im weitverzweigten System des ökologischen Gleichgewichts. Dabei halten sie sich allerdings nicht immer an die vom Gärtner erfundene Einteilung von schädlich und nützlich. Es gibt auch Schlupfwespen, die Schwebfliegenlarven oder die Puppen beliebter Schmetterlinge anbohren.

In den aufgeblähten Blattläusen wachsen junge Schlupfwespen heran. Mitte: der Ausstieg!

Für den Gärtner ist es wichtig, gut zu beobachten und mit der Zeit verschiedene Schlupfwespenarten samt ihren Wirten kennenzulernen.

**Speisezettel:** Die Larven der verschiedenen Schlupfwespenarten verspeisen Schmetterlingsraupen sowie Blatt- und Schildläuse, die Puppen von Gemüsefliegen, die Larven von Minierraupen, Weißen Fliegen, Holzböcken und vielen anderen.

**Lebensraum im Garten:** Doldenblütler, wie Dill, Fenchel oder Kümmel, ziehen die Schlupfwespen an. Ungestörter Gras- und Krautwuchs unter Sträuchern bietet Winterverstecke für befruchtete Weibchen. Larven überwintern zum Teil in den Mumien ihrer Wirte. Darauf muß ein aufmerksamer Gärtner beim herbstlichen Aufräumen achten. Verbrennen Sie abgeschnittene Obstbaumzweige nicht achtlos – vorher auf »Untermieter« kontrollieren!

## Erzwespen oder Zehrwespen
*Chalcidoidae*

Zu dieser Familie gehören sehr kleine Tiere, die meist weniger als 3 mm Länge haben. Auffallend ist nur die metallisch glänzende grüne oder blaue Farbe vieler Arten. Die meisten Erzwespen sind Parasiten oder sogar Hyperparasiten, das heißt, sie legen ihre Eier auch in Larven, die ihrerseits schon als Parasiten leben. Zahlreiche Insekten und auch Spinnen gehören zu den Opfern der Erzwespen.

Für den Gärtner sind aus der großen Artenvielfalt nur einige nützliche Beispiele wichtig:

- *Aphelinus mali*, die Blutlauszehrwespe, ist ein wichtiger Gegenspieler der Blutlaus. Die winzigen Wespen sind nur 0,7–0,9 mm groß. Sie legen ihre Eier in Blutläusen ab und werden deshalb gezielt innerhalb des integrierten Pflanzenschutzes in Obstbaugebieten angesiedelt.
- *Encarsia formosa* hat es auf die Weiße Fliege abgesehen. Diese Zehrwespenart wird auch als käuflicher Nützling für Gewächshäuser gezüchtet. Ihre Eier legen die kleinen Wespen in den Larven der Fliegen ab. An einer schwarzen Verfärbung kann man erkennen, daß der Parasit sich im Innern

Blutlauszehrwespen haben Blutläuse befallen.

entwickelt. Nach zwei bis drei Wochen schlüpfen bereits fertige Schlupfwespen aus den toten Larven.

- *Encyrtus fuscicollis* parasitiert nur Gespinstmotten.
- *Prospaltella perniciosi* wurde aus den USA in Europa eingeführt, um die von Nordamerika eingeschleppte San-José-Schildlaus wieder unter Kontrolle zu bekommen. Der Einbürgerungsversuch war so erfolgreich, daß heute wieder ein natürliches Gleichgewicht zwischen »Schädlingen« und »Nützlingen« hergestellt ist.
- *Pteromalus puparum* legt ihre Eier unter anderen in den Puppen der Kohlweißlinge ab.

Andere Erz- oder Zehrwespen sind auf den Apfelschalenwickler, die Apfelminiermotte, den Apfelwickler oder den Maiszünsler spezialisiert. Dazu gehören vor allem Vertreter der Familie *Trichogrammatidae*.
Es ist für einen Gärtner schwer, diese sehr kleinen Insekten zu erkennen und auseinander zu halten. Schulen Sie Ihre Aufmerksamkeit immer wieder durch genaues Beobachten.
**Speisezettel:** Die unterschiedlichen Erz- und Zehrwespenarten legen ihre Eier in Blattläusen, Schildläusen, Schmetterlingsraupen oder Puppen sowie in zahlreichen anderen Insekten und Spinnen ab.
**Lebensräume im Garten:** Die erwachsenen Insekten leben zum Teil von Nektar und können durch Blütennahrung angezogen werden.

## Gallwespen
*Cynipidae*

Die Gallwespen sind ebenfalls sehr kleine Tiere, deren Körper den Ameisen ähnelt. Die meisten Vertreter dieser Gruppe erzeugen Wucherungen, sogenannte Gallen, im Gewebe verschiedener Pflanzen. In diesen »Gehäusen« wachsen die Larven der Tiere auf. Nur wenige Arten sind darauf spezialisiert, in Tieren zu schmarotzen.

- *Trybliographa rapae* ist ein Parasit der Kleinen Kohlfliege.

## Echte Netzflügler
*Planipennia*

### Die Florfliegen
*Chrysopidae*

Diese zarten Insekten sind weitverbreitet und sicher jedem Gärtner bekannt. Es gibt mehrere Arten, von denen die hier beschriebene die wichtigste und charakteristischste ist.

- *Chrysopa carnea* ist hellgrün gefärbt. Die durchsichtigen Flügel sind von einem Netz feiner Adern durchzogen. Ausgebreitet erreichen sie eine Spannweite von 2,3–3 cm. Auffallend sind die goldfarbenen Augen, die runden Stecknadelköpfchen gleichen. Sie trugen dem Insekt den volkstümlichen Namen »Goldaugen« ein. Bei anderen Arten können die Augen auch rötlich oder braun gefärbt sein. Charakteristisch für die Florfliegen sind auch die beiden langen, dünnen Fühler.

Die erwachsenen Insekten sind in der Nacht aktiver als am Tag. Sie ernähren sich von Blattläusen, aber auch von Blütenpollen, Nektar und dem Honigtau, der von Läusen ausgeschieden wird.
Die Florfliegenweibchen, die überwintert haben, legen im Frühling ihre Eier an der Unterseite von Blättern oder Zweigen ab. Die knapp 1 mm großen Eier kleben am Ende eines abstehenden Stielchens. Nach ein bis zwei Wochen schlüpfen die Larven aus, die zu den eifrigsten Blattlausfressern gehören. Ihre Entwicklung dauert zwei bis drei Wochen. In diesem Zeitraum verspeisen die ständig freßlustigen Tiere etwa 500 Blattläuse pro Larve. Auf ihrem Speiseplan stehen auch Spinnmilben, Blutläuse, Schildläuse, Fliegenlarven und kleine Räupchen.
Die Florfliegenlarven sind sehr beweglich; ihr Körper ist 7–8 mm lang und von einer rötlich-braunen Zeichnung bedeckt. An den Seiten stehen kleine Warzen mit borstigen Haarbüscheln ab. Charakteristisch sind aber vor allem die zangenartigen Mundwerkzeuge, mit deren Hilfe sie die weichhäutigen Op-

Die Larven der Florfliegen (hier *Chrysopa septempunctata*) fangen Blattläuse mit ihren zangenartigen Mundwerkzeugen.

Stationen einer wunderbaren Verwandlung: die Puppe und der Puppen-Kokon einer Florfliege. Deutlich sind die großen Augen und die Fühler des künftigen Insekts erkennbar.

# Nützlinge 93

Die Florfliegen werden auch Goldaugen genannt. Blütenpollen gehören zu ihrer Nahrung.

Die Eier der Florfliegen sind an langen »Stielchen« befestigt.

fer aufspießen. Diese Haken dienen auch dazu, die Läuse und andere Insekten auszusaugen. Am Ende ihrer Entwicklung verpuppen sich die Larven in weißen Kokons.

Unter normalen Wetterbedingungen legen die Florfliegen Eier für zwei Generationen, einmal von Mai bis Juli und später noch einmal im August. Die erwachsenen Tiere überwintern an geschützten aber kühlen Stellen, zum Beispiel auf dem Dachboden oder in Gartenhäuschen. Während der kalten Jahreszeit wechselt ihre Farbe ins bräunliche. Im nächsten Frühling fliegen die Florfliegen aus und vermehren sich wieder.

**Speisezettel:** Vor allem Blattläuse, aber auch Milben, Blutläuse, Schildläuse, Fliegenlarven, kleine Raupen und Insekteneier werden von den Florfliegenlarven ausgesaugt.

**Lebensraum im Garten:** Die hübschen erwachsenen Insekten kennt fast jeder. Für den Gärtner ist es aber besonders wichtig, die Eigelege und die Larven zu schonen. Blütenreiche Gärten locken die erwachsenen Insekten an. Achten Sie im Herbst auf ungestörte Winterquartiere.

## Blattlauslöwen
### *Hemerobiidae*

Volkstümlich werden auch die Florfliegen oft »Blattlauslöwen« genannt. Wissenschaftlich handelt es sich aber um eine verwandte Familie unter den Netzflüglern. Die echten Blauttlauslöwen sind kleiner als die Florfliegen und besitzen bräunliche oder graue Flügel. Ihre Larven sind nicht so borstig.

■ *Hemerobius humulinus* kommt oft in Obstbäumen und auf Haselnußsträuchern vor. Die graubraunen Flügel haben eine Spannweite von 15–18 mm. Die schlanken Larven sind weißlich gefärbt und tragen zwei Reihen rotbrauner Flecken auf dem Rücken.

Diese Blattlauslöwen bringen mehrere Generationen während eines Sommers hervor. Sie beginnen im Mai oder Juni mit der Eiablage. Die letzten Larven überwintern in Kokons zwischen dürren Blättern und verpuppen sich im Frühling. Von Ende März bis Mai schlüpfen die ersten Insekten aus.

**Speisezettel:** Die Blattlauslöwen und ihre Larven sind tüchtige Blattlausjäger.

**Lebensraum im Garten:** Dürres Laub an ungestörten Stellen dient den Larven als Überwinterungsversteck.

Flügel der Blattlauslöwen sind bräunlich getönt.

# Naturgemäßer Pflanzenschutz

## Zweiflügler
*Diptera*

### Fliegen und Mücken

Zu dieser vielgestaltigen Insektenordnung gehören die Stubenfliegen, die Schmeißfliegen, die Stechmücken, die Zwiebelfliege und die Kirschfruchtfliegen ebenso wie einige sehr wichtige »Nützlinge«.

### Gallmücken
*Itonididae*

Nicht alle Vertreter dieser Mückenart produzieren Pflanzengallen. Einige Gallmücken gehören im Garten zu den Schädlingen, zum Beispiel die Erbsengallmücke und die Kohldrehherzmücke.
Andere Gallmückenarten machen sich als Schädlingsvertilger nützlich. Einige sind auf Spinnmilben spezialisiert. Weitverbreitet ist eine Art, die Blattläuse frißt:
■ *Aphidoletes aphidimyza* hält sich vor allem in Obstbäumen und Beerensträuchern auf. Die kleinen Weibchen werden 2–2,5 mm lang und leben nur etwa eine Woche. In dieser Zeit legen sie 40–60 Eier in die Nähe vorhandener Blattlauskolonien. Bereits nach wenigen Tagen schlüpfen die Larven, die auffallend organgerot gefärbt sind. Dieser bewegliche Nachwuchs stürzt sich auf die Läuse, sticht sie an und saugt die Tiere aus.
Nach ein bis zwei Wochen ist die Entwicklung einer Larve beendet; sie läßt sich zu Boden fallen und spinnt sich dicht unter der Erdoberfläche in einen Kokon ein. Durch den raschen Wachstumsrhythmus entstehen jeden Sommer mehrere Gallmücken-Generationen. Die letzten Larven überwintern in ihren Kokons.
Gallmücken werden bereits als Nützlinge gezüchtet und verkauft.
**Speisezettel:** Die Larven fressen Blattläuse und Spinnmilben.
**Lebensraum im Garten:** Die zarten kleinen Mücken dürfen nicht durch »harte« Spritzmittel gefährdet werden.

### Schwebfliegen
*Syrphidae*

In der artenreichen Familie der Schwebfliegen sind besonders wichtige Gartennützlinge zahlreich vertreten. Diese harmlosen Fliegen, die nicht stechen können, haben sich wie gefährliche Wespen getarnt. Schwarz-gelbe Streifen mit verschiedenartigen Mustern zieren ihren Rücken. Im übrigen können Schwebfliegen sehr unterschiedlich aussehen; es gibt große und kleine, schlanke und rundlichere Körperformen. Typische Erkennungsmerkmale sind auch ihre großen Augen.
Charakteristisch für alle Schwebfliegenarten ist der außerordentlich schnelle Flügelschlag. Die Insekten können dadurch in der Luft an einer Stelle »stehenbleiben«. Plötzliche Kehrtwendungen und Zickzackflüge gehören ebenfalls zu den Erkennungszeichen der Schwebfliegen.
Die erwachsenen Insekten leben nur von Blütennektar und Pollen. Doldenblütler locken sie besonders an. Auch gelbe Blumen sind sehr beliebt.
Die Schwebfliegenweibchen legen ihre Eier mitten in Blattlauskolonien ab. Einige Arten beginnen damit nach der Überwinterung schon sehr zeitig im Frühling. Diese sind besonders wichtig, weil sie frühzeitig die Vermehrung der ersten Blattläuse verhindern. Zu diesem Zeitpunkt ist das ökologische Schaukelspiel noch sehr empfindlich. Wer jetzt »vorbeugend« mit Spritzbrühen arbeitet, die weichhäutige Insekten töten, der zerstört die Aufbauarbeit seiner wichtigsten Helfer.

Eine Gallmückenlarve überfällt eine Blattlaus; typisch ist die orangerote Farbe.

Die Eier einer Schwebfliege sind mitten in einer Blattlauskolonie abgelegt.

# Nützlinge 95

So sehen Schwebfliegen-Puppen aus.

Schwebfliegenlarve zwischen Bohnenläusen.

Aus den länglichen, hellen Eiern schlüpfen bereits nach wenigen Tagen die Larven; sie sind, je nach Art, hellgrün, blaßgelb oder auch bräunlich gefärbt. Manchmal schimmern die Eingeweide deutlich durch die Haut.

Die gefräßigen Schwebfliegenlarven heben auf der Suche nach Beute den Vorderleib tastend hoch. Mit ihren Mundhaken spießen sie dann ihr Opfer auf und saugen es aus. Die leere Hülle werfen sie weg. Innerhalb der zwei Wochen dauernden Entwicklungszeit kann ein einziges Tier etwa 400–700 Blattläuse vertilgen! Danach verpuppt sich die Larve in einem tropfenförmigen rundlichen Tönnchen, das an einem Blatt festgeklebt wird.

In guten Jahren entwickeln sich bis zu fünf Schwebfliegengenerationen. Die verschiedenen Larven halten sehr unterschiedliche Ruhezeiten ein, die vom Lebensrhythmus bestimmt sind. Sie können als Larven, Puppen oder begattete Weibchen überwintern. Weitverbreitete Schwebfliegenarten sind:

■ *Episyrphus balteatus* kommt häufig im Garten vor und ist besonders wichtig, weil die Weibchen überwintern und deshalb frühzeitig mit der Eiablage beginnen. Die erwachsenen Insekten sind 10 mm lang und tragen auf dem Rücken eine unregelmäßige Zeichnung mit breiten und schmalen schwarzen Bändern. Ihr Körper ist schlank und länglich geformt. Die Larven sehen hell und durchsichtig aus.

■ *Syrphus ribesii* erhielt ihren Namen Johannisbeer-Schwebfliege, weil sich die Tiere häufig in der Nähe dieser Beerensträucher aufhalten. Die erwachsenen Fliegen werden 10–12 mm lang; sie haben breite, regelmäßige Querstreifen in Schwarz und Gelb. Ihr Körper hat eine rundlich-ovale Form. Die Larven sehen gelblich und durchscheinend aus. Diese Schwebfliegenart überwintert im Larvenstadium oder als Puppe.

**Speisezettel:** Die Schwebfliegen, die sich rasch und zahlreich vermehren, gehören zu den wichtigsten Blattlausjägern im Garten. Auch Schildläuse, Spinnmilben, Weiße Fliegen und Zwergzikaden können gelegentlich zu ihren Opfern gehören.

**Lebensraum im Garten:** Blütenreiche Gärten locken Schwebfliegen in Scharen an. Sehr beliebt sind Doldenblütler wie Dill und Wilde Möhren oder auch gelbe Korbblütler.

Sehr wichtig ist es, daß der Gärtner auf die überwinternden befruchteten Weibchen achtet und die frühschlüpfenden Larven nicht stört. Über die Winterverstecke der Schwebfliegen ist wenig bekannt. Sie wurden in Mauerspalten oder auch zwischen Doppelfenstern entdeckt. Seit einiger Zeit weiß man auch, daß ein Teil der erwachsenen Insekten im Herbst nach Süden zieht. Sie fliegen erstaunlicherweise bis über die Alpen und kehren auf dem gleichen Weg im Frühling zurück.

Die jungen Schwebfliegenlarven, die im frühen Frühling einen neuen Zyklus eröffnen, sind sehr empfindlich gegenüber »harten« Spritzungen. Kupfer, Spiritus, Öl oder Pyrethrum-Präparate zerstören das sich gerade einpendelnde biologische Gleichgewicht. Solche Mittel treffen nicht nur die überwinternden Läuse sondern auch die Schwebfliegenlarven.

Diese Schwebfliegenart (*Episyrphus balteatus*) ist in unseren Gärten weit verbreitet. Sie wird von gelben Korbblütlern und von Doldenblütlern wie Dill und Fenchel angelockt.

# Naturgemäßer Pflanzenschutz

Blattlausfliegen-Larve mit zwei Atemröhrchen.

## Blattlausfliegen
*Chamaemyiidae*

In unserem Klima gibt es nur wenige Arten dieser nützlichen Insekten. Die unscheinbaren kleinen Fliegen sind grau gefärbt. Ihre gelbgrünen Larven finden sich auf Obstgehölzen. Sie fressen Blattläuse und ähneln den Larven der Schwebfliegen. Ein aufmerksamer Betrachter kann sie an zwei Merkmalen unterscheiden: Die Blattlausfliegen-Larven sind kleiner, 3–4 mm lang, und sie besitzen am Hinterleib zwei auffallende Atemröhrchen. Schwebfliegenlarven haben nur ein weniger ausgeprägtes Röhrchen am Körperende.

Blattlausfliegen kommen nicht so häufig vor, lohnen aber sicher die Entdeckung und vor allem die richtige Einordnung als »Nützlinge«.

## Raupenfliegen
*Tachinidae*

Von diesen überaus nützlichen Insekten gibt es in Europa rund 500 Arten. Für einen Laien ist es schwierig, die Raupenfliegen von den gewöhnlichen Stubenfliegen zu unterscheiden. Ein Erkennungsmerkmal sind die Haare, die bei manchen Arten den Körper etwas »struppig« erscheinen lassen. Manchmal besteht auch Ähnlichkeit mit den Schmeißfliegen.

Alle Raupenfliegen sind, wie schon der Name vermuten läßt, Parasiten. Die vielseitigen Insekten suchen sich zwar in der Hauptsache Schmetterlingsraupen als Nahrung für ihren Nachwuchs aus, einige Arten sind aber auch auf Käfer oder Wanzen spezialisiert.

Die Weibchen legen ihre Eier auf sehr unterschiedliche Weise ab: in einer Raupe, außen auf der Haut einer Raupe oder auf Blättern, die von Raupen gefressen werden. Dann nehmen die Schmetterlingsraupen die Fliegenlarven mit der Nahrung auf; sie befördern damit ihren Mörder selbst in den Körper. Larven, die außerhalb der Raupen schlüpfen, bohren sich anschließend in den Leib ihres Opfers. An einem winzigen dunklen Fleck kann man das Einstiegsloch später erkennen.

Die Larven der Raupenfliegen entwickeln sich unterschiedlich je nach Art.

An der leergefressenen Raupe hängt der eiförmige Puppen-Kokon einer Raupenfliege.

Einige verlassen ihr ausgefressenes Opfer, um sich außerhalb zu verpuppen. Ihre Puppenhülle hat eine typische länglich-ovale Tönnchenform. Andere Larvenarten machen zusammen mit ihrem noch lebenden »Hauswirt« eine Ruhezeit und die Verpuppung durch. Dann schlüpft im nächsten Frühling aus einer Schmetterlingspuppe ein Schmarotzer: die Raupenfliege.

Die erwachsenen Tiere ernähren sich nur von Nektar, Honigtau und dem Saft süßer Früchte. Vom Frühling bis zum Herbst entwickeln sich mehrere Generationen.

Die Raupenfliegen gehören zu den wichtigsten Bio-Regulatoren, die zahlreiche Schädlinge in natürlichen Grenzen halten. Einige Arten sind hochspezialisiert; sie suchen sich zum Beispiel ausschließlich den Kleinen Frostspanner für ihren Nachwuchs aus. Andere sind nicht so wählerisch und verteilen ihre Eier an verschiedenen Raupen.

**Speisezettel:** Gespinstmotten, Apfelwickler, Erdbeerwickler, Brombeertriebwickler, Ringelspinner, Stachelbeerspanner, Goldafter, Eulenraupen, Schwammspinner, Frostspanner und Kohlweißlinge gehören zum umfangreichen »Wirkungsfeld« der Raupenfliegen.

**Lebensraum im Garten:** Ähnlich wie die Schwebfliegen werden auch die Raupenfliegen von Doldenblütlern besonders angezogen. Die Phazelia bietet ebenfalls ein lockendes Nektarangebot.

Diese Spannerraupe trägt den Tod mit sich: das Ei einer Raupenfliege auf ihrem Rücken.

## Käfer
*Coleoptera*

Ein kräftiger Schaufellaufkäfer überwältigt eine Gehäuseschnecke.

Innerhalb dieser größten Insektenordnung, von der allein in Mitteleuropa etwa 5600 verschiedene Arten leben, gibt es neben zahlreichen »Schädlingen« auch viele bemerkenswerte »Nützlinge«. Die hier beschriebene Auswahl kann jedem Gärtner »über den Weg laufen«. Dann ist es gut, wenn er die krabbelnden Insekten etwas näher kennt und sie nicht achtlos oder gar mit Abscheu unter den Gartenstiefeln zertritt.

## Laufkäfer
*Carabidae*

Die meisten Laufkäfer gehören im Sinne des Gärtners zu den Nützlingen. Ihren Namen verdanken sie ihren langen kräftigen Beinen und der Tatsache, daß sie kaum fliegen, sondern meist »zu Fuß« unterwegs sind. Die Käfer können sich rasch bewegen und lösen dadurch bei manchen Menschen Schrecken und spontane Abwehr aus. Andererseits rufen die leuchtenden Farben ihrer glänzend-harten Flügeldecken oft auch staunende Bewunderung hervor.

Die Käfer sind fast alle starke Räuber, die in der Dunkelheit Schnecken, Würmer, Raupen und zahlreiche kleine Insekten fangen. Die Opfer werden zuerst mit den kräftigen Mundwerkzeugen getötet. Dann sondern die Laufkäfer eine Verdauungsflüssigkeit ab, die die Nahrung zersetzt, bevor sie aufgenommen wird. Dieses ätzende Sekret dient auch der Verteidigung. Spezialisten unter den Laufkäfern, wie zum Beispiel der Schaufellaufkäfer, können sogar Gehäuseschnecken überwältigen. Diese Art ist aber eher in feuchten Wäldern zu Hause.

Die großen Larven der Laufkäfer sollte jeder Gärtner kennen und schonen.

Der Gartenlaufkäfer *(C. hortensis)* kommt häufig vor. Er ist ein eifriger Kleintier-Räuber.

Tagsüber verstecken sich die Laufkäfer in Ritzen zwischen Steinen und Holz, unter Laub und Gräsern oder in kleinen Erdhöhlen. Im Frühling oder Sommer legen die Käfer ihre Eier in die Erde. Zwei bis drei Jahre dauert die Entwicklung bis zur verpuppungsbereiten Larve, die im Aussehen an einen langgestreckten Engerling erinnert. Nach wenigen Wochen der Verpuppung schlüpft dann der Käfer aus, der mehrere Jahre alt werden kann.

Diese Laufkäferarten machen sich im Garten besonders nützlich:

■ Der Goldlaufkäfer *(Carabus auratus)* besitzt schimmernde grün-goldene Flügeldecken. Er jagt vor allem Schnecken.

■ Die Goldleiste *(Carabus violaceus)* leuchtet in Violett und Gold. Auch dieser Käfer fängt nachts Nacktschnecken.

■ Der Hainlaufkäfer *(Carabus nemoralis)* ist bronzefarbig und violett getönt. Er kommt häufig in Gärten vor.

■ Der Puppenräuber *(Calosoma sycophanta)* fällt durch grüngoldene bis kupferfarbige Flügeldecken auf. Er kann fliegen, ist auch am Tag unterwegs und fängt vor allem Schwamm- und Prozessionsspinner-Raupen samt ihren Larven.

Die beiden großen Gattungen *Carabus* und *Calosoma* stehen unter Naturschutz!

**Speisezettel:** Außer Schnecken fangen die räuberischen Laufkäfer auch Würmer, Raupen, Larven, Drahtwürmer, Engerlinge und kleine Käfer, zum Beispiel Kartoffelkäfer.

**Lebensraum im Garten:** Überall dort, wo Laub und Holzreste liegenbleiben oder lockere Steinhaufen aufgeschichtet werden, finden die Käfer Unterschlupf. Auch Wildsträucher-Hecken und artenreiche Wiesen bieten den Laufkäfern Schutz und Nahrung.

Es kommt öfter vor, daß die Tiere auf der Suche nach dunklen Ecken in den Keller gelangen. Scheuen Sie sich nicht, die hilflosen Käfer aufzunehmen und wieder in den Garten zu tragen!

Zwischen zwei erwachsenen Siebenpunkt-Käfern liegt eine Marienkäfer-Puppe.

## Marienkäfer
*Coccinellidae*

Die ebenso bekannten wie beliebten Glückskäfer haben »viele Gesichter«: Es gibt etwa 70 heimische Arten, die unterschiedliche Farben, Punktzahlen und Eßgewohnheiten haben. Der weitaus größte Teil der Marienkäferarten lebt allerdings von Blattläusen – eine nützliche Eigenschaft, die sich inzwischen bei den meisten Gärtnern herumgesprochen hat.

Die halbkugelförmigen Käfer erreichen sehr unterschiedliche Größen. Die kleinste Art wird nur 1,5 mm lang, während der größte Marienkäfer bis zu 9 mm Körperlänge erreichen kann.

Die Flügelfarben variieren von hellem Gelb über Braun, Orange und Rot bis zum dunklen Schwarz. Die Punkte oder Flecken sind meist in einer bestimmten Anzahl auf dem Rücken der Käfer verteilt; sie stellen ein Erkennungsmerkmal der verschiedenen Arten dar. So gibt es zum Beispiel nicht nur den berühmten 7-Punkt-Marienkäfer, sondern auch Familienmitglieder mit 2, 10, 14 oder sogar 22 Punkten.

Die erwachsenen Käfer überwintern im Schutz einer herbstlichen Laubdecke, zwischen Grasbüscheln oder in Schuppen und Häusern. Oft sitzen sie in großen Gruppen zusammen. Im Frühling legen die Marienkäfer ihre Eier auf Blättern oder Zweigen in der Nähe von Blattlauskolonien ab. Die Entwicklung der Larven ist abhängig vom Wetter und vom mehr oder weniger reichen Nahrungsangebot. Durch vorbeugende Winterspritzungen der Obstgehölze kann zum Beispiel das »Frühlingsfutter« sowohl für die erwachsenen Marienkäfer als auch für die erste Larvengeneration knapp werden. Bei der Anwendung giftiger Mittel, die Läuse und Nützlinge töten, geraten die Käfer unweigerlich ins Hintertreffen. Die Läuse werden sich schneller erholen und rasch wieder vermehren. Dann gerät das Gleichgewicht zwischen Fressen und Gefressenwerden sehr bald aus den Fugen.

Dort wo ein Gärtner den Marienkäfern vertrauensvoll den Vortritt überläßt, da danken die Tiere es ihm mit ihrem unersättlichen Appetit. Der 2-Punkt-Marienkäfer vertilgt zum Beispiel rund 60 Blattläuse pro Tag; der 7-Punkt bringt es sogar auf 150 Stück! Da die Käfer noch bis zum Herbst leben, können sie unter günstigen Umständen in dieser Zeit bis zu 4000 Blattläuse verzehren.

Eine Larve verspeist – je nach Art und Nahrungsangebot – während ihrer Entwicklungszeit 400 bis 800 Läuse. Normalerweise entstehen während eines Sommers zwei neue Käfer-Generationen. Da auch die »Mütter« weiter aktiv bleiben, fressen sich immer größere Mengen von Marienkäfern und Larven durch die Blattlausbestände. Je reichlicher die »Fleischvorräte«, desto üppi-

Ein Zweipunkt legt gerade seine Eier ab.

Eine typische Marienkäfer-Larve.

Beginn der Verpuppung und fertige Puppe.

# Die wichtigsten Nützlinge

ger und vitaler entwickelt sich der Nachwuchs der Pünktchenträger. Ein kluger Biogärtner wird jetzt zum Rechner statt zur Spritze greifen!

Wichtig für eine ungestörte Entwicklung des Marienkäfernachwuchses ist aber auch der Stand der Naturkenntnisse beim Gärtner. Er muß vor allem die Larven richtig einordnen können. Sie sind längst nicht so hübsch wie die bunten Käfer und können leicht als »krabbelndes Ungeziefer« angesehen werden. Je nach Art sind die sehr beweglichen Larven 2,5–10 mm lang. Die Grundfarbe zeigt meist eine graue oder graublaue Tönung. Auf dem Rücken der Tiere sind oft farbige Flecke verteilt. Nach ein bis drei Monaten verpuppen sich die Larven. Die meist gelbrot gefärbte Puppe wird an einer Pflanze oder an einem anderen geeigneten Ort festgeklebt.

Der Blattlaushunger der Marienkäfer hat sich inzwischen überall herumgesprochen. Weniger bekannt ist die Tatsache, daß es auch Marienkäferarten gibt, die Schildläuse oder Spinnmilben verzehren. Einige dieser Käferarten haben sich sogar auf Mehltaupilze spezialisiert!

Aus der großen Vielfalt der verschiedenartigen Marienkäfer lernen Sie hier nur einige wichtige Beispiele kennen, die auch dem Gärtner über den Weg laufen:

■ *Adalia bipunctata* (2-Punkt) kann rot oder schwarz gefärbte Flügeldecken haben, die mit zwei Punkten geschmückt sind. Auch andere Farbvarianten kommen vor. Diese Käferart taucht häufig im Garten auf. Sie vertilgt Läuse und manchmal auch Spinnmilben.

■ *Coccinella septempunctata* (7-Punkt) ist der bekannte Glückskäfer, der meist rot gefärbt ist und 7 Punkte aufweist. Diese Art findet sich auch am Boden und auf niedrigen Pflanzen.

■ *Propylaea 14-punctata* (14-Punkt) ist gelbschwarz gemustert und auf Obstgehölze wie Apfelbäume oder Johannisbeersträucher spezialisiert.

■ *Scymnus*-Arten sind sehr klein; die dunklen Käferchen fressen Blattläuse.

Der kleinste Marienkäfer *Stethorus punctillum*.

»Pelzige« Larve einer *Scymnus*-Art.

Der 22-Punkt grast Mehltaupilze ab.

Ihre Larven sind in einem »Pelz« aus feinen Wachsfäden gehüllt.

■ *Stethorus punctillum* ist der kleinste Marienkäfer; er wird nur 1–1,5 mm lang, hat schwarze behaarte Flügeldecken und jagt Spinnmilben.

■ *Thea vigintiduo punctata* (22-Punkt) trägt auf gelben Flügeln 22 schwarze Punkte. Der Käfer und seine Larven ernähren sich von Mehltaupilzen.

**Speisezettel:** Marienkäfer und ihre Larven fressen in der Hauptsache Blattläuse. Einige Arten sind auf Schildläuse, Spinnmilben und Mehltau spezialisiert.

**Lebensraum im Garten:** Sehr wichtig ist die Abstimmung aller härteren Pflanzenschutzmaßnahmen auf den Entwicklungsrhythmus dieser wichtigen Nützlinge. Im Herbst brauchen die Käfer Unterschlupfmöglichkeiten in einer Laubdecke, zwischen Steinen, in Rindenritzen oder auch in Schuppen und kühlen Winkeln im Haus.

## Kurzflügler, Raubkäfer
*Staphylinidae*

Über tausend Arten dieser räuberischen Käfer gibt es in Europa. Ihr Erkennungsmerkmal sind die kurzen Flügeldecken, die den Hinterleib frei lassen. Trotzdem können viele Kurzflügler gut fliegen. Die Größe dieser Käfer schwankt zwischen 1–30 mm.

Viele Raubkäfer kommen im Kompost,

Der Moderkäfer *(Staphylinus)* jagt Larven.

am Mist und anderswo in zerfallendem organischem Material vor. Sie fangen dort Würmer und kleine Insekten. Auch die Larven sind als hungrige Räuber auf Beutesuche. In den Augen des Gärtners sind vor allem diese Arten wichtig:

■ *Aleochara*-Arten sind auf die Puppen verschiedener Gemüsefliegen-Arten, z. B. die der Kohlfliegen, spezialisiert. Die Larven der Käfer suchen am Boden nach den dort versteckten »Tönnchen«, fressen den Inhalt auf und lassen sich manchmal selbst zur Puppenruhe in den ausgehöhlten Überresten nieder.

**Speisezettel:** Je nach Art bevorzugen die Raubkäfer Aas, Gemüsefliegenlarven, Kohlweißlingsraupen, Blattläuse oder auch Spinnmilben.

**Lebensraum im Garten:** Der Kompostplatz und Abfallsammelstellen locken die Käfer an. Achten Sie auch auf gemulchten Flächen auf diese Nützlinge.

## Weichkäfer
### Cantharidae

Diese Käfer erhielten ihre Namen, weil sie nicht so hart gepanzert sind wie viele ihrer Artgenossen. Im Volksmund

Ein Weichkäfer *(C. fusca)* frißt eine Raupe.

heißen sie Soldatenkäfer oder Franzosenkäfer. Die erwachsenen Käfer bevorzugen eine Mischkost aus Blütennektar, Pollen, Läusen und anderen kleinen Insekten. Die Larven leben am Boden und fangen dort Schnecken, Raupen und andere Insekten.

■ *Rhagonycha fulva* ist mit seinem schlanken rötlich-braungefärbten Körper typisch für die weitverbreiteten Soldatenkäfer. Auffallend sind auch die langen Fühler dieser Käfer. Im Sommer sammeln sich die Franzosenkäfer gern auf Doldenblüten an.

Die Larven der Weichkäfer überwintern in kleinen Erdröhren, wo sich auch die Umwandlung ins Puppenstadium vollzieht.

**Speisezettel:** Die Käfer leben von Nektar, Blütenpollen, Läusen, Schmetterlingslarven, Blattwespenlarven und anderen kleinen Insekten. Die Larven fangen Schnecken und Bodeninsekten.

**Lebensraum im Garten:** Mit Doldenblütlern kann ein Gärtner die nützlichen Weichkäfer anlocken.

## Glühwürmchen
### Lampyridae

Viele Gärtner werden sich verwundert fragen, was die kleinen Leuchtkäfer, die mit ihrem »Feuerwerk« warme Sommerabende so stimmungsvoll verzaubern, mit dem Pflanzenschutz zu tun haben. Wo Glühwürmchen im Garten auftauchen, da besteht auch noch ein anderer Grund zur Freude: Die Larven der kleinen Weichkäfer sind hochspezialisierte Schneckenjäger!

In der Familie der Leuchtkäfer erzeugen alle Mitglieder das blitzende blaugrüne Licht. Sogar die Eier leuchten ein wenig. Den stärksten Lichtschein sendet das Weibchen aus, das still am Boden sitzt, weil es nicht fliegen kann. Die geflügelten Männchen finden ihre »Braut« durch diese Leuchtsignale.

Erwachsene Glühwürmchen nehmen fast keine Nahrung zu sich. Sie leben nur für die »Liebe« in warmen Sommernächten.

Die kleinen Larven ergreifen Schnecken mit ihren Mundwerkzeugen und setzen sie mit einem tödlichen Giftbiß außer Gefecht. Dann fressen sie die viel größeren Opfer in aller Ruhe auf. Anschließend müssen sich die Larven oft stundenlang vom Schneckenschleim reinigen.

**Speisezettel:** Die Glühwürmchenlarven fressen Nacktschnecken und Gehäuseschnecken.

Häufig zu beobachten: eine Soldatenkäfer-Hochzeit; hier ist es *Rhagonycha fulva*.

*Die wichtigsten Nützlinge* 101

Glühwürmchen-Larven fangen Schnecken!

**Lebensraum im Garten:** Es ist erstaunlicherweise kaum bekannt, welche nützliche Rolle die unscheinbaren Larven der Glühwürmchen bei der Schneckenreduzierung spielen. Der Gärtner hilft ihnen am besten, wenn er die Tiere kennt und schont.

# Ohrwürmer
## Dermaptera

Von den etwa 1400 bekannten Ohrwurmarten leben 34 in Europa. In unseren Gärten ist der Gemeine Ohrwurm (Forficula auricularia) sicher der häufigste Vertreter.

Der Ohrwurm ist weder ein Wurm noch kriecht er dem Gärtner in die Ohren. Vor den kleinen Zangen am Hinterleib der Tiere braucht sich auch niemand zu fürchten; sie dienen der Verteidigung und der »Liebe«, wenn die Partner sich damit festhalten.

Ohrwürmer begegnen dem Gärtner meist als »Krabbeltiere«; sie können aber auch fliegen. Ihre Flügel liegen säuberlich und kompliziert zusammengefaltet unter den kurzen Flügeldecken.

In einer selbstgegrabenen Erdhöhle legen die Ohrwurmweibchen im Herbst oder im Frühling bis zu 100 Eier ab. Anschließend widmen sie sich einer erstaunlich intensiven Brutpflege, bis die jungen Ohrwürmer selbständig sind.

Am hellen Tag suchen alle erwachsenen Ohrwürmer einen schützenden Unterschlupf. Im Dunkel der Nacht gehen sie auf Nahrungssuche. Dabei sind sie nicht wählerisch. Die braunen beweglichen Tiere schätzen saftige Pflanzenhäppchen und süßes Obst ebenso wie Blattläuse. An dieser Tatsache entzündete sich die Diskussion, ob Ohrwürmer eher Schädlinge als Nützlinge seien. Ein paar angeknabberte Dahlienknospen wiegen im Vergleich zur Läusejagd aber wohl nicht so schwer. Obst können die Tiere nur dann anfressen, wenn bereits eine Beschädigung vorhanden ist. Dies haben Versuche erwiesen.

Im übrigen kann ein findiger Biogärtner die Ohrwürmer einfach umquartieren, wenn er im Gemüse- oder Ziergarten Blumentöpfe, die mit Holzwolle gefüllt sind, in den Beeten auf den Boden stellt. Sobald sich Ohrwürmer darin versteckt haben, werden die Töpfe in die Obstbäume gebracht und dort aufgehängt. Wenn das Futterangebot gut und ausreichend ist, bleiben die Tiere ihrem neuen Revier treu.

Im Herbst verlassen die Ohrwürmer ihre Futterplätze; sie überwintern im Boden, in selbstgegrabenen Höhlen oder an anderen geschützten Plätzen.

**Speisezettel:** Pflanzen, Obst, Blattläuse, Insekten, Eier von Gespinstmot-

Ein Ohrwurm bei der Läusejagd.

ten, Apfelwicklern und Milben. Nach neuesten Erkenntnissen soll der Ohrwurm sogar Mehltaupilze verzehren.

**Lebensraum im Garten:** Dem Ohrwurm kann der Gärtner, so einfach wie kaum einen anderen Nützling, im Garten ein Zuhause anbieten. Blumentöpfe, die mit Holzwolle, Heu oder Moos locker gefüllt werden, dienen den tagscheuen Insekten als behaglicher und sicherer Unterschlupf. Diese Gehäuse werden am besten so in Obstbäumen aufgehängt, daß die Tiere sie leicht »zu Fuß« erreichen können. Astgabeln oder der Kontakt mit einem größeren Zweig sind deshalb günstig.

Beliebtes Versteck für Ohrwürmer im Obstbaum.

Erfinderische Gärtner haben außer den weithin bekannten Blumentöpfen auch andere Gehäuseformen mit Erfolg ausprobiert. Für die weniger Bastelbegabten gibt es auch Ohrwurm-Unterkünfte im Handel.

# Wanzen
## Heteroptera

Von den vielgestaltigen Wanzen gibt es allein in Mitteleuropa rund 800 verschiedene Arten. Ihre wichtigsten Erkennungsmerkmale sind die rüsselförmigen Saug- und Stechorgane, die in Ruhestellung unter den Körper geklappt werden können. Auch der flache Körperbau und die ledrigen, oft bunt-

Eine räuberische Wanze trifft den Kartoffelkäfer an der schwächsten Stelle.

gefärbten Flügeldecken sind typisch für Mitglieder der Wanzenfamilie. Die meisten Wanzen saugen Pflanzensäfte und werden vom Gärtner deshalb unter die »Schädlinge« eingereiht. Viele Arten leben aber von den Körpersäften kleiner oder größerer Tiere. Diese Raub-Wanzen gehören zum Teil zu den wichtigen »Nützlingen«, die im Garten ihren Beitrag zum natürlichen Gleichgewicht leisten.

Der große Vorteil einiger räuberisch lebender Wanzen besteht darin, daß sie schon im Winter an wärmeren Sonnentagen munter werden und die Obstbäume nach Läuse- oder Milbeneiern absuchen.

Die Wanzen selbst überwintern, je nach Art, als erwachsene Tiere oder als Eier. Ihre Eier versenken die Wanzen meist ins Blattgewebe oder in junge Triebspitzen. Auch die Larven leben bereits als Räuber. Aus der großen Vielfalt der nützlichen Wanzen können hier nur einige Beispiele gezeigt werden.

### Raubwanzen

■ Die Blumenwanzen *(Anthocoris)* sind 3,5–4,5 mm lang und dunkelbräunlich gefärbt. Sie saugen bereits im Winter die Eier von Blattläusen und Spinnmilben aus. In der warmen Jahreszeit spießen sie mit ihrem langen Rüssel Läuse, Spinnmilben, Blattsauger und kleine Raupen auf. Diese Insekten werden dann ausgesaugt.

Vor allem unter den Obstbaum-Spinnmilben räumen die Blumenwanzen kräftig auf. Besonders nützlich macht sich hier die kleine Wanze *Orius minutus*, die nur 2,5 mm lang ist.

■ Die Sichelwanzen *(Nabidae)* sind groß (bis 12 mm), schlank und kräftig. Sie ernähren sich hauptsächlich von Blattläusen, können aber auch Wicklerraupen angreifen. Die Sichelwanzen leben meist auf Gräsern und Stauden.

■ Die Weichwanzen *(Miridae)* besitzen einen weicheren Körper mit zarteren Flügeln als die meisten anderen Arten. Unter ihnen gibt es zahlreiche Nützlinge, die vor allem auf Obstbäumen aktiv sind. Sie fressen Läuse, Spinnmilben und kleine Raupen.

Die braun und rot gefärbte Weichwanze *Deraecoris ruber* hält sich gern an Brennesseln auf. Sie frißt Läuse und kleine Raupen.

**Speisezettel:** Die Vorlieben der Wanzenarten sind unterschiedlich; zu den wichtigsten Beutetieren gehören Blattläuse, Spinnmilben, Blattstecher, Mückenlarven und kleine Raupen.

**Lebensraum im Garten:** Sehr wichtig ist es, die kleinen Räuber während der Nahrungssuche im Winter und im zeitigen Frühling nicht durch Spritzungen zu stören.

Die Weibchen überwintern gern zwischen dürren Blättern und unter Rindenschuppen.

## Spinnentiere
*Arachnida*

Die Spinnentiere gehören nicht zu den Insekten sondern bilden eine eigene große Klasse innerhalb des Tierreiches. Die wichtigsten Vertreter dieser Gruppe sind neben den Skorpionen, den Milben und den Weberknechten die Spinnen selbst.

Diese Blumenwanze hat eine Blattlaus mit ihrem langen Rüssel aufgespießt.

# Nützlinge 103

## Spinnen
*Araneae*

Es gibt auf der Erde rund 30 000 bekannte Spinnenarten; etwa 800 Arten sind in Europa heimisch. Aus dieser großen Fülle können hier nur wenige Beispiele herausgegriffen werden.

Für einen naturgemäß arbeitenden Gärtner ist es vor allem wichtig, daß er sich die nützliche Rolle klarmacht, die viele Spinnen auch im Garten spielen. Eine tiefverwurzelte Abneigung gegenüber diesen langbeinigen Räubern steht bei vielen Menschen einer solchen positiven Erkenntnis im Weg. Die Spinnen in unseren Breiten sind nicht gefährlich. Ihr Gift reicht nur aus, um kleine Lebewesen zu lähmen; so können sie ihre Beute leichter überwältigen.

Die meisten Spinnen sind Insektenfresser; auf ihrem Speisezettel stehen neben Fliegen und Mücken oft auch Blattläuse. Nicht alle Spinnen bauen kunstvolle Netze. Zahlreiche Arten gehen am Boden oder auf Bäumen »zu Fuß« auf die Jagd.

■ Die Baldachinspinnen *(Linyphiidae)* bauen nahe am Boden, zwischen niedrigen Pflanzen, ihre kreuz und quer gewebten Netze. Diese kleinen dunklen Spinnen mit den langen Bei-

Baldachinspinnen-Netze sind Läusefallen.

Eine Gartenkreuzspinne in ihrem Netz.

nen fangen in ihren baldachinartig gewölbten Netzen Fliegen, Mücken und geflügelte Blattläuse, die im Herbst zur Eiablage unterwegs sind.

■ Die Radnetzspinnen oder Kreuzspinnen *(Argiopidae)* bauen große radförmige Netze, in denen sich zahlreiche Insekten fangen. Die rund 50 heimischen Kreuzspinnenarten sind sehr unterschiedlich gebaut und gezeichnet. Im Garten zeigen sie ihre nützlichen Seiten vor allem im Herbst, wenn unzählige geflügelte Läuse, die um diese Zeit zur Eiablage unterwegs sind, in den Netzen der Spinnen hängenbleiben. Ein Biogärtner sollte wissen: Kreuzspinnen bleiben ihrem Standort treu. Und sie stehen unter Naturschutz!

■ Die Wolfsspinnen *(Lycosidae)* haben lange dunkle Beine. Sie jagen am Boden nach Springschwänzen, Fliegen, Mücken und Blattläusen.

■ Die Weberknechte *(Opiliones)* bilden innerhalb der Spinnentiere eine besondere Gruppe. Diese Tiere mit den winzigen Körpern und den überlangen zerbrechlichen Beinen gehen in Häusern und Gärten auf die Jagd. Sie verspeisen kleine Insekten, unter anderem Läuse und Spinnmilben. Die Weberknechte ernähren sich auch von toten Insekten und Moderstoffen.

**Speisezettel:** Fliegen, Mücken, Blattläuse und Milben werden von zahlreichen Spinnenarten gefangen.

**Lebensraum im Garten:** In artenreichen Gärten, vor allem zwischen Bodendeckern, Gräsern und Wildkräutern, finden Spinnen Unterschlupf und Nahrung. Achten Sie vor allem auf die standorttreuen Arten!

## Milben
*Acari*

In der geradezu abenteuerlichen Vielfalt der verschiedenen Milbenarten gibt es auch einige weitverbreitete Obstbaum-Schädlinge. Ihre natürlichen Gegenspieler, die Raubmilben, können sich überall dort ausbreiten, wo nicht mit Gift gespritzt wird.

Die meisten Milbenarten sind sehr klein und mit bloßem Auge kaum erkennbar.

■ Raubmilben leben meist auf den Blättern der Obstbäume, dort wo sich auch ihre Hauptnahrung, die Spinnmilben, finden. Die wichtigsten Arten stam-

Die Raubmilbe *Phytoseiulus persimilis*.

men aus der Familie Phytoseiidae. Diese winzigen räuberischen Milben sind nur etwa 0,4 mm lang. Wenn sie satt sind, färben sich ihre Körper deutlich rot.

Raubmilben werden auch als Nützlinge gezüchtet; sie sind vor allem für die Schädlingsabwehr in Gewächshäusern wichtig (siehe Seite 120).

■ Die Samtmilbe *(Allothrombium fuliginosum)* ist eine weitverbreitete räuberische Milbe. Die 2,5 mm großen Tiere sind leuchtend rot gefärbt und leicht erkennbar. Bereits im Frühling

# Naturgemäßer Pflanzenschutz

Die Gemeine Samtmilbe, stark vergrößert.

laufen diese Milben bei warmem Sonnenschein über Mauern und Baumäste. Blattläuse, Blutläuse und kleine Raupen gehören zu ihrer Nahrung. Die erwachsenen Tiere überwintern in dürrem Laub.
**Speisezettel:** Je nach Art ernähren sich die räuberischen Milben von verschiedenen Spinnmilbenarten, Läusen, Blutläusen und Räupchen.
**Lebensraum im Garten:** Die kleinen Raubmilbenarten sind sehr empfindlich gegenüber giftigen Spritzmitteln. Ein Gärtner, der sich das natürliche Gleichgewicht erhalten möchte, sollte deshalb bei seinen Obstgehölzen auch auf natürliche Gifte und vor allem auf vorbeugende Spritzungen verzichten.
Die befruchteten Raubmilbenweibchen überwintern an den Bäumen unter Rindenschuppen und in kleinen Ritzen. Versuche im integrierten Pflanzenschutz haben gezeigt, daß Perlonstrümpfe, die locker um dickere Äste gewickelt werden, von den Raubmilbenweibchen als Unterschlupf angenommen werden.

## Wirbeltiere

## Lurche
*Amphibia*

Die Lurche gehören zu einer urtümlichen Tierklasse, die in der Entwicklungsgeschichte der Erde eine wichtige Rolle spielte. Aus dem Wasser kommend, eroberten diese Tiere als erste das feste Land. Die Nachfahren der Urzeit-Lurche sind auch heute noch in beiden Elementen zu Hause. Bei den Amphibien unterscheidet man zwei Gruppen – die Schwanzlurche (Salamander, Molche) und die Froschlurche (Unken, Kröten, Laubfrösche und Echte Frösche).
Durch die Gewässerverschmutzung und die Trockenlegung unzähliger kleiner Tümpel, Teiche und Wassergräben haben viele Lurche ihre Lebensräume verloren. Die meisten stehen längst auf der Roten Liste und sind vom Aussterben bedroht. Im Garten können sich nur wenige Arten ansiedeln und nützlich machen.

### Bergmolch
*Triturus alpestris*

Charakteristisch für diese Amphibien sind der langgestreckte Körper mit dem beweglichen Schwanz und vier Gliedmaßen. Die Vorderbeine haben meist vier »Finger«, die Hinterbeine fünf Zehen. Der Schwanz ist seitlich zusammengedrückt und so lang wie der ganze Körper. Der Rücken zeigt eine dunkle Färbung, an den Seiten fallen getüpfelte Streifen auf, die Unterseite ist orangegelb getönt. Während der Paarungszeit tragen die Männchen buntere Farben; auffallend sind vor allem die leuchtend blauen Seitenstreifen.
Bergmolche leben in langsam fließenden oder stehenden Gewässern, die kühl und klar sind. Die Weibchen legen ihre Eier im Wasser ab, wo auch die Larven schlüpfen. Die erwachsenen Tiere leben überwiegend als Landbewohner. Sie sind standorttreu und können 10 bis 15 Jahre alt werden.
**Speisezettel:** Die Bergmolche ernähen sich von Würmern, kleinen Schnecken und Larven, die sie während der Nacht fangen.
**Lebensraum im Garten:** Ein Gärtner, der einen Teich mit einer sumpfigen Uferzone auf seinem Grundstück anlegt, kann auch Molche in diesem Feuchtbiotop ansiedeln. Zum Dank beteiligen sich die Tiere an der Reduzierung der Schnecken.

### Teichmolch
*Triturus vulgaris*

Diese heimische Molchart kennzeichnet vor allem der gezackte Rückenkamm des Männchens. Die Tiere leben nur in stehenden Gewässern. Sie nehmen auch mit kleinen seichten Tümpeln vorlieb, in denen viele Pflanzen

Der Teichmolch liebt stille Gewässer. Typisch ist sein gezackter Rückenkamm.

wachsen. In der Lebensweise und der Ernährung ähneln sie im übrigen den Bergmolchen.

## Erdkröte
### Bufo bufo

Die Erdkröten besitzen einen plumpen graubraunen Körper, der von Warzen bedeckt ist. Ihre Augen leuchten goldfarben, manchmal auch kupferrot. Charakteristisch sind die waagerechten Pupillen. Aus einer Drüse hinter den Augen können die Tiere ein giftiges Sekret ausscheiden, das die Schleimhäute und auch die Augen stark reizt. Wer eine Kröte aufnimmt, sollte sich deshalb hinterher die Hände waschen!
Die Erdkröten paaren sich im zeitigen Frühling bei feuchtem Wetter und wandern dann »huckepack« – die Männchen auf dem Rücken der Weibchen – zu ihrem angestammten Laichgewässer, dem sie ein Leben lang treu bleiben. Nach der Eiablage kehren sie wieder an ihren Stammplatz im Garten zurück. Zahlreiche Kröten leben auch in Wäldern, Wiesen oder Parks. Ihr sommerlicher Lebensraum ist meist 1–2 km vom Laichgewässer entfernt. Kröten können, wenn ihr Leben nicht gewaltsam beendet wird, 10–30 Jahre alt werden.
**Speisezettel:** Die Erdkröte geht nachts auf Jagd. Sie frißt Nacktschnecken, Käfer, Spinnen, Fliegen, Asseln, Insektenlarven und auch Regenwürmer.
**Lebensraum im Garten:** In der Regel erscheinen diese nützlichen Helfer von selbst im Garten. Voraussetzung ist allerdings, daß sich im Umkreis von 1–2 km ein Laichgewässer befindet. Dies kann auch ein Gartenteich sein. Tagsüber verstecken sich die Erdkröten an feucht-dunklen Orten, zum Beispiel unter Laub und Steinen oder in kleinen Erdhöhlungen. Manchmal »wohnt« eine Kröte auch in einem alten feuchten Keller. Im Herbst graben sich die Tiere eine tiefe Erdhöhle, in der sie die kalte Jahreszeit überstehen. Manchmal wählen sich die klugen Kröten dafür auch ein Gewächshaus aus.
Laub, Steinhaufen, Höhlungen in altem Holz und ähnliche Verstecke bieten der nützlichen Erdkröte angenehme Lebensräume im Garten.

Ein feuchter Schlupfwinkel für die Erdkröte.

Auch die **Kreuzkröte** (*Bufo calamita*) und die **Wechselkröte** (*Bufo viridis*) können im Garten auftauchen, wenn die Bedingungen günstig sind. Diese Krötenarten fressen ebenfalls Schnecken und zahlreiche Insekten.

## Grasfrosch
### Rana temporaria

Dieser Frosch ist noch weitverbreitet. Er lebt über Sommer als Landbewohner, der in feuchten Wiesen zu Hause ist. Von dort wandert er auf benachbarte Gartenbeete zur Nahrungssuche. Die Tiere sind unscheinbar gefärbt und passen sich mit ihrem bräunlichen, dunkelgefleckten Rücken gut an die Umgebung an. Ein besonderes Merkmal ist der dunkle Schläfenfleck.
Im Frühling paaren sich die Grasfrösche schon sehr zeitig und legen ihre Eier in Teichen oder Tümpeln ab. Die Männchen stoßen dann leise knurrende Laute aus. Bald danach wandern die Frösche wieder in ihre Land-Reviere. Die erwachsenen Tiere suchen die Gewässer zum Teil im Spätherbst wieder auf. Sie überwintern dann am Grund, tief im Schlamm. Andere suchen sich an Land frostsichere Verstecke.
**Speisezettel:** Die Grasfrösche fressen Insekten, Larven, Schnecken und Würmer. Sie sind auch am Tag unterwegs.

**Lebensraum im Garten:** Ein Teich, der tief genug ist, daß die Tiere am Grund frostfrei überwintern können, ist ein wichtiger Anziehungspunkt für die Frösche. Über Sommer bietet auch eine hohe, artenreiche Wiese Lebensraum für diese Lurche, die das Gras im Namen tragen.

**Der Teichfrosch** *Rana lessonae* ähnelt in der Gestalt dem Grasfrosch, ist aber grünlich gefärbt. Auffallend sind die beiden großen Schallblasen, die er beim Quaken mächtig aufbläst. Teichfrösche finden sich häufig an Gartenteichen mit dichter Uferbepflanzung ein. Sie leben monatelang an und im Wasser. Diese Frösche fangen Insekten, Schnecken und Würmer.

Typisch für den Teichfrosch: die Schallblasen.

Der Grasfrosch taucht häufig in Gärten auf.

# Naturgemäßer Pflanzenschutz

## Kriechtiere
*Reptilia*

In diese Tierklasse gehören die Echsen und die Schlangen. Die meisten Reptilien brauchen viel Sonne zum Leben. Ihre Körperwärme ist von der Temperatur der Außenwelt abhängig. Deshalb erwachen die Kriechtiere erst spät im Frühling aus der Winterstarre.

## Mauereidechse
*Lacerta muralis*

In sonnigen Weinbergen fühlt die Mauereidechse sich wohl. Auf alten Gemäuern und in sehr warmen trockenen Gärten kann sie ebenfalls auftauchen.

Mauereidechsen können gut klettern.

Diese Echsen werden knapp 20 cm lang. Der Rücken ist grau bis rotbraun gefärbt und mit schwarzen Flecken übersät.
Die Mauereidechsen liegen gern in der Mittagshitze auf besonnten Steinen. Sie können senkrechte Mauern auf- und abwärts klettern.

## Zauneidechse
*Lacerta agilis*

Dies ist die am weitesten verbreitete Eidechse in unserem Klima. Der Rücken der Tiere ist grau bis braun gefärbt und mit einem Band aus dunklen Flecken geschmückt, die in der Mitte eine helle Stelle zeigen. Der Bauch schimmert bei den Männchen im Frühling grünlich, bei den Weibchen ist er hellgelblich getönt.
Auch die Zauneidechsen lieben die Wärme und trockene Plätze. Sie leben unter Hecken, an sonnigen Böschungen, auf trockenen Mäuerchen und an ähnlichen Stellen. Die erwachsenen Echsen verstecken sich in kleinen Erdhöhlen und Mauerlöchern. Ihre walzenförmigen, weichen Eier legen sie im Juni gern am feuchtwarmen Kompost, unter Steinen oder Grasbüscheln ab. Die jungen Echsen schlüpfen nach 7–9 Wochen aus. Im Herbst suchen sich alle Echsen frostsichere Verstecke. Unter günstigen Umständen können die Tiere 12–15 Jahre alt werden.
**Speisezettel:** Die Zauneidechse ernährt sich ebenso wie die Mauereidechse von Würmern, kleinen Schnecken, Insekten und Larven.
**Lebensraum im Garten:** Die Echsen sind bei uns zum Teil sehr selten geworden. Wo ein Gärtner Trockenmäuerchen errichtet oder an sonnigen Stellen lockere Steinhaufen aufschichtet, kann er den Tieren angenehme Lebensbedingungen bieten. Achten Sie auf die Eigelege!
Leider sind die Eidechsen auch durch zahlreiche natürliche Feinde bedroht. Zu ihnen zählen Krähen, Wiesel, Marder, Greifvögel, Katzen und auch Igel.

Eine Zauneidechse in der Frühlingssonne.

## Blindschleiche
*Angius fragilis*

Auch wenn es auf den ersten Blick so aussieht – die Blindschleichen sind keine Schlangen sondern Echsen ohne Beine. Die Tiere sind auch nicht blind; ihr Name leitet sich von der altdeutschen Bezeichnung »Plint« für »blenden« her. Damit ist die oft metallisch glänzende Körperfarbe der Tiere gemeint.
Blindschleichen werden durchschnittlich 35–45 cm lang. Die Färbung der erwachsenen Tiere ist unterschiedlich. Es gibt graue, braune, bronzefarbige und schwärzliche Tönungen; sogar Albinos mit roten Augen kommen vor.

Blindschleichen sind nützliche Echsen.

Der wissenschaftliche Name »*fragilis*« bedeutet »zerbrechlich« und weist auf ein charakteristisches Körpermerkmal hin: Wenn Gefahr droht, kann die Schleiche, ebenso wie die Eidechsen, ihren Schwanz abwerfen. Sie erleidet dabei keinen größeren Schaden.
Die Blindschleichen lieben schattige Plätze und feuchten Boden. Im Sommer bringen sie lebende Junge zur Welt. Meist sind es 8–12 Jungtiere, der Rekord liegt bei 25. Wenn es kalt wird, sammeln sich große und kleine Blindschleichen in Erdhöhlen oder hohlen Baumstümpfen. Den Eingang verstopfen sie mit Laub und Moos.
Die hübschen, nützlichen Schleichen können sehr alt werden. Ein berühmtes Exemplar erreichte in einem Terrarium unter menschlicher Obhut 54 Lebensjahre. Im Freiland fallen zahlreiche

## Die wichtigsten Nützlinge 107

Keine Angst – Blindschleichen beißen nicht!

Blindschleichen viel früher ihren natürlichen Feinden zum Opfer. Dazu zählen unter anderen Mäusebussarde, Marder, Igel und Katzen. Jungtiere werden auch von Kröten und größeren Laufkäfern verzehrt.

**Speisezettel:** Die Blindschleichen gehören zu den wichtigen Helfern des Gärtners, da sie vor allem Nacktschnecken fressen. Sie schätzen aber auch Regenwürmer. Auf Nahrungssuche gehen die Tiere am frühen Morgen etwa in der Zeit von 6.00 bis 10.00 Uhr und am späten Nachmittag bis zum Abend.

**Lebensraum im Garten:** Am Kompostplatz, unter ungestörten Reisig-Laubhaufen und in modernden Holzstubben finden die Blindschleichen angenehm feuchte Orte, wo sie ihre Jungen zur Welt bringen. An solchen Plätzen suchen die Tiere auch Zuflucht vor der Winterkälte.

Ganz besonders wichtig ist es aber, daß der Gärtner seine »Schlangenfurcht« besiegt und sich klarmacht, daß diese glänzenden, schlanken Echsen vollkommen harmlos sind! Man kann sie in die Hand nehmen und mit ihnen spielen, ohne daß irgend etwas Unangenehmes geschieht.

## Vögel
### Aves

Es gibt wohl keinen Gärtner, dem nicht die nützliche Rolle der Vögel im Pflanzenschutz bekannt ist. Vor allem während der Aufzucht der Jungtiere tragen die Vogeleltern große Mengen von Raupen, anderen Larven und auch Läusen ins Nest. Dennoch beeinflussen diese gefiederten Gartengäste die Entwicklung ungebetener Mitesser auf Obstbäumen oder Gemüsebeeten weniger als die zahllosen Gegenspieler aus dem Insektenreich. Diese oft unscheinbaren Fliegen, Wanzen und Käfer halten das große ökologische Schaukelsystem im Gleichgewicht. Die Vögel spielen dabei aber eine wichtige Gehilfenrolle.

Außerdem betrachtet ein Gärtner Meisen, Rotschwänzchen und Finken natürlich nicht nur unter den Gesichtspunkten der Nützlichkeit. Er freut sich auch am Frühlingsgesang der verschiedenen Vogelarten und beobachtet die Lebensgewohnheiten der gefiederten Gäste, die in seinem Garten oder am Haus nisten. Eine ausführliche Beschreibung aller heimischen Vogelarten würde den Rahmen dieses Buches sprengen. Deshalb werden hier nur einige Beispiele aufgezählt, die bei der natürlichen Schädlingsabwehr eine wichtige Rolle spielen. Die ausgewählten Vögel kommen noch mehr oder weniger häufig in vielen Gärten vor. Über seltene Arten kann sich jeder interessierte Naturfreund in der reichlich angebotenen Spezialliteratur informieren.

**Kohlmeisen** *(Parus major)* und **Blaumeisen** *(Parus caeruleus)* sind in unseren Gärten oft in großer Zahl heimisch. Sie bleiben auch über Winter. Diese hübschen Vögel bauen ihr Nest gern in Nistkästen. Sie sammeln große Mengen von Insekten. Es gibt Schätzungen, daß ein Meisenpaar während der Brutzeit in einem Sommer bis zu 30 kg Raupen ins Nest trägt.

**Hausrotschwänzchen** *(Phoenicurus ochruros)* und **Haussperling** *(Passer domesticus)* bauen ihre Nester am Haus, in Mauernischen, auf Balken und unter Dachziegeln. Das Rotschwänzchen ernährt sich und die Jungen von Insekten. Der Sperling liebt gemischte Kost; er sucht unter anderem Unkrautsamen von den Gartenbeeten. Seinen Jungen bringt er aber auch Insekten, die er gerne in Obstblüten sucht.

Wo die Hauswand dicht mit Kletterpflanzen bewachsen ist, da bauen im Schutz von Efeu, Knöterich oder Wildem Wein die **Amsel** *(Turdus merula)* und der selten gewordene **Grauschnäpper** *(Muscicapa striata)* ihr Nest. Die Schwarzdrosseln, wie die Amseln auch genannt werden, gehören zu den begabtesten Frühlingssängern. Au-

Der Gartenrotschwanz erfreut den Gärtner als Frühlingssänger und als Insektenjäger.

ßer Regenwürmern picken sie auch Schnecken aus der feuchten Erde; Insekten mögen sie ebenso wie Beeren und Früchte. Der Grauschnäpper erbeutet Insekten nur im Flug.

Nahe am Boden oder in Mauerspalten baut das **Rotkehlchen** *(Erithacus rubecula)* sein gutgepolstertes Nest. Es liebt dichte Gehölze, Laubschichten und Moos. Das hübsche kleine Vögelchen sammelt emsig Insekten, Spinnen, Würmer und kleine Schnecken.

Nach Höhlen in alten Bäumen suchen **Gartenrotschwanz** *(Phoenicurus phoenicurus)* und **Kleiber** *(Sitta europaea)*. Der **Buntspecht** *(Picoides major)* baut sich seine Wohnhöhle selbst. Diese Vögel ziehen an solchen geschützten Orten ihre Jungen auf und tragen große Mengen Insekten in die Nester. Der Buntspecht hackt mit seinem spitzen Meißelschnabel zahllose Schädlinge aus der Baumrinde. Er sammelt für seine Jungen auch eifrig Blattläuse.

Das Gartenrotschwänzchen fängt Insekten, Spinnen und kleine Schnecken. Der Kleiber ernährt sich selbst im Sommer vor allem von Insekten und im Winter von Samen. Seinen Jungen bringt er vor allem Raupen.

Die Vielfalt der Vögel im Garten ist abhängig von verschiedenen Umweltbedingungen, vom Pflanzenangebot und auch von der Bauweise der Häuser. In ländlichen Gegenden und in Stadtrandgebieten spielen **Mehlschwalben** *(Delichon urbica)* und **Rauchschwalben** *(Hirundo rustica)* eine große Rolle als Insektenjäger, die ihre Beute im Flug einfangen.

Wo es im Garten schattig und feucht ist, da findet sich im dichten Gehölz der **Zaunkönig** *(Troglodytes troglodytes)* ein. Auch **Grünfink** *(Carduelis chloris)*, **Dompfaff** *(Pyrrhula pyrrhula)*, **Stieglitz** *(Carduelis carduelis)* und natürlich der **Star** *(Sturnus vulgaris)* gehören zu den gefiederten Gästen, die sich im Garten zumindest zeitweise als Insektenvertilger nützlich machen.

Manche Vögel, wie zum Beispiel Stare, Amseln und Spatzen, spielen eine etwas zwiespältige Doppelrolle hinter dem Gartenzaun. Sie beteiligen sich zwar an der erwünschten Schädlingsjagd, aber ihr Appetit macht auch vor den Früchten des Gärtners nicht halt. So können die Stare, wo sie in Scharen auftauchen, innerhalb kurzer Zeit ganze Kirschbäume oder Beerensträucher plündern. Amseln und Spatzen scharren, wie die Hühner, frischbearbeitete Saatbeete durcheinander. Ausgezupfte Steckzwiebeln und Salatpflänzchen gehen ebenso auf das Konto hungriger Drosseln wie zerhackte Erdbeeren. In der Nähe der Städte, wo es besonders viele Amseln und Spatzen gibt, muß der Gärtner seine Vogelliebe zu gewissen Zeiten leider mit Schutznetzen etwas eingrenzen.

Dort, wo das Grundstück an Wiesen und Wälder grenzt, werden natürlich zahlreiche Vögel aus der »Wildnis« zeitweise auch im Garten auftauchen. In Stadtgärten stößt die Artenvielfalt dagegen auf natürliche Grenzen. Wichtig ist aber vor allem, daß der Gärtner dafür sorgt, daß möglichst verschiedene Vögel auf seinem Grundstück heimisch werden können. Denn je näher seine gefiederten Freunde sich aufhalten, desto schneller entdecken sie auch die Läuse, Raupen oder anderen Larven auf seinen Bäumen und Beeten.

**Speisezettel:** Die Ernährungsgewohnheiten der Vögel sind, je nach Art, sehr unterschiedlich. Vor allem zur Brutzeit sammeln viele Vogeleltern für ihre Jungen Raupen, andere Larven und kleine Insekten. Einige Vögel helfen auch mit, die Schneckenplage im Garten einzudämmen.

**Lebensraum im Garten:** Ein naturgemäß arbeitender Gärtner kann zahlrei-

Für seine Jungen in der Baumhöhle sammelt der Buntspecht auch Blattläuse.

Hausrotschwänzchen bauen ihre Nester gern in Mauernischen und auf Balken. Sie gehören zu den eifrigen Insektenjägern.

Fledermäuse fangen Insekten, zum Beispiel zahlreiche Nachtfalter, die wie sie im Dunkel unterwegs sind. Sie orientieren sich dabei am Echo ihrer hohen Ultraschall-Schreie.

che Möglichkeiten schaffen, die verschiedenen Vogelarten die »Wohnungssuche« erleichtert. Nistkästen für Meisen und andere Höhlenbrüter gibt es ebenso wie künstliche Schwalbennester zu kaufen. Geschickte Handwerker können die Nistkästen natürlich auch liebevoll selber bauen. Denken Sie stets daran, daß die Nisthöhlen nach der Brutzeit, wenn die Jungen ausgeflogen sind, sorgfältig gereinigt werden müssen! Dies sollte spätestens im Herbst geschehen. Nur so kann die Ausbreitung von Ungeziefer und Krankheiten vermieden werden.

Kletterpflanzen am Haus und ungestörte Naturhecken bieten geschützte Plätze für den Nestbau an. Wo Laub liegenbleibt, wo Gras und Wildkräuter wachsen dürfen, da finden diejenigen Vögel, die am Boden nisten, gutversteckte Schlupfwinkel.

Sehr wichtig sind auch natürliche Höhlen in alten Bäumen. So sollte manchmal ein knorriger Obstbaum, der nicht mehr viel trägt, dennoch erhalten bleiben, weil er Lebensraum für Vögel und zahlreiche Insekten bietet. Auf dem Lande sollte das »Eulenloch« wieder zu Ehren kommen. Durch solche Öffnungen im Giebel flogen früher die Eulen auf den Speicher, um dort im Gebälk zu nisten.

Auch Vogeltränken, die über Sommer stets mit frischem Wasser gefüllt werden, und winterliche Futterplätze tragen mit dazu bei, möglichst viele Vögel an den Lebensraum im Garten zu gewöhnen.

An dieser Stelle können nur wenige Anregungen und Denkanstöße für den Vogelschutz im Garten gegeben werden. Wer sich intensiver damit beschäftigen möchte, der findet weiterführende Literatur im Anhang. Auskünfte geben auch überall die örtlichen Vertreter des Deutschen Bundes für Vogelschutz.

## Säugetiere
*Mammalia*

In der großen Klasse der Säugetiere sind die »Nützlinge« des Gärtners längst nicht so zahlreich wie unter den Insekten. Die wichtigsten Beispiele werden hier kurz vorgestellt.

## Fledermäuse
*Chiroptera*

Diese seltsamen Lebewesen, die im Schutz der Dunkelheit durch die Lüfte fliegen, werden von vielen Menschen mit Abscheu oder Furcht betrachtet. Etwas geisterhaft Unheimliches umgibt die schwebenden »Mäuse« mit den spitzen Vampirzähnen. Ein naturkundiger Gärtner sollte aber möglichst rasch einsehen, daß er es hier mit ebenso nützlichen wie hochgradig gefährdeten Tieren zu tun hat.

Es gibt sehr unterschiedliche Fledermausarten. Zu ihnen zählen zum Beispiel das **Große Mausohr** *(Myotis myotis)*, das **Braune Langohr** *(Plecotus auritus)*, die **Zwergfledermaus** *(Pipistrellus pipistrellus)* und der **Abendsegler** *(Nyctalus noctula)*. Ein gemeinsames Kennzeichen aller Fledermäuse sind die Flughäute, die zwischen dem Rumpf, der Schwanzwirbelhaut, den »Armen« und Beinen der Tiere ausgespannt sind. Alle Fledermäuse haben behaarte Körper. Sie bringen lebende Junge zur Welt.

Tagsüber hängen die Fledermäuse kopfunter in ihren Verstecken. Sie suchen Unterschlupf in Erd- und Baumhöhlen, Grotten, alten Stollen, Kirchtürmen und auch auf Dachböden. Die Tiere lieben hohe Luftfeuchtigkeit und eine gleichmäßige, frostfreie Kühle. Sie sind empfindlich gegenüber Zugluft.

Diese Lebensgewohnheiten haben dazu beigetragen, daß die Fledermäuse an vielen Orten heimatlos wurden und heute in ihrem Bestand bereits sehr gefährdet sind. Wo Höhlen und Grotten von Touristen besucht werden, wo man Dächer und Keller bis zur letzten Ritze abdichtet, da finden Fledermäuse keinen Eingang mehr. Sie wandern ab oder gehen in der Winterkälte zugrunde.

Dort, wo es die nächtlichen Jäger noch gibt, spielen sie auch ihre nützliche Rolle in der Schädlingsbegrenzung. Fledermäuse erbeuten mit großem Geschick zahlreiche Nachtinsekten, die den Tagräubern nie in die Fänge fallen. Während des Fluges stoßen die Tiere ständig Schreie mit hoher Frequenz aus. Das Echo dieser Töne signalisiert den Fledermäusen jedes Hindernis und jedes Lebewesen in der Umgebung. Mit Hilfe dieser Ultraschall-Peilung können sie sich in der Dunkelheit rasch und sicher orientieren.

# Naturgemäßer Pflanzenschutz

**Speisezettel:** Nachtfalter wie z. B. Eulenfalter, Spanner, Wickler, außerdem Schnaken, Mücken und Käfer, darunter auch Maikäfer, gehören zur Nahrung der Fledermäuse.

**Lebensraum im Garten:** Vor allem ist es wichtig, den nützlichen Tieren auch in der weiteren Umgebung die Schlupfwinkel wieder zu öffnen. So sollte an Kirchtürmen und auf Dachböden durch schmale Schlitze ein Einlaß für Fledermäuse geschaffen werden. Zugemauerte Gewölbe und verschlossene Scheunen könnten ebenfalls mit geringen Mitteln und kleinen Öffnungen wieder zugänglich gemacht werden.

Im Garten kann ein Gärtner selbst für geeignete Fledermaus-Behausungen sorgen, wenn er spezielle Nistkästen, die aus Holzbeton oder Holz hergestellt werden, aufhängt. Nähere Auskünfte über den Schutz der Fledermäuse geben spezialisierte Verbände (Adressen finden Sie im Anhang).

Igel haben großen Appetit. Bis zum Winter müssen sie sich ein Fettpolster anfressen. Die kräftigen Tiere fangen außer Larven, Schnecken und Würmern auch Mäuse und Echsen. Dieser hier hat eine Heuschrecke erwischt.

## Igel
### *Erinaceus europaeus*

Die stacheligen Gesellen sind bekannt und beliebt, wenn auch nicht gerade zum Streicheln geeignet. Eine spitze Schnauze, kleine dunkle Knopfaugen und runde Ohren sind charakteristisch für den Igel. Er sieht nicht gut, kann sich aber mit einem feinen Gehör und sicherem Geruchssinn in der Nacht orientieren. Seine wichtigsten Erkennungszeichen aber sind die Stacheln, die hoch aufgestellt werden können. Bei Gefahr rollt sich der Igel zu einer schützenden Kugel zusammen.

Die jungen Igel kommen frühestens im Mai zur Welt und gehen bald mit der Mutter auf die Jagd. Nachts ist oft die ganze Familie unterwegs. Da die Paarungszeit von April bis August dauert, kann bis zum September ein zweiter Wurf zur Welt kommen.

Naturkundige Gärtner wissen, daß das Rascheln und Schnaufen unter der Hecke von ihrem tüchtigen stachelhäutigen Gehilfen herrührt. Der Igel sucht dort und an anderen Stellen im Garten nach Insekten und Schnecken. Er mag auch Erdbeeren und Fallobst, rich-

Ein behagliches Igelnest in ungestörter Umgebung verlockt die Tiere zum Bleiben.

tet er aber keine größeren Schäden an. Den Winterschlaf verbringt der Igel, der sich bis zum Herbst Fett anfressen muß, in einer Höhle unter Laub und Gestrüpp

**Speisezettel:** Schnecken, Insekten, Larven und Würmer sind nach dem Geschmack des Igels. Er fängt aber auch kleine Wirbeltiere, wie zum Beispiel junge Mäuse, Frösche, Eidechsen und kleine Vögel. In geringen Mengen verspeist er auch Obst.

**Lebensraum im Garten:** Im naturgemäßen Garten findet der Igel manches Plätzchen, an dem er sich wohlfühlt. Eine dichte, ungestörte Hecke, unter der das Laub im Herbst liegenbleibt, bietet ihm einen geschützten Unterschlupf. Der Gärtner kann auch durch zusätzliche »Angebote« Igel anlocken und zum Bleiben verleiten. Reisig- und Laubhaufen, die in einer ruhigen Gartenecke aufgehäuft werden, nimmt der stachelige Schneckenjäger gern an. Im Handel sind halbkugelige Holzbetonhöhlen erhältlich, die ebenfalls eine gute Unterschlupfmöglichkeit bieten.

Igel sind nicht unbedingt standorttreu; sie wandern weiter, wenn es ihnen nicht gefällt. Umgekehrt zieht es die Tiere natürlich auch in Gärten, die ihnen Nahrung und behagliche Verstecke bieten. Lassen Sie für solche Fälle ein Schlupfloch im Zaun offen, damit die nützlichen »Stachelhäuter« auch Einlaß finden!

# Die wichtigsten Nützlinge  111

## Maulwurf
*Talpa europaea*

Früher gingen berufsmäßige Maulwurfsfänger über Land, erschlugen die Tiere und verkauften die samtweichen Fellchen. Heute steht der Maulwurf unter Naturschutz. Trotzdem ist der unterirdische Wühler bei vielen Gärtnern nicht besonders beliebt. Die lockeren Erdhügel, die er im Rasen oder auf frisch bepflanzten Beeten aufwirft, sind lästig; sie kosten ab und zu auch ein paar umgefallenen Jungpflanzen das Leben. Über solchen Ärgernissen sollte ein Biogärtner aber nie vergessen, daß der Maulwurf sich in seiner Gartenerde sehr nützlich macht.

Das weiche, kurzhaarige Fell der Maulwürfe ist schwarz oder grauschwarz gefärbt. Eine langgestreckte Rüsselschnauze und kräftige seitwärts gestellte Vorderfüße mit langen, flachen Krallen (»Grabeschaufeln«) sind charakteristisch für diese kleinen Wühler. Ihre Augen sind so klein, daß man sie kaum im Fell erkennen kann.

Der Maulwurf legt ein weitverzweigtes System von unterirdischen Gängen an; die ausgebuddelte Erde stößt er in Hügeln nach oben. In einem runden Kessel, der mit Gras und Moos gepolstert wird, bringt der Maulwurf seine Jungen zur Welt. Die erwachsenen Tiere sind reine Fleischfresser, die den Pflanzen des Gärtners nur zufällig Schaden zufügen, wenn die Wurzeln beim Graben hochgehoben werden. Im übrigen vertilgen die Maulwürfe mit unersättlichem Appetit einen großen Teil derjenigen Schädlinge, die ungesehen unter der Erde an den Pflanzen fressen. Die Tiere halten keinen Winterschlaf. Sie werden durchschnittlich 3–4 Jahre alt.

**Speisezettel:** Maulwürfe haben großen Appetit. Sie verspeisen Insekten samt Larven und Puppen; dazu gehören zum Beispiel Engerlinge und Schnakenlarven *(Tipula)*. Außerdem fängt der »Moll« Tausendfüßer, Schnecken und junge Mäuse. Regenwürmer, die dem Gärtner lieb sind, gehören allerdings auch zu den Delikatessen, die ein Maulwurf nicht verschmäht.

Der Maulwurf wühlt manchmal zum Ärger aber nicht zum Schaden des Gärtners.

**Lebensraum im Garten:** Die halbblinden Wühler finden von allein den Weg in die meisten Gärten. Sie lieben lockeren, bewachsenen Boden. Wo die Tiere lästig werden, da sollte der Gärtner sie vertreiben, aber niemals umbringen. Starkriechende Substanzen und Lärmquellen, wie sie im Wühlmaus-Kapitel (Seite 222) beschrieben werden, sind auch dem Maulwurf unangenehm.

## Spitzmaus
*Soricidae*

Der penetrante Moschusgeruch schützt die Spitzmäuse weder vor Katzen noch vor dem Menschen. Die einen beißen sie tot und lassen sie dann angewidert liegen; die anderen erschlagen die kleinen Tiere, weil sie sie nicht von anderen Mäusen unterscheiden können. Viele wissen noch nicht, daß Spitzmäuse so gefährdet sind, daß bereits mehrere Arten auf der Roten Liste stehen.

Spitzmäuse sind keine Nagetiere wie die »richtigen« Mäuse. Ein langgezogenes Rüsselschnäuzchen und kleine Augen zeigen, daß sie eher mit dem Maulwurf verwandt sind; zusammen mit ihm und dem Igel bilden sie die Ordnung der Insektenfresser. Ein charakteristisches, scharfes »Raubtiergebiß« verrät, daß die Spitzmäuse Fleischkost gut »verarbeiten« können.

Im Garten finden sich drei Spitzmausarten ein: die **Hausspitzmaus** *(Crocidura russula)* und die **Feldspitzmaus** *(C. leucodon)* und die **Gartenspitzmaus** *(C. suaveolens)*. Das Fell der Hausspitzmaus ist auf dem Rücken graubraun gefärbt, die Bauchseite schimmert gelblichgrau. Die Feldspitzmaus ist an ihrer unterschiedlichen Färbung gut zu erkennen. Von dem dunkelbraunen Rücken ist die Unterseite scharf weiß abgesetzt. Die Gartenspitzmaus ähnelt der Hausspitzmaus, sie ist aber kleiner.

Die Spitzmäuse wühlen keine unterirdischen Gänge. Sie bauen ihre Nester in verlassenen Erdhöhlen, in Baumstümp-

# Naturgemäßer Pflanzenschutz

Spitzmäuse sind immer auf der Jagd!

fen, Laubhaufen und unter Kompostmaterial. Zwei- bis viermal im Jahr bekommen sie Junge.

**Speisezettel:** Spitzmäuse gehen Tag und Nacht auf die Jagd. Sie brauchen sehr viel Nahrung und vertilgen große Mengen »Schädlinge«. Dazu gehören vor allem Insekten, Larven, Engerlinge, Drahtwürmer, Asseln und Schnecken. Auch echte Mäuse gehören zu ihren »Fleischlieferanten«.

**Lebensraum im Garten:** Jeder kluge Biogärtner wird dafür sorgen, daß die nützlichen Spitzmäuse in seinem Garten möglichst zahlreich auf Nahrungssuche gehen können. Ein ungestörtes Abfalleckchen neben dem Kompost, Laub- und Reisighaufen, Naturhecken und hohle Baumstubben dienen den Spitzmäusen als Unterschlupf.

## Mauswiesel
### *Mustela nivalis*

Das Kleine Mauswiesel gehört ebenso wie sein größerer Verwandter, das Große Wiesel oder Hermelin, zur Marderfamilie.

Der schlanke, etwa 20 cm lange Körper des Mauswiesels ist auf dem Rücken braun und auf der Bauchseite weiß gefärbt. Der Übergang verläuft in unregelmäßigen Zacken. Schwanz und Beine sind verhältnismäßig kurz. Oft richtet sich das behende hübsche Tier zum »Männchenmachen« auf. Beim Springen bildet der schlanke Körper einen anmutigen Bogen.

Mauswiesel bekommen, je nach Gegend, ein- bis dreimal im Jahr Nachwuchs mit jeweils vier bis neun Jungen. Die erwachsenen Tiere können sieben bis zwölf Jahre alt werden.

Das Mauswiesel ist ein kleines Raubtier, das früher gern in der Nähe von Häusern und Ställen lebte. In der Landschaft bevorzugen Wiesel trockenes, offenes Gelände. Sie finden Unterschlupf in Erdlöchern und Baumhöhlen, unter Wurzeln und Steinhaufen.

Noch seltener als das Mauswiesel sind seine Verwandten, das Große Wiesel (*M. erminea*) und das Zwergwiesel (*M. minuta*). Alle drei Arten können ein weißes Winterfell tragen. Das Mauswiesel wechselt seine Farbe aber nur weit im Norden oder im Hochgebirge.

**Speisezettel:** In der Dämmerung und im Dunkel der Nacht geht das Mauswiesel auf Jagd. Manchmal kann man es auch am Tag sehen. Wie schon der Name verrät, fängt das Tier vor allem Mäuse. Feldmäuse, Wühlmäuse und Ratten gehören zu seiner Beute. Hinzu kommen auch Insekten, kleine Vögel, Eier, Eidechsen und junge Kaninchen.

**Lebensraum im Garten:** Das selten gewordene Wiesel braucht vor allem Schlupfwinkel, wenn es heimisch werden soll. Mit Reisig- und Steinhaufen kann der Gärtner die kleinen Raubtiere anlocken – falls es in der Umgebung noch welche gibt.

Wo es einem Biogärtner gelingt, möglichst viele und möglichst artenreiche »Nützlinge« in seinem Garten heimisch zu machen, da braucht er selber immer weniger zum Schutz der Pflanzen einzugreifen. Nützen und schützen kann man aber nur, was man gut kennt. Deshalb sind die Porträts in diesem Kapitel so ausführlich und so anschaulich wie möglich gestaltet. Zum Nutzen der Gärtner, aber auch zum Nutzen der Tiere und der Pflanzen.

Das Mauswiesel ist ein possierliches kleines Raubtier, das früher oft in der Nähe der Häuser lebte. Wo das Wiesel noch heimisch ist, da gehört es zu den Hauptfeinden der Wühlmäuse!

## Forschung für die Zukunft – Mittel, wenn es heute brennt

Es gibt eine Fülle wirkungsvoller Hausmittel, die leicht und preiswert selber hergestellt werden können. Aber nicht jeder Biogärtner findet genügend Zeit zur »Eigenproduktion«. Auch die Beschaffung guter Zutaten ist manchmal schwierig. Schachtelhalm oder Wermut gedeihen nicht überall vor der Haustür. Was soll ein gutwilliger Naturfreund tun, wenn es draußen im Garten »brennt«, eine hausgemachte »Bio-Brühe« aber nicht so rasch zur Hand ist? Für diesen und zahlreiche andere Fälle ist es gut und hilfreich, daß der Handel inzwischen ein umfangreiches Angebot naturgemäßer Pflanzenschutzmittel anbieten kann. Das war vor einigen Jahren noch alles andere als selbstverständlich. Damals standen in den Regalen des Fachhandels nur chemische Produkte. Biogärtner hatten das Nachsehen und ernteten dazu noch spöttische Blicke. In der Not wurden sie mit ihren guten Absichten alleingelassen. Nicht wenige griffen in einer solchen Situation widerwillig und mit schlechtem Gewissen zu einem chemischen Präparat. Sie waren sich bewußt, daß sie damit giftige Substanzen in ihrem Garten verbreiteten, die sie eigentlich aus Überzeugung oder auch aus Furcht meiden wollten. Aber was sollte ein angehender Biogärtner tun, wenn eine Invasion von Läusen, Raupen oder Schnecken seine Rosen, seine Gemüsebeete oder seine Stachelbeerstämmchen überfiel?

Die puritanische Ansicht, daß man die Ideale des Biogärtners nicht zu Geld machen dürfe, erweist sich als wenig hilfreich. Es ist sicher sinnvoll und der Sache dienlich, wenn für Notfälle und für Gärtner, die nicht alles selber machen können, gute biologische Produkte hergestellt und überall angeboten werden. Verwerflich sind nur Erzeugnisse, die schlechte Qualität für viel Geld auf den Markt bringen. Solche »Mitreiter der Biowelle« untergraben auch den guten Ruf einer Naturmittel-Branche, in der nicht nur produziert und verkauft, sondern auch geforscht und entwickelt wird. Ein kurzer Blick zurück und ein Ausblick in die Zukunft zeigen, wo sich der naturgemäße Pflanzenschutz heute befindet.

# Naturgemäßer Pflanzenschutz

## Die Entwicklung zum biologischen Pflanzenschutz

Solange die Menschen in relativem Einklang mit der Natur lebten, bestand der Schutz der Acker- und Gartenpflanzen vor allem in ausgewogenen Pflegemaßnahmen. Hinzu kam eine gute Pflanzen- und Tierkenntnis, die auf genauen Beobachtungen und überliefertem Erfahrungswissen beruhten.

Krankheiten und »Ungeziefer« hat es immer gegeben; aber sie konnten sich im kleinflächigen, abwechslungsreichen Anbau früherer Jahrhunderte nicht so ausbreiten wie in späteren Monokulturen. Mißernten und Hungersnöte wurden im Mittelalter wohl eher durch extreme Wetterverhältnisse als durch Insekten verursacht. Seuchenhaft auftretende Pilzerkrankungen machten erst im vorigen Jahrhundert von sich reden, als Feldfrüchte in größeren Mengen auf großen Feldern angebaut wurden, um eine wachsende Bevölkerung zu ernähren. Damals vernichtete die Kraut- und Knollenfäule *(Phytophthora)* das Volksnahrungsmittel der Iren, die Kartoffeln. Verheerende Hungersnöte waren die Folge. Viele Iren verließen das Land und wanderten nach Amerika aus. Eine Katastrophe erlebten im 19. Jahrhundert auch die französischen Weinbauern, als der Echte Mehltau von Amerika eingeschleppt wurde und weite Anbaugebiete ruinierte.

Im gleichen Jahrhundert setzte aber auch der Aufschwung der Agrarwissenschaften ein. Die Zusammenhänge zwischen Boden und Pflanzen, zwischen Düngung und Wachstum wurden ebenso erforscht wie die Ursachen von Pflanzenkrankheiten. Aus der Not wurden Spritzmittel entwickelt, die halfen, die Pilzerkrankungen einzudämmen. Die ersten Rezepte für Schwefel- und Kupfer-Kalkbrühen stammen etwa aus der Mitte des 19. Jahrhunderts. Diese Mittel wurden in den verschiedensten Varianten seitdem überall im Obst- und Gartenbau benutzt.

Gegen Insekten verwendeten viele Bauern und Gärtner zur gleichen Zeit hochgiftige Tabakbrühen, Seifenlösungen und Öle. Schon um die Jahrhundertwende war auch das »Dalmatinische Insektenpulver« bekannt. In dem Ratgeber »Pflanzenschutz, nach Monaten geordnet«, von Prof. Dr. L. Hiltner, heißt es im Jahre 1909 dazu erklärend: »...ein Insektenpulver, das nicht aus den Blütenköpfchen verschiedener Pyrethrumarten sondern aus den Wurzeln von *Anacyclus pyrethrum* stammt.«

Ein Vorläufer der heutigen Pyrethrum-Präparate war also schon lange im Handel. Die entscheidenden Veränderungen in der Landwirtschaft und in der Behandlung von Schädlingen und Krankheiten entstanden aber erst in der Mitte des 20. Jahrhunderts. In den 50er Jahren setzte eine rasche Entwicklung der chemischen Industrie ein. Die wissenschaftlichen Erkenntnisse zweier Weltkriege fanden ihren Niederschlag in Produkten für die Medizin, die Landwirtschaft und das tägliche Leben. Gleichzeitig setzte eine nie gekannte Technisierung und Mechanisierung der bäuerlichen Betriebe ein. Die Flurbereinigung machte durch die Zusammenlegung der kleinen verstreuten Parzellen den Anbau auf großen Flächen möglich. Synthetische Düngemittel steigerten die Erträge. Chemische Spritzmittel sollten alles ausmerzen, was den Profit schmälern konnte: Pilze, Tiere und Un-Kräuter.

Die Euphorie der Erfolge wurde erst gedämpft, als immer deutlicher wurde, mit welch hohem Preis die Superproduktion bezahlt werden mußte. Vor allem Spritzmittel mit Chlorkohlenwasserstoff-Verbindungen erwiesen sich als Zeitbomben, die die Gesundheit von Menschen und Tieren ebenso gefährdeten wie das Bodenleben und die Gewässer. Die Vergiftung und die weltweite Zerstörung der Umwelt, die schließlich die fortschrittsgläubigen Menschen aus ihren Träumen wachrüttelten, gehen sicher nicht nur auf das Konto der Landwirtschaft. Aber sie führten dazu, daß wenige Minuten vor Zwölf das Pendel zurückschlug.

Auf allen Gebieten des Lebens – auch in den Gärten – besann man sich und suchte einen Weg zu gesünderen und unschädlicheren Methoden. Der Trend zum Biogärtnern und zu naturgemäßen

Kupfer-Kalkbrühen wurden in größter Not entwickelt, um die Reben vor eingeschleppten Mehltaupilzen zu retten.

Produkten setzte ein – zuerst bei wenigen mutigen Umdenkern und dann bei immer mehr Menschen, die aktiv zur Gesundung der Umwelt und der eigenen kleinen Welt beitragen wollten. Die Gärtner erinnerten sich an zahlreiche bewährte Methoden aus Großvaters Garten. Die Produzenten verhalfen den »guten« alten Pyrethrum-Präparaten zu neuer Verkaufsblüte.

Inzwischen ist deutlich geworden, daß für beide, für die Biogärtner und für die Hersteller biologischer Pflanzenschutzmittel, der Weg nicht zurückführen kann in längst überholte Zeiten. Beide müssen – auf der Basis des alten Erfahrungswissens – den Weg nach vorne in eine lebenserhaltende Zukunft finden. Dazu gehören neue Erkenntnisse in der Insektenforschung ebenso wie chemische Analysen pflanzlicher Inhaltsstoffe oder Experimente mit Bakterien und Viren.

Eine solche Forschung kann nur an wissenschaftlichen Instituten oder in den Versuchslabors engagierter Firmen durchgeführt werden. Die Ergebnisse sollten möglichst vielen Gärtnern zugänglich gemacht werden. Denn gute Bioprodukte helfen mit, die Erfolge im naturgemäßen Garten zu vermehren, und so immer mehr Menschen von dieser Methode zu überzeugen.

## Versuche – Tendenzen – Ausblicke

Geforscht wird auf dem weiten Feld des biologischen Pflanzenschutzes nicht nur zu Verkaufszwecken sondern auch um neue Erkenntnisse zu gewinnen oder um Erfahrungen, die aus der Praxis stammen, wissenschaftlich auf den Grund zu gehen. In Deutschland gehören unter anderem die Gesamthochschule Kassel, die Universität Hohenheim und die Biologische Bundesanstalt mit ihrem Institut für Biologische Schädlingsbekämpfung in Darmstadt zu den unabhängigen Einrichtungen, in denen solche Forschungen betrieben werden. Die Ergebnisse sind ebenso interessant wie wichtig. Sie zeigen, daß noch viele hilfreiche Quellen aus den Vorräten der Natur erschlossen werden könnten. Aber leider fließen die finanziellen Mittel für solche Arbeiten bisher nur spärlich.

Im Rahmen dieses Buches können wissenschaftliche Untersuchungen nicht detailliert dargestellt werden. Am Beispiel des Institutes für Biologische Schädlingsbekämpfung kann aber auch der private Biogärtner einen Einblick gewinnen in Forschungsergebnisse, die vielleicht schon bald im naturgemäßen Garten genutzt werden können. Noch bleiben die meisten Experimente auf Labor- und Gewächshaus-Versuche beschränkt. Sie lassen sich nicht einfach auf Freilandverhältnisse übertragen. Deshalb sind die Mitarbeiter des Institutes sehr zurückhaltend mit der Verbreitung ihrer Erkenntnisse. Zweifellos werden diese und ähnliche Produkte aus der Forschung aber schon bald eine wichtige Rolle bei der Weiterentwicklung des biologischen und des biotechnischen Pflanzenschutzes spielen. Sicher werden daraus auch neue Präparate für den Handel entstehen.

### Pflanzen-Auszüge aus aller Welt

Die Gewinnung neuer wirksamer Pflanzenauszüge nimmt einen wichtigen Platz ein bei den laufenden Forschungen. Auffallend ist auf den ersten Blick, daß dabei nicht nur heimische Gewächse verwendet werden. Wirkungsvolle Substanzen sind auch in tropischen Pflanzen vorhanden. Die grüne Medizin für den Garten wird so international wie die Arzneimittel für den Menschen!

Einige ausgewählte Beispiele zeigen bereits, welche Fülle interessanter Möglichkeiten nur auf ihre Entdeckung und Nutzung wartet.

Der Sachalin-Staudenknöterich *(Reynoutria sachalinensis)* wirkt gegen Pilzkrankheiten, besonders gegen Echten Mehltau. Die Extrakte aus dieser Pflanze haben sich als besonders wirkungsvoll erwiesen. Der aus Ostasien stammende Sachalin-Staudenknöterich

Blätter und Blüten des Sachalin-Staudenknöterichs *(Reynoutria sachalinensis)*.

Diese Gurkenpflanzen wurden mit unterschiedlich starkem Knöterich-Tee behandelt. Der Mehltau verschwand zusehends.

wurde im 19. Jahrhundert als Futterpflanze in Mitteleuropa eingeführt. Er kommt inzwischen auch verwildert vor. Die Wissenschaftler der Biologischen Bundesanstalt stellten für ihre Versuche Auszüge her aus frischen Blättern in 96%igem Ethanol und einen Tee, der aus getrockneten, pulverisierten Knöterichblättern aufgegossen wurde. Sie testeten beide Extrakte unter anderem an Begonien und Gurken, die in Gewächshäusern wuchsen und künstlich mit Mehltau infiziert wurden. Bei wöchentlichen Spritzungen, die vorbeugend vor einer starken Ausbreitung der Krankheit einsetzen mußten, war der Erfolg sehr gut. Der Mehltau wurde weitgehend unterdrückt.

Darüber hinaus entstand ein erfreulicher Nebeneffekt der Knöterich-Spritzungen: Die behandelten Pflanzen wuchsen kräftig; ihre Blätter zeigten

Essigbaum-Auszüge sind tödlich für Läuse.

eine dunkelgrüne Farbe. Die Wissenschaftler schlossen daraus, daß es neben erhöhtem Chlorophyllgehalt und Wachstumsförderung auch zu einer Erhöhung der Widerstandskräfte bei den Pflanzen kommt. Offenbar wirken Knöterich-Auszüge also nicht direkt gegen die pilzlichen Krankheitserreger; sie helfen vielmehr den Pflanzen auf dem Umweg über eine Vitalitätssteigerung, die Infektion erfolgreich abzuwehren.

Auszüge aus dem Sachalin-Knöterich zeigten im Glashaus auch gute Wirkungen bei Apfelmehltau, bei Grauschimmel an Paprika und bei Krautfäule *(Phytophthora)* an Tomaten. Bei allen Versuchen schnitt der Tee besser ab als der Alkoholauszug. 1990 werden die erfolgreichen Knöterich-Substanzen als natürliches Pflanzenstärkungsmittel in den Handel gelangen. Sie finden es auch in der Tabelle Seite 123. Sehr wichtig sind im Zusammenhang mit einer solchen weiten Verbreitung auch die Ergebnisse zusätzlicher Versuche: Extrakte aus Sachalin-Knöterich sind ungiftig für Menschen und Haustiere; sie bedeuten auch keine Gefahr für Bienen und Nützlinge. Wertvolle Bodenpilze erleiden durch diese Spritzungen ebenfalls keine Schäden.

**Der Essigbaum** *(Rhus typhina)* wächst in zahlreichen Hausgärten. Er enthält in seinen Blättern Substanzen, die sich bei der Schädlingsabwehr als sehr wirksam erwiesen. Essigbaum-Auszüge in hochprozentigem Alkohol wirkten auf verschiedene Blattläuse, darunter die Grüne Pfirsichblattlaus und die Schwarze Bohnenlaus tödlich. Bereits 5 Minuten nach einer Spritzung starben 77% der Versuchstiere.

Ein anderes Experiment beschäftigte sich mit Meerrettichblattkäfern. Die Larven der Käfer bekamen Futterblätter, die mit Essigbaum-Extrakt behandelt waren. 69,2% der Tiere kamen um. Zur Überraschung der Forscher starben sie aber nicht, weil sie die vergifteten Blätter aufgefressen hatten, sondern im Gegenteil: Sie verweigerten die Nahrungsaufnahme, weil ihnen diese Art Futter wohl nicht mehr schmeckte. Die Larven starben an Schwäche und an Fehlentwicklungen.

Analysen der Essigbaumblätter ergaben über 70 verschiedene Wirkstoffe. Bei weiteren Versuchen stellte sich heraus, daß die Substanz Hexahydrofarnesylaceton eine besonders starke fraßhemmende Wirkung zeigte. Wenn dieser Inhaltsstoff des Essigbaums isoliert als 1%ige Lösung in 96%igem Ethanol verwendet wurde, starben 92% der Käferlarven.

**Die Mahonie** *(Mahonia aquifolium)* und die **Berberitze** *(Berberis vulgaris)* wurden in einem einjährigen Freilandversuch gegen den Feuerbrand an Cotoneaster getestet. Blatt-Extrakte von beiden Pflanzen zeigten eine gute Wirkung bei der Eindämmung des Feuerbrandes, einer gefürchteten Bakterienkrankheit. Am besten schnitt die Mahonie ab.

Gleichzeitig wurden auch Essigbaum- und Knoblauch-Präparate getestet. Sie waren nicht wirkungslos, aber deutlich weniger erfolgreich als Mahonien- und Berberitzen-Auszüge.

Diese drei Beispiele wissenschaftlicher Versuche mit neuen Pflanzenauszügen zeigen, daß umweltschonende Natursubstanzen sehr intensive Wirkungen haben können. Die hochprozentigen Extrakte, die in den Laboratorien mit Hilfe von Spezialeinrichtungen hergestellt werden, können in dieser Form nicht von privaten Gärtnern nachvollzogen werden. Im Institut für Biologische Schädlingsbekämpfung testeten die Wissenschaftler aber auch immer wieder Pflanzenauszüge, die in der Art der weitverbreiteten Gärtner-Rezepte hergestellt wurden. Das Ergebnis: Die Wirkung war meist schwächer, für kleine Gärten aber akzeptabel.

Ein besonders interessantes Arbeitsgebiet sind die Versuche mit Pflanzen, die einen hohen Gehalt an ätherischen Ölen besitzen. Die Wirkung dieser flüchtigen Substanz gegen Insekten ist vielen Gärtnern bekannt. Ätherische Öle sind auch Bestandteil zahlreicher Pflanzen, aus denen hausgemachte Spritzbrühen hergestellt werden. In der Mischkultur spielen Duftgewächse, die ätherische Öle enthalten, ebenfalls eine bedeutende Rolle. Die folgenden Beispiele können nur Streiflichter auf ein Versuchsfeld werfen, das sicher noch zahlreiche positive Überraschungen bereithält.

**Das Balsamkraut** *(Chrysanthemum balsamita)* wirkt gegen Blattläuse. Das ätherische Öl aus den Blättern dieses Gewürz- und Heilkrautes enthält unter anderem Pyrethrin.

# Forschung für die Zukunft

Das Heilige Basilikum ist ein asiatisches Kraut.

**Das Heilige Basilikum** *(Ocimum sanctum)* ist in Asien zu Hause. In Thailand wird das Kraut zusammen mit Kohl angebaut, um Insekten abzuwehren. Auf den Philippinen benutzt man es gegen Moskitos.
Extrakte aus frischem oder getrocknetem Kraut wirkten bei Versuchen tödlich auf verschiedene Blattlausarten. Hauptwirkstoff war das ätherische Öl in seiner Gesamtkomposition. Einzelsubstanzen erwiesen sich bei Tests als weniger erfolgreich.

**Der Niembaum** *(Azadirachta indica)* wird in Indien und anderen tropischen Ländern seit langem wegen seiner insektenabwehrenden Eigenschaften geschätzt. Ein Extrakt aus Blättern und Früchten kann leicht hergestellt werden. Von Mitarbeitern der Deutschen Entwicklungshilfe wird dieser nützliche Baum in landwirtschaftlichen Projekten bewußt gefördert. Vielleicht gelangen Extrakte des Niembaumes eines Tages auch zum Nutzen unserer Gärten nach Europa.
Eine weitgespannte Versuchsreihe beruhte auf der Einsicht, daß zahlreiche Pflanzen sich durch wirksame Substanzen selbst gegen Schädlinge schützen. Dazu gehören nicht nur ätherische Öle, sondern auch Glykoside, Alkaloide, Cumarine, Terpene, Flavone und viele andere. Solche Abwehrsubstanzen wurden aus verschiedenen Pflanzen extrahiert und dann gegen Insekten getestet. Während ätherische Öle oft tödlich wirkten, verursachten andere Substanzen »nur« eine Abwanderung der unerwünschten Besucher. Stark giftig wirken zum Beispiel Citrusöle, Thymian-, Zimt- und Pfefferminzöl.

Vertrieben wurden Läuse bei Versuchen mit zerkleinerten Pflanzenteilen von Ackerminze, Birke, Lebensbaum, Rainfarn, Schnittlauch, Sellerie, Tomaten, Salbei, Lavendel, Pfefferminze, Tagetes, Wacholder, Winterbohnenkraut und noch einigen anderen. Diese Versuchsergebnisse bestätigen auch die Erfahrungen zahlreicher Gärtner, die seit langem mit einem Teil dieser schädlingsabwehrenden Pflanzen arbeiten.

Die Vielzahl der Pflanzen, die sich durch ihre selbstentwickelten chemischen Abwehrstoffe auch als Schutzmittel für andere Pflanzen eignen, zeigt, wie nahe die Interessen der Forscher und der Gärtner beieinander liegen. Was die Praktiker ahnen und ausprobieren, können die Wissenschaftler genauer erklären. Durch exakte Kenntnisse lassen sich viele Wirkstoffe gezielter und erfolgreicher anwenden. Daß ein Privatgärtner nicht alle diese Substanzen in hausgemachten Brühen optimal lösen und verwerten kann, liegt auf der Hand. An dieser Stelle schließt sich der Kreis zwischen Biogärtnern, Forschung und Handel. Es wäre wünschenswert, wenn die wichtigsten Substanzen, die die Wissenschaftler entdecken und prüfen, auch von zuverlässigen Firmen als solide Produkte verbreitet würden.

## Tendenz: nützlingsschonend

Nicht alles, was aus der Natur stammt, kann unbedenklich verwendet werden. Auch Giftstoffe, die aus Pflanzen gewonnen werden, bergen Gefahren. Substanzen, die Läuse töten, können nützliche Insekten ebenso treffen. Dann zer-

Der Niembaum wächst in tropischen Ländern. Extrakte aus den Blättern wehren Insekten ab.

stören auch natürliche Wirkstoffe das ökologische Gleichgewicht.
Diese wichtige Erkenntnis hat sich längst auch bei verantwortungsbewußten Firmen durchgesetzt. Die Entwicklungen für die Zukunft zielen bewußt auf nützlingsschonende Produkte. Das bedeutet: Die verwendeten Substanzen müssen so differenziert sein, daß sie nur ein engbegrenztes Wirkungsspektrum besitzen. Sie sollen bestimmte Insekten, zum Beispiel Läuse oder Kohlweißlingsraupen treffen, Marienkäfer, Pfauenaugen und andere »positive« Mitglieder des Öko-Systems aber unversehrt lassen. Solche nützlingsschonenden Bio-Präparate können natürlich nur mit Hilfe einer engagierten Forschung entstehen, die immer tiefer und genauer in die feinsten Zusammenhänge eindringt.

**Nur unter Vorbehalt:**
**Bio-Gift mit Breitenwirkung**
Wie wichtig eine solche Entwicklung ist, erkennt ein Biogärtner sofort, wenn er sich die bisher gebräuchlichsten »Natur-Mittel« einmal näher betrachtet.
**Pyrethrum** ist sicher der älteste und bekannteste Wirkstoff, der als »natürliches Gift« gegen Läuse und andere Insekten eingesetzt wird. Das tödliche Mittel stammt aus den Blüten bestimmter Chrysanthemenarten. Das Hauptanbaugebiet einer vielgenutzten Art, *Chrysanthemum cinerariaefolium*, liegt in Ostafrika.
Die eigentlich wirksamen Substanzen in den Chrysanthemenblüten-Extrakten sind die Pyrethrine. Sie lähmen das Nervensystem kaltblütiger Lebewesen, zu denen unter anderem auch Insekten und Spinnen gehören. Pyrethrumhaltige Präparate wirken rasch und »zuverlässig«. Die tödliche Lähmung überkommt aber nicht nur Läuse, Raupen und Kartoffelkäfer, sondern ebenso treffsicher auch Marienkäfer, Schwebfliegen, Florfliegen und zahlreiche andere Nützlinge samt ihren Larven. Auch größere Kaltblüter, zu denen Fische und Lurche gehören, werden durch Pyrethrum vergiftet.
Menschen sind durch den Chrysanthe-

Extrakte aus Chrysanthemenblüten werden zu Pyrethrum-Produkten verarbeitet.

men-Extrakt nicht gefährdet, wenn sie sachgerecht und nach Vorschrift damit umgehen. Schwere Vergiftungen durch Pyrethroid-Mittel, über die berichtet wurde, haben sich nur in geschlossenen Räumen ereignet. Bei solchen seltenen Unglücksfällen scheint aber auch grobe Fahrlässigkeit eine Rolle gespielt zu haben.
Nicht alle »Pyrethrum-Mittel«, die auf dem Markt sind, enthalten natürliche Pyrethrine. Diese wirksamen Substanzen werden längst auch synthetisch hergestellt. Die künstlichen Pyrethroide besitzen eine noch intensivere Wirkung als die Naturstoffe.
Der Vorteil der natürlichen Pyrethrum-Mittel für die Umwelt besteht vor allem darin, daß sich die giftigen Substanzen innerhalb weniger Stunden unter dem Einfluß von Licht und Luft zersetzen. Auf den Pflanzen bleiben keine giftigen Rückstände zurück. So gibt es keine Wartezeiten für die Ernte. Auch Insekten, die kurze Zeit später die besprühten Pflanzen erreichen, werden nicht mehr vergiftet.
Der eindeutige Nachteil des Naturgiftstoffes Pyrethrum besteht in seiner Breitenwirkung. Deshalb können Spritz- und Stäubemittel, die das Chrysanthemengift enthalten, nur unter schwerwiegenden Vorbehalten »empfohlen« werden: Verwenden Sie sie nur im äußersten Notfall, an begrenzten Stellen, nachdem Sie sich genau überzeugt haben, daß dort keine Nützlinge vorkommen!
**Derris/Rotenon-Präparate** sind in Deutschland nicht zugelassen, werden aber in Österreich und in der Schweiz verkauft. Es handelt sich um Auszüge aus tropischen Hülsenfrüchtenarten *(Derris)*, die den Wirkstoff Rotenon enthalten. Diese Substanzen können ähnlich wie Pyrethrum-Extrakte eingesetzt werden. Sie wirken aber noch intensiver. Im Handel sind hochwirksame Kombinations-Präparate von Pyrethrum und Rotenon.
Gegenüber diesen giftigen Naturmitteln gelten die gleichen Vorbehalte wie bei den Pyrethrum-Präparaten.
Die Biogarten-Zukunft wird mit Sicherheit anderen Substanzen und anderen Produkten gehören.

## Natürliche Spezialisten: Bakterien und Viren

Zu den Spezial-Produkten mit engem Wirkungsradius gehören Präparate von bestimmten Bakterien und Viren. Im ersten Augenblick denkt man bei der Erwähnung dieser Kleinstlebewesen an die Erreger von Krankheiten, die Menschen, Tiere oder auch Pflanzen befallen können. Im Rahmen des Pflanzenschutzes werden solche Infektionen aber mit Absicht ausgelöst. Ausgewählte Bakterien oder Viren sollen bei bestimmten Schädlingen Krankheiten oder Schädigungen verursachen, die zum Tode führen. Wichtig und ausschlaggebend ist aber, daß solche Krankheitsausbrüche streng begrenzt nur bei ganz bestimmten Lebewesen auftreten; sie sind nicht übertragbar.
**Der *Bacillus thuringiensis*** ist ein Bakterium, das bereits im Jahre 1911 zum erstenmal in Raupen entdeckt wurde, die aus Thüringen stammten. So entstand der Name. Im Handel sind seit langem Präparate, die aus Sporen und toxischen Kristallen bestehen, die bei der Massenkultur des Bazillus gewonnen werden.

Das Bakterien-Präparat wird, in Wasser aufgelöst, mit normalen Gartenspritzen ausgesprüht. Die Sporen und Kristalle nehmen die Raupen mit der Nahrung, also den grünen Blättern, auf denen sie sich abgelagert haben, auf. Im Verdauungskanal der Tiere zerstören freigesetzte Kristallgifte die Darmwand; so gelangen die Bakterien in die Körperhöhle. Innerhalb von 24 Stunden hören die erkrankten Raupen auf zu fressen und sterben bald danach.

Aus diesem Ablauf ergeben sich mehrere Konsequenzen: Nur Raupen, die sich frei auf den Blättern bewegen, können die Bakteriensporen und -kristalle mit der Nahrung aufnehmen. – Je kleiner die Raupen sind, desto größer ist ihr Appetit, desto schneller können sie infiziert werden. – Raupenarten, die versteckt in Knospen oder Miniergängen leben, können durch *Bacillus thuringiensis*-Präparate nicht erreicht werden. Es gibt auch Raupenarten, wie zum Beispiel die Eulenraupen, die relativ unempfindlich gegen die Bakterienmittel sind.

So bleibt die tödliche Wirkung des *Bacillus thuringiensis* beschränkt auf die Larven und Raupen von Kohlweißlingen, Kohlmotten, Frostspannern, Eichenwicklern, Ringelspinnern, Gespinstmotten und einige andere. Für den Gärtner ist vor allem die Anwendung bei Kohlschädlingen interessant.

*Bacillus thuringiensis*-Präparate werden seit etwa 20 Jahren im Handel angeboten. Sie sind unschädlich für Menschen, Haustiere, Bienen, die meisten anderen Schmetterlinge und für nützliche Insekten. Sie hinterlassen auch in der Umwelt keinerlei schädliche Rückstände. Die wichtigsten Marken-Produkte finden Sie in der Tabelle, Seite 121–122.

**Das Granulose-Virus** des Apfelwicklers gehört ebenfalls zu den mikrobiologischen Präparaten, die selektiv wirken. Es wurde bereits von der Biologischen Bundesanstalt erfolgreich vermehrt und ist seit 1989 zugelassen. In Form eines Spritzpulvers wird das neue Mittel unter dem Namen »Granusal« (von Hoechst) im Handel verkauft.

Das Granulose-Virus wird ebenfalls mit der Nahrung von Raupen aufgenommen. Auch bei diesem Mittel erfolgt die Infektion im Darm der Tiere. Die Anwendung ist aber noch strenger begrenzt als beim *Bacillus thuringiensis*. Nur die Raupen des Apfelwicklers sowie möglicherweise die des Kieferntriebwicklers und des Erbsenwicklers erkranken durch dieses Viren-Präparat.

**Kernpolyedrose-Viren** infizieren bestimmte Raupen ebenfalls bei der Aufnahme von »verseuchtem« Futter. Die Produktion eines Handelspräparates ist aber aufwendiger, weil Viren nur in lebenden infizierten Raupenkulturen vermehrt werden können. Dieses Verfahren ist viel kostspieliger als die Kultur von Bakterien in Nährbrühen. Bei Versuchen erwies sich das Kernpolyedrose-Virus der Kohleule als wirkungsvoller Feind dieser Schmetterlingsraupen.

In Amerika werden Virus-Präparate bereits seit Jahren mit Erfolg als spezialisierte, umweltfreundliche Mittel gegen Raupen eingesetzt. Dennoch ist es sicher gut und richtig, daß Virus-Produkte bei uns langen und strengen Prüfungen unterzogen werden. Schwere Virus-Erkrankungen bei Menschen, Tieren und Pflanzen, für die wir bisher keine wirksamen Gegenmittel kennen, mahnen zur Vorsicht im Umgang mit diesen noch längst nicht ausgeforschten Kleinstlebewesen. Es muß vor allem ganz sicher sein, daß die verwendeten Viren weder auf Pflanzen noch auf Tiere oder auf Menschen übertragbar sind. Erst wenn die streng begrenzte Ausbreitung sicher erwiesen ist, dürfen spezielle Viren auf Raupen, Gärten und Felder »losgelassen« werden. Dann allerdings richten sie weit weniger Schaden an als manche gar nicht so harmlosen Naturgifte.

## Räuber, die man kaufen kann

Die »freundlichsten« und natürlichsten Helfer bei der Schädlingsabwehr sind sicher die lebenden »Nützlinge«. Sie wurden von der Natur selbst für diese Aufgabe bestimmt und erfüllen sie in maßvollen Grenzen.

Einige räuberische Nützlinge kann man inzwischen sogar kaufen. Sie werden in besonderen Kulturen vermehrt und per Post verschickt. Die meisten sind für den Anbau im Gewächshaus bestimmt. Dort dürfen sie sich unter günstigen Bedingungen rasch vermehren und auf bestimmte »Schädlinge« stürzen, die als Nahrung reichlich vorhanden sind. Das können zum Beispiel Weiße Fliegen an Tomaten oder Blattläuse am Salat sein. Der Einsatz im geschlossenen Gewächshaus verhindert auch, daß die nützlichen Helfer davonfliegen und sich anderswo nach nahrhaften Lebensräumen umschauen.

Gegen Gewächshausschädlinge helfen Nützlinge, die man per Post bestellen kann.

Gezüchtete Nützlinge werden in den Gewächshäusern der Erwerbsgärtner in Holland, Nordeuropa und Nordamerika teilweise bereits seit Jahrzehnten eingesetzt. In Deutschland, wo die Gewächshauskulturen keine so überragende Rolle spielen, konnten die kleinen Räuber erst viel später Fuß fassen. Für private Biogärtner gibt es nun seit ein paar Jahren ebenfalls die Möglichkeit, räuberische Nützlinge in kleinen Mengen zu bestellen.

**Florfliegen** (*Chrysopa carnea*) eignen sich zur Blattlausjagd im Gewächshaus. Diese Insekten werden sogar zur Aussetzung im Garten und auf dem Balkon empfohlen. Im Handel sind hier die Eier der »Goldaugen«, die auf Papier- oder Gaze-Streifen abgelegt sind. An Ort und Stelle schlüpfen dann die räuberischen Larven aus und gehen auf Blattlausjagd.

**Schlupfwespen** *(Encarsia formosa)* sind zur Eindämmung der Weißen Fliegen im Gewächshaus und im Wintergarten bestimmt. Verschickt werden parasitierte Fliegenlarven, aus denen wenig später die Schlupfwespen ausschlüpfen.

Gallmücken legen ihre Eier nahe bei Blattläusen ab.

**Räuberische Gallmücken** *(Aphidoletes aphidimyza)* legen im Gewächshaus oder auch im Wintergarten ihre Eier in Blattlausansammlungen. Verschickt werden Gallmücken-Puppen, die in Torf eingebettet sind. Dieses Substrat verteilt der Gärtner unter denjenigen Pflanzen, die von Läusen befallen sind. Innerhalb von ein bis drei Tagen schlüpfen die Insekten aus, die dann ihre Eier legen. Die Larven entwickeln sich rasch und fallen schon bald über die Läuse her.

**Raubmilben** *(Phytoseiulus persimilis)* werden gegen Spinnmilben im Gewächshaus, im Wintergarten und in geschlossenen Blumenfenstern eingesetzt. Diese winzigen Nützlinge benötigen für ihre Entwicklung und aktive Tätigkeit hohe Luftfeuchtigkeit und Wärme von mindestens 20 Grad. Raubmilben werden meist auf Bohnenblättern herangezogen und mitsamt ihrer »Wohnung« auf dem schnellsten Wege an den Besteller verschickt.

Der Einsatz der käuflichen Räuber und Parasiten ist naturgemäß begrenzt, da er sich größtenteils im Gewächshaus abspielt. Aber gerade dort, wo sich Schädlinge im feucht-warmen Klima manchmal explosionsartig vermehren, können die eingeschleusten Nützlinge hilfreich sein. Wichtig für den Erfolg ist auch der richtige Zeitpunkt. Ein Gärtner sollte nicht warten, bis Milben oder weiße Fliegen alle Pflanzen erobert haben; nur wenn die Nutzinsekten frühzeitig eingesetzt werden, sobald die ersten »Schädlinge« auftauchen, haben sie die Chance, die Entwicklung zu ihren Gunsten zu verändern.

**Räuberische Nematoden** *(Heterorhabditis)* sind noch verhältnismäßig neu auf dem Markt. Unter der Vielzahl der weitverbreiteten Bodenälchen wurde eine Art entdeckt, die sich als Parasit in Insektenlarven nützlich macht. Diese winzig kleinen Nematoden haben sich auf den Gefurchten Dickmaulrüßler spezialisiert. Sie suchen die Larven dieser Käferarten im Boden auf und dringen in die Tiere ein. Dann scheiden sie im Inneren des Larvenkörpers ein Bakterium aus, das sich rasch vermehrt und die Nachkommenschaft des Dickmaulrüßlers umbringt.

Die mikroskopisch kleinen Fadenwürmer können sowohl im Gartenboden an gefährdeten Kulturen, als auch in Pflanzgefäßen ausgesetzt werden. Die Vermehrung unter künstlichen Bedingungen ist allerdings nicht ganz einfach. Deshalb ist das Angebot noch sehr begrenzt. Es kann sogar vorkommen, daß zeitweise keine Nematoden lieferbar sind.

Verschickt werden die räuberischen Fadenwürmer in der Dauerlarvenform. Sie sind so winzig, daß 3 Millionen von ihnen in einer Packungsportion Platz finden. Diese Menge reicht für 5 m² Boden. Die Mini-Nützlinge werden in Wasser angesetzt, mit einer Gießkanne oder mit einer Spritze verteilt. Sie benötigen für die weitere Entwicklung einen gleichmäßig feuchten Boden.

Räuberische Nematoden können zum Beispiel in Erdbeerkulturen, bei Rhododendren und bei Topfpflanzen eingesetzt werden, die unter den Larven des Gefurchten Dickmaulrüßlers leiden. Bezugsquellen für Nützlinge finden Sie im Anhang, Seite 120.

Da es sich bei den Nützlingen um »lebende Ware« handelt, können diese Tiere nicht im normalen Fachhandel vorrätig gehalten werden. Dort erhält der Kunde aber Bestellgutscheine. Die Sendung erfolgt dann vom Züchter per Post. Bei anderen Betrieben kann auch direkt bestellt werden.

Selbstverständlich muß kein Biogärtner alle Möglichkeiten der Schädlingsabwehr ausprobieren, die jetzt oder in Zukunft auf dem Markt angeboten werden. Wichtig ist nur, daß möglichst gute und schonende Mittel entwickelt werden, die im Notfall auch wirklich erreichbar sind. Noch wichtiger als einzelne Produkte ist die allgemeine Tendenz: So schonend und so begrenzt wie möglich! Ob Pflanzenextrakte, Bakteriensporen oder lebende Räuber – sie alle sollten sich nur als Gehilfen ins lebendige Gefüge der Natur einordnen.

# Käufliche Mittel für den naturgemäßen Garten

In den folgenden Tabellen finden Sie eine Auswahl empfehlenswerter Handelsprodukte, die für den naturgemäßen Garten zur Zeit angeboten werden. Diese Zusammenstellung erhebt keinen Anspruch auf Vollständigkeit. Sie wurde nach den Gesichtspunkten von Qualität, Seriosität und guten Erfahrungen zusammengestellt. Vor allem für Biogarten-Anfänger kann dieser Überblick eine Orientierungshilfe darstellen auf einem ständig wachsenden Markt.

## Käufliche Mittel   121

## Biologischer Pflanzenschutz im Handel

### Mittel gegen Insekten und andere Tiere

| Produkt | Firma | Bestandteile und Wirkstoffe | Vorbeugende Anwendung | Direkte Wirkung | Wichtige Hinweise |
|---|---|---|---|---|---|
| **Ameisen-Streumittel** | Cohrs/Oscorna | aromatische Kräuter, vermahlen, mit natürlichen Mineralien | auf Ameisenstraßen und -nester streuen | – | Abwehr durch Duftstoffe – kein Gift! |
| **Bio-Gemüse-streumittel** | Neudorff | Kräuter, Kieselsäure | gegen Möhrenfliege, Kohlfliege und Zwiebelfliege | – | Abwehr durch Duftstoffe, gleichzeitig Stärkung der Widerstandskräfte. |
| **Dipel** | Ledax-Bio/Ledona AG* | Bakteriensporen *(Bacillus thuringiensis)* | – | gegen Raupen des Kohlweißlings, der Kohleule und der Kohlmotte; außerdem gegen Raupen von Apfel- und Pflaumengespinstmotte, Ringelspinner, Kleiner Frostspanner | Selektiv wirkend, die meisten anderen Schmetterlingsraupen werden nicht gefährdet. |
| **Etermut-Möhren-streumittel** | Cohrs/Oscorna | Kräuter mit hohem Gehalt an ätherischen Ölen, Naturmineralien | gegen Möhrenfliegen und anderen Gemüsefliegen | – | Irritation der spezialisierten Gemüsefliegen durch starke Fremdgerüche. |
| **Gelbtafeln** | Neudorff | Leimtafeln mit gelber Lockfarbe | – | gegen Weiße Fliegen, Minierfliegen und Trauermücken | Für Gewächshaus und Wintergarten. |
| **Gemüse-fliegen-Netz** | Neudorff | engmaschiges Spezialnetz | Abwehr verschiedener Gemüsefliegenarten sowie Kohleule, Kohlweißling, Kohlschabe (Motte), Bohnenfliege, Lauchmotte u. a. | | Wirkungsvoll und umweltschonend. |
| **Granusal** | Hoechst | Granulose-Virus | – | tödlich nur für den Apfelwickler | Selektiv wirkend, nützlings- und umweltschonend. |
| **Kirschfliegen-Falle** | Neudorff | Leimtafeln mit gelber Lockfarbe | – | gegen die Kirschfruchtfliege | Kann auch für andere Insekten zur Falle werden. |
| **Ledax-wg** | Ledax-Bio/Ledona AG* | Pyrethrumblüten-Extrakt, Pyperonylbutoxid, ätherische Öle (u. a. Citronella) | – | gegen Blattläuse, Weiße Fliegen, Raupen | Tötet auch zahlreiche Nützlinge. |
| **Natural** | Stoeckler* | Kaliumsalze natürlicher Fettsäuren | – | gegen Blattläuse, Weiße Fliegen, Spinnmilben, Blattsauger | Weitgehend nützlingsschonend; Vorsicht bei Schwebfliegenlarven! |
| **Neudosan** | Neudorff | Kaliumsalze natürlicher Fettsäuren | – | gegen Blattläuse, Sitka-Fichtenlaus, Weiße Fliegen, Spinnmilben und Blattsauger | Weitgehend nützlingsschonend; Vorsicht bei Schwebfliegenlarven! |
| **Obstmaden-Fanggürtel** | Neudorff | witterungsbeständige Wellpappgürtel | gegen Obstmaden (Raupen des Apfelwicklers) | | Achten Sie auf versteckte Nützlinge! |

\* Schweizer Firmen und Produkte

## Naturgemäßer Pflanzenschutz

### Mittel gegen Insekten und andere Tiere

| Produkt | Firma | Bestandteile und Wirkstoffe | Vorbeugende Anwendung | Direkte Wirkung | Wichtige Hinweise |
|---|---|---|---|---|---|
| **Promanal** | Neudorff | Paraffinöl | – | gegen San-José-Schildlaus, andere Schildläuse, Rote Spinne, andere Spinnmilben, Sitka-Fichtenlaus, Frostspanner u. a. | Für Winter- und Austriebsspritzungen; nicht nützlingsschonend! |
| **Quiritox** | Neudorff | Pflanzenwurzeln, Johannisbrot, Cumarinderivat | – | gegen Wühlmäuse | Achtung: Köderbrocken tief in die Gänge schieben und Eingang zudecken, damit andere Tiere das Gift nicht erreichen können! |
| **Raupenleim-ring-Fix-Fertig** | Neudorff | insektizidfreier Leim | – | gegen Frostspannerweibchen und Ameisen | Achten Sie auf Nützlinge und Vögel! |
| **Raupenspritzmittel** | Neudorff | Bakteriensporen (Bacillus thuringiensis) in Pulverform | – | gegen Raupen des Kohlweißlings, der Kohleule und der Kohlmotte; außerdem gegen Apfel- und Pflaumengespinstmotte, Ringelspinner und Kleinen Frostspanner | Selektiv wirkend und weitgehend nützlingsschonend. Die meisten anderen Schmetterlingsraupen sind nicht gefährdet. |
| **Schnecken-Stop** | Cohrs/ Oscorna | fein vermahlene Kräuter, Naturmineralien | Abschreckung der Schnecken durch Schleimhautreizung; außerdem Duft-Irritation | bei längerem Kontakt starker Schleimverlust und Tod. | Ungiftig, umweltschonend; Wirkung begrenzt, vor allem bei Regen. |
| **Pflanzen-Pflegeseife** | Cohrs/ Oscorna | reine Kali-Seife | – | verstärkt die pilz- und insektenabwehrende Wirkung anderer Spritzbrühen. | Verbessert die Haftfähigkeit anderer Brühen; kann auch als reine Seifenbrühe angesetzt werden. |
| **Spruzit-flüssig** | Neudorff | Pyrethrum-Blütenextrakt, Piperonylbutoxid (ein Katalysator aus Sassafrasgras) | – | gegen Blattläuse, Sitka-Fichtenlaus, Blattkäfer, Kohlraupen u. a. | Tötet auch zahlreiche Nützlinge! Giftig für Fische. |
| **Spruzit-Staub** | Neudorff | Pyrethrum-Blütenextrakt, Piperonylbutoxid | – | gegen Kartoffelkäfer und ihre Larven, Erdflöhe, Blattläuse und andere Insekten | Tötet auch zahlreiche Nützlinge! |

* Schweizer Firmen und Produkte

## Mittel gegen Pilzerkrankungen

| Produkt | Firma | Bestandteile und Wirkstoffe | Vorbeugende Anwendung | Direkte Wirkung | Wichtige Hinweise |
|---|---|---|---|---|---|
| **BioBlatt-Mehltaumittel** | Neudorff | Lecithin aus der Sojapflanze | stärkt die Widerstandskraft gegen Pilzerkrankungen allgemein | gegen Echten Mehltau an Rosen und anderen Zierpflanzen sowie an Gurken | Ungiftig und umweltschonend; zugelassen von der Biologischen Bundesanstalt. |
| **Bio-S** | Cohrs/Oscorna | Heilkräuter (z. B. Knoblauch und Schachtelhalm), kalk- und silikatreiche Mineralien, Schwefel | stärkt die Widerstandskraft gegen Pilzerkrankungen wie Schorf, Monilia, Mehltau, Krautfäule, Grauschimmel | wirksame Eindämmung von Pilzinfektionen, wenn öfter und konzentriert gespritzt wird | Vorsicht bei schwefelempfindlichen Pflanzen; positive Nebenwirkung: Eindämmung von Spinnmilben. |
| **Erdbeer-Pflegemittel** | Cohrs/Oscorna | kiesel- und kaliumhaltige Verbindungen in flüssiger Form | stärkt die Widerstandskraft gegen Pilzerkrankungen, vor allem gegen Grauschimmel | – | Muß zur Blütezeit gespritzt werden. |
| **Equisan** | Cohrs/Oscorna | Schachtelhalm-Extrakt, Wildkräuter, die Kieselsäure und Schwefelverbindungen enthalten | gegen verschiedene Pilzerkrankungen | – | Wird über die Pflanzen und den Boden gespritzt. |
| **Kohlhernie-Vorbeuge** | Cohrs/Oscorna | Meeresalgen, Mineralien aus Steinmehlen, vermahlene kalireiche Aschen | Schutz der Wurzeln vor Kohlhernie-Erregern durch Veränderung des Bodenmilieus | – | Muß ins Pflanzloch gegeben werden. |
| **Milsana** (ab 1991) | Compo | Sachalin-Staudenknöterich, getrocknet | stärkt die Widerstandskraft vor allem gegenüber Echtem Mehltau | weitgehende Eindämmung von Mehltau-Infektionen | Beste Wirkung bei frühzeitiger Behandlung; siehe Seite 115. |
| **Neudo-Vital** | Neudorff | natürliche Fettsäuren und spurenelementreiche Pflanzenextrakte | stärkt die Widerstandskraft gegen zahlreiche Pilzerkrankungen, z. B. Grauschimmel, Schorf, Kraut- und Braunfäule, Knollenfäule, Mehltau, Sternrußtau, Rosenrost | – | Ungiftig und umweltfreundlich. |
| **Plantasan** | Stoeckler* | natürliche Fettsäuren und spurenelementreiche Pflanzenextrakte | stärkt die Widerstandskraft gegen zahlreiche Pilzerkrankungen, u. a. Grauschimmel, Schorf, Kraut- und Braunfäule, Rost, Mehltau | – | Ungiftig und umweltfreundlich. |
| **Schachtelhalm-Extrakt/Pulver/Schnitt** | Neudorff Cohrs/Oscorna Ledox-Bio/Ledona AG* | Schachtelhalm/Kieselsäure | stärkt die Widerstandkraft gegen Pilzerkrankungen | – | Möglichst bei Sonne spritzen. |
| **SPS** | Cohrs/Oscorna | Wildkräuter (u. a. Hahnenfußgewächse) mit speziellem Gehalt an Protoanemonin | erhöht die Widerstandskraft gegenüber Pilzerkrankungen, vor allem bei Vermehrungskrankheiten | – | Besonders empfohlen für die gesunde Anzucht von Jungpflanzen und Stecklingen. |
| **Stärkungsmittel für Obst, Beeren und Blumen** | Ledax-Bio/Ledona AG* | Kräuterextrakte, Spurenelemente | stärkt Gesundheit und Widerstandskraft gegen Pilzerkrankungen | | Serie von sich ergänzenden Präparaten, die abwechselnd benutzt werden sollten. |

\* Schweizer Firmen und Produkte

# 124  *Naturgemäßer Pflanzenschutz*

## Mittel zur allgemeinen Pflanzenstärkung und -pflege

| Produkt | Firma | Bestandteile und Wirkstoffe | Vorbeugende Anwendung | Direkte Wirkung | Wichtige Hinweise |
|---|---|---|---|---|---|
| **Algan** | Neudorff | Braunalgen-Extrakt, 70 verschiedene Spurenelemente, Enzyme, Aminosäuren, Proteine u. a. | fördert Wachstum und Qualität, stärkt die Widerstandskraft gegenüber Schadinsekten, Pilz- und Viruserkrankungen | – | Wirkt am besten als Blattdüngung. |
| **Algifert-Plus-Flüssigkeits-extrakt** | Cohrs/ Oscorna | Extrakt aus Meeresalgen, reich an Kalium, Magnesium, Aminosäuren, Proteinen, Enzymen und über 60 Spurenelementen | erhöht die Widerstandskraft gegenüber Witterungs-Extremen, Schädlingen und Krankheiten | – | Blattdünger für alle Pflanzen, besonders bewährt bei Obstgehölzen. |
| **Baldrian-Blütenextrakt** | Cohrs/ Oscorna | reiner, vergorener Blütensaft | Förderung der Blüten- und Fruchtbildung | Frostschäden können bis zu minus 4 Grad verhindert werden | Auch anregend für den Kompost und die Vermehrung der Regenwürmer. |
| **Bio-Baum-anstrich** | Neudorff | Tonmineralien, Kalk, Kräuterextrakte, reich an Kieselsäuren, Spurenelementen, Eisen und Magnesium | beugt Schädlingen vor, wirkt gesundend auf das Rindengewebe | schützt vor Frostrissen und Sonnenbrand | Beste Zeit für die Anwendung: Spätherbst und Februar. |
| **Bioforte** | Stoeckler* | Aminosäuren, Braunalgen-Extrakt, 70 Spurenelemente, Alginate, Enzyme | fördert Widerstandskräfte, Wachstum und Wurzelbildung | Regenerierung erkrankter Pflanzen bei Umwelt- und Witterungsschäden | Geeignet für alle Gartenpflanzen. |
| **Brennessel-Pulver/Schnitt** | Cohrs/ Oscorna Ledax-Bio* Neudorff Stoeckler* | getrocknetes Brennnesselkraut | stärkt allgemein die Widerstandskräfte, fördert Wachstum und Chlorophyllbildung | – | Zur Herstellung von Brennesseljauche, wenn frische Pflanzen nicht zur Verfügung stehen. |
| **Ecomin-Staub** | Cohrs/ Oscorna | fein vermahlene Steinmehle und Naturmineralien | gegen Pilzerkrankungen u. a. Krautfäule, Sellerie-Blattflecken-krankheit | gegen Blattläuse, Raupen, Schnecken | Beachten Sie die Informationen über Steinmehle, Seite 81. |
| **Koniferen-Balsam** | Neudorff | 55% Aminosäuren, das entspricht 9% Stickstoff | Blattdüngung, die die Gesundheit von Nadelgehölzen und anderen immergrünen Gewächsen stärkt; wirksam bei Umweltbelastungen, Frost, Trockenheit und ungünstigen Standortbedingungen | – | Allgemein vitalisierende Wirkung; auch gut für Obstgehölze. |
| **Orus-Pflanzenaktiv/ Mioplant Pflanzenaktiv** | Oscorna Migros* | werden vom Schweizer Erfinder nicht bekanntgegeben | verbessert allgemein die Lebensbedingungen von Laub- und Nadelbäumen, Sträuchern und Blumen | wirkt gegen Umweltbelastungen, baut Schadstoffe ab, fördert neues gesundes Wachstum | Kann über Blätter, Rinde und Wurzeln aufgenommen werden. |

\* Schweizer Firmen und Produkte

## Käufliche Mittel  125

### Mittel zur allgemeinen Pflanzenstärkung und -pflege

| Produkt | Firma | Bestandteile und Wirkstoffe | Vorbeugende Anwendung | Direkte Wirkung | Wichtige Hinweise |
|---|---|---|---|---|---|
| **Polymaris-Blüten-wunder** | Oscorna/ Dr. Schaette | Kräuterauszüge, Bienenwirkstoffe, Hefen und Algen | fördert die Blüten- und Fruchtbildung | – | Auch im Gewächshaus empfehlenswert. |
| **Polymaris-Pflanzen-kräftiger** | Oscorna/ Dr. Schaette | Wildkräuter, Meeres-algen, Reifekompost, reich an Spuren-elementen | fördert Wachstum und Widerstandskräfte von Blatt- und Wurzel-gemüse sowie von immergrünen Gehöl-zen | – | Sollte bereits bei Jung-pflanzen angewendet werden. |
| **Preicobakt** | Cohrs/ Oscorna | Tonmineralien, Kiesel-säure, Wildkräuter, natürliche Haftmittel, Bakterienkulturen | zellstärkend, fördert glatte, gesunde Rin-denbildung, schützt vor Schädlingen und Pilzinfektionen | verhindert Frostrisse | Günstigste Zeit für die Anwendung: an frost-freien Tagen im Spät-herbst. |
| **Stärkungs-mittel für Blumen, Rosen und Früchte** | Ledax-Bio/ Ledona AG* | Heilkräuter-Extrakte, reich an Spuren-elementen | stärkt die Gesundheit und Widerstandskraft von Blumen, Rosen und Früchten, vor al-lem gegenüber Blatt-läusen und extremer Witterung | – | Wirkt am besten bei regelmäßiger An-wendung; siehe auch: Stärkungsmittel für Obst, Beeren und Blumen. |
| **Stärkungs-mittel für Gemüse, Blattpflanzen und Koniferen** | Ledax-Bio/ Ledona AG* | Extrakte aus Kräutern, Meeresalgen, Spuren-elemente | fördert speziell die ge-sunde Entwicklung von Stengeln, Blättern und Wurzeln; hilft auch bei der Überwin-dung von Umwelt-schäden | – | Wurzeln von Jung-pflanzen in verdünnte Lösung tauchen. |
| **Tannalgin** | Cohrs/ Oscorna | Meeresalgen, Kräuter, Phytonzid-Wirkstoff | stärkt die Widerstands-kräfte von Nadelgehöl-zen und anderen im-mergrünen Gehölzen gegenüber Witterungs-schwankungen; wirkt abwehrend auf Sitka-Fichtenlaus | – | Bei starkem Läuse-befall muß öfter hin-tereinander gespritzt werden. |

* Schweizer Firmen und Produkte

# Gärtner-Lexikon der Schädlinge und Krankheiten

Sie haben bisher schon viel erfahren über allgemeine Ursachen, die die Gewächse in Ihrem Garten gesund erhalten oder »kränken«. Auch über natürliche Mittel zum Schutz der Pflanzen und über Ihre zahlreichen Helfer aus dem verzweigten Ökosystem haben Sie einen weitgespannten Überblick gewonnen. Nun wird es Zeit, daß Sie auch diejenigen genauer kennenlernen, die alle möglichen Ärgernisse im Garten auslösen können:

- Tiere, die an den Pflanzen des Gärtners fressen, saugen oder bohren und
- Krankheiten, wie Fäulnis, Brand oder Rost, die durch Pilze, Bakterien oder Viren verursacht werden.

## Sicher erkennen – richtig reagieren

Für alle Schäden und Krankheitsbilder gilt: Je früher und je sicherer ein Gärtner sie erkennt, desto besser kann er reagieren. Die folgenden Beschreibungen sollen Ihnen helfen, die Übeltäter und die Krankheitsbilder, die Sie im Garten entdecken, richtig einzuordnen. Wenn Sie sicher sind, daß Sie gerade das Lilienhähnchen, die Raupen des Kleinen Kohlweißlings oder die ersten Spuren der Krautfäule an Ihren Tomaten entdeckt haben, dann können Sie auch zielbewußt zu den richtigen Bio-Brühen greifen.

Die Auswahl der verfügbaren Mittel und Maßnahmen ist so umfassend wie möglich gehalten. Das bedeutet aber nicht, daß Sie auch alles anwenden sollen. Vergessen Sie bei dem, was Sie zum Wohle Ihrer Pflanzen unternehmen, nie, daß nur der Gärtner sich über »Schädlinge« ärgert. Im Sinne der Natur ist alles »gut und richtig«, was der Erhaltung des Lebens dient, auch dann, wenn es auf Kosten eines anderen geschieht. Alle vorbeugenden Maßnahmen sollten deshalb im biologischen Pflanzenschutz stets den Vorrang haben. Greifen Sie nur im Notfall zu Mitteln, die Leben auslöschen.

Die ausführlichen Anleitungen zur Herstellung und Anwendung von Spritzbrühen, Pulvern, Fallen oder anderen natürlichen Abwehrmitteln, finden Sie in den vorausgehenden Kapiteln. Auch die Nützlinge, die hier nur aufgezählt werden, sind weiter vorne ausführlich beschrieben.

Noch ein Tip: Blättern Sie öfter einmal in diesem Lexikon der »Schädlinge« und Krankheiten, dann prägen Sie sich das Aussehen der Tiere und die Bilder der Schäden immer besser ein. So werden Sie mit der Zeit noch sicherer beim Erkennen wichtiger Details. Die Orientierung im vielfältigen Gewimmel der Möglichkeiten fällt Ihnen um so leichter, je genauer Sie hinschauen.

## Tiere, die Schäden an den Pflanzen verursachen können

Es sind vor allem die Insekten, die als besonders »einfallsreiche« Vertreter des Tierreiches den Garten auf ihre Weise erobern. So vielfältig wie ihre Erscheinungsformen, sind auch ihre Freßgewohnheiten. Klein aber zahlreich – das ist die Erfolgsdevise, mit der Sie manchen Gärtner »überrunden«.

Auf den folgenden Seiten erfahren Sie nicht nur, wie ein »Schädling« aussieht, sondern auch, welche Lebensgewohnheiten er hat und zu welchen Zeiten oder an welchen Pflanzen er auftauchen kann.

## Älchen

siehe Nematoden

## Ameisen
*Formicoidea*

Von den zahlreichen Ameisenarten kommen im Garten vor allem die Schwarze Wegameise *(Lasius niger)* und die Gelbe Wiesenameise *(Lasius flavus)* vor. Die Wegameisen legen ihre unterirdischen Nester gern unter Platten und Steinen an. Die Wiesenameisen leben in ausgedehnten tiefen Bauten, die an der Oberfläche an einem maulwurfsgroßen Erdhügel zu erkennen sind. Dieser Aushub ist meist locker von Gräsern oder Kräutern durchwachsen. Die Ameisenstaaten bestehen aus Königinnen, Arbeiterinnen und geflügelten Männchen. Nach dem Hochzeitsflug im Sommer sterben die nutzlos gewordenen Männchen. Die königlichen Weibchen verlieren ihre Flügel und legen Eier für den Nachwuchs.

Beide Ameisenarten sind, strenggenommen, keine »Schädlinge«. Sie erfüllen als Allesfresser viele nützliche Aufgaben. So beseitigen sie zum Beispiel emsig tote Tiere und pflanzliche Abfälle. Man könnte diese Ameisen höchstens als lästig bezeichnen, wenn sie sich in warmen Jahren an trockenen Stellen übermäßig ausbreiten.

**Schadbild:** Die Gartenameisen nagen manchmal an Pflanzenwurzeln oder -stengeln. Sie verschleppen Samen und fressen an Früchten, die schon vorher beschädigt waren. Wegplatten können gelockert werden durch unterirdische Ameisengänge.

Nur ihre Schwäche für die süßen Honigtau-Ausscheidungen der Blattläuse macht die Ameisen manchmal zu einem Problem im Garten. Die Tiere schützen und hegen verschiedene Läusearten, die sich dadurch übermäßig an den Pflanzen vermehren können. Nützliche Läusejäger werden von kämpferischen Ameisen vertrieben. Die Wiesenameisen bevorzugen Wurzelläuse. Sie tragen die Wintereier dieser Läuse in ihr Nest und bringen im Frühling die ausgeschlüpften Jungtiere zu geeigneten Pflanzenwurzeln.

**Besonders gefährdete Pflanzen:** Vor allem Salat, aber auch Bohnen und Möhren, die von Wurzelläusen befallen werden; Pflanzen, an denen sich Läuse befinden; Jungpflanzen.

### Schutzmaßnahmen

<u>Natürliche Feinde:</u> kaum; in geringem Maße Vögel und räuberische Käfer.

<u>Vorbeugende Mittel:</u> starkriechende Pflanzen auslegen oder anbauen, zum Beispiel Lavendel, Majoran, Thymian, Tomatenblätter und Farnkraut. Wermut- und Rainfarn-Jauche oder -tee ausgießen.

Cohrs-Ameisenstreumittel (Vertreibung) verteilen. Empfohlen werden auch: Kaffeesatz auf Ameisenstraßen und Kupferstreifen um gefährdete Beete oder Pflanzen.

<u>Direkte Abwehr:</u> Leimringe an Obstbäumen, Gläser mit Honigresten, Zuckersirup oder Marmelade als Lockfallen; tragen Sie die massenhaft gefangenen Tiere zum Kompost; dort können sie sich nützlich machen.

Nester ausfindig machen und mit kochendem Wasser übergießen (radikal, aber nicht empfehlenswert).

## Apfelblattlaus, Grüne
*Aphis pomi*

Diese grasgrün gefärbte Blattlaus kommt am Apfelbaum, an Birnen und Quitten vor. Im Frühling richtet sie kaum Schaden an. Nur im Sommer können an jungen Bäumchen Wachstumshemmungen entstehen. Bei älteren Bäumen sind keine Maßnahmen erforderlich; hier genügt der Nützlingseinsatz.

Knotenameisen »streicheln« die schwarzen Blattläuse, damit sie reichlich süßen Honigtau ausscheiden.

# Schädlinge 129

**Schadbild:** angerollte Blätter und verkrüppelte Triebspitzen an jungen Bäumen.
**Schutzmaßnahmen:** siehe Hauptkapitel »Läuse«, Seite 212.

## Apfelblattlaus, Mehlige
*Dysaphis plantaginea*

Die jungen Läuse sind rosa bis grau gefärbt, die älteren blaugrau und weißmehlig bepudert. Die überwinternde Läusegeneration schlüpft zeitig im Frühling aus den Eiern und richtet an den Knospen und jungen Trieben der Apfelbäume zum Teil beträchtliche Schäden an. Eine Massenvermehrung ist von Mai bis Juni möglich. Im Sommer wechseln die Läuse auf Wegericharten. Im Herbst legen sie ihre Eier in den Ritzen der Obstbaumrinde ab.
**Schadbild:** Durch das Saugen der Läuse rollen sich die Blätter stark ein. Deformierungen, gestauchte Triebe und verkrüppelte Früchte entstehen, wenn die Mehlige Apfelblattlaus sich stark ausbreitet.
**Schutzmaßnahmen:** siehe Hauptkapitel »Läuse«, Seite 212.

## Apfelblütenstecher
*Anthonomus pomorum*

Der Apfelblütenstecher gehört zu den Rüsselkäfern. Er ist dunkelbraun gefärbt und 3,5–6 mm lang. Auf den Flügeldecken trägt er ein helles V-Zeichen. Die Käfer überwintern in der Baumrinde oder an trockenen Stellen im Wald. Ab Februar werden sie munter und fliegen an warmen Tagen zu den Apfelbäumen.
**Schadbild:** Die Käfer bohren mit ihrem Rüssel die Blütenknospen an und fressen sie aus. Wenn die Knospen aufzubrechen beginnen, legen die Weibchen ihre Eier hinein. Die Larven verzehren dann die Staubbeutel, Stempel und Blütenblätter. Die Knospen werden braun und trocken.
Bei reichem Blütenansatz kann man die zerstörten Knospen als natürliche Aus-

Grüne Apfelblattläuse.

Mehlige Apfelblattläuse in gerollten Blättern.

Der Apfelblütenstecher ist ein Rüsselkäfer.

Schadbild des Apfelblütenstechers.

dünnung betrachten, die dem Apfelbaum sogar nützt. Schaden können Blütenstecher nur in blütenarmen Jahren anrichten.
**Besonders gefährdete Pflanzen:** Apfelbäume; außerdem Birnen, Quitten und Mispeln.

### Schutzmaßnahmen
<u>Natürliche Feinde:</u> Schlupfwespen, Laufkäfer, Raubkäfer.
<u>Vorbeugende Mittel:</u> Rindenpflege, damit die Käfer keinen Winterunterschlupf finden; trockene Knospen entfernen, um den »Wurm« an der Ausbreitung zu hindern. Wellpappringe um die Baumstämme legen; frühmorgens kontrollieren, ehe die Käfer dieses Nachtquartier verlassen.
<u>Direkte Abwehr:</u> nicht nötig.

## Apfelwickler
*Laspeyresia pomonella*

Zu den weitverbreiteten Obstbaum-Schädlingen gehört der Apfelwickler. Der berühmte »Wurm im Apfel« ist in der Regel eine Apfelwickler-Larve. Die kleinen Falter sind unscheinbar graubraun gemustert, an den Flügelspitzen glänzt ein bronzefarbener Fleck. Die Raupen, die man auch Obstmaden nennt, werden knapp 2 cm lang. Sie sind weißlich-rosa, mit braunem Kopf und braunem Nackenschild.
Die ersten Falter des Apfelwicklers

# Gärtner-Lexikon

Der Apfelwickler ist ein unscheinbarer Falter. Seine Raupen bohren sich in die Äpfel und verderben die Frucht.

schlüpfen gegen Ende Mai. Von Juni bis Juli legen sie in der Abenddämmerung ihre Eier an Äpfeln und Birnen ab. Die ausschlüpfenden Larven bohren sich dann in die Früchte. Nach drei bis vier Wochen sind die Raupen ausgewachsen. Sie verlassen den Apfel und suchen Schlupfwinkel in der Rinde der Bäume. Hinter Borkenschuppen oder in Ritzen spinnen sie sich in einem Kokon ein.
Frühentwickelte Raupen verpuppen sich schon im Spätsommer. Die meisten überwintern als Larven und verpuppen sich erst im Frühling. In warmen Ländern oder in heißen Sommern entwickelt sich noch eine zweite Apfelwickler-Generation im August.
**Schadbild:** Außen an den Früchten sieht man das mit braunem Kot verstopfte Einstiegsloch der Raupe. Ein Gang führt bis zum Kerngehäuse. Die Tiere fressen Fruchtfleisch und Kerne. Die Gänge sind mit Kot gefüllt. Normalerweise »bewohnt« nur eine Obstmade eine Frucht. Solche angebohrten Äpfel oder Birnen fallen früher vom Baum ab.
**Besonders gefährdete Pflanzen:** Apfelbäume, in geringem Maße auch Birnen und Aprikosen.

### Schutzmaßnahmen

<u>Natürliche Feinde:</u> Fledermäuse fangen die Nachtfalter, Blaumeisen und Spechte haben es auf die Raupen und die Larven abgesehen, Ohrwürmer fressen die Eier der Wickler. Auch diese Nützlinge tragen zur Reduzierung der Obstmaden bei: Schlupfwesen (u. a. *Trichogramma*), Raupenfliegen, Raubwanzen, Laufkäfer.
<u>Vorbeugende Mittel:</u> Rindenpflege und Stammanstrich; Fallobst regelmäßig auflesen. Spritzungen mit Rainfarn- oder Wermut-Tee, die den Lockgeruch der Äpfel überdecken sollen.
Pheromonfallen werden im integrierten Pflanzenschutz benutzt, um die Hauptflugzeit der Apfelwickler und die Eiablage zu ermitteln. Dieser Termin ist ebenso wie das Ausschlüpfen der Raupen sehr von der Witterung abhängig. Bei kaltem Wetter verzögert er sich manchmal um Wochen. Die Ergebnisse der Pheromon-Tests kann man bei den örtlichen Pflanzenschutzämtern erfahren. Sie sind vor allem dann von Bedeutung, wenn die günstigsten Spritztermine festgestellt werden sollen.

Asseln richten nicht viel Schaden an.

<u>Direkte Abwehr:</u> Gegen Ende Mai Obstmaden-Fanggürtel um die Baumstämme binden. Ab Anfang Juli Wellpappgürtel verwenden, hinter denen sich erwachsene Raupen verstecken.
Mit Spritzungen können die frischgeschlüpften Raupen nur erreicht werden, bevor sie sich in die Früchte bohren. Geeignet sind Pyrethrum-Mittel. Im kleinen Garten sind solche Maßnahmen meist unnötig und wegen der zahlreichen Nützlinge, die den Obstmaden nachstellen, auch nicht empfehlenswert. In Zukunft kann auch das Granulose-Virus gegen den Apfelwickler eingesetzt werden.

## Asseln
### *Isopoda*

Diese kleinen grauen oder bräunlichen Krebstiere sind überall bekannt. Manche Arten rollen ihre gepanzerten Körper bei Gefahr zu einer Kugel zusammen. Asseln lieben dunkle, feuchte Verstecke. Deshalb gehen sie auch erst am Abend auf Futtersuche.
Die Asseln ernähren sich in der Hauptsache von verwesenden Pflanzenteilen oder toten Tieren. Sie gehören deshalb zum Gesundheitsdienst in der Natur. Wo sich eine günstige Gelegenheit bietet, da fressen sie auch an Pflanzen. Die Schäden sind aber nur gering.
**Schadbild:** angefressene Keimlinge, Blätter, Stengel und auch Früchte, wie zum Beispiel Wurzelgemüse, Kartoffeln und Gurken.
**Besonders gefährdete Pflanzen:** junge Aussaaten im Frühbeet und im Gewächshaus.

### Schutzmaßnahmen

<u>Natürliche Feinde:</u> Spitzmäuse.
<u>Vorbeugende Mittel:</u> Keine faulenden Substanzen liegenlassen. Unter feuchten Säcken und Brettern oder unter Holzwolle und umgedrehten Blumentöpfen können die Asseln im Gewächshaus oder im Frühbeet eingefangen werden.
<u>Direkte Abwehr:</u> ist unnötig. Asseln sind keine ernsthaften Gartenschädlinge.

## Blasenfüße
siehe Thripse

## Blattälchen
siehe Nematoden, Älchen

## Blattläuse
*Aphidina*

In Mitteleuropa kommen über 800 Blattlausfamilien und -arten vor. Diese kleinen tropfenförmigen Insekten gehören zu den vielseitigsten Pflanzenschädlingen. Sie können sich ungeheuer schnell vermehren und ausbreiten.

Die meisten Blattlausarten besitzen an ihrem runden Hinterleib zwei Röhrchen, durch die sie Abwehrstoffe gegen Feinde ausscheiden. Der Lebenszyklus der Blattläuse ist ebenso interessant wie leicht verwirrend. Selbst ein läusegeplagter Gärtner muß soviel Anpassungsfähigkeit an die Wechselfälle des Lebens bewundern.

Die Läuse überdauern die kalte Jahreszeit normalerweise in festen widerstandsfähigen Eiern. Nur in sehr milden Wintern überleben auch erwachsene Tiere.

Im Frühling schlüpfen die Stammütter der Läuse aus. Schon bald setzt die Vermehrung ein. Durch Jungfernzeugung gebären die Weibchen jeden Tag mindestens ein lebendes Jungtier. Auch dieses ist wieder eine weibliche Laus, die bei günstiger Witterung schon nach knapp zwei Wochen ihren Teil zur explosionsartigen Ausbreitung beiträgt. Männchen werden in dieser Muttergesellschaft vorerst nicht gebraucht!

Im Sommer, wenn die Nahrung langsam knapp wird, entstehen in allen Blattlauskolonien neben den seßhaften Tieren auch geflügelte Insekten. Diese fliegen davon und lassen sich vom Wind oft über große Entfernungen tragen. Sie suchen aber nicht nur neue Futterplätze sondern auch bestimmte »Sommerwirte« auf. Denn einige Blattlausarten sind auf ausgewählte Pflanzen spezialisiert. Während der Sommermonate sind dies oft einjährige Gewächse, während im Winter ausdauernde Pflanzen bevorzugt werden. Die Schwarze Bohnenlaus sucht zum Beispiel während der Hauptvegetationszeit Bohnen, Spinat und Rüben auf. Im September und Oktober bringt sie ihre Nachkom-

Blattläuse bringen nach der Jungfernzeugung lebende Junge zur Welt.

Im Frühling vermehren sich die Läuse rasch.

Erst im Sommer erscheinen geflügelte Tiere.

Im Herbst legen die Läuse »winterharte« Eier.

Die Blattsauger werden auch Blattflöhe genannt. Der Birnblattsauger sticht auch Knospen an.

menschaft aber am Spindelbaum, am Schneeball oder am Falschen Jasmin unter.

Im Herbst entstehen bei allen Blattlausarten Männchen und Weibchen, die sich befruchten. Der Kreis schließt sich, wenn die Blattlausweibchen nun an geschützten Stellen, meist an Bäumen, ihre Eier ablegen. So ist das Überleben der Art auch unter Schnee und Eis gesichert.

Die meisten Blattläuse, die im Garten auftauchen, gehören zu den Röhrenblattläusen *(Aphididae)*. Sie sind sehr vielgestaltig; oft kann der Gärtner sie schon an der Farbe erkennen. Grün ist weitverbreitet und oft auch im Namen enthalten. Die Grüne Pfirsichblattlaus und die Grüne Apfelblattlaus sind bekannte Beispiele dafür. Die Schwarze Bohnenlaus, die Schwarze Kirschenlaus und die Schwarze Holunderlaus verraten dagegen sofort ihre dunkle Hautfarbe.

Eine andere wichtige Familie bilden die Blasenläuse *(Eriosomatidae)*, zu denen unter anderem die Blutläuse und die Salatwurzelläuse gehören. Die Schildläuse *(Coccoidea)* gehören nicht zu den Blattläusen. Siehe Seite 164.

Einige weitverbreitete Läusearten werden in diesem Kapitel noch einmal gesondert dort vorgestellt, wo sie ihren Platz im Alphabet haben. Im übrigen gelten die hier geschilderten Eigenarten für die meisten Blattlausarten allgemein.

**Schadbild:** Blattläuse schaden den Pflanzen zunächst dadurch, daß sie Blätter, Triebspitzen oder Wurzeln anstechen und dann den Pflanzensaft aussaugen. Meist sitzen die Tiere an der Unterseite der Blätter oder aufgereiht an den Stengeln und zarten Zweigen. Wo zahlreiche Läuse längere Zeit »am Werk« sind, da kommt es zu verkrüppelten Wuchsformen. Blätter rollen sich, kräuseln sich oder zeigen blasig aufgetriebene Formen. In schlimmen Fällen kann auch Gewebe absterben.

Zu diesen direkt verursachten Schäden kommen noch einige Nebenwirkungen: Die zuckerhaltigen Ausscheidungen der Läuse, der sogenannte Honigtau, überziehen die Blätter der Pflanzen mit einer glänzenden, klebrigen Schicht. Auf diesem Nährboden siedeln sich schon bald schwarze Rußtau-Pilze an. Außerdem lockt der süße Läusesaft die Ameisen an.

Beim Saugen können die Blattläuse auch Krankheiten übertragen. Vor allem Virus-Infektionen werden auf diesem Wege verbreitet.

**Besonders gefährdete Pflanzen:** Blattläuse kommen an den meisten Obstgehölzen, an Rosen, Sommerblumen, Stauden und auch an Gemüse und Salat vor. Die spezialisierten Arten, wie zum Beispiel die Schwarze Bohnenlaus, die Rosenblattlaus oder die Apfelblattlaus, werden in diesem Lexikon noch einmal gesondert vorgestellt.

### Schutzmaßnahmen

Zahlreiche Ratschläge zur Läuseabwehr sind im Kapitel »Die großen Plagen«, Seite 212, zusammengefaßt.

## Blattsauger
*Psyllidae*

Die Blattsauger werden auch Blattflöhe genannt. Drei Arten richten im Garten Schäden an: der Frühjahrs-Apfelblattsauger *(Psylla mali)*, der Gefleckte Birnblattsauger *(Psylla piricola)* und der Birnblattsauger *(Psylla pirisuga)*.

Die Apfelblattsauger überwintern in Eiern am Baum. Im Frühling schlüpfen die kleinen gelben, später grün gefärbten Larven aus. Auffallend sind ihre roten Augen und die Wachsfäden am Hinterleib, die verhindern, daß die Tiere sich mit ihrem Kot, dem Honigtau, beschmutzen.

Der Frühjahrsblattsauger bringt nur eine Generation im Jahr hervor. Die erwachsenen, geflügelten Blattsauger schaden dem Apfelbaum nicht.

Beim Birnblattsauger überwintern, im Gegensatz zum Apfelblattsauger, die er-

Larven des Apfelblattsaugers.

# Schädlinge 133

Larven des Birnblattsaugers, stark vergrößert.

## Blütenstecher

Siehe unter: Apfelblütenstecher, Erdbeerblütenstecher.

## Blutlaus
### *Eriosoma lanigerum*

Die erwachsenen Blutläuse sind etwa 2 mm lang, braun-rot gefärbt und von weißen, watteartigen Wachsausscheidungen umgeben. Wenn ein Insekt zerdrückt wird, läuft ein blutroter Saft aus; daher stammt der Name dieser Läuse. Wegen der klebrigen Ausscheidungen spricht man auch von Schmierläusen. Die Larven der Blutläuse, die noch keinen Wachsüberzug besitzen, überwintern in der rissigen Rinde oder im oberen Wurzelbereich der Bäume. Ab Ende März werden die Tiere wieder aktiv und bilden bis Mai kleinere Kolonien. Sie lassen sich an jungen Trieben oder an Rindenverletzungen nieder. Dort, wo die Tiere am Gewebe des Baumes saugen, entstehen oft Wucherungen, der sogenannte Blutlaus-Krebs.
Bei günstiger feucht-warmer Witterung können die Blutläuse sich über Sommer stark vermehren. Dann entstehen auch geflügelte Tiere, die für die Ausbreitung sorgen. Die Vermehrung der Blutläuse geschieht bei uns in Europa immer auf ungeschlechtlichem Wege.
**Schadbild:** An alten Bäumen entstehen nur Wucherungen, die keine ernsthafte Gefahr bedeuten. Manchmal können allerdings an Stellen, wo die Rinde aufplatzt, Pilzsporen eindringen, die Krankheiten verursachen. Junge Bäume werden durch starken Blutlausbefall in ihrer Entwicklung gehemmt.
Die klebrigen Wachsausscheidungen aus großen Blutlaus-Kolonien verschmutzen Blätter und Früchte.
**Besonders gefährdete Pflanzen:** Apfelbäume, auch Weißdorn, Rotdorn, Cotoneaster, Zierquitten und Feuerdorn können unter Blutläusen leiden.

### Schutzmaßnahmen
Natürliche Feinde: Die Blutlauszehrwespe ist der wichtigste Gegenspieler

Blutlauskolonie mit Wachsausscheidungen.

der Blutläuse. Diese Insekten legen ihre Eier in den Läusen ab. Eine dunkle Verfärbung der Blutläuse und fehlende Wachsausscheidungen zeigen, daß im Inneren der Tiere eine Zehrwespenlarve ausgeschlüpft ist, die ihren Wirt auffrißt. – Wo die Blutlauszehrwespe im Garten auftaucht, werden andere Maßnahmen gegen Blutläuse meist überflüssig! (Siehe Nützlinge, Seite 91)
Auch Ohrwürmer, Marienkäfer und Raubwanzen gehören zu den natürlichen Feinden.
Vorbeugende Mittel: Rindenpflege und Stammanstrich; Wunden sorgfältig ausschneiden und mit Baumwachs verschließen; Baumscheiben mit Kapuzinerkresse einsäen.
Direkte Abwehr: Die Tiere mit Kapuzinerkresse-Auszügen oder mit Farnkraut-Extrakt einpinseln. Blutlauskolonien ausbürsten. Nur bei starker Ausbreitung, wenn keine Nützlinge vorhanden sind, mit Handels-Präparaten spritzen. Nützlingsschonende Mittel (z. B. »Neudosan«) wählen.

## Bohnenfliege
### *Phorbia platura*

Die unscheinbare graue Bohnenfliege wird nur 4–6 mm lang. Das Insekt ist in manchen Gegenden auch als Wurzelfliege bekannt. Die Tiere legen im April

---

wachsenen Tiere. Sie legen zeitig im Frühling ihre Eier ab, aus denen die blaß-orange bis rosafarbenen Larven ab Ende März schlüpfen. Drei Generationen des Birnblattsaugers können sich bis zum Sommer entwickeln. Die Tiere scheiden große Mengen Honigtau aus und locken dadurch auch Ameisen an.
**Schadbilder:** Die Larven des Apfelblattsaugers und des Birnblattsaugers stechen die Knospen von Apfel- und Birnbäumen an. Die Blütenblätter werden braun, und die sich gerade öffnenden Blüten fallen ab. Bei den späteren Generationen des Birnblattsaugers können auch Blätter und Früchte geschädigt werden.
**Besonders gefährdete Pflanzen:** Apfel- und Birnbäume.

### Schutzmaßnahmen
Natürliche Feinde: Schlupfwespen, Raubwanzen, Schwebfliegenlarven, Florfliegen, Marienkäfer, Spinnen.
Vorbeugende Mittel: Rindenpflege und Stammanstrich verringern die Überwinterungsmöglichkeiten; Zerdrücken der gelben Eier.
Direkte Abwehr: Eine Winterspritzung mit ölhaltigen Präparaten trifft außer den Blattsaugern auch zahlreiche Nützlinge. Da die Sauger meist nicht in gefährlichen Mengen auftreten, sind solche »harten« Spritzmittel nicht empfehlenswert.

# Gärtner-Lexikon

Keimschäden durch die Bohnenfliege.

und Mai ihre Eier an die Bohnenkerne im Boden oder an Keimlinge. Die weißen Maden, die bald schlüpfen, bohren sich in die Bohnen oder in junge Pflanzenkeime, die sich gerade in der Erde entfalten.
Gefährlich werden die Maden der Bohnenfliege bei kühlem Wetter, wenn die Aussaaten nicht schnell genug wachsen. Dann können zahlreiche Keimlinge, die im ersten Wachstumsstadium »stekkenbleiben«, zerstört werden. Die Bohnensaat läuft nur lückenhaft auf. Bei günstiger Witterung überwinden die meisten Pflanzen durch rasches, kräftiges Wachstum die Beschädigung.
Die ausgewachsenen Maden verpuppen sich in der obersten Bodenschicht. Es können noch zwei bis drei Fliegen-Generationen entstehen, die an späteren Aussaaten aber keine größeren Schäden mehr anrichten.
**Schadbild:** Die Maden bohren Gänge in die Bohnensamen und in die Blätter der Keimlinge, die sich noch unter der Erde befinden; sie nagen auch am Wurzelhals und an den ersten Laubblättern.
**Besonders gefährdete Pflanzen:** Bohnen; auch Erbsen, Spinat, Salat, Gurken und Zwiebeln können unter der Fliege leiden.

**Schutzmaßnahmen**
Natürliche Feinde: Laufkäfer, Schlupfwespen, Raupenfliegen.
Vorbeugende Mittel: Beete mit Gemüsefliegen-Netzen abdecken. Frischen Mist und halbverrotteten Kompost meiden; Substanzen, die sich noch zersetzen, locken die Fliegen an. Nicht in kalte, nasse Erde aussäen. Zügiges Wachstum fördern durch Saat in warme Erde und Stärkung der Jungpflanzen mit Pflanzenjauche oder Algenpräparaten. Bohnen anhäufeln.
Beete, auf denen die Bohnenfliege aufgetaucht ist, nach der Ernte und vor der Bestellung im nächsten Jahr mit Rainfarn- oder Wermut-Tee überbrausen.
Direkte Abwehr: Von Maden angefressene Pflanzen vernichten.

## Bohnenblattlaus, Schwarze
*Aphis fabae*

Diese schwarz gefärbten Läuse verbringen den Winter an Pfaffenhütchen, Gemeinem Schneeball und Falschem Jasmin *(Philadelphus)*. An diesen Sträuchern legen die Weibchen im Herbst ihre schwarzen Eier ab. Dort schlüpft und ernährt sich auch die erste Läuse-Generation im Frühling. Ab Mai wechseln die Schwarzen Läuse auf Bohnen und andere Gartenpflanzen über. Sie richten nicht nur Saugschäden an den Blättern an, sondern übertragen auch gefährliche Viruserkrankungen. Außerdem locken sie Ameisen an.

Schwarze Bohnenläuse gibt es in Mengen.

**Schadbild:** Die Tiere sitzen vor allem an jungen Trieben und an den Unterseiten der Blätter. Verkümmerter Wuchs ist die Folge.
**Besonders gefährdete Pflanzen:** Bohnen; außerdem können Schwarze Läuse sich an Spinat, Gurken, Tomaten, Dahlien, Mohn, Melde und auch an Kräutern niederlassen.

**Schutzmaßnahmen**
Natürliche Feinde: Marienkäfer, Florfliegen, Schwebfliegen und andere.
Vorbeugende Mittel: Mischkultur mit Bohnenkraut. Saubohnen frühzeitig aussäen. Kapuzinerkresse als Fangpflanze einsetzen.
Direkte Abwehr: Pflanzenbrühen aus Wermut, Rainfarn oder Rhabarberblättern ausspritzen.
Weitere Ratschläge Seite 212.

## Bohnen-Spinnmilbe
siehe Spinnmilben

## Brombeermilbe
*Acalitus essigi*

Die weißen, länglichen Milben verstecken sich im Herbst in den Knospenschuppen der Brombeeren. Ab März kommen die Tiere bei warmer Witterung wieder zum Vorschein; sie vermehren sich und ernähren sich von Blättchen und Blüten. Schäden entstehen aber erst, wenn die Milben an den Teilfrüchtchen der sich entwickelnden Beeren saugen. Sie scheiden dabei Giftstoffe aus, die den Reifeprozeß behindern.
**Schadbild:** Typisch sind grün-rotschwarz gescheckte Beeren; vor allem an der Basis reifen die Teilfrüchtchen nicht aus. Sie bleiben rot und hart.
**Besonders gefährdete Pflanzen:** wilde Brombeeren und Züchtungen.

**Schutzmaßnahmen**
Natürliche Feinde: Raubmilben, Wanzen.
Vorbeugende Mittel: Nach der Ernte die Triebe zurückschneiden und keine

# Schädlinge

trockenen Früchte hängen lassen. Die Beerenpflanzung immer mulchen und den Boden feucht halten. Trockenheit fördert die Entwicklung der Milben! Im Herbst und im zeitigen Frühling mit Rainfarn- oder Wermut-Tee spritzen.
<u>Direkte Abwehr:</u> Härtere Maßnahmen sind nicht nötig.

## Dickmaulrüßler, Gefurchter
### *Otiorhynchus sulcatus*

Der Gefurchte Dickmaulrüßler gehört zur Familie der Rüsselkäfer. Im Garten sind noch andere nahe Verwandte dieses Käfers unterwegs, die meist auf bestimmte Pflanzen spezialisiert sind, zum Beispiel auf Erdbeeren. Der Gefurchte Dickmaulrüßler hat sich erst in den letzten Jahren sehr ausgebreitet. Seine Larven werden vor allem in torfhaltigen Kultursubstraten eingeschleppt.

Die glänzend schwarzen Käfer sind 7–10 mm lang. Der Kopf endet in dem charakteristischen langgezogenen Rüssel. Der Rücken hat eine körnige Oberfläche, die Flügeldecken sind in Längsrichtung durch deutliche Furchen gekennzeichnet, denen der Käfer auch seinen Namen verdankt. Die Tiere können nicht fliegen und kriechen nachts zu ihren »Futterplätzen«. Tagsüber verstecken sie sich am Boden unter den von ihnen bevorzugten Pflanzen.

Die Larven erreichen 8–10 mm Länge; ihr Körper ist gelblich-weiß oder braun gefärbt. Sie liegen oft gebogen, in der Form eines C, im Boden.

Im Mai und Juni schlüpfen die Weibchen des Dickmaulrüßlers, die sich wie die Blattläuse ungeschlechtlich vermehren. Ab Ende Juni legen die Käfer ihre Eier nahe bei den Nahrungspflanzen in die Erde. Ein Weibchen kann so für mehrere hundert Nachkommen sorgen. Nach etwa drei Wochen schlüpfen die Larven aus.

Der Dickmaulrüßler überwintert als Larve und verpuppt sich erst im folgenden Frühling. Auch einige erwachsene Käfer überstehen die kalte Jahreszeit.

Schadbild der Brombeermilbe.

Sie sind in der Lage, insgesamt zwei bis drei Jahre lang Eier zu legen.

**Schadbild:** Die Käfer fressen in der Dunkelheit an den Blättern ihrer »Lieblingspflanzen« und hinterlassen dort charakteristische, bogenförmige Ausbuchtungen an den Blatträndern. Die Käfer richten aber keinen ernsthaften Schaden an.

Gefährlicher sind die Larven, die junge Wurzeln abfressen und bei größeren Wurzeln die Außenhaut abnagen. Auch der Wurzelhals wird oft beschädigt. Die Pflanzen können dadurch so sehr geschwächt werden, daß sie ganz absterben.

Gefurchte Dickmaulrüßler und Blattschaden.

Die Larven des Gefurchten Dickmaulrüßlers.

**Besonders gefährdete Pflanzen:** Container-Pflanzen und Topfblumen, bei denen die Larven des Dickmaulrüßlers oft schon im stark torfhaltigen Kultursubstrat »mitgeliefert« werden. Rhododendren, auch andere Ziergehölze, wie Contoneaster und Koniferen, außerdem Beerenobst werden ebenfalls von den Käfern heimgesucht. Der Gefurchte Dickmaulrüßler und andere Rüßlerarten können auch an Erdbeeren größere Schäden anrichten (siehe auch Seite 138).

### Schutzmaßnahmen

<u>Natürliche Feinde:</u> Spitzmäuse, Igel und räuberische Nematoden.
Diese nützlichen Parasiten, die auf die Larven des Dickmaulrüßlers spezialisiert sind, kann man kaufen. Näheres erfahren Sie auf Seite 120.

<u>Vorbeugende Mittel:</u> Die Käfer und ihre Larven lieben offenbar ein humoses, leicht saures Bodenmilieu. Mulchen Sie in gefährdeten Erdbeerkulturen eine Zeit lang nicht mit Laub, Holzschnitt und anderen sauer reagierenden Substanzen.
Häufiges Hacken stört die Larven.

<u>Direkte Abwehr:</u> Versuchen Sie, die Käfer nachts abzusammeln; beste Zeit: während der Eiablage von Mai bis Juni. Rund um welkende Pflanzen die Erde nach Larven absuchen. Rainfarn- oder Wermut-Tee auf den Boden unter den Pflanzen gießen.
Bei Topfpflanzen notfalls die Erde auswechseln.

## Drahtwürmer
## Larven der Schnellkäfer
*Elateridae*

Die Larven aller Schnellkäferarten (siehe auch Seite 24) bezeichnet man als Drahtwürmer. Diese Tiere werden 2–3 cm lang. Ihr Körper ist langgestreckt, hart und glänzend; je nach Art und Alter sind die Larven heller oder dunkler braun gefärbt. Von den Tausendfüßern unterscheiden sich die Drahtwürmer deutlich, weil sie nur drei paar kurze Beine an den Brustsegmenten besitzen.

Drahtwürmer können Ärger bereiten.

Die Schnellkäfer legen ihre Eier im Frühsommer; im Hochsommer schlüpfen dann die Larven aus. Sie leben mehrere Jahre im Boden, bevor sie sich verpuppen.
Drahtwürmer lieben feuchten Boden und dichtbewachsenes Land. Sie kommen deshalb besonders zahlreich auf Wiesen vor. Wer ein solches Grundstück umpflügt, um einen Garten darauf anzulegen, der muß mit Drahtwürmern rechnen!
**Schadbild:** Drahtwürmer fressen an den Wurzeln verschiedener Gartengewächse; die Pflanzen welken und fallen um. Auch Löcher in Kartoffelknollen, Möhren und Zwiebeln zeugen von der Anwesenheit der Larven.
**Besonders gefährdete Pflanzen:** Salat und Jungpflanzen im Frühling.

### Schutzmaßnahmen
<u>Natürliche Feinde:</u> Laufkäfer, Maulwürfe, Spitzmäuse, Vögel, Hühner.
<u>Vorbeugende Mittel:</u> Auf frisch umbrochenem Wiesenland im ersten Jahr keinen Salat, Kartoffeln, Möhren und andere gefährdete Pflanzen anbauen. Nicht mulchen; statt dessen den Boden öfter durchhacken.
<u>Direkte Abwehr:</u> Halbierte Kartoffeln oder Möhren mit der Schnittfläche nach unten tief in den Boden drücken. Diese Fallen regelmäßig nach Drahtwürmern kontrollieren.
Salat als Fangpflanze einsetzen; welkende Pflanzen ausgraben und nach Drahtwürmern in der Umgebung suchen.
Stärkere Mittel sind angesichts der normalerweise begrenzten Schäden nicht nötig.

## Engerlinge,
## Maikäferlarven
*Melolontha melolontha*

Die Larven der Maikäfer und einiger anderer Blatthornkäfer werden Engerlinge genannt. Die früher manchmal in großen Massen einfallenden Käfer sind heute selten geworden. Der schwerfällige Maikäfer mit den glänzend braunen Flügeldecken ist aber noch wohlbekannt. Von April bis Mai sind die Käfer auf dem Hochzeitsflug. Danach legen die Weibchen ihre Eier in die Erde. Von Juni bis Juli schlüpfen daraus die schmutzig-weißen Engerlinge, die ausgewachsen bis zu 6,5 cm lang werden können. Drei Jahre bleiben diese dicken Larven in der Erde, ehe sie sich verpuppen und zu Maikäfern umgestalten. Dieser lange Entwicklungszyklus war in früheren Jahren die Ursache dafür, daß die Maikäferplagen nur periodisch auftraten.
**Schadbild:** Die Käfer fressen Blätter, die Engerlinge vor allem Wurzeln. Welkende Pflanzen deuten auf die Übeltäter.
**Besonders gefährdete Pflanzen:** Salat, Jungpflanzen, auch Kartoffeln und Rüben.
Die Käfer fressen das Laub von Kirschen, Buchen, Hainbuchen, Eichen und Ahorn.

Der Engerling ist die Larve des Maikäfers.

Ein Maikäfer startet in den Frühling.

### Schutzmaßnahmen
<u>Natürliche Feinde:</u> Maulwürfe, Igel, Spitzmäuse, große Laufkäferarten, Stare und Hühner suchen vor allem nach den Larven. Die Käfer werden von Krähen und Fledermäusen gefressen.
<u>Vorbeugende Mittel:</u> Häufiges Hacken stört die Engerlinge; vor allem im Herbst bei der Bodenbearbeitung auf die Larven achten.
Gemüsefliegennetze verhindern die Eiablage auf den Beeten.
Fangpflanzen (Salat) setzen und beim Welken den Boden nach Engerlingen absuchen.
<u>Direkte Abwehr:</u> unnötig.

# Schädlinge 137

## Erbsenblattlaus, Grüne
*Acyrthosiphon pisum*

Diese grüngefärbte Laus ist relativ groß, sie erreicht 3,5–5,5 mm Körperlänge. Die Tiere verstecken sich gern in den Blatt- und Blütenknospen der Erbsen. Sie schaden nicht nur durch Saugen, sondern auch durch die Übertragung von Viruskrankheiten.
Diese Läuseart wechselt mit der Eiablage im Herbst auf Klee und andere winterharte Leguminosenarten über.
**Schadbild:** Wachstumsstörungen an Blättern und Blüten, verkrüppelte Fruchthülsen.
**Besonders gefährdete Pflanzen:** Erbsen und andere Schmetterlingsblütler (Leguminosen).

**Schutzmaßnahmen**
Siehe Kapitel »Läuse«, Seite 212

## Erbsenblattrandkäfer, Gestreifter Blattrandkäfer
*Sitona lineatus*

Dieser kleine Rüsselkäfer kommt häufig an Erbsen und anderen Schmetterlingsblütlern (Leguminosen) vor. Die Tiere sind dunkel, fast schwarz gefärbt, mit hellen Rückenstreifen. Erst wenn es wärmer wird, etwa Anfang Mai, kommen die Weibchen aus ihren Winterverstecken. Bis Juni legen sie ihre Eier an Erbsenblättern oder in der Nähe dieser Pflanzen am Boden ab. Zwei bis drei Wochen später schlüpfen die Larven, die sich in die Erde graben und dort an den Knöllchen der Schmetterlingsblütler fressen. Nach sechs bis sieben Wochen verpuppen sich die Larven; nach weiteren zwei bis drei Wochen erscheint dann die neue Käfergeneration. Die Erbsenblattrandkäfer wechseln im Lauf des Sommers auf benachbarte Pflanzen über. Sie wählen dabei nicht nur verschiedene Leguminosenarten sondern auch Erdbeeren und andere Obstarten aus. Der Schaden ist meist gering. Weder die Käfer noch die Larven gefährden ernsthaft die Gesundheit der Pflanzen.

Erbsenblattrandkäfer sorgen für Nachwuchs.

**Schadbild:** Die erwachsenen Insekten nagen die für Rüsselkäferarten typischen bogenförmigen Löcher in die Blattränder. Die Larven fressen an Wurzeln und Stickstoffknöllchen.
**Besonders gefährdete Pflanzen:** Erbsen, Ackerbohnen, andere Leguminosenarten und Erdbeeren.

**Schutzmaßnahmen**
<u>Natürliche Feinde:</u> Laufkäfer, Igel, Spitzmäuse.
<u>Vorbeugende und sanfte Mittel:</u> Käfer nachts absammeln; wo die Käfer häufig auftauchen, die Nachbarschaft von Erbsen und Erdbeeren meiden. Harmonisches, kräftiges Pflanzenwachstum fördern. Rainfarn- oder Wermutbrühe spritzen.
<u>Härtere Abwehr:</u> Solche Mittel sind unnötig.

## Erbsenwickler
*Laspeyresia nigricana*

Die hell olivbraunen Schmetterlinge sind in der Abenddämmerung und nachts unterwegs. Die Flügelspannweite der kleinen Falter beträgt nur 12–16 mm. Von Mai bis Juni, manchmal auch länger, legen die Weibchen bis zu 350 Eier an den Blüten oder an jungen Hülsen der Erbsen ab. Schon nach einer Woche schlüpfen daraus gelblichweiße Räupchen, die sich in die Schoten bohren.
Nach etwa drei Wochen verlassen die Wicklerraupen die Erbsen, lassen sich zu Boden fallen und spinnen sich in einen Kokon ein. So überwintern sie in der Erdoberfläche. Erst im Frühling verpuppen sich die Raupen. Die neue Wicklergeneration fliegt dann pünktlich zur Zeit der Erbsenblüte wieder aus.
**Schadbild:** mehrere angefressene Erbsenkörner in einer Schote. Dazwischen liegen Gespinste mit Kothäufchen. Bei nassem Wetter können durch die Bohrlöcher zusätzlich Schimmelpilze eindringen.
**Besonders gefährdete Pflanzen:** Erbsen und auch Bohnen.

**Schutzmaßnahmen**
<u>Natürliche Feinde:</u> Fledermäuse fangen die Nachtfalter; Raupen und Puppen werden von Laufkäfern, Raupenfliegen, Schlupfwespen, Spitzmäusen und Igeln aufgespürt.
<u>Vorbeugende und sanfte Mittel:</u> Bei sehr früher und später Erbsenaussaat fällt die Blüte nicht mit der Flugzeit der Falter zusammen. Beete in offener, windbewegter Lage sind weniger gefährdet.
<u>Härtere Abwehr:</u> ist schwierig, da die Falter im Dunkeln fliegen und die Raupen nur kurzfristig zu sehen sind. Der Einsatz giftiger Pyrethrum-Mittel ist deshalb fragwürdig.

Die Larven des Erbsenwicklers in den Hülsen.

## Erdbeer-Älchen
*Nematoda*

Von den zahlreichen Nematodenarten kommen einige auch an Erdbeeren vor. Diese winzigen Schädlinge sind mit bloßem Auge kaum zu sehen.
Erdbeer-Blattälchen *(Aphelenchoides fragariae)* leben vor allem im Pflanzenherz und an Vegetationspunkten. Die Blätter kräuseln und verformen sich stark. Nach nassen Wintern können die Älchen im Frühling besonders stark auftreten.
Wenn zu den Blattälchen noch das *Corynebacterium* hinzu kommt, entsteht die sogenannte Blumenkohlkrankheit mit extrem kurzen und dicken Stengeln. Pflanzen aus guten Zuchtbetrieben sind frei von solchen Schädlingen. Deshalb beginnt vorbeugender Erdbeerpflanzenschutz schon bei der sorgfältigen Sortenwahl und bei der Bezugsquelle.
Weitere Älchenarten, die bei Erdbeeren, aber auch bei anderen Gartenpflanzen auftreten können, finden Sie unter dem Stichwort »Nematoden«.

## Erdbeer-Blütenstecher
*Anthonomus rubi*

Auch dieser Blütenstecher ist ein Mitglied der weitverbreiteten Familie der Rüsselkäfer. Ab April krabbeln die schwarzen Käfer aus ihren Verstecken,

Der Erdbeer-Blütenstecher.

wo sie unter Laub oder Abfällen den Winter verbrachten. Zuerst nagen sie an den Blättern der Erdbeeren und anderer Beerenobstarten. Dieser Schaden ist harmlos.
Zur Blütezeit legen die Weibchen ihre Eier in ungeöffnete Blütenknospen. Danach sticht der Käfer den Blütenstiel an. So wird die Weiterentwicklung der Blüte verhindert. Die Knospe knickt ab oder fällt verwelkt zu Boden. Die ausschlüpfenden Larven können sich nun gut versteckt von dem Rest der Blüte ernähren. Nach etwa zwei Wochen verpuppen sie sich an Ort und Stelle. Wieder einige Wochen später schlüpfen die Käfer der nächsten Generation aus. Diese richten aber kaum noch Schäden an. Sie überwintern unter dürrem Laub und Abfällen.
**Schadbild:** abgeknickte, verdorrende Einzelknospen.
**Besonders gefährdete Pflanzen:** Erdbeeren, vor allem Sorten mit wenigen großfrüchtigen Beeren; außerdem Himbeeren und Brombeeren.

### Schutzmaßnahmen
Natürliche Feinde: Laufkäfer, Raubkäfer und Schlupfwespen verfolgen Raupen und Puppen.
Vorbeugende und sanfte Mittel: Welkende Knospen entfernen, damit die Larven nicht schlüpfen können. Erdbeerbeete mit Farnkraut mulchen. Nach der Ernte den Boden mit Rainfarn-Tee besprühen.
Erdbeersorten mit dichten Blütenständen und kleineren Beeren wählen.
Härtere Abwehrmaßnahmen: Die Schäden halten sich meist in Grenzen und rechtfertigen im Hausgarten keine giftigen Mittel.

## Erdbeer-Stengelstecher
*Rhynchites germanicus*

Dieser kleine Rüsselkäfer schimmert blaugrün. Er ist eher lokal verbreitet und taucht schon früher auf als der Blütenstecher. Das Weibchen legt seine Eier in Blattstielen, in den Stengeln der Blütenbüschel und an Ausläufern ab.

Stengelstecher-Schadbild: geknickte Knospe.

Auch dieser Käfer sticht die Stengel unterhalb seiner »Kinderstube« an, so daß die Pflanzenteile darüber verdorren. Die Larven ernähren sich von diesen Abfällen, die sich langsam zersetzen. Die weitere Entwicklung verläuft ähnlich wie beim Blütenstecher.
**Schadbild:** Junge Blätter und ganze Blütenbüschel sterben ab. Der Schaden kann größer ausfallen als beim Blütenstecher.
**Besonders gefährdete Pflanzen:** Erdbeeren, Himbeeren, Brombeeren.

### Schutzmaßnahmen
Wie beim Blütenstecher.

## Erdbeer-Wurzelrüßler
*Otiorhynchus rugosostriatus*

Noch ein Rüsselkäfer, der die Erdbeeren liebt. Die erwachsenen Käfer sind etwa 0,5 cm groß und schwarz bis rotbraun gefärbt. Von Juli bis September legen sie ihre Eier in die Erde, nahe den Erdbeerpflanzen. Die schmutzig-weißen Larven fressen an den Wurzeln.
**Schadbild:** Die Käfer fressen Löcher in die Blätter der Erdbeeren; dieser Schaden ist harmlos. Die Larven können die Wurzeln so sehr schwächen, daß die Pflanzen absterben, während sie noch Früchte tragen.
**Besonders gefährdete Pflanzen:** Erdbeeren.

### Schutzmaßnahmen
Natürliche Feinde: Laufkäfer, Raubkäfer, Spitzmäuse, Igel.

# Schädlinge 139

Vorbeugende und sanfte Mittel: Welkende Pflanzen herausnehmen und in der Erde nach Larven suchen. Öfter hacken. Rainfarn- und Wermut-Tee über die Erde gießen. Notfalls ein neues Erdbeerbeet in größerem Abstand anlegen.
Härtere Abwehr: Schwierig, da Käfer und Larven zur Hauptvegetationszeit aktiv sind. Verzichten Sie lieber auf giftige Mittel.

## Erdbeer-Milben
*Tarsonemus pallidus fragariae*

Die winzigen hellbraunen Milben überwintern an den Blattscheiden der Herzblätter. Ab März beginnt die Vermehrung, die aber erst im Sommer ihren Höhepunkt erreicht. Die lichtscheuen Milben sammeln sich mit Vorliebe an den weichen Herzblättern der Erdbeeren.
Schadbild: Beim Saugen übertragen die Milben Giftstoffe in die Zellen der Erdbeerpflanzen. Stark gekräuselte und verkrüppelte Blätter sind die Folge. Die Pflanzen sind im Wachstum gehemmt, Fruchtansätze leiden. Junge Ableger sind oft von den Milben infiziert. Die Milbenschäden haben Ähnlichkeit mit den Symptomen der Erdbeerälchen. Die Nematoden sind aber im Frühling besonders aktiv, die Milben dagegen im Sommer.
Bei spätreifenden, zweimal tragenden Erdbeersorten leiden auch die Früchte. Sie werden braun und reifen nicht aus.
Besonders gefährdete Pflanzen: Erdbeeren, vor allem auf schweren Böden in feucht-warmem Klima.

### Schutzmaßnahmen
Natürliche Feinde: Raubmilben, Wanzen.
Vorbeugende und sanfte Mittel: Keine Ableger von infizierten Mutterpflanzen verwenden. Nach der Ernte das Laub abmähen und vernichten. Den neuen Austrieb im Herbst und im Frühling mit Rainfarn-Tee spritzen.
Mischkultur mit Knoblauch oder Zwiebeln. Stärkende Mittel anwenden.

Härtere Abwehr: Notfalls Pyrethrum-Mittel spritzen. Besser: stark verseuchte Pflanzungen vernichten und neue Beete mit gesunden Sorten anlegen.

## Erdflöhe
*Phyllotreta*-Arten

Die kleinen 1,5–3 mm großen Blattkäfer sind, je nach Art, glänzend schwarz oder schillernd grünblau gefärbt. Einige Arten tragen auf dem Rücken gelbe Längsstreifen. Verdickte Hinterschenkel verleihen den Käferchen die Kraft, »große Sprünge« auszuführen – ähnlich wie Flöhe. Daher stammt auch der Name.

Erdflöhe hinterlassen durchsiebte Blätter.
Milben-Schadbild an Erdbeerblättern.

Die erwachsenen Käfer überwintern unter trockenem Laub oder in Erdritzen. Im Frühling fallen sie hungrig über die jungen Aussaaten von Radieschen und Kohlpflanzen her. Einige fressen auch an der senfölhaltigen Kapuzinerkresse.
Im Mai legen die Erdflöhe ihre Eier in den Boden. Die Larven bohren sich in die Blätter oder die Wurzeln von Kreuzblütlern, richten aber keine größeren Schäden an. Nach dem Verpuppen tauchen ab Juni die Käfer der nächsten Generation auf. Diese richten an späteren Kohlsaaten nur geringe Schäden an.
Schadbild: Winzige runde Löcher an Keimblättern und siebartig durchlöcherte junge Blätter.

Besonders gefährdete Pflanzen: Alle Kohlgewächse, Radieschen, Rettiche und andere Kreuzblütler.

### Schutzmaßnahmen
Natürliche Feinde: Laufkäfer, Raubkäfer, Schlupfwespen, Spitzmäuse, Igel.
Vorbeugende und sanfte Mittel: Erdflöhe lieben trockene Erde und Wärme. Regelmäßiges Hacken und Gießen vertreibt die Käfer. Mulchen.
Blühende Ginsterzweige zwischen den Saatreihen auslegen. Mischkultur mit Spinat und Salaten. Stäuben mit Algenkalk oder Gesteinsmehl; Rainfarn- oder Wermut-Tee ausspritzen.
Härtere Abwehr: Pyrethrum-Präparate stäuben. Normalerweise reichen aber die vorbeugenden Mittel völlig aus.

## Erdraupen/Eulenfalter
*Noctuidae*

Die Larven verschiedener Eulenfalter kennt der Gärtner unter dem Sammelbegriff Erdraupen. Es kann sich dabei zum Beispiel um die Kohleule *(Mamestra brassicae)*, die Wintersaateule *(Scotia segetum)*, die Gemüseeule *(Mamestra oleracea)* oder die Hausmutter *(Noctua pronuba)* handeln. Die Eulen sind Nachtfalter, die meist unauffällige bräunliche oder graue Flügel mit einer Spannweite von 4–5 cm besitzen. Wenn sie still sitzen, stellen die etwas plump gebauten Nachtfalter ihre Flügel wie ein Dach auf.

Die Eulenfalter-Raupen überwintern oft im Boden; im Frühling wandeln sie sich in glänzend braune Puppen um. Im Frühsommer, von Juni bis Juli, legen die Falter ihre Eier meist an die Unterseite der Blätter. Bei einigen Arten fliegt im Spätsommer (August bis September) eine zweite Faltergeneration zur Eiablage aus.

Eulenraupen-Puppen (oben). Die Raupen rollen sich zusammen, wenn sie entdeckt werden.

Erdraupen sind sehr gefräßig.

Die Raupen vieler schädlicher Eulenfalter sind dick, träge und, je nach Art, schmutzig-grau, braun oder grünlich gefärbt. Sie erreichen 3,5–5 cm Länge. Die Raupen verstecken sich tagsüber in Erdlöchern nahe bei ihren Futterpflanzen und kommen erst im Schutz der Dunkelheit heraus. Ein wichtiges Erkennungszeichen: Erdraupen rollen sich sofort zusammen, wenn man sie in die Hand nimmt.

**Schadbild:** zerfressene Blätter, junge Triebe und Herzblätter. Unter der Erde werden Wurzeln und Pflanzenstengel abgebissen. Junge Pflanzen fallen um und sterben ab. Die Kohleulen-Raupen dringen auch ins Innere der Kohlköpfe ein und fressen dort.

**Besonders gefährdete Pflanzen:** Erdbeeren, Möhren, Zwiebeln, Kohlarten, Salat und verschiedene andere Gemüsearten.

### Schutzmaßnahmen

<u>Natürliche Feinde:</u> Laufkäfer, Raubkäfer, Weichkäfer, Schlupfwespen, Spitzmäuse, Igel, Amseln, Hühner (im Herbst und Frühling auf abgeernteten Beeten scharren lassen).

<u>Vorbeugende und sanfte Mittel:</u> Gefährdete Pflanzen nach Eiern und jungen, gerade ausgeschlüpften Raupen absuchen. Öfter hacken. Nachts mit der Taschenlampe nach Raupen suchen; am Tag den Boden um absterbende Pflanzen aufgraben, um versteckte Tiere aufzuspüren.

Mischkultur mit starkriechenden Abwehrpflanzen (z. B. Tomaten oder Sellerie); mit Farnkraut mulchen. Rainfarn-Tee und Wermut-Tee über die Pflanzen spritzen und auf den Boden gießen.

<u>Härtere Abwehr:</u> Abends *Bacillus-thuringiensis*-Präparate ausspritzen; die meisten Eulenarten sind dagegen allerdings relativ unempfindlich. Notfalls Pyrethrum-Mittel einsetzen.

## Fadenwürmer
siehe Nematoden

## Feldmaus
*Microtus arvalis*

Die Feldmaus gehört ebenso wie die Erdmaus und die Schermaus zu den Wühlmäusen. Charakteristisch für diese drei Arten sind kurze Schwänzchen, ein stumpfes Schnäuzchen und kleine, mehr oder weniger im Fell versteckte Ohren.

Die Feldmaus hat ein gelb-grau bis grau-braun gefärbtes Fell und dunkle »Knopfaugen«. Ihre Ohren sind nicht ganz so tief im Fell verborgen wie die der Wühlmaus. Der Körper wird 10–12 cm lang, der Schwanz mißt 3–4,5 cm.

Feldmäuse graben ein verzweigtes System unterirdischer Gänge und Löcher. Nach milden Wintern können Wiesen

Feldmäuse haben einen kurzen Schwanz.

# Schädlinge

Nur das Männchen des Kleinen Frostspanners besitzt richtige Falterflügel. Sie sind unauffällig gefärbt.

oder Beete völlig durchlöchert sein. In der Nähe der Eingangslöcher liegen meist Wurzel- und Samenreste.
In den 50 cm tief gelegenen Nestern bringen die Feldmäuse ab April ihren Nachwuchs zur Welt. Ein Weibchen kann in günstigen Jahren alle drei bis vier Wochen 4–12 Junge bekommen. Die weiblichen Jungtiere sind nach 12 Tagen bereits geschlechtsreif! So kann es immer wieder zu Massenvermehrungen kommen, die aber nach einer gewissen Zeit auch wieder zusammenbrechen.
Feldmäuse sind auf Feldern und Wiesen zu Hause. Von dort wandern sie auch in die Gärten, wo reiche Nahrungsvorräte locken.
**Schadbild:** Feldmäuse nagen an den Stämmen junger Gehölze, an Graswurzeln und auch an Kartoffeln, Wurzelgemüse, Erdbeeren und Blumenzwiebeln. Sie fressen Getreidekörner und unterhöhlen manchmal den Rasen.
**Besonders gefährdete Pflanzen:** junge Obst- und Ziergehölze, Blumenzwiebeln.

### Schutzmaßnahmen
Wie bei der Wühlmaus, siehe Kapitel »Die großen Plagen«, Seite 221–223.

## Frostspanner, Kleiner
### Operophthera brumata

Während die meisten Schmetterlinge im Frühling oder Sommer ihr luftiges Leben genießen, sind die Frostspanner von Oktober bis Januar aktiv. Die Falter schlüpfen im Herbst aus den Puppen, wenn die ersten Frostnächte sich ankündigen.
Das Männchen des Kleinen Frostspanners hat grau-braune Flügel mit einer Zeichnung aus dunklen Wellenlinien. Die Spannweite beträgt 22–28 mm. Der Körper der Weibchen ist dunkelbraun gefärbt und gelbgrau gesprenkelt. Die Flügel sind zu kurzen Stummeln zu-rückgebildet. Die Frostspannerweibchen können nicht fliegen und krabbeln deshalb »zu Fuß« an Baumstämmen hoch. Nachdem sie in der Krone von den Männchen befruchtet wurden, legen sie 100–200 Eier in Rindenvertiefungen ab.
Zeitig im Frühjahr schlüpfen die Raupen des Kleinen Frostspanners aus. Sie sind hellgrün gefärbt; auf dem Rücken verläuft eine dunkelgrüne Linie, an den Seiten mehrere weiß-gelbe Streifen. Diese Raupen sind sehr gefräßig. Sie werden etwa 2,5 cm lang.
Bis Ende Mai oder Anfang Juni fressen die Frostspannerraupen unentwegt an jungen Blättern, Blüten und kleinen Früchten. Die ganz jungen Räupchen trägt der Wind von Baum zum Baum. Charakteristisch ist der »Katzenbuckel«, den diese Spannerraupen beim Weiterkriechen machen.
Wenn sie endlich satt und ausgewachsen sind, seilen sich die Frostspannerraupen an einem Faden zum Boden ab. Dort verpuppen sie sich in einem Kokon etwa 10 cm tief im Boden.
**Schadbild:** Blätter oder Blüten, die zu einem »Baldachin« zusammengewebt sind, zeigen die Anwesenheit des Frostspanners, der unter diesem Dach seiner Lieblingsbeschäftigung, dem Fressen, nachgeht.
Zahlreiche abgefressene Blätter und Blüten und flache löffelartige Aushöhlungen an Kirschen-, Apfel- und Birnenfrüchten sind typisch für den Frostspanner. Regelrechter Kahlfraß ist aber selten.
**Besonders gefährdete Pflanzen:** frühblühende Obstbäume, außer Pfirsich.

### Schutzmaßnahmen
<u>Natürliche Feinde:</u> Schlupfwespen, Raupenfliegen, Spinnen, Raubkäfer, Vögel.
<u>Vorbeugende und sanfte Mittel:</u> Leimringe ab Ende September fest um die Stämme der Obstbäume binden; darauf achten, daß keine Durchschlupflöcher entstehen. Fallendes Laub, das sich am Leim festsetzt, kann eine Brücke für die kletternden Insekten bilden.
Rindenpflege und Baumanstrich vermindern die Unterschlupfmöglichkeiten für Insekten.
<u>Härtere Abwehr:</u> *Bacillus-thuringiensis*-Präparate ausspritzen bei warmem Wetter, wenn die Raupen viel Nahrung aufnehmen. Dies ist aber nur selten bei sehr großer Raupenvermehrung nötig. Im allgemeinen verkraften die Bäume den Blattverlust ohne Probleme.

Die Raupe des Kleinen Frostspanners.

Das Weibchen des Kleinen Frostspanners besitzt nur Flügelstummel, aber eine gute Tarnfarbe.

Die Raupen des Großen Frostspanners sind auffälliger gefärbt.

## Frostspanner, Großer
*Erannis defoliaria*

Die Falter sind größer, ihre Flügelspannweite beträgt 3,5–3,8 mm. Die blaßgelb gefärbten Flügel tragen ein rötlich-braunes Muster. Der Körper der Weibchen ist schwarz-gelb gesprenkelt. Die Raupen des Großen Frostspanners sind rotbraun gefärbt mit weißgelben Flecken. Wenn die Tiere gestört werden, lassen sie sich fallen und baumeln an einem seidenen Faden eine Zeitlang in der Luft. Außer Obstbäumen werden auch Johannisbeeren und Stachelbeeren von den Raupen des Großen Frostspanners heimgesucht.
Schäden und Schutzmaßnahmen wie beim Kleinen Frostspanner.

## Gallmilben
*Phytoptidae*

Diese winzigen Milbenarten sind kleiner als 1 mm und weißlich gefärbt. Sie besitzen zwei Beinpaare. Wo sie an den Blättern oder Knospen saugen, entstehen pockenartige Gallen. Diese Wucherungen verunzieren die Pflanzen, stellen aber im allgemeinen keine Gefahr für die Gesundheit dar.

### Schadbilder:

■ Die Birnenpockenmilbe *(Phytoptus pyri)* verursacht an den Birnbaumblättern gelbliche, später rötliche Blasen.

■ Die Pflaumenblatt-Beutelgallmilbe *(Phytoptus similis)* hinterläßt rötlichgelbe hochstehende Gallen, die oft an den Mitteladern der Blätter oder an den Blatträndern aufgereiht sind.

■ Die Haselnuß-Gallmilben *(Phytocoptella avellanae)* lassen Blattknospen unnatürlich anschwellen; diese sterben ebenso wie befallene Blüten oder Kätzchen ab.

Auch an Weinreben und Walnüssen können ähnliche Gallmilben-Spuren auftauchen. Die Johannisbeer-Gallmilbe ist auf Seite 145 ausführlicher beschrieben.

Schadbild der Pflaumenblatt-Beutelgallmilbe.

### Schutzmaßnahmen

Natürliche Feinde: Raubmilben, Blumenwanzen, Blindwanzen, Gallmücken.
Vorbeugende und sanfte Mittel: Bei allen Gallmilben-Deformationen kann man die kranken Pflanzenteile abschneiden. Im allgemeinen sind aber keine weiteren Schutzmaßnahmen nötig.

## Gallmücken
*Cecidomyiidae = Itonididae*

Gallmücken sind zierliche Insekten, die, je nach Art, nur 1,5–2,5 mm groß werden. Charakteristisch sind breite, oft behaarte Flügel, lange perlschnurartig gegliederte Fühler und lange, dünne Beine.
Die Gallmücken verursachen, ähnlich wie die Gallmilben und die Gallwespen, Wucherungen an den Blättern oder Trieben der von ihnen bevorzugten Gewächse. Ihre Spuren sind auffällig, aber meist ungefährlich für die Gesundheit der Pflanzen. Die Mückenweibchen legen ihre Eier in jungen Blättern oder Trieben ab. Die Larven verursachen dann die Wachstumsstörungen, während sie an den Pflanzenteilen fressen.

### Schadbilder:

■ Die Apfelblatt-Gallmücke *(Dasineura mali)* erkennt man an eingerollten, verformten Blättern, in denen die weißen Larven versteckt sind. Gefährdet sind vor allem weiche Triebspitzen.

■ Die Birnblatt-Gallmücke *(Dasineura pyri)* verursacht stark eingerollte und verdrehte Blätter, die später schwarz werden und abfallen.

■ Die Johannisbeerblatt-Gallmücke *(Dasineura tetensi)* kommt an Schwarzen Johannisbeeren vor. Die jungen Blätter drehen sich, wenn sie sich entrollen wollen, nach einer Seite. Sie können sich nicht mehr normal entfalten. Später sehen sie faltig, verdreht und schwarz gefärbt aus.

■ Die Himbeer-Gallmücke *(Lasioptera rubi)* legt ihre Eier an Himbeer-

# Schädlinge 143

Larven der Apfelblatt-Gallmücke.

Eingerollte Blätter verraten Gallmilben.

und Brombeertrieben ab. Die Larven bohren sich in die Ruten; an diesen Stellen bilden sich dann dicke Gallen. Gallmücken können außerdem an Birnenfrüchten oder Erbsenschoten Wucherungen und Wachstumsstörungen verursachen.

**Schutzmaßnahmen**
Natürliche Feinde: Spinnen, Vögel.
Vorbeugende und sanfte Mittel: Im allgemeinen genügt es, wenn Blätter, Zweige oder Früchte, an denen gallenartige Wucherungen auftauchen, herausgeschnitten und vernichtet werden. So wird die weitere Ausbreitung der Gallmücken eingeschränkt.
Härtere Abwehr: keine!
Diese Schadbilder können jeden angehenden Biogärtner die nötige Geduld lehren. Die geringe Menge verkrüppelter Blätter richtet weit weniger Schaden an als eine »massive« Spritzung. Dabei würden wahrscheinlich »freilaufende« Nützlinge eher getroffen werden als die sicher »eingerollten« Mückenlarven.

Manche »krausen Einfälle« der Natur muß ein Biogärtner gelassen hinnehmen können.

## Gallwespen
*Cynipidae*

Auch diese Insekten erzeugen Wucherungen an verschiedenen Pflanzenarten. Die Weibchen legen ihre Eier an Blättern oder Stengeln ab. Dort bilden sich um die ausgeschlüpften Larven Gallen, die oft bizarre Formen haben. Die Larven der Gallwespen verpuppen sich in diesen schützenden Gehäusen. Das wuchernde Gewebe dient ihnen gleichzeitig als Nahrung.
Solche Gallen werden von verschiedenen Wespenarten, zum Beispiel an Himbeerruten, an Eichenblättern und an Wildrosen, verursacht. Im Garten haben sie keine größere Bedeutung. Nur die Rosengallwespe ist auf Seite 161 näher beschrieben.

## Gefurchter Dickmaulrüßler
siehe Dickmaulrüßler

## Gespinstmotten
*Yponomeutidae*

Die Apfelbaum-Gespinstmotte *(Yponomeuta malinellus)* und die Pflaumen-Gespinstmotte *(Yponomeuta padellus)* können im Garten auftauchen. Diese Schädlinge und ihre Schadbilder gleichen sich sehr.
Die Motten haben weißgraue, schwarz gesprenkelte Flügel und eine Spannweite von 18–22 mm. Diese Falter fliegen im Juli und August. Sie legen ihre Eier dachziegelartig angeordnet an dünnen Zweigen ab. Die Gelege werden mit einer rasch härtenden Sekretschicht abgedeckt. Die Larven schlüpfen noch im Herbst; sie überwintern unter dem festen, schützenden Sekretdach.
Wenn die Bäume auszutreiben beginnen, kommen die gelb-grauen, schwarz gepunkteten Raupen aus ihren Verstecken. Sie fressen zuerst an jungen Knospen, später an den Blättern der Obstbäume.
Die Raupen der Gespinstmotten leben gesellig in großen Gruppen zusammen. Nach der Baumblüte stellen sie gemeinsam dichte grau-weiße Gespinste her. Im Schutz dieser »Gardinen« leben und fressen die Tiere nun wochenlang. Gegen Ende Juni verpuppen sich die Raupen innerhalb der Gespinste in weißen Kokons.
**Schadbild:** Die hellen Gespinste sind sehr auffallend; sie können ganze Äste überziehen. An diesen Stellen werden sehr viele Blätter vernichtet. Pflaumenbäume können, wenn die Mottenraupen sich massenhaft ausbreiten, ganz eingesponnen und fast kahlgefressen werden. Solche Invasionen kommen aber selten vor. Wenn ein großer Teil der Blätter vernichtet wird, erleiden die Bäume natürlich auch schwere Wachstumsstörungen; die Ernte wird stark geschädigt oder fällt schlimmstenfalls ganz aus.
An Apfelbäumen hält sich der Schaden meist in Grenzen.

Gespinstmotten mit weiß-schwarzen Flügeln.

Im Gespinst leben viele kleine Mottenraupen.

# Gärtner-Lexikon

**Besonders gefährdete Pflanzen:** Pflaumen- und Zwetschgenbäume; die Pflaumen-Gespinstmotte kommt auch an Schlehen, Weißdorn und Kirschen vor.
Die Apfelbaum-Gespinstmotte richtet auch an Birnen und Quitten Schäden an.

**Schutzmaßnahmen**
<u>Natürliche Feinde:</u> Schlupfwespen, Raupenfliegen, Raubwanzen, Vögel.
<u>Vorbeugende und sanfte Mittel:</u> Rindenpflege und Baumanstrich; so früh wie möglich Gespinste mit den Raupen herausschneiden und vernichten; die Raupen herunterschütteln und in ausgelegten Tüchern einsammeln; mit einem Wasserstrahl die Gespinste und die Tiere abspritzen.
<u>Härtere Abwehr:</u> Winterspritzungen haben wenig Sinn, weil die Raupen unter dem festen Sekret nicht erreicht werden.
Schmierseifen-Spiritus-Brühe durchdringt die Gespinste. Spritzungen müssen früh durchgeführt werden, solange die Gespinste noch nicht dicht verwoben sind.
*Bacillus-Thuringiensis*-Präparate sind wirksam und nützlingsschonend, solange die Raupen erreicht werden.
Stärkere Spritzungen sind nur bei massenhaftem Auftreten der Raupen zu verantworten. Sonst reichen die einfachen Abwehrmittel aus!

## Himbeer-Blütenstecher

siehe Erdbeer-Blütenstecher

## Himbeerkäfer
### *Byturus tomentosus*

Ab Mai kommen die Himbeerkäfer aus ihren Winterverstecken. Sie sind 3,5–4,5 mm lang, braun gefärbt und mit gelbbraunen Haaren bedeckt, die später eine graue Tönung annehmen. Zuerst fliegen die Himbeerkäfer zu den frühblühenden Rosengewächsen wie Apfel, Birne oder Weißdorn. Bei warmem, sonnigem Wetter sind sie beson-

Himbeerkäfer in der Blüte.

ders aktiv. Ab Juni sammeln sie sich an den Himbeeren, etwas später auch an Brombeeren. Die Käfer fressen dort an Knospen und Blüten und legen ihre Eier direkt in die Blüten.
Etwa 10 Tage später schlüpfen die Larven; sie sind blaß-gelb gefärbt und tragen auf dem Rücken über jedem Segment einen braunen Streifen. Diese Larven sind die Himbeermaden, die den Genuß der süßen Früchte sehr beeinträchtigen können. Sie fressen zuerst außen an den Teilfrüchtchen und bohren sich später auch ins weiche Innere der Beeren.
Nach 5 bis 7 Wochen lassen sich die ausgewachsenen Maden zu Boden fallen. Sie graben sich in die Erde und richten sich in 5–20 cm Tiefe eine kleine Höhle ein. Dort verpuppen sich die Larven. Fünf bis sechs Wochen später schlüpfen die Käfer der neuen Generation aus, die über Winter in ihrem unterirdischen Versteck bleiben.
**Schadbild:** Die Käfer zerstören Knospen und Blüten; sie fressen vor allem die Staubgefäße und Stempel der Blüten auf – die Larven verursachen Schäden an den Beeren, die verkümmern und braun werden.
**Besonders gefährdete Pflanzen:** Himbeeren und Brombeeren.

**Schutzmaßnahmen**
<u>Natürliche Feinde:</u> Vögel, Spitzmäuse, Igel, Schlupfwespen.
<u>Vorbeugende und sanfte Mittel:</u> Sobald die Käfer auftauchen, die blühenden Zweige über einem Eimerchen abklopfen und so viele Tiere wie möglich einsammeln. Im Herbst und im Früh-

ling den Boden unter der Beerenpflanzung mit Rainfarn-Tee gießen.
<u>Härtere Abwehr:</u> Kurz vor dem Beginn der Blüte, wenn die Käfer bereits da sind, aber noch keine Eier gelegt haben, mit Pyrethrum-Präparaten spritzen. Nur als Notmaßnahme bei starker Vermehrung. Achten Sie auf Bienen und andere Nutzinsekten!

## Haselnußbohrer
### *Curculio nucum*

Diese Rüsselkäfer sind 6–9 mm groß und unregelmäßig grau-beige gefärbt. Sie besitzen einen langen, gebogenen Rüssel, mit dem die Weibchen im Juni die noch weichen Haselnüsse anbohren. Durch die Öffnung legen sie ein Ei ins Innere. Die weißen Maden des Haselnußbohrers wachsen, geborgen und gut mit Nahrung versorgt, im festen Gehäuse auf. Ende Juli verlassen sie die Nuß und graben sich in der Erde ein. Im Frühjahr verpuppen sich diese Larven, und im Mai schlüpft eine neue Käfergeneration aus.
**Schadbild:** Nur ein kleines rundes Loch in der Nußschale zeigt, daß der Haselnußbohrer am Werk war und daß das Gehäuse nun leer ist.
**Besonders gefährdete Pflanzen:** nur Haselnußsträucher.

**Schutzmaßnahmen**
<u>Natürliche Feinde:</u> Schlupfwespen, Spitzmäuse, Igel, Vögel
<u>Vorbeugende und sanfte Mittel:</u> Im Herbst und Winter den Boden unter

Die Larve des Haselnußbohrers im Gehäuse.

den Sträuchern öfter durchhacken; so werden die Larven gestört. Die angebohrten Nüsse erkennt man meist erst, wenn es zu spät ist.
Härtere Abwehr: Im Garten vollkommen unnötig. Haselnußsträucher, die oft Bestandteil von Naturhecken sind, sollten nicht gespritzt werden. Ein paar taube Nüsse betrachtet ein Biogärtner als Tribut an die Natur.

## Johannisbeerblatt-Gallmücke

siehe Gallmücken

## Johannisbeer-Blasenlaus
*Cryptomyzus ribis*

Im Frühling, nach dem Austrieb, sammeln sich rundliche, hell gelbgrüne Läuse an der Unterseite der Blätter. Vor allem rote Johannisbeeren werden von dieser Blasenlaus befallen. Die geflügelten Insekten, die im Sommer entstehen, verlassen die Beerensträucher und wechseln auf einen Zwischenwirt über. Sie bevorzugen für einige Wochen den Zyst *(Stachys)*. Im Herbst kehren sie auf die Johannisbeersträucher zurück und legen dort ihre Eier an den Trieben ab.
**Schadbild:** Auffällige Blasen an den Blättern, die sich rot bis dunkelpurpurn färben. Bei Schwarzen Johannisbeeren entstehen gelbliche Blasen.
Honigtau und Rußpilze verschmutzen Blätter und Beeren.
**Besonders gefährdete Pflanzen:** Rote Johannisbeeren; weniger Weiße Johannisbeeren, selten Schwarze Johannisbeeren.

### Schutzmaßnahmen
Natürliche Feinde: Marienkäfer, Florfliegenlarven, Schwebfliegen, Schlupfwespen, Wanzen, Vögel, Spinnen und viele andere.
Vorbeugende und sanfte Mittel: Maßnahmen, die gesundes Wachstum und kräftige Blattentwicklung fördern.
Härtere Abwehr: unnötig. Die roten Blasen sind sehr auffällig, schaden den Sträuchern aber kaum. Die Läuse halten

Schadbild der Johannisbeer-Blasenlaus.

sich nur relativ kurz an den Johannisbeeren auf. Wichtige Lehre für den Biogärtner: Nicht durch Äußerlichkeiten provozieren lassen! Wer den natürlichen Ablauf kennt, der kann ganz ruhig und gelassen bleiben.

## Johannisbeer-Gallmilbe
*Cecidophyopsis ribis*

Die winzigen weißen Milben leben zu Tausenden in den Knospen der Schwarzen Johannisbeeren. Ab Ende März verlassen sie in Scharen diese Knospen und kriechen weiter von Zweig zu Zweig. Auch der Wind, Insekten oder sogar die Hände des Gärtners tragen zu ihrer Ausbreitung bei. Der Höhepunkt dieser Milbenwanderung liegt im Mai. Im Juni und Juli suchen die Tiere die neuen Knospen auf und legen dort ihre Eier ab. Die Entwicklung geht sehr rasch vor sich, die Vermehrungszeit dauert lange an. Im September und im Vorfrühling erreicht sie besondere Höhepunkte. Den größten Schaden richten die Gallmilben aber durch die Übertragung gefährlicher Viruserkrankungen an.
**Schadbild:** Dick angeschwollene, rundliche Knospen zeigen den Milbenbefall deutlich an. Die Schwellung beginnt schon im Sommer, wird aber nach dem Blattfall besonders deutlich. Blätter und Blüten werden in solchen Knospen vernichtet. Sie öffnen sich zwar, können sich aber nicht mehr entfalten; sie vertrocknen dann und sterben ab. Wo viele Knospen vernichtet werden, führt dies zu einer Schwächung der Sträucher.
**Besonders gefährdete Pflanzen:** Schwarze Johannisbeeren, Rote und Weiße Johannisbeeren und Stachelbeeren können ebenfalls befallen werden.

### Schutzmaßnahmen
Natürliche Feinde: Raubmilben, Blumenwanzen, Blindwanzen, Gallmücken.
Vorbeugende und sanfte Mittel: Unnatürlich anschwellende Knospen herausbrechen und vernichten. Vor und nach der Blüte mit Rainfarn-Tee die Sträucher gründlich einsprühen.
Härtere Abwehr: Gefahr droht vor allem durch die Übertragung von Virusinfektionen. Im Notfall muß rechtzeitig mit Netzschwefel-Präparaten gespritzt werden.

Runde, angeschwollene Knospen verraten die Anwesenheit der Johannisbeer-Gallmilbe. Je früher der Gärtner eingreift, desto besser!

Der hübsche Glasflügler ist nicht harmlos.

## Johannisbeer-Glasflügler
*Synanthedon tipuliformis*

Dieser zierliche Falter ähnelt eher einer Wespe als seinen Verwandten aus der Schmetterlingsfamilie. Seine Flügel, die eine Spannweite von 17–21 mm erreichen, sind durchsichtig wie Glas. Der dunkle Körper ist mit gelben Querstreifen gezeichnet.

Von Ende Mai bis Juli fliegt der Johannisbeer-Glasflügler zu den Beerensträuchern. Dort legt er seine Eier einzeln an die Rinde der Zweige; dabei wählt er mit Vorliebe Stellen in der Nähe einer Knospe oder einer Schnittfläche aus. Nach etwa 10 Tagen schlüpfen die gelblich-weißen Larven aus und bohren sich sofort ins Holz. Sie fressen bis zum Herbst das Mark aus dem Zweig. Den Winter verbringen sie in den ausgehöhlten Gängen.

Im April oder Mai beißt sich die Raupe bis zur Rinde durch. Sie verpuppt sich dort dicht unter der Oberfläche. Ein paar Wochen später verläßt der Falter durch ein Schlupfloch in der Rinde den Zweig.

**Schadbild:** Plötzlich welkende Blätter mitten im Sommer zeigen den Schaden an. Äußerlich ist, außer dem kleinen Schlupfloch in der Rinde, nichts zu entdecken. Beim Schnitt zeigt sich dunkelgefärbtes Mark. Die Zweige brechen leicht.

**Besonders gefährdete Pflanzen:** Schwarze Johannisbeeren, aber auch Rote Johannisbeeren und Stachelbeeren.

### Schutzmaßnahmen
Natürliche Feinde: Die Larven sind für Nutzinsekten schwer erreichbar. In der kurzen Zeit, in der sie sichtbar sind, können Vögel sie erwischen.

Vorbeugende und sanfte Mittel: Möglichst wenige hochgelegene Schnittstellen verursachen, und unvermeidbare Wunden mit einer Mischung aus Lehmbrei und Rainfarn-Tee verschließen. Beim Schnitt keine Zapfen stehenlassen. So finden die Larven keine mühelosen Einstiegsmöglichkeiten.
In den Wochen der Eiablage mit Rainfarn-Tee spritzen.

Härtere Abwehr: Alle erkrankten Zweige sofort tief abschneiden und vernichten. Mehr ist nicht nötig, da die robusten Beerensträucher normalerweise keinen ernsten Schaden nehmen.

## Kartoffelkäfer
*Leptinotarsa decemlineata*

Nach seinem Heimatland wird der bei uns eingeschleppte Käfer auch Colorado-Käfer genannt. Er wird etwa 1 cm groß; die halbkugeligen, glänzend gelben Käfer sind mit 10 schwarzen Längsstreifen gezeichnet.

Etwa zur Zeit der Löwenzahnblüte kommen die Käfer, die im Boden überwintert haben, aus der Erde. Sie fressen am jungen Austrieb der Kartoffeln und an anderen Nachtschattengewächsen. Etwas später beginnen die Weibchen ihre gelben länglich-ovalen Eier an der Unterseite der Kartoffelblätter abzulegen. Sie werden aufrecht in Gruppen nebeneinander gestellt und befestigt. Ein Käfer kann bis zu 400 Eier verteilen.

Nach knapp zwei Wochen schlüpfen die rundlichen, rötlich-gelben Larven aus. Sie fallen gefräßig über das Kartoffellaub her und richten die größten Schäden an. Im schlimmsten Fall werden die Pflanzen so kahl gefressen, daß nur die Blattgerippe stehenbleiben.

Drei bis vier Wochen später sind die Larven rund und satt geworden. Sie graben sich in den Boden ein, um sich zu verpuppen. Bereits 14 Tage später schlüpft die neue Kartoffelkäfer-Generation. Meist verpuppen sich diese Tiere schon früh (ab August) in der Erde. Sie finden in unserem Klima ja kein frisches Kartoffellaub mehr für eine weitere Generation. Deshalb legen sie eine lebenerhaltende Pause ein.

**Schadbild:** Fraßspuren an den Blatträndern und Löcher in den Blättern. Im

Wo die Larven des Kartoffelkäfers in Scharen auftauchen, da richten sie große Schäden an.

# Schädlinge 147

Der Kartoffelkäfer ist auffällig gefärbt.

Kartoffelkäfer-Eier an der Blattunterseite.

Extremfall werden die Blätter bis zu den Rippen kahlgefressen.
**Besonders gefährdete Pflanzen:** Kartoffeln. »Nebenschauplätze« können Tomaten, Eierfrüchte und wilde Nachtschattengewächse wie zum Beispiel Tollkirschen sein.

### Schutzmaßnahmen
<u>Natürliche Feinde:</u> Laufkäfer, Raupenfliegen, Kröten.
<u>Vorbeugende und sanfte Mittel:</u> Am wichtigsten ist das rechtzeitige Absammeln der Käfer, später auch der Eier und der Larven. Vorbeugende Pflanzenkräftigung durch Brennesseljauche oder Algen-Produkte. Mit Farnkraut mulchen; Farnkraut-Brühe spritzen.
<u>Härtere Abwehr:</u> Die Larven mit Gesteinsmehl überstäuben.

Normalerweise reichen diese Maßnahmen im Hausgarten aus, da Kartoffelkäfer nur noch selten in größeren Mengen auftauchen. Nur für Notfälle: Pyrethrum-Puder.

### Kartoffel-Nematoden
siehe Nematoden.

### Kirschenblattlaus, Schwarze
**Schwarze Sauerkirschenblattlaus, Schwarze Süßkirschenblattlaus**
*(Myzus cerasi, Myzus prunarium)*

Beide Läusearten ähneln sich sehr; sie sind glänzend dunkelbraun oder schwarz gefärbt. Die jungen Läuse schlüpfen ab März aus den Eiern und wandern zu den jungen Blättern. Im Sommer siedeln geflügelte Läuse auf Labkraut und Ehrenpreis um. Im Herbst kehren die Tiere an die Bäume zurück, um die Wintereier abzulegen.
**Schadbild:** Die Süßkirschenlaus siedelt sich an der Unterseite der Blätter an, die sich dann stark einrollen. Triebspitzen an jungen Bäumen können bei sehr starkem Befall absterben.
Die Sauerkirschenlaus sitzt an den Blatt- und Fruchtstielen. Es entstehen Wachstumshemmungen an den Früchten, aber keine gerollten Blätter.

Die Schwarzen Läuse beider Arten scheiden viel Honigtau aus, auf dem sich Rußtau-Pilze ansiedeln. Blätter und Früchte können dadurch stark verschmiert werden. Ameisen kommen in Scharen.
**Besonders gefährdete Pflanzen:** Süßkirschen, Sauerkirschen und Wildkirschen.

### Schutzmaßnahmen
Größere Bäume verkraften die Läuse ohne ernstlich Schaden zu nehmen. Die Folgen sind höchstens lästig. Junge Bäume können geschwächt werden.
Siehe ausführliche Läuse-Abwehr-Ratschläge, Seite 212–214.

### Kirschfruchtfliege
*Rhagoletis cerasi*

Die kleine Kirschfruchtfliege liebt Sonne und Wärme; sie kommt deshalb nur in Landschaften mit mildem Klima vor. Die erwachsenen Fliegen sind etwa 5 mm lang. Der schwarze Körper ist mit einem gelben Schildchen geschmückt. Die Augen sind auffallend grün, die durchsichtigen Flügel tragen ein dunkles Muster.
Die Kirschfruchtfliegen schlüpfen ab Mai aus den Puppengehäusen, in denen sie überwintert haben. Je nach Witterung legen sie ab Ende Mai bis Juni ihre

Geflügelte Kirschenblattläuse ziehen im Sommer zeitweise auf andere Pflanzen um.

Eier in die reifenden Kirschen, wenn die Früchte anfangen, sich gelb zu färben. Bald darauf schlüpfen die weißen Maden, die sich sofort ins Fruchtfleisch bohren.

Nach drei bis vier Wochen sind die Maden erwachsen. Sie verlassen die Kirschen und verpuppen sich in gelben Tönnchen im Boden.

**Schadbild:** Die angefressenen Kirschen färben sich braun; sie werden rund um den Stiel weich, faul und ungenießbar.

**Besonders gefährdete Pflanzen:** Süßkirschen in warmen Landschaften.

### Schutzmaßnahmen

Natürliche Feinde: Schlupfwespen, Laufkäfer, Raubkäfer, Spinnen, Hühner.
Vorbeugende und sanfte Mittel: In Gegenden, wo die Kirschfruchtfliege häufig vorkommt, frühblühende Sorten pflanzen. Diese werden wegen der noch kühlen Witterung zur Blütezeit meist verschont.

Kirschfruchtfliege mit gelbem Rückenschild.

Alle wurmigen Kirschen am Baum und auf dem Boden sammeln und vernichten.
Baumscheiben im Frühling mulchen; der Boden erwärmt sich darunter langsamer, dadurch verzögert sich das Ausschlüpfen der wärmebedürftigen Fliegen aus den Puppen.
Kleinere Obstbäume mehrmals mit Wermut-Tee einsprühen, wenn die Kirschen zu reifen beginnen. Bei größeren Bäumen ist dies kaum möglich.
Härtere Abwehr: Mehrere Gelbtafeln (Kirschfruchtfliegen-Fallen, Seite 84) in die Bäume hängen. Dies muß kurz vor dem Beginn der Flugzeit, etwa ab Mitte Mai, geschehen. Bei konsequenter Anwendung dieser Lockfallen über mehrere Jahre werden giftige Spritzungen vollkommen überflüssig.
Wichtig: Die Leimtafeln wieder entfernen, sobald die Flugzeit der Kirschfruchtfliege vorbei ist, damit andere Insekten nicht daran hängenbleiben!

## Kohlblattlaus, Mehlige
*Brevicoryne brassicae*

Die graugrünen, mehlig bepuderten Läuse tauchen ab April auf. Sie sind auf Kohlgewächse und auf einige andere Kreuzblütler, wie zum Beispiel Radieschen oder Senf, spezialisiert. Auch im Sommer wechseln sie nicht auf andere Pflanzen über. Rotkohl und Wirsing sind stärker gefährdet als Weißkohl. Anfangs sitzen die Läuse auf der Oberseite der Blätter, später siedeln sie sich an der Unterseite und auf den Innenblättern der Köpfe an. Dann sind sie viel schwieriger zu erreichen. Die Wintereier werden gern an Rosenkohl und Grünkohl abgelegt.

**Schadbild:** Stark besiedelte Stellen färben sich blaßgrün, gelblich oder violett. Es bilden sich Beulen und Wulste an den Blättern. Wo die Herzblätter beschädigt werden, können keine Kohlköpfe mehr entstehen.

Die Mehlige Kohlblattlaus liebt Kreuzblütler.

**Besonders gefährdete Pflanzen:** Rotkohl und Wirsing.

### Schutzmaßnahmen

Natürliche Feinde: Alle Blattlaus-Feinde, vor allem Schlupfwespen, die ihre Eier in die lebenden Läuse legen.
Vorbeugende und sanfte Mittel: Läuse entfernen, solange sie auf der Oberseite der Blätter leben. Kranke Pflanzenteile nicht auf den Kompost bringen, sondern vernichten. Alle weiteren Maßnahmen: siehe Kapitel »Die großen Plagen«, Seite 212.

## Kohldrehherzmücke
*Contarinia nasturtii*

Die zierlichen, nur 1,5–2 mm großen Gallmücken sind gelbbraun gefärbt und auf dem Rücken grau gestreift. Sie schlüpfen ab Mitte Mai, wenn der Boden feucht und die Luft warm ist. Dann legen die Weibchen ihre glasigen Eier an den Herzblättern junger Kohlpflanzen ab. Schon nach vier Tagen schlüpfen gelblich-weiße Larven aus, die vor allem an der Oberseite der Blattstiele saugen.

Die Entwicklungszeit der Kohldrehherzmücke ist sehr kurz. Bei günstiger Witterung sind die Larven schon nach zwei Wochen ausgewachsen. Dann verpuppen sie sich im Boden. Im Juli, im August und im September können sich weitere Generationen der Mücken entwickeln. Trockenheit oder kühle Witterung begrenzen die Ausbreitung. In regenreichen Jahren oder in feuchten Gärten sind die Schäden am größten.

Die Larven der letzten Generation überwintern im Boden, wo sie sich etwa 2–7 cm tief eingraben und in einen Kokon einspinnen.

**Schadbild:** Die angesaugten Blattstiele wachsen stockend und unregelmäßig. Sie verdrehen und krümmen sich. Meist kann die Kohlpflanze keinen Kopf mehr bilden. Sie entwickelt statt dessen Seitentriebe.

**Besonders gefährdete Pflanzen:** Alle Kohlpflanzen, auch wilde Kreuzblütler. Die erste Generation der Dreh-

# Schädlinge

herzmücke ist die gefährlichste im Garten, weil dann die Kohlpflanzen noch klein sind. Später können die Tiere die Innenblätter der Kulturpflanzen nicht mehr erreichen.

**Schutzmaßnahmen**
Natürliche Feinde: Schlupfwespen, Raupenfliegen, Laufkäfer, Raubkäfer, Spitzmäuse.
Vorbeugende und sanfte Mittel: Während der ersten Flugzeit die jungen Kohlpflanzen mit Gemüsefliegennetzen abdecken. Mischkultur mit Tomaten oder Sellerie. Kohl nicht auf schattigen, feuchten Beeten anbauen; sonnige, etwas windige Plätze wählen. Im Sommer wilde Kreuzblütler rechtzeitig jäten.
Härtere Abwehr: Sinnvoll sind nur Maßnahmen während der Hauptflugzeit und während der Eiablage. Notfalls Schmierseifen-Brühe oder Pyrethrum-Präparate ins Herz der Pflanzen spritzen.

## Kohlerdfloh
siehe Erdflöhe

## Kohleule
siehe Erdraupen

## Kohlfliege, Kleine
*Phorbia brassicae*

Die 5–6 mm große graue Fliege ähnelt einer kleinen Stubenfliege. Ab Ende April schlüpfen die Insekten aus den tönnchenförmigen Puppen, in denen sie überwintert haben. Bei kühlem Wetter und in Landschaften mit rauhem Klima kann sich dieser Zeitpunkt um zwei bis drei Wochen verschieben. Ein Anhaltspunkt für den Beginn der Flugzeit ist auch das Aufbrechen der Kastanienblüte.
Die Weibchen legen bis zu 100 weiße Eier, die nur 1 mm groß sind, an den Wurzelhals junger Kohlsetzlinge oder in Erdspalten neben den Pflanzen ab. Schon nach vier bis acht Tagen schlüpfen die gelblich-weißen Maden aus. Sie ernähren sich zuerst von den äußeren Faserwurzeln; dann dringen sie in die Hauptwurzel und bis zum Stengelhals der Pflanzen vor. Nach zwei bis vier Wochen verpuppen sich die Larven, die nur knapp 1 cm lang sind. Dies kann im Boden oder in den Freßgängen geschehen. Sieben bis zehn Tage später erscheinen bereits die neuen Fliegen. Bei günstiger Witterung können drei bis vier Generationen innerhalb einer Vegetationsperiode entstehen. Die letzte Generation überwintert als Puppe in der Erde.

Kohldrehherzmücken schädigen Herzblätter.

**Schadbild:** Die angefressenen Wurzeln faulen, die Pflanzen wachsen nicht mehr weiter. Sie färben sich bleigrau und können leicht aus dem Boden gezogen werden. Am Wurzelhals und in der Hauptwurzel finden sich Freßgänge. Rettich und Radieschen zeigen braune Miniergänge.

**Besonders gefährdete Pflanzen:** Junge Kohlpflanzen; vor allem Blumenkohl. Spätere Fliegengenerationen gefährden auch Rosenkohl; außerdem Rettich, Radieschen, Senf und andere Kreuzblütler.

**Schutzmaßnahmen**
Natürliche Feinde: Raubkäfer fressen viele Eier auf; außerdem Laufkäfer, Schlupfwespen, Raubwanzen, Gallmückenlarven, Ohrwürmer, Spinnen.
Vorbeugende und sanfte Mittel: Durch frühes oder späteres Pflanzen die Hauptflugzeit meiden. Zur Flugzeit die Beete (auch Frühbeete) mit Gemüsefliegennetzen abdecken. Junge Kohlpflanzen tief setzen und anhäufeln. Bei höherstehenden Pflanzen die Stengel mit Lehmbrei einstreichen; die harte Kruste schützt. Auf Eigelege achten und rechtzeitig entfernen.
Kohlkragen anlegen.
Intensiv duftende Kräuter als Mulchdecke auslegen oder im Handel erhältliche Gemüsestreumittel (ebenfalls auf Duftstoffbasis) verwenden.

Die Maden der Kleinen Kohlfliege.

Mischkultur mit Tomaten nützt nur bei späteren Fliegengenerationen.
Keinen frischen Mist verwenden; der Geruch zieht die Fliegen an. Die Pflanzen mit Kompost, Kräuterjauche, Steinmehl und anderen Biomitteln zu gesundem Wachstum anregen.
Erkrankte Pflanzen mit den »Untermietern« vernichten. Keine alten Kohlstrünke auf den Beeten stehenlassen.
Härtere Abwehr: Spritzung mit Schmierseifen-Brühe oder Pyrethrum-Mittel sind unnötig, wenn die zahlreichen vorbeugenden Maßnahmen genutzt werden.

## Kohlgallenrüßler
*Ceutorhynchus pleurostigma*

Dieser kleine graue Rüsselkäfer erreicht nur 2–3 mm Länge. Er überwintert als Puppe oder als Käfer im Boden. Im Frühling legen die Weibchen ihre Eier an den Wurzelhals der Kohlpflanzen. Wenn die Larven sich entwickeln, schwillt diese Stelle zu einer rundli-

Der Kohlgallenrüßler verursacht Wucherungen, die von Maden »bewohnt« sind.

chen Galle an, die den Umfang einer Haselnuß erreichen kann. An einer Pflanze können sich mehrere solcher Wucherungen bilden. Sobald sie ausgewachsen sind, verlassen die Larven die Gallen und verpuppen sich im Boden.
**Schadbild:** Runde Gallen am Wurzelhals.
**Besonders gefährdete Pflanzen:** Alle jungen Kohlpflanzen, aber auch andere Kreuzblütler.

**Schutzmaßnahmen**
Natürliche Feinde: Schlupfwespen, Spitzmäuse.
Vorbeugende und sanfte Mittel: Kohlpflanzen tief setzen; Stengel mit Lehmbrühe bestreichen; Rainfarn-Tee spritzen. Junge Gallen aufschneiden.
Härtere Abwehr: Nicht nötig, da selten größere Schäden entstehen.
Wichtig für den Gärtner: Er muß die runden Gallen von den knolligen Wucherungen der Kohlhernie unterscheiden! Schneiden Sie im Zweifelsfall eine Galle auf. Die Kammern mit den Larven zeigen deutlich das Tier als Schädling. Die Kohlhernie ist dagegen eine Pilzerkrankung (siehe S. 188).

## Kohlmotte/Kohlschabe
*Plutella xylostella*

Die dunkelgrauen Flügel dieser Nachtfalter haben eine Spannweite von 16 mm. Sie sind an den Rändern hell gezeichnet. Wenn die Motten ihre Flügel zusammenfalten, entsteht auf dem Rücken ein langer gemusterter Streifen.
Ab Mai fliegen die Weibchen abends und nachts zur Eiablage. Die winzigen Eier werden auf der Blattunterseite von Kohlpflanzen befestigt. Nach wenigen Tagen schlüpfen die blaßgrünen Raupen. Sie fressen drei bis vier Wochen lang an den Kohlpflanzen. Danach verpuppen sie sich in einem netzartigen Kokon, den sie an Blättern oder Steinen befestigen. Nach etwa 14 Tagen schlüpfen neue Falter aus. In warmen, trockenen Sommern können sich zwei bis drei Generationen entwickeln.
**Schadbild:** Die Raupen fressen zuerst Gänge in die Blätter; später schaben sie von unten größere Flächen bis auf die dünne Blattoberhaut ab. Daher kommt auch der Name »Schaben«. Die abgeschabten Stellen wirken silbergrau. Oft entstehen aber auch richtige Löcher in den Blättern.

Die Larve der Kohlschabe ist am Werk.

**Besonders gefährdete Pflanzen:** Kohlarten, aber auch andere Kreuzblütler.

**Schutzmaßnahmen**
Natürliche Feinde: Schlupfwespen, Raupenfliegen, Fledermäuse, Vögel, Spitzmäuse.
Vorbeugende und sanfte Mittel: Zur Flugzeit Gemüsefliegennetze über die Beete spannen. Stark riechende Pflanzenbrühen spritzen, zum Beispiel Wermut, Rainfarn oder Tomatenblätter (falls schon vorhanden). Die Unterseite der Blätter kontrollieren, Eier zerdrücken.
Härtere Abwehr: Notfalls *Bacillus-Thuringiensis*-Präparate verwenden.

## Kohlweißling, Großer
*Pieris brassicae*

Der Große Kohlweißling ist ein elfenbeinweißer Falter, der etwa 6 cm Flügelspannweite erreicht. Die Vorderflügel haben schwarze Spitzen. Bei den Weibchen sind sie zusätzlich mit zwei schwarzen Flecken geschmückt.
Ab April schlüpfen die Schmetterlinge aus den Puppen, in denen sie überwintert haben. Sie suchen sich für ihre Nachkommen meist wilde Kreuzblütler, seltener junge Kohlpflanzen aus. Die gelben gerippten Eier haben eine typische Kegelform. Sie werden in größeren Gruppen an der Unterseite der Blätter aufrecht befestigt. Nach ein bis zwei Wochen schlüpfen die Raupen

Frischgeschlüpfte Kohlweißlingsraupen.

# Schädlinge

Raupen des Großen Kohlweißlings an Kohlrabi.

Die Puppe des Großen Kohlweißlings im Winter.

Falterweibchen mit schwarzen Flügelpunkten.

aus, die bis 4 cm lang werden. Sie sind blaßgrün gefärbt und tragen auf dem ganzen Körper schwarze Flecken. Über dem Rücken verläuft eine gelbe Linie. Die Tiere fressen etwa vier Wochen lang, dann verpuppen sie sich. Bereits nach 14 Tagen schlüpfen die Falter der zweiten Generation aus. Diese Schmetterlinge leben von Juli bis zum Herbst. Sie sind sehr wanderlustig und fliegen oft kilometerweit. Senfölhaltige Pflanzen ziehen sie an; außer wilden Kreuzblütlern, Raps und Senf sind das vor allem die Kohlpflanzen im Garten. Die Eier werden wieder in Gruppen an der Unterseite der Blätter abgelegt. Nach ein bis zwei Wochen schlüpfen die Raupen, die gesellig zusammenbleiben und gemeinsam »grasen« In kurzer Zeit können sie große Kohlblätter bis auf die Blattrippen kahlfressen.

Gegen Ende August verlassen die Raupen ihre Futterplätze und suchen sich trockene Stellen zum Überwintern. An Hauswänden, Holzpfählen oder Baumstämmen verpuppen sie sich. Diese graugrünen Puppen haben dunkle Punkte und auffallende gezackte Kanten. Die zweite Faltergeneration überwintert in dieser Hülle.

**Schadbild:** durchlöcherte Kohlblätter und bis auf die Rippen abgefressene Blattskelette.

**Besonders gefährdete Pflanzen:** Alle großen Kohlarten, auch Kohlrabi; nur Grünkohl bleibt verschont. Auch Kapuzinerkresse ist eine beliebte Futterpflanze der Kohlweißlingsraupen.

### Schutzmaßnahmen

Natürliche Feinde: Raubkäfer und vor allem Schlupfwespen *(Apanteles glomeratus)*; diese Insekten legen ihre Eier in den Raupen ab. (Siehe Seite 90) Die gelben Puppenkokons der ausgeschlüpften Wespenlarven werden oft fälschlich für Kohlweißlingseier gehalten und vernichtet. Einem Biogärtner darf das nicht passieren!

Vorbeugende und sanfte Mittel: Eier und Raupen rechtzeitig ablesen! Mischkultur mit Tomaten oder Sellerie. Starkriechende Pflanzenbrühen zur Flugzeit der Schmetterlinge in kurzen Abständen spritzen, zum Beispiel Rainfarn, Wermut oder Tomatenblätter.

Härtere Abwehr: Bei sehr starker Ausbreitung *Bacillus-thuringiensis*-Präparate spritzen.

## Kohlweißling, Kleiner
*Pieris rapae*

Die Falter des Kleinen Kohlweißlings sind zierlicher; sie erreichen nur 4,5 cm Flügelspannweite. Die schwarze Zeichnung an den Flügelspitzen ist schmaler als beim Großen Kohlweißling. In der Entwicklung ähneln sich die beiden Falterarten. Auch bei den Kleinen Kohlweißlingen wird erst die zweite Generation für den Gärtner gefährlich.

Ein wichtiger Unterschied: Die Weibchen legen ihre Eier einzeln ab. Die ausschlüpfenden Raupen erreichen nur 2,5 cm Körperlänge. Sie sind blaßgrün in verschiedenen Schattierungen gefärbt. Auf dem Rücken verläuft eine schmale gelbe Linie. Sehr kleine schwarze Punkte sind über den Körper verteilt. Diese Raupen leben als Einzelgänger. Sie fressen nicht nur an den Außenblättern, sondern dringen auch tiefer in die Kohlköpfe ein.

Die Puppen des Kleinen Kohlweißlings finden sich sowohl an den Futterpflanzen als auch an Wänden oder Holzpfosten.

**Schutzmaßnahmen:** Genauso wie beim Großen Kohlweißling.

## Kommaschildlaus
siehe Schildläuse

Die Raupen des Kleinen Kohlweißlings sind Einzelgänger mit gelber Rückenlinie.

## Lauchmotte
*Acrolepia assectella*

Die braun-grauen Motten haben eine Flügelspannweite von 16–18 mm. Sie sehen sehr unscheinbar aus und fliegen bei Nacht. Die Falter überwintern und werden im April oder Mai wieder aktiv. Dann legen sie ihre Eier an die Blätter der jungen Lauchpflanzen. Nach 5–8 Tagen schlüpfen die gelblich-weißen oder grünlichen Raupen aus.
Die Tiere fressen lange Gänge in die Lauchblätter. Die ausgewachsenen Raupen verpuppen sich in einem lockeren Gespinst. Im Juli oder August schlüpfen dann die neuen Motten aus, die ebenfalls an den Lauchpflanzen fressen. Die Falter der zweiten Generation überwintern an geschützten Stellen.
**Schadbild:** Miniergänge in den Lauchblättern, die später bis tief in den Schaft der Pflanzen führen.
**Besonders gefährdete Pflanzen:** Lauch; auch Zwiebeln.

**Schutzmaßnahmen**
<u>Natürliche Feinde:</u> Schlupfwespen, Raupenfliegen, Fledermäuse, Vögel.
<u>Vorbeugende und sanfte Mittel:</u> Eier und Raupen rechtzeitig absammeln, ehe die Tiere tiefer eindringen.

Fraßspuren der Lauchmotte.

Das hübsche Lilienhähnchen kann Blätter und Blütenknospen der Lilien übel zurichten.

Offene, winddurchwehte Beete wählen; Mischkultur mit Möhren oder Sellerie. Gemüsefliegennetze während der Flugzeit der Motten ausspannen.
Wenn die erste Freßspuren auftauchen, die grünen Laubblätter sofort tief abschneiden und vernichten. Die Pflanzen treiben aus dem Herzen neu und gesund aus.
<u>Härtere Abwehr:</u> Rhabarberblätter-Tee oder Rainfarn-Tee direkt über die Raupen sprühen. Härtere Mittel, wie Pyrethrum-Präparate, sind bei rechtzeitigem Vorbeugen nicht nötig.

## Lilienhähnchen
*Lilioceris lilii*

Die leuchtend lackroten Käferchen haben schwarze Beine und einen schwarzen Kopf. Sie werden etwa 8 mm lang. Ende März oder Anfang April kommen die Tiere aus ihren Winterverstecken und fressen zuerst an den frühesten Lilien, die um diese Zeit schon grüne Blätter haben: Madonnenlilien und Kaiserkronen. Etwas später legen sie ihre orangefarbenen Eier an der Unterseite der Lilienblätter ab. Ab Anfang Mai schlüpfen die dicken gelblichen Larven, die von schmierigem Kot umgeben sind. Die Tiere ernähren sich von den Blättern. Wenn sie ausgewachsen sind, verpuppen sich die Larven in der Erde. Etwa drei Wochen später schlüpfen die Käfer der zweiten Generation. Insgesamt können sich drei Generationen der Lilienkäfer während eines Sommers entwickeln. Die letzten Tiere überwintern als Puppen oder auch als Käfer im Boden.
**Schadbild:** Zuerst fressen Käfer und Larven runde Löcher in die Blätter; später vernichten sie vom Rand her ganze Blätter. Die Unterseite der Blätter ist schleimig vom Kot der Larven. Auch Blütenknospen werden angefressen.
**Besonders gefährdete Pflanzen:** Alle Lilien; auch Maiglöckchen.

**Schutzmaßnahmen**
<u>Natürliche Feinde:</u> Schlupfwespen, Spitzmäuse, Igel, Vögel.
<u>Vorbeugende und sanfte Mittel:</u> Am wichtigsten ist das regelmäßige Absammeln der Käfer, der Eier und der Larven. Streifen Sie die Unterseite der Lilienblätter mit den Fingern ab. Die Larven und der verschmutzte Untergrund sind deutlich zu fühlen. Die roten Käfer kann man leicht erkennen. Sie lassen sich bei Gefahr aber sofort fallen. Wenn man die eingesammelten Käfer in der hohlen Hand hält, stoßen sie hohe, durchdringende »Schreie« aus.
Rainfarn- oder Wermut-Tee über die Blätter sprühen.
<u>Härtere Abwehr:</u> Bei wenigen Lilien genügen die vorbeugenden Maßnahmen.

# Schädlinge

Eine größere Pflanzensammlung muß bei massenhafter Vermehrung der Larven notfalls mit Schmierseifen-Spiritus-Brühe oder mit Pyrethrum-Präparaten gespritzt werden.

## Maulwurfsgrille
*Gryllotalpa gryllotalpa*

Diese Mitglieder der Grillenfamilie werden auch Werren oder Erdkrebse genannt. Das große Insekt erreicht 3,5–5 cm Länge. Der braune, massige Körper ist von feinen Haaren bedeckt. Charakteristisch für die Maulwurfsgrillen sind die starken Vorderbeine mit den gezähnten »Grabschaufeln«. Die Tiere haben sehr kurze Vorderflügel, aber gut entwickelte Hinterflügel. Sie können fliegen, wenn auch nur schwerfällig und für kurze Zeit.

Meist leben die Maulwurfsgrillen aber in der Erde. Sie lieben gleichmäßig feuchte, lockere Böden. In Südwestdeutschland sind sie weitverbreitet. Im Norden kennt man die Tiere kaum.

Die Maulwurfsgrillen legen ein großes System fingerdicker unterirdischer Gänge an. In einer sorgsam gebauten Höhle legt das Weibchen von Mai bis Juli 200–300 Eier. Nach zwei bis drei Wochen schlüpfen die Larven aus. Die Eier und die Jungtiere werden vom Grillenweibchen mehrere Wochen lang bewacht. Nach etwa einem Monat verlassen die kleinen Maulwurfsgrillen-Larven die Höhle und gehen selbständig auf Futtersuche. Sie machen aber noch 10 verschiedene Entwicklungsstadien durch, bevor sie nach anderthalb bis zwei Jahren die Stufe des erwachsenen Insektes erreicht haben. Während der kalten Jahreszeit halten die Tiere in tieferen Erdschichten einen Winterschlaf.

Die Männchen der Maulwurfsgrillen können, wie ihre zahlreichen Verwandten aus der Grillen-Familie, mit ihren Flügeln »musizieren«. Die erwachsenen Insekten und die Larven ernähren sich von Pflanzenwurzeln, Insektenlarven und Würmern. Sie machen sich also auch nützlich.

**Schadbild:** Vor allem im Frühling können junge Pflanzen durch abgefressene Wurzeln und Stengelteile Schaden erleiden. Durch das verzweigte Gängesystem werden Sämlinge hochgeschoben; sie verlieren den Wurzelhalt und vertrocknen.

**Besonders gefährdete Pflanzen:** Jungpflanzen, Sämlinge, auch Knollen.

### Schutzmaßnahmen

Natürliche Feinde: Amseln, Stare, Spitzmäuse, Maulwürfe.

Härtere Abwehr: Tiefe Konservendosen oder Marmeladengläser ebenerdig eingraben. Die Tiere fallen auf ihren nächtlichen Wanderungen in die Gefäße und können an den glatten Wänden nicht wieder hochkriechen. Kontrollieren Sie diese Fallen regelmäßig, da sich auch Laufkäfer und andere nützliche Insekten darin fangen können. Lassen Sie diese Tiere auf jeden Fall wieder frei.

Gänge aufgraben und die Nester vernichten. Die Stelle, an der die Nester sich befinden, zeigt sich oft über der Erde durch abgestorbene Pflanzen an.

## Milben
*Acari*

### Gallmilben, Weichhautmilben
*Eriophyidae, Tarsonemidae*

Zu diesen beiden großen Milbenfamilien gehören die meisten der im Garten auftauchenden »Schädlinge«.

Unter den Gallmilben finden sich zum Beispiel die Johannisbeergallmilbe, die Birnenpockenmilbe, die Pflaumenblatt-Beutelgallmilbe und noch einige andere. Zu den Weichhautmilben zählen vor allem die verschiedenen Spinnmilbenarten und die Erdbeermilbe.

Die wichtigsten Milbenarten, die Schäden im Garten anrichten, sind dort beschrieben, wo sie in alphabetischer Reihenfolge vorkommen. Die nützlichen Raubmilben finden Sie auf Seite 103.

## Miniermotte
siehe Obstbaum-Miniermotte

In einer sorgfältig geglätteten Höhle richtet die Maulwurfsgrille ihre Kinderstube ein. Sie legt dort 200–300 Eier.

## Möhrenfliege
*Psila rosae*

Etwa Mitte Mai tauchen die ersten Möhrenfliegen auf, die als Puppen überwintert haben. Die 4–5 mm großen, glänzend schwarzen Insekten haben Ähnlichkeit mit der Stubenfliege. Auffallend sind nur ihre gelben Beine.

Gegen Ende Mai und im Juni beginnen die Möhrenfliegen mit der Eiablage. Der erste Höhepunkt liegt etwa Mitte Juni. Morgens und abends legen die Insekten ihre Eier in der Nähe der Möhren in Erdritzen oder an den Wurzelhals der Pflanzen. Nach fünf bis acht Tagen schlüpfen die Maden aus. Sie dringen in die Erde ein und beginnen zunächst an den feinen Faserwurzeln der Möhren zu fressen. Von dort gelangen sie an die Spitze der Rübe. Nun entstehen zahlreiche Freßgänge.

Nach vier bis sieben Wochen haben die gelblichen Maden eine Länge von 4–6 mm erreicht. Sie verpuppen sich im Boden. Ab Mitte August schlüpft die zweite Generation der Möhrenfliege. Diese Insekten richten an den spät gesäten Wintermöhren große Schäden an. Die Maden der zweiten Generation verpuppen sich in den Rüben oder im Boden. Sie können deshalb teilweise auch im Winterlager noch weiter fressen.

**Schadbild:** Die Larven der Möhrenfliege bohren sich von unten in die Rüben. Ihre Gänge befinden sich meist nahe an der Außenseite, oft sind sie offen. Der Kot, den die Tiere hinterlassen, verleiht diesen Gängen eine dunkle rotbraune Farbe, die sogenannte »Eisenmadigkeit«. Die erkrankten Möhren riechen unangenehm; sie neigen zur Fäulnis. Manchmal färbt sich auch das Möhrenlaub gelb oder rötlich.

**Besonders gefährdete Pflanzen:** Möhren; auch Sellerie, Pastinaken, Petersilie, Kümmel und Dill.

**Schutzmaßnahmen**
<u>Natürliche Feinde:</u> Schlupfwespen, Laufkäfer, Raubkäfer.
<u>Vorbeugende und sanfte Mittel:</u> Offene Lagen mit guter Luftzirkulation für die

Rostbraune Gänge der Möhrenfliegen-Larve.

Beete wählen; für lockeren, leichten Boden sorgen; keinen frischen Mist oder anderen starkriechenden Dünger verwenden, der die Fliegen anzieht.
Die Beete zur Hauptflugzeit der Möhrenfliege mit Gemüsefliegennetzen schützen oder mit Vliesen abdecken. Sehr früh gesäte Möhren sind in günstigen Lagen schon erntereif, bevor die Fliegen Schaden anrichten können.
Mischkultur mit Zwiebeln, Lauch oder Schnittlauch; möglichst weite Fruchtfolge einhalten.
Mulchen mit starkriechenden Kräutern; im Sommer zum Beispiel mit Rainfarn, im Frühling Gemüse-Streumittel aus dem Handel benutzen. Aussaaten mit Zwiebel-Brühe oder Knoblauch-Tee überbrausen.
Von Maden verseuchte Möhren nicht auf den Kompost bringen.
<u>Härtere Abwehr:</u> nicht empfehlenswert, vor allem kein Gift, das sich in den Möhren lagern könnte.

## Möhrenminierfliege
*Napomyza carotae*

Diese Fliegen legen ab Anfang Mai ihre Eier in den Blättern der Möhren ab. Die Maden fressen zuerst an den Blattstielen und wandern von dort in den Kopf

Minierfliegen-Schaden am Möhrenkopf.

der Rübe. Nach acht bis zehn Wochen verpuppen sie sich am Ende eines Freßganges. Anfang August schlüpft dann die zweite Generation der Möhrenminierfliege. Diese Insekten bedeuten für die Gartenkulturen aber keine Gefahr mehr; sie wandern zu wilden Wiesenpflanzen über, zum Beispiel zu Kerbel, Glockenblumen und Kamille.

**Schadbild:** Die Fraßgänge befinden sich im oberen Teil der Möhren; sie sind meist geschlossen und treten nach außen als Linien in Erscheinung. Die Früchte können aber auch aufplatzen.

**Besonders gefährdete Pflanzen:** Möhren.

**Schutzmaßnahmen:** Die gleichen wie bei der Möhrenfliege.

## Mottenschildlaus
siehe Weiße Fliege

## Narzissenfliege, Große
*Lampetia equestris*

Im Frühling schlüpfen die gut 1 cm großen Fliegen aus den Puppen. Sie sind rötlich braun bis dunkelbraun gefärbt. Der rundliche behaarte Körper, der am Hinterleib mit gelblichen oder grauen Streifen gezeichnet ist, gleicht einer

# Schädlinge 155

Hummel. Die Narzissenfliege besitzt aber nur zwei durchsichtige Flügel.
Die Weibchen legen ihre Eier einzeln ab, entweder an die Zwiebeln, ins Herz der Blätter oder in die Erde neben den Narzissen. Die bald daraus schlüpfenden Larven dringen in den Boden ein und bohren sich von unten in die Narzissenzwiebeln. Diese dicken, schmutzig weiß-gelblichen Maden können 1,8 cm lang werden. Sie bleiben über Winter in den angefressenen Zwiebeln. Erst im Frühling kriechen sie heraus und verpuppen sich in der Nähe der Narzissen. Etwa fünf Wochen später schlüpfen dann die Fliegen aus.

**Schadbild:** Steckengebliebene Knospen und verkümmerter Blattaustrieb, der nur noch einen kurzen Schopf bildet, sind die sichtbaren Zeichen dafür, daß die Zwiebeln zerfressen sind. Bei neugekauften Narzissenzwiebeln werden die Maden oft »mitgeliefert«. Wenn sich die Zwiebeln an der Spitze eindrücken lassen, so deutet dies auf zerstörtes Gewebe im Inneren.

**Besonders gefährdete Pflanzen:** Narzissen.

### Schutzmaßnahmen

<u>Natürliche Feinde:</u> Schlupfwespen, Raupenfliegen, Laufkäfer, Raubkäfer.
<u>Vorbeugende und sanfte Mittel:</u> Gekaufte Zwiebeln vor der Pflanzung nach Maden überprüfen. Wenn sich die Spitze eindrücken läßt, probeweise eine Zwiebel aufschneiden.
<u>Härtere Abwehr:</u> Verseuchte Zwiebeln vernichten und kranke Pflanzen im Frühling rechtzeitig ausgraben. Wenn man den Schaden bemerkt, sind die erkrankten Narzissen leider nicht mehr zu retten. Man kann nur noch die weitere Ausbreitung verhindern.

## Nematoden, Fadenwürmer, Älchen
### *Nematoda*

Die Nematoden, die den Pflanzen Schaden zufügen, brauchen Feuchtigkeit, um leben und sich vermehren zu können. Sie werden unter anderem vom Wasser im Boden oder mit den Regentropfen auf den Blättern weitergeschwemmt. Mit den Schuhen oder den Werkzeugen des Gärtners können sie auch über größere Entfernungen befördert werden. Die Spaltöffnungen an den Organen der Pflanzen oder Verletzungen dienen den winzigen schlängelnden Älchen als Eingangspforte ins innere Gewebe.

Die Tiere saugen mit ihrem Mundstachel an unterschiedlichen Stellen Saft und übertragen dabei »Giftstoffe« (Enzyme) aus ihrem Speichel in den Säftestrom der Pflanzen. Dadurch entstehen Zellwucherungen, Wachstumsstörungen und abgestorbenes Gewebe.

Ausführlich können Sie sich über die Lebensweise der Nematoden im Kapitel »Die aktiven Schädlinge«, Wegweiser Seite 27-28 informieren. Hier werden aus der Fülle der überall verbreiteten Fadenwürmer nur die wichtigsten Garten-»Schädlinge« vorgestellt. Drei Gruppen sind dabei von besonderer Bedeutung: die Blattälchen, die Stock- oder Stengelälchen und die wandernden Wurzelälchen.

Außerdem können auch die Wurzelgallenälchen vorkommen und die zystenbildenden Älchen, die aber im Garten keine besondere Rolle spielen. Sie vermehren sich nur massenhaft in den landwirtschaftlichen Monokulturen beim Anbau von Kartoffeln, Rüben oder Hafer. Im biologischen Garten wird die Verbreitung vieler Älchenarten bereits durch ständigen Fruchtwechsel und durch möglichst abwechslungsreiche Mischkulturen erfolgreich in Grenzen gehalten.

### Blattälchen
#### *Aphelenchoides*-Arten

Diese Nematodenarten kommen fast nur an Zierpflanzen vor. Die Tiere schädigen vor allem die Blätter. Krankes Gewebe verfärbt sich bräunlich, in späteren Stadien auch schwarz. Fleckige oder streifenförmige Schadbilder können auftreten. Schließlich sterben die Blätter ab; die Nematoden wandern dann zu gesunden Blättern weiter. Wenn die ganze Pflanze abgestorben oder im Winter erfroren ist, ziehen sich die Älchen in den Boden zurück. Dort können Sie die kalte Zeit in einem Ruhestadium überstehen. Manche bleiben auch in den Resten der Pflanzen.

**Besonders gefährdete Pflanzen:** Astern, Begonien, Zinnien, Chrysanthemen, Schafgarbe, Lilien, Farne, Primeln, *Sedum*-Arten, Anemonen, Veilchen und andere. Von besonderer Bedeutung im Garten sind die Blattälchen an den Erdbeeren.

<u>Die Erdbeer-Älchen</u> *(Aphelenchoides fragariae* und *A. ritzemabosi)* halten sich mit Vorliebe an den Herzblättern, an den Vegetationspunkten und an den

Blattverformungen durch Erdbeer-Älchen.

Ausläufern der Pflanzen auf. Stark gekräuselte Blätter und überlange Stiele deuten auf den Älchenbefall. Bei schwerer Verseuchung können auch Blütenstiele absterben. Im Frühling sind die Schäden meist am deutlichsten sichtbar, vor allem nach sehr nassen Herbst- und Wintermonaten.

### Schutzmaßnahmen

<u>Natürliche Feinde:</u> Für Blattälchen nicht bekannt.
<u>Vorbeugende und sanfte Mittel:</u> Kranke Pflanzenteile oder ganze Pflanzen vernichten – nicht auf den Kompost bringen! Gesunde Sorten kaufen, vor allem bei Erdbeeren. Fruchtwechsel und Mischkultur verhindern die Ausbreitung und Vermehrung der Älchen.
<u>Härtere Abwehr:</u> Schwierig; im Biogarten nicht empfehlenswert.

### Stengel- oder Stockälchen
*Ditylenchus-dipsaci*

Stengelälchen dringen vor allem in junge Triebe ein. Die Folge sind Wachstumsstörungen, bei denen Stengel und Blätter absterben. Bestimmte Rassen des Stengelälchens sind auf Blumenzwiebeln spezialisiert. Wo sie auftauchen werden die Zwiebeln von Narzissen und Hyazinthen braun und faulen. Die Stengelälchen leben und verbreiten sich so ähnlich wie die Blattälchen.

**Besonders gefährdete Pflanzen:** Staudenphlox, Erdbeeren, Narzissen, Hyazinthen, Speisezwiebeln.

Die Stockkrankheit des Phlox gehört zu den bekanntesten Krankheitsbildern im Garten. Die Wachstumshemmung ist an knotigen, verkrüppelten Stengeln deutlich sichtbar. An alten Stielen zeigen sich später aufgerissene, senkrecht verlaufende Stellen. Kranke Stengel werden brüchig. Die Blätter verkümmern ebenfalls; sie werden immer schmaler zur Triebspitze hin und verdorren schließlich.

### Schutzmaßnahmen

<u>Natürliche Feinde:</u> nicht bekannt.

<u>Vorbeugende und sanfte Mittel:</u> Kranke Triebe sofort tief am Boden abschneiden und vernichten. Nie auf den Kompost bringen! Phloxzüchtungen wählen, die weniger anfällig für Stengelälchen sind. Gute Staudengärtnereien beraten ihre Kunden.

Sonst wie bei den Blattälchen.

Verkümmerte Phloxblätter durch Stockälchen.

### Wandernde Wurzelälchen
*Pratylenchus*-Arten

Diese Nematoden leben an den Wurzelhaaren und in den Wurzeln der Pflanzen. Sie können den Standort wechseln und werden deshalb Wandernde Wurzelälchen genannt. Die Wurzeln verschiedener Pflanzenarten werden von diesen Fadenwürmern so geschädigt, daß die Zellen der Außenrinde völlig zerstört werden. Die ganze Pflanze leidet deshalb an Wachstumshemmungen. Die Wurzeln selbst zeigen Mißbildungen; sie färben sich braun; oft dringen zusätzlich Pilze in das geschwächte Gewebe ein und verursachen Fäulnis.

**Besonders gefährdete Pflanzen:** vor allem Kartoffeln und Möhren, aber auch Himbeeren, Erdbeeren, Obstbäume und einige Zierpflanzen, wie Rosen, Chrysanthemen, Christrosen und Primeln.

### Schutzmaßnahmen

<u>Natürliche Feinde:</u> Gegen diese Wurzelälchen haben sich sogenannte »Feindpflanzen« bewährt, zu denen vor allem Tagetes gehört. Älchen, die in die Wurzeln dieser Pflanzen eindringen, werden abgetötet. Stark zurückgedrängt werden Wurzelnematoden auch durch verschiedene Korbblütler, zu denen unter anderen Sonnenbraut *(Helenium)*, Sonnenhut *(Rudbeckia)*, Malerblumen *(Gaillardia)* und Goldruten *(Solidago)* gehören. Alle Feindpflanzen müssen aber sehr dicht und vor allem immer wieder als Bodendecker oder Zwischenkultur angebaut werden. Dann erreicht man eine sehr gute Wirkung, vor allem bei den Wurzelnematoden *Pratylenchus penetrans*. Empfehlenswert ist es auch, die Reste der Feindpflanzen im Herbst in den Boden einzuarbeiten.

Spargel *(Asparagus officinalis)* hält einwandernde Wurzelnematoden *(Trichodorus* spp.*)* zurück.

Mischkultur und weite Fruchtfolge verhindern eine intensive Ausbreitung der Wurzelnematoden. Erkrankte Pflanzen müssen so früh wie möglich vernichtet werden.

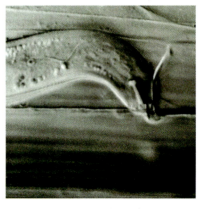

Ein Wurzelälchen sticht das Wurzelgewebe an.

### Zystenbildende Wurzelnematoden *Heterodera, Globodera*

Diese Älchen bewegen sich auf der Suche nach Wirtspflanzen nur kurze Zeit als Larven frei im Boden. Dann setzen sie sich für den Rest ihres Lebens in Pflanzenwurzeln fest. Diese Nematoden kommen vor allem auf großen landwirtschaftlichen Kulturflächen an Kartoffeln, Getreide und Rüben vor. Sie können dort große Schäden anrichten. Der Ausbruch der Krankheit ist bei Kartoffelnematoden meldepflichtig, da die Älchen einen Acker jahrelang verseuchen können. Für den Garten bedeuten sie bei naturgemäßem Anbau und konsequenter Mischkultur keine Gefahr.

Weißer Senf *(Sinapis alba)* hemmt die Larven der Kartoffelzystennematoden *(Globodera rostochiensis)* beim Ausschlüpfen.

### Die Wurzelgallenälchen
*Meloidogyne*

Wie schon der Name deutlich macht, erzeugen die Älchen Gallen an den Pflanzenwurzeln. Sie können sich an Möhren, Gurken, Salat, Tomaten, Erbsen und Gemüsearten festsetzen. Auch die Wurzelgallenälchen lösen Wachstumsstörungen bei den befallenen Pflanzen aus. An den Wurzeln bilden sich oberhalb der gallenartigen Wucherungen als Ausgleich zahlreiche Nebenwürzelchen. Die erkrankten Pflanzen

# Schädlinge

welken, wenn die Wasserzirkulation nicht mehr funktioniert.
Alle Älchen, die in Zysten oder Gallen an den Wurzeln festsitzen, können durch Tagetes und andere Nematoden-Feindpflanzen nicht beeinflußt werden! Dies ist nur bei den beweglichen, wandernden Wurzelnematoden möglich.

**Schutzmaßnahmen**
Mischkultur und sorgfältige Fruchtfolge sind die wichtigsten Mittel, die der Zuwanderung von Älchen vorbeugen und eine Ausbreitung in Grenzen halten. Kranke Pflanzen müssen immer so früh wie möglich vernichtet werden.

## Obstbaumminiermotte
*Lyonetia clerkella*

Die Falter dieser Mottenart haben eine Spannweite von 8–9 mm. Ihre Vorderflügel sind weiß gefärbt, aber oft teilweise bräunlich getönt. An den Spitzen befindet sich ein dunkler Fleck; die Ränder sind gefranst.
Im April beginnen die Weibchen mit der Eiablage. Sie fertigen mit ihrem Legebohrer an der Blattunterseite kleine Vertiefungen an, in die die Eier einzeln gelegt werden. Die Larven, die etwa zwei Wochen später schlüpfen, sind grün gefärbt. Ihr durchscheinender Körper wirkt durch regelmäßige, rundliche Segmente wie eine Perlenschnur.
Die Raupen bohren sich zwischen die Ober- und Unterseite der Blätter. Beim Fressen entstehen die Miniergänge, die die Blätter bald deutlich und bizarr zeichnen. Die hellen Linien haben in der Mitte einen dunklen Kotstreifen.
Nach drei bis vier Wochen kommen die Raupen wieder zum Vorschein. Sie verpuppen sich in einem Kokon, den sie wie eine kleine Hängematte an Blättern oder rauhen Rindenvorsprüngen befestigen. Etwa zwei Wochen später schlüpfen die neuen Falter. Während eines Sommers entstehen meist drei Generationen. Die letzten Falter überwintern an geschützten Stellen in Scheunen und Schuppen, unter Rin-

Blattzeichnung der Obstbaumminiermotte.

denvorsprüngen oder zwischen trockenen Grashalmen.
**Schadbild:** Die Blätter sind von unregelmäßigen, geschlängelten Linien gezeichnet. Der Saftstrom wird unterbrochen; die Blätter welken und vertrocknen.
**Besonders gefährdete Pflanzen:** Apfel- und Kirschbäume; auch Birken und Weißdorn.

**Schutzmaßnahmen**
Natürliche Feinde: Schlupfwespen, Raupenfliegen, Vögel.
Vorbeugende und sanfte Mittel: »Bewohnte« Blätter, soweit dies möglich ist, einsammeln und vernichten.

Härtere Abwehr: Wenn der Schaden sichtbar wird, ist es schon zu spät, um ihn zu verhindern. Größere Eingriffe sind auch nicht nötig, da die Bäume keinen ernsten Schaden erleiden. Das auffallende Erscheinungsbild täuscht hier, wie auch in manchen anderen Fällen, Schlimmeres vor, als in Wirklichkeit vorhanden ist.

## Obstbaum-Spinnmilbe
siehe Spinnmilben

## Obstmade
siehe Apfelwickler

## Oleanderschildlaus
siehe Schildläuse

## Pfirsichblattlaus, Grüne
*Myzus persicae*

Die erwachsenen Läuse sind grün oder rötlich-grün gefärbt. Ab Februar oder März schlüpfen die ersten Tiere aus den Wintereiern. Sie siedeln sich an den jungen Blättchen rund um die Blütenbüschel an, später wandern sie zu den Jungtrieben. Während der Sommermonate wechselt die Grüne Pfirsichblattlaus auf zahlreiche andere Wirtspflanzen über, zum Beispiel auf Gräser, Kartoffeln und Zuckerrüben. Im Herbst kehrt die letzte Blattlausgeneration zu

Der Puppenkokon der Miniermottenraupe ist wie eine »Hängematte« befestigt.

den Pfirsichbäumen zurück, wo die Weibchen ihre Wintereier ablegen. In sehr milden Wintern bleiben die Tiere weiter aktiv. Sie leben dann auf Winterkohl und an Gartenpflanzen.

Die Grüne Pfirsichblattlaus kann auch auf anderen Obstbäumen vorkommen, zum Beispiel auf Pflaumen, Zwetschen und Mirabellen. Sie ist weniger wegen der Blattschäden gefürchtet, als wegen der gefährlichen Viruskrankheiten, die sie übertragen kann.

**Schadbild:** Stark gekräuselte Pfirsichblätter; das Triebwachstum wird gestört; wo die Läuse sehr zahlreich sind, kann auch die Qualität der Früchte leiden.

**Besonders gefährdete Pflanzen:** Pfirsichbäume; Kartoffeln und Rüben sind durch Virusinfektionen gefährdet, Pflaumenbäume durch die Übertragung der Scharkakrankheit.

### Schutzmaßnahmen

Bei Pfirsichbäumen meist nicht nötig, da die Blattkräuselungen selten größere Schäden nach sich ziehen.
Weitere Ratschläge siehe Kapitel »Die großen Plagen«, Seite 212.

## Pflaumensägewespe, Gelbe
*Hoplocampa flava*

Diese Wespen schlüpfen im April aus den Puppen. Sie sind an ihrem leuchtend gelben Hinterleib zu erkennen. Auch die Beine und die Vorderflügel sind gelblich getönt. Die Tiere werden 3,5–5,5 mm lang; sie leben nur etwa zwei Wochen.

Bei sonnigem Wetter fliegen die Wespen in die blühenden Pflaumenbäume. Sie »sägen« mit ihrem speziellen Legebohrer kleine Schlitze in die grünen Kelchblätter. Die Eier werden einzeln hineingeschoben in diese Verstecke.

Schon bald schlüpfen die weißlichen Larven aus, die einen gelbbraunen oder hellorange gefärbten Kopf haben. Sie bohren sich seitlich in die Früchte und durchwandern in den folgenden Wochen mehrere Larvenstadien; mit jeder Häutung wechseln sie in eine andere Frucht über. Die Wespenmaden fressen vor allem an den weichen Pflaumenkernen.

Nach vier bis fünf Wochen sind die etwa 1 cm langen Larven erwachsen. Sie lassen sich zu Boden fallen und spinnen sich in braunen Kokons 5–25 cm tief in die Erde ein. Dort überwintern sie. Erst im nächsten Frühling verpuppen sie sich.

**Schadbild:** Der Beginn des Schadens ist an einer braunen Verfärbung der angebohrten Kelchblätter zu erkennen. Die madigen Früchte haben alle ein gut sichtbares Loch. Oft sieht man an dieser Stelle auch Gummifluß und feuchte, dunkle Kotspuren. Immer sind Kerne und Fruchtfleisch angefressen. Viele Früchte fallen vorzeitig ab.

**Besonders gefährdete Pflanzen:** Pflaumen, Zwetschen und Mirabellen, vor allem Sorten der mittleren Blütezeit. Eine andere Art, die Apfelsägewespe (*Hoplocampa testudinea*), bohrt sich in die jungen Äpfel.

### Schutzmaßnahmen

<u>Natürliche Feinde:</u> Vögel, Laufkäfer, Raubwanzen, Schlupfwespen, Spinnen.
<u>Vorbeugende und sanfte Mittel:</u> Frühmorgens, wenn die Wespen noch starr und kalt sind, kann man die Tiere von den Ästen abklopfen und in einem breiten Fangtrichter oder einem Eimer einsammeln.

Madige Früchte müssen ständig aufgelesen und vernichtet werden. Wenn die Sägewespenlarven nicht allzu zahlreich sind, können die abgefallenen Früchte als natürlicher Ausdünnungsprozeß betrachtet werden.

Früh- und spätblühende Sorten haben größere Chancen, nicht »angesägt« zu werden, da die Wespen sehr kurzlebig sind und nur in einem begrenzten Zeitraum fliegen.

<u>Härtere Abwehr:</u> Wegen der um diese Zeit schon zahlreichen Nützlinge ist es problematisch, einen ganzen Baum mit tödlich wirkenden Mitteln, wie Pyrethrum-Präparaten oder Quassia-Brühe, zu spritzen. Außerdem sind die Larven in den Früchten unerreichbar; auch die Eier liegen so gut geschützt, daß Spritzbrühen ihr Ziel in den meisten Fällen nicht treffen.

Im Hausgarten sollte man deshalb lieber auf einen Teil der Ernte verzichten, zumal die Sägewespen in manchen Jahren nur sehr schwach vertreten sind.

## Pflaumenwickler/ Pflaumenmade
*Grapholitha funebrana*

Die kleinen Falter schlüpfen im Frühling aus den Puppen und fliegen im Mai und Juni in die Pflaumenbäume. Ihre Flügelspannweite beträgt nur 1–1,5 cm. Die graubraunen Vorderflügel tragen eine dunkelgraue unregelmäßige Zeichnung mit verschwommenen Konturen.

Zwei bis drei Wochen, nachdem die Blüten abgefallen sind, beginnen die Weibchen damit, ihre Eier einzeln an den kleinen Pflaumen abzulegen. Sie wählen dafür meist die »Naht«, die vom Stiel zur Spitze der Frucht verläuft. Nach 10–14 Tagen schlüpfen die rötlich gefärbten Raupen, die sich ins Fruchtfleisch bohren. Diese Pflaumen färben sich violett oder bläulich und fallen ab. Die Maden wachsen in den Früchten am Boden aus und verpuppen sich dann in einem Kokon zwischen welken Blättern oder hinter losen Rindenstücken am Baum.

Ab Anfang Juli bis Ende August fliegen die Falter der zweiten Generation aus, die ihre Eier an den halbreifen Pflau-

Die Made der Pflaumensägewespe dringt in die Frucht ein. Das Einstiegsloch ist gut erkennbar.

# Schädlinge

men ablegen. Nach wenigen Tagen schlüpfen die Raupen aus und bohren sich in die Früchte.
Drei bis vier Wochen später sind auch diese Maden ausgewachsen. Sie verlassen ihre Futterplätze und spinnen sich in Rindenritzen ein. Dort verbringen sie den Winter und verpuppen sich erst im nächsten Frühling.
**Schadbild:** Der erste Gang der Raupen vom Einstiegsloch in Richtung Fruchtstiel färbt sich dunkel und ist von außen gut erkennbar. Die zuerst geschädigten Pflaumen verfärben sich und fallen unreif ab.
Bei den halbreifen Früchten, die im Sommer angebohrt werden, verläuft die Spur der Made vom Einstiegsloch direkt in die Mitte der Frucht. Rund um den Stein wird das süße Pflaumenfleisch weggefressen. Die Höhle ist mit braunem Kot angefüllt.
**Besonders gefährdete Pflanzen:** Pflaumen, Zwetschen, Mirabellen; auch Schlehen.

### Schutzmaßnahmen
<u>Natürliche Feinde:</u> Ohrwürmer, Weichkäfer, Raubkäfer, Raupenfliegen, Florfliegen, Schlupfwespen, Spinnen.
<u>Vorbeugende und sanfte Mittel:</u> Angebohrte und abgefallene Früchte regelmäßig einsammeln und vernichten. Fanggürtel im Spätsommer (August bis September) an die Stämme der Obstbäume binden, wenn die Larven ihre Winterverstecke suchen.
Frühe Pflaumensorten pflanzen, die weniger gefährdet sind.
<u>Härtere Abwehr:</u> Die erste Wicklergeneration richtet keine größeren Schäden an. Nur die Sommergeneration kann für die Ernte gefährlich werden. Meist hält sich aber auch dieser Schaden in Grenzen. Höchstens in Notfällen Pyrethrum-Präparate anwenden.
Ein Gärtner, der ja nicht von seiner Pflaumenernte leben muß, sollte ernsthaft überlegen: Ist die Schonung zahlloser Nutzinsekten nicht wichtiger als eine dezimierte Pflaumenernte? Im nächsten Jahr werden die Nützlinge in der Überzahl sein, und der Baum trägt um so reicher.

Die Pflaumenwicklermade ist rötlich gefärbt.

## Phlox-Stengelälchen
siehe Nematoden

## Rettichfliege
siehe Kohlfliege

## Ringelspinner
*Malacosoma neustria*

Die Falter fliegen erst spät im Jahr, von Juli bis September. Sie haben eine Flügelspannweite von 3–4 cm. Der Schmetterling hat am ganzen Körper eine beige-braune Grundfarbe. Die Vorderflügel sind mit zwei Querlinien und bei den Weibchen dazwischen mit einem kräftig-braunen Band gekennzeichnet.
Im Spätsommer legen die Ringelspinner ihre Eier, ringförmig aufgereiht, um Obstgehölzzweige, die etwa bleistiftdick sind. Dieses dekorative Gelege, dem die Tiere auch ihren Namen verdanken, wird zum Schluß mit einem durchsichtigen lackartigen Sekret überzogen.
Im Schutz dieses natürlichen Panzers überstehen die Nachkommen des Ringelspinners den Winter. Erst Ende April schlüpfen die Raupen aus. Sie haben anfangs eine schwärzliche Tönung und färben sich mit zunehmendem Alter immer bunter. Auf graublauem Grund leuchtet ein weißer Rückenstreifen. Daneben verlaufen bis zu den Seiten orange-rote Linien. Der ganze Körper der 4–5 cm langen Raupe ist von rotbraunen Haaren bedeckt. Der blaue Kopf trägt zwei schwarze Punkte.
Die Raupen des Ringelspinners weben in den Obstbäumen gemeinsam zeltartige Gespinste. Hinter dieser schützenden »Gardine« fressen sie an den Blättern. Manchmal verlassen sie auch das luftige Zelt und sonnen sich auf einem Zweig in der Nähe des Futterplatzes. Wenn innerhalb des Gespinstes alle Blätter aufgefressen sind, wandern die Raupen weiter und spinnen sich ein neues Gehäuse. Diese Gemeinschafts-Gespinste werden bis zu 30 cm lang.

Den auffallend ringförmig angeordneten Eigelegen verdankte der Ringelspinner seinen Namen: Unten: der Falter.

Ende Juni oder Anfang Juli verpuppen sich die ausgewachsenen Raupen in gelben Kokons, die zwischen Blättern und Rindenritzen oder in der Mulchdecke am Boden versteckt sind. Etwa drei Wochen später schlüpfen die neuen Falter aus.

**Schadbild:** Kahlgefressene Zweige, in denen die leeren Gespinste zurückbleiben. Das Wachstum der Bäume und der Fruchtansatz können beeinträchtigt werden.

**Besonders gefährdete Pflanzen:** Äpfel, Birnen, Pflaumen, Kirschen, Himbeeren und andere Obstgehölze. Der Ringelspinner ist nicht spezialisiert.

### Schutzmaßnahmen

<u>Natürliche Feinde:</u> Vögel, Raubwanzen, Schlupfwespen, Raupenfliegen, Spitzmäuse.

<u>Vorbeugende und sanfte Mittel:</u> Im Winter die Eigelege von den Ästen abkratzen; im Frühling (ab Mai) die Zweige mit den Gespinsten und den Raupen herausschneiden und vernichten.

<u>Härtere Abwehr:</u> Wegen der Gespinste schwierig, aber auch meist unnötig. Ringelspinner sind nicht mehr sehr verbreitet und richten keine schlimmen Schäden an.

Falls es doch sein muß: *Bacillus-thuringiensis*-Präparate verwenden.

## Rosenblattlaus, Große
### *Macrosiphon rosae*

Die Läuse dieser speziellen Art werden 3–4 mm groß. Sie sind grün oder rosa bis bräunlich rot gefärbt. Die beiden Röhren am Hinterleib sind auffallend lang und schwarz.

Die Rosenblattlaus findet sich nur im Frühling an den Rosen ein. Im Sommer wechselt sie auf Baldriangewächse und Kardengewächse, wie zum Beispiel Artischocken und Skabiosen, über.

**Schadbild:** Die Großen Rosenblattläuse sitzen oft in ausgedehnten Kolonien an den Triebspitzen. Dadurch können Wuchsstörungen, Mißbildungen und welkende Knospen vorkommen. Die Läuse scheiden reichlich Honigtau

Typisches Schadbild der Rosenblattrollwespe.

aus, auf dem sich Rußtaupilze entwickeln.

**Besonders gefährdete Pflanzen:** Rosen; auch andere Rosengewächse, wie Erdbeeren und Apfelbäume.

### Schutzmaßnahmen

Siehe »Die großen Plagen«, Seite 212.

## Rosenblattrollwespe
### *Blennocampa pusilla*

Die kleinen schwarzen Wespen werden nur 3–4 mm lang. Sie legen ihre Eier im Mai und Juni an den Rändern der Rosenblätter ab. Nachdem die weißlich bis grün gefärbten Larven ausgeschlüpft sind, fressen sie an den grünen Blättern. Wenn sie still sitzen, bildet ihr Körper oft eine S-Form. Im Herbst spinnen sich die Larven der zweiten Wespengeneration in Kokons ein und überwintern in der oberen Bodenschicht. Erst im nächsten Frühling verpuppen sie sich.

**Schadbild:** Die Blätter sind in Längsrichtung zur Mittelrippe hin eingerollt. Sie hängen wie dünne Röhren nach unten und vergilben.

**Besonders gefährdete Pflanzen:** Rosen, besonders Kletterrosen.

### Schutzmaßnahmen

<u>Natürliche Feinde:</u> Raupenfliegen, Schlupfwespen, Vögel.

<u>Vorbeugende und sanfte Mittel:</u> Die eingerollten Blätter samt den Larven möglichst früh entfernen. Mit Rainfarn-Tee spritzen oder Gesteinsmehl stäuben.

<u>Härtere Abwehr:</u> nicht nötig.

Diese Larve lebt in den gerollten Blättern.

## Rosenblattwespe, Schwarze
### *Caliroa* und andere Arten

Diese Rosenblattwespe ist ebenfalls schwarz gefärbt. Sie erreicht etwa 4,5 mm Körperlänge. Ihre Eier legt sie an der Unterseite der Rosenblätter ab. Die gelblich-grünen Larven können bis zu 1 cm lang werden. Sie haben eine gewisse Ähnlichkeit mit kleinen Nacktschnecken. Während der Sommermonate fressen diese Wespenlarven Löcher in die Blätter der Rosen. Im Herbst spinnen sie sich in Kokons ein und überwintern in der oberen Bodenschicht. Im nächsten Frühling verpuppen sich die Larven.

**Schadbild:** Die obere oder die untere Haut der Blätter bleibt erhalten; so entsteht ein typischer Fensterfraß. Wo die Wespenlarven zahlreich auftreten, können die Blätter »bis aufs Skelett« durchlöchert werden.

### Schutzmaßnahmen

<u>Natürliche Feinde:</u> Schlupfwespen, Raupenfliegen, Vögel.

<u>Vorbeugende und sanfte Mittel:</u> Die Larven regelmäßig ablesen; die Blätter der Rosen durch Pflanzen-Brühen aus Algen oder Brennesseln stärken. Mit Rainfarn- oder Wermut-Tee spritzen.

<u>Härtere Abwehr:</u> Nur bei ungewöhnlich starker Ausbreitung der Larven und der Fraßschäden mit Steinmehl stäuben. Falls dennoch Quassia-Schmierseifen-Brühe oder Pyrethrum-Präparaten gespritzt werden, unbedingt auf Nützlinge achten!

# Schädlinge 161

## Rosen-Blütenstecher
*Anthonomus rubi*

Der kleine Rüsselkäfer, der es meist auf Erdbeeren und Himbeeren abgesehen hat, sticht in manchen Jahren auch die Knospen der Rosen an. Er legt sein Ei hinein und nagt anschließend, genau wie beim Beerenobst, den Stengel unterhalb der Knospe durch. Dann ist der Blütentraum vorbei, ehe er angefangen hat. Die Knospen knicken und welken.

**Schutzmaßnahmen**
Siehe Erdbeer-Blütenstecher.

## Rosengallwespe
*Diplolepis rosae*

Von April bis Juni sind die kleinen Wespen unterwegs, um ihre Eier an den Rosentrieben abzulegen. Ihr Körper hat eine ameisenartige Form, die Brust ist schwarz, der Hinterleib rötlich-braun gefärbt.
Nachdem die weißlichen Larven geschlüpft sind, beginnt das Pflanzengewebe zu wuchern.
**Schadbild:** Die runden bemoosten Gallen, die im Spätsommer und Herbst entstehen, nennt man auch »Rosenäpfel« oder »Schlafäpfel«. Sie können 5 cm Durchmesser erreichen. Im Inneren befinden sich mehrere Kammern, in denen die Larven der Gallwespen sich verpuppen und sicher überwintern – falls keine anderen Parasiten eindringen. (Siehe auch Gallwespen, Seiten 25 und 143.)
**Besonders gefährdete Pflanzen:** Wildrosenarten.

**Schutzmaßnahmen**
<u>Natürliche Feinde:</u> Schlupf- und Erzwespen.
<u>Vorbeugende und sanfte Mittel:</u> Die Gallen abschneiden. Es entsteht aber kein größerer Schaden, wenn der Gärtner diese bizarren, interessanten Gebilde, die nicht allzuoft im Garten auftauchen, an den Zweigen hängen läßt und beobachtet.
<u>Härtere Abwehr:</u> unnötig.

## Rosenkäfer
*Centonia aurata*

Der hübsche Käfer besitzt schillernde grüne Flügeldecken, die manchmal auch einen bronzefarbenen Schimmer haben. Auf den Flügeln befindet sich eine weiße, unregelmäßige Zeichnung. Die Unterseite der 1,5–2 cm großen Käfer ist purpurrot gefärbt. Die Rosenkäfer fliegen von Ende Mai bis Juni. Im Frühsommer legen sie ihre Eier ab. Die Larven leben zwei bis drei Jahre lang im Boden und ernähren sich dort von Wurzeln und organischen Substanzen.
**Schadbild:** Die Larven schaden den Pflanzen des Gärtners nicht. Die schönen schillernden Käfer nagen nur ein wenig an den Rosenblüten oder auch an anderen Blumen.
**Besonders gefährdete Pflanzen:** Rosen.

Diese bizarren Rosenäpfel sind das Werk der Rosengallwespe. In der aufgeschnittenen Galle wird die heranwachsende Larve sichtbar.

Die Puppe des Rosenkäfers »reift« in der Erde.

Lassen Sie den Rosenkäfer gewähren – er richtet keine großen Schäden an.

**Schutzmaßnahmen**
Unnötig und verboten! Der Rosenkäfer steht unter Naturschutz. Gönnen Sie dem Käfer sein Leben in der Sonne und in offenen Blüten. Beobachten Sie ihn – das bereitet Freude und ist nützlicher als jede Abwehrreaktion!

## Rosentriebbohrer, Aufwärtssteigender und Abwärtssteigender
*Blennocampa elongatula* und *Ardis brunniventris*

Bei beiden Triebbohrern handelt es sich um die Larven von Blattwespen. Die Raupen bohren sich in die Rosentriebe und fressen dort das Mark.
Die weißlichen Larven des Abwärtssteigenden Triebbohrers werden gut 1 cm lang, die des Aufwärtssteigenden Bohrers erreichen 1,5 cm Länge. Man nennt die Tiere wegen dieser Lebensweise auch »Röhrenwürmer«.

# Gärtner-Lexikon

Der Rosentriebbohrer in seinem Gang.

Wenn die Larven ausgewachsen sind, verlassen sie die Rosentriebe, wandern in den Boden und spinnen sich dort in einen Kokon ein. Im nächsten Frühling verpuppen sie sich, und ab Mai schlüpfen die ersten Wespen aus. Es entwickelt sich nur eine Generation im Jahr.

**Schadbild:** Den Abwärtssteigenden Triebbohrer erkennt man von außen an welkenden, absterbenden Trieben. Die Tiere fressen sich von oben nach unten durch das Mark. Am Ende ihres Ganges befindet sich ein Bohrloch; durch das die Made die Rose verlassen hat.

Der Aufwärtssteigende Triebbohrer legt seinen Gang in Richtung auf die Triebspitze an. Von außen sieht man das Einstiegsloch und Spuren von »Holzmehl«, das beim Bohren herausrieselt. Durch diesen Raupenfraß sterben die Rosentriebe nicht ab.

**Besonders gefährdete Pflanzen:** Rosen.

## Schutzmaßnahmen

<u>Natürliche Feinde:</u> Schlupfwespen, Raupenfliegen.

<u>Vorbeugende und sanfte Mittel:</u> Ab Mitte Mai die Rosen sorgfältig beobachten und angebohrte Triebe so früh wie möglich abschneiden.

<u>Härtere Abwehr:</u> keine.

## Rosenwickler
*Croesia bergmanniana*

Der Rosenwickler ist auch unter dem Namen Heckenwickler bekannt. Die weiblichen Falter haben eine Flügelspannweite von 17–24 mm. Die Vorderflügel sind braun, mit verschwommenen dunklen Flecken gezeichnet. Die grauen Hinterflügel haben orangegelbe Spitzen.

Im August und September legen die Rosenwickler ihre Eier an die Äste ihrer Wirtspflanzen. Im Frühling schlüpfen die hellgrünen Raupen aus und fressen an den Knospen. Später spinnen sich die Larven zu mehreren in zusammengerollten jungen Blättern ein. Dort verpuppen sie sich auch ab Juni. Ab Juli schlüpfen die ersten Falter der neuen Generation aus.

**Schadbild:** Knospen, Blätter und junge Triebe werden angefressen und im Wachstum gestört.

**Besonders gefährdete Pflanzen:** Außer Rosen auch zahlreiche Obstgehölze, wie zum Beispiel Äpfel, Birnen, Pflaumen, Schwarze Johannisbeeren und Himbeeren.

## Schutzmaßnahmen

<u>Natürliche Feinde:</u> Fledermäuse, Vögel, Ohrwürmer, Laufkäfer, Raubkäfer, Schlupfwespen, Raupenfliegen, Spinnen.

<u>Vorbeugende und sanfte Mittel:</u> Raupen und Gespinste frühzeitig absammeln; auf Nützlinge achten.

Rosenzikaden sitzen an der Blattunterseite.

Rainfarn- oder Wermut-Tee spritzen.
Bei größeren Schäden die Rosen im zeitigen Frühling kräftig zurückschneiden.

<u>Härtere Abwehr:</u> Nur falls noch keine Nützlinge im Garten vorhanden sind. Die Raupen mit Steinmehl bestäuben, bevor sie Gespinste anlegen. Seifenbrühe nur in Notfällen anwenden.

## Rosenzikade
*Typhlocyba rosae*

Die blaßgelbliche bis gelbgrüne Zikade wird 3,5–4 mm lang. Die Larven schlüpfen im Frühling, sie haben nur Flügelstummel, während die erwachsenen Tiere schmale Flügel besitzen, die sie dachförmig über dem Hinterleib zusammenlegen. Beide saugen an der Unterseite der Rosenblätter. Wenn sie gestört werden, stoßen sich die Zikaden mit ihren kräftigen Sprungbeinen ab und fliegen davon.

In vier bis sechs Wochen haben sich die Larven zu erwachsenen Zikaden entwickelt. Sie wandern im Juni zu ihren Sommerwirten, zum Beispiel zu Obstbäumen. Dort wächst die nächste Zikadengeneration auf. Ab Mitte August bis September kehren die erwachsenen Zikaden der zweiten Generation an die Rosen zurück. Die Weibchen legen dann ihre Eier in die Außenhaut junger Rosentriebe.

**Schadbild:** Die Blätter der Rosen sehen hell gesprenkelt aus; zahlreiche

Die Zikadenlarve besitzt nur Flügelstummel.

winzige Saugflecken reihen sich aneinander. Das Erscheinungsbild erinnert an Spinnmilbenbefall. Nur selten ist der Schaden so umfangreich, daß Blätter absterben und abfallen.

**Besonders gefährdete Pflanzen:** Der Hauptwirt ist die Rose. Sommerliche Zwischenwirte sind Äpfel, Kirschen, Pflaumen, Pfirsiche, Brombeeren, Himbeeren und Erdbeeren.

### Schutzmaßnahmen

Natürliche Feinde: Raubwanzen, Laufkäfer, Raubkäfer, Spinnen.

Vorbeugende und sanfte Mittel: Möglichst viele Nützlinge im Garten heimisch machen. Für gesunde, naturgemäße Wachstumsbedingungen bei den Rosen sorgen.

Härtere Abwehr: Normalerweise nicht nötig. Notfalls nur nützlingsschonende Mittel anwenden (Tabelle Seite 121).

## Sägewespen
### *Hoplocampa*

Die Gattung der Sägewespen gehört zur großen Familie der Blattwespen *(Tenthredinidae)*. Im Garten tauchen verschiedene Arten auf, die auf bestimmte Gehölze spezialisiert sind: Die Apfelsägewespe *(Hoplocampa testudinea)* auf Apfelbäume, die Birnensägewespe *(Hoplocampa brevis)* auf Birnen, die Gelbe Pflaumensägewespe *(Hoplocampa flava)* und die Schwarze Pflaumensägewespe *(Hoplocampa minuta)* auf Pflaumen und Zwetschen. Charakteristisch für diese Wespenarten ist der sägeartige Legebohrer. Einzelheiten über die Lebensweise und die Behandlung im Garten erfahren Sie am Beispiel der Gelben Pflaumensägewespe, Seite 158.

## Salatwurzellaus
### *Pemphigus bursarius*

Die Salatwurzelläuse gehören zu den Blasenläusen. Sie überwintern in Eiern, die im Herbst von der letzten Läusegeneration an Schwarzpappeln abgelegt werden. Ab Mitte April schlüpfen dort die Stammütter der Wurzelläuse aus. An den Blattstielen der Pappeln verursachen sie birnenförmige Wucherungen. Im Schutz dieser Gallen bringen die Stammütter die ersten Jungen zur Welt. Dies ist eine geflügelte Generation, die im Juni zu den sommerlichen Zwischenwirten aufbricht. Auf den Salat- und Gemüsebeeten setzen diese Läuse nun ungeflügelte Jungtiere ab, die in die Erde eindringen und sich dort im Wurzelbereich bestimmter Pflanzen festsetzen.

Die eigentlichen Wurzelläuse sind 2–3 mm groß und blaßgelb gefärbt. Sie besitzen im Gegensatz zu ihren Verwandten, den Röhrenläusen, keine Röhren am Hinterleib. Statt dessen befindet sich dort ein Kranz »wolliger Haare«, die Wachsdrüsen. Mit Hilfe dieser Spezialorgane produzieren die Tiere Wachsausscheidungen, die sie sowohl vor Nässe als auch vor Austrocknung schützen. Der Wurzelbereich, in dem sie leben, wirkt deshalb wie weiß bepudert.

Im Herbst bringen die Wurzelläuse wieder geflügelte Nachkommen hervor, die zu den Schwarzpappeln zurückkehren. Die Wintereier der Wurzelläuse werden oft von Wiesenameisen ins Nest geholt und betreut. (Siehe Seite 128.)

**Schadbild:** Die Läuse saugen an den Wurzeln der Pflanzen, dadurch entstehen akute Wachstumsstörungen. Bei

Wo Salatwurzelläuse sich ansiedeln, ist die Erde von weißen Wachsausscheidungen durchsetzt.

sehr starker Vermehrung werden die Salatpflanzen gelb und vertrocknen. Wenn nur wenige Wurzelläuse vorhanden sind, leidet nur die Kopfbildung. Bei herausgezogenen Pflanzen werden die typischen mehlig-weißen Ausscheidungen in der Erde rund um die Wurzeln sichtbar.

**Besonders gefährdete Pflanzen:** Kopfsalate, Endivien und andere Zichoriensalate; auch einige Gemüsearten wie Möhren und Artischocken, außerdem Wildkräuter, wie zum Beispiel Gänsedisteln und Rainkohl.

### Schutzmaßnahmen

Natürliche Feinde: Laufkäfer, Raubwanzen, Schlupfwespen, Spinnen und viele andere.

Vorbeugende und sanfte Mittel: Den Boden um gefährdete Pflanzen mit Rainfarn-Tee gießen.

Bei Trockenheit gründlich wässern und ständig mulchen. Die Wurzelläuse lieben trockene Erde!

Das Pflanzenwachstum stärken und fördern, zum Beispiel durch Brennesseljauche und Algenprodukte.

Härtere Abwehr: Nur bei sehr starker Verseuchung: Neudosan in den Wurzelbereich gießen.

Weitere Ratschläge zur Läuse-Abwehr, siehe Seite 212.

## Schermaus

siehe Wühlmaus

# Schildläuse
## Coccina

Die Schildläuse haben kaum Ähnlichkeit mit ihren Verwandten, den Blattläusen und den Blattsaugern. Die Weibchen dieser großen Gruppe sitzen meist fest und unbeweglich auf einer Pflanze. Sie besitzen weder Beine noch Flügel. Durch einen Rüssel sind sie mit ihrer Unterlage verbunden. Gegen die

Eine Schildlaus mit ihren Eiern.

Außenwelt schirmt die Tiere eine feste, wachsartige Schale ab. Diesem schützenden Schild verdanken sie auch ihren Namen.

Die männlichen Schildläuse sind dagegen beweglich. Sie besitzen Flügel, können aber nur schlecht fliegen. Da sie in der überwiegend weiblichen Läusegesellschaft kaum gebraucht werden, kommen sie auch selten vor.

Schildläuse können sich außerordentlich rasch vermehren. Ein einziges Weibchen vermag bis zu 1000 Eier zu legen. Sechs Generationen entstehen innerhalb eines Sommers. Das bedeutet unter günstigen Bedingungen millionenfachen Nachwuchs!

Im ersten Larvenstadium sind die Schildläuse noch beweglich. In diesem Zeitraum breiten sich die Tiere auf andere Pflanzen aus. Nach der ersten Häutung verlieren sie meist ihre Beine und verbinden sich fest mit der Mutterpflanze. Durch ihren »Deckel« sind sie gut geschützt – für die meisten Insekten und auch für den Gärtner schlecht erreichbar.

Die meisten Schildlausarten sondern Honigtau ab, der die Blätter der Pflanzen verklebt und Rußtaupilze anzieht.

Im Garten können die folgenden Schildlausarten auftauchen:

## San-José-Schildlaus
### Quadraspidiotus perniciosus

Diese Schildlaus gehört zur Familie der Deckelschildläuse *(Diaspididae)*. Sie stammt ursprünglich aus dem Amurgebiet und wurde über Kalifornien nach Europa eingeschleppt. Im Westen und Süden Mitteleuropas konnte sich die San-José-Schildlaus rasch als gefährlicher Obstbaum-Schädling ausbreiten, weil ihre natürlichen Gegenspieler fehlten. Als innerhalb des integrierten Pflanzenschutzes 1951 aus Amerika die Zehrwespe *(Prospatella perniciosi)* eingeführt wurde, pendelte sich ein neues biologisches Gleichgewicht ein. Die San-José-Schildlaus hat heute unter den Obstbauern ihren Schrecken verloren; sie ist aber immer noch meldepflichtig. Durch rasches Eingreifen soll eine erneute seuchenartige Ausbreitung verhindert werden.

Die Weibchen der San-José-Schildlaus können 100–400 lebende Junge zur Welt bringen. Diese Nymphen sind gelb gefärbt und wandern anfangs frei über Bäume und Sträucher. Der graue Schild der erwachsenen Weibchen hat etwa 1,5–2 mm Durchmesser. Wo er fest an der Baumrinde sitzt, ist er gut getarnt und schwer erkennbar.

Die San-José-Schildläuse setzen sich gern in Astgabeln fest. Bei den Früchten bevorzugen sie die Vertiefungen um den Stiel und den Kelch. Beim Saugen sondern sie ein giftiges Sekret ab, das in die Früchte, aber auch tief ins Gewebe der Gehölze dringt. Als Reaktion der Pflanzen entstehen an diesen Stellen rote Flecken. Wo die Schildläuse sich rasch und unkontrolliert vermehren können, da sind die Obstgehölze wirklich bedroht. Große Bäume können innerhalb weniger Jahre absterben.

**Schadbild:** Rund um die Schildläuse bilden sich tiefrote Flecken an Äpfeln oder Birnen. Die Verfärbungen im Holz bleiben dagegen unsichtbar für das prüfende Auge des Gärtners. Absterbende Äste können auf einen schon länger andauernden Schildlausbefall auf der Rinde hindeuten.

**Besonders gefährdete Pflanzen:** Äpfel, Birnen und Johannisbeeren.

### Schutzmaßnahmen

<u>Natürliche Feinde:</u> Vor allem die Zehrwespe *(Prospatella perniciosi)*. In Obstbaugegenden, die früher unter der San-José-Schildlaus gelitten haben, ist sie bereits heimisch geworden. (Siehe

Wo kein Gegenspieler vorhanden ist, da kann sich die San-José-Schildlaus stark vermehren.

# Schädlinge 165

Napfschildläuse sind gut erkennbar.

auch »Nützlinge«, Seite 92.) Diese Wespenart ist ausschließlich auf die San-José-Schildlaus spezialisiert, die sie anbohrt, um ihre Eier unter den Deckel zu legen. Die Wespenlarven ernähren sich dann von den Läusen.
Vorbeugende und sanfte Mittel: Nur Nützlingsschutz.
Härtere Abwehr: Kaum möglich.

## Napfschildlaus, Gemeine
*Eulecanium corni*

Diese weitverbreiteten Schildläuse sind an ihrem ovalen, hochgewölbten Schild und an ihrer kastanienbraunen Farbe zu erkennen. Von Mitte Juni bis Mitte Juli und dann noch einmal im August sind die beweglichen Nymphen unterwegs. Sie sind hellgrün-orange oder bräunlich getönt.
Im Herbst setzen sich die Tiere an den Zweigen der Gehölze fest. Nach der Überwinterung werden sie ab März wieder aktiv, im April erreichen die Tiere das Erwachsenenstadium. Sie lassen sich endgültig nieder. Ihr napfartiger Rückenschild wölbt sich hoch und wird fest.
Nachdem die Läuse im Mai und Juni Hunderte von Eiern abgelegt haben, sterben sie. Die Eigelege bleiben geschützt unter dem noch lange haltbaren Schild, bis die Jungtiere schlüpfen.
**Schadbild:** Die buckeligen Läuse sind gut erkennbar auf der Baumrinde. Wenn sehr viele Schildläuse an einem Gehölz saugen, kann es zu einer Schwächung und zu frühzeitigem Laubabfall kommen.
**Besonders gefährdete Pflanzen:** Pflaumen, Pfirsich, Johannisbeeren, Stachelbeeren, Brombeeren und Himbeeren.

### Schutzmaßnahmen
Natürliche Feinde: Schlupfwespen, Marienkäferarten (siehe »Nützlinge«, Seite 98–99).
Vorbeugende und sanfte Mittel: Rindenpflege und Stammanstrich. Ansammlungen von Schildläusen abbürsten.
Härtere Abwehr: Notfalls im Winter mit Paraffinöl-Produkten oder mit Alaun-Lösungen spritzen.
Normalerweise ist der Schaden aber nicht so groß, daß »harte« Eingriffe gerechtfertigt wären.

## Kommaschildlaus, Gemeine
*Lepidosaphes ulmi*

Die flachen, länglichen Schilde dieser Läuse sind meist gelblich-braun gefärbt. Sie bilden eine Art tropfenförmiges Komma. Die Jungtiere schlüpfen Ende Mai oder Anfang Juni. Nach mehreren Häutungen sind sie gegen Ende Juni erwachsen. Im Herbst, meist im September, legen die Weibchen bis zu 80 Eier unter ihrem Schild ab. Dann sterben sie. Die Eier überdauern gut geschützt unter ihrer Abdeckung den Winter.
**Schadbild:** Manchmal bilden die Kommaschildläuse große Kolonien, die ganze Astpartien mit braunen Krusten überziehen. Es entstehen aber keine bedrohlichen Schäden.
**Besonders gefährdete Pflanzen:** Apfel, Birne, Kirsche, Pflaume, vor allem alte, ungepflegte Bäume.

### Schutzmaßnahmen
Natürliche Feinde: Schlupfwespen, Marienkäferarten.
Vorbeugende und sanfte Mittel: Rindenpflege, vor allem abbürsten; Stammanstrich; eventuell Verjüngungsschnitt.
Härtere Abwehr: Nicht nötig.

## Schildläuse an Zierpflanzen

Die Oleanderschildlaus *(Aspidiotus hederae)* und die Lorbeerschildlaus *(Aonidia lauri)* sind Beispiele für Schildlausarten, die sich vor allem an Pflanzen mit festen Blättern gern ansiedeln. An solchen überschaubaren und gut erreichbaren »Tatorten« ist es am einfachsten, die Blätter vorsichtig abzubürsten oder die Tiere mit den Fingern zu zerdrücken. Anschließend müssen die Blätter mit einem nassen Tuch abgewa-

Die Oleanderschildlaus ist weit verbreitet – meist als Folge von Kulturfehlern.

schen werden. Achten Sie auf einen günstigen Standort mit viel Sonne und auf genügend Feuchtigkeit. Der Oleander bekommt seine Läuse meist in einem zu warmen Winterquartier! Im Sommer, wenn die jungen Schildläuse noch frei beweglich sind, können Spritzungen mit Öl-Präparaten helfen. Achten Sie vorher aber unbedingt auf Nützlinge!

## Schmierläuse
siehe Blutläuse

## Schnaken
*Tipulidae*-Arten

Verschiedene Schnakenarten können im Garten Schäden anrichten. Die häufigste Art ist die Sumpf- oder Wiesenschnake *(Tipula paludosa)*. Außerdem sind noch die Kohlschnake *(Tipula oleracea)* und die Gefleckte Rutenmücke *(Nephrotoma maculata)* verbreitet.

Die Schnaken gehören zu den Mücken; sie sind an ihren langen Beinen und dem langsamen Flug gut zu erkennen. Ihr grau-braun gefärbter Körper ist schlank und langgestreckt; die Flügel haben eine sehr schmale Form. Die Gefleckte Rutenmücke hat einen schwarz-gelb gemusterten Leib. Der Lebensrhythmus dieser Arten ähnelt sich sehr. Die Schnaken schlüpfen ab April aus den Puppen. Von Mitte August bis Ende September legen sie ihre Eier in Gelegen direkt unter der Bodenfläche ab. Sie bevorzugen dabei dichtbewachsene, feuchte Grasflächen, verunkrautete Beete oder frisch umbrochenes Wiesenland.

Nach etwa zwei Wochen schlüpfen die dicken braun-grauen Larven aus, die einen winzigen schwarzen Kopf und eine ledrige Haut haben. Wenn sie ausgewachsen sind, erreicht ihr walzenförmiger Körper 3,5–4,5 cm Länge. Die Tiere beginnen im Herbst an den Wurzeln der Pflanzen zu fressen. Über Winter nehmen sie keine Nahrung zu sich. Die Hauptschäden entstehen erst im nächsten Frühling von April bis Mai. Dann fressen die Larven nicht nur die Wurzeln; bei feuchtem Wetter kriechen sie auch aus dem Boden heraus und nagen an den Wurzelhälsen. Im Juni verpuppen sich die Larven etwa 10 cm tief im Boden. Wenig später schlüpft die nächste Schnakengeneration.

Bei der Kohlschnake verläuft die Entwicklung schneller. Die Larven sind rascher ausgewachsen, so daß es unter

Die dicken Larven der Schnaken sind an ihrer ledrigen Haut gut zu erkennen (oben). Sie verpuppen sich (unten) nur kurze Zeit im Boden.

Wiesenschnaken-Hochzeit im Sommer.

günstigen Bedingungen zu zwei Generationen im Jahr kommen kann.

**Schadbild:** Auf Rasenflächen entstehen Flecken mit abgestorbenen Gräsern. An diesen Stellen haben die Larven die Wurzeln zerstört. Welke Erdbeerjungpflanzen und Wachstumsstörungen an jungen Himbeer- oder Brombeerruten können ebenfalls von *Tipula*-Larven verursacht sein, die an den Wurzeln oder am Wurzelhals gefressen haben.

**Besonders gefährdete Pflanzen:** Gräser und Rasenflächen, aber auch Beerenobst auf nassen, verunkrauteten Böden.

### Schutzmaßnahmen

Natürliche Feinde: Igel, Spitzmaus, Maulwurf, Maulwurfsgrille; auch starker Bodenfrost und Eisbildung nach Tauwetter.

Vorbeugende und sanfte Mittel: Nachts und bei feuchtem Wetter im Frühling die Larven, die an die Oberfläche kommen, sammeln. Um welkende Erdbeerpflanzen den Boden nach Larven absuchen.

Zur Zeit der Eiablage gefährdete Rasenflächen besonders kurz mähen und eventuell walzen.

Härtere Abwehr: Im Garten nicht nötig.

## Schmierläuse
siehe Wolläuse

## Schnecken
*Gastropoda*

Die Schnecken bereiten den meisten Gärtnern so große Probleme, daß sie hier nicht in Kürze vorgestellt werden können. Eine allgemeine Einführung in die Formenvielfalt der Schnecken finden Sie im »Wegweiser« auf Seite 28. Eine Fülle praktischer Ratschläge zur Schneckenabwehr im Garten ist im Kapitel »Die großen Plagen«, Seite 214–220 zusammengefaßt. Dort erfahren Sie auch zahlreiche interessante Einzelheiten aus dem Leben der gefräßigen Kriechtiere.

# Schädlinge

## Sellerie-Blattminierfliege
*Pilophylla heraclei*

Die Selleriefliege gehört zu den Bohr- und Fruchtfliegen. Ihr Körper ist schwarzbraun gefärbt und läuft am Hinterleib in eine Spitze aus. Die durchsichtigen Flügel tragen eine rotbraune Zeichnung. Ab Juni legen die Fliegen ihre Eier an den Sellerieblättern ab. Die Maden fressen kurze Zeit später breite Miniergänge in die Blätter. Die Sellerie-Blattminierfliegen entwickeln sich rasch und bringen bis zum Herbst mehrere Generationen hervor.

**Schadbild:** Zuerst werden weiße Flecken sichtbar, die sich später braun färben. Bei intensiver Ausbreitung der Fliegenlarven können die Blätter absterben.

**Besonders gefährdete Pflanzen:** Sellerie, auch Pastinaken und andere Doldenblütler.

### Schutzmaßnahmen

Natürliche Feinde: Schlupfwespen, Raupenfliegen, Laufkäfer, Spinnen.

Vorbeugende und sanfte Mittel: So früh wie möglich die Larven in den Gängen zerdrücken.

Mischkultur mit Tomaten; Gemüsefliegennetze über die Beete ausbreiten.

Härtere Abwehr: nicht nötig. Die Sellerie-Minierblattfliegen sind keine große Plage im Garten.

## Sitkafichtenlaus
*Elatobium abietinum*

Diese Röhrenlaus ist grünlich gefärbt; an ihren deutlich sichtbaren roten Augen kann sie der Gärtner gut erkennen. Die Sitkalaus ist auf Nadelgehölze spezialisiert. Die ersten Larven schlüpfen bereits im März. Sie beginnen an der Unterseite der Nadeln zu saugen. Die Tiere siedeln sich vor allem an den alten Zweigen im unteren Bereich der Bäume an. Die jungen Triebe bleiben verschont. Wenn die Läuse sich ungehindert und rasch ausbreiten, werden zahlreiche Nadeln braun und fallen ab. Die Hauptvermehrungszeit der Sitka-

Schadbild der Minierfliegenlarve am Sellerie.

läuse liegt in den Monaten März bis Juni. Im Sommer brechen die Massenpopulationen meist wieder zusammen. Nahrungsmangel und natürliche Schädlinge tragen dazu bei.

Die Sitkafichtenlaus überwintert in Gebieten mit strengem Winter als Ei. In milden Landschaften überdauern die erwachsenen Insekten.

**Schadbild:** Bei massenhaftem Auftreten sitzen zehn oder mehr Läuse an der Unterseite einer einzige Fichtennadel. Die angesaugten Nadeln zeigen zuerst gelbe Flecken; bis zum Juni werden sie braun und trocken. Zahlreiche Nadeln fallen ab und hinterlassen zum Teil kahle Zweige, vor allem im unteren und mittleren Teil der Bäume. Wenn der Schaden mehrere Jahre hintereinander auftritt, können ältere Bäume ganz absterben. Jüngere Bäume haben meist die Kraft, sich wieder zu regenerieren.

**Besonders gefährdete Pflanzen:** Sitkafichte *(Picea sitchensis)*, Blaufichten *(Picea pungens)*, Rotfichten *(Picea excelsa)* und Serbische Fichten *(Picea omorica)*.

### Schutzmaßnahmen

Natürliche Feinde: Florfliegen, Schwebfliegen, Marienkäfer, Laufkäfer, Weichkäfer, Raubwanzen, Vögel, Spinnen und viele andere.

Vorbeugende und sanfte Mittel: Bei der Sitkalaus ist es wichtig, den Schaden frühzeitig zu erkennen. Bereits im März gibt eine Klopfprobe Auskunft, ob Läuse vorhanden sind: Halten Sie ein Blatt helles Papier oder Pappe unter die älteren Zweige, am besten im Innenbereich, nahe am Stamm. Kräftig auf die Äste klopfen; heruntergefallene Läuse mit einem Vergrößerungsglas untersuchen.

Richtiger Standort sowie naturgemäße Ernährung und Pflege wirken einer Masseninvasion der Läuse entgegen.

Im Naturgarten liegt die Überlegung nahe, ob Fichten zum Standort und zu den übrigen Gehölzen passen. Von schwerkranken Nadelbäumen sollte man sich trennen und besser an das Klima angepaßte Gehölze pflanzen.

Härtere Abwehr: Notfalls nützlingsschonende Präparate, zum Beispiel »Neudosan« verwenden. Winterspritzmittel (Paraffinöl-Produkte) dämmen die Ausbreitung im Frühling ein, schädigen aber auch zahlreiche Nützlinge.

Sitkafichtenläuse sitzen an der Unterseite der Nadeln. Wo sie in Massen auftreten, werden die unteren Zweige der Fichte braun und dürr.

## Spargelfliege
*Platyparea poeciloptera*

Ab Mitte April schlüpfen die Spargelfliegen aus den Puppen, in denen sie überwintert haben. Die Tiere sind nur 6 mm groß; ihre Gestalt ähnelt der Stubenfliege. Auffallend ist nur die dunkelbraune Zickzack-Zeichnung auf den durchsichtigen Flügeln. Die Spargelfliege gehört zu den Bohr- und Fruchtfliegen.

Die Weibchen stechen die Außenhaut der Spargeltriebspitzen an und legen ein Ei in jedes Loch. Gern schieben sie sie auch unter die Schuppen der Spargelköpfe. Nach zwei bis vier Tagen schlüpfen die gelblich-weißen Larven aus, die anfangs unter der Haut fressen und sich dann ins Mark des Spargeltriebes bohren. Dort höhlen sie einen nach unten führenden Gang aus. Wenn die Larven ausgewachsen sind, haben sie etwa 1 cm Körperlänge erreicht. Ab Ende Mai verpuppen sich die Tiere am Fuß der Triebe. Dort ruhen sie bis zum nächsten Frühling.

**Schadbild:** Spargeltriebe, in denen eine Fliegenmade frißt, krümmen sich. Der verkrüppelte Wuchs führt schließlich zum Absterben der Stangen.

**Besonders gefährdete Pflanzen:** Spargel, vor allem junge zweijährige Pflanzungen, die noch nicht so hoch angehäufelt sind.

### Schutzmaßnahmen

<u>Natürliche Feinde:</u> Schlupfwespen, Raupenfliegen, Laufkäfer, Raubkäfer, Spinnen.

<u>Vorbeugende und sanfte Mittel:</u> Im Herbst das Spargellaub tief am Boden abschneiden, so entfernt man auch die Puppen von den Beeten. Im Frühling alle erkrankten Triebe ebenfalls tief abschneiden und vernichten.

Während der Flugzeit, etwa Mitte April bis Mitte Juni, das Beet mit einem Gemüsefliegennetz überspannen.

Starkriechende Kräuter-Tees während der Flugzeit aussprühen, zum Beispiel Rainfarn-Tee.

<u>Härtere Abwehr:</u> Im Hausgarten nicht nötig.

## Spinnmilben
*Tetranychidae*

Zwei Arten der Spinnmilbe kommen im Garten häufig vor und richten an zahlreichen Pflanzen Schäden an: die Gemeine Spinnmilbe und die Obstbaumspinnmilbe. Beide sind auch unter dem anschaulichen Begriff »Rote Spinne« bekannt.

## Gemeine Spinnmilbe
*Tetranychus urticae*

Diese Spinnmilben nistet sich an den Blättern zahlreicher Gartenpflanzen ein. Blumen, Gemüse und Obstgehölze sind gefährdet. Die Gemeine Spinnmilbe ist, wie alle Milben, sehr klein. Die ausgewachsenen Tiere erreichen nur 0,5 mm Körperlänge. Sie haben acht Beine. Je nachdem, in welchem Entwicklungsstadium sie sich befinden oder welche Nahrung sie gerade zu sich genommen haben, färben sich die Tiere gelblich, grün oder rötlich.

Die erwachsenen Milbenweibchen überwintern in trockenem Laub oder Strohmulch, in Erdspalten, in rissigen Holzpfählen, Rindenritzen oder ähnlichen Verstecken. Im März oder April kommen die Tiere wieder zum Vorschein. Sie lassen sich an der Unterseite der Blätter nieder und legen dort ihre Eier ab. Bei warmer Witterung schlüpfen nach zwei Wochen die ersten Larven aus. Im Sommer entwickelt sich bei günstigem Wetter alle drei bis vier Wochen eine neue Milbengeneration. Insgesamt können bis zu sieben Generationen während einer Vegetationsperiode entstehen. Die Weibchen leben etwa einen Monat lang und legen in dieser Zeit rund 100 Eier.

Ab September entwickeln sich nur noch orange bis ziegelrot gefärbte Winterweibchen. Nach der Befruchtung suchen sie ihre Winterverstecke auf. Die letzten Männchen und Sommerweibchen sterben um diese Zeit.

Spinnmilben leben gesellig mit Larven verschiedener Entwicklungsstadien in feinen Gespinsten zusammen. Der Gärtner entdeckt die Tiere erst, wenn er die Blätter umdreht.

Die Milben saugen Saft aus den Zellen der Pflanzen; dadurch wird das Blattgrün zerstört, die Blätter verfärben sich, vertrocknen und fallen schließlich ab. Trockenheit und warmes Wetter sind für die Ausbreitung der Milben sehr günstig. Pflanzen, die dann an Wasser- und Nahrungsmangel leiden, werden als erste von der Gemeinen Spinnmilbe überfallen.

Winzige Welt der Spinnmilben: Tiere verschiedener Entwicklungsstufen leben gesellig zusammen.

Gesprenkelte Blätter durch Saugschäden.

Hier konnte die Gemeine Spinnmilbe sich ungehindert ausbreiten. Soweit darf es nie kommen!

**Schadbild:** Die Blattzellen, die durch das Saugen der Milben Chlorophyll verlieren, färben sich hell. Eine silbrige, manchmal bronzefarbene Sprenkelung der Blattoberfläche ist ein typisches Zeichen für die Anwesenheit von Milben auf der Unterseite. Wenn der Schaden fortschreitet, vertrocknen die Blätter.

**Besonders gefährdete Pflanzen:** Die Zahl der »Opfer« ist groß und vielfältig. Unter den Gemüsepflanzen sind Bohnen und Gurken besonders anfällig. Beim Obst können Erdbeeren, Himbeeren, Brombeeren, Schwarze Johannisbeeren und Stachelbeeren von der Gemeinen Spinnmilbe geplagt werden. Auch an Nektarinen, Aprikosen und Pfirsichen kommen sie vor.

Bei den Blumen gehören Rosen, Malven (Stockrosen), Chrysanthemen, Hortensien und Dahlien zu den unfreiwilligen Wirten der Milben.

### Schutzmaßnahmen

<u>Natürliche Feinde:</u> Raubmilben, Raubwanzen, Spinnen, Schlupfwespen, Florfliegen, Marienkäfer, Raubkäfer, Gallmücken.

<u>Vorbeugende und sanfte Mittel:</u> Harmonische Ernährung der Pflanzen, vor allem Überdüngung vermeiden. Gleichmäßige Feuchtigkeit durch Mulchen fördern; bei großer Hitze kräftig gießen.

Blätter gefährdeter Pflanzen durch Algen-Präparate, Brennesseljauche oder Steinmehl kräftigen. Knoblauch-Tee spritzen. Wo es nötig ist, kranke Blätter entfernen und vernichten.

Bohnenstangen aus Holz sorgfältig säubern und mit biologischen Holzschutzmitteln streichen.

Gewächshäuser, Frühbeete und Folientunnel stets ausreichend lüften.

<u>Härtere Abwehr:</u> Im Gewächshaus Raubmilben einsetzen.

Im Garten möglichst keine Pyrethrum-Mittel verwenden wegen der zahlreichen Nützlinge, die die Milben verfolgen.

Notfalls nützlingsschonende Mittel, zum Beispiel »Neudosan«, verwenden der Blätter. Sie stellen aber keine gemeinsamen Gespinste her. Statt dessen spinnen die einzelnen Milben Seidenfäden, an denen sie sich vom Wind treiben lassen. Auf diesen luftigen Gefährten erreichen sie andere Bäume und breiten sich weiter aus.

Im übrigen ähnelt die Entwicklung derjenigen der Gemeinen Spinnmilbe. In einem Sommer können etwa fünf Generationen entstehen. Ab September legen die Milbenweibchen ihre kugelrunden, leuchtend roten Wintereier ab. Sie wählen dabei vor allem Fruchtspieße und die untere Seite von Zweigen aus.

**Schadbild:** Durch das Saugen der Milben erscheinen auf der Blattoberseite zahlreiche helle Punkte. Später sehen die Blätter grau-silbrig oder bronzefarben aus. Sie verdorren und fallen ab. Wenn bei heißer, trockener Witterung der Schaden groß ist und die Bäume viele Blätter frühzeitig verlieren, kann die Bildung neuer Fruchtknospen leiden.

Gemeine Spinnmilben überwintern im Boden.

### Obstbaumspinnmilbe
*Panonychus ulmi*

Diese Milbenart ist, wie schon der Name verrät, auf Obstgehölze spezialisiert. Die Weibchen sind dunkelrot gefärbt. Zur Blütezeit, gegen Ende April oder im Mai, schlüpfen die ersten Obstbaummilben aus. Im Gegensatz zu der Gemeinen Spinnmilbe überwintern sie in Eiern. Die Obstbaummilben leben ebenfalls in Kolonien auf der Unterseite

Die Wintereier der Obstbaumspinnmilbe.

**Besonders gefährdete Pflanzen:**
Äpfel, Pflaumen, Walnuß, Johannisbeeren, Stachelbeeren, Himbeeren.

**Schutzmaßnahmen**
Im wesentlichen wie bei der Gemeinen Spinnmilbe.
Bei Obstbäumen zusätzlich auf große, gut gemulchte Baumscheiben und auf Rindenpflege achten.
Ölhaltige Spritzungen sind wirksam, treffen aber auch überwinternde Nützlinge.

## Stachelbeer-Blattwespe
*Nematus ribesii*, neu: *Pteronidae*

Die kleinen 6–7 mm langen Blattwespen schlüpfen im April und Mai aus Puppen. Der Kopf ist schwarz, der Körper gelb gefärbt; das Brustsegment der Weibchen trägt schwarze Muster. Die durchsichtigen Flügel sind von braunen Adern durchzogen. Die Weibchen schneiden auf der Unterseite der Blätter die Hauptadern an und legen dort reihenweise ihre grünlich-weißen Eier ab. Nach acht bis zehn Tagen schlüpfen die Larven aus, die anfangs wie Schmetterlingsraupen aussehen. Ihr Körper ist grün gefärbt, der Kopf glänzend schwarz. Das erste und die beiden letzten Segmente sind schwach orangefarben getönt. Über den Körper sind schwarze behaarte Warzen verteilt.
Die Larven der Stachelbeer-Blattwespe

Die Larve der Stachelbeerblattwespe.

Kahlgefressener Stachelbeerzweig.

leben gesellig zusammen; sie sind sehr gefräßig und machen vier bis fünf Entwicklungsstadien durch. Dann häuten sie sich. Auf dieser letzten Stufe zwischen Larve und Puppe sind die Tiere blaß blaugrün gefärbt; das erste und die beiden letzten Segmente schimmern hell orangefarben, auch der Kopf ist jetzt ganz hell getönt. In diesem Präpuppen-Stadium nehmen die Larven keine Nahrung mehr auf. Sie bohren sich 10–15 cm tief in die Erde und spinnen sich in einen ovalen, dunkelbraunen Kokon ein. Nach einer Woche verpuppen sie sich dort endgültig. Wiederum eine Woche später schlüpft bereits die neue Blattwespen-Generation aus.
Insgesamt entstehen drei Generationen. Die Larven fressen im Mai und Juni, im Juli und im August bis September an den Blättern der Stachelbeerbüsche. Die letzten Larven überwintern in ihren Kokons und verpuppen sich erst im Frühling.
**Schadbild:** Die Entwicklung der Raupen beginnt meist im inneren Teil der Büsche an den unteren Blättern. Anfangs fressen sie einzelne Löcher in die Blätter, wenig später sehen diese wie durchsiebt aus. Schließlich ist das gesamte Blattgewebe bis auf die Mitteladern weggefressen. Innerhalb kurzer Zeit können die gefräßigen Raupen einen ganzen Stachelbeerbusch kahlfressen.
**Besonders gefährdete Pflanzen:** Stachelbeeren, vor allem junge zwei- bis dreijährige Büsche. Auch Rote und Weiße Johannisbeeren sind gefährdet.

**Schutzmaßnahmen**
Natürliche Feinde: Schlupfwespen, Raupenfliegen, Laufkäfer, Raubkäfer, Spinnen, Vögel, Spitzmäuse, Igel.
Vorbeugende und sanfte Mittel: Die Stachelbeerbüsche im Mai und Juni öfter kontrollieren, da der Schaden zuerst im Inneren der Sträucher verborgen ist. Regelmäßig die Larven absammeln.
Sträucher mit Wasserstrahl abspritzen und die heruntergefallenen Larven einsammeln.
Steinmehl stäuben; Rainfarn-Brühe spritzen; Algen-Extrakte über die Sträucher sprühen, dadurch wird neues Blattwachstum angeregt, noch vorhandene Blätter werden gekräftigt.
Mit Brennesseljauche gießen.
Härtere Abwehr: Bei sehr starkem Befall Schmierseifen-Brühe oder Pyrethrum-Mittel verwenden. Vorher unbedingt auf Nützlinge achten! Spritzungen im Mai und Juni sind am wirkungsvollsten, weil die weitere Entwicklung abgebremst wird. Das Innere der Büsche muß gründlich behandelt werden.

## Stengelälchen/ Stockkrankheit
siehe Nematoden

## Tannenläuse
siehe Wolläuse

## Tausendfüßer
*Myriapoda*

Zur großen Gruppe der Gliedertiere gehören die Tausendfüßer, die ihren Namen einer Vielzahl kurzer Beinchen verdanken. Wenn sie sich bedroht fühlen, rollen manche Arten sich wie eine Feder zusammen.
**Der Tüpfeltausendfuß** (*Blanjulus guttulatus*) ist weit verbreitet. Er erreicht bis zu 18 mm Länge. Sein Körper ist hell weißlich getönt; an beiden Seiten verläuft je eine Reihe rötlicher Punkte. Der zylindrisch geformte Leib ist in rund 50 Segmente unterteilt. An

# Schädlinge

jedem Segment befinden sich zwei Paar Beine. Die Tausendfüßer legen im Frühling und im Sommer ihre Eier in kleinen Bodenhohlräumen ab. Wenn die Larven ausschlüpfen, besitzen sie nur wenige Körpersegmente und drei Paar Beine. Sie machen mehrere Häutungen durch und gehen aus jedem Entwicklungsstadium mit einer größeren Segmentzahl hervor. Nach etwa einem Jahr sind die Tausendfüßer voll entwickelt und ausgewachsen.

Tagsüber halten sich die Tiere in dunklen, feuchten Verstecken auf. Sie lieben zum Beispiel Laubmulch und frisches Kompostmaterial. Nachts sind die Tausendfüßer unterwegs. Sie fressen vor allem verwesende organische Substanzen, gehören also normalerweise zu den nützlichen Bodentieren.

Manchmal nagen die Tiere auch an Sämlingen, Wurzeln, Knollen, Zwiebeln oder Erdbeerfrüchten.

**Schadbild:** Fraßgänge und Löcher an verschiedenen Gemüsen und Früchten.

**Besonders gefährdete Pflanzen:** Erdbeeren, Zwiebeln, Gurken; Keimlinge von Erbsen und Bohnen; Gewächshauskulturen.

### Schutzmaßnahmen

<u>Natürliche Feinde:</u> Spitzmäuse.

<u>Vorbeugende und sanfte Mittel:</u> Unter feuchten Brettern und umgedrehten Blumentöpfen oder mit gezielt ausgelegten organischen Abfällen kann man die Tiere anlocken und einsammeln. Erdbeeren mit Strohmulch unterlegen, damit die Früchte nicht am Boden liegen. In Glashaus keine unaufgeräumten, feuchten Schlupfwinkel dulden.

<u>Härtere Abwehr:</u> unnötig! Die Tausendfüßer sind nützlich – ihre Schäden so gering, daß ein Biogärtner sie mit Fassung ertragen kann.

## Thripse
*Thripidae*

Die Thripse gehören zu den Fransenflüglern. Die Haftblasen, die sie an ihren Fußgliedern tragen, haben ihnen zu dem Namen Blasenfüße verholfen. Die

*Keine Angst vor Tausendfüßern!*

erwachsenen Insekten besitzen vier gefranste Flügel. Sie sind sehr schlank und zierlich. Mit bloßem Auge kann man die 1–3 mm großen Insekten nur bei aufmerksamer Beobachtung erkennen.

Die erwachsenen Thripse sind, je nach Art, gelb-braun oder schwarz gefärbt; die Larven sind hell getönt.

Die Thripse legen mit ihrem Legestachel Eier an verschiedene Pflanzen. Die ausschlüpfenden Larven entwickeln sich sehr rasch. Oft erscheinen bereits nach einem Monat die neuen ausgewachsenen Insekten. Während des Sommers entstehen so mehrere Blasenfuß-Generationen. Warmes, trockenes Wetter ist für die Ausbreitung der Tiere besonders günstig. Die letzten Larven überwintern im Boden oder an Pflanzenteilen.

**Schadbild:** Die Blasenfüße saugen den Saft aus dem Pflanzengewebe. In die Hohlräume dringt dann Luft ein, die diesen Stellen ein helles, silbriges Aussehen verleiht. Anfangs sehen die Blätter weiß-gesprenkelt aus; später gehen die Verfärbungen ineinander über und bilden größere Flecken oder silbrige Streifen. Die ausgesaugten Stellen trocknen ein. Sie werden zum Schluß gelb-braun und sterben ab.

Auch Blüten können angesaugt werden; sie verkümmern und die Knospen bleiben stecken. Pflaumenfrüchte können rauhe, schorfige Stellen aufweisen.

**Besonders gefährdete Pflanzen:** Erbsen, Lauch, Zwiebeln, Gurken, Blumenkohl, Tomaten und Gladiolen.

Auch an Obstbäumen und Erdbeeren können Blasenfüße auftauchen; die Schäden sind aber gering.

Die folgenden Thripsarten kommen im Garten besonders häufig vor:

■ <u>Der Zwiebelblasenfuß</u> *(Thrips tabaci)* saugt vor allem an Zwiebeln und Lauch. Er taucht aber auch an anderen Gemüsearten auf, zum Beispiel an Gurken und Tomaten. Die erwachsenen Insekten und die Larven sind gelblich gefärbt. Zahlreiche helle Fleckchen auf den Lauchblättern und an den Zwiebelschloten deuten auf den Blasenfuß.

■ <u>Der Erbsenblasenfuß</u> *(Kakothrips robustus,* syn. *pisivorus)* breitet sich vor allem bei Erbsen aus. Die Insekten sind dunkelbraun bis schwarz gefärbt, die

*Blasenfüße und ihre Larven sind in Wirklichkeit winzig klein. Unten: Weißsilbrige Spuren des Gladiolen-Thrips an einer Blüte.*

Larven haben eine gelbliche bis orangefarbene Tönung. Dieser Thrips hinterläßt auf den Hülsen der Erbsen ausgedehnte graue Flecken.

■ Der Gladiolenblasenfuß *(Taeniothrips simplex)* kommt nur an Gladiolen vor. Die Insekten sind dunkelbraun, die Larven gelblich gefärbt. Sie sitzen mit Vorliebe in den Blüten und in den Blattscheiden, die die Stengel umschließen. Die Tiere hinterlassen auf den Blättern weiß-silbrige Flecken und Streifen. Die Blüten zeigen, wenn sie sich öffnen, bleiche, trockene Stellen an den Rändern. Manchmal bleiben die Knospen stecken. Besonders anfällig für den Gladiolenthrips sind rote und rosa blühende Sorten.

Im Herbst ziehen sich die Blasenfüße in die Gladiolenzwiebeln zurück, um dort zu überwintern. Deshalb müssen die Knollen sorgfältig geputzt und alle Stengelreste entfernt werden, bevor sie ins Winterlager gebracht werden.

**Schutzmaßnahmen**

Natürliche Feinde: Spinnen, Florfliegen, Marienkäfer; im Gewächshaus: Raubmilben.
Vorbeugende und sanfte Mittel: Den Boden durch Mulchen feucht halten; frühzeitige Aussaaten von Zwiebeln und Erbsen.
Bei Gladiolen die Zwiebeln im Herbst sorgfältig reinigen.
Härtere Abwehr: Notfalls mit Seifenbrühe oder Pyrethrum-Produkten spritzen. Besser: nützlingsschonende Präparate verwenden, zum Beispiel »Neudosan«. Eventuell Gladiolenzwiebeln im Winterlager mit Pyrethrum-Staub überpudern.

## Trauermücken
### *Sciara-* und *Lycoria-*Arten

Wegen ihrer dunkel-schwärzlichen Farbe werden die kleinen Insekten Trauermücken genannt. Sie erreichen nur 3–4 mm Körpergröße. Die Tiere legen ihre Eier häufchenweise an Stellen ab, wo organische Substanzen sich zersetzen: am Kompost, am Misthaufen

Trauermückenlarven in der Vergrößerung.

oder in humusreicher, gemulchter Erde. Feuchtigkeit und Wärme gehören zum Lebenselement dieser kleinen Mücken. Die Entwicklung vom Ei bis zur nächsten Insekten-Generation beträgt nur drei Wochen.

Die Larven, die zunächst aus den Eiern schlüpfen, werden 6–7 mm lang. Ihr dünner Körper ist durchscheinend weiß, der Kopf schwarz gefärbt. Diese Larven fressen an zarten Wurzeln und an Stengeln. Sie können nur in Gewächshäusern, Frühbeeten oder Blumentöpfen zu Problemen werden. Dabei sind sie mehr unangenehm als schädlich.

**Schadbild:** Die Erde in Anzuchtkistchen und Töpfen wimmelt manchmal von kleinen weißen Larven. Die schwarzen Mücken schwirren zeitweise in großen Mengen über der Erdoberfläche. Die Larven fressen Wurzeln, Keimlinge und manchmal auch Stengel. Selten sind ernsthafte Wachstumsstörungen.

**Besonders gefährdete Pflanzen:** Keimlinge und Jungpflanzen bei Aussaaten im Gewächshaus, im Frühbeet oder in Gefäßen auf der warmen Fensterbank. Besonders dort, wo es feucht und warm ist und wo die Erde zu naß gehalten wird.

**Schutzmaßnahmen**

Natürliche Feinde: Spinnen.
Vorbeugende und sanfte Mittel: Die Anzuchterde nicht zu stark gießen; wo die Larven auftauchen, einige Zeit trockener halten. Nur gutes Substrat verwenden, Erdmischungen möglichst selber herstellen. Die Larven werden oft mit käuflicher Blumenerde eingeschleppt.
Härtere Abwehr: Bei sehr starker Verseuchung mit Pyrethrum-Mitteln gießen; die Mücken mit kleinen Gelbtafeln fangen. (Siehe Tabelle Seite 121.)

## Wanzen
### *Heteroptera*

Die Wanzen sind verwandt mit Blattläusen, Schildläusen, Blattflöhen und Zikaden. Allen gemeinsam ist ein Rüssel, mit dessen Hilfe sie an Blättern oder Früchten saugen.

Charakteristisch für die Wanzen ist ihr auffallend platter Körperbau. Ihre Flügel liegen flach auf dem Rücken.

Bei sonnig-warmem Wetter sind die Wanzen sehr lebhaft und beweglich. Sobald sich jemand nähert, lassen sie sich fallen oder verstecken sich blitzschnell auf der Unterseite der Blätter. Nur früh am Morgen, wenn die Tiere noch kalt und unbeweglich sind, kann man die Wanzen überraschen und näher in Augenschein nehmen.

Die Wanzen legen Eier, aus denen die Larven schlüpfen. Diese entwickeln sich – ohne Puppenstadium – nach mehreren Häutungen zu erwachsenen Tieren. Je nach Art überwintern die Wanzen als Eier oder als erwachsene Insekten.

Beim Saugen an Blättern, Blüten oder Früchten richten sie bei verschiedenen Pflanzen nicht nur direkte Schäden an, sie übertragen mit ihrem Speichelse-

Die Beerenwanze *Dolycoris baccarum*.

# Schädlinge

kret auch Virus-, Bakterien- und Pilzinfektionen.
Weitere Hinweise auf wichtige Wanzenarten erhalten Sie im Kapitel »Wegweiser«, Seite 24. Die nützlichen Raubwanzen finden Sie auf den Seiten 101–102. Einige häufig auftauchende lästige Wanzenarten sind in diesem Kapitel beschrieben. Sie gehören alle zur großen Gruppe der Landwanzen *(Geocorisae)*, die etwa 6000 Arten umfaßt.

## Blattwanzen
*Miridae*

Einige Arten aus dieser Familie können im Garten geringe Schäden anrichten:
Die Grüne Futterwanze *(Lygnus pabulinus)* ist etwa 0,5 cm lang und, wie schon der Name verrät, grün gefärbt. Die Eier dieser Wanzen werden im Herbst an den jungen Trieben von Stachel- und Johannisbeeren abgelegt. Ab April schlüpfen die jungen Larven aus, die ebenfalls grün gefärbt sind. Später wechseln diese Larven von den Obstgehölzen zu Kartoffeln, Erdbeeren und Gräsern über. Wenn sie erwachsen sind, legen sie die Eier für eine Sommergeneration (Ende Juni bis Juli) an die Stengel von Kartoffeln, Brennesseln, Löwenzahn, Ampfer, Winden und anderen Kräutern ab.
Die Gemeine Wiesenwanze *(Lygus pratensis)* ist lebhaft rötlich bis braun gefärbt und erreicht etwa 5–7 mm Körperlänge. Bereits sehr zeitig im Frühjahr beginnen diese Wanzen an den Knospen und Trieben der verschiedensten Pflanzen zu saugen. Im Mai und Juni legen sie ihre Eier in noch geschlossene Blüten oder in Früchte. Bei dieser Wanzenart überwintern die erwachsenen Tiere in Rindenritzen oder am Boden.

## Baum- und Schildwanzen
*Pentatomidae*

Die Baumwanzen sind zum Teil auffallend bunt gefärbt. Unter den Schildwanzen finden sich auch zahlreiche Räuber, die sich bei der Schädlingsabwehr nützlich machen.

Die Wiesenwanze hat diese Blätter beschädigt.

Die Beerenwanze *(Dolycoris baccarum)* wird etwa 1 cm groß. Ihr dreieckiges Rückenschildchen weist sie als Schildwanze aus. Die Tiere sind rötlichbraun gefärbt. Wenn Gefahr droht, sondern sie ein unangenehm riechendes Sekret ab.
Die Beerenwanzen kommen an Beerensträuchern und anderen Gartenpflanzen häufig vor. Im Frühling legen sie ihre Eier ab. Die erwachsenen Tiere überwintern am Boden und in Rindenritzen.
Beerenwanzen richten keine direkten Schäden an; ihr Sekret verdirbt aber den Geschmack der Beeren.
**Schadbilder:** Sowohl die Larven als auch die erwachsenen Tiere verschiedener Blattwanzenarten richten Schäden an jungen Blättern, Trieben, Blüten und auch an Obstfrüchten an. Braune Flecken, abgestorbenes Gewebe und Löcher in den Blättern sind oft Zeichen von Wanzenbefall. Verkrüppelte Triebe und Blüten sowie Mißbildungen an Früchten können ebenfalls von diesen Insekten herrühren.
Unangenehm macht sich der stinkende Wanzengeruch bemerkbar, den die Beerenwanzen an Himbeeren und Brombeeren hinterlassen.
**Besonders gefährdete Pflanzen:** Äpfel, Kirschen, Pflaumen, Johannisbeeren, Stachelbeeren, Himbeeren, Brombeeren, Erdbeeren, aber auch Dahlien, Chrysanthemen *(Indicum*-Hybriden) und andere Blumen.

**Schutzmaßnahmen**
Natürliche Feinde: Das Sekret aus den Stinkdrüsen schützt viele Wanzen vor Angreifern.
Vorbeugende Mittel: Rindenpflege und Stammanstrich; Winterspritzung mit Schachtelhalm-Lehm-Brühe.
Direkte Abwehr: Winterspritzungen mit Paraffinöl-Präparaten oder Sommerspritzungen mit Pyrethrum-Produkten. Beide Mittel schädigen aber auch Nützlinge. Da Wanzen meist keine größeren Schäden anrichten, sind die »harten« Spritzungen nicht empfehlenswert.
Notfalls kann »Neusodan« (nützlingsschonend) verwendet werden.

## Weiße Fliege, Mottenschildlaus
*Aleurodina*

Die Mottenschildläuse sind nahe Verwandte der Blattläuse und der Schildläuse. Die erwachsenen Insekten sind winzig klein. Sie besitzen vier Flügelchen, die nur eine Spannweite von höchstens 5 mm erreichen. Der Körper der Tiere und die Flügel sind mit Wachsstaub überzogen und sehen deshalb mehlig-weiß aus.
Die Weibchen legen täglich zwei bis drei Eier an die Unterseite der Blätter;

Weiße Fliegen mit ihren Larven.

insgesamt sorgt jedes Insekt für 100–200 Nachkommen. Nach wenigen Tagen schlüpfen die Larven aus. Diese winzigen Tiere sind anfangs beweglich, später sitzen sie fest auf der Pflanze. Sie sind flach geformt und tragen ebenfalls weiße Wachsausscheidungen. Das letzte Larvenstadium verbringen sie in einer puppenähnlichen Hülle, aus der dann schließlich eine neue Mottenschildlaus schlüpft. Die gesamte Entwicklung dauert nur vier bis sechs Wochen.

Im Gewächshaus reiht sich eine Generation ununterbrochen an die andere. Es gibt keine Winterruhe. Im Freiland sterben die Weißen Fliegen, wenn es kalt wird.

### Weiße Fliege der Gewächshäuser
*Trialeurodes vaporariorum*

Sie wurde wahrscheinlich aus Mittelamerika eingeschleppt. Diese Insekten leben unter Glas ganzjährig an Gurken, Tomaten, Bohnen und verschiedenen Blumen. Sie wandern aber auch nach draußen, vor allem mit Pflanzen, die aus Gewächshauskulturen stammen. So können auch zahlreiche Balkonblumen die Weiße Fliege mitbringen.

Weiße Fliegen sitzen an der Blattunterseite.

Die erwachsenen Insekten sitzen zusammen mit ihren Larven in dichten Kolonien auf der Unterseite der Blätter. Wenn die Pflanzen berührt oder erschüttert werden, fliegen die Weißen »Motten« in dichten Wolken auf.

Die Larven saugen während ihrer Entwicklung Pflanzensaft. Dabei entstehen Flecken auf den Blättern, die größer sind als die feinen Spuren der Spinnmilben. Die Pflanzen erleiden durch das Saugen aber keine größeren Schäden. Schlimmer sind die Kotausscheidungen der Tiere, die sich als klebriger »Honigtau« auf den Blättern ausbreiten. Schwarze Rußtaupilze, die sich auf dem süßen Sekret ansiedeln, behindern den Stoffwechsel der Pflanzen.

**Schadbild:** Flecken und klebrige, vom Rußtau geschwärzte Blätter. Stark verschmutzte Blätter können kümmern und absterben.

**Besonders gefährdete Pflanzen:** Tomaten, Gurken, Bohnen, Geranien, Fuchsien, Wandelröschen *(Lantana)*, Pantoffelblumen.

### Kohlmottenschildlaus
*Aleurodes proletella*

Diese Schildlausart ist bei uns heimisch; sie kommt vor allem in milden Klimazonen vor. Die erwachsenen Insekten sind 1–2 mm groß und weiß bepudert. Die Larven sind gelblichgrün gefärbt. Die Entwicklung der Tiere und ihre Lebensweise ähnelt der der Weißen Fliege im Gewächshaus. Die Kohlmottenschildlaus ist, wie schon der Name andeutet, auf Kohlgewächse spezialisiert. Die Tiere finden sich auch an Wolfsmilchgewächsen ein. Diese heimische Art kann in unterschiedlichen Entwicklungsstadien an späten Kohlpflanzen überwintern.

### Schutzmaßnahmen

Natürliche Feinde: Spinnen; im Gewächshaus die Schlupfwespe *Encarsia formosa*.

Vorbeugende und sanfte Mittel: Gewächshäuser regelmäßig lüften und Pflanzen nicht zu eng setzen. Auf den Kohlbeeten keine Pflanzenreste über Winter stehenlassen. Mit Rainfarn-Tee spritzen; Algen-Präparate und Brennesseljauche zur Stärkung einsetzen.

Härtere Abwehr: Gelbe Leimtafeln im Gewächshaus aufhängen; mit nützlingsschonenden Präparaten spritzen.

### Werre
siehe Maulwurfsgrille

### Wickler
*Tortricidae*

Die Falter dieser Familie sind meist unauffällig bräunlich oder graubraun gefärbt. Die Raupen vieler Arten leben in eingerollten, zusammengesponnenen Blättern. Diese Eigenart verhalf der gesamten Schmetterlingsfamilie zu ihrem Namen. Unter den Wicklern finden sich zahlreiche Wald- und Gartenschädlinge. Die wichtigsten finden Sie unter den Stichworten: Apfelwickler, Erbsenwickler, Pflaumenwickler, Rosenwickler.

### Wollläuse, Tannenläuse
*Adelgidae*

Streng wissenschaftlich betrachtet gehören die »richtigen« Wollläuse zu den Schildläusen *(Pseudococcidae)*. Zu ihnen zählen unter anderen die Buchenwollaus und die Eschenwollaus. Unter Gärtnern ist es aber üblich, auch andere Arten, die durch wollige Wachsausscheidungen auffallen, als Wollläuse zu bezeichnen. Die hier beschriebenen Arten tragen die »Wolle« auch meist in ihrem gebräuchlichen deutschen Namen. Im übrigen gehören diese Tannenläuse zu den Blattläusen.

An den Nadelgehölzen des Gartens richten unter anderen diese Arten Schäden an: Die Tannentriebläuse *(Dreyfusia nordmannianae* und *Dreyfusia merkeri)*, die Douglasienwollaus *(Gilletteella cooleyi)*, die Kiefernwollaus *(Pineus pini)* und auch die Rote und Grüne Fichtengallenlaus *(Adelges laricis* und *Sacchiphantes viridis)*.

# Schädlinge

Tannenläuse mit »wolligen« Ausscheidungen.

Die meisten dieser Nadelholz-Läuse wechseln ihren Nahrungswirt während der Vegetationszeit. Der Hauptwirt ist aber immer die Fichte. An diesen Bäumen bilden einige Arten auch Gallen. Schwülwarmes Wetter ist günstig für die Vermehrung der Läuse; sie bilden dann oft in kurzer Zeit große Kolonien. Die Tannenläuse überwintern, anders als die meisten Blattläuse, als Larven.
**Schadbild:** Die weiß-wolligen Läusekolonien sitzen wie kleine Wattebäuschchen an den Nadeln oder an der Rinde der Nadelbäume. Sie saugen vor allem im Frühling und Frühsommer. Verkrustete und gelbe Nadeln, die schließlich vertrocknen und abfallen, sowie allgemeine Wachstumsstörungen sind die Folge. Triebspitzen können absterben.
**Besonders gefährdete Pflanzen:** Fichten, Douglasien, Kiefern, Lärchen und Zedern; vor allem junge Bäume.

### Schutzmaßnahmen
Natürliche Feinde: Marienkäfer, Schwebfliegen, Florfliegen, Blattlauslöwen, Schlupfwespen, Wanzen.
Vorbeugende und sanfte Mittel: Bei Nadelgehölzen vor allem auf naturgemäßen Standort achten. Die Gesundheit durch spezielle Koniferen-Mittel stärken (siehe Tabelle, Seite 124).
Härtere Abwehr: Im Notfall vor dem Austriebsbeginn mit Paraffinöl-Produkten gründlich spritzen. Dabei sind aber überwinternde Nützlinge gefährdet.

## Wühlmaus
*Arvicola terrestris*

Diese Mäuse können große Schäden im Garten anrichten. Die Abwehrmöglichkeiten sind vielfältig, aber nicht einfach. Die Wühlmaus-Probleme werden deshalb im Kapitel »Die großen Plagen«, Seite 221, ausführlich behandelt.

## Wurzelgallenälchen
siehe Nematoden

## Wurzelläuse
*Pemphigus*-Arten

Diese hellen Läuse leben an den Wurzeln verschiedener Gemüsearten und an den Schwarzpappeln. Sie hinterlassen in der Erde weiß-mehlige Wachsausscheidungen. Die Wurzelläuse gehören zu den »Haustieren« der Wiesenameise. Eine ausführliche Beschreibung finden Sie unter dem Stichwort »Salatwurzellaus«.

## Zikaden
*Homoptera*

Die Zikaden gehören zur großen Gruppe der Schnabelkerfen (siehe auch Insektenführer, Seite 23). Sie fallen im Garten nicht besonders unangenehm auf. Nur wenige Vertreter dieser Insektenfamilie saugen mit ihrem kleinen Rüssel so intensiv an Pflanzen, daß leichte Schäden entstehen. Der Gärtner muß in seinem Bereich zwei Familien unterscheiden:
**Die Zwergzikaden** (*Cicadellidae = Jassidae*) gehören zu den Arten, die an Laubgehölzen und Hopfen saugen. Der wichtigste Gartenschädling ist die **Rosenzikade**, die auf Seite 162 näher beschrieben ist.
Zwergzikaden können nur in einem Fall wirklich gefährlich werden: Die Art *Aphrodes bicinctus* überträgt die »Grünblüten-Virus-Krankheit« auf Erdbeeren. Diese Infektion spielt aber nur im Großanbau eine Rolle.

**Die Schaumzikaden** (*Cercopidae*) haben ihren Namen erhalten, weil die Larven ein schaumiges Sekret ausscheiden, in das sie sich ganz einhüllen. Im Volksmund werden diese Schaumbällchen »Kuckucksspeichel« genannt.
**Die Wiesenschaumzikade** (*Philaenus spumarius*) ist weit verbreitet. Die Weibchen werden 5–7 mm lang. Ihre Farbe ist sehr variabel, sie wechselt zwischen gelblichen, grünen, braunen oder sogar schwärzlichen Tönungen. Auf den Flügeln sind dunkle Flecken verteilt. Erst im September legen diese

Im Kuckucksspeichel sitzt eine junge Zikade.

Zikaden ihre Gelege mit rund 30 Eiern an verschiedenen Pflanzen ab. Im nächsten Frühling schlüpfen die Jungtiere, die bereits Ähnlichkeit mit den erwachsenen Insekten haben. Sie bleiben an ihrem Platz, hüllen sich in Schaum und saugen an den Pflanzen. Nach mehreren Verwandlungsstadien schlüpft im Juni die neue Generation der Wiesenschaumzikaden aus.
**Schadbild:** Es entstehen keine erwähnenswerten Schäden an den Pflanzen. Nur die Schaumklümpchen »verunzieren« manche Gewächse.
**Besonders gefährdete Pflanzen:** Außer an Wiesenblumen und Gräsern tauchen Schaumzikaden im Garten an Gehölzen, niedrigen Kräutern, Blumen und Erdbeeren auf. Von »Gefährdung« kann aber keine Rede sein.

## Schutzmaßnahmen

Vollkommen überflüssig. Beobachten Sie die Lebensweise dieser Insekten und überwinden Sie dabei das Ekelgefühl, das manche Menschen beim Anblick der schaumigen Gebilde überkommt. So lernen sie ein Stückchen mehr von der wunderbaren Vielfalt der Natur kennen – auch da, wo sie auf den ersten Blick »bedrohlich« oder etwas »unappetitlich« wirkt.

## Zwiebelblasenfuß

siehe Thrips/Blasenfuß

## Zwiebelfliege
*Phorbia antiqua*

Ab Ende April verlassen die ersten Zwiebelfliegen die braunen Tönnchenpuppen, in denen sie überwintert haben. Die Insekten haben große Ähnlichkeit mit der Stubenfliege; ihr Körper ist grau, die Beine sind tiefschwarz gefärbt. Die ersten Lebenstage nützen die Fliegen, um sich an Blütennektar von Löwenzahn und anderen Wiesenblumen satt zu essen. Nach diesem sogenannten »Reifefraß« beginnen sie damit, ihre Eier an der Basis junger Zwiebelpflanzen in den Blattachseln abzulegen.
Schon nach zwei bis fünf Tagen schlüpfen bei günstiger Witterung die glänzend weißen Larven aus. Die Tiere bohren sich in das junge Zwiebellaub. Die Pflanzen werden gelb, und die Schlotten lassen sich ohne Widerstand herausziehen. Wenn die ersten jungen Pflanzen vernichtet sind, wandern die gefräßigen Larven zu den nächsten weiter; dort setzen sie ihr Zerstörungswerk fort. Nach etwa drei Wochen verpuppen sich die ausgewachsenen, etwa 8 mm langen Larven im Boden.

Die Zwiebelfliege ähnelt der Stubenfliege.

Im Juli fliegt die zweite Zwiebelfliegen-Generation aus. Bei gutem Wetter entwickelt sich im Spätsommer noch eine dritte Generation, deren Larven dann als Puppen überwintern.
Die Larven der zweiten Generation bohren sich in den Zwiebelboden und zerfressen das Innere der Zwiebeln. Als Folge dieser Zerstörung tritt zusätzlich noch Fäulnis auf. Während der zweiten Flugzeit sind auch Lauchpflanzen besonders gefährdet.
Die Zwiebelfliege kommt in leichten Böden häufiger vor als in schwerer, lehmiger Erde. Trockenheit ist für die Entwicklung ungünstig; dauert warmes, regenloses Wetter länger an, dann kann ein Teil der Eier absterben. Bei sehr kühler Frühlingswitterung verzögert sich die Eiablage.
Die erste Generation der Zwiebelfliege ist die gefährlichste, aber auch die zweite kann noch viel Schaden anrichten, vor allem auf den Lauchbeeten.
**Schadbild:** Bei jungen Pflänzchen zerfressene, gelbe Herzblätter, die sich leicht ablösen. Bei älteren Pflanzen sind die Blätter verformt und die Zwiebeln zerfressen. Im fortgeschrittenen Stadium werden sie faul und weich.
**Besonders gefährdete Pflanzen:** Alle Arten von Zwiebeln, Lauch (Porree), Knoblauch und Schnittlauch.

## Schutzmaßnahmen

<u>Natürliche Feinde:</u> Schlupfwespen, Raupenfliegen, Laufkäfer, Raubkäfer, Spinnen.
<u>Vorbeugende und sanfte Mittel:</u> Zur Hauptflugzeit die Beete mit Gemüsefliegennetzen überdecken. Durch späteres Säen oder Stecken der Eiablage ausweichen.
Frischen Mist und starkriechende Dünger, die die Fliegen anziehen, vermeiden. Dies ist kein Verzicht, da starktreibende, stickstoffhaltige Dünger für die Kultur der Zwiebeln auch aus anderen Gründen ungesund sind.
Frei und luftig gelegene Beete auswählen; eine möglichst weite Fruchtfolge einhalten. Mischkultur mit Möhren.
Junge Aussaaten mit starkriechenden Kräuter-Tees aus Rainfarn überbrausen. Bei späteren Kulturen können auch Auszüge aus Möhrenblättern verwendet werden. Ähnlich wirken im Handel erhältliche Gemüsestreumittel (siehe Tabelle Seite 121).
Erkrankte Pflanzen möglichst rasch von den Beeten entfernen und vernichten.
<u>Härtere Abwehr:</u> nicht sehr erfolgversprechend; möglich wären nur Pyrethrum-Präparate. Sorgfältige und konsequente vorbeugende Maßnahmen bringen bessere Ergebnisse.

Schlupfwespen legen ihre Eier in den tönnchenförmigen Puppen der Zwiebelfliege ab.

# Pflanzenkrankheiten, die durch Pilze, Bakterien oder Viren verursacht werden

Diese Krankheiten werden von Erregern verbreitet, die der Gärtner nie »leibhaftig« zu Gesicht bekommt, weil sie winzig klein sind. Es gibt nur ganz wenige Bio-Präparate, die noch helfen, wenn eine Pilzkrankheit voll zum Ausbruch gekommen ist! Deshalb sollten die meisten Pflanzenbrühen und andere Mittel, die gegen Pilzinfektionen empfohlen werden, frühzeitig und vorbeugend angewendet werden. Dann haben sie meist eine gute Wirkung. Oft verhindern sie den Ausbruch einer Krankheit; wo Pilzinfektionen dennoch erste Symptome zeigen, kann die Ausbreitung erfolgreich begrenzt werden. Auf der Grundlage der vorbeugenden Behandlung muß dann rasch und intensiv gespritzt werden. Solche »Feuerwehreinsätze« mit Schachtelhalm-Brühe, Knoblauch-Tee oder anderen Mitteln zeigen in der Regel eine zufriedenstellende Wirkung. Im übrigen helfen alle gesundheitsstärkenden naturgemäßen Anbaumethoden mit, Pilzinfektionen in Grenzen zu halten.

Bei bestimmten Erkrankungen wirken im Notfall nur Schwefel- oder Kupferspritzungen. Diese Mittel sollten aber wegen ihrer »Nebenwirkungen« im Biogarten möglichst nicht verwendet werden.

Lesen Sie dazu auch die ausführlichen Informationen in den Kapiteln »Was Pflanzen krank machen kann«, Seiten 29–31, und »Selbstgemachte Spritzbrühen«, Seiten 77–79.

Gegen Bakterien- und Virusinfektionen gibt es bisher meist nur vorbeugende Maßnahmen, die die Gesundheit stärken, und den Rat, erkrankte Pflanzen oder Pflanzenteile zu vernichten. Selbst die Chemie kann auf diesem Gebiet noch keine durchgreifenden Heil-Mittel anbieten.

Sehr wichtig ist es auch, die Ausbreitung bestimmter Insekten in Grenzen zu halten, die Bakterien und Viren auf Pflanzen übertragen können. Vor allem die verschiedenen Blattlausarten verursachen solche Infektionen. Auf entsprechende Zusammenhänge wird im vorangehenden Kapitel öfter hingewiesen. Mit diesen grundlegenden Einschränkungen muß ein Biogärtner sich vertraut machen, damit er die Krankheiten, die auf den folgenden Seiten beschrieben werden, richtig einordnen und »anpacken« kann.

Der Echte Mehltau ist eine weitverbreitete Pilzerkrankung, die zahlreiche Gartenpflanzen mit einem weiß-grauen Belag überziehen kann. Wenn sich die Infektion ungehindert ausbreitet, wie bei dieser Phloxstaude, dann kommen hilfreiche Spritzungen zu spät.

## Asternwelke

siehe *Fusarium*-Welke und *Verticillium*-Welke.

## Bakterienbrand
### *Pseudomonas mors prunorum*

Die Bakterieninfektion dringt bereits im Herbst durch Blattnarben und Verletzungen der Rinde in den Baum ein. Im nächsten Frühling und Frühsommer zeigen sich die Symptome des Bakterienbrandes an den Blättern und an den jungen Früchten. Bei einem heftigen Ausbruch der Krankheit entstehen auch an Stämmen und starken Ästen Gewebeschäden.

**Schadbild:** Auf den Blättern erscheinen kleine Flecken mit durchscheinenden Rändern. Später wird das kranke Gewebe braun; es stirbt ab und löst sich teilweise heraus. Auf den grünen oder reifen Kirschfrüchten zeigen sich Flecken, die anfangs olivgrün sind, dann einsinken und schwarz werden. Erkrankte Blüten trocknen ein.

In fortgeschrittenem Stadium platzt die Rinde der Stämme und an den Hauptästen auf; es kommt zu Gummifluß. Kleinere Äste sterben während des Sommers vollkommen ab.

**Besonders gefährdete Pflanzen:** Steinobst, vor allem Süß- und Sauerkirschen, Pflaumen, Aprikosen und Pfirsich. Junge Bäume sind am stärksten gefährdet.

**Schutzmaßnahmen**

Vorbeugende und sanfte Mittel: Alle Maßnahmen, die ein ausgeglichenes Wachstum fördern, zum Beispiel Baumscheiben, harmonische Ernährung, Sorten, die an den Standort angepaßt sind.
Die Schattenmorelle ist weniger anfällig als andere Kirschensorten.
Rindenpflege, naturgemäßer Schnitt; Verschließen aller Wunden; Werkzeuge sorgfältig reinigen, bei Gefahr desinfizieren.
Härtere Abwehr: Alle erkrankten Zweige und Äste bis ins gesunde Holz wegschneiden und verbrennen. Auf sauberen Wundverschluß achten.
Wirksame Spritzmittel gegen Bakterien gibt es nicht.

## Birnengitterrost
siehe Gitterrost

## Birnenschorf
siehe Schorf

## Blattfallkrankheit
### *Drepanopeziza ribis*

Diese Pilzerkrankung bricht vor allem in regenreichen Jahren aus. Sie befällt Johannisbeeren und Stachelbeeren. Ihren Namen erhielt die Krankheit, weil die infizierten Blätter viel zu früh abfallen. Oft stehen die Sträucher schon im Spätsommer völlig kahl da. Die Pilzsporen überwintern im Fallaub.

**Schadbild:** Die Blätter sind mit vielen millimeterkleinen braunen Flecken übersät. Im Endstadium rollen sich die Blätter von den Rändern her ein und fallen schließlich ab. Wenn die Sträucher sehr früh ihr Laub verlieren, leiden auch die Früchte und der Knospenansatz für das folgende Jahr.

**Besonders gefährdete Pflanzen:** Rote und Weiße Johannisbeeren; selten Schwarze Johannisbeeren und Stachelbeeren.

**Schutzmaßnahmen**

Vorbeugende und sanfte Mittel: Vor allem kranke Blätter einsammeln und vernichten, damit die Infektion nicht auf das nächste Jahr übertragen wird.
Alte Sträucher gründlich auslichten, so daß Luft, Licht und Wärme die Gehölze »durchfluten« können.
Vorbeugend mit Schachtelhalm-Brühe, Zwiebel-Tee oder Knoblauch-Tee spritzen. Blattstärkende Mittel, wie zum Beispiel Algen-Präparate, verwenden. Mit Steinmehl stäuben.
Beerenobstpflanzungen immer mulchen.
Härtere Abwehr: Wirkungsvoll wären nur Kupferspritzmittel, die aber für den Biogarten nur unter Vorbehalten empfohlen werden können. Wägen Sie den Nutzen und mögliche Schäden sorgfältig ab.

Fortgeschrittener Bakterienbrand an einem Kirschblatt.

An solchen Flecken erkennt man die Blattfallkrankheit.

# Pflanzenkrankheiten

## Blattfleckenkrankheiten

Verschiedenfarbige Flecken auf Gemüsepflanzen, Obstarten oder Blumen können durch Bakterien- oder Pilzinfektionen verursacht werden. Die Krankheitsbilder sind sehr unterschiedlich. Sie werden unter speziellen Stichworten genauer beschrieben, zum Beispiel Brennfleckenkrankheit, Fettfleckenkrankheit, Purpurfleckenkrankheit, Rittersporn-Schwarzfleckenkrankheit, Sprühfleckenkrankheit, Sellerie-Blattfleckenkrankheit, Rot- und Weißfleckenkrankheit und andere.

## Bohnenmosaik
siehe Mosaikkrankheiten

## Bohnenrost
siehe Rostkrankheiten

## Braunfäule
siehe Kraut- und Braunfäule

## Brennfleckenkrankheiten

Diese Pilzkrankheit kann bei Bohnen, Erbsen und Gurken zum Ausbruch kommen.

### Bohnen-Brennfleckenkrankheit
*Colletotrichum lindemuthianum*

Vor allem Buschbohnen werden von dieser Krankheit befallen. Stangenbohnen und Feuerbohnen sind sehr unempfindlich gegenüber den Brennflecken. Bei kühlem, feuchtem Wetter breitet sich der Pilz stark aus. Bei warmen Temperaturen kann die Infektion dagegen von selbst gestoppt werden.
Die Brennfleckenkrankheit beginnt auf Stengeln, Blättern und vor allem auf den Bohnenhülsen. Von dort dringt der Pilz zu den Samen vor. Mit infiziertem Saatgut wird er oft in den Garten eingeschleppt und weiterverbreitet. Wenn verseuchtes Saatgut benutzt wird, erkranken schon die Keimlinge, die meist

Brennflecken an Bohnenhülsen.

zugrunde gehen. Auf Pflanzenrückständen vom Bohnenbeet kann der Pilz überwintern und die Infektion ins nächste Jahr weitertragen.
**Schadbild:** Auf den Bohnenhülsen werden dunkelbraune Flecken mit rötlichen Rändern sichtbar, die etwas in das Gewebe eingesunken sind. Später bilden sich auf diesen Stellen rosafarbene Pilzsporen. Im fortgeschrittenen Stadium wächst der Pilz durch die Hülsenwand und geht auf die Bohnenkörner über. Auch die Samen weisen dann dunkle Flecken auf.
**Besonders gefährdete Pflanzen:** Buschbohnen.

#### Schutzmaßnahmen
<u>Vorbeugende und sanfte Mittel:</u> Auf gesundes Saatgut achten; Sorten wählen, die gegen Brennflecken resistent sind (Hinweise in Saatgut-Katalogen und auf Samentüten beachten!). Fruchtfolge einhalten.
Vorbeugende Spritzungen mit Schachtelhalm-Brühe.
Reste kranker Pflanzen vernichten – nicht auf den Kompost bringen!
Bei feuchtem Wetter nicht auf dem Bohnenbeet arbeiten oder ernten. Durch Wassertropfen können die Pilzsporen verbreitet werden!
<u>Härtere Abwehr:</u> keine.

### Erbsen-Brennfleckenkrankheit
*Asochyta pisi* und *pinodella*

Auch bei den Erbsen wird die Brennfleckenkrankheit meist durch krankes Saatgut eingeschleppt. Oft welken dann

So sehen die Brennflecken der Erbsen aus.

schon die jungen Sämlinge. Sie sterben an der Fußkrankheit (siehe Seite 182).
Bei größeren Pflanzen breitet sich die Krankheit auf Blättern und Schoten aus. Von dort dringen die Pilze dann zu den Samenkörnern vor.
Die Infektion kann auch hier durch kranke Pflanzenreste weiterverbreitet werden.
**Schadbild:** Auf den Blättern und auf den Schoten breiten sich rundliche, oft unregelmäßige Flecken mit einem hellbraunen Zentrum aus. Sie erreichen bis zu 1 cm Durchmesser und fließen manchmal auch zusammen. Die Fleckenränder sind dunkler gefärbt.
Auf eingesunkenen Stellen, unter denen das Pflanzengewebe bereits abgestorben ist, bilden sich die Fruchtkörper der Pilze. Bei feuchtem Wetter werden dort rosa Tröpfchen sichtbar.
**Besonders gefährdete Pflanzen:** Erbsen.

#### Schutzmaßnahmen
Wie bei der Brennfleckenkrankheit der Bohnen.

### Gurken-Brennfleckenkrankheit
*Colletotrichum lagenarium*

Bei Gurken und anderen Gewächsen aus der Kürbisfamilie wird die Krankheit durch verseuchtes Saatgut oder durch Pilzsporen im Boden übertragen. Sie zeigt sich zuerst durch Flecken auf den Blättern und dringt anschließend in die Früchte ein. Die Sporen überwintern in Pflanzenresten am Boden.

**Schadbild:** Auf den Blättern entstehen gelblich-wässrige Flecken, die bald größer werden und sich schwärzlich-braun färben. Diese Stellen trocknen ein. Oft bricht das tote Gewebe dann heraus. Die Stengel zeigen längliche Infektionsspuren. An den Früchten bilden sich runde dunkle Flecken, die leicht einsinken. Im Zentrum der Infektion erscheinen später rosa Pilzsporen. Die erkrankten anfälligen Früchte werden oft zusätzlich von Fäulnispilzen befallen und dann weitgehend zerstört.
**Besonders gefährdete Pflanzen:** Gurken und Melonen.

### Schutzmaßnahmen
Wie bei der Bohnen-Fleckenkrankheit.

## Buntstreifigkeit der Tulpen
siehe Mosaikkrankheiten

## Echter Mehltau
siehe Mehltau

## Eckige Blattfleckenkrankheit
*Pseudomonas lachrymans*

Die Krankheit wird durch ein Bakterium ausgelöst; ihr Opfer sind die Gurken. Zuerst erscheinen auf den Blättern die charakteristischen, eckig abgegrenzten Flecken. Später geht die Krankheit auf die Früchte über, die verkrüppeln und faulen. Dadurch werden auch die Samen angesteckt. Meist wird die Krankheit durch krankes Saatgut verursacht. Das Bakterium kann außerdem im Boden in verseuchten Pflanzenresten überdauern. Es dringt durch Verletzungen und natürliche Spaltöffnungen in die Pflanzen ein.
Eine starke Ausbreitung dieser Bakterienkrankheit ist erst bei warmem Wetter und Lufttemperaturen von 22–24 Grad möglich. Optimale Bedingungen herrschen bei 25–28 Grad Wärme und hoher Luftfeuchtigkeit.
**Schadbild:** Die Krankheit beginnt mit kleinen wässrigen und durchscheinenden Flecken auf den Blättern. Diese Stellen werden durch die Blattadern begrenzt und erhalten dadurch ihr typisches, eckiges Aussehen. Wenn die Infektion fortschreitet, werden diese Flecken grau-braun, sie trocknen ein und reißen teilweise auch ab. Auf der Unterseite der Blätter entstehen bei feuchtem Wetter Bakterienschleim-Tröpfchen. Bei Trockenheit bilden sich dünne, weiße Krusten.
Die Gurkenfrüchte zeigen runde, weiche, ölartige Flecken, die später gelbbraun werden. Junge Gurken verkrüppeln, ältere faulen meist. Wo zahlreiche Blätter erkranken, da leidet das Wachstum der gesamten Pflanze.
**Besonders gefährdete Pflanzen:** Gurken.

### Schutzmaßnahmen
<u>Vorbeugende und sanfte Mittel:</u> Auf gesundes Saatgut und weite Fruchtfolge achten. Kranke Pflanzen möglichst früh entfernen und vernichten. Nicht bei nassem Wetter ernten oder im Gurkenbeet arbeiten.
<u>Härtere Abwehr:</u> Keine. Junge Gurken sind gegenüber Kupferspritzungen empfindlich.

## Falscher Mehltau
siehe Mehltau

## Fettfleckenkrankheit
*Pseudomonas phaseolicola*

Bakterien verursachen diese Krankheit, die sich vor allem bei Busch- und Feuerbohnen ausbreitet. Stangenbohnen sind widerstandsfähiger gegenüber der Infektion.
Die typischen Fettflecken zeigen sich vor allem auf den Blättern und den Bohnenhülsen. Die Erreger der Krankheit werden aber durch den Säftestrom in alle Pflanzenteile getragen. Das Bakterium dringt nicht nur durch äußere Verletzungen sondern auch durch natürliche Spaltöffnungen im Gewebe ein. In warmen regenreichen Sommerwochen kann sich die Infektion sehr rasch ausbreiten.
Meist wird diese Bakterienerkrankung durch Samen übertragen. Die Erreger können aber auch vom Boden her kommen, wenn dort kranke Pflanzenreste liegengeblieben sind. Für die weitere Ausbreitung von Pflanze zu Pflanze sorgen Wind, Regen und Kulturarbeiten.
**Schadbild:** Auf den Blättern bilden sich kleine wässrige Flecken, um die sich größere gelbe Höfe ausbreiten. Diese Zonen werden oft eckig abgegrenzt durch die Blattadern. Im fortgeschrittenen Stadium färben sich die Blätter braun; sie vertrocknen und sterben ab.
Auf den Bohnenhülsen entstehen die für die Krankheit typischen »Fettflecken«, die rund und glasig aussehen. Manchmal sind sie von einem rötlichen Rand eingefaßt. Bei feuchter Witterung bildet sich auf diesen Flecken weißlicher Bakterienschleim; wenn er ein-

Eckige Blattfleckenkrankheit am Gurkenblatt.

Krankheitssymptome auf der Gurkenfrucht.

# Pflanzenkrankheiten 181

Fettfleckenkrankheit an Bohnenhülsen.

trocknet, fällt er zu einem silbrigen Häutchen zusammen. Die kranken Bohnenhülsen verkrüppeln. Beim Fortschreiten der Krankheit können die Bakterien bis zu den Samen vordringen, die dann durch eingesunkene gelb-braune Flecken gezeichnet sind.

**Besonders gefährdete Pflanzen:** Buschbohnen und Feuerbohnen.

### Schutzmaßnahmen

Vorbeugende und sanfte Mittel: Gesundes Saatgut und widerstandsfähige Sorten wählen; auf Hinweise in Saatgutverzeichnissen und auf Samentüten achten.

Nach einem starken Ausbruch der Krankheit ein bis zwei Jahre lang auf Stangenbohnen ausweichen.

Nicht auf regennassen Bohnenbeeten arbeiten. Kranke Pflanzenreste verbrennen oder auf anderem Wege vernichten.

Härtere Abwehr: Kaum möglich. Eine teilweise Eindämmung der Krankheit kann durch sehr frühzeitige Kupferspritzungen erreicht werden.

## Feuerbrand
### *Erwinia amylovora*

Eine der gefährlichsten Bakterienkrankheiten ist der Feuerbrand. Die Infektion kommt nur beim Kernobst (Birnen und Äpfel) und bei einigen Ziergehölzen zum Ausbruch. Vor rund 200 Jahren tauchten Berichte über diese Krankheit zum erstenmal an der Ostküste Amerikas auf. 1957 wurde der Feuerbrand erstmals in England entdeckt. Seitdem taucht er in verschiedenen Ländern Europas, darunter auch in Deutschland, auf. Die Ausbreitungsgebiete sind meist begrenzt, aber die Gefahr einer weiteren Verschleppung ist groß.

Der Feuerbrand kann sich rasch ausbreiten; anfällige Gehölze sind innerhalb kurzer Zeit bereits lebensgefährlich bedroht. Diese Bakterienerkrankung ist meldepflichtig; wo die ersten Symptome auftauchen, da muß jede Baumschule, jeder Landwirt und jeder Gärtner sofort den nächstgelegenen amtlichen Pflanzenschutzdienst informieren!

Die Krankheit wird durch Vögel, Insekten und infizierte Baumschul-Gehölze verbreitet. Die Bakterien dringen meist durch die Blüte und durch Wunden in das Pflanzengewebe ein; sie können aber auch durch natürliche Spaltöffnungen ins Innere der Pflanzen gelangen. Kranke Blüten und Triebe verfärben sich braun bis schwarz. Sie sehen dann wie verkohlt oder verbrannt aus. Nach diesem erschreckenden Bild erhielt die Krankheit ihren Namen Feuerbrand. Die Infektion breitet sich sehr schnell auch auf stärkere Äste und die Stämme aus. Im schlimmsten Fall sterben die Bäume. So akut gefährdet sind vor allem Birnbäume. Bei anderen Gehölzen kann die Krankheit auch weniger dramatisch verlaufen.

**Schadbild:** Infizierte Blüten, Blätter und Triebspitzen welken; sie sind hakenförmig gekrümmt und verfärben sich zuerst braun, später schwarz. Dieses Schadbild ist typisch für den Frühling. Im Sommer kann es nochmals bei spätblühenden Gehölzen auftauchen.

Vom Sommer bis zum Herbst entwickeln sich an erkrankten Trieben und Früchten Tröpfchen, die anfangs hell, später gelbbraun gefärbt sind. Dieser Bakterienschleim ist eine typische Erscheinung, die bei zahlreichen Bakterienerkrankungen zu beobachten ist. Feucht-warmes Wetter begünstigt die Produktion dieser Tröpfchen.

Im Winter zeigen sich schließlich

Die hakenförmig gekrümmte Spitze des Weißdornzweiges ist ein sicheres Erkennungsmerkmal des Feuerbrandes. Die Blätter wirken wie verbrannt (oben). Birnbäume (unten) sind am meisten durch diese meldepflichtige Bakterien-Infektion gefährdet.

krebsartige Stellen mit abgestorbenem Gewebe an den Stämmen oder an großen Ästen. In der Rinde überdauern die Bakterien auch die kalte Jahreszeit. Manchmal sind die Symptome nicht so eindeutig. So ähneln zum Beispiel verdorrende Triebspitzen dem Krankheitsbild der *Monilia*. Genauere Diagnosen können dann nur in den Labors der Pflanzenschutzämter gestellt werden, an die jeder Gärtner sich mit seinen Fragen wenden kann.

**Besonders gefährdete Pflanzen:** Birnen! Außerdem Äpfel, Quitten, die Eberesche (speziell die Mehlbeere, *Sorbus aria*), Weißdorn, Rotdorn, Cotoneaster-Arten (vor allem großlaubige und spätblühende Arten, u. a. *C. salicifolius floccosus*), Feuerdorn (*Pyracantha*), Scheinquitte (*Chaenomeles*) und Felsenbirne *Amelanchier*).

### Schutzmaßnahmen

<u>Vorbeugende und sanfte Mittel:</u> Beim Kauf auf gesunde Pflanzen achten, zuverlässige Baumschulen wählen. Pflanzenteile, die den Verdacht auf Feuerbrand erwecken, sofort abschneiden und untersuchen lassen. (Adressen der Pflanzenschutzämter finden Sie im Anhang.)
Alle kranken Zweige und Äste bis ins gesunde Holz wegschneiden und verbrennen. Wunden sorgfältig mit Spezialpräparaten verschließen.
<u>Härtere Abwehr:</u> Es gibt keine Mittel, die die Krankheit heilen. Bei rechtzeitigem Einsatz kann die Infektion – mit relativem Erfolg – eingedämmt werden, wenn mit Kupferoxychlorid-Präparaten gespritzt wird. Angesichts der Gefährlichkeit der Krankheit müßte auch ein Biogärtner überlegen, welcher Schaden größer ist: Die möglichen negativen Folgen einer Kupferspritzung für das Ökosystem oder der Verlust des Obstbaumes und die Gefährdung der benachbarten Gehölze.
Möglicherweise bleibt uns dieser Gewissenskonflikt schon bald erspart, wenn die Pflanzenextrakte aus Mahonien und Berberitzen reif für die Produktion sind. In wissenschaftlichen Versuchen haben diese Auszüge bereits eine ausgezeichnete Wirkung bei der Eindämmung von Feuerbrandinfektionen gezeigt. Lesen Sie dazu die Berichte im Kapitel »Forschung für die Zukunft«, Seite 116.
Außer Kupferverbindungen werden in anderen Ländern auch Antibiotika (Streptomycin) gegen die Bakterienkrankheit Feuerbrand eingesetzt. Diese Mittel sind bei uns aber verboten.
Wo der Feuerbrand sich ausbreitet, werden, vor allem in gefährdeten Obstanbaugebieten, erkrankte Gehölze von amtlichen Stellen gerodet und verbrannt.

## Fusarium-Welke
*Fusarium* sp.

Fusarium-Pilze verschiedener Rassen können an unterschiedlichen Gartenpflanzen Welkekrankheiten hervorrufen. Bei einigen Krankheitsbildern spricht man auch von Fußkrankheiten, weil Wurzeln und Stengelgrund zerstört werden.

### Fuß- und Welkekrankheit an Erbsen
*Fusarium* sp.

In der Zeit von Mai bis Juni werden die Erbsenpflanzen plötzlich gelb und welk. Wurzeln und Stengelgrund sind dunkelbraun verfärbt. Die Pflanzen sterben innerhalb kurzer Zeit ab.
Es sind überwiegend verschiedene Fusarium-Pilze, die diesen Kollaps verursachen. Warmes Wetter ist für eine schnelle Ausbreitung günstig.

### Fusarium-Welke an Gurken
*Fusarium oxysporum* und *Fusarium solani*

Wenn ausgewachsene Gewächshausgurken plötzlich welken, dann ist oft der Pilz *Fusarium oxysporum* von den Wurzeln her in die Pflanzen eingedrungen. Er verstopft die Leitungsbahnen. Wenn ein Stengel aufgeschnitten wird, sieht man die braun verfärbten Gefäße. Außen an den Stengeln erscheinen weiße, später rosafarbene Pilzrasen. Zum Schluß faulen auch die Wurzeln.
Eine Stengelgrundfäule an Gurken ruft *Fusarium solani* hervor. Auf dem faulenden Stengelgrund erscheinen manchmal weiß-grüne Pilzrasen. Auch bei dieser Krankheit welkt und stirbt die ganze Gurkenpflanze. Im Freiland kommen diese Krankheiten nur selten bei sehr feuchten Böden und bei extremer Witterung vor.

### Fusarium-Fäule bei Knoblauch
*Fusarium oxysporum*

Der Pilz dringt durch Verletzungen, die zum Beispiel durch Insekten beim Fressen verursacht werden können, in die Zwiebeln ein. Die Knoblauchzehen verfärben sich braun oder rosa. Manchmal bildet sich weißes Pilzmycel an den erkrankten Stellen. Diese »Fußkrankheit« zerstört die Zehen und zeigt sich oberirdisch am welkenden Laub.

### Fusarium Welke
*Fusarium oxysporum* und
### Fusarium-Fuß-Stengelkrankheit bei Astern
*Fusarium lateritium, F. culmorum*

Beide Krankheiten werden oft allgemein als »Asternwelke« bezeichnet. Die Erreger können einzeln oder auch gleichzeitig auftreten. Bei der »Echten« Welke dringen die Pilze vom Boden her in die Pflanzen und zerstören die Leitungsbahnen (siehe auch Gurken!). Bei

Ausgewachsene Gurkenpflanzen sterben ganz plötzlich durch Fusarium-Welke.

hoher Luftfeuchtigkeit geht die Infektion auch nach außen auf die Stengeloberfläche über. Schwarze Stiele und rötlich-gelbe Sporenlager weisen auf den »Übeltäter«.

Bei den Fuß- und Stengelkrankheiten tritt der Pilz zuerst außen am Stengel in Erscheinung. Von dort dringt er weiter nach innen vor. Der Stengelgrund verfärbt sich schwarz und wird morsch. Die Pflanzen brechen plötzlich, fast schlagartig zusammen.

### Schutzmaßnahmen

<u>Vorbeugende und sanfte Mittel</u>: Weite Fruchtfolge ist wichtig, um die Ausbreitung der Pilze über den Boden zu verhindern; ebenso intensive Mischkulturen.

Auf gesundes Saatgut achten, da die Erreger mit Samen übertragen werden können. Welkeresistente Züchtungen auswählen, vor allem bei Astern und Erbsen.

Gurken können auf eine Kürbisart *(Cucurbita ficifolia)* gepfropft werden; sie sind dann widerstandsfähiger.

Bei Knoblauch ist es wichtig, auf unverletzte Zehen bei der Pflanzung zu achten. Alle kranken Pflanzen müssen sofort von den Beeten entfernt und vernichtet werden.

<u>Härtere Abwehr</u>: keine Möglichkeiten.

## Fußkrankheiten

siehe Fusarium-Welke

## Gitterrost
### *Gymnosporangium sabinae*

Der Pilz, der den Gitterrost verursacht, ist auf zwei Gehölzen heimisch: der Wacholder ist sein Hauptwirt; dort breitet er sich vor allem im Winter aus. Im Frühling und Sommer wechselt er auf Birnbäume (Zwischenwirt) über. Die Blätter dieser Obstbäume bekommen dann zum Teil auffallende gelb-rote Flecken.

Bei verschiedenen Wacholderarten bildet der Pilz spindelförmige Verdickungen an Trieben und Ästen. Bei feuchtem Frühlingswetter brechen an diesen Stellen die Sporenlager der Pilze auf. Sie werden dann vom Wind zu den Birnbäumen geweht.

Je näher Wacholder und Birnbäume im Garten benachbart sind, desto leichter kann eine Infektion mit Gitterrost stattfinden. Nur der Gemeine Wacholder *(Juniperus communis)* ist ein harmloser Obstgarten-Nachbar. Die Pilze mögen ihn nicht; diese Art wird nie als Zwischenwirt benutzt.

**Schadbild:** An Wacholderzweigen bilden sich spindelförmige Verdickungen. An diesen Stellen quellen im Frühling Pilzsporen als schleimige gelblichbraune Masse heraus. Wenn die Sporen wieder trocken geworden sind, weht der Wind sie weiter.

Wo die Gitterrostpilze auf Birnbaumbäumen landen, da bilden sich im Sommer auf der Blattoberfläche leuchtend gelb-rote Flecken. Auf der Blattunterseite haben sie ihr Gegenbild in gelbbraunen Schwellungen mit gitterartiger Oberfläche.

**Besonders gefährdete Pflanzen:** Verschiedene Zierwacholderarten, vor allem der Sadebaum *(Juniperus sabina)* und alle Birnbäume.

### Schutzmaßnahmen

<u>Vorbeugende und sanfte Mittel</u>: An erkranktem Wacholder die Äste mit den Verdickungen und schleimigen Stellen herausschneiden und verbrennen. Auch bei den Birnbäumen die gut sichtbaren kranken Blätter entfernen. Dies ist aber meist nur bei kleinen Bäumen möglich.

Bei neuen Pflanzungen die enge Nachbarschaft von Zierwacholder und Birnbäumen vermeiden. Wo eine Infektionsquelle in der Nähe nicht ausgeschaltet werden kann (zum Beispiel vom Nachbargrundstück), da helfen den Birnbäumen nur stärkende Spritzungen mit Algen-Produkten oder anderen Pflanzenbrühen. Pflanzenbrühen, zum Beispiel aus Schachtelhalm, Farnkraut oder Zwiebeln und Knoblauch.

Sporenlager des Gitterrostes an Wacholderzweigen.

Die Spuren des Gitterrostes an den Birnbaumblättern sind mehr auffallend als aufregend!

Härtere Abwehr: Ist nicht nötig. Das auffällige Schadbild mit den leuchtenden Farben wirkt aufregender als der tatsächliche Schaden. Meist sind nur relativ wenige Blätter von den Pilzen besiedelt; selbst bei stärkerer Ausbreitung erleiden weder die Bäume noch die Früchte ernsthaft Schaden.

## Gladiolen-Weißstreifigkeit

siehe Mosaikkrankheiten.

## Gurken-Mosaik

siehe Mosaikkrankheiten.

## Grauschimmel
*Botrytis* sp.

Der Schadpilz, der den Grauschimmel verursacht, gilt als ausgesprochener Schwächeparasit. Er dringt nur dort in die Pflanzen ein, wo das Gewebe bereits verletzt ist oder wo einzelne Pflanzenteile unter Wachstumsstörungen leiden. Dies kann zum Beispiel der Fall sein, wenn am Fruchtansatz von Erdbeeren oder Gurken welkende und verwesende Reste der Blütenblättchen haften bleiben. Von solchen »Eingangspforten« aus breitet sich die Infektion dann weiter auf die Früchte aus.
Beim Salat sind die tief am Boden liegenden Blätter besonders gefährdet, weil sie unter Lichtmangel leiden und deshalb oft bereits verkrüppelt oder angefressen sind.
Der *Botrytis*-Pilz kann vom Boden her die Pflanzen erreichen oder durch die Luft, wenn der Wind die Sporen über größere Entfernungen trägt. Die Grauschimmel-Erreger sind im Garten überall vorhanden; sie können aber erst aktiv werden, wenn die Bedingungen für ihre Entwicklung günstig sind. Solche Voraussetzungen werden zum Beispiel geschaffen durch extreme feuchtwarme Witterung und durch verschiedene Kulturfehler: zu starke Stickstoffdüngung, zu enges Pflanzen, Licht- und Luftmangel, unregelmäßige Wasserversorgung. Verletzungen der Pflanzen beim Hacken und ähnliche Gründe.

Ein weitverbreitetes Übel bei Regenwetter: Grauschimmel an den Erdbeeren.

Bei Gurken beginnt der Schimmel an der Blüte.

**Schadbild:** Typisch für den Grauschimmel sind mausgraue Pilzrasen, die sich im fortgeschrittenen Stadium auf Früchten oder Blättern ausbreiten.

**Besonders gefährdete Pflanzen:**

### Erdbeeren *Botrytis cinerea*

Oft setzt die Infektion in welkenden Blütenresten ein. Der Pilz breitet sich dann auf die halbreifen und reifen Früchte aus. Zuerst zeigen sich nur kleine graublaue Flecken; dann setzt die Schimmelbildung ein, die in kurzer Zeit die Beeren überwuchert. Erdbeersorten mit dichtem Blattwerk, in dem sich die Feuchtigkeit hält, sind besonders gefährdet.

### Himbeeren und Brombeeren
*Botrytis cinerea*

Auch bei diesen Obstarten werden die Beeren vom Schimmelpilz infiziert. Ungepflegte dichte Pflanzungen sind besonders gefährdet.

### Bohnen *Botrytis cinerea*

Meist beginnt die Infektion an der Spitze der Bohnenhülsen, dort, wo welke Blütenreste hängenbleiben. Auch auf den Blättern und Stengeln erkrankter Bohnenpflanzen breitet sich der Schimmelrasen aus.

### Gurken *Botrytis cinerea*

Auch bei diesen Früchten geht die Krankheit meist von Blütenblättern aus. Die grauschimmeligen Gurken faulen. Auf den Blättern der Pflanzen kann sich der Pilz mit dem typischen grauen Rasen ausbreiten oder – weniger auffällig – trockene braune Flecken bilden.

### Salat *Botrytis cinerea*

Beim Salat ist der Grauschimmel eine der möglichen Infektionen, die eine Salatfäule verursachen können. Der Pilz siedelt sich entweder auf den Jungpflanzen oder auf ausgewachsenen Salatköpfen an.
Bei den Jungpflanzen beginnt der Grauschimmel auf den Keimblättern und geht von dort auf die anderen Blätter über. Der Wurzelhals färbt sich braunrot und die erkrankten Pflänzchen sterben ab.
Bei den ausgewachsenen Köpfen findet der Pilz seine Angriffsfläche meist an den unteren Blättern, die den Boden berühren und oft nicht mehr ganz einwandfrei sind. Von dort erreicht der Grauschimmel den Wurzelhals, der sich ebenfalls braunrot verfärbt. Die großen Pflanzen welken und sterben dann.

# Pflanzenkrankheiten 185

Falls an den oberen Blättern des Kopfsalates Verletzungen vorhanden sind, kann der Grauschimmel sich auch dort ausbreiten.

### Tomaten *Botrytis cinerea*

Zuerst läßt sich der Pilz auf den Blättern und Fruchtstielen der Tomaten nieder. Auf anfangs grau-grünen Flecken breitet sich bald der Pilzrasen aus. Von den zerstörten Fruchtstielen fallen die Tomaten ab. Die Früchte zeigen dann die sogenannten »Geisterflecken«. Helle Ringe breiten sich um einen Punkt im Zentrum aus. Dort ist der Keimschlauch der Pilzsporen eingedrungen.
Bei den Tomaten kann die Infektion unter anderem über Verletzungen eindringen, die beim Auskneifen der Geiztriebe entstehen.

### Zwiebeln *Botrytis allii*

Dieser Grauschimmel wird im Garten übertragen und kommt bei der Lagerung erst richtig zum Ausbruch. Die Sporen dringen in das welkende, umgelegte Zwiebellaub ein, wenn im Spätsommer sehr feuchtes Wetter herrscht. Im Winter greift der Pilz auf den Zwiebelhals über; dann entsteht die Halsfäule der Zwiebeln. Sie ist an braunen eingesunkenen Flecken und glasigem Zwiebelfleisch zuerst zu erkennen. Später bilden sich sowohl im Inneren der Zwiebel als auch außen die typischen grauen Pilzrasen.

### Zwiebelblumen *Botrytis* sp.

Bei den verschiedensten Blumenzwiebelarten ist der Grauschimmel ebenfalls weitverbreitet. An den Gladiolen verursacht die *Botrytis gladiolorum* die Krankheit; sie läßt die Knollen bereits im Winterlager schimmeln. An infizierten Pflanzen kann sich der Grauschimmel im Sommer auch auf dem Stengelgrund sowie auf Blättern und Blüten ausbreiten.
Lilien werden bei großer Feuchtigkeit von *Botrytis elliptica* heimgesucht. Blüten und Blätter werden dann so sehr

Geisterflecken entstehen durch *Botrytis*.

Grauschimmel an Zwiebeln kommt häufig vor.

vom Pilzrasen überwuchert, daß ganze Pflanzen faulen und zusammenbrechen. Königslilien und Madonnenlilien sind besonders gefährdet.
»Narzissenfeuer« heißt die Krankheit, die von *Botrytis polyblastis* verursacht wird. Zuerst bilden sich auf den Blütenblättern der Narzissen kleine wässrige Flecken, die später braun werden. Auf

Das »Tulpenfeuer« läßt die Pflanzen verkrüppeln.

den Blättern erscheinen längliche Flecken, die gelblich oder rotbraun gefärbt sind. Auf dieser Grundlage entstehen dann die grauen Pilzrasen.
»Tulpenfeuer« ist eine ähnliche Pilzinfektion, die durch den Spezialisten *Botrytis tulipae* ausgelöst wird. Ein typisches Zeichen sind die verkrüppelten fleckigen Blätter, die mühsam aus der Erde kommen. Die Blüten zeigen oft pockenartige Flecken und neigen zu Mißbildungen. Bei feuchtem Wetter breiten sich auf den kranken Pflanzenteilen die Grauschimmel-Rasen aus.

### Pfingstrosen *Botrytis paeoniae*

Der Pilz siedelt sich an der Basis junger Triebe ebenso an wie später an den Knospen. Kranke Stengel sterben oft ab. Die Blütenknospen öffnen sich nicht

Faulende Pfingstrosenknospen und kranke Triebe.

mehr. Bei feuchtem Wetter breiten sich die grauen Pilzrasen an den erkrankten Pflanzenteilen aus.
Gefährdet durch den Grauschimmelpilz sind außerdem noch Weintrauben, Paprika, Möhren, Sellerie, Geranien, Alpenveilchen und andere Blumen.

### Schutzmaßnahmen

Vorbeugende und sanfte Mittel: Besonders wichtig ist ein luftiger, sonniger

Standort. Lockerer, gepflegter Boden verhindert stauende Nässe; Pflanzen weit genug auseinander setzen.
Starktreibende Stickstoffdüngung vermeiden.
Stärkende Mittel, wie zum Beispiel Algen-Präparate oder andere Pflanzenbrühen, verwenden.
Gefährdete Pflanzen und den Boden öfter mit Schachtelhalm-Brühe übersprühen. Knoblauch pflanzen. Steinmehl stäuben.
Erdbeer-Beete mit Stroh mulchen, damit die Früchte trocken bleiben. Gurken an Gittern hochleiten.
Himbeeren und Brombeeren regelmäßig schneiden, auslichten und kranke Zweige entfernen.
Bei Tomaten vorsichtig ausgeizen, Verletzungen vermeiden. Zwiebeln bei trockenem Wetter ernten, das Laub nicht niedertreten und zerstören.
Zwiebelblumen nicht in schweren, nassen Boden pflanzen.
Grundsätzlich: Kranke Pflanzenteile so früh wie möglich entfernen und vernichten!
Widerstandsfähige Sorten pflanzen.
<u>Härtere Abwehr:</u> Sollte im Biogarten nicht nötig sein, da es sich um einen Schwächeparasiten handelt. Alle Maßnahmen, die gesundes Wachstum fördern, sind sinnvoller, weil sie den Ausbruch der Krankheit verhindern.

## Himbeerrutenkrankheit
*Didymella applanata* und *Leptosphaeria coniothyrium*

Zwei Pilzarten können die Rutenkrankheit der Himbeeren verursachen. Sie dringen durch Verletzungen und kleine Risse in der Rinde ins Holz ein. Auch die Larven einer Gallmücke, die die Triebe anbohren, können dem Pilz Eingang verschaffen (siehe Seite 143).
Der Ausbruch der Krankheit beginnt meist im Frühsommer mit Flecken auf der Rinde junger Triebe. Bis zum Absterben der Ruten vergeht oft ein Jahr.
Die tiefere Ursache für das gefürchtete Rutensterben liegt immer in Kulturfehlern. Himbeeren sind Waldrandpflan-

Typische Verfärbungen durch Rutenkrankheit.

zen, die einen bedeckten, gleichmäßig feuchten Boden und leicht sauren Humus lieben. Trockenheit oder krasser Wechsel zwischen Nässe und Austrocknung führen dazu, daß die Rinde der Himbeerruten rissig wird. Wenn noch eine zusätzliche Schwächung durch falsche Ernährung, zu hohen Kalkgehalt der Erde oder zu dichten, verwilderten Stand hinzukommen, dann haben die Pilze leichtes Spiel.
**Schadbild:** An den jungen Trieben bilden sich im unteren Bereich Flecken, die anfangs grau-weißlich gefärbt sind und später eine bräunlich-violette Tönung annehmen. Sie fließen zu größeren Flächen zusammen. Danach zeigen sich die gleichen Schadbilder auch im Knospenbereich der Jahrestriebe.
Der Pilz überwintert im Holz. Im nächsten Jahr platzt die Rinde, die ein silbriges Aussehen erreicht hat, auf. Die Sporen der Schadpilze erscheinen als schwarze Punkte auf der Oberfläche. Die kranken Ruten sterben ganz plötzlich ab.
**Besonders gefährdete Pflanzen:** Himbeeren.

### Schutzmaßnahmen
<u>Vorbeugende und sanfte Mittel:</u> Wichtig sind alle Kulturmaßnahmen, die das gesunde Wachstum der Himbeeren fördern: leicht saurer, lockerer Boden; harmonische Düngung, die reichlich Kali enthält; eine ständige Mulchdecke unter den Pflanzen, die den Boden feucht hält. Gut geeignet sind Laub, Rindenmulch und gemischte organische Abfälle.
Regelmäßiger Schnitt; alle abgetragenen Ruten nach der Ernte tief am Boden wegnehmen. Verletzungen an der Rinde vermeiden.
Gesunde, widerstandsfähige Sorten pflanzen. Auf lockeren Aufbau der Pflanzung achten, damit Feuchtigkeit auf den Blättern rasch abtrocknen kann. Kranke Triebe müssen sofort herausgeschnitten und vernichtet werden. Vorbeugend mit Schachtelhalm-Brühe oder Schachtelhalm-Brennessel-Tonmehl-Brühe spritzen. Oder: Wasserglas-Spritzung.
<u>Härtere Abwehr:</u> Wirksam wären nur Kupferspritzmittel, die aber nur die Symptome der Krankheit treffen. Biologisch sinnvoller sind alle gesundheitsfördernden, naturgemäßen Kulturmaßnahmen. Dann werden »harte« Spritzungen von selbst überflüssig.

## Iris-Rhizomfäule
*Pectobacterium carotovorum*

Die Staudeniris, die auch Schwertlilie genannt wird *(Iris germanica)*, zeigt zuerst im oberen Bereich ihrer steifen Blätter gelbe Verfärbungen; dann trocknen die Spitzen ein. Die jungen Triebe stocken im Wachstum. Ursache dieser Krankheitszeichen sind faulende Wurzeln. Es handelt sich um eine sogenannte Naß- oder Weichfäule, die von einem Bakterium verursacht wird.
Die Iris werden anfällig für diese Infektion, wenn sie an einem zu nassen Standort stehen, und wenn sie durch übermäßige Stickstoffdüngung angetrieben werden. Auch an Wurzeln, die zu hoch mit Erde bedeckt werden, können Nässeschäden entstehen.
**Schadbild:** Die Fäulnis beginnt an den jungen fleischigen Wurzelstücken (Rhizome) der Iris und geht dann auch auf die älteren Wurzelstöcke über. Im fortgeschrittenen Stadium verwandeln sich die erkrankten Pflanzenteile in eine breiige, übelriechende Masse.
**Besonders gefährdete Pflanzen:** Staudeniris.

## Schutzmaßnahmen

Vorbeugende und sanfte Mittel: Iris nur an Standorten mit lockerem Boden und gutem Wasserabzug pflanzen; notfalls Dränage anlegen. Die fleischigen Wurzeln dürfen nur wenig mit Erde bedeckt werden.
Stickstoff einschränken; kalibetonte Dünger geben, zum Beispiel Holzasche. Kranke Pflanzen herausnehmen und infizierte Wurzelstücke bis ins gesunde Gewebe herausschneiden und vernichten. Schnittflächen mit Holzkohlenstaub einpudern. Messer anschließend desinfizieren. Auch die neue Pflanzstelle mit Holzkohlenstaub desinfizieren. Bei starker Verseuchung den Standort wechseln.
Härtere Abwehr: keine.

## Johannisbeer-Rost, Säulchenrost
### *Cronartium ribicola*

Diese weitverbreitete Krankheit wird durch einen Pilz ausgelöst, der sich zeitweise auf den Johannisbeersträuchern ausbreitet und zeitweise auf fünfnadeligen Kiefernarten (Wirtswechsel).
Im Sommer, etwa im Juli, zeigen sich auf der Unterseite der Johannisbeerblätter rötlich-gelbe Pusteln, die sich später rostbraun färben. Im Herbst wechselt der Pilz mit seinen Wintersporen auf Kiefern über, mit Vorliebe auf Weymouths-Kiefern. Dort entwickelt er sich ein Jahr lang und kehrt meist erst nach zwei Wintern auf die Johannisbeeren zurück. Der Wind kann die leichten Sporen über mehrere hundert Meter weit tragen.
Wo der Säulchenrost sich sehr stark ausbreitet, da fallen die Blätter der Beerensträucher frühzeitig ab; das Holz reift schlecht aus und die Knospen für das nächste Jahr entwickeln sich nicht kräftig. Auf dichtstehenden Sträuchern kann sich die Pilzinfektion besonders rasch ausbreiten.
**Schadbild:** Anfangs rötlich-gelbe, später rostbraune Pilzsporen lagern auf der Unterseite der Johannisbeerblätter. Unter einem Vergrößerungsglas kann man die säulenartigen Fruchtkörper des Rostpilzes erkennen, denen die Krankheit ihren Namen verdankt. Stark infizierte Blätter fallen ab; im schlimmsten Fall sterben ganze Triebe ab.
An den Kiefern verursacht der Pilzbefall aufgeraute Rinde; an Ästen, Astquirlen und Stämmen entstehen an diesen Stellen Schwellungen. Im nächsten Frühsommer bilden sich gelbliche Blasen, die platzen und Pilzsporen wie Pulver verstreuen.
**Besonders gefährdete Pflanzen:** Schwarze Johannisbeeren, fünfnadelige Kiefernarten, wie Weymouths-Kiefern, Zirbel-Kiefern und andere.

## Schutzmaßnahmen

Vorbeugende und sanfte Mittel: Nach Möglichkeit eine Nachbarschaft von Weymouths-Kiefern und Schwarzen Johannisbeeren vermeiden.
Blattstärkende Pflanzenbrühen ab Mai spritzen, zum Beispiel Schachtelhalm, Algen-Präparate und andere.
Wichtige vorbeugende Spritzung: Wermut-Brühe mehrmals frühzeitig anwenden. Wermutstauden zu den Johannisbeersträuchern pflanzen.
Durch regelmäßigen Schnitt für gut durchlüftete Sträucher sorgen. Kranke Blätter frühzeitig entfernen und vernichten.

Pilzsporen des Johannisbeer-Säulenrostes.

Härtere Abwehr: Nur mit Kupfermitteln möglich. Die Gesundheitsstärkung mit naturgemäßen Mitteln hilft dauerhafter!

## Kartoffelschorf, Gewöhnlicher
### *Streptomyces scabies*

Ein Pilz, der im Boden überall vorhanden ist, verursacht Flecken auf der Schale der Kartoffeln. Wo der Boden sehr kalkhaltig ist, da kann die Infektion leicht ausbrechen. Die Aktivität der Pilzsporen ist sehr abhängig vom Säuregehalt des Humus und auch von der Anfälligkeit bestimmter Kartoffelsorten.

Schorfige Flecken auf kranken Kartoffeln.

**Schadbild:** Braune schorfige Stellen bilden rissige Flecken auf der Schale. Die Haltbarkeit der Knollen leidet.
**Besonders gefährdete Pflanzen:** Kartoffeln.

## Schutzmaßnahmen

Vorbeugende und sanfte Mittel: Auf dem Kartoffelbeet für einen leicht sauren pH-Wert sorgen; regelmäßig Kalk-Tests machen; vor allem auf sandigen Böden. Nur bei echtem Bedarf kalken; danach nicht sofort Kartoffeln anbauen. Als weniger anfällige Sorten werden unter anderen empfohlen: 'Ostara', 'Hela', 'Prima' (früh); 'Clivia', 'Grata', 'Granola', 'Nicola' (mittelfrüh).
Härtere Abwehr: unnötig.

## Kohlhernie, Kropfkrankheit
*Plasmodiophora brassicae*

Diese gefährliche Erkrankung der Kohlgewächse wird durch einen Schleimpilz in der Erde ausgelöst. Aus den Dauersporen dieses Pilzes schlüpfen bewegliche Zellen, die in der Bodenfeuchtigkeit weiter wandern und in Pflanzenwurzeln eindringen.

Diese Infektion löst einen Reiz aus, der zu kropfartigen Wucherungen an den Wurzeln führt. Wenn der Pilz sein Wachstum beendet hat, zerfällt er in zahlreiche Dauersporen. Zu diesem Zeitpunkt ist das Wurzelgewebe soweit zerstört, daß es morsch wird und auseinanderfällt. So können die Dauersporen des Pilzes wieder in den Boden gelangen. Sie sind dort drei bis sechs Jahre (manche Fachleute behaupten sogar zehn) überlebensfähig.

Die Kohlhernie bricht nicht nur an den Kulturformen des Kohls aus, sondern auch an zahlreichen Wildkräutern aus der Familie der Kreuzblütler. Zierpflanzen aus dieser Familie sind ebenfalls gefährdet. Vor allem aber sind die Ausbreitungsmöglichkeiten der Infektion durch die Vielzahl der Wirtspflanzen sehr groß.

»Wandern« kann der Pilz überall dort, wo der Boden sehr feucht ist. Denn Wasser ist sein natürliches Transportmittel. Verbreitet wird der Erreger durch Tiere oder durch den Menschen: an den Schuhen, den Händen und den Werkzeugen des Gärtners wird er quer durch den Garten transportiert.

Eingeschleppt werden die ersten Kohlhernie-Erreger oft durch kranke Jungpflanzen. Auch aus dem eigenen Frühbeet kann der Gärtner, wenn dort die Erde verseucht ist, immer wieder kranke Pflanzen im Garten verteilen. Günstige Bedingungen für die Ausbreitung des Kohlhernie-Erregers bieten vor allem nasse und saure Böden. In einem solchen Milieu kann sich der Pilz gut entwickeln. Wichtig für die Vermehrung ist auch Wärme. Bei 23–26 Grad liegt die ideale Infektionstemperatur.

Schließlich spielt auch die Düngung und Fruchtfolge eine wichtige Rolle. Stallmist-Düngung vor der Pflanzung fördert das Ausschlüpfen der Pilzsporen. Kompost kann dagegen auf verseuchten Beeten den Dauersporenbestand vermindern.

Wo Kreuzblütler – nicht nur Kohl! – kurz hintereinander angebaut werden, da nimmt die Menge der Dauersporen, die sich im Boden anreichern, ständig zu. Diese äußerst beständige Lebensform ist vollkommen unempfindlich gegenüber Kälte, Nässe oder anderen Witterungsunbilden.

**Schadbild:** An den Wurzeln entstehen knollige, krebsartige Wucherungen. Im fortgeschrittenen Stadium reichen diese Knoten und Kropfgebilde von der Hauptwurzel und den Nebenwurzeln bis zum Wurzelhals. Die Oberfläche wird schorfig und runzelig. Innen sind die Verdickungen zunächst von hellem, weißlichem Gewebe erfüllt, das sich nach und nach bräunlich färbt, morsch wird und zerfällt.

Oft wird dieses Schadbild mit den Wucherungen verwechselt, die der Kohlgallenrüßler verursacht. Die Gallen dieses Käfers, beziehungsweise seiner Larve, sind aber teilweise hohl und von Fraßgängen durchzogen. Wenn man sie aufschneidet, findet man oft noch die Maden oder die Puppen im Inneren (siehe auch Seite 150). Die Knollen der Kohlhernie sind dagegen immer ganz mit Gewebe gefüllt!

Die Kohlpflanzen, deren Wurzeln von Pilzwucherungen deformiert sind, kümmern und stocken im Wachstum. Die Versorgung mit Wasser und Nährstoffen ist ernsthaft gestört. Die Blätter der Pflanzen verfärben sich blaugrün. Bei trocken-heißem Wetter welken sie rasch. Der Blumenkohl reagiert mit verfrühter Blüte, andere Kohlarten bilden nur kleine Köpfe. Schließlich gehen schwerkranke Pflanzen ganz ein.

**Besonders gefährdete Pflanzen:**
Alle Kohlarten; besonders Kohlrabi und Blumenkohl, am wenigsten Grünkohl. Außerdem: Radieschen, Rettich, Rüben und andere Kreuzblütler.

Wildkräuter aus der Familie der Kreuzblütler, vor allem Hirtentäschelkraut, Hederich, Ackersenf und Pfennigkraut. Auch Mohn, Reseda und Gräser können den Pilz weitertragen, obwohl sie nicht zu den Kreuzblütlern gehören.

Gefährdete Zierpflanzen sind unter anderen Goldlack und Levkojen.

**Schutzmaßnahmen**
<u>Vorbeugende und sanfte Mittel:</u> Hilfreich sind nicht einzelne Eingriffe sondern das Zusammenwirken aller Mittel und Maßnahmen, die die Ausbreitung der Dauersporen im Boden eindämmen und reduzieren.

Der pH-Wert des Bodens muß in den neutralen beziehungsweise schwach alkalischen Bereich (pH 7) angehoben werden. Kalk-Tests durchführen. Falls nötig kalken: bei geringer Verseuchung mit Algenkalk; bei stärkerer Verseuchung ausnahmsweise mit Kalkstickstoff, weil dessen heiße und giftige Umsetzungsphase die Pilzsporen zusätzlich schädigt. Nasse Böden müssen gründlich gelockert werden; notfalls nützt eine Dränage.

Monströse Wucherungen durch Kohlhernie.

# Pflanzenkrankheiten

Vor der Kohlpflanzung nicht mit Stallmist düngen; das Ausschlüpfen der Sporen wird dadurch gefördert.
Gezielt mit Stallmist oder mit Kohlblätter-Jauche düngen, ohne anschließend Kreuzblütler zu pflanzen: die ausschlüpfenden Pilzsporen sterben dann ab, weil sie keine Wirtspflanzen finden!
Bei starker Kohlhernie-Verseuchung mit reichlich Kompost düngen; der Befall sinkt.
Vorsicht: bei geringer Verseuchung auf leichten Sandböden kann Kompost die Ausbreitung der Pilze fördern!
Un-Kräuter, vor allem Kreuzblütler, müssen regelmäßig und gründlich entfernt werden, weil sie die Infektion ständig weiterverbreiten.
Kranke Pflanzen so früh wie möglich entfernen und vernichten. Nie Kohlhernieträger auf den Kompost bringen!
Geräte nach der Arbeit auf dem Kohlbeet sorgfältig reinigen oder sogar desinfizieren.
Frühe Pflanztermine bei kühler Witterung sind günstig.
Auf gesunde Jungpflanzen und gesunde Erde im Frühbeet achten; beim Pflanzen etwas Algenkalk ins Pflanzloch streuen; Setzlinge mit den Wurzeln in eine Brühe aus Schachtelhalm und Lehm tauchen.
Weiter Fruchtwechsel und vielseitige Mischungen verhindern die Ausbreitung der Kohlhernie. Die Anzahl der Dauersporen sinkt. Bei starker Verseuchung muß eine Kreuzblütler-Pause von 4–7 Jahren eingeschaltet werden.
<u>Härtere Abwehr:</u> Ist nicht möglich. Wichtig ist die konsequente Anwendung aller Maßnahmen, die eine gesunde Entwicklung der Kohlpflanzen fördern und gleichzeitig dem Kohlhernie-Pilz das Leben schwer macht.

## Kragenfäule
### *Phytophthora cactorum*

Eine Pilzinfektion, die vom Boden ausgeht, gefährdet vor allem Apfelbäume im Alter von acht bis zehn Jahren. Am Stammgrund dringt der Pilz – meist durch Verletzungen in der Rinde – ins

Die Kragenfäule dringt tief ins Holz.

Holz ein. Er zerstört die Leitungsbahnen und bildet dabei Faulstellen rund um den Stamm; daher rührt der Name »Kragenfäule«. Wenn die Symptome sichtbar werden, ist es meist für die Rettung zu spät. Da diese Pilzerkrankung bei bestimmten Sorten häufig auftritt, kann der Gärtner ihr bereits bei der Pflanzung aus dem Weg gehen.
**Schadbild:** Ganz am Anfang zeigen sich am unteren Teil des Stammes violett-braune Stellen. Wenn der Pilz seinen »Kragen« geschlossen hat, ist es zu spät. Die faulenden Stellen werden schwammig und naß. Dann fallen auch die Blätter, die sich rötlich verfärbt haben, frühzeitig ab. Der Baum stirbt.
**Besonders gefährdete Pflanzen:** Apfelbäume; vor allem 'Cox Orange', 'James Grieve' und 'Berlepsch'.

### Schutzmaßnahmen
<u>Vorbeugende und sanfte Mittel:</u> Widerstandsfähige Apfelsorten pflanzen; bei Spindelbüschen resistente Unterlagen ('M 9') wählen.
Kranke Stellen frühzeitig herausschneiden, mit Wundwachs schließen.
Baumscheiben mit Kompost und Mulchabdeckung anlegen. Rund um den Stamm den Boden freilassen, damit das Holz nicht feucht wird. Verletzungen der Rinde, vor allem am Stammgrund, vermeiden; Stammanstrich. Fallobst immer auflesen.
<u>Härtere Abwehr:</u> Im fortgeschrittenen Stadium der Krankheit müssen die Bäume gefällt werden.

## Kräuselkrankheit
### *Taphrina deformans*

Der Pilz, der diese Krankheit auslöst, ist auf Pfirsichbäume spezialisiert. Er überwintert in Rindenritzen oder unter den Knospenschuppen. Wenn im Frühling die ersten Blätter austreiben, dringt er in das Pflanzengewebe ein und zerstört es. Wenn die Infektion sehr heftig ist, fallen Blätter und Fruchtansätze ab, so daß die Pfirsichbäume fast kahl aussehen. Sie treiben zwar im Juni noch einmal neu aus, sind aber stark geschwächt.
Die Ausbreitung der Kräuselkrankheit ist sehr von der Witterung abhängig. Herrscht beim Austrieb der Obstbäume trocken-warmes Wetter, dann bleibt die Infektion aus. Bei feuchter Witterung kann sich der Pilz dagegen rasch ausbreiten.

Fortgeschrittene Spuren der Kräuselkrankheit.

**Schadbild:** Blasig aufgetriebene junge Blätter sind das typische Zeichen der Kräuselkrankheit. Das Gewebe verfärbt sich zuerst hellgrün bis gelblich, später rot. Schließlich vertrocknen die Blätter und fallen ab. Auch die Früchte sterben ab.
**Besonders gefährdete Pflanzen:** Pfirsichbäume, vor allem große gelbfleischige Sorten; außerdem Mandelbäumchen und manchmal Aprikosen.

### Schutzmaßnahmen
<u>Vorbeugende und sanfte Mittel:</u> Gute Ernährung der Bäume durch gepflegte Baumscheiben mit Kompost, Dünger,

Brennessel-Jauche und Mulchdecke; Rindenpflege. Vorbeugende Spritzungen der Bäume und der Baumscheibe mit Schachtelhalm-Brühe. Winterspritzung mit Wasserglas.
Kranke Blätter und Triebe entfernen. Weniger anfällige Sorten pflanzen, zum Beispiel 'Roter Ellerstädter'.
<u>Härtere Abwehr:</u> Nur bei einem sehr starken Ausbruch der Kräuselkrankheit, wenn die Existenz des Baumes bedroht ist, Kupfermittel oder Kupfer-Kalkbrühe spritzen bevor die Knospen aufbrechen. Vorsicht: Die jungen Blätter vertragen Kupfer nicht gut! Später Netzschwefel-Präparate verwenden.

## Kraut- und Knollenfäule der Kartoffeln, Kraut- und Braunfäule der Tomaten
### *Phytophthora infestans*

Dieser Pilz, der auf die beiden Nachtschattengewächse Tomate und Kartoffel spezialisiert ist, löst eine gefürchtete, weitverbreitete Krankheit aus.

### Tomaten

Die *Phytophtora*-Sporen lassen sich zuerst auf den Blättern nieder und verursachen dort braune Flecken. Die Infektion kann sich bei günstigen Witterungsbedingungen sehr schnell ausbreiten. Dann sterben die Blätter ab, und die Pflanzen leiden unter schweren Wachstumsstörungen, weil nur noch wenig Grün für die lebenswichtige Assimilation übrigbleibt.
In die Früchte dringt der Pilz meist über die Kelchblätter ein. Die Tomaten zeigen dann auffällige Flecken. Das Fruchtfleisch bleibt an diesen Stellen hart.
Der *Phytophtora*-Pilz wird hauptsächlich durch den Wind verbreitet. Die Sporen können aber nur bei Feuchtigkeit auskeimen; Gefahr droht, wenn die Blätter der Pflanzen von Tautropfen oder Regen naß sind. Bei 20 Grad Wärme und hoher Luftfeuchtigkeit findet der Pilz die besten Lebensbedingungen vor. Seine Ausbreitung beginnt meist ab Ende Juni.
Oft nimmt die Infektion bei Kartoffeln ihren Anfang und greift dann auf benachbarte Tomaten über. Der Pilz bildet verschiedene Rassen, die sich an Tomaten- oder Kartoffelpflanzen anpassen. Er überwintert in infizierten Kartoffelknollen oder in Laubresten auf dem Boden.
**Schadbild:** Die Krankheit bricht zuerst auf älteren Blättern aus. Sie beginnt an den Spitzen und zeigt sich in graugrünen Flecken, die sich später braun bis schwarz verfärben. Auf der Unterseite

Die Braunfäule an Tomaten breitet sich bei feucht-kühler Witterung besonders rasch aus.

Die Krautfäule vernichtet ganze Pflanzen.

der Blätter ist an den Rändern dieser Flecken der helle Pilzrasen erkennbar. Bei trockenem Wetter verdorren die kranken Blätter, bei feuchter Witterung verfaulen sie. Auch die Stengel der Tomatenpflanzen werden von der Pilzinfektion erfaßt und mit dunklen Flecken durchzogen.
Auf den Früchten breiten sich unscharfe helle Flecken aus, die mit der Zeit braun und runzelig werden. Die Oberfläche ist teilweise eingesunken. Unter diesen Flecken bleibt das Fruchtfleisch hart; später fault es auch.

### Kartoffeln

Auch bei den Kartoffeln beginnt die Infektion auf den Blättern. Wenn es regnet, werden die Pilzsporen vom Kraut auf den Boden geschwemmt und dringen dort in die Knollen ein. Wenn die Krankheit sich bei feuchtem Wetter rasch ausbreitet, wird das gesamte Kartoffellaub vernichtet. Darunter leidet natürlich auch die Entwicklung der Knollen.
**Schadbild:** Auf den Blättern bilden sich zuerst grau-grüne Flecken, die sich bald braun-schwarz verfärben. Die Infektion beginnt auch hier an den Blattspitzen. Auf der Unterseite wird der weißliche Pilzrasen sichtbar. Bei feuchtem Wetter faulen die Blätter schließlich, bei trockenem Wetter vertrocknen sie.
Die Kartoffelknollen zeigen auf der Oberseite hellgraue, eingesunkene Flecken. Darunter verfärbt sich das

# Pflanzenkrankheiten 191

Fortgeschrittene Knollenfäule an Kartoffeln.

Fleisch braun bis rötlich-braun und geht langsam in trockene Fäule über. Dringen in die geschwächten Knollen noch zusätzlich Bakterien ein, so entsteht zum Schluß eine Naßfäule.
**Besonders gefährdete Pflanzen:** Tomaten im Freiland, vor allem buschige, dichtbelaubte Sorten; Gewächshauskulturen sind weniger gefährdet. Kartoffeln; die Anfälligkeit ist unterschiedlich, je nach Sorte.

**Schutzmaßnahmen**
Vorbeugende und sanfte Mittel: Tomaten und Kartoffeln nicht in enger Nachbarschaft pflanzen.
Widerstandsfähige Sorten wählen; auf gesundes Saatgut achten.
Blattstärkende Mittel spritzen, zum Beispiel Brennessel-Brühen, Algen-Präparate und andere. Steinmehl über die Blätter stäuben.
Vorbeugend Schachtelhalm-Brühe oder Knoblauch-Zwiebelschalen-Tee spritzen, auch über den Boden. Tomaten mit Magermilch einsprühen.
Kranke Blätter sofort entfernen und vernichten. Nach der Ernte alle Rückstände vernichten. Die Stützpfähle gründlich reinigen.
Von kranken Pflanzen keine Samen nehmen. Tomaten gegen zuviel Nässe durch Abdeckungen schützen. In rauhen, niederschlagsreichen Lagen ist die Tomatenkultur nur im Gewächshaus oder unter schützenden Folienabdeckungen möglich.
Härtere Abwehr: Im Notfall helfen nur Kupfer-Präparate.

## Krebs
siehe Obstbaumkrebs

## Lauch(Porree)-Purpurfleckenkrankheit
*Alternaria porri*

Der Pilz, der diese typische Laucherkrankung auslöst, wird mit den Samen im Boden verteilt. Er kommt auf den Blättern zum Ausbruch und zeigt sich in ausdrucksvollen Flecken. Wenn die Krankheit fortschreitet, werden die Lauchblätter zerstört. Bei feucht-warmem Wetter kann sich der Pilz am besten entwickeln. Die Sporen überleben auf Pflanzenresten am Boden.
**Schadbild:** Auf den Lauchblättern sind zahlreiche länglich-ovale Flecken verteilt, die ringförmig abgestufte Farben zeigen. Im Inneren sind sie grau-braun getönt. Der äußere Rand ist purpurviolett gefärbt. Der Name der Krankheit geht auf dieses auffällige Farbenspiel zurück.
Auf den Flecken erscheint später ein schwarzer Pilzsporenrasen. Das Gewebe der Blätter reißt auf; sie verdrehen sich und sterben schließlich ab.
**Besonders gefährdete Pflanzen:** Lauch (Porree); manchmal auch Zwiebeln.

Die länglich-ovalen Farbringe der Purpurfleckenkrankheit sind gut erkennbare Symptome.

**Schutzmaßnahmen**
Vorbeugende und sanfte Mittel: Fruchtwechsel und Mischkulturen.
Blattstärkende Spritzungen mit Algen-Präparaten, Brennessel-Brühe oder Schachtelhalm-Brennessel-Brühe. Steinmehl stäuben. Kranke Pflanzen frühzeitig entfernen und keine Erntereste auf den Beeten übrig lassen. Infizierte Pflanzen nicht kompostieren.
Härtere Abwehr: keine.

## Lauch(Porree)-Papierfleckenkrankheit
*Phytophthora porri*

Dieser Pilz beginnt sein Zerstörungswerk an den Blattspitzen. Er entwickelt nach seiner Ausreifung Dauersporen, die jahrelang im Boden überleben können.
**Schadbild:** An den Spitzen der Lauchblätter bilden sich wässrige Flecken. Das erkrankte Gewebe stirbt ab und wirkt dann wie helles Papier. Daher stammt der Name der Krankheit. Weißliche unregelmäßige Flecken verteilen sich später auch auf den Blättern. Wenn der Pilz sich stark ausbreitet, können die Blätter absterben.
**Besonders gefährdete Pflanzen:** Lauch (Porree).
**Schutzmaßnahmen:** wie bei der Purpurfleckenkrankheit.

## Lederfäule
*Phytophthora cactorum*

Der Krankheitserreger ist ein Pilz, der meist vom Boden her in die reifenden Früchte der Erdbeeren eindringt. Regenwetter begünstigt die Ausbreitung.
**Schadbild:** Erdbeeren, die schon rot gefärbt sind, werden zuerst blaß und später braun. Im Gegensatz zur Grauschimmelfäule sind die Früchte nicht von einem Pilzrasen überzogen, sie werden auch nicht weich und faulig. Wie der Name andeutet, wirken die Beeren lederartig und zäh wie Gummi. Wenn der Pilz sich unter günstigen Umständen stark ausbreitet, erkranken

Bei Lederfäule werden die Beeren zäh (links).

auch die Stiele der Blätter und der Früchte. Die Infektion kann dann bis in die Wurzeln vordringen. Diese färben sich braun wie die Früchte und sterben im schlimmsten Fall ab. Diese Ausbreitung ist aber nicht die Regel.

**Besonders gefährdete Pflanzen:** Erdbeeren.

### Schutzmaßnahmen

Vorbeugende und sanfte Mittel: Erdbeerbeete mit Stroh mulchen, damit die Früchte trocken liegen und keinen Kontakt mit der Erde haben.

Kranke Früchte regelmäßig und frühzeitig einsammeln und vernichten.

Knoblauch oder Zwiebeln als Mischkultur pflanzen. Erdbeerreihen mit Schachtelhalm-Brühe vorbeugend mehrmals spritzen. Im Herbst und Frühling Schachtelhalm-Jauche über den Boden gießen. Steinmehl ausstreuen.

Härtere Abwehr: Die Lederfäule kommt nicht so häufig vor wie der Grauschimmel. In naturgemäß gepflegten Gärten sollten die »sanften Mittel« ausreichen. Wenn eine Erdbeerpflanzung allerdings bis in die Wurzeln verseucht ist, muß das ganze Beet geräumt werden. Dann ist eine neue Anlage an anderer Stelle die gesündeste Alternative.

## Mehltau, Echter

Mehltaupilze lassen sich an den verschiedensten Pflanzen im Garten nieder. Es handelt sich dabei aber nicht um einen bestimmten Krankheitserreger, sondern um verschiedenartige Pilze, die jeweils auf besondere Pflanzen spezialisiert sind. Die Ähnlichkeit des äußeren Schadbildes verhalf allen zum gemeinsamen Namen »Mehltau«. Diese Pilze überziehen Blätter, Stengel oder Blüten ihrer Wirtspflanzen mit einem mehlig-weißen Belag. Der Echte Mehltau siedelt sich mit seinem Pilzgeflecht an der Oberfläche der Blätter oder anderer Pflanzenteile an. Von dort wachsen besondere Organe durch die äußere Haut ins Gewebe der Pflanzen, wo die Pilze Nahrung aufnehmen.

Während der Sommermonate entwickeln die Pilze Sporen, die vom Wind oder von Insekten weitergetragen werden. Im Winter zieht er sich in kleine, kugelige Sporenbehälter zurück, die sich auf abgestorbenen Pflanzenresten entwickeln. Auf Obstgehölzen kann der Mehltau auch als feines Pilzgeflecht zwischen den Knospenschuppen oder an den Zweigen die kältere Jahreszeit überdauern.

Die Ausbreitung des Mehltaus ist, wie bei fast allen Pilzen, sehr von der Witterung und auch von Kulturbedingungen abhängig. Zu dicht zusammenwachsende Pflanzen, ein falscher Standort oder zu starke Stickstoffdüngung bereiten den Boden für eine Mehltauinfektion vor.

Im Gegensatz zu den meisten anderen Pilzarten ist der Echte Mehltau aber ein sogenannter »Schönwetterpilz«. Er breitet sich auch bei sonnigem Wetter aus. Langandauernde Hitze und Trockenheit verträgt er allerdings nicht. Auch bei naß-kalter Witterung stockt seine Entwicklung. Ideal für die Vermehrung ist warmes, schwüles Wetter mit hoher Luftfeuchtigkeit.

### Schadbilder:

#### Apfelmehltau
*Podosphaera leucotricha*

Erkrankte Blätter sind vom typischen mehlweißen Belag überzogen. In fortgeschrittenem Stadium rollen sie sich nach oben ein und fallen ab. Triebspitzen können dadurch dürr werden.

Dieser Mehltaupilz überwintert zwischen den Knospenschuppen und kann deshalb schon früh auf die austreibenden Blätter übergreifen. Neugebildete Sporen schädigen auch während der Sommermonate die Blätter der Bäume. Bei schwül-warmem Wetter breitet sich der Apfelmehltau rasch aus.

Besonders anfällig sind Apfelsorten, wie 'Jonathan', 'Gravensteiner', 'Boskoop' und 'Weißer Klarapfel'.

Der Apfelmehltau breitet sich bei schwülwarmem Wetter rasch auf den Blättern aus.

# Pflanzenkrankheiten

### Erbsenmehltau
*Erysiphe polygoni*

Dieser Mehltau-Pilz bevorzugt warmes und trockenes Wetter. Dann überzieht er die Blätter und Stiele der Erbsen mit seinem weißen Belag. Da die Infektion meist erst spät auftritt, sind Gegenmaßnahmen kaum noch nötig. Vor allem frühe Sorten sind nicht gefährdet.

### Erdbeermehltau
*Sphaerotheca humuli*

Dieser Pilz breitet sich zunächst auf der Unterseite der Blätter, später auch auf der Oberseite aus. Der Mehltaubelag greift auch auf Blüten und Früchte über. Schon ab Mai färben sich die Blätter rötlich und rollen sich ein.
Die Ausbreitung des Erdbeermehltaus wird durch schwül-warmes Wetter und dicht stehende Pflanzen gefördert. Manche Erdbeerzüchtungen sind besonders mehltau-anfällig.

### Gurkenmehltau
*Erysiphe cichoriacearum* und *Sphaerotheca fuliginea*

Zwei Echte Mehltaupilze verursachen das typische Krankheitsbild an den Gurkenblättern. Der weiß-graue Belag kann auch auf Stengel und Blüten übergreifen. Die beiden Mehltaupilze treten manchmal gemeinsam auf. Im allgemeinen bricht *Erysiphe* eher bei Freilandgurken aus, während *Sphaerotheca* an Glashauskulturen häufiger ist.
Die Sporen dieser beiden Echten Mehltaupilze keimen nur bei warmem, trockenem Wetter. Solange die Gewächshausluft sehr feucht ist, bricht die Krankheit nicht aus. Während der Sommermonate, oft erst gegen Ende der Vegetationszeit, breitet sich der Pilz durch große Sporenmengen aus. Er überwintert an kranken Pflanzenresten in sogenannten Schlauchfrüchten.
Auf den infizierten Gurkenblättern breiten sich zuerst runde weiße Flecken aus. Sie fließen rasch zusammen, so daß die gesamte Blattfläche von einem dichten, filzigen Mehltaubelag überzogen ist. Manchmal zeigt sich das Schadbild auch auf der Unterseite der Blätter. In fortgeschrittenem Stadium färben sich die kranken Blätter grau bis braun; sie sterben schließlich ganz ab.
Wenn die Krankheit erst gegen Ende der Vegetationszeit ausbricht, sind direkte Gegenmaßnahmen kaum noch nötig.

Gurkenmehltau bricht meist erst spät aus.

### Rittersporn-Mehltau
*Erysiphe polygoni*

Beim Staudenrittersporn können Blätter, Stengel und Blüten vom mehligen Belag des Pilzes überzogen werden. Die Blütenstände verkümmern; in schlimmen Fällen kann die ganze Pflanze absterben.
Es gibt aber zahlreiche gute Züchtungen, die mehltauresistent sind. Darauf sollte der Gärtner beim Kauf achten!

### Rosen-Mehltau
*Sphaerotheca pannosa*

Die Oberseiten der Blätter sind ebenso vom Weißen Mehltau überzogen wie Triebe, Blütenstiele, Knospen und Blüten der Rosen. Manchmal greift der Pilz sogar bis auf die Unterseite der Blätter über. Schwerkranke Blätter rollen sich nach unten ein und sterben ab.
Das Pilzmyzel oder die Sporenbehälter überwintern an den kranken Rosentrieben. Der Rosenmehltau breitet sich an ungünstigen Standorten, an zu dicht stehenden Sträuchern oder in schattigen Pflanzungen leicht aus. Rosensorten mit festen Blättern sind widerstandsfähiger als Züchtungen mit zartem Laub.

Ungünstige Standorte fördern Rosen-Mehltau.

### Stachelbeer-Mehltau, Amerikanischer *Sphaerotheca mors uvae*

Der dichte filzig-weiße Pilzbelag zeigt sich vor allem auf den Triebspitzen der Stachelbeeren. Er überzieht auch Blätter und Früchte. Wenn die Krankheit fortschreitet, färbt sich der Pilzteppich braun. Blätter und Triebspitzen vertrocknen; die Beeren zeigen braune Flecken und werden ungenießbar.
Bei schwül-warmem Wetter breitet sich der Amerikanische Stachelbeer-Mehltau besonders rasch aus. Der Pilz überwintert in den Triebspitzen der Sträucher und breitet sich von dort im nächsten Frühling weiter aus.
Es gibt Stachelbeersorten, die sehr anfällig für den Mehltau sind, und Züchtungen, die sich als widerstandsfähig erwiesen haben.

Stachelbeer-Mehltau beginnt in den Triebspitzen.

**Schutzmaßnahmen**

Vorbeugende und sanfte Mittel: Naturgemäße Wachstumsbedingungen schaffen; vor allem stickstoffreiche, starktreibende Dünger meiden.
Sehr wichtig: Auf mehltauresistente Züchtungen beim Saatgut-Angebot und beim Pflanzenkauf achten. (Vor allem bei Stachelbeeren, Rosen, Rittersporn und Gurken.) Öfter blattstärkende Pflanzenbrühen anwenden. Schachtelhalm-Brühe vorbeugend spritzen. Knoblauch-Tee vorbeugend und beim Beginn der Krankheit aussprühen. Steinmehl stäuben; Knoblauch zu gefährdeten Pflanzen setzen.
Kranke Blätter und Pflanzenteile frühzeitig abschneiden und vernichten. Bei Apfelbäumen müssen im Winter und beim Frühjahrsaustrieb alle erkrankten Zweigspitzen weggeschnitten werden, um die Infektion einzudämmen.
Beim Stachelbeer-Mehltau sofort beim Ausbruch der Krankheit die Triebspitzen wegschneiden. Im Winter vorbeugend nochmals etwa 5 cm der äußeren Zweigspitzen entfernen.
Von Gurken und Erbsen alle kranken Pflanzenreste sorgfältig wegräumen und vernichten.
Härtere Abwehr: Ein geprüftes biologisches Mittel auf Lecithin-Basis ist »Bio-Blatt Mehltaumittel«.
Sonst helfen im Notfall nur Netzschwefel-Präparate.

# Mehltau, Falscher

Im Gegensatz zum Echten Mehltau dringt der Falsche Mehltau durch natürliche Spaltöffnungen an der Unterseite der Blätter ein. So gelangt er tiefer ins Gewebe der Pflanzen. Er richtet oft schwere Schäden an und ist schwieriger erreichbar.
Der weiß-graue Filz des Falschen Mehltaus breitet sich an der Unterseite der Blätter aus, während sich auf der Oberseite gelbe, braune oder rötliche Flecken zeigen. Die Pilze des Falschen Mehltaus vermehren sich bei feucht-warmer Witterung. Sie überwintern auf Pflanzenresten am Boden. Besonders gefährdet sind die Weinreben. Im Garten tritt er vor allem an Gemüsen und Salaten auf. Hier einige ausgewählte Beispiele:

**Schadbilder:**

### Falscher Mehltau an Kohl
*Peronospora brassicae*

Der Pilz kann durch das Saatgut oder über den Boden in die Pflanzen gelangen. Er siedelt sich vor allem auf Keimlingen und Jungpflanzen an. Hohe Luftfeuchtigkeit, regenreiches Wetter und Temperaturen unter 16 Grad sind günstig für die Ausbreitung.
Alle Kohlpflanzen, vor allem Blumenkohl, Kohlrabi und Brokkoli, sind gefährdet. Auf der Blattunterseite zeigt sich weißlicher Pilzbelag, auf der Oberseite treten gelbliche Flecken auf. Wenn die Blätter absterben, werden die Jungpflanzen sehr geschwächt.
Manchmal bricht der Falsche Mehltau auch bei älteren Kohlpflanzen kurz vor der Ernte aus. Späte Blumenkohlsorten können dann faulen. In feuchten Gewächshäusern und zu engen Frühbeetkästen ist die Gefahr einer Infektion besonders groß.

### Falscher Mehltau an Salat
*Bremia lactucae*

Diese Pilzinfektion kann Salatpflanzen aller Altersstufen im Freiland, im Gewächshaus und im Frühbeet erreichen. Im Herbst sind Glashaus-Salate besonders gefährdet. Bei länger anhaltendem nassem Wetter ist diese Salatkrankheit weit verbreitet.
Die Pilzsporen keimen am besten bei hoher Luftfeuchtigkeit und mäßigen Temperaturen um 15–17 Grad. Die Infektion geht in der Regel vom Boden aus.
Auf der Oberseite der Salatblätter bilden sich gelbe Flecken, die von den Blattadern abgegrenzt werden. Auf der Unterseite breitet sich der Weiße Mehltaurasen aus. Später zeigt der Salat braune Flecken, vor allem an den Außenblättern. Die Infektion dringt von den Außenblättern ins Innere vor.

Falscher Mehltau an einem Spinatblatt.

### Falscher Mehltau an Spinat
*Peronospora spinaciae*

Dieser Pilz kann durch Saatgut, durch den Wind und durch Regenspritzer weitergetragen werden. Bei nassem Wetter breitet er sich rasch aus. Die Temperatur kann dabei zwischen 8 und 18 Grad liegen.
Auf den Spinatblättern erscheinen gelbe Flecken; der Pilzrasen auf der Unterseite ist grau-violett gefärbt. Der Falsche Mehltau ist die wichtigste Krankheit des Spinats.

### Falscher Mehltau an Zwiebeln
*Peronospora destructor*

Diese Pilzinfektion ist eine verbreitete Zwiebelkrankheit. Sie kann auch bei Knoblauch, Lauch und Schnittlauch ausbrechen. Der Pilz überwintert mit Dauersporen im Boden, an kranken Pflanzenresten, in Steckzwiebeln und im Saatgut. Regenreiche Sommer und starke Taubildung fördern die Ausbreitung.
Auf dem Zwiebellaub bilden sich zunächst bleiche Flecken, auf denen sich bei hoher Luftfeuchtigkeit bald grau-violette Pilzrasen ausbreiten. Zusätzlich siedeln sich Schwärzepilze an. Die Röhren sterben ab; die Zwiebeln bleiben klein und sind wenig haltbar.

# Pflanzenkrankheiten

**Schutzmaßnahmen**
Vorbeugende und sanfte Mittel: Vor allem auf mehltauresistente Züchtungen achten. Zu engen Stand der Pflanzen vermeiden; nicht von oben auf die Blätter gießen oder sprengen; den Boden lockern; gefährdete Pflanzen auf sonnigen, luftigen Beeten anbauen; nicht zu stark mit Stickstoff düngen.
Blattstärkende Pflanzenbrühen anwenden. Vorbeugend mit Schachtelhalm-Brühe oder Knoblauch-Tee spritzen. Kranke Pflanzen frühzeitig entfernen und vernichten. Keine Reste auf den Beeten liegenlassen.
Härtere Abwehr: Im Biogarten nicht möglich.

## Möhrenfäule
siehe Weichfäule.

## Monilia-Fruchtfäule und Monilia-Spitzendürre
*Monilia fructigena* und *M. laxa*

Monilia-Pilze breiten sich an Obstgehölzen aus. Früchte werden vor allem beim Kernobst infiziert; einige Steinobstarten sind aber ebenfalls gefährdet. Blüten und Triebspitzen erkranken beim Steinobst auch an der Spitzendürre.

### Monilia-Fruchtfäule

In Früchte, die durch Hagel, Vögel oder Insekten verletzt wurden, können die Pilze eindringen. Sie lösen dort Fäulnis und Schimmelpolster aus. Die Infektion wird durch Berührung übertragen. Der Pilz überwintert in den Fruchtmumien am Baum oder auf dem Boden. So kann sich die Krankheit an Ort und Stelle immer wieder ausbreiten.
**Schadbild:** Äpfel, Birnen und andere Früchte zeigen zuerst kleinere Faulstellen. Rasch entwickeln sich daraus dichte Schimmelpolster, die rund um die ganze Frucht konzentrische gelb-braune Ringe bilden. Auf der Oberfläche heben sich grau-gelbe Pilzpusteln ab. Die Früchte faulen sehr schnell durch und durch. Sie fallen ab oder bleiben als »Mumien« in den Zweigen hängen.
Angesteckte Früchte, die geerntet werden, erkranken im Lager an Braun- oder Schwarzfäule.
**Besonders gefährdete Pflanzen:** Äpfel und Birnen; außerdem Pflaumen, Kirschen, Pfirsiche und Aprikosen.

### Monilia-Spitzendürre

Bei dieser Pilzerkrankung beginnt die Infektion in der Blüte; sie endet mit abgestorbenen Triebspitzen. Der Pilz überdauert im Holz erkrankter Zweige. In nassen Jahren, vor allem, wenn es während der Blütezeit regnet, breitet sich dieser Pilz rasch aus.
**Schadbild:** Die infizierten Blüten faulen und welken; sie bleiben eingetrocknet hängen. Bereits während der Blütezeit beginnen die Spitzen der Zweige mit den Blättern zu verdorren. Es entsteht das typische Bild der Spitzendürre. In manchen Gegenden hat sich die Monilia stark ausgebreitet. Im Frühsommer sind die Sauerkirschen dort vollkommen dürr. Die Blätter wirken wie verbrannt.
**Besonders gefährdete Pflanzen:** Sauerkirschen, vor allem Schattenmorellen; außerdem Süßkirschen und Aprikosen; selten Apfelbäume.

### Schutzmaßnahmen
Vorbeugende und sanfte Mittel: Bei der Fruchtmonilia hilft nur das Einsammeln und Vernichten aller kranken Früchte. Bei der Spitzendürre müssen alle kranken Zweige sofort bis ins gesunde Holz zurückgeschnitten und vernichtet werden.
Gefährdete Bäume mit Meerrettich-Tee in die Blüte spritzen.
Allgemeine Maßnahmen zur Stärkung der Gesundheit beachten: Baumscheiben anlegen; Rindenpflege; Sortenwahl, die an den Standort angepaßt ist.
Härtere Abwehr: Im Notfall helfen nur Kupferspritzmittel, die in die Blüte gespritzt werden müssen. Unbedingt auf Präparate achten, die die Bienen nicht gefährden!

Die Fruchtfäule entwickelt sich rasch weiter.

Spitzendürre an einem Kirschbaumzweig.

## Mosaik-Krankeiten
*Virosen*

Alle Mosaik-Krankheiten im Garten werden von Viren verursacht. Meist zeigen sich die auffallenden, gescheckten Symptome auf den Blättern der Pflanzen. Die Infektion kann aber auch auf Früchte übergreifen. Der Name Mosaik leitet sich von den zahlreichen Flecken ab, die über die gesamte Blattfläche verteilt sind und eine hell-dunkle Marmorierung hervorrufen. Dies ist – in Variationen – das typische Bild aller Mosaikerkrankungen.
In vielen Fällen wird diese Virusinfektion von Blattläusen und anderen Insekten übertragen, die an den Pflanzen saugen oder das Gewebe anstechen. Am meisten gefährdet sind bestimmte Gemüsearten. Mosaik-Krankheiten kommen auch an Obstgehölzen vor; die

## Gärtner-Lexikon

Blattverfärbungen haben dort aber in der Regel keine größere Bedeutung. Weitere Informationen über Viruserkrankungen können Sie im Kapitel »Was Pflanzen krank macht«, auf den Seiten 30–31, nachlesen.

**Schadbilder:**

### Bohnenmosaik, Gewöhnliches

Die Blätter der erkrankten Pflanzen zeigen eine deutlich hell-dunkelgrüne Marmorierung. Die dunkleren Stellen sind blasig-aufgewölbt. Die Blattadern können sich dunkel färben; manchmal sind die Fruchthülsen kürzer und gekrümmt.

Das Virus wird durch infiziertes Saatgut oder durch Blattläuse übertragen. Temperaturen zwischen 20–28 Grad sind besonders günstig für die Ausbreitung. Nur Feuerbohnen sind immun!

An Gurkenmosaik leiden viele Pflanzen.
Fleckenmuster des Bohnenmosaiks.

### Gurkenmosaik

An den Blättern der Gurken ruft dieses Virus die üblichen hell-dunkelgrünen Flecken hervor. Hinzu kommen aber noch Verformungen und Kräuselungen der Blätter, allgemeine Wachstumshemmungen, die bis zum Zwergwuchs führen können, und Warzen an der Oberfläche der Früchte.

Das Ausmaß der Erkrankung ist sehr von den herrschenden Temperaturen abhängig. Wenn zur Zeit der Infektion kühles Wetter (unter 20 Grad) herrscht, dann sterben die Pflanzen von der Spitze her ganz plötzlich ab. Bei warmer Witterung mit Temperaturen über 24 Grad bilden sich dagegen nur die typischen Mosaiksymptome aus. Je früher die Krankheit ausbricht, desto stärker sind die noch jungen Pflanzen gefährdet.

Das Gurkenmosaik-Virus wird hauptsächlich durch Blattläuse übertragen. Die Schwarze Bohnenlaus und die Grüne Pfirsichblattlaus spielen dabei die wichtigste Rolle.

Das Gurkenmosaik-Virus hat einen ungewöhnlich breiten Ausbreitungsradius. Es kommt nicht nur an den Gurkengewächsen, sondern an mehr als 300 anderen Wirtspflanzen vor. Häufig tritt es an Paprika und Tomaten oder auch an Salat und Spinat auf. Mischinfektionen mit anderen Virusformen sind ebenfalls möglich.

Zahlreiche Zierpflanzen, Bäume, Sträucher und Wildkräuter dienen diesem Virus ebenfalls als »Lebenspartner«. Es überwintert zum Beispiel an mehrjährigen Stauden oder Gehölzen. So sind eine ständige Weiterentwicklung und stets neue Ausbruchmöglichkeiten dieser Infektion gegeben. Die Zeitspanne von der Übertragung des Virus bis zum Erscheinen der ersten Krankheitszeichen beträgt etwa 10–14 Tage.

### Salatmosaik

Vor allem an den Sommersalaten breitet sich das Virus aus. Die Blätter der Pflanzen zeigen die typische gescheckte hell-dunkle Zeichnung. Hinzu kommen oft gekräuselte Blätter sowie gelbe (Chlorose) und braune (Nekrose) Flecken. Bei schweren Infektionen bildet der Salat keine richtigen Köpfe mehr.

Oft ist das eigentliche Salatmosaik-Virus mit dem Gurkenmosaik-Virus vermischt. Im Frühling werden die ersten Infektionen durch krankes Saatgut ausgelöst. Auch durch Pollen kann das Virus verbreitet werden. Die wichtigsten Überträger sind aber später die Blattläuse, allen voran die Grüne Pfirsichblattlaus.

Helle, gelb-grüne Salatsorten sind anfälliger für Virusinfektionen als dunkelgrüne oder bräunliche Züchtungen!

Außer auf Kopfsalat kann das Salatmosaik sich auch auf Endivien, Zichorien, Mangold, Astern, Tagetes, Wicken, Zinnien und einigen Wildkräutern, wie zum Beispiel Kreuzkraut und Saudistel, ausbreiten. Auf Erbsen kommt es in einer maskierten Form vor.

### Tabakmosaik

Dieses Virus verursacht an Tomaten und Paprikapflanzen hell-dunkle Mosaikflecken auf den Blättern. Beim Paprika kommen braune Flecken und aufgerauhte, verdickte Adern hinzu, die die Blätter wie ein Strukturnetz überziehen. Oft werden die Blattstiele braun, dann sterben die Blätter ab. Auf den Paprikafrüchten entstehen eingesunkene braune Flecken.

Bei einem schweren Ausbruch der Krankheit bleiben sowohl Tomaten als auch Paprika stark im Wachstum zurück.

Das Paprikamosaik-Virus wird durch das Saatgut und durch Pflanzensaft (beim Entgeizen!) übertragen. Es überdauert auch in Pflanzenrückständen auf dem Beet.

### Tomatenmosaik

Bei den Tomaten können typische Mosaik-Symptome durch das Tabakmosaik und durch das Gurkenmosaik ausgelöst werden. Auch die Faden- oder Farnblättrigkeit der Tomaten (Seite 204) ist eine Mosaikerkrankung.

# Pflanzenkrankheiten

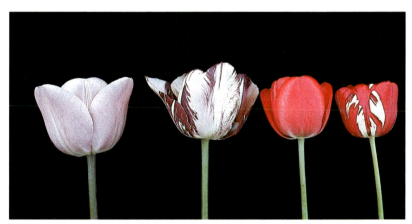

Bei Tulpenblüten empfindet der Gärtner das Farbenspiel des Virus nicht als Krankheit.

## Tulpenmosaik/Buntstreifigkeit

Die Blüten der Tulpen zeigen eine geflammte, gestreifte, an den Rändern oft sehr feine Zeichnung. Auch die Blätter tragen manchmal helle Streifen. Wuchshemmungen kommen seltener vor.

Bei roten und violetten Tulpensorten ist das von einem Virus verursachte Farbenspiel besonders auffällig. An gelben und weißen Blüten ist die Veränderung kaum sichtbar.
Überträger dieser Virusinfektion sind die Blattläuse.

## Weißstreifigkeit der Gladiolen
**Bohnengelb-Mosaik-Virus und Gurkenmosaik-Virus**

Diese Virusinfektion breitet sich über verseuchte Knollen aus. Die Symptome zeigen sich an den Blütenblättern, die mit grauen oder gelb-grünen feinen Streifen gezeichnet sind. Infizierte Blüten bleiben oft kleiner oder öffnen sich gar nicht. Auf den Gladiolenblättern können ebenfalls gelb-grüne Streifen erscheinen. Dies ist aber nicht immer der Fall. Die Knollen kranker Gladiolen müssen vernichtet werden, weil sie unheilbar infiziert sind.

### Schutzmaßnahmen
Vorbeugende und sanfte Mittel: Vor allem auf virusresistente Züchtungen und gesundes Saatgut achten. Die direkte Nachbarschaft von Pflanzen meiden, die vom gleichen Virus infiziert werden können.
Kranke Pflanzen sofort entfernen und vernichten. Keine Erntereste auf den Beeten liegenlassen.
Hände und Gartengeräte sorgfältig reinigen, notfalls desinfizieren nach der Arbeit an erkrankten Pflanzen.
Auf Verletzungen achten, da auch durch Pflanzensaft eine Übertragung möglich ist. Starke Blattlausvermehrung verhindern!
Härtere Abwehr: nicht möglich.

## Narren- oder Taschenkrankheit der Zwetsche
*Taphrina pruni*

Diese Pilzerkrankung infiziert die Zwetschen kurz vor und während der Blüte. Die Ausbreitung der Krankheit ist sehr von der Witterung abhängig: kühles, regnerisches Wetter ist günstig, trockenes, warmes Wetter ungünstig für die Keimung der Sporen. Der Pilz überwintert auf kranken Früchten und entwickelt im folgenden Frühling neue Vermehrungsorgane.
Zwetschen, die von dieser Erkrankung angesteckt werden, bilden eigenartige »verrückte« Formen aus, daher kommt wohl auch der Name der Narrenkrankheit.
**Schadbild:** Die jungen Früchte wachsen übermäßig; sie bilden flache, langgezogene, leicht gekrümmte Gebilde, die später von einem dichten, mehligweißen Belag überzogen werden. Im Spätsommer werden diese Narrenfrüchte braun und trocken.
Wo die Krankheit voll zum Ausbruch kommt, kann ein großer Teil der Ernte vernichtet werden.
**Besonders gefährdete Pflanzen:** Zwetschen; Hauszwetschen sind am meisten gefährdet, Frühzwetschen erkranken selten.

### Schutzmaßnahmen
Vorbeugende und sanfte Mittel: Alle kranken Früchte sofort einsammeln und vernichten. Im Herbst keine infizierten Zwetschen am Boden liegenlassen.
Wo die Krankheit öfter auftritt, widerstandsfähige Sorten pflanzen.
Gepflegte Baumscheiben anlegen; auf regelmäßigen Baumschnitt achten.
Härtere Abwehr: keine Biomittel.

## Narzissenfeuer
siehe Grauschimmel.

Die »närrischen« Früchte der Taschenkrankheit.

## Obstbaumkrebs
*Nectria galligena*

Durch Schnittwunden, Frostrisse, Hagelschlag oder andere Verletzungen der Baumrinde können Pilzsporen eindringen, die den Obstbaumkrebs verursachen. Auch die Narben, die die abgefallenen Blätter im Herbst hinterlassen, sind Eintrittsspalten für die Krankheit. Die Infektion kann bei feuchter Witterung während des ganzen Jahres erfolgen. Im Herbst und im Frühling ist die Gefahr jedoch am größten.

**Schadbild:** An jungen Zweigen tritt die Pilzinfektion oft rund um ein Auge auf. Dort sinkt die Rinde ein; über dieser Stelle stirbt der Trieb ab, weil die Pilzwucherungen im Holz die Leitungsbahnen unterbrechen.

An älteren, dicken Ästen und am Stamm entstehen rund um Wunden krebsartige Wucherungen, die tief ins Holz hineinreichen. Mehr und mehr werden Nährstofftransport und Wasserverteilung behindert. Die geschwächten Bäume gehen schließlich sogar ein. Was nach außen als krebsartige Wucherung ins Auge fällt, ist also nur die Notreaktion eines Baumes auf das Zerstörungswerk der Pilze in seinem Inneren. Auf abgestorbener Rinde siedeln sich im Sommer weiße Sporenpolster an; im Herbst und Winter überdauert der Krankheitserreger an diesen Stellen in rundlichen roten Pilzfrüchten. Milde, feuchte Wintermonate, regnerische Sommer und Bodennässe fördern die Ausbreitung dieser Pilzinfektion.

**Besonders gefährdete Pflanzen:** Apfel- und Birnbäume, seltener Steinobst. Einige Apfelsorten sind besonders gefährdet, zum Beispiel 'Cox', 'Berlepsch', 'Klarapfel' und 'James Grieve'.

### Schutzmaßnahmen

<u>Vorbeugende und sanfte Mittel:</u> Naturgemäße Standortwahl; schwere, kalte, nasse Böden meiden. Auf anfällige Sorten verzichten. Rindenpflege und Baumanstrich; Verletzungen vermeiden oder rasch behandeln; große Baumscheiben anlegen; auf ausgeglichene Ernährung achten; vor allem zuviel Stickstoff vermeiden.

Kranke Zweige frühzeitig abschneiden und vernichten. Infizierte Rinde bis ins gesunde Holz ausschneiden und sorgfältig verschließen. Werkzeuge anschließend desinfizieren!

Winterspritzungen mit Schachtelhalm-Lehm-Brühe oder mit Wasserglas.

<u>Härtere Abwehr:</u> Wirkungsvoll wären im Notfall Grünkupferspritzungen, um einen Baum zu retten.

## Rittersporn-Schwarzfleckenkrankheit
*Pseudomonas delphinii*

Bakterien, die sich bei kühl-feuchter Witterung ausbreiten, verursachen die schwarzen Flecken auf den Blättern des Staudenrittersporns.

**Schadbild:** Auf der Blattoberfläche breiten sich tiefschwarze, eckige Flecken aus, die von den Linien der Blattadern begrenzt werden. Auf der Unterseite der Blätter sind diese Flecken etwas eingesunken, auf der Oberseite leicht gewölbt. Auch auf Stengel und Blüten kann die Bakterieninfektion übergreifen. In schlimmen Fällen verkrüppeln die Pflanzen oder sterben ab.

**Besonders gefährdete Pflanzen:** Staudenrittersporn.

### Schutzmaßnahmen

<u>Vorbeugende und sanfte Mittel:</u> Alle kranken Pflanzenteile frühzeitig abschneiden und vernichten; Rückschnitt im Herbst ebenfalls vernichten, wenn die Pflanzen infiziert waren. Widerstandsfähige Sorten wählen. Blattstärkende Pflanzenbrühen spritzen; ausgewogen düngen.

<u>Härtere Abwehr:</u> Möglich wären nur Kupfermittel; besser verzichten.

## Rostkrankheiten

Die Rostpilze sind weit verbreitet und vielgestaltig. Viele dieser Schmarotzer wechseln im Sommer oder Herbst ihren Wirt; sie benötigen unterschiedliche Gewächse für ihre Entwicklung. Andere sind auf eine einzige Pflanzenart oder -gattung spezialisiert. Die Rostpilze verdanken ihren Namen der meist rostbraunen oder rostroten Färbung ihrer Sporenlager. Sie sind auf den Blättern der Pflanzen gut zu erkennen.

Der Obstbaumkrebs beginnt oft an jungen Zweigen rund um ein Auge (l. o.). Starke Wucherungen (l. u.) müssen bis ins gesunde Holz weggeschnitten werden.

# Pflanzenkrankheiten

**Schadbilder**

**Birnengitterrost**
siehe Gitterrost Seite 183

**Bohnenrost**
*Uromyces appendiculatus*

Dieser Rostpilz bleibt den Bohnen während der gesamten Vegetationszeit treu. Im Frühling dringt er in das junge Laub ein. Während der Sommermonate entwickeln sich verschiedene Sporenformen, die von den Blättern auch auf die Hülsen übergreifen. Den Winter verbringt der Pilz in kranken Pflanzenresten oder in den Ritzen der Bohnenstangen. Feuchte, warme Witterung ist günstig für die Ausbreitung des Bohnenrostes. Für die Übertragung sorgen Wind, Regen und Kulturarbeiten.

Zum Beginn der Infektion erscheinen auf den Blattunterseiten weiße Pusteln; über ihnen wölben sich auf der Oberseite rundliche Flecken auf. Später entstehen rostbraune Sporenlager und zum Schluß schwarzbraune Wintersporen, die bei Berührung heftig stäuben. Wenn die Krankheit sich stark ausbreitet, werden die Bohnen sehr geschwächt. Stangenbohnen sind besonders gefährdet. Buschbohnen erkranken selten, Feuerbohnen gar nicht.

**Malvenrost**
*Puccinia malvacearum*

Der Malvenrost wird meist schon mit den Jungpflanzen eingeschleppt. Die Unterseite der Blätter ist dicht mit anfangs hellen, später braunen Pusteln übersät, die wie kleine Warzen wirken. Wenn sie aufplatzen, stäubt braunes Sporenpulver heraus. Die Oberseite der Blätter ist dicht mit gelblich-braunen Flecken gesprenkelt. Auch die Blattstiele und die Stengel der Malven werden von dem Rostpilz überzogen. Viele Blätter welken und fallen ab.

Die Pilz-Pusteln des Malvenrostes.

**Rosenrost**
*Phragmidium mucronatum*

Gelblich-rötliche Flecken auf der Oberseite der Blätter sind das erste Anzeichen des Rosenrostes. Auf der Unterseite befinden sich, jeweils genau unter den Flecken, winzige gelb-orange-farbene Pusteln, die später rotbraun werden. Zum Schluß entstehen schwarzbraune Wintersporen. Während der Sommermonate vermehren sich die Rostsporen ständig.

Bei einer starken Ausbreitung der Infektion fallen die Blätter der Rosensträucher frühzeitig ab. Wenn sie nicht entfernt werden, tragen die infizierten Blätter die Krankheit weiter ins nächste Jahr.

**Säulenrost an Johannisbeeren**
siehe Johannisbeerrost Seite 187

**Schutzmaßnahmen**

Vorbeugende und sanfte Mittel: Frühzeitig alle kranken Blätter entfernen und vernichten. Im Herbst keine Pflanzenreste auf dem Boden liegenlassen. Widerstandsfähige Sorten pflanzen und beim Saatgut auf resistente Züchtungen achten. Wo Stangenbohnen gefährdet sind, auf Buschbohnen und Feuerbohnen umstellen. Bohnenstangen jedes Jahr desinfizieren.

Feuchtigkeit auf den Blättern vermeiden; an die Wurzeln gießen und nicht von oben beregnen. Nicht zu dicht pflanzen oder säen.

Blattstärkende Pflanzen-Brühen aussprühen. Mit Steinmehl stäuben.

Vorbeugend mit Schachtelhalm-Brühe spritzen; Rainfarn-Tee anwenden.

Der Rosenrost zeigt auf der Blattoberseite gelbrote Flecken, unterseits dunkle Pilzsporen.

Härtere Abwehr: schwierig. Es gibt noch keine empfehlenswerten Bio-Mittel im Handel.

**Rotfleckenkrankheit**
siehe Weißfleckenkrankheit.

**Rußtau**
*Apiosporium*-Arten

Verschiedene Schwärzepilze siedeln sich auf den zuckerhaltigen Ausscheidungen an, die vor allem Blattläuse, Schildläuse und Blattsauger auf den Blättern der Pflanzen hinterlassen.

**Schadbild:** Der »Honigtau« bedeckt Blätter und Stengel mit einem glänzenden, klebrigen Überzug. Wenn die Pilze sich darin niederlassen, färbt sich die Oberfläche nach und nach schwarz. Blätter, die ganz mit einer schmierigen Zucker-Rußschicht bedeckt sind, können nicht mehr »atmen« (assimilieren).

Dann leidet auch das Wachstum der Pflanzen.
**Besonders gefährdete Pflanzen:** Alle, die unter Blattläusen, Schildläusen und anderen saugenden Insekten leiden.

### Schutzmaßnahmen
<u>Vorbeugende und sanfte Mittel:</u> Alle Maßnahmen, die verhindern, daß »Honigtau-Produzenten« sich auf den Pflanzen niederlassen. Wenige »verrußte« Blätter kann man abwaschen; bei größeren Gewächsen spült der Regen den Rußtau ab, sobald die Läuse verschwunden sind und keine Zuckerausscheidungen mehr erzeugt werden.
<u>Härtere Abwehr:</u> unnötig.

## Rutenkrankheit
siehe Himbeerrutenkrankheit.

## Salatfäulen
**Sklerotinia-Krankheit und Schwarzfäule**

Außer dem bekannten Grauschimmel können noch zwei weitere Pilzkrankheiten Fäulnis an Salaten auslösen.

### Die Sklerotinia-Krankheit
*Sclerotinia minor* **und andere Arten**

wird durch Becherpilze verursacht. Sie taucht häufig dort auf, wo sich der Boden schon lange Zeit in gärtnerischer Kultur befindet. Diese Pilze sind sehr langlebig; sie bilden Dauerkörper (Sclerotien), die in der Erde sieben Jahre oder noch länger keimfähig bleiben können.
Die Infektion geht von der oberen Bodenschicht aus, wo die Pilzfäden auskeimen. Sie beginnt am Wurzelhals.
*Sclerotinia minor* befällt auch Jungpflanzen. *Sclerotinia sclerotiorum* infiziert ausgewachsene Salatköpfe kurz vor der Ernte.
Nach dem Absterben ihrer »Opfer« machen die Dauerkörper der Pilze eine Ruhezeit durch; anschließend entwickeln sie kleine becherförmige Fruchtkörper. Diese »echten« Pilze bilden Sporen aus und sorgen so für die weitere Verbreitung.
**Schadbild:** Die Blätter der Salatköpfe welken von außen nach innen. Sie liegen schlaff am Boden und zeigen braune Flecken. An diesen Stellen entwickeln sich watteartige weiße Pilzrasen. Charakteristisch sind die anfangs braunen, später schwarzen Körner, die sich auf dem hellen Untergrund bilden. Dies sind die Dauerkörper oder Sclerotien, die das Weiterleben der Becherpilze sichern.
Im fortgeschrittenen Stadium der Krankheit, wenn auch der Wurzelhals angegriffen ist, fallen die Salatköpfe in sich zusammen.

### Die Schwarzfäule
*Rhizoctonia solani*

wird durch einen Pilz ausgelöst, der im Boden lebt. Dieser greift nur die Blätter, nicht aber den Strunk der Salatköpfe an. Die Ausbreitung dieser Pilze wird durch hohen Humusgehalt, niedrige pH-Werte und feucht-warme Witterung gefördert.
**Schadbild:** Der Salatkopf kann von außen noch gesund aussehen, während sich innen schon Fäulnis ausbreitet. Der Strunk bleibt fest und die Pflanzen gehen nicht ein. Äußere Blätter, die auf dem Boden liegen, faulen ebenfalls. Sie werden braun und bei trockenem Wetter dünn wie Papier.

Die *Sklerotinia* läßt den Salat zusammenfallen.

Verwaschenes Muster der Scharkakrankheit.

**Besonders gefährdete Pflanzen:** Kopfsalat und Endivien.
Verschiedene Becherpilze können unter anderen auch Gurken, Möhren, Paprika, Sellerie und Petersilie befallen.

### Schutzmaßnahmen
<u>Vorbeugende und sanfte Mittel:</u> Fruchtwechsel einhalten und auf den pH-Wert achten. Kranke Pflanzen möglichst früh entfernen und vernichten. Keine Ernterückstände auf den Beeten liegenlassen.
Im Frühbeet und im Gewächshaus bei starker Verseuchung die Erde austauschen.
Vorbeugend mit Schachtelhalm-Brühe spritzen, auch auf den Boden.
<u>Härtere Abwehr:</u> Es gibt keine biologischen Mittel.

## Säulchenrost
siehe Johannisbeer-Säulenrost

## Scharkakrankheit
**Virose**

Diese Virusinfektion wird von Blattlausarten übertragen, die ihren Wirt wechseln. Die Scharkakrankheit ist meldepflichtig!
**Schadbild:** Die Symptome sind sehr variabel. Pflaumen und Zwetschen werden von tiefen Rissen überzogen, das Fleisch wird braun und zäh wie

# Pflanzenkrankheiten 201

Pflaume, von der Scharkakrankheit gezeichnet.

Gummi, die Früchte fallen früh und unreif ab. Die Blätter der Bäume zeigen hellgrüne, leicht verwaschene Band- und Ringmuster.
Pfirsich- und Aprikosenfrüchte sind von braunen Ringen und Flecken gezeichnet.

**Besonders gefährdete Pflanzen:** Pflaumen und Zwetschen; außerdem Pfirsiche, Aprikosen, Mandelbäume, Ziermandeln und Schlehen.

**Schutzmaßnahmen**
Vorbeugende und sanfte Mittel: Beim Kauf von Obstgehölzen nach Virus getesteten Pflanzen fragen.
Blattläuse in Grenzen halten.
Alle naturgemäßen Maßnahmen, die ein gesundes Wachstum fördern.
Härtere Abwehr: Erkrankte Bäume müssen gefällt und verbrannt werden. Beim zuständigen Pflanzenschutzdienst die Krankheit melden und Ratschläge einholen.

## Schorfkrankheiten
### Apfel- und Birnenschorf
***Venturia inaequalis, V. pirina***

Der Schorf gehört zu den am weitesten verbreiteten Krankheitsbildern an Äpfeln und Birnen. Die Schorfpilze wechseln ihren Wirt nicht; sie überwintern hauptsächlich als kugelige Fruchtkörper in abgefallenen Blättern. Birnenschorf überlebt die kalte Jahreszeit auch an jungen Zweigen.

Im Frühling weht der Wind die Wintersporen auf die jungen Blätter der Bäume. Wenn es längere Zeit regnet und die Blätter stunden- oder tagelang nicht abtrocknen, sind die Vermehrungsbedingungen für Schorfpilze am günstigsten. Je höher die Temperaturen liegen, desto rascher keimen die Sporen. So kommt es, daß manchmal »fast über Nacht« die Blätter der Apfel- und Birnbäume mit den dunklen Schorfflecken übersät sind.
Während des Sommers entwickeln sich auf den erkrankten Bäumen ständig neue Sommersporen, die für eine weitere Ausbreitung der Infektion sorgen. Dann erkranken außer den Blättern auch die reifenden Früchte. Bei naßwarmem Wetter ist die Gefahr am größten. In trockenen Jahren kann sich der Schorfpilz kaum entwickeln.
Es gibt Apfel- und Birnensorten, die sehr empfindlich auf Schorfinfektionen reagieren, und solche, die widerstandsfähig sind.
Als anfällige Sorten gelten zum Beispiel 'Gravensteiner', 'Golden Delicious', 'Jonathan' und 'Cox Orange-Renette'.
Als widerstandsfähige Apfelsorten werden 'Berlepsch', 'Boskoop', 'Champagner-Renette' und 'James Grieve' empfohlen.
Bei den Birnen zeigen 'Clapps Liebling', 'Bosc's Flaschenbirne', 'Gellerts Butterbirne' und 'Conference' weniger Empfindlichkeit.
**Schadbild:** An den Blättern der Apfelbäume entstehen im Frühling runde, olivgrüne Flecken mit samtartiger Oberfläche. Später verfärben sie sich in ein dunkles Braun oder Schwarzbraun. Im fortgeschrittenen Stadium wird das Gewebe ganz zerstört, und die Blätter fallen ab.
Im Sommer greift der Schorf auch auf die Früchte über, die dann ebenfalls runde dunkle Flecken bekommen. Die Schale wird rauh und rissig – eben typisch schorfig. Solche Früchte lagern sich schlecht. Die Verletzungen der Haut bieten auch anderen Schaderregern Einlaß, die zusätzlich Fäulnis auslösen können.
An Birnen sieht der Schaden sehr ähn-

lich aus. Bei diesen Bäumen kann der Schorfpilz aber auch das Holz infizieren und den sogenannten Zweiggrind hervorrufen.
**Besonders gefährdete Pflanzen:** Äpfel und Birnen; auch Kirschen und Pfirsiche können unter Schorfinfektionen leiden, die von *Venturia cerasi* ausgelöst werden, aber selten vorkommen.

**Schutzmaßnahmen**
Vorbeugende und sanfte Mittel: Weniger anfällige Sorten pflanzen.
Große Baumscheiben anlegen, die ganzjährig gemulcht werden. Unter der Mulchdecke gibt es viele Regenwürmer, die das Fallaub in den Boden ziehen und auffressen. So werden die Infektionsquellen auf natürlichem Wege beseitigt! Vor allem aber solche, die der Gärtner beim Aufräumen übersehen

Zuerst werden die Blätter vom Schorfpilz infiziert, im Sommer folgen auch die Früchte.

hat! So früh wie möglich kranke Blätter entfernen und regelmäßig einsammeln. Dieses Laub kann kompostiert werden; es sollte aber im Inneren des Komposthaufens untergebracht werden, wo die Rottetemperatur am höchsten ansteigt.

Naturgemäßer Standort und regelmäßiger Schnitt sorgen für gesundes Wachstum. In ausgelichteten Kronen trocknen die Blätter schneller ab.

Blattstärkende Pflanzenbrühen anwenden (Brennessel, Algen u. a.).

Frühzeitig mit Schachtelhalm-Brühe spritzen; vorbeugende Maßnahmen sind wichtig und müssen rasch einsetzen, wenn die Blätter im Frühling länger als neun Stunden naß waren.

<u>Härtere Abwehr:</u> unnötig!

Schorfige Äpfel sind zwar unansehnlich, aber durchaus genießbar. Ein Biogärtner sollte nicht zu härteren Mitteln greifen, wenn es nur gilt, den »schönen Schein« zu wahren.

Bedenken Sie: Kupferspritzungen treffen nicht nur den Schadpilz sondern auch den Regenwurm! Ungeduldige Gärtner vertreiben einen natürlichen Helfer, der die Schorfpilze unentgeltlich beseitigt.

## Schrotschußkrankheit
*Clasterosporium carpophilum*

Der Pilz, der diese Krankheit verursacht, überwintert im Fallaub oder in kranken Früchten, die am Baum hängengeblieben sind. Dies können Kirschen oder andere Steinobstarten sein. Wind und Regen befördern im Frühling die Pilzsporen auf die jungen Blätter. Bei hoher Luftfeuchtigkeit breitet sich die Infektion besonders rasch aus.

**Schadbild:** Auf den Blättern bilden sich zahlreiche kleine rötliche Flecken. An diesen Stellen tötet der Pilz das Gewebe ab. Es wird braun und fällt heraus. Die siebartig durchlöcherten Blätter wirken dann, als wären sie von Schrotkugeln getroffen worden.

Wo die Krankheit sich intensiv ausbreitet, fallen die Blätter frühzeitig ab. Der Pilz greift dann auch auf Früchte und junge Triebe über. Diese reagieren zum Teil mit Gummifluß.

**Besonders gefährdete Pflanzen:** Kirschen, Zwetschen und Pflaumen; auch Mirabellen und Pfirsiche.

### Schutzmaßnahmen

<u>Vorbeugende und sanfte Mittel:</u> Durch freien Standort und guten Schnitt dafür sorgen, daß Nässe rasch abtrocknen kann.

Krankes Laub und Früchte so früh wie möglich entfernen und vernichten.
Kranke Triebe wegschneiden.
Große Baumscheiben anlegen.
Vorbeugend mit Schachtelhalm-Brühe spritzen.

<u>Härtere Abwehr:</u> Wirksam wären nur Kupfermittel.

Der Biogärtner muß abwägen, ob der Erfolg bei einer nicht lebensbedrohenden Pilzinfektion höher zu bewerten ist als Nachteile für die Umwelt, die unter Umständen länger nachwirken.

## Schwarzbeinigkeit, Keimlingskrankheit
**Verschiedene Pilze und Bakterien**

Man bezeichnet die Keimlingskrankheiten nach ihren auffallendsten Merkmalen als Schwarzbeinigkeit, Wurzelbrand oder Umfallkrankheit.

Bei der Aussaat und Anzucht der Jungpflanzen kann eine große Zahl verschiedenartiger Pilze und Bakterien das Wachstum stören oder gar zerstören.

Fadenförmige Wurzeln an kranken Keimlingen.

Die Krankheitserreger können in Saatschalen, Töpfen und im Frühbeetkasten auftauchen. Sie breiten sich im Gewächshaus ebenso aus wie im Freiland. Bei feucht-kühler Witterung ist die Gefahr, daß Keimlingskrankheiten ausbrechen können, besonders groß.

Schadpilze und Bakterien können zum Zeitpunkt der Aussaat bereits in schlecht gereinigten Gefäßen, an alten Holzteilen (zum Beispiel Frühbeetrahmen oder Saatkistchen) und in der Erde vorhanden sein. Mit verseuchtem Saatgut und schlechtem Gießwasser kann man sie ebenfalls einschleppen. Die Krankheitserreger werden gefördert, wenn der Gärtner zu dicht sät, wenn die Anzuchterde zu naß gehalten wird, und wenn die kleinen Pflänzchen unter Luft- und Lichtmangel leiden.

**Schadbild:** Am Stengelgrund oder Wurzelhals wird das Gewebe weich und dunkel verfärbt. Die zarten Stengel schrumpfen an dieser Stelle; sie wirken wie eingeschnürt und trocknen fadenförmig ein bis in die zarten Wurzeln. Die Keimblätter färben sich gelb, die Pflänzchen fallen um und sterben ab. Wo diese Krankheit beginnt, da greift sie rasch auf den gesamten Sämlingsbestand über. Manchmal breitet sich auch in der Erde ein feines Geflecht von Pilzfäden aus.

**Besonders gefährdete Pflanzen:** Salat, Kohl, Gurken, Gewürzkräuter, Blumen und viele andere.

### Schutzmaßnahmen

<u>Vorbeugende und sanfte Mittel:</u> Saatgefäße sorgfältig reinigen, eventuell des-

Durchsiebte Blätter bei Schrotschußkrankheit.

infizieren. Für guten Wasserabzug sorgen.

Aussaaterde locker und »mager« halten, mit Sand vermischen; nur Reifekompost verwenden.

Auf gesundes Saatgut achten; nicht zu dicht und nicht in kalte, nasse Erde säen. Saatgut in Kamillentee beizen (siehe Seite 56). Frühbeete und Gewächshäuser regelmäßig lüften.

Aussaaterde und Keimlinge mit Schachtelhalm-Brühe übersprühen. Zur Kräftigung der jungen Pflänzchen Algenpräparate verwenden.

Härtere Abwehr: Notfalls verseuchte Erde aus dem Frühbeet oder aus Saatgefäßen herausnehmen und durch Erhitzen (zum Beispiel im Backofen) desinfizieren.

## Schwarzfäule

siehe Salatfäulen

## Sellerie-Blattfleckenkrankheit
*Septoria apiicola*

Diese Pilzinfektion ist die am meisten verbreitete Selleriekrankheit. Meist erscheinen die Symptome erst im Spätsommer, unter »pilzfreundlichen« Bedingungen aber schon ab Mitte Juni. Die Blattfleckenkrankheit wird durch infiziertes Saatgut und durch Pilzkörper, die über Pflanzenreste in den Boden gelangen, ausgelöst. Anfangs entwickelt sich die Infektion nur langsam. Regenwetter und dicht zusammengewachsene Pflanzenbestände fördern im Spätsommer eine rasche Ausbreitung. Die braunen Flecken dieser Krankheit werden oft als »Sellerie-Rost« bezeichnet. Es handelt sich aber nicht um Rostpilze. Der Echte Sellerie-Rost wird von *Puccinia apii* erzeugt und kommt relativ selten vor.

**Schadbild:** Auf den Blättern breiten sich kleine gelbliche Punkte aus, die sich später vergrößern und grau oder braun färben. In diesen Flecken sind die Sporenbehälter der Pilze als schwarze Pünktchen sichtbar.

Schadbild der Sellerie-Blattfleckenkrankheit.

Die Krankheit beginnt an den älteren Blättern; sie breitet sich auf die Stengel aus. Im fortgeschrittenen Stadium werden die Blätter braun und welk. Bei Selleriepflanzen, die viele Blätter verlieren, bleiben die Knollen klein.

**Besonders gefährdete Pflanzen:** Knollen-, Blatt- und Bleichsellerie.

Andere *Septoria*-Pilze erzeugen Blattflecken an Tomaten, Petersilie, Margeriten und Chrysanthemen.

**Schutzmaßnahmen**

Vorbeugende und sanfte Mittel: Auf gesundes Saatgut und widerstandsfähige Sorten achten.

Weite Fruchtfolge einhalten; nicht zu eng pflanzen; nicht von oben auf die Blätter gießen.

Kranke Blätter so früh wie möglich entfernen und vernichten.

Vorbeugend mit Schachtelhalm-Brühe oder Zwiebel/Knoblauch-Tee spritzen.

Härtere Abwehr: Kupfermittel sind nicht empfehlenswert wegen der späten Ausbreitung der Krankheit und der langen Wartezeit der Präparate. Bei naturgemäßer Gesundheitsförderung sind harte Mittel meist nicht nötig.

## Sellerie-Schorf
*Phoma apiicola*

Diese Pilzerkrankung kann durch das Saatgut oder durch Erreger in der Erde übertragen werden. In sehr feuchten Böden entwickelt sich der Pilz besonders gut. Er überwintert in infizierten Pflanzenresten.

**Schadbild:** Die Knollen des Sellerie bekommen an der Außenhaut braune Flecken; das Gewebe reißt teilweise auf. Manchmal bilden sich rauhe, schorfige Gürtel rund um die Knolle. Durch die Verletzungen entsteht Fäulnis, die aber meist erst beim Einlagern im Winter zum Durchbruch kommt.

**Besonders gefährdete Pflanzen:** Sellerie.

**Schutzmaßnahmen**

Vorbeugende und sanfte Mittel: Weite Fruchtfolge einhalten; auf gesundes Saatgut und widerstandsfähige Züchtungen achten. Schon bei der Anzucht für gesunde Kulturbedingungen sorgen (siehe auch Keimlingskrankheiten, Seite 202). Nicht in nasse, kalte Erde pflanzen.

Kranke Pflanzen möglichst früh aus dem Beet entfernen. Schorfige Knollen bei der Ernte aussortieren und nicht einlagern.

Härtere Abwehr: nicht möglich.

## Spitzendürre

siehe Monilia

## Sprühfleckenkrankheit
*Blumeriella jaapii*

Bei feuchter Witterung breitet sich im Frühling ein Pilz aus, der auf dem abgefallenen Laub des Vorjahres überwintert hat. Seine Sporen werden vom

Sprühfleckenkrankheit an Kirschblättern.

Wind auf die jungen Blätter der Kirschbäume geweht.
**Schadbild:** Auf der Blattoberseite bilden sich rötlich-violette, runde Flecken, die kleiner sind als die Symptome der Schrotschußkrankheit. Auf der Unterseite der Blätter entsteht ein weiß-rosa Pilzrasen. Später verfärben sich die Blätter gelb und fallen ab. Das Wachstum der Bäume leidet nur bei sehr starker Ausbreitung der Krankheit.
**Besonders gefährdete Pflanzen:** Süß- und Sauerkirschen. »Schattenmorellen« reagieren besonders empfindlich.
**Schutzmaßnahmen** sind nur nötig, wenn sehr viel Laub abfällt und die Bäume geschwächt werden. Dann gelten die gleichen Empfehlungen wie bei der Schrotschußkrankheit.

Hier sind die sternförmigen Ausstrahlungen an den Rändern der Rußtau-Flecken gut erkennbar.

## Stachelbeer-Mehltau

siehe Mehltau, Echter

## Sternrußtau
*Marssonina rosae*

Bei länger andauerndem Regenwetter und kühlen Temperaturen breitet sich auf den nassen Blättern der Rosen der Sternrußtau aus. Diese Krankheit ist weit verbreitet. Sie wird durch einen Pilz ausgelöst, der auf dem abgefallenen Laub überwintert. Günstig für seine Vermehrung sind außer ständig feuchten Blättern auch Kulturfehler, wie Nahrungsmangel, humusarme Böden, stauende Nässe im Wurzelbereich und zu enge Pflanzung.
Wo sich die Krankheit sehr stark ausbreitet, da werden die Rosensträucher stark geschwächt durch den frühen Laubverlust. Das Holz reift nicht richtig aus; deshalb sind solche Pflanzen zusätzlich durch Frostschäden im Winter bedroht.
**Schadbild:** Die Krankheit beginnt meist an den unteren Blättern, nahe am Boden, wo die Feuchtigkeit am größten ist. Auf der Blattoberfläche bilden sich runde bräunlich bis schwarz-braun gefärbte Flecken. Sie sind anfangs nur klein, können sich aber rasch vergrößern. An den Rändern laufen diese Flecken oft in sternförmige Strahlen aus. Daher stammt auch der Name der Krankheit. Dieses Kennzeichen ist aber nicht immer so stark ausgeprägt; manchmal erkennt man es nur mit der Lupe deutlich. Wenn die Infektion sich rasch ausbreitet, färbt sich der Blattuntergrund gelb. Das Rosenlaub fällt dann in großen Mengen ab. Die Sträucher stehen oft schon im Spätsommer fast kahl da.
**Besonders gefährdete Pflanzen:** Rosen, vor allem Buschrosen.

**Schutzmaßnahmen**
<u>Vorbeugende und sanfte Mittel:</u> Alle gesundheitsstärkenden Maßnahmen wie naturgemäßer Standort mit viel Sonne; humusreicher, möglichst lehmiger Boden; ausgewogene Ernährung; reichlich Abstand.
Widerstandsfähige, an den Standort angepaßte Sorten auswählen.
Blattstärkende Pflanzenbrühen, zum Beispiel Brennessel-Jauche und Algen-Präparate anwenden. Steinmehl über die Blätter stäuben.
Frühzeitig mit Schachtelhalm-Brühe über die Pflanzen und den Boden sprühen. Knoblauch zwischen die Rosen pflanzen. Krankes Laub frühzeitig entfernen und vernichten. Keine Rosenblätter im Herbst am Boden liegenlassen.
<u>Härtere Abwehr:</u> Auf Kupfermittel sollte der Biogärtner hier verzichten.
Bei konsequenter Anwendung reichen die sanften Mittel aus. Sie sind auch sinnvoller, weil sie nicht das Symptom sondern die Ursache behandeln und so für dauerhafte Besserung sorgen.

## Tomaten-Faden- oder Farnblättrigkeit
*Virose*

Eine Mischinfektion aus Tabak- und Gurkenmosaikvirus löst bei den Tomatenpflanzen auffällige Mißbildungen an den Blättern aus. Diese Krankheit kann durch das Saatgut, durch Blattläuse oder auch durch Pflanzensäfte übertragen werden. Weitere Informationen finden Sie dazu im Abschnitt »Mosaikkrankheiten«, Seite 195.
**Schadbild:** Die Blätter der Tomaten zeigen seltsame fadenförmige oder farnblattähnliche Deformationen. Es kann zu zwergigem Wuchs der ganzen Pflanze kommen. Der Fruchtansatz ist sehr gering.
**Besonders gefährdete Pflanzen:** Tomaten.

## Pflanzenkrankheiten 205

**Schutzmaßnahmen**
Vorbeugende und sanfte Mittel: Die direkte Nachbarschaft von Tomaten und Gurken meiden.
Beim Ausgeizen darauf achten, daß keine Verletzungen entstehen; Geiztriebe möglichst jung ausbrechen.
Kranke Pflanzen so früh wie möglich entfernen. Hände und Werkzeug sorgfältig reinigen.
Weitere Ratschläge: siehe Gurkenmosaik und Tabakmosaik, Seite 196.

## Tomaten-Stengelfäule
*Didymella lycopersici*

Mitten im Sommer, wenn die Früchte schon zu reifen beginnen, schlägt ein Pilz zu, der eine sehr plötzliche Welke der Pflanze herbeiführt. Feuchtes Wetter, schwere Böden und überreiche Stallmistdüngung sind günstige Voraussetzung für seine Ausbreitung. Der Pilz überwintert an Stützpfählen, an alten Schnüren, an Pflanzenresten und im Boden. Er kann auch mit dem Saatgut übertragen werden. Die Vermehrungsorgane entwickeln sich auf den dunklen Fäuleflecken und breiten sich von dort weiter aus.
**Schadbild:** Am Stammgrund erscheinen eingesunkene schwarze Flecken, die manchmal rund um den Stengel verlaufen. Die Leitungsbahnen sind unterbrochen. Deshalb welken und vertrocknen die großen Pflanzen sehr plötzlich. Die Früchte werden dunkel und norcif.
**Besonders gefährdete Pflanzen:** Tomaten.

**Schutzmaßnahmen**
Vorbeugende und sanfte Mittel: Auf gesundes Saatgut achten; nicht mit frischem Stallmist düngen.
Holzpfähle jedes Jahr gründlich reinigen und desinfizieren; bei starker Bakterien-Verseuchung besser Metallstäbe (Welldraht) verwenden.
Nach dem Ausbruch der Krankheit Tomaten in weitem Fruchtwechsel anbauen.
Kranke Pflanzen ganz entfernen und

Ein Virus verursacht fadenförmige Blätter.

vernichten. Keine Reste auf den Beeten liegenlassen.
Härtere Abwehr: Wenn die Symptome früh erkannt werden, können kranke Stellen am Stengelgrund herausgeschnitten werden. Anschließend die Wunde mit Grünkupfer-Pulver einreiben.

## Tomaten-Welke
*Corynebacterium michiganense*

Das Bakterium, das diese unaufhaltsame Welke auslöst, dringt unter anderem durch Wurzelverletzungen in die Pflanzen ein. Es wird mit dem Saftstrom in die Stengel transportiert. Dort zerstört es die Gefäße und die Leitbahnen. Sehr oft geschieht die Übertragung aber durch infiziertes Saatgut. Bei Pflegearbeiten, zum Beispiel beim Ausgeizen und Aufbinden der Tomaten, wird der Krankheitserreger von einer Pflanze zur anderen weitergeschleppt. Die Bakterien können zwei bis drei Jahre lang an Pflanzenresten und im Boden überleben.
**Schadbild:** Die Krankheit beginnt mit einzelnen eingerollten Blättchen, die welken, während die Blättchen auf der gegenüberliegenden Seite des Blattstiels noch gesund sind. Nach und nach greift die Welke auf die Haupttriebe über, bis die ganze Tomatenpflanze zusammenbricht und abstirbt.
Wichtigstes Erkennungsmerkmal: Der Stengelgrund bleibt, im Gegensatz zur Stengelfäule, gesund. Wenn man einen kranken Zweig der Tomatenpflanze durchschneidet, erkennt man deutlich die braun verfärbten, zerstörten Gefäße. Drückt man die Stengel mit den Fingern zusammen, so erscheint gelber Bakterienschleim. Manchmal entstehen auch auf den Früchten braune »Vogelaugenflecken«; dabei umgibt ein weißer Ring ein braunes Zentrum.
**Besonders gefährdete Pflanzen:** Tomaten.

**Schutzmaßnahmen**
Vorbeugende und sanfte Mittel: Auf gesundes Saatgut achten.
Mit der Hand ausgeizen, möglichst kein Messer verwenden, es müßte nach jedem Schnitt desinfiziert werden. Pflegearbeiten bei trockenem Wetter durchführen.
Kranke Pflanzenteile so früh wie möglich entfernen und vernichten; im Herbst keine Ernterückstände auf den Beeten liegenlassen.
Blattstärkende Pflanzenbrühen anwenden.
Härtere Abwehr: Wirksam sind im Notfall nur Kupfer-Präparate.

Die Stengelfäule vernichtet große Pflanzen.

## Umfallkrankheit
*Phoma lingam*

Diese Pilzinfektion wird meist mit dem Saatgut übertragen und wirkt sich bereits bei der Anzucht der Jungpflanzen aus. Alle Kohlgewächse können davon betroffen sein. Zahlreiche infizierte Sämlinge fallen plötzlich in den Aussaatkisten oder im Frühbeet um. An anderen Pflanzen entwickelt sich die Krankheit erst auf dem Beet; sie kommt dann kurz vor der Ernte sehr plötzlich und voll zum Ausbruch.

Bei Regen und hoher Luftfeuchtigkeit kann sich der *Phoma*-Pilz rasch ausbreiten. Außer in den Samen überdauert der Erreger auch an Pflanzenresten im Boden; er ist sehr langlebig.

**Schadbild:** Die infizierten Sämlinge tragen auf den Keimblättern kleine, runde, graue Flecken. Darauf erscheinen als schwarze Pünktchen die Fruchtkörper des Pilzes. Kranke Sämlinge fallen reihenweise um, weil Stengel und Wurzel zerstört sind.

Der Pilz wird mit anscheinend gesunden Setzlingen auf die Beete verschleppt. Erst bei den ausgewachsenen Kohlpflanzen zeigen sich dann die Symptome. Auf Blättern, Stengeln und dem Kohlstrunk bilden sich graue Flecken, auf denen die Sporenbehälter als dunkle Pünktchen sichtbar werden. Bei feuchtem Wetter quellen daraus, wie winzige rosa Ranken, die Sporenmassen hervor. Im fortgeschrittenen Stadium wird der erkrankte Kohlstrunk morsch; seine Gefäßbahnen sind zerstört. Die Blätter werden fahl und welk; die großen Pflanzen fallen um.

**Besonders gefährdete Pflanzen:** Alle Kohlgewächse, Rotkohl ist stärker gefährdet als Weißkohl. Außerdem andere Kreuzblütler.

In Küstengebieten soll diese Krankheit häufiger vorkommen als in anderen Landschaften.

### Schutzmaßnahmen
<u>Vorbeugende und sanfte Mittel:</u> Auf gesundes Saatgut achten; günstige Kulturbedingungen bei der Aussaat schaffen (siehe Seite 202). Wo Gefahr besteht, besser im Freiland säen als unter Glas. Gesunde, naturgemäße Wachstumsbedingungen auf den Kohlbeeten fördern; gleichmäßige Bodenfeuchtigkeit erhalten durch regelmäßiges Mulchen; weite Fruchtfolge einhalten.

Kranke Pflanzen frühzeitig entfernen und vernichten. Keine Erntereste auf den Beeten zurücklassen. Keine kranken Kohlköpfe einlagern.

<u>Härtere Abwehr:</u> Beim endgültigen Ausbruch der Krankheit an erntereifem Kohl ist es zu spät. Nur vorbeugen kann helfen.

## Valsa-Krankheit, Kirschensterben
*Leucostoma personii*

Durch Wunden in der Baumrinde dringt ein Pilz in das Holz ein, der das Gewebe zerstört. Sporen, die die Infektion weiter ausbreiten, werden während des ganzen Jahres produziert. Im Frühling und Herbst findet die intensivste Vermehrung statt. Auf staunassem Boden sind Kirschbäume besonders anfällig für diese Krankheit.

**Schadbild:** Krebsartige Wucherungen und starker Gummifluß (Harzbildung) sind die äußeren Anzeichen dafür, daß der Baum sich gegen die zerstörerischen Pilze in seinem Inneren wehrt. Wenn die Krankheit fortschreitet, sterben zuerst einzelne Äste, später der ganze Kronenbereich ab. Im schlimmsten Fall verdorrt ein ganzer Baum.

Auf der absterbenden Rinde sind warzenartige dunkle Punkte ein weiteres charakteristisches Merkmal für die Infektion. Unter diesen Verdickungen, die man »Krötenhaut« nennt, befinden sich die Fruchtkörper der Pilze. Von diesen Stellen breitet sich die Krankheit immer weiter aus.

**Besonders gefährdete Pflanzen:** Süßkirschen; auch Sauerkirschen, Pflaumen und Aprikosen.

### Schutzmaßnahmen
<u>Vorbeugende und sanfte Mittel:</u> Bei der Pflanzung nasse Standorte und schwere undurchlässige Böden meiden. Große Baumscheiben anlegen, die für eine harmonische Versorgung mit Nährstoffen und Feuchtigkeit sorgen.

Bei den ersten Anzeichen kranke Äste bis ins gesunde Holz wegschneiden und die Wunden sorgfältig mit Baumwachs schließen.

<u>Härtere Abwehr:</u> Weder mit biologischen noch mit anderen Mitteln möglich.

Die »Krötenhaut« entsteht durch die Fruchtkörper der Pilze, die die Valsakrankheit auslösen.

## Verticillium-Welke
*Verticillium albo-atrum* **und andere Arten**

Der sogenannte Wirtelpilz ist ein weitverbreiteter Bodenpilz, der in die unterschiedlichsten Pflanzen eindringt. Er verursacht plötzlich auftretende Welke-Erscheinungen, die aber nicht immer das Absterben der ganzen Pflanze zur Folge haben müssen.
Die Pilzsporen werden durch den Wind, durch Regenwasser und durch Kulturarbeiten verbreitet. Sie sind im Gegensatz zu zahlreichen anderen Pilzarten kurzlebig; wenn sie nicht rechtzeitig zu einer geeigneten Wirtspflanze gelangen, sterben sie ab.

### Schadbild, allgemein:

Die *Verticillium*-Pilze dringen von den Wurzeln her in die Pflanzen ein. Sie wuchern in den Leitungsbahnen, die sie nach und nach verstopfen. Dadurch wird der Säftestrom unterbrochen, und die betroffenen Pflanzenteile welken. Da der Pilz langsam weiterwandert, welken anfangs nur einzelne Blätter oder Triebe, während andere noch gesund sind. Bei regnerischem, kühlem Wetter können sich die Pflanzen sogar für kurze Zeit wieder erholen.
Wenn man einen kranken Stengel durchschneidet, sieht man deutlich die Wucherungen in den Gefäßen. Das Pilzmyzel ist im Jugendstadium noch hell gefärbt, später wird es braun.

### Schadbilder, verschiedene:

#### Asternwelke
*Verticillium albo-atrum*

Bei den einjährigen Sommerastern werden die Blätter gelb und sterben ab. Auch Staudenastern, unter ihnen vor allem die Kissenastern, werden bis zur Triebspitze infiziert. Gelbe Blätter und immer weiter sich ausbreitende Welke sind die Folge.
Auch andere Blumen können von der Welke erfaßt werden, zum Beispiel Fetthenne, Chrysanthemen, Phlox, Lupinen, Geranien und Strohblumen.

#### Laub- und Triebwelke an Ziergehölzen
*Verticillium albo-atrum* **und** *dahliae*

Wenn im Frühling und Frühsommer an Gehölzen plötzlich die Blätter welken und Triebe von der Spitze her absterben, ist auch hier der Wirtelpilz eingedrungen.
Anfällig für diese Infektion sind unter anderem Flieder, Forsythien, Spiersträucher, Zierjohannisbeeren, Tamarisken, Fächerahorn, Rhododendren, Rosen, Waldreben (*Clematis*) und Wilder Wein.

#### Verticillium-Welke der Erdbeeren *Verticillium dahliae*

Im Frühling und später, während die Beeren reifen, beginnen die Erdbeeren plötzlich von den äußeren Blättern her zu welken. Bei warmem Wetter greift die Krankheit rasch um sich, so daß die Pflanzen teilweise auch absterben. Die Infektion kann durch verseuchte Jungpflanzen eingeschleppt werden. Einige Sorten sind besonders anfällig für die Pilzkrankheit, zum Beispiel 'Asieta', 'Senga gigana' und 'Vigerla'.

#### Verticillium-Welke an Paprika und Tomaten
*Verticillium albo-atrum* **und** *dahliae*

Bei beiden Gemüsearten zeigt sich die Krankheit zuerst an einzelnen Blättern,

Asternwelke läßt blühende Pflanzen absterben.

die plötzlich schlaff werden und welken, während der Rest der Pflanze noch ganz normal grün ist. Wenn die Infektion sich ausbreitet, färben kranke Blätter sich gelb; immer mehr Pflanzenteile sterben ab.
Paprikapflanzen können ganz absterben; Tomaten bleiben meist am Leben, leiden aber unter starken Wachstumsstörungen und bringen weniger Früchte.

### Schutzmaßnahmen

<u>Vorbeugende und sanfte Mittel:</u> Vor allem auf gesundes Saatgut und einwandfreie Jungpflanzen achten.
Anfällige Sorten, zum Beispiel bei Erdbeeren, meiden.
Weite Fruchtfolge und abwechslungsreiche Mischkultur können die Ausbreitung der Pilzsporen erfolgreich behindern.
Aus kranken Pflanzenbeständen keine Ableger nehmen. Kranke Pflanzen oder Pflanzenteile frühzeitig entfernen und vernichten.
Gesundes, zügiges Wachstum fördern durch Kompost, naturgemäße Düngung und Pflanzenbrühen, die die Abwehrkräfte stärken.
<u>Härtere Abwehr:</u> nicht möglich.

## Virosen

Unter dieser Bezeichnung werden alle Virusinfektionen zusammengefaßt. Eine allgemeine Beschreibung der Viren und der damit verbundenen Probleme finden Sie auf Seite 30.
Die wichtigsten Viruserkrankungen sind alphabetisch eingeordnet unter den Stichworten: Mosaik-Krankheit, Scharka-Krankheit und Zwiebel-Gelbstreifigkeit.

## Welkekrankheiten

Die typischen Welke-Symptome, die einzelne Blätter und Triebe oder ganze Pflanzen plötzlich erfassen können, haben keine einheitliche Ursache. Unterschiedliche Krankheitserreger können für eine solche Infektion verantwortlich sein. Meist sind es Pilze oder Bakterien. Genaue Krankheitsbeschreibungen finden Sie unter den Stichworten: *Fusarium*-Welke, Tomaten- und *Verticillium*-Welke; Monilia, Schwarzbeinigkeit, Umfallkrankheiten, *Valsa*-Krankheit

## Weichfäule
### *Erwinia carotovora*

Die fäulnisauslösenden Bakterien dringen vom Möhrenkopf her in das Innere der Rüben ein. Verletzungen, die bei Kulturarbeiten entstehen können, bilden meist die Eingangspforte für die Infektion. Auf schweren Lehmböden und staunassen Beeten kann sie sich besonders leicht ausbreiten.
**Schadbild:** Das kranke Möhrengewebe färbt sich zuerst braun, später zerfällt es in einen faulenden Brei. Der Fäulnisprozeß kann sich auch bei der Winterlagerung weiter ausbreiten.
**Besonders gefährdete Pflanzen:** Möhren (Karotten), manchmal auch andere Wurzelgemüse.

### Schutzmaßnahmen
<u>Vorbeugende und sanfte Mittel:</u> Möhren nicht auf schweren, nassen Böden anbauen; für lockeren Humus sorgen; ein frei und sonnig gelegenes Beet auswählen, auf dem die Erde rasch abtrocknet.
Fruchtfolge und Mischkultur einhalten. Beim Hacken und Jäten darauf achten, daß keine Verletzungen an den Rüben entstehen.
Bei der Ernte verletzte Möhren aussortieren und nicht einlagern.
<u>Härtere Abwehr:</u> unnötig.

## Weißfleckenkrankheit und Rotfleckenkrankheit
### *Mycosphaerella fragariae, Diplocarpon earliana*

Bei feuchter Witterung breiten sich diese Pilzarten auf den Blättern der Erdbeeren aus.
Die Infektionszeit ist relativ lang; sie dauert von Mai bis August.
**Schadbild:** Auf den Blättern bilden sich runde, weiße Flecken, die von einem rötlich-braunen Rand umgeben sind. Bei der Rotfleckenkrankheit fehlt das weiße Zentrum. Wenn die Infektion sich stärker ausbreitet, werden die Flecken größer. Manchmal sterben auch ganze Blätter ab. Der Stoffwechsel der Pflanzen ist gestört.
**Besonders gefährdete Pflanzen:** Erdbeeren; manche Züchtungen sind besonders anfällig.

### Schutzmaßnahmen
<u>Vorbeugende und sanfte Mittel:</u> Widerstandsfähige Züchtungen auswählen; nicht zu eng pflanzen, damit das Laub rasch abtrocknen kann.
Vorbeugend mit blattstärkenden Pflanzenbrühen und mit Schachtelhalm-Brühe spritzen. Mischkultur mit Knoblauch und Zwiebeln.
Auf infizierten Beeten nach der Ernte das Laub abmähen und vernichten. Der neue Austrieb ist meist wieder gesund.
<u>Härtere Abwehr:</u> nicht nötig. Diese Krankheit richtet keine größeren Schäden an.

Weißfleckenkrankheit an Erdbeerblättern.

## Zwiebelfäule
siehe Grauschimmel

## Zwiebel-Gelbstreifigkeit
### Onion yellow dwarf virus

Diese Virus-Krankheit kann von zahlreichen Blattlausarten übertragen werden. Sie wird auch oft mit Steckzwiebeln auf die Beete eingeschleppt. Gesäte Zwiebeln sind dagegen zunächst gesund; sie können aber im Laufe ihrer Entwicklung angesteckt werden.
**Schadbild:** Die Schlotten kranker Zwiebeln fallen durch gelb-grüne Streifen auf. Sie sind oft auch merkwürdig gewellt, verbeult und verdreht. Die Röhren hängen herunter bis zum Boden. Die Zwiebeln leiden unter Wachstumsstörungen; im fortgeschrittenen Stadium werden sie weich. Im Winterlager faulen die Zwiebeln leicht.
**Besonders gefährdete Pflanzen:** Steckzwiebeln; außerdem Saatzwiebeln, Schalotten, Winterzwiebeln, Schlangenlauch und Blumenlauch (*Allium moly*).

### Schutzmaßnahmen
<u>Vorbeugende und sanfte Mittel:</u> Bei Steckzwiebeln auf gesundes Saatgut achten; eventuell einige Zwiebeln zur Kontrolle vortreiben.
Saatzwiebeln in großem Abstand von Steckzwiebeln aussäen. Zwiebeln auf sonnigen Beeten anbauen und nicht zu stark düngen. Kranke Pflanzen frühzeitig herausziehen und vernichten. Keine Pflanzenteile nach der Ernte auf den Beeten zurücklassen. Auf Blattläuse achten.
<u>Härtere Abwehr:</u> nicht möglich.

---

Je vielfältiger und abwechslungsreicher ein Gärtner seine Pflanzen zusammenstellt, desto weniger braucht er die Ausbreitung von Schädlingen und Krankheiten zu fürchten. Der gute alte Bauerngarten war – schon lange vor unseren Biogärten – ein Beispiel dafür, wie erfolgreich die »bunte Mischung« sich in der Praxis bewährt.

# Naturgemäßer Pflanzenschutz in der Gartenpraxis

Von den zahlreichen saugenden, stechenden oder bohrenden Tierchen und von der Fülle der traurigen Krankheitsbilder schwirrt Ihnen wahrscheinlich der Kopf, wenn Sie beim Lesen bis zu diesem Kapitel vorgedrungen sind. Bleiben Sie dennoch ganz gelassen und zuversichtlich. Die Beschreibung der »Schädlinge« und Krankheiten dient ja vor allem der Orientierung. Nur ein kleiner Teil der möglichen Ärgernisse oder »Katastrophen« wird Ihnen in Ihrem Garten begegnen. Je konsequenter Sie biologisch gärtnern und mit der Natur zusammenarbeiten, desto weniger »Entgleisungen« müssen Sie bewältigen.

Wenden wir uns also jetzt von der Theorie zur Praxis.

## Jeder Garten hat seine besonderen Probleme

Die wissenschaftlichen Erkenntnisse, die über Insekten oder Pilzkrankheiten gesammelt wurden, sind verdienstvoll und hilfreich. »Im Prinzip« stimmen diese Beobachtungen und die Schlußfolgerungen, die daraus gezogen wurden, natürlich auch. Nur: Im eigenen Garten erscheint dies oder jenes Problem plötzlich in einem ganz anderen Licht. Vor allem sehen die Schadbilder in der grünen Wirklichkeit oft gar nicht so klar und eindeutig aus wie auf dem geduldigen Papier.

Auch praktische Erfahrungen und persönliche Beobachtungen weisen von einem Garten zum anderen manchmal beträchtliche Unterschiede auf. So kann zum Beispiel ein Gärtner voller Stolz und Überzeugung berichten, wie gut seine Lavendelbüsche die Rosen vor Läusen und das Beet vor Ameisen schützen, ein anderer kann da nur die Schultern zucken und auf das – beinahe Gegenteil verweisen: Die Läuseabwehr funktioniert relativ gut, während die Ameisen überhaupt keinen Respekt vor dem Lavendel zeigen. Für solche Schwankungen im System gibt es viele Gründe. Boden-, Witterungs- und Lichtverhältnisse beeinflussen Pflanzen und Tiere, die in der kleinen Welt eines Gartens aufeinandertreffen. Ständig finden zahlreiche Wechselwirkungen statt. Das Leben ist unaufhörlich in Bewegung, während die Theorie starr und statisch bleibt. Ein Gärtner muß also lernen, sowohl in großen Zusammenhängen als auch in verzweigten Details zu denken. Und manchmal ist es sogar am besten, wenn er einfach der Stimme seines Herzens folgt!

Weil ein Garten immer »unberechenbar« bleibt, und weil es – Gott sei Dank – unmöglich ist, allgemein gültige »Gebrauchsanweisungen« oder »Problemlösungen« anzubieten, finden Sie auf den folgenden Seiten eine Fülle praktischer Ratschläge. Diese Sammlung ist so umfangreich wie möglich zusammengestellt, damit jeder Gärtner für seinen Garten und für seine Schwierigkeiten auf jeden Fall einige brauchbare und hilfreiche Tips darin findet. Wenn er mit einem ausgewählten Rezept Erfolg hat, wird er weitere »Angebote« vielleicht gar nicht mehr benötigen. Diese dienen dann einem Nachbarn als Anregung oder verschaffen einem entfernten Gartenfreund Erleichterung, der 500 km weiter südlich lebt und ganz andere Sorgen hat.

Wie gesagt: Kein Garten gleicht dem anderen, und kein Gärtner weiß Rat für alle.

## Die großen Plagen

Fast alle »Schädlinge« und Krankheiten sind im Lexikon-Kapitel vorgestellt, beschrieben und mit zahlreichen Tips versehen worden. Bei einigen genügten kurze Hinweise für die Praxis, bei anderen waren ausführlichere Anleitungen nötig. Nur drei Tiere blieben ausgenommen; für sie hätte der vorhandene Platz nicht ausgereicht. Läuse, Schnecken und Wühlmäuse gehören zu den großen Plagen, die fast jeden Garten irgendwann heimsuchen. Deshalb werden sie an dieser Stelle so ausführlich wie möglich behandelt. Betrachten Sie dieses Kapitel als eine Art »Schatztruhe der guten Ratschläge«, in der Sie – hoffentlich – immer etwas Nützliches finden. Spätestens, wenn Ihre Bohnen von Schwarzen Läusen wimmeln, wenn die Schnecken zum drittenmal alle jungen Salatpflänzchen abgegrast haben, oder wenn die schönsten Tulpenträume der Wühlmaus zum Opfer gefallen sind – dann sollten Sie den »Deckel heben« und diese Seiten aufschlagen.

## Läuse
### Im grünen Pelz und anderswo

Läuse sind bunt, vielgestaltig und ausgesprochen erfinderisch. Wenn sie nicht so lästig, so unersättlich und vor allem so vermehrungsfreudig wären, müßte ein Gärtner diese kleinen Insekten geradezu bewundern. In der Kunst der Anpassung und des Überlebens haben die Läuse den großen, schwerfälligen Zweibeinern sicher einiges voraus. Interessante Einzelheiten über das Leben der Blattläuse können Sie auch auf den Seiten 23 und 131 nachlesen. Die wichtigsten Läusearten, die im grünen Pflanzenpelz, an rauher Rinde oder sogar tief an den Wurzeln sitzen, sind mit ihren besonderen Eigenarten unter dem jeweiligen alphabetischen Stichwort beschrieben. Sie finden dort: Die Grüne und die Mehlige Apfelblattlaus, die Blutlaus, die Schwarze Bohnenblattlaus, die Grüne Erbsenblattlaus, die Schwarze Kirschenblattlaus, die Johannisbeer-Blasenlaus, die Mehlige Kohlblattlaus, die Oleanderschildlaus, die Grüne Pfirsichblattlaus, die Rosenblattlaus, die Salatwurzellaus, die San-José-Schildlaus, Schildläuse, die Sitkafichtenlaus, Tannenläuse und Wollläuse.

Einige spezielle Hinweise zur Abwehr dieser Plagegeister sind an Ort und Stelle bei der Beschreibung des »Tatortes« eingefügt. Hier folgen nun die allgemeinen Ratschläge, die für die meisten Läusearten zutreffen.

### Natürliche Feinde

Läuse stehen bei zahlreichen Tieren auf dem Speisezettel. Darunter finden sich »Allesfresser« und Spezialisten, die Schildläuse »knacken« können.

■ Blattläuse werden verspeist von: Marienkäfern und ihren Larven, Schwebfliegenlarven, Florfliegen und ihren Larven, Blattlauslöwen-Larven, Schlupfwespenlarven, Blattlausfliegen, Raupenfliegen, Raubwanzen, Laufkäfern, Raubkäfern, Weichkäfern, Glühwürmchen-Larven, Ohrwürmern, Gallmückenlarven, Spinnen und Vögeln.
■ Blutläuse schmecken: Marienkäfern und ihren Larven, Florfliegen und ihren Larven, Schwebfliegen-Larven, Raubwanzen, Schlupfwespenlarven, Larven der Blutlaus-Zehrwespe, Ohrwürmern, Spinnen und Vögeln.
■ Schildläuse werden Opfer von: Schlupfwespenlarven, Florfliegenlarven und bestimmten Marienkäferarten.

Sie sehen, die Zahl der natürlichen Helfer bei der Läuseabwehr ist außergewöhnlich groß. Wenn Sie nur einen Teil davon in Ihrem Garten heimisch machen, werden Ihnen schon viele Sorgen abgenommen.

### Pflanzen als Mitstreiter

Außer den Tieren, die die Läuse verspeisen, können Sie auch Pflanzen gezielt zur Abwehr dieser Insekten einsetzen. Duftkräuter sind dabei besonders erfolgreich. So wehrt zum Beispiel das Bohnenkraut die Schwarzen Läuse von den Bohnen ab, und der Lavendel schützt die Rosen vor verschiedenen Blattlausarten.

Die Kapuzinerkresse besitzt eine gewisse Abwehrwirkung gegenüber Blutläusen. Man kann sie auch als Fangpflanze einsetzen, weil sie Schwarze Läuse anzieht. Andere Kulturen werden so entlastet. Säen Sie deshalb Kapuzinerkresse auf die Baumscheibe unter dem Kirschbaum.

### Der Gärtner als »Appetitverderber«

Der erste und wirkungsvollste Schritt, den der Gärtner selbst zur Vertreibung der Läuse tun kann, ist die Stärkung der Pflanzengesundheit. Läuse sind ausgesprochene Schwächeparasiten. Sie siedeln sich zuerst an denjenigen Blättern oder Trieben an, die unter Wachstums-

Eine Gallmückenlarve geht auf Läusefang. Sie kam im lebenden »Futtervorrat« zur Welt.

störungen leiden. Dabei kann es sich sowohl um eine kümmerliche Entwicklung handeln als auch um »aufgeblasene« Gewächse, die zuviel Stickstoffdünger bekommen haben. Weiche Zellen, die viel Wasser enthalten, sind ganz nach dem Geschmack der Läuse.

Je fester und »kerniger« dagegen das Gewebe gesunder Pflanzen ist, desto mehr Mühe bereitet es den kleinen Insekten, mit ihren stechenden und saugenden Mundwerkzeugen die Oberfläche zu verletzen und an den begehrten Saft im Inneren heranzukommen. Ein weitsichtiger Biogärtner verdirbt den Läusen buchstäblich den Appetit, wenn er die folgenden vorbeugenden Kulturmaßnahmen beachtet:

- Wählen Sie für jede Pflanzenart den günstigsten ihrer naturgemäßen Standort aus.
- Achten Sie auf genügend Licht, halten Sie die richtigen Abstände ein, damit die Pflanzen sich unbeengt entwickeln können.
- Zwischen den Pflanzen muß immer Luft zirkulieren können. Bei zu dichtem Stand bleiben die Blätter lange naß; es entsteht stickige Feuchtigkeit, die die Entwicklung schwächt.
- Halten Sie den Boden locker und durchlässig.
- Mulchen Sie regelmäßig, damit die Erde feucht bleibt und das Bodenleben angeregt wird.
- Düngen Sie harmonisch und auf die Bedürfnisse der verschiedenen Pflanzen abgestimmt. Kompost, organischer Dünger und Pflanzenjauche eignen sich dazu am besten.
- Beachten Sie die Regeln der Fruchtfolge, und pflanzen Sie Gemüse, Obst, Kräuter und Blumen stets in abwechslungsreicher Mischkultur.

Wenn Sie nach diesen Grundregeln gärtnern, werden alle Ihre Pflanzen harmonisch wachsen und sich gesund entwickeln. Zur Freude des Gärtners und zum »Ärger« der Läuse. Ausführlicher können Sie sich über Maßnahmen, die die Gesundheit der Gartengewächse fördern, in den ersten Kapiteln dieses Buches informieren.

Die Schwarze Kirschenlaus tritt oft in Massen auf. Selbst große Bäume sind dann buchstäblich schwarz von Läusen.

### Wehret den Anfängen

Meist ist es sinnvoller, eine Ausbreitung der Läuse frühzeitig zu stoppen, als später in der Not zu härteren Mitteln greifen zu müssen.

- Achten Sie im zeitigen Frühling auf die Stammütter der Läuse, die als erste aus den Wintereiern schlüpfen. Um diese Zeit gibt es nur wenige natürliche Feinde. Wenn der Gärtner diese ersten Läuse zerdrückt oder mit einem Wasserstrahl von den Bäumen spritzt, ist die Gefahr einer raschen Vermehrung gebannt.
- Wo nur wenige Läuse auf den Pflanzen leben, genügt oft eine rasch wirkende Düngung mit Brennessel-Jauche, um die Abwehrkräfte zu stärken und die Plagegeister zu vertreiben.
- Blattdüngung mit Algen-Präparaten hat eine ähnliche Wirkung.
- Stark verlauste Triebspitzen (zum Beispiel bei Dicken Bohnen/Saubohnen) abschneiden.
- Kleine Läusekolonien mit den Fingern zerdrücken oder mit Wasser abspritzen.
- Im Herbst hindern Rindenpflege und Stammanstrich die Läuse daran, ihre Wintereier im Garten abzulegen. Wo Stämme und Äste eine relativ glatte Struktur haben, da finden Insekten keine Verstecke. So wird auch die Zahl der Läuse-Stammütter verringert.

### Mehr oder weniger sanfte Abwehr-Mittel

Zu den natürlichen Mitteln, mit denen sich ein Biogärtner gegen Läuseinvasionen wehren kann, gehören vor allem Spritzbrühen, die aus verschiedenen Pflanzen hergestellt werden können.

- Brennessel-Kaltwasserauszug (wirkt nicht so stark);
- Rainfarn-Tee oder -Brühe;
- Farnkraut-Jauche;
- Rhabarberblätter-Tee;
- Wermut-Tee

Rezepte und Anwendungs-Tips finden Sie im Kapitel »Selbstgemachte Spritzbrühen«.

- Kartoffelwasser soll ebenfalls gegen Läuse helfen. Als Spritzmittel wird das abgekühlte Wasser benutzt, in dem die Kartoffeln gekocht wurden. (Ausprobiert in der Abtei Fulda.)
- Farnkraut-Extrakt und Kapuzinerkresse-Tee können gegen Blutläuse und Schildläuse eingesetzt werden (Rezept Seiten 55 und 57).

Andere natürliche Hilfsmittel sind:

- Steinmehl oder Algenkalk über die Läuse stäuben. Dabei können aber auch

Läusekolonie an einem Stachelbeerzweig.

# Gartenpraxis

die weichhäutigen Schwebfliegenlarven getroffen werden.
■ Lehm-Schachtelhalm-Wasserglas-Spritzbrühe wird bei Obstgehölzen gegen die überwinternden Eier und Läuse eingesetzt.

### Härtere Notwehr

Es wird – trotz guten Willens und tätiger Vorsorge – immer wieder Situationen geben, in denen der Gärtner einmal härter zum Schutz seiner Pflanzen eingreifen muß. Dies kann zum Beispiel während der Umstellung auf naturgemäße Methoden oder bei sehr ungünstiger Witterung der Fall sein. Wägen Sie dann die »Härte« Ihrer Maßnahmen immer sorgfältig ab.
■ Schmierseifen-Brühe (weichhäutige Nützlingslarven sind gefährdet);
■ Schmierseifen-Spiritus-Brühe (Nützlinge sind gefährdet);
■ Quassia-Brühe (Nützlinge sind gefährdet)
■ Pyrethrum-Mittel (Nützlinge sind gefährdet);
■ Fettsäuren/Seife-Produkte (weitgehend nützlingsschonend).

Genauere Informationen über die einzelnen Mittel und ihre Wirkstoffe finden Sie im Kapitel »Selbstgemachte Spritzbrühen« und in den nachfolgenden Kapiteln. Empfehlenswerte Handelsprodukte sind in der Tabelle aufgelistet (Seite 121).

Greifen Sie nicht »blind« zur Spritze. Betrachten Sie das Notwehr-Angebot kritisch, auch dann, wenn es aus den Giftarsenalen der Natur stammt. Machen Sie die Furcht vor Läusen nicht zum Maßstab Ihres Handelns. Es ist diesen Insekten noch nie gelungen, einen Garten kahlzufressen! Bleiben Sie gelassen, dann werden Sie die richtigen Mittel wählen, die Ihrer Überzeugung entsprechen, Ihrem Garten nützen und die Natur schonen.

## Schnecken
### Schrecken ohne Ende?

Sie kriechen seit undenklichen Zeiten durch die Gärten, über Äcker und durch Wiesengräser. Aber es scheint, als wären sie noch nie so zahlreich gewesen wie in den letzten Jahren. Immer mehr Gärtner packt im Frühling Verzweiflung und ohnmächtiger Zorn, wenn Aussaaten und zarte Jungpflanzen reihenweise den Schnecken zum Opfer fallen. Lautlos kriechen sie im Schutz der Dunkelheit über die Beete und raspeln alles ab, was nach ihrem Geschmack ist. Der Appetit der schleimigen Kriechtiere ist groß; sie können jede Nacht Mengen frischen Grüns vertilgen, die etwa der Hälfte ihres Körpergewichtes entsprechen. Wo sie nicht gebremst werden, da haben die Gartenpflanzen keine Chance.

Die Empörung des Gärtners ist verständlich; sie sollte sich aber nicht in haßerfüllte Feindschaft gegen die Tiere steigern. Sinnvoll ist es, den Gründen auf die Spur zu kommen, die zu einer so übermäßigen Vermehrung der Schnecken geführt haben. Daran tragen die Tiere selbst keine Schuld. Die Menschen, die sich so bitter über die ungebetenen, gefräßigen Mitbewohner ihres Gartens beklagen, haben ihnen selbst Tür und Tor geöffnet. Durch zahllose Eingriffe in das ökologische Gefüge hat die Auswahl der natürlichen Schneckenvertilger auf kultivierten Grundstücken abgenommen. Immer mehr Tiere überlebten unbehelligt und konnten sich Jahr für Jahr vermehren. Weder durch Gift noch durch Haß können die Schnecken wieder auf ein erträgliches Maß reduziert werden. Nur Einsicht in die Zusammenhänge, der Aufbau eines neuen kleinen Ökosystems und die geduldige Anwendung zahlreicher, kombinierter Abwehrmaßnahmen sind in der Lage, wieder ein erträgliches Gleichgewicht herzustellen.

Auf Dauer gesehen ist diese Methode aber erfolgreicher als eine rasche »Knopfdrucklösung« mit Schneckenkorn. Dieser fragwürdige Eingriff hilft nur kurzfristig und trägt langfristig dazu bei, die ökologische Situation weiter zu verschlechtern.

Die naturgemäßen Maßnahmen bauen dagegen biologische Schutzsysteme auf, die nach einiger Zeit auch ohne menschliche Hilfe funktionieren. Wenn wieder ein Gleichgewicht zwischen Vermehrung und Gefressenwerden entsteht, dann verlieren die Schnecken ihren Schrecken für den Gärtner. Was noch zu tun bleibt, ist normale »Schädlings«-Abwehr.

### Leben im Schneckentempo

Um die richtigen Maßnahmen im rechten Moment zu ergreifen, muß ein Biogärtner zunächst einmal Einblick in die Lebensweise der Schnecken gewinnen. Die sehr unterschiedlichen Schneckenarten, die sich im Garten einfinden können, wurden bereits im Kapitel »Die aktiven Schädlinge«, Seite 28, vorgestellt. Hier erfahren Sie nun mehr über ihre Gewohnheiten, ihre Lieblingsspeisen und ihre »Kinderstube«

■ Die Große Wegschnecke *(Arion ater)* lebt auf der Erdoberfläche. Sie ist ein Allesfresser; außer zarten Jungpflanzen vertilgen die Tiere auch organische Abfälle und kleine verwesende Tiere.

Wegschnecken legen größere Entfernungen zurück, um verlockende Futterplätze zu erreichen.

## Die großen Plagen

Diese großen, meist rot gefärbten Schnecken sind in der Lage, weitere Entfernungen zu überbrücken. Sie wandern auch von angrenzenden Wiesen oder Feldern in den Garten ein. Bereits früh im Herbst legen die Wegschnecken ihre Eier. Teilweise schlüpfen die jungen Schnecken noch aus, teilweise überwintern die Eier in tieferen Erdspalten.

■ Die Gartenwegschnecken *(Arion hortensis)* sind viel kleiner als die Großen Wegschnecken. Diese gelb-grau bis schwarz gefärbten Nacktschnecken halten sich in der Hauptsache dicht unter der Bodenoberfläche auf. Vor allem die winzigen Jungtiere, die im April und Mai aus den Eiern schlüpfen, leben im Schutz der Erde. Durch ihre ausgezeichnete Tarnfarbe sind sie zwischen den Humuskrümeln nur schwer zu entdecken. Die Gartenwegschnecken ernähren sich in der Hauptsache von Wurzeln, Knollen und Samenkörnern. Grüne Pflanzenteile fressen sie nur selten. Diese unscheinbaren Schnecken bleiben meist ihrem Standort treu; sie können nicht weit wandern. Die Tiere vertragen aber mehr Kälte als die Große Wegschnecke. Erst im November oder Dezember legen sie ihre Eier in kleine Erdlöcher. Nach vier bis sechs Monaten schlüpfen im nächsten Frühling die kleinen Schnecken der nächsten Generation aus. Die alten Schnecken des Vorjahres bleiben teilweise auch im Winter wach und aktiv.

■ Die Ackerschnecke *(Deroceras reticulatum)* ist auch im Garten weit verbreitet. In der Größe liegt sie etwa zwischen der Großen Wegschnecke und der Gartenwegschnecke. Die unauffällig hell, bräunlich oder grau gefärbten Tiere leben auf der Oberfläche der Gartenbeete. Sie klettern sogar an den Pflanzen hinauf und grasen in luftiger Höhe Blätter, Blüten oder Samen ab. Am Boden fressen sie organische Abfälle, grüne Pflanzenteile und auch Wurzeln. Diese Schneckenart ist also besonders vielseitig und richtet »breitgestreute« Schäden an.

Auch die Ackerschnecken legen ihre Eier erst spät, etwa ab Oktober oder

Die Große Wegschnecke.

Die Genetzte Ackerschnecke.

Die Echte Gartenwegschnecke.

November, in die Erde. Im April und Mai des nächsten Jahres schlüpfen daraus die Jungtiere.

Die Ackerschnecken sind sehr gut an die jeweils herrschende Witterung angepaßt. So verkriechen sie sich bei trockenem Wetter in die Erde; sobald es draußen feucht und regnerisch ist, kommen sie scharenweise aus ihren Verstecken und holen nach, was sie in der unfreiwilligen Fastenzeit entbehren mußten. Auch bei der Vermehrung passen sie sich an die »Verhältnisse« an. Herrscht schneckenfreundliches Wetter, dann sorgen sie dafür, daß bereits im Herbst eine neue Generation ausschlüpfen kann. Bei ungünstiger Witterung verschieben sie die Paarung und die Eiablage unter Umständen bis ins nächste Jahr.

■ Die Große Egelschnecke *(Limax maximus)* lebt oberirdisch, oft auch in feuchten Kellern. Diese großen, auffällig schwarz gezeichneten Tiere richten im Garten kaum Schaden an; außer ein paar Früchten verspeisen sie in der Hauptsache organische Abfälle.

■ Die Gartenschnirkelschnecken *(Cepaea hortensis)* und die Hainschnirkel-

Schnirkelschnecken sind Kletterkünstler.

schnecken *(Cepaea nemoralis)* sind wahre Kletterkünstler. Diese hübschen Gehäuseschnecken findet der Gärtner oft in Sträuchern, auf Stauden oder an Holzpfosten. Sie wandern auch durch den Gemüse- und Obstgarten, richten aber normalerweise keine größeren Schäden an.

**Schnecken-Gewohnheiten**

Aus dieser Beschreibung der wichtigsten Schneckenarten kann ein aufmerksamer Gärtner schon erkennen, daß die Tiere zum Teil sehr unterschiedliche Gewohnheiten haben. Sie gehören nicht alle zu den Salat-Killern! Teilweise erfüllen die Schnecken auch wichtige Aufgaben im Gesundheitsdienst des Ökosystems: Sie fressen organische Abfälle und tote Tiere; damit beseitigen sie Infektionsquellen.

Bei nassem Wetter sind die Schnecken sehr aktiv; bei Trockenheit können sie in Erdspalten oder dunkel-feuchten Verstecken lange Zeit in »Wartestellung« gehen. Auch am Tag sind die Kriechtiere meist nicht zu sehen. Dann halten sie sich in ihren Unterschlüpfen auf; erst in der Abenddämmerung kommen sie zum Vorschein und beginnen zu fressen. Gegen Morgen ziehen sie sich wieder zurück an geschützte Stellen, die feucht und dunkel sind. Nur bei Regenwetter wandern die Schnecken auch tagsüber durch den Garten.

Sehr wichtig für den Gärtner ist das Wissen über die Vermehrungsgewohnheiten der Tiere. Manchmal kann ein aufmerksamer Naturbeobachter im Spätsommer oder Herbst eine »Schneckenhochzeit« entdecken. Stundenlang nehmen die Zwitter sich Zeit für die Paarung. Sie lieben sich gewissermaßen im Schneckentempo. Bis zur Eiablage dauert es dann, je nach Art und Wetterlage, zwei bis zehn Wochen.

Alle Schnecken legen ihre Eier in kleine Erdhöhlen. Bis zu 200 runde, perlweiße Kugeln können in solchen Verstecken liegen. Da die Schnecken keine Organe besitzen, mit deren Hilfe sie selber Gänge oder Löcher graben könnten, benutzen sie vorhandene Risse, Spalten und Vertiefungen. Gern wählen sie auch einen lockeren, feuchten Kompost oder Abfallhaufen für diesen Zweck!

Die kleinen Schnecken, die im Frühling aus den Eiern schlüpfen, sind winzige Abbilder ihrer Eltern; ihr Körper erscheint nur sehr zart und fast durchsichtig. Die Schnirkelschnecken tragen sogar schon ein Miniaturhäuschen auf dem Rücken.

Alle Schnecken besitzen feine Geruchs- und Geschmacksorgane. Sie werden vom Duftsignal der Nahrungspflanzen angezogen, oft sogar über weitere Entfernungen.

Regenreiche Sommer sind fette Schneckenzeiten. Die gut genährten Tiere können sich im Herbst in Mengen vermehren. Nach länger anhaltender Trockenheit sind sie dagegen geschwächt und im Herbst auch bereits dezimiert. Wenn der Winter feucht und mild ist, überleben zahlreiche Schnecken die kalte Jahreszeit. Dann ist die Plage im folgenden Frühling besonders groß.

## Gärtner-Schlußfolgerungen

Aus den Lebensgewohnheiten der Schnecken kann ein Gärtner wichtige Schlußfolgerungen für sein eigenes Verhalten ziehen.

■ Schnecken lieben Feuchtigkeit und Dunkel: also kann man sie in feuchtdunkle Fallen locken.

■ Schnecken lieben den Regen: also muß der Gärtner vorsichtig und überlegt handeln, wenn er »künstlichen Regen« einsetzen will.

■ Schnecken können gut riechen: also kann man sie mit dem Duft ihrer Lieblingsspeise anlocken – unfreiwillig oder mit Absicht.

■ Manche Schnecken wandern von außen zu: also muß man bereits am Rande des Gartens Barrieren errichten, um sie daran zu hindern.

■ Schnecken brauchen Hohlräume im Boden, um sich zu verstecken und um dort ihre Eier abzulegen: also muß der Gärtner dafür sorgen, daß seine Erde möglichst feinkrümelig ist und keine Schlupflöcher bietet.

■ Schnecken lieben organische Abfallhaufen und Kompostmieten: also muß der Gärtner an solchen Orten besonders auf Schnecken und Schneckeneier achten.

## Helfer bei der Schneckenjagd

Wenn der Gärtner nicht zahllose Frühlings- und Frühsommernächte beim Schneckenfang im Garten verbringen möchte, muß er dafür sorgen, daß andere für ihn auf die Jagd gehen. Das Anlocken nützlicher Schneckenvertilger gehört zu den wichtigsten Maßnahmen, die eine dauerhafte Verminderung der Plage garantieren. Besonders aktiv bei der Schneckenjagd sind Maulwürfe, Spitzmäuse, Igel, Kröten und Blindschleichen. Gelegentlich beteiligen sich auch Frösche und Eidechsen. Einige Vertreter der großen Insektenfamilie wagen sich ebenfalls an den fetten »Schneckenbraten«. Dabei bereitet ihnen der klebrige Schleim, den die Kriechtiere zu ihrer Verteidigung ausscheiden, aber oft Probleme. Große Laufkäferarten und vor allem die Larven der Glühwürmchen gehen mit Erfolg auf Schneckenfang. Große Weberknechte sollen ebenfalls schon auf der Schneckenjagd beobachtet worden sein. Hinzu kommen einige Vögel, zum Beispiel Amseln, Drosseln und Spechtmeisen.

Außer den Wildtieren können sich auch Haustiere nützlich machen. Hühner und Indische Laufenten verspeisen große Mengen Schnecken, die sie zielsicher aus der Erde holen. Dabei gehen sie allerdings mit den Gartenpflanzen nicht besonders schonend um. Es ist deshalb empfehlenswert, das Geflügel im Herbst auf abgeerntete oder im Frühling auf noch nicht bestellte Beete zu treiben. In dieser Zeit können die Tiere dann gründlich aufräumen.

Eine sehr wichtige Rolle spielen auch alle natürlichen Helfer, die Eier und Jungtiere der Schnecken verspeisen und so die Vermehrung einschränken. Hier machen sich zum Beispiel die Hundert- und Tausendfüßer nützlich.

Eine »Schneckenhochzeit« dauert stundenlang.

Nacktschnecken schlüpfen aus den Eiern.

## Die großen Plagen

Räuberische Laufkäfer gehören zu den natürlichen Feinden der Schnecken.

Schneckeneier vertilgen auch die großen Weinbergschnecken. Diese Tiere tauchen aber in den wenigsten Gärten auf. Wichtig sind die Nacktschnecken selbst: Sie fressen die Eigelege ihrer eigenen Artgenossen, vor allem die der großen roten Wegschnecke! Hier kreuzen sich die Wege der »Schädlinge« und der »Nützlinge«. Wie so oft sind im Netzwerk der Natur die Beziehungen der Lebewesen vielfältig miteinander verflochten.

### Richtige Bodenpflege vertreibt die Schnecken

Sie wissen nun, daß alle Schnecken im Herbst oder Frühwinter Risse, Spalten und kleine Höhlen in der Erde suchen. Wenn Sie in dieser Zeit Ihre Gemüsebeete nur abernten und dann über Winter einfach liegenlassen, finden die Tiere mühelos die schönsten Verstecke. Da, wo der Gärtner zum Beispiel Möhren oder Kohlstrünke aus dem Boden gezogen hat, hinterläßt er einladende Erdlöcher. Auch ein Gärtner, der die Beete nur grob durchhackt und dann mit Mulchdecken überzieht, schafft ideale Schneckenquartiere. In einem Garten, der schweren, lehmigen Boden hat und außerdem sehr von Schnecken geplagt wird, sollte er eher auf diese Methode verzichten, die unter anderen Bedingungen durchaus empfehlenswert sein kann.

Räumen Sie also Ihre Beete im Herbst sorgfältig ab; danach können Sie sie bis zum ersten Frost einfach liegenlassen. Falls Sie lockern möchten, sollten Sie die oberste Bodenschicht mit Grubber und Rechen wieder glattziehen. In diese feinkrümelige, glatte Oberfläche können die Schnecken nicht mehr eindringen.

Auch wenn Sie ein Anhänger des Sauzahns sind und nicht mehr umgraben, sollten Sie bei einer großen Schneckenplage eine Ausnahme machen. Graben Sie im Frühwinter Ihre Beete um, nachdem die Schnecken sich bereits in tiefere Erdverstecke zurückgezogen haben. Die Tiere werden nachhaltig gestört und in kältere Schichten nach oben befördert. Ältere Schnecken, Jungtiere und auch die Eier werden dann größtenteils den Winter nicht überleben. Eine Masseninvasion im nächsten Jahr haben Sie durch diese einfache aber gezielte Maßnahme stark abgebremst.

Im Frühling müssen Sie, sobald der Boden abgetrocknet ist, dafür sorgen, daß die grobschollige Erde wieder durchgehackt und feinkrümelig glattgezogen wird. Die übriggebliebenen Schnecken und auch die frisch geschlüpften Jungtiere kriechen aus ihren Verstecken, sobald es wärmer wird. Achten Sie darauf, daß sie keine neuen Schlupfwinkel finden. Hacken Sie die oberste Bodenschicht öfter leicht durch. Dann werden die Schnecken nicht nur heimatlos, sondern auch ständig beunruhigt. In kühlen Frühlingsnächten finden sie keinen Schutz mehr, weil sie sich nicht in tiefere Schichten zurückziehen können.

Nach dem Hacken kriechen viele Tiere an die Oberfläche. Legen Sie dann Köder aus, und gehen Sie gezielt auf Schneckenjagd, um möglichst viele Tiere wegzufangen. Auch während der Sommermonate sollten Sie zwischen den heranwachsenden Kulturen öfter hacken oder die Erde mit dem Grubber durchziehen. Wenn Sie auf diese Weise ein bis zwei Jahre lang ganz konsequent den Schnecken das Leben »ungemütlich« machen und ihre Verstecke beseitigen, werden Sie die massenhafte Ausbreitung der Tiere mit Sicherheit gestoppt haben. Achten Sie während dieser Zeit auch besonders sorgfältig auf den Kompost. Wenn sie dort Schnecken und Eigelege entdecken, müssen Sie den »bewohnten« Haufen auseinanderziehen und einige Zeit antrocknen oder durchfrieren lassen. Anschließend wird das Material wird neu aufgesetzt. Schneckeneier müssen Sie unbedingt aufsammeln und wegbringen!

### Mulchen Sie schneckenunfreundlich

Natürliche Bodendecken gehören zu den wichtigsten Pflegemaßnahmen im Biogarten. Sie können aber außer zahlreichen Vorteilen auch Nachteile mit sich bringen, wenn die Mulchschicht nicht sorgfältig auf die Bodenverhältnisse abgestimmt wird. Auf schwerem Lehmboden, der nur langsam abtrocknet, darf das Material für die Abdeckung nie zu hoch aufgeschichtet werden. Meiden Sie alles, was lange feucht bleibt und Möglichkeiten zum »Unterkriechen« bietet. Mulchen Sie bewußt schnecken-unfreundlich:

■ Lassen Sie das Mulchmaterial kurz antrocknen, bevor Sie es auf den Beeten ausbreiten. Sehr wichtig ist dies bei Grasschnitt, zerkleinertem Unkraut und anderem saftreichem Grünzeug.

■ Legen Sie im Sommer eine dünne Decke aus, unter der die Schnecken sich nicht verstecken können. Es ist günstiger, wenn Sie das organische Material öfter erneuern, nachdem es sich zersetzt hat, als wenn Sie größere Vorräte aufeinander häufen.

■ Vorsicht ist auf nassen Böden und an schattigen Stellen geboten!

■ Verwenden Sie dort, wo die Pflanzen es vertragen, grobes Stroh, Rindenmulch oder gehäckselten Baum- und Heckenschnitt. Diese Substanzen sind unangenehm zu überqueren für den weichen, feuchten Schneckenfuß.

■ Wenn ein Garten sehr von Schnecken geplagt wird, empfiehlt es sich, einen Sommer lang nicht zu mulchen und statt dessen regelmäßig zwischen den Kulturen zu hacken. Durch diese altbewährte Gärtnermethode wird das Verdunsten der Bodenfeuchtigkeit verhindert. Nur die oberste Erdschicht trocknet ab und wird deshalb schnecken-unfreundlich.

# 218  *Pflanzenschutz in der Gartenpraxis*

**Gießen Sie mit Überlegung**
Feuchtigkeit ist ein Lebenselement der Schnecken. Wenn ein Gärtner bei trockenem Wetter, ohne zu überlegen, am Nachmittag den Sprenger anstellt, dann bereitet er den gefräßigen Nachttieren die angenehmsten Bedingungen. Boden und Pflanzen sind feucht, wie nach einem Landregen, wenn die Schnecken am Abend hungrig aus ihren Verstecken kriechen!

Wenn Sie bei langanhaltender Trockenheit sprengen müssen, dann sollten Sie dies besser in den frühen Morgenstunden tun, damit der Boden bis zum Abend wieder abgetrocknet ist.

Vorteilhafter ist es, so lange wie möglich zu gießen. Verteilen Sie das Wasser nur an Pflanzen, die es wirklich nötig haben, und lenken Sie den Strahl aus der Kanne direkt in den Wurzelbereich. So wird die Erde im weiteren Umkreis nicht durchnäßt; auch die Blätter bleiben trocken. Die Schnecken werden nicht durch eine angenehm feuchte Umgebung angelockt.

**Vorbeugen beim Säen und Pflanzen**
Zarte Sämlinge und junge Pflanzen sind bei den Schnecken besonders beliebt. Sorgen Sie in gefährdeten Gärten dafür, daß die Aussaaten rasch aufgehen und sich in möglichst kurzer Zeit kräftig entwickeln. Alle Pflanzen, die längere Zeit am Boden »hocken bleiben«, sind leichte Opfer der hungrigen Kriechtiere.

■ Säen Sie nur in warme Erde; besser etwas später im Frühling als zu früh.

■ Große Samen, zum Beispiel Erbsen oder Bohnen, können Sie vorquellen, dann keimen und wachsen sie rascher.

■ Wo die Schnecken noch sehr zahlreich sind, ziehen Sie Gemüse und Blumen besser an geschützten Orten vor, zum Beispiel in einem Frühbeet mit Schneckenkante. Setzen Sie nur sehr kräftige und gesunde Jungpflanzen ins Freiland.

**Schneckenabwehr mit Barrikaden**
Zusätzlich sollten gefährdete Pflanzen mit Schutzstreifen oder »Zäunen« umgeben werden. Dafür bieten sich die verschiedensten Möglichkeiten und Materialien an:

■ Sägemehl wurde schon in Urgroßmutters Garten benutzt, um Bohnenaussaaten oder junge Dahlientriebe zu schützen. Das trockene Holzmehl muß als dicker Ring um die Pflanzen gestreut werden. Die Schnecken können sich auf diesem Material, das an ihrer feuchten Sohle klebenbleibt, nur mühsam bewegen. Sie meiden solche Stellen.

■ Steinmehl und Kalk kann ebenfalls als Schutzring ausgestreut werden. Diese Substanzen entziehen den Tieren Feuchtigkeit. Bei nassem Regenwetter lösen sie sich allerdings auf. Die Wirkung von Steinmehl und Kalk läßt also genau dann nach, wenn sie dringend gebraucht würde.

■ Scharfer Sand ist dauerhaft; die winzigen Kristalle sind für die weiche Schneckenhaut sehr unangenehm. Legen Sie aus diesem Material möglichst breite Schutzstreifen an.

■ Gehäckseltes Schilf wirkt sehr gut und anhaltend als Schneckenabwehr. Die scharfkantige Spreu kann dick um einzelne Pflanzen gestreut oder als Mulchschicht zwischen den Kulturen ausgestreut werden.

■ Gerstenspreu besitzt ähnliche Eigenschaften wie Schilfhäcksel. Dieses Material mit den spröden Grannen ist aber kaum noch erhältlich.

■ Trockene Fichtennadeln wirken ebenfalls abweisend auf Schnecken – sowohl durch ihre trocken-spröden Substanzen als auch durch ihre »stechenden« Eigenschaften.

■ Farnblätter (Wurmfarn und Adlerfarn) oder Tomatenblätter, die zwischen die Pflanzen gelegt werden, üben

*Schutzring aus scharfkantigem Schilfhäcksel.*

Schutzstreifen aus Sägemehl sind ein altes Mittel zur Schneckenabwehr an Bohnen.

ebenfalls eine gewisse Abwehrwirkung auf die Kriechtiere aus.
- Schneckenbrühe ist eine Spezialität, die nicht jedermanns Sache ist. Manche Biogärtner übergießen eingesammelte Schnecken mit heißem Wasser. Dann lassen sie die toten Tiere in der Flüssigkeit verjauchen. Nach etwa zwei Wochen wird diese Schneckenbrühe verdünnt und auf gefährdeten Gartenbeeten ausgegossen. Dabei sollten keine geschlossenen Ringstreifen gebildet werden sondern überall verteilte Duftmarken. Die Schnecken scheuen den Geruch der toten Artgenossen und wandern weg. Deshalb müssen auch unbehandelte »Ausgangstore« offenbleiben.
- Zuwanderungs-Barrieren aus bestimmten Pflanzen können vor allem die Großen Wegschnecken daran hindern, auf die Gartenbeete einzuwandern. 2–3 m breite Streifen aus Weißklee oder Gelbsenf bilden erfolgreiche Hindernisse.
- Duft-Grenzen ziehen manche Pflanzen allein durch ihre Anwesenheit. So errichten einige Gewürzpflanzen unsichtbare Sperren durch die Verdunstung ätherischer Öle. Dazu gehören zum Beispiel Salbei, Thymian und Ysop. Duftgrenzen zeigen allerdings keine einheitliche Wirkung. Die Intensität ist offenbar von verschiedenen Umweltfaktoren abhängig. Für eine intensive Abwehr müßten die Gewürzpflanzen wohl auch sehr dicht wie eine Hecke gepflanzt werden.
- Schneckenzäune bilden eine sehr sichere Barriere, die von Schnecken nicht überwunden werden können. Allerdings wird man nicht den ganzen Garten damit schützen können. Sinnvoll ist es, Aussaatbeete und Beete mit besonders gefährdeten Jungpflanzen mit einem solchen Zaun zu umgeben. Wenn Salate, Kohlrabi, Tagetes oder Dahlientriebe größer und kräftiger geworden sind, ist die Gefahr nicht mehr so groß. Das wichtigste am Schneckenzaun ist eine nach außen abgewinkelte Kante, über die die Tiere nicht hinwegklettern können. Von außen droht also keine Gefahr. Schnecken, die sich beim

Der Schneckenzaun schützt ganze Beete mit Jungpflanzen vor zuwandernden Schnecken.

Aufstellen eines Zauns noch in der Beeterde befinden, muß der Gärtner eine zeitlang sorgfältig wegfangen. Dies kann zum Beispiel unter feuchten Brettchen und großen Blättern oder mit Bierfallen geschehen.
Im Handel sind Schneckenzäune aus lange haltbaren Edelstahlblechen oder aus leichtem handlichen Kunststoffmaterial. Die verschiedenen Modelle funktionieren nach ähnlichen Prinzipien. Sie können im Baukastensystem beliebig aneinandergereiht und kombiniert werden. So kann der Gärtner kleine oder langgestreckte, breite oder schmale Beete damit einfassen. Zusätzlich werden für einige Modelle Abdeckungen (Fenster oder Folientunnel) angeboten, so daß die Umrandung als geschütztes Frühbeet benutzt werden kann.
Erfindungsreiche Bastler und Techniker sind ständig dabei, neue, noch trickreichere Schneckenzaun-Konstruktionen zu entwickeln. Sehr geschickte Gärtner bauen sich ihre Schutzzäune auch selber.
Angeboten wird im Handel außerdem ein Elektrozaun. Diese mobile Barriere kann überall eingesetzt werden, wo die Not gerade am größten ist. In die Plastikstreifen sind zwei dünne Drähte eingelassen, die mit Hilfe einer kleinen Batterie unter schwachen Strom gesetzt werden. Die feuchten Schnecken erhalten, wenn sie auf dieses Hindernis treffen, einen leichten Stromstoß. Dieses unangenehme Erlebnis veranlaßt sie zur Umkehr.
Bezugsquellen für solide Schneckenzaun-Modelle finden Sie im Anhang.

### Fallen stellen und Schnecken sammeln

Das Absammeln ist immer noch eine der erfolgreichsten Methoden, um die große Menge der Schnecken im Frühling zu reduzieren. Dieses mühsame Unternehmen kann sich ein kluger Biogärtner erleichtern, wenn er gezielt Fallen stellt. Dann braucht er nur die »Schwerpunkte« zu kontrollieren und findet immer viele Tiere gleichzeitig.
Am Rand oder an den Ecken der Beete müssen zu diesem Zweck Verstecke angelegt werden, die durch Dunkelheit und Feuchte die Schnecken anlocken. Solche Schlupfwinkel brauchen die Tiere, um tagsüber der Austrocknung zu entgehen.
Alte modernde Bretter, angefeuchtete Säcke oder flache Steine können zu diesem Zweck dienen. Beliebt bei den Schnecken sind auch große, schon leicht angewelkte Blätter von Rhabarber, Kohl oder anderen Pflanzen, die auf die Erde gelegt werden.
Zu Fallen können auch lockende Futterhäufchen werden, die der Gärtner als Köder auslegt. An solchen Stellen fin-

# Pflanzenschutz in der Gartenpraxis

Schnecken-Versteck unter Rhabarberblättern.

den sich die Tiere gern ein. Abgefallene Blütenblätter, welkende zarte Löwenzahnblätter, zerkleinertes junges Unkraut, Küchenabfälle oder feuchte Kleie eignen sich gut als Lockmittel.

Lieblingspflanzen der Schnecken können als Fangpflanzen benutzt werden, um die Tiere an bestimmte Stellen zu locken. Tagetes und schwächliche Salatpflanzen sind für solche Zwecke sehr geeignet. Wer Köder oder Fangpflanzen in einiger Entfernung von den Gemüse- oder Blumenbeeten deponiert, der kann die Schnecken auch regelrecht weglocken.

Verstecke und Köder müssen regelmäßig kontrolliert werden. Die feuchten Schlupfwinkel werden am besten morgens nachgesehen, wenn die Schnecken sich an solche schützenden Orte zurückziehen. Die »Futterplätze« sind dagegen meist am Abend gut besucht.

### Wohin mit den Schnecken?

Nach erfolgreichen Sammelaktionen stellt sich natürlich die Frage: Wohin mit den vielen lebenden Tieren? Für Menschen, die Mitgefühl mit der Kreatur haben, scheiden einige der oft empfohlenen Methoden sicher aus. Auch wenn es angeblich »schnell und schmerzlos« ist, bleibt das Durchschneiden und Durchstechen der Tiere eine brutale Gewaltaktion. Eine gewisse Aggressivität kann dabei wohl kaum ausgeschaltet werden.

Das Überstreuen mit Salz verursacht ein langsames qualvolles Sterben durch Flüssigkeitsverlust. Bleibt nur das Übergießen mit kochendheißem Wasser, wenn es denn unbedingt sein soll.

Wirklich empfehlenswert für Gärtner, die mit der Natur zusammenarbeiten, ist im Grunde nur das Wegtragen der Schnecken an einen »ungefährlichen« Ort. Bringen Sie die Tiere, wo immer dies möglich ist, in sicherer Entfernung von ihrem Garten und von den Gärten der Nachbarn in einen Graben, auf eine Wiese oder auf ein wildes, unbebautes Grundstück.

Gerade bei den Schnecken, die so viel Zorn und Empörung auslösen können durch ihr nächtliches Zerstörungswerk, ist die Gefahr groß, daß auch Biogärtner irgendwann »auf Rache sinnen«. Wer ernsthaft naturgemäß gärtnert, der sollte versuchen, auch bei solchen »Prüfungen« ruhig und überlegt zu handeln. Massenmord an Schnecken dient weder dem inneren Frieden noch dem Leben im Einklang mit der Natur.

### Die berühmte Bierfalle

Diese inzwischen weithin bekannte Erfindung schneckengeplagter Biogärtner macht die Frage nach dem »Wohin damit?« überflüssig. Die Tiere ertränken sich selbst im verlockenden Gerstensaft.

Joghurtbecher, Quarkbecher oder ähnliche Gefäße werden auf den Beeten ebenerdig eingegraben. Füllen Sie die Becher zu etwa zwei Dritteln abends mit frischem Bier. Die Flüssigkeit darf nicht zu hoch stehen, sonst trinken die Schnecken davon, fallen aber nicht hinein. Wichtig ist, daß die Bierfallen bei Regenwetter durch eine Überdachung geschützt werden. Auch die im Handel erhältlichen Modelle sind mit einem Dach ausgestattet.

In den Bierfallen finden sich täglich ertrunkene Schnecken aller Arten und Größen. Diese Tiere können auf den Kompost gebracht werden. Der »Todestrunk« aus Hopfen, Malz und Gerstensaft kann sehr gezielt auf gefährdeten Beeten eingesetzt werden. Er wirkt auch zweifellos in den meisten Gärten erfolgreich. Inzwischen haben sich bei zahlreichen Beobachtungen aber auch einige Nachteile ergeben, die nicht verschwiegen werden sollen.

Das Bier lockt offenbar die geruchsempfindlichen Schnecken auch aus größerer Entfernung an. So kann es geschehen, daß plötzlich mehr Schnecken als vorher im Garten auftauchen. Ähnliche Probleme verursachen natürlich auch andere Ködermittel. Es hängt sicher vom Geschick und der guten Beobachtung des Gärtners ab, ob er Lockfallen so einsetzt, daß er auch den Überblick über die angelockten Tiere behält.

Wahrscheinlich ist diese Methode am wirkungsvollsten, wenn ein bestimmter Bereich des Gartens nach außen durch »Barrieren« geschützt wird. Im Innenbezirk können dann die Schnecken, die an diesem Standort heimisch sind, zielsicher weggefangen werden.

Sie haben nun auf diesen Seiten eine

Käufliche Bierfalle mit Regendach.

Plastikbecher dienen als preiswerte Bierfalle.

## Die großen Plagen

Fülle praktischer Ratschläge zur Schneckenabwehr kennengelernt. Den größten und dauerhaftesten Erfolg verspricht sicherlich die Kombination verschiedener Mittel und Maßnahmen über einen längeren Zeitraum. Vergessen Sie bei all Ihren Bemühungen nicht, daß es auch bei der Schneckenabwehr nicht um »Ausrottung« sondern um die Reduzierung auf ein erträgliches Maß geht. Als Gesundheitsdienst und als nützliches Glied in der Kette aller Lebewesen sollten auch einige Schnecken im Biogarten erhalten bleiben.

## Wühlmäuse
### Die Nager im Untergrund

Diese weitverbreitete Mäuseart *(Arvicola terrestris)* wird auch Schermaus, Mollmaus oder Erdratte genannt. Die Wühlmaus zeigt bei den Körpermerkmalen große Ähnlichkeit mit der Feldmaus, die schon auf Seite 140 beschrieben wurde. Ihr Kopf ist rundlich gedrungen, das Schnäuzchen stumpf. Die kleinen Ohren sind oft ganz im Fell versteckt. Das Rückenfell kann in unterschiedlichen, meist dunklen Brauntönen gefärbt sein; die Bauchseite schimmert heller in gelblichem Weiß oder Grautönen.

Der Körper der Wühlmäuse erreicht etwa 13–20 cm Länge; der Schwanz ist im Schnitt halb so lang wie der Körper. In Mittelgebirgslagen sind die Tiere kleiner als im Flachland. Auch zwischen Süd- und Norddeutschland soll ein Größengefälle bestehen, das sich wohl mit den Höhenunterschieden deckt. Im norddeutschen Flachland entwickeln sich die Wühlmäuse kräftiger als im gebirgigen Süddeutschland.

Die Schermaus lebt als Einzelgänger in einem verzweigten Gängesystem unter der Erde. In tiefer gelegenen Nestkammern bringen die Weibchen jährlich drei- bis viermal Junge zur Welt. Ein Wurf kann aus sechs bis sieben Tieren bestehen. Nach zwei Monaten sind die jungen Wühlmäuse bereits reif zur Vermehrung.

Wühlmäuse sind in der Regel reine Pflanzenfresser. Nur selten verzehren sie auch einmal kleine Insekten oder Würmer. Im Garten nagen sie mit Vorliebe an Wurzelgemüsen, Kartoffeln, Blumenzwiebeln und an den Wurzeln von Kohl, Salaten, Stauden, Rosen, Ziersträuchern und jungen Obstgehölzen. Die Schäden können sehr groß sein. Schräge Riefen an den Pflanzenresten sind deutliche Spuren der Übeltäter mit den breiten Nagezähnen. Wo Wühlmäuse aus nahe gelegenen Wiesen oder Feldern immer wieder in den Garten einwandern, da können sie sich zu einer großen Plage entwickeln.

### So finden Sie die Wühlmausgänge

Wenn kleine Obstbäume und prächtige Salatköpfe plötzlich welken oder umkippen, dann ist es bereits zu spät, um noch helfend einzugreifen. Die Gänge der Wühlmäuse müssen rechtzeitig aufgespürt werden. Manchmal erkennt man sie durch wellig aufgeworfene Linien an der Oberfläche oder durch flache Erdhaufen. Stechen Sie mit einem alten Spazierstock oder mit einer Eisenstange in gefährdeten Gartenteilen überall in den Boden. Dort, wo der Stock plötzlich ohne Widerstand versinkt, ist ein Gang unter der Oberfläche verborgen. Graben Sie ihn ein Stückchen auf und schauen Sie nach. Den Unterschied zwischen Wühlmaus- und Maulwurfsgängen erkennen Sie an diesen Merkmalen:

Der ovale Durchmesser des Wühlmausgangs gleicht einem aufrecht stehenden Ei. Der Maulwurfsgang zeigt dagegen einen flacheren Durchmesser; man könnte ein Ei waagerecht hineinlegen. Im Gang der Wühlmaus finden sich niemals Wurzelreste. In den Maulwurfsgängen hängen oft im oberen Bereich feine Wurzelstückchen aus der Erde.

Ein einfacher Test verschafft Klarheit darüber, ob der gefundene Wühlmausgang noch benutzt wird. Wenn die Öffnung nach kurzer Zeit wieder verschlossen wird mit frischer Erde, dann ist das Ergebnis positiv. Nun können Sie überlegen, was zu tun ist. Arbeiten Sie aber fortan immer mit Handschuhen, damit die klugen Tiere mit ihrer feinen Spürnase nicht durch Menschengeruch gewarnt werden.

Die Vertreibung der Wühlmäuse ist nicht einfach, vor allem dann, wenn sie sich bereits zahlreich im Garten eingenistet haben. Den größten Erfolg versprechen auch bei diesen Tieren mehrere miteinander kombinierte Maßnahmen. Sehr sinnvoll ist es, mit den angrenzenden Nachbarn gemeinsam und gleichzeitig zu handeln. Sonst kann es geschehen, daß die Mäuse sich auf den »kleinen Grenzverkehr« verlegen: Sie

Wühlmäuse sind an ihrem stumpfen Schnäuzchen und den »versteckten« Ohren gut zu erkennen.

# 222  Gartenpraxis

wechseln, wenn es ihnen ungemütlich wird, zum Nachbarn, kehren aber von dort auch unweigerlich zurück.

**Sanfte Pflanzen gegen scharfe Zähne**

Die Tradition der Anti-Wühlmaus-Pflanzen ist alt. Schon in den Bauerngärten wuchsen an vielen Orten Wolfsmilch und Kaiserkronen. Eine gewisse Abwehrwirkung ist sicher auch vorhanden. Aber Pflanzen allein können die gefräßigen Nager nicht vertreiben. Ein intensiver Schutz wäre wohl nur durch eine sehr dicht gepflanzte Umrandung erreichbar. Deshalb erfüllen die »sanften Grünen« nur eine ergänzende Aufgabe im Rahmen anderer Maßnahmen. Versuche mit Abwehrpflanzen können aber nicht schaden. Da die meisten von ihnen nicht nur nützlich sondern auch hübsch anzusehen sind, bringen sie auch angenehme Nebenwirkungen mit. Als wühlmausvertreibende Gewächse sind bekannt:

- Die Kaiserkrone *(Fritillaria imperialis)* mit ihren stark nach Knoblauch riechenden Zwiebeln;
- die Kreuzblättrige Wolfsmilch *(Euphorbia latyris)*, bei der vor allem die gifthaltigen Samen wirken sollen;
- die Hundszunge *(Cynoglossum officinale)*;
- der Steinklee;
- Knoblauch (Wirkung umstritten).

Topinamburpflanzen dienen als Lockmittel.

Abschreckende Gerüche: Fischabfälle, Nußbaum- und Holunderblätter, Thujazweige, Knoblauch.

- Narzissen wirken weniger gegen die Mäuse als vielmehr zur Freude des Gärtners. Die Zwiebeln dieser Frühlingsblumen werden von den Nagern nicht angerührt, wahrscheinlich weil sie Alkaloide enthalten, die bei Tieren schwere Magen-Darmstörungen hervorrufen können. Wo andere Zwiebelblumen regelmäßig über Winter verschwinden, können Narzissenpflanzungen daher einen blühenden Ausgleich schaffen.
- Topinambur-Pflanzungen ziehen die Wühlmäuse an. Die wohlschmeckenden Knollen sind bei den Tieren sehr beliebt. Wer es geschickt anfängt, der kann mit einem Topinamburbeet die Mäuse von Gemüse- oder Blumengarten ablenken. Wenn sich viele Tiere zwischen den nahrhaften Knollen einfinden, sind sie auch für Köder oder Fallen gut erreichbar.

**Abschreckende »Düfte« und andere Tricks**

Früher legten die Gärtner petroleumgetränkte Lappen in die Wühlmausgänge. Ein umweltbewußter Biogärtner wird auf solche Mittel verzichten, aber das »Prinzip« in abgewandelter Form anwenden. Es geht darum, die feinen Nasen der Mäuse »zu beleidigen«. Dies kann mit den verschiedensten Mitteln geschehen:

- Starkriechende Holunderblätter-Jauche in die Gänge gießen;
- Nußbaumblätter oder Thujazweige in die Öffnung schieben;
- Heringsköpfe in die Gänge legen.
- Menschenhaare sollen ebenfalls eine abschreckende Wirkung haben, wenn man eine größere Menge davon in die Pflanzlöcher rund um gefährdete Blumenzwiebeln, Stauden oder Gehölze verteilt und mit der Erde vermischt. Ob die Abwehr mit Gerüchen zusammenhängt oder ob die Haarknäuel nur lästig sind, weiß man nicht genau. Holen Sie sich Haare beim Friseur und probieren Sie das Mittel aus. Schaden kann es nicht, da die verrottenden Haare im Boden Nährstoffe bilden.

**Abschreckende Geräusche**

Auch die Ohren der Wühlmäuse sollen sehr empfindlich sein. Seit Urgroßvaters Zeiten werden deshalb Geräusche zum »Vergraulen« der Tiere eingesetzt. Dazu gehören:

- schräg eingegrabene Flaschen, auf deren Öffnung der Wind einen feinen Pfeifton erzeugt.
- Eisenstangen an »stark bevölkerten« Stellen in den Boden rammen. Mit einem Hammer oder einem ähnlichen Werkzeug muß der Gärtner regelmäßig mehrmals täglich kräftig auf und gegen die Stangen schlagen. Dadurch erzeugt er sowohl Geräusche als auch Druckwellen im Boden. Beides ist den Tieren unangenehm, wenn die Störung über längere Zeit anhält.

**Wurzelschutz und Grenzsperren**

Vor allem die Wurzeln junger Gehölze und wertvoller Blumenzwiebeln versu-

chen Gärtner immer wieder mit allen möglichen Tricks zu schützen. Auch die »Abschottung« des Grundstücks gegen zuwandernde Mäuse wird oft mit großem Aufwand versucht.
Bei der Pflanzung werden die Wurzeln mit engmaschigem Draht umgeben. Oft graben die Gärtner auch noch Glasscherben im Pflanzloch ein. Beides zeigt keine hundertprozentige Wirkung. Die Mäuse sind sehr geschickt; sie fressen alle Pflanzenteile, die sie irgendwie erreichen können, auch durch die Drahtöffnungen weg. Oft leiden die Gehölze außerdem darunter, daß sie sich wegen der »Einzäunung« nicht richtig ausbreiten können.
Die Kunststoffkörbe, die zum Schutz der Blumenzwiebeln angeboten werden, bereiten den Nagern mit ihren kräftigen Zähnen offenbar überhaupt keine Probleme. Sie »knacken« diese Schutzbarriere und fressen die Zwiebeln heraus!
Wer ein nicht allzu großes Grundstück nach außen »abdichten« will, der muß ein sehr tiefreichendes Betonfundament errichten, das die Tiere nicht unterwandern können. Es läßt sich aber nur schwer sagen, ob die Mäuse dann nicht andere Zugänge zu den verlockenden Gartengenüssen finden. Sie können sich ja auch oberirdisch weiterbewegen, falls sie nicht auf eine Mauer stoßen.

Plastikkörbchen werden durchgebissen.

Eine der vielen Spezialfallen für Wühlmäuse.

### Tödliche Köder und Fallen

Während alle bisher genannten Mittel die Wühlmäuse nur abwehren oder vertreiben, bringen die folgenden Maßnahmen die Tiere um.
Köder aus Johannisbrot (siehe Tabelle Seite 122), die mit cumarinhaltigen Substanzen präpariert wurden, verhindern die Blutgerinnung. Tiere, die die Brocken fressen, verbluten innerlich; ihre Körper trocknen ein und werden mumifiziert.
Es wird manchmal berichtet, daß auch andere Garten- oder Haustiere, zum Beispiel Katzen und Igel, von den Köderbrocken fressen und dann unter Vergiftungserscheinungen leiden. Wer das Mittel benutzt, der sollte es auf jeden Fall sorgfältig nach der Gebrauchsanweisung anwenden: die Brocken so tief wie möglich in die bewohnten Wühlmausgänge schieben und den Eingang mit Erde, einem Holzbrettchen oder mit einem Stein verschließen. So sind die Köder für andere Lebewesen nicht mehr erreichbar. Bei größeren Tieren wären, nach Auskunft der Produzenten, auch größere Mengen Cumarin erforderlich, um gesundheitsgefährdende oder gar tödliche Folgen auszulösen. Die Johannisbrot-Köder sind ganz auf das Körpergewicht der Wühlmäuse abgestimmt.
Die Hersteller versichern auch tröstend, daß die Wühlmäuse »schmerzlos« sterben. Das weiß natürlich niemand so genau. Wer kann schon sagen, wie einem Tier zumute ist, das sein Leben lassen muß. Wer sich entschließt, ein tödliches Mittel anzuwenden, der sollte die Konsequenzen auch unverblümt sehen.
Das gleiche gilt für Fallen aller Art. Spezialisten, die mit solchen Instrumenten umgehen können, versichern, daß dies die wirkungsvollste Methode sei, um möglichst viele Tiere »aus der Welt zu schaffen«. Im gängigen Sprachgebrauch heißt das: vernichten!
Im Handel ist eine große Zahl verschiedenartig konstruierter Spezialfallen für Wühlmäuse erhältlich. Sie werden seit Generationen ausgetüftelt und eingesetzt. Die Entscheidung, sie zu benutzen, bleibt jedem selbst überlassen.
Noch eine andere Art Falle wird zum Fangen der Wühlmäuse empfohlen: ein Eimer oder eine hohe Konservendose. Diese Behälter, zu einem Drittel mit Wasser gefüllt, werden ebenerdig auf der Linie eines Mäuseganges eingegraben. Die Tiere stürzen – so wird versichert – in die Fallgrube, aus der sie sich nicht mehr befreien können.

### Und wer geht sonst noch auf Mäusejagd?

Die wilden Jäger der Wühlmäuse tauchen im Garten fast nicht mehr auf. Früher waren es Greifvögel, Eulen, Käuzchen, Wiesel und Iltis. Heute geht nur noch ein Haustier auf Wühlmausjagd: die Katze. Ein tüchtiger Kater ist aber in der Lage, die Wühlmausplage im Garten erfolgreich einzudämmen.

## Im Garten entdeckt – im Buch gefunden

Die »schönste« Beschreibung von Krankheitsbildern oder gefräßigen Insekten bleibt unvollkommen, wenn der Gärtner sie nicht in seiner »grünen Wirklichkeit« auf den ersten Blick wieder entdecken kann. Deshalb finden Sie in diesem Kapitel ein »Eingangstor« zum Garten. Wenn Ihnen zum Beispiel an Ihren Tomaten oder an Ihren Rosen die Spuren eines unbekannten »Mitessers« auffallen, dann können Sie hier unter dem passenden Pflanzen-Stichwort nachschauen: Wer könnte das sein? So ersparen Sie sich langwieriges Blättern und Suchen in einem dicken Buch.

Die folgenden Tabellen sind so aufgeteilt, daß Sie auf viele brennende Fragen möglichst rasch die passende Antwort finden. Gleichzeitig sollen die kurzen Tips für einen gesunden Anbau Ihnen helfen, in Zukunft mancher Krankheitsursache erfolgreich vorzubeugen.

*Im Garten entdeckt...* 225

## Pflanzenschutz im Gemüsegarten

| Pflanze | Die wichtigsten Schädlinge und Krankheiten | Erscheinungsbild im Garten | Antworten auf brennende Fragen Seite | Tips für gesunden Anbau |
|---|---|---|---|---|
| **Bohnen** (Buschbohnen, Stangenbohnen, Feuerbohnen) | Bohnenfliege | Maden in Samen und Keimblättern | 133 | Bohnen benötigen viel Wärme und wenig Nährstoffe. Säen Sie nur in warme, lockere Erde (ab Mai). Dann entwickeln sich die Bohnen zügig und sind weniger anfällig für Krankheiten und Schädlinge. Das Beet sollte im lichten Halbschatten liegen. Versorgen Sie es mit Kompost und wenig organischem Dünger – ohne Stickstoff! |
| | Schwarze Bohnenblattlaus | Verkümmerte Blätter und junge Triebe; dichte Läuse-Kolonien | 134 | |
| | Spinnmilben | Blattoberseite hell gesprenkelt; Blattunterseite winzige Milben | 168 | |
| | Weiße Fliege | Kleine weiße »Fliegen« auf der Blattunterseite; Rußtau | 173 | |
| | Bohnenmosaik | Blätter hell-dunkel marmoriert | 196 | |
| | Bohnenrost | Rotbraune oder schwarze Pusteln auf Blättern, Hülsen; Blattwölbungen | 199 | |
| | Brennflecken | Eingesunkene braune Flecken, mit rötlichen Rändern, vor allem auf den Hülsen | 179 | |
| | Fettfleckenkrankheit | Wäßrige, fettige Flecken auf Blättern, Samen und Hülsen; Bakterienschleim | 180 | |
| | Grauschimmel | Mausgrauer Schimmelrasen an den Bohnenhülsen und Stengeln | 184 | |
| **Dicke Bohnen** (Puffbohnen, Saubohnen, Ackerbohnen) | Schwarze Bohnenblattlaus | Verkümmete Blätter und junge Triebe; schwarze Läuse gut sichtbar | 134 | Diese Bohnen vertragen auch kühle Witterung. Säen Sie frühzeitig, ab März, dann beugen Sie der Läuseplage vor. |
| **Erbsen** | Erbsenblattrandkäfer | Bogenförmige Löcher in den Blatträndern | 137 | Erbsen reagieren nicht empfindlich auf kühles Frühlingswetter. Sie können ab März gesät werden. Offene, sonnige Beete sind günstig. Düngen Sie mit Kompost, und vermeiden Sie Stickstoff. |
| | Erbsenwickler | Kleine Raupen in den Erbsenkörnern | 137 | |
| | Grüne Erbsenblattlaus | Verkrüppelte Blätter, Blüten, Hülsen; Läuse gut sichtbar, relativ groß | 137 | |
| | Brennfleckenkrankheit | Eingesunkene braune Flecken auf Hülsen, Blättern, Stengeln | 179 | |
| | Fuß- und Welkekrankheit | Pflanzen welken und sterben; Wurzeln und Stengelgrund dunkelbraun | 182 | |
| | Mehltau, Echter | Mehlig weißer Belag auf der Blattoberseite, an Stengeln, Blüten und Früchten | 192 | |
| **Gurken** **Melonen** **Zucchini** | Weiße Fliege | Kleine weiße »Fliegen« auf Blattunterseite; Rußtau | 173 | Wärme und gleichmäßige Feuchtigkeit sind die wichtigsten Voraussetzungen für ein gesundes Gedeihen der Gurken. Säen Sie nicht vor Mai ins Freiland. Das Beet soll sonnig und windgeschützt liegen. Gurken brauchen reichlich Nährstoffe. Sie gehören zu den Starkzehrern! Mulchen ist wichtig. Achten Sie auf mehltauresistente Züchtungen. Melonen sind noch wärmebedürftiger als Gurken. Zucchini sind robuster; sie benötigen sehr viel Dünger und Feuchtigkeit für eine gesunde Entwicklung. |
| | Spinnmilben | Blattoberseite hell gesprenkelt; Blattunterseite winzige Milben | 168 | |
| | Eckige Blattfleckenkrankheit | Eckige, wäßrige Blattflecken; ölartige Flecken auf den Früchten; Fäulnis | 180 | |
| | Brennfleckenkrankheit | Gelblich-wäßrige Flecken auf Blättern, die schwarz werden und »herausfallen«; Früchte: dunkle, runde Flecken | 179 | |
| | Fusariumwelke | Ganze Pflanze stirbt ab; Leitungsbahnen braun verfärbt | 182 | |
| | Grauschimmel | Mausgrauer Schimmelrasen an Blättern und Früchten | 184 | |
| | Gurkenmosaik | Blätter hell-dunkel marmoriert und gekräuselt; Früchte warzig | 196 | |
| | Mehltau, Echter | Runde weiße Flecken, später dichter »Mehlbelag« auf Blättern, Stengeln, Blüten | 193 | |

# 226  *Im Garten entdeckt…*

| Pflanze | Die wichtigsten Schädlinge und Krankheiten | Erscheinungsbild im Garten | Antworten auf brennende Fragen Seite | Tips für gesunden Anbau |
|---|---|---|---|---|
| **Kartoffeln** | Drahtwürmer | Röhrenförmige Freßgänge in den Knollen | 136 | In lockerer, nährstoffreicher Erde gedeihen Kartoffeln am besten. Pflanzen Sie erst, wenn der Boden warm und trocken geworden ist. Vorgekeimtes Saatgut, Kompost und organischer Dünger fördern harmonisches Wachstum. Achten Sie auf gesundes Saatgut und widerstandsfähige Sorten. |
| | Kartoffelkäfer | Gelb-schwarz gestreifte Käfer, rötliche Larven zerfressene Blätter | 146 | |
| | Nematoden | Wachstumsstörungen, runde braune Knötchen an den Wurzeln | 156 | |
| | Kraut- und Knollen-fäule | Grau-grüne Blattflecken, später schwärzlich, Laub stirbt ab; Knollen mit eingesunkenen Flecken | 190 | |
| | Kartoffelschorf | Schorfig-rissige Flecken auf der Kartoffelschale | 187 | |
| **Knoblauch** | Fusariumfäule | Welkendes Laub und braun bis rosa verfärbte Zehen | 182 | Knoblauch liebt warme, lockere Erde und einen sonnigen Standort. Düngen Sie mit Kompost (wenig Stickstoff). |
| **Kohlarten** Weißkohl, Rotkohl, Grünkohl, Wirsing, Blumenkohl, Rosenkohl, Brokkoli, Chinakohl, Kohlrabi | Erdraupen/ Eulenfalter | Dicke graue, grüne oder braune Raupen im Wurzelraum; rollen sich bei Berührung zusammen; Blätter, Triebe und Wurzeln zerfressen; Jung-pflanzen sterben ab | 140 | Alle großen Kohlarten brauchen reichlich Nährstoffe, viel Wasser und genügend Platz zur Entfaltung. Kompost, organische Dünger, Brennessel-jauche und Mulchdecken liefern die Grundlage für eine gesunde Entwicklung. Weniger anspruchsvoll sind Kohlrabi. Wichtig: schädlingsabwehrende Mischkultur mit Tomaten oder Sellerie! Streuen Sie Algenkalk ins Pflanzloch. Meiden Sie Senf als Gründüngung auf dem Kohlbeet. |
| | Kohlblattlaus, Mehlige | Blätter blaßgrün, verkrümmt; »bemehlte« grüne Läuse | 148 | |
| | Kohlerdfloh | Keimblätter durchlöchert; kleine (gelb-)schwarze, springfreudige Käfer | 139 | |
| | Kohl-Drehherz-mücke | Verdrehte Blattstiele der Herzblätter; fehlende Kopfbildung | 148 | |
| | Kohlfliege | Maden in den Hauptwurzeln; Wurzel-hals angefressen; Fäulnis | 149 | |
| | Kohlgallenrüßler | Runde Gallen (hohl mit Maden!) am Wurzelhals | 149 | |
| | Kohlmotte (Schabe) | Grüne Raupen, dünn geschabte Stel-len, später Löcher in den Blättern | 150 | |
| | Kohlweißling | Blattfraß von grünen oder schwarz-gefleckten Raupen | 150 | |
| | Kohlhernie | Wachstumsstockungen, Welke; knol-lige Wurzel-Wucherungen (innen nicht hohl) | 188 | |
| | Mehltau, Falscher | Blattunterseite mit weißem Pilzbelag, oben gelbliche Flecken | 194 | |
| | Schwarzbeinigkeit, Umfallkrankheit | Keimlinge sterben ab; Stengelgrund schwarz und eingeschnürt | 202 | |
| **Lauch** (Porree) | Lauchmotte | Miniergänge in den Blättern | 152 | Lauch ist nicht anspruchsvoll. Er ver-trägt Kälte; am besten gedeiht er in tiefgründigem Boden, auf sonnig bis halbschattig gelegenen Beeten. Die Pflanzen sollten gut, aber nicht über-mäßig ernährt werden. |
| | Papierflecken-krankheit | Auf Blättern (besonders Blattspitzen) weißliche, papierartige Flecken | 191 | |
| | Purpurflecken-krankheit | Ovale Flecken, ringförmig bräunlich und purpurn gezeichnet | 191 | |
| **Möhren** (Karotten) | Drahtwürmer | Röhrenförmige Löcher in den Möhren | 136 | Möhren gedeihen am besten in locke-rer, humusreicher Erde. Die Saat ist nicht kälteempfindlich, keimt aber langsam. Geben Sie Kompost und kalihaltigen Dünger. Wichtig: niemals frischen Mist verwenden! Vor Möhrenfliegen schützen außerdem: freie, windige Lage des Beetes, Netze und Mischkultur mit Zwiebeln. |
| | Möhrenfliege | Braune, teils offene Fraßgänge dicht unter der Oberfläche im unteren Rübenteil beginnend | 154 | |
| | Möhren-Minier-fliege | Geschlossene Fraßgänge im oberen Möhrenteil | 154 | |
| | Weichfäule | Braunfärbung, später Fäulnis und breiartige Zersetzung; auch im Lager | 207 | |

## ... im Buch gefunden    227

| Pflanze | Die wichtigsten Schädlinge und Krankheiten | Erscheinungsbild im Garten | Antworten auf brennende Fragen Seite | Tips für gesunden Anbau |
|---|---|---|---|---|
| **Radieschen, Rettich** | Erdflöhe | Keimblätter durchlöchert; kleine (gelb-)schwarze, springfreudige Käfer | 139 | Keine großen Ansprüche stellen Radieschen und Rettich. Sie gedeihen als »Mitläufer« zwischen anderen Kulturen. Düngen Sie mit Kompost. Wichtig für eine gesunde Entwicklung ist stets gleichmäßge Feuchtigkeit! |
| | Kohlgallenrüßler | Runde Gallen (hohl mit Maden!) am Wurzelhals | 149 | |
| | Kohlhernie | Wachstumsstockungen, Welke; knollige Wurzelwucherungen (innen nicht hohl) | 188 | |
| | Rettichfliege (Kohlfliege) | Maden-Fraßgänge in den Rettichen | 149 | |
| **Salate** Kopfsalate, Schnittsalat, Feldsalat | Blattläuse | Blätter deformiert; Läuse gut sichtbar | 212 | Für Salat reichen Kompost und Pflanzenjauche als Nahrungsgrundlage aus. Kopfsalate brauchen Sonne. Gleichmäßige Feuchtigkeit ist wichtig für eine harmonische Entwicklung. Rot- und braunlaubige Sorten sind allgemein robuster. Achten Sie auf krankheitsresistente Züchtungen. |
| | Erdraupen | Dicke Raupen im Wurzelraum; Blätter, Triebe, Wurzeln zerfressen; Jungpflanzen sterben ab | 140 | |
| | Drahtwürmer | Wurzeln abgefressen; Welke | 136 | |
| | Schnecken | Blätter abgefressen (besonders Jungpflanzen); Schleimspuren | 214 | |
| | Wurzelläuse | Wachstumsstörungen; mehlig-weiße Wachsausscheidungen und blaßgelbe Läuse im Wurzelraum | 163 | |
| | Grauschimmel | Grauer Schimmel an unteren Kopfblättern; braunroter Wurzelhals | 184 | |
| | Mehltau, Falscher | Blattoberseite gelbe Flecken, Blattunterseite weißer Pilzrasen | 194 | |
| | Salatfäule | Welke von außen nach innen; watteartiger Pilzrasen; oder faulende Blätter im Inneren | 200 | |
| | Salatmosaik | Im Sommer Blätter hell-dunkel marmoriert, gekräuselt | 196 | |
| | Schwarzbeinigkeit | Keimlinge sterben ab; Stengelgrund schwarz und eingeschnürt | 202 | |
| **Sellerie** | Sellerie-Blattminierfliege | Durch Madenfraß weiße Blattflecken, die später braun werden | 167 | Sellerie ist kälteempfindlich: pflanzen Sie ihn erst ab Mitte Mai ins Freiland. Reichlich Nährstoffe und Feuchtigkeit sind wichtig für eine gesunde Entwicklung. Versorgen Sie dieses Wurzelgemüse mit Kompost und kalihaltigem Dünger. |
| | Blattfleckenkrankheit | Erst gelbe, später graue Flecken mit schwarzen Pünktchen; Knollen bleiben klein | 203 | |
| | Sellerieschorf | Knollen außen mit braunen Flecken, Gewebe reißt auf, wird rauh | 203 | |
| **Spinat** | Mehltau, Falscher | Blattoberseite gelbe Flecken; unterseits grau-violetter Schimmelbelag | 194 | Spinat verträgt Kälte und Halbschatten. Geben Sie Kompost und wenig Dünger. Wichtig: genügend Feuchtigkeit, nicht zu dicht säen, mehltauresistente Sorten. Wenig Stickstoff! |
| | Vergilbung durch Virusinfektionen (z. B. Mosaik) | Blätter hell-dunkel marmoriert; vergilbt | 196 | |
| **Tomaten** | Weiße Fliege | Kleine weiße »Fliegen«, besonders auf Blattunterseite; Rußtau | 174 | Ohne Sonne und Wärme können sich Tomaten nicht entwickeln. Wählen Sie den Standort unbedingt unter diesem Gesichtspunkt aus. Reichlich Nährstoffe und Wasser sind ebenfalls »lebenswichtig«. Geben Sie den Pflanzen Kompost, organischen Dünger, Brennesseljauche und Mulch. Stützpfähle sorgfältig reinigen (Ansteckungsgefahr!). Foliendächer schützen vor Regen und Pilzinfektionen. |
| | Farn- oder Fadenblättrigkeit | Blätter dünn wie Fäden; Zwergwuchs | 204 | |
| | Kraut- und Braunfäule | Beginnend an älteren Blättern braune Flecken; rasche Ausbreitung und Absterben; Früchte mit eingesunkenen, braunen Flecken | 190 | |
| | Mosaikkrankheit | Blätter hell-dunkel marmoriert | 196 | |
| | Tomaten-Stengelfäule | Am Stammgrund dunkle, eingesunkene Flecken; Früchte notreif; unterbrochene Leitungsbahnen, plötzliche Welke | 205 | |

# 228    *Im Garten entdeckt...*

| Pflanze | Die wichtigsten Schädlinge und Krankheiten | Erscheinungsbild im Garten | Antworten auf brennende Fragen Seite | Tips für gesunden Anbau |
|---|---|---|---|---|
| **Tomaten** | Tomaten-Welke | Welke, zuerst einzelne Blättchen, dann ganze Triebe; Leitbahnen braun verfärbt, Stammgrund bleibt gesund | 205 | |
| **Zwiebeln** | Lauchmotte | Miniergänge in den Blättern | 152 | Alle Zwiebeln lieben lockere, warme Erde und einen sonnigen, luftigen Standort. Verwenden Sie Kompost und organische Dünger mit wenig Stickstoff. Keine Brennesseljauche! Wichtig für gesundes Gedeihen: Mischkultur mit Möhren. |
| | Zwiebelfliege | Zerfressene Herzblätter bei Jungpflanzen; später Blätter verformt, Zwiebeln zerfressen | 176 | |
| | Grauschimmel | Im Lager braune eingesunkene Flecken und glasiges Zwiebelfleisch, später Pilzrasen | 185 | |
| | Mehltau, Falscher | Bleiche Flecken auf Blättern, später grau-violetter Pilzrasen | 194 | |
| | Zwiebel-Gelb-streifigkeit | Laub gelb-grün gestreift, verdreht und verbeult; Zwiebeln klein, nicht haltbar | 208 | |

## Pflanzenschutz im Kräutergarten

| Pflanze | Die wichtigsten Schädlinge und Krankheiten | Erscheinungsbild im Garten | Antworten auf brennende Fragen Seite | Tips für gesunden Anbau |
|---|---|---|---|---|
| **Boretsch** | Läuse | Meist schwarze Läuse, deformierte Blätter und Triebspitzen | 212 | Dieses Kraut braucht tiefgründigen, humusreichen Boden und genügend Feuchtigkeit. Boretsch gedeiht in der Sonne und im Halbschatten. Wichtig: reichlich Platz; enger Stand fördert Krankheiten. |
| | Mehltau, Echter | Mehlig-weißer Belag auf Blattoberseiten | 192 | |
| **Dill** | Blattläuse | Deformierte, eingerollte Blättchen und Triebspitzen, Läuse gut sichtbar | 212 | Feuchter, tiefgründiger Boden und freier sonniger Standort sind die Voraussetzung für gesundes Gedeihen. |
| | Möhrenfliege | Laub verfärbt sich gelb oder rötlich; angefressene Wurzeln | 154 | |
| **Petersilie** | Blattläuse | Deformierte Blätter und Triebe; Läuse gut sichtbar | 212 | Petersilie liebt feuchten, humusreichen Boden und einen halbschattigen Standort. Das Kraut ist mit sich selbst unverträglich. Wechseln Sie jedes Jahr bei der Aussaat den Standort! Glattblättrige Arten sind weniger krankheitsanfällig. |
| | Milben | Winzige Milben saugem am Blattansatz; Vergilben und Absterben | 139 | |
| | Möhrenfliege | Laub färbt sich gelb; angefressene Wurzel | 154 | |
| | Nematoden (Wurzelälchen) | Wurzelschäden, rötliche Blattverfärbungen; Wachstumsstörungen | 156 | |
| | Rüsselkäfer | Von Larven zerfressener Wurzelkopf; gelbe oder rötliche Blattfärbung | 138 | |
| | Wurzelläuse | Graugepuderte Läuse an Wurzeln und Blattstielenden; Welke | 163 | |
| **Schnittlauch** | Lauchmotte | Miniergänge in den Schlotten | 152 | Wo der Boden feucht, nährstoffreich und etwas kalkhaltig ist, da gedeiht der Schnittlauch gesund und kräftig. Sonnige oder halbschattige Plätze sind günstig. |
| | Zwiebelfliege | Zerfressene Herzblätter bei Jungpflanzen, ältere Blätter verformt | 176 | |
| | Schnittlauch-Rost | Rötlich-gelbliche Pusteln auf den Schlotten | 199 | |

# ... im Buch gefunden 229

## Pflanzenschutz im Obstgarten

| Pflanze | Die wichtigsten Schädlinge und Krankheiten | Erscheinungsbild im Garten | Antworten auf brennende Fragen Seite | Tips für gesunden Anbau |
|---|---|---|---|---|
| **Äpfel** | Apfelblattlaus, Grüne und Mehlige | Eingerollte Blätter und verkrüppelte Triebspitzen; grasgrüne oder mehlig-bepuderte Läuse | 128 / 129 | Apfelbäume lieben humusreiche, etwas lehmige Böden und gleich- |
| | Apfelblütenstecher | Blütenknospen vertrocknen, sie sind innen ausgefressen | 129 | mäßige Feuchtigkeit. An trocken-heißen Standorten (z. B. Südhang oder Hauswand) sind sie anfällig für Krank- |
| | Apfelwickler (Obstmade) | Mit braunem Kot gefüllter Fraßgang der Maden im Apfel; Fruchtfall | 129 | heiten und Schädlinge. Günstig ist hohe Luftfeuchtigkeit. Zu nasse, kalte |
| | Blattsauger | Grüne Larven mit roten Augen; zerstörte braune Blütenknospen | 132 | Böden, in denen das Wasser schlecht abläuft, sind aber keine gute Voraus- |
| | Blutlaus | Braun-rote Läuse in watteartigen Ausscheidungen; Wucherungen am Holz | 133 | setzung für ein harmonisches Wachstum des Apfelbaums. |
| | Frostspanner | Angefressene Blätter und Früchte; Blätter und Knospen zusammengesponnen | 141 | Gesundheitsfördernd wirken große, gemulchte Baumscheiben. Diese Fläche sollte regelmäßig mit Kompost, |
| | Gespinstmotten | Dichte Gespinste mit vielen Raupen; Blätter abgefressen, Kahlfraß | 143 | Steinmehl und organischem Dünger versorgt werden. Empfehlenswert ist |
| | Obstbaum-Miniermotte | Geschlängelte Miniergänge in den Blättern; Welke | 157 | auch Brennessel-Beinwell-Jauche. Achten Sie auf Sorten, die an das |
| | Obstbaumspinnmilben (Rote Spinne) | Blätter hell gesprenkelt, unterseits winzige Milben; Vertrocknen, Blattfall | 169 | lokale Klima gut angepaßt sind. |
| | San-José-Schildlaus | Schildlaus-Krusten auf der Rinde; tiefrote Flecken an den Früchten, absterbende Äste | 164 | |
| | Schildläuse | Kolonien von »buckligen« Läusen an den Ästen | 165 | |
| | Wühlmaus | Besonders junge Bäume kümmern und sterben; Hauptwurzeln benagt | 221 | |
| | Feuerbrand | Triebspitzen welken, braun-schwarz gefärbt, hakenförmig gekrümmt | 181 | |
| | Kragenfäule | Am Stammgrund violett-braune Stellen, später geschlossener Ring; Fäulnis | 189 | |
| | Mehltau, Echter | Junge Blätter schon mit mehlig-weißem Belag, rollen sich ein, fallen ab | 192 | |
| | Monilia-Fruchtfäule | Faulstellen an Früchten mit konzentrisch-ringförmigen Schimmelpolstern | 195 | |
| | Obstbaumkrebs | An jungen Zweigen sinkt Rinde ein, an älteren krebsartige Wucherungen | 198 | |
| | Schorf | Olivgrüne, später braune Flecken an Blättern; braune, rissige Stellen auf der Fruchtschale | 201 | |
| **Birnen** | Blattsauger | Gelb-braune Larven; verkrüppelte Blüten, Blätter, Früchte; Honigtau | 132 | Birnbäume brauchen mehr Wärme als Apfelbäume. Tiefgründige, nicht zu |
| | Birnblatt-Gallmücke | Stark eingerollte, verdrehte Blätter, die schwarz werden | 142 | schwere Böden und sonnige, geschützte Lagen fördern eine gesunde |
| | Birnenpockenmilbe | Gelblich-rötliche Blasen an den Blättern | 142 | Entwicklung. Kälte und Nässe (z. B. hoher Grundwasserstand) erhöhen |
| | Blütenstecher | Braune, vertrocknete Knospen | 129 | die Anfälligkeit für Schädlinge und Krankheiten. Die tiefwurzelnden |
| | Frostspanner | Angefressene Blätter und Früchte; Blätter und Knospen zusammengesponnen | 141 | Birnbäume erreichen leicht Wasserreserven im Untergrund; deshalb er- |

# 230 *Im Garten entdeckt...*

| Pflanze | Die wichtigsten Schädlinge und Krankheiten | Erscheinungsbild im Garten | Antworten auf brennende Fragen Seite | Tips für gesunden Anbau |
|---|---|---|---|---|
| **Birnen** | Schildläuse | Kolonien von schildförmigen Läusen an den Ästen | 164 | tragen sie trockene Zeiten besser als zu nasse »Verhältnisse«. Große Baum- |
| | Spinnmilben | Blätter hell gesprenkelt, unterseits winzige Milben; Vertrocknen | 169 | scheiben, die stets mit Kompost, organischem Dünger und Mulchdecken |
| | Wühlmaus | Besonders junge Bäume kümmern und sterben; Hauptwurzeln benagt | 221 | versorgt werden, fördern die Gesundheit. |
| | Feuerbrand | Triebspitzen welken, erst braun, dann schwarz gefärbt, hakenförmig gekrümmt | 181 | Achten Sie besonders auf angepaßte Sorten; pflanzen Sie z. B. keine spät- |
| | Gitterrost | Blattoberseite gelb-rote Flecken, unterseits braune Schwellungen | 183 | reifenden Sorten in rauhen Landschaften. |
| | Monilia-Fruchtfäule | Faulstellen an Früchten mit konzentrisch-ringförmigen Schimmelpolstern | 195 | |
| | Obstbaumkrebs | An jungen Zweigen sinkt Rinde ein, an älteren krebsartige Wucherungen | 198 | |
| | Schorf | Olivgrüne, später braune Blattflecken; braune, rissige Stellen auf der Fruchtschale | 201 | |
| **Kirschen** Süß- und Sauerkirschen | Frostspanner | Angefressene Blätter und Früchte; Blätter und Knospen zusammengesponnen | 141 | Süßkirschen lieben lockere, tiefgründige Böden, die lehmig und kalkhaltig sind. |
| | Kirschenblattlaus, Schwarze | Eingerollte, gekräuselte Blätter, verkrüppelte Triebspitzen; schwarze Läuse; Honigtau | 147 | Sauerkirschen sind anspruchslos. Sie gedeihen fast überall. Auf schweren, nassen Böden, vor allem bei Stau- |
| | Kirschfruchtfliege | Schwarze Fliegen mit gelbem Rückenpunkt; Früchte braun und faulig durch Maden | 147 | nässe, ist für alle Kirschenarten die Gefahr von Krankheiten groß. |
| | Obstbaum-Miniermotte | Geschlängelte Miniergänge in den Blättern; Welke | 157 | Pflanzen Sie Kapuzinerkresse auf die Baumscheiben. |
| | Schildläuse | Kolonien der schildförmigen Läuse an den Ästen | 164 | |
| | Spinnmilben | Blätter hell gesprenkelt, unterseits winzige Milben; Vertrocknen | 169 | |
| | Wühlmaus | Besonders junge Bäume kümmern und sterben; Hauptwurzeln benagt | 221 | |
| | Bakterienbrand | Blattflecken mit wäßrigem Rand, später braun; eingesunkene schwarze Flecken auf Früchten; aufgeplatzte Rinde; Gummifluß | 178 | |
| | Monilia-Spitzendürre | Triebspitzen mit Blüten und Blättern verdorren | 195 | |
| | Schrotschußkrankheit | Rötliche Blattflecken; später Blätter siebartig durchlöchert | 202 | |
| | Sprühfleckenkrankheit | Blattoberseite rötlich-violette Flecken, unterseits weißer Pilzrasen; Blätter vergilben und fallen ab | 203 | |
| | Valsakrankheit | Auf der Rinde warzenartige dunkle Punkte; Gummifluß; krebsartige Wucherungen; Absterben | 206 | |
| **Pflaumen** (Zwetschen) | Blattläuse | Eingerollte Blätter, verkrüppelte Triebspitzen; Läuse gut sichtbar | 212 | Pflaumenbäume sind sehr anspruchslos. Sie gedeihen auch in rauhen |
| | Frostspanner | Angefressene Blätter und Früchte; Blätter und Früchte zusammengesponnen | 141 | Lagen. Besonders gut entwickeln sie sich in humusreichen, feuchten |

## ... im Buch gefunden 231

| Pflanze | Die wichtigsten Schädlinge und Krankheiten | Erscheinungsbild im Garten | Antworten auf brennende Fragen Seite | Tips für gesunden Anbau |
|---|---|---|---|---|
| **Pflaumen** | Gespinstmotte | Weiße Falter mit schwarzen Punkten; Gespinste mit vielen Raupen; Blätter abgefressen, Kahlfraß | 143 | Böden. Pflaumen vertragen Nässe, aber keine Trockenheit. Achten Sie aber darauf, daß der Pflaumenbaum nicht zu schattig steht, sonst werden die Früchte nicht süß. Gepflegte Baumscheiben und Stammanstrich fördern die Gesundheit der Bäume. |
| | Pflaumenblatt-Beutelgallmilbe | Rot-gelbe hochstehende Gallen, oft am Blattrand | | |
| | Pflaumensäge-wespe, Gelbe | Madige Früchte, außen Loch mit Kot und Gummifluß; viele Früchte fallen früh ab | 142 | |
| | Pflaumenwickler | Früchte frühreif, fallen ab; außen Bohrloch; innen mit Kot gefüllte Fraßgänge, Raupe | 158 | |
| | Spinnmilben | Blätter hell gesprenkelt, unterseits winzige Milben; Vertrocknen | 158 | |
| | Schildläuse | Kolonien der schildförmigen Läuse an den Ästen | 169 | |
| | Bakterienbrand | Auf Blättern helle, später braune Flecken; aufgeplatzte Rinde; Gummifluß; Absterben von kleinen Ästen | 164 | |
| | Monilia-Fruchtfäule | Faulstellen mit konzentrisch-ringförmigen Schimmelpolstern | 178 | |
| | Narren- oder Taschenkrankheit | Überlange, deformierte Früchte mit weiß-mehligem Überzug | 195 | |
| | Scharkakrankheit | Früchte rissig; Fruchtfleisch braun, zäh; verwaschene Ringmuster auf Blättern | 197 | |
| | Valsakrankheit | Rinde mit warzenartigen dunklen Punkten; Gummifluß; krebsartige Wucherungen; Absterben | 200 / 206 | |
| **Pfirsiche Aprikosen** | Pfirsichblattlaus, Grüne und Mehlige | Stark gekräuselte Blätter, Triebspitzen deformiert, grüne oder rötliche Läuse | 157 | Pfirsiche gedeihen am besten in mildem Klima. Sie brauchen viel Wärme und humusreiche Böden. Kalte, nasse Erde und rauhes Wetter sind nicht natur-gemäß für Pfirsiche; die Bäume werden anfällig und krank. Aprikosen sind noch anspruchsvoller; nur im Weinbauklima gedeihen sie ohne »Beschwerden«. Der Boden sollte warm, leicht, nährstoffreich und nicht zu trocken sein. |
| | Frostspanner | Angefressene Blätter und Früchte; Blüten und Blätter zusammengesponnen | 141 | |
| | Schildläuse | Kolonien der schildförmigen Läuse an Ästen und Zweigen | 164 | |
| | Spinnmilben | Blätter hell gesprenkelt; unterseits winzige Milben; Vertrocknen | 169 | |
| | Bakterienbrand | Blattflecken mit wäßrigem Rand, später braun; eingesunkene schwarze Flecken auf den Früchten; Gummifluß an Ästen und Stamm | 178 | |
| | Kräuselkrankheit | Blattgewebe blasig aufgetrieben, gelb-rötlich verfärbt; Blatt- und Fruchtfall | 189 | |
| | Monilia-Fruchtfäule | Faulstellen mit konzentrisch-ringförmigen Schimmelpolstern | 195 | |
| | Schrotschuß-krankheit | Rötliche Blattflecken, später Blätter siebartig durchlöchert | 202 | |
| | Valsakrankheit | Rinde mit warzenartigen dunklen Punkten; Gummifluß; krebsartige Wucherungen; Absterben | 206 | |
| **Quitten** | Zweig- und Fruchtmonilia | Faulstellen an Früchten mit konzentrisch-ringörmigen Schimmelpolstern; Triebspitzen verdorren | 195 | Quitten lieben einen warmen, geschützten Standort. Ihre Bodenansprüche sind bescheiden. |

## 232 *Im Garten entdeckt...*

**Beerensträucher**

| Pflanze | Die wichtigsten Schädlinge und Krankheiten | Erscheinungsbild im Garten | Antworten auf brennende Fragen Seite | Tips für gesunden Anbau |
|---|---|---|---|---|
| **Brombeeren** | Blütenstecher | Schwarze Rüsselkäfer; abgeknickte, verdorrende Einzelknospen | 138 | In durchlässigem, leicht saurem Humus gedeihen Brombeeren am besten. Der Boden sollte gleichmäßig feucht sein. Mulchen Sie die Beerenpflanzung während des ganzen Jahres! Ein sonniger, geschützter Standort fördert gesundes Gedeihen. Staunässe und Kälte schaden den Pflanzen. Wichtig für die Gesundheit: regelmäßiger Schnitt. |
| | Brombeermilbe | Grün-rot-schwarz gescheckte Beeren, teilwcise unreif und hart | 134 | |
| | Himbeer-gallmücke | Dicke Gallen an den Ruten, innen Larven | 143 | |
| | Himbeerkäfer | Braune Käfer, zerstörte Blüten, »Maden« in den Früchten | 144 | |
| | Spinnmilbe, Gemeine | Blätter hell gesprenkelt, unterseits winzige Milben; Vertrocknen | 169 | |
| **Himbeeren** | Blattwanzen | Flecken, Fraßschäden, Mißbildungen an Blättern, Trieben, Früchten; Wanzengeruch | 173 | Himbeeren sind Waldrandgewächse, die lichten Schatten und Bodendecken aus Laub oder Gehölzschnitt lieben. Leicht saurer, lockerer Humus und gleichmäßige Bodenfeuchtigkeit fördern harmonisches Wachstum. Achten Sie auf gesundes Pflanzgut. Schneiden Sie abgetragene Ruten stets zurück. |
| | Himbeerblütenstecher | Schwarze Rüsselkäfer; abgeknickte, verdorrende Einzelknospen | 138 | |
| | Himbeer-gallmücke | Dicke Gallen an den Ruten, innen Larven | 143 | |
| | Himbeerkäfer | Braune Käfer, zerstörte Blüten; »Maden« in den Früchten | 144 | |
| | Spinnmilben | Blätter hell gesprenkelt; unterseits winzige Milben; Vertrocknen | 169 | |
| | Grauschimmel | Mausgrauer Schimmelrasen an den Früchten | 184 | |
| | Rutenkrankheit | An Jungtrieben größere bräunlich-violette Flecken; später aufgeplatzte Rinde; Triebe sterben plötzlich ab | 186 | |
| **Johannis-beeren** | Johannisbeer-Blasenlaus | Große rote oder gelbe Blasen auf den Blättern; unterseits hellgrüne Läuse | 145 | Auch Johannisbeeren gedeihen in leicht saurem Humus. Der Boden sollte nährstoffreich und feucht sein. Wählen Sie einen Platz aus, der in der Sonne oder im lichten Halbschatten liegt. Wichtig: ganzjährig mulchen! Pflanzen Sie Wermut zu den Johannisbeeren. |
| | Johannisbeerblatt-Gallmücke | An Schwarzen Johannisbeeren sind Blätter verdreht, faltig, schwarz gefärbt | 142 | |
| | Johannisbeer-Gallmilbe | Auffällig geschwollene runde Knospen, die sich im Frühling nicht öffnen | 145 | |
| | Johannisbeer-Glasflügler | Blätter welken im Sommer; Stengel innen dunkel gefärbt mit Larve | 146 | |
| | Schildläuse | Kolonien der schildförmigen Läuse an den Zweigen | 164 | |
| | Spinnmilben | Blätter hell gesprenkelt; unterseits winzige Milben; Vertrocknen | 169 | |
| | Blattfallkrankheit | Blätter mit vielen braunen »Punkten«, rollen sich ein, fallen früh ab | 178 | |
| | Johannisbeer-Säulenrost | Rostbrauner Sporenbelag auf der Blattunterseite; Blattfall, Triebsterben | 187 | |
| **Stachelbeeren** | Blattläuse | Blätter und Triebspitzen verkrümmt; Läuse gut sichtbar | 212 | Diese Beerenart ist nicht sehr anspruchsvoll. Ein sonniger bis halbschattiger Platz und kalkhaltige, etwas lehmige Erde sind günstig für gesundes Gedeihen. Sorgen Sie mit Mulchdecken für feuchten Boden. Wichtig: Achten Sie auf mehltauresistente Züchtungen! |
| | Schildläuse | Kolonien der schildförmigen Läuse an den Zweigen | 164 | |
| | Spinnmilben | Blätter hell gesprenkelt, unterseits winzige Milben; Vertrocknen | 169 | |
| | Stachelbeer-Blattwespe | Grüne raupenähnliche Larven mit schwarzen Warzen; zahlreich; radikaler Blattfraß | 170 | |

*. . . im Buch gefunden* 233

| Pflanze | Die wichtigsten Schädlinge und Krankheiten | Erscheinungsbild im Garten | Antworten auf brennende Fragen Seite | Tips für gesunden Anbau |
|---|---|---|---|---|
| **Stachelbeeren** | Blattfallkrankheit | Blätter mit vielen braunen »Punkten«, rollen sich ein, fallen früh ab | 178 | |
| | Stachelbeer-Mehltau, Amerikanischer | Besonders an Triebspitzen weiß-filziger Belag, später braun, Triebe verdorren; Beeren mit braunen Flecken | 193 | |
| **Erdbeeren** | | | | |
| | Erdbeer-Blattälchen | Stark gekräuselte Blätter, überlange Stiele, vor allem im Frühling | 138 | Geben Sie den Erdbeeren ein sonniges Beet, und sorgen Sie für lockeren, nährstoffreichen Boden. Leicht saurer Humus wirkt sich besonders günstig auf gesundes Gedeihen und gutes Aroma aus. Mulchen Sie mit Laub, Gehölzschnitt oder Stroh. Kompost, gut verrotteter Rindermist oder ein organischer Mischdünger dienen als ausgewogene Nahrungsgrundlage. Wichtig für die Gesundheit: Mischkultur mit Knoblauch und Zwiebeln. Wählen Sie gesunde Erdbeer-Züchtungen aus. |
| | Erdbeer-Blütenstecher | Schwarze Rüsselkäfer; abgeknickte, verdorrende Einzelknospen | 138 | |
| | Erdbeer-Stengelstecher | Blaugrüne Rüsselkäfer; junge Blätter und ganze Blütenbüschel sterben ab | 138 | |
| | Erdbeer-Wurzelrüßler | Wurzeln abgefressen, Pflanze kümmert; Larven im Wurzelraum | 138 | |
| | Milben | Blätter stark gekräuselt, verkrüppelt | 139 | |
| | Nematoden (Wurzel) | Wurzelschäden, Wachstumsstörungen | 156 | |
| | Schnecken | Früchte angefressen; Schleimspuren | 214 | |
| | Spinnmilben | Blätter hell gesprenkelt, unterseits winzige Milben; Vertrocknen | 169 | |
| | Tausendfüßer | Löcher, Fraßgänge in den Früchten | 170 | |
| | Grauschimmel | Mausgrauer Schimmelrasen auf den Früchten | 184 | |
| | Lederfäule | Bereits rote Früchte werden blaß, dann braun und lederartig zäh | 191 | |
| | Mehltau, Echter | Blätter rötlich, mit weiß-mehligem Belag überzogen, rollen sich ein | 193 | |
| | Verticillium-Welke | Im Frühsommer welken Pflanzen, sterben teilweise ab | 207 | |
| | Weißflecken-krankheit | Runde weiß-rote Flecken auf den Blättern | 208 | |

## Pflanzenschutz im Ziergarten

### Einjährige und zweijährige Sommerblumen

| Pflanze | Die wichtigsten Schädlinge und Krankheiten | Erscheinungsbild im Garten | Antworten auf brennende Fragen Seite | Tips für gesunden Anbau |
|---|---|---|---|---|
| **Astern** | Asternwelke | Plötzliche Welke; Stengelgrund oder Stiele schwarz gefärbt | 182 | Allgemeine Pflegehinweise: Die meisten Sommerblumen lieben sonnige Standorte. Geben Sie ihnen Kompost, Brennnesseljauche und ein wenig organischen Vorratsdünger. Zu enge Pflanzung, zu wenig Licht und Überdüngung machen die Pflanzen anfällig für Krankheiten. Wichtig: Achten Sie auf welke- und mehltauresistente Züchtungen. |
| | Mehltau, Echter | Mehlig-weißer Belag auf den Blättern | 192 | |
| | Verticillium-Welke | Blätter gelb; fortschreitende Welke | 207 | |
| **Kapuziner-kresse** | Läuse, Schwarze | Schwarze Läuse an Blättern, Stengeln und Blüten | 212 | |
| | Kohlweißling, Großer | Grüne oder schwarzgefleckte Raupen fressen an den Blättern | 150 | |

## 234 *Im Garten entdeckt...*

| Pflanze | Die wichtigsten Schädlinge und Krankheiten | Erscheinungsbild im Garten | Antworten auf brennende Fragen Seite | Tips für gesunden Anbau |
|---|---|---|---|---|
| **Löwen-mäulchen** | Rost | Braune Pusteln an der Blattunterseite, oberseits gelbliche Flecken | 198 | |
| **Malven/ Stockrosen** | Malvenrost | Braune Pusteln an der Blattunterseite, oberseits gelb-bräunlichen Flecken | 199 | Stockrosen brauchen feuchten Humus; trockener Boden begünstigt den Malvenrost. |
| | Spinnmilben | Blattoberseite hell gesprenkelt, unterseits winzige Milben; Vertrocknen | 169 | |
| **Ringelblumen** | Mehltau, Echter | Mehlig-weißer Belag auf den Blättern | 192 | |
| **Sonnen-blumen** | Blattwanzen | Gelbliche Flecken an Blätter, später durchlöchert | 173 | Die riesigen Sonnenblumen benötigen mehr Nährstoffe als die meisten anderen Sommerblumen. |
| | Mehltau, Echter und Falscher | Mehlig-weißer Belag auf Blättern; oder Blattflecken und unterseits grauer Belag | 192 194 | |
| | Rost | Braune Pusteln auf Blattunterseite, oberseits gelbliche Flecken; Vertrocknen | 198 | |
| **Studenten-blumen/ Tagetes** | Schnecken | Fraßschäden; Schleimspuren | 214 | |
| | Verticillium-Welke | Fortschreitende Welke, fängt bei einzelnen Blättern an | 207 | |
| **Wicken** | Mehltau, Echter | Mehlig-weißer Belag auf den Blättern | 192 | |
| **Vergißmein-nicht** | Mehltau, Echter und Falscher | Mehlig-weißer Belag; auf den Blättern; ausgebleichte Flecken auf den Blättern, unterseits grauer Belag | 192 194 | |
| **Zinnien** | Schnecken | Fraßschäden; Schleimspuren | 214 | |
| | Fußkrankheit | Plötzliche Welke; Stengel schwarz gefärbt | 182 | |
| | Grauschimmel | Mausgrauer Schimmelrasen auf Blättern, Stengeln und Blüten | 184 | |

## Stauden

| Pflanze | Schädlinge/Krankheiten | Erscheinungsbild | Seite | Tips |
|---|---|---|---|---|
| **Astern** | Mehltau, Echter | Mehlig-weißer Belag auf den Blättern | 192 | Allgemeine Pflegehinweise: Die Pracht- oder Beetstauden brauchen ein sonniges Beet und genügend Platz, um sich frei und gesund zu entfalten. Die Erde sollte locker und humusreich sein. Versorgen Sie die Pflanzen mit Kompost, organischem Vorratsdünger und Brennesseljauche. Wichtig für die Gesundheit: Gut ernähren, aber nie zu stark mit Stickstoff düngen. Außerdem regelmäßige Pflegearbeiten, wie Unkrautjäten, Bodenlockern, Gießen, Hochbinden und Zurückschneiden. Achten Sie auf mehltauresistente Züchtungen, vor allem bei Astern und Rittersporn! Schwertlilien müssen flach gepflanzt werden; ihre fleischigen Wurzeln vertragen keine stauende Nässe! |
| | Verticillium-Welke | Blätter vergilben, langsam fortschreitende Welke | 207 | |
| **Chrysan-themen/ Winterastern** | Blattälchen | Blätter bräunlich, später schwarz, auch fleckig-streifig; sterben ab | 155 | |
| | Blattwanzen | Flecken, Fraßschäden an Blättern; verkümmerte Triebspitzen | 173 | |
| | Schaumzikade | Weiße Schaumbällchen an den Stengeln, darin Zikadenlarven | 175 | |
| | Spinnmilben | Blätter hell gesprenkelt, unterseits winzige Milben; Vertrocknen | 169 | |
| | Rost | Bräunliche Rostpusteln an der Blattunterseite; oberseits grau-grüne Flecken | 198 | |
| **Iris/ Schwertlilien** | Rhizomfäule | Wurzelstöcke faulen, zerfallen breiartig | 186 | |

| Pflanze | Die wichtigsten Schädlinge und Krankheiten | Erscheinungsbild im Garten | Antworten auf brennende Fragen Seite | Tips für gesunden Anbau |
|---|---|---|---|---|
| **Margeriten** | Läuse, Schwarze | Blätter und Blüten verkrüppelt; schwarze Läuse, oft am Stengel | 212 | |
| | Mehltau, Echter | Mehlig-weißer Belag an Blättern | 192 | |
| **Nelken** | Rost | Bräunliche Rostpusteln an den Blättern | 198 | |
| **Pfingstrosen** | Blattälchen | Blätter bräunlich, später schwarz, auch fleckig-streifig; sterben ab | 155 | Pfingstrosen dürfen nicht zu tief gesetzt werden. Sie wollen lange Zeit am gleichen Platz bleiben. |
| | Grauschimmel | Mausgrauer Schimmelrasen; erkrankte Triebe sterben ab; Knospen öffnen sich nicht | 185 | |
| | Rost | Bräunliche Pusteln auf Blattunterseite, oberseits braune violett umrandete Flecken | 198 | |
| **Phlox** | Stengelälchen/ Stockkrankheit | Knotig-verkrüppelte, teils aufgerissene Stengel; Blätter verkümmert | 156 | Phlox und Rittersporn müssen bei trockenem Wetter reichlich gegossen werden. |
| | Mehltau, Echter | Mehlig-weißer Belag auf den Blättern | 192 | |
| | Verticillium-Welke | Blätter vergilben; fortschreitende Welke | 207 | |
| **Rittersporn** | Mehltau, Echter | Mehlig-weißer Belag auf Blättern, Stengeln, evtl. Blütenständen | 193 | |
| | Schwarzfleckenkrankheit | Eckige, schwarze, nach oben leicht gewölbte Flecken auf Blättern | 198 | |

## Zwiebelblumen und Knollengewächse

| Pflanze | Die wichtigsten Schädlinge und Krankheiten | Erscheinungsbild im Garten | Antworten auf brennende Fragen Seite | Tips für gesunden Anbau |
|---|---|---|---|---|
| **Dahlien** | Blattläuse, Schwarze | Blätter, Triebspitzen verkrümmt; schwarze Läuse gut sichtbar | 212 | Dahlien sind frostempfindlich. Pflanzen Sie sie erst im Mai in nahrhaften Boden an einen sonnigen Platz. Sie brauchen Kompost, Dünger und genügend Feuchtigkeit. Tip: Vorgetriebene Dahlien sind sicherer vor Schnecken und blühen früher! |
| | Blattwanzen | Saugflecken, später Löcher in den Blättern, Beulen, verkrüppelte Blüten | 173 | |
| | Schnecken | Abgefressene Jungtriebe | 214 | |
| | Grauschimmel | Mausgrauer Schimmelrasen an verschiedenen Pflanzenteilen | 184 | |
| **Gladiolen** | Thrips/Blasenfuß | Blätter mit weiß-silbrigen Flecken oder Streifen; Blüten mit bleichen, trockenen Stellen | 172 | Lockerer Boden und volle Sonne sind wichtig für gesundes Gedeihen Achten Sie beim Kauf auf gesunde Knollen; Gladiolen bringen oft Infektionen mit! |
| | Grauschimmel | Knollen schimmeln im Lager; grauer Schimmelrasen an Blättern, Stengelgrund, Blüten | 185 | |
| | Weißstreifigkeit | Blüten, auch Blätter, gelb-grün oder grau gestreift, Blüten bleiben stecken | 197 | |
| **Narzissen** | Narzissenfliege | Steckengebliebene, verkümmerte Knospen und Blätter; Zwiebeln innen zerfressen | 155 | Narzissen sind robuste Zwiebelgewächse, die in der Sonne ebenso gedeihen wie im Halbschatten. Der Boden sollte durchlässig sein; bei Nässe faulen die Zwiebeln. Wichtig: Narzissen werden von Mäusen nicht angerührt. |
| | Fusarium-Welke | Blätter vergilben; Pflanzen sterben ab | 182 | |
| | Grauschimmel/ Narzissenfeuer | Wäßrige Flecken auf Blüten, gelbbraune auf Blättern; grauer Pilzrasen | 185 | |

# 236 Im Garten entdeckt ...

| Pflanze | Die wichtigsten Schädlinge und Krankheiten | Erscheinungsbild im Garten | Antworten auf brennende Fragen Seite | Tips für gesunden Anbau |
|---|---|---|---|---|
| **Lilien** | Lilienhähnchen | Rote Käfer, braunrote Larven; Blätter und Blüten zerfressen; schleimiger Kot auf der Blattunterseite | 152 | Alle Lilien wollen ihre Blüten in der Sonne öffnen, die Zwiebeln benötigen aber feuchte, schattige Kühle. Verwenden Sie deshalb Bodendecker oder Mulchschichten. Der Boden sollte durchlässig, aber humusreich sein. Versorgen Sie die Blumen mit Kompost und organischem Dünger. Wichtig: In zu nassen und zu schweren Böden faulen die Zwiebeln! |
| | Wühlmäuse | Zwiebeln zerfressen; Welke; kein Austrieb | 221 | |
| | Fusarium-Fäule | Welke, Pflanzen sterben ab; Zwiebeln faulen | 182 | |
| | Grauschimmel | Mausgrauer Schimmelrasen wuchert unter Umständen über ganze Pflanze | 185 | |
| **Tulpen** | Wühlmäuse | Zwiebeln zerfressen; Welke bzw. kein Austrieb | 221 | In humusreicher, lockerer Erde an sonnigen Standorten gedeihen Tulpen am besten. Versorgen Sie sie gut mit organischen Dünger. |
| | Buntstreifigkeit/ Mosaik | Blüten auffällig geflammt oder gestreift | 197 | |
| | Grauschimmel/ Tulpenfeuer | Verkrüppelte, fleckige Blätter und Blüten, die schlecht austreiben | 185 | |

## Rosen

| | Blattläuse | Mißbildungen, Wachstumsstörungen durch dichte Kolonien grüner oder rosa Läuse und Knospen an Triebspitzen | 160 | Rosen brauchen unbedingt Sonne! In nährstoffreichem, etwas lehmigem Humus gedeihen sie am besten. Versorgen Sie die Pflanzen mit Kompost, organischem Dünger und Brennesseljauche. Geben Sie aber nie zu viel Stickstoff. Schatten, nasse kalte Böden und zu enge Pflanzung machen Rosen anfällig für Krankheiten und Schädlinge. Schutz vor Frost und vor Austrocknung ist wichtig. Gut für die Gesundheit: Pflanzen Sie Knoblauch und Lavendel zu den Rosen. Wählen Sie Sorten, die dem heimischen Klima angepaßt sind! |
|---|---|---|---|---|
| | Blattrollwespe | Blätter in Längsrichtung eingerollt, hängen nach unten, darin helle Larven | 160 | |
| | Blattwanzen | Braune Flecken, Fraßschäden an Trieben, Blättern, Blüten | 173 | |
| | Blütenstecher | Knospen knicken ab und verwelken | 161 | |
| | Rosenblattwespe | Fensterfraß an den Blättern (obere oder untere Haut bleibt erhalten) | 160 | |
| | Rosen-Gallwespe | Ameisenähnliche Wespen; runde bemooste Gallen an den Pflanzen, darin weißliche Larven | 161 | |
| | Rosentriebbohrer | Bohrloch im Stengel, im Mark Larven; welkende Triebe nur beim abwärtssteigenden Triebbohrer | 161 | |
| | Rosenwickler | Knospen, Blätter, junge Triebe angefressen | 162 | |
| | Rosen-Zikade | Blätter hell gesprenkelt; auf der Blattunterseite gelblich-grüne, geflügelte Insekten und Larven mit Flügelstummeln | 162 | |
| | Grauschimmel | Mausgrauer Schimmelrasen, Blütenblätter faulen, Blütenstiele knicken | 184 | |
| | Mehltau, Echter | Mehlig-weißer Belag auf Blättern, Trieben, Blüten | 193 | |
| | Rosenrost | Blattunterseites Rostpusteln, oberseits kleine gelb-rote Flecken; Blattgrund später gelb | 199 | |
| | Sternrußtau | Schwarz-braune runde bis sternförmige Blattflecken; starker Blattfall | 204 | |

## Ziergehölze

| Pflanze | Die wichtigsten Schädlinge und Krankheiten | Erscheinungsbild im Garten | Antworten auf brennende Fragen Seite | Tips für gesunden Anbau |
|---|---|---|---|---|
| **Cotoneaster** | Feuerbrand | Triebspitzen samt Blättern und Blüten welken, braun bis schwarz gefärbt und hakenförmig nach unten gekrümmt | 181 | Allgemeine Pflegehinweise: Wählen Sie Laub- und Nadelgehölze immer so aus, daß sie im heimischen Klima problemlos gedeihen. Pflanzen Sie nicht zu dicht, und sorgen Sie durch regelmäßigen Auslichtungsschnitt für luftig-lockeren Wuchs. Unter Laubgehölzen halten Bodendecker oder Mulchschichten die Erde feucht und lebendig. Zur Bodenverbesserung dienen vor allem Kompost und organische Langzeitdünger. |
| **Eberesche** | Rost | Typische Rostpusteln an den Blättern | 198 | |
| | Verticillium-Welke | Einzelne Astpartien welken und sterben von der Spitze her ab | 207 | |
| **Feuerdorn** | Feuerbrand | Triebspitzen braun bis schwarz, welken, hakenförmig gekrümmt | 181 | |
| | Schorf | Braun – schwarze Blattflecken; Früchte mit schwarzem Belag, aufgeplatzt | 201 | |
| **Haselnuß** | Haselnußbohrer | Nuß ausgefressen, Bohrloch in Schale | 144 | |
| **Holunder** | Holunderlaus, Schwarze | Triebspitzen wimmeln von blauschwarzen Läusen; eingerollte, verkrüppelte Blätter | 212 | |
| **Mandelbaum** | Monilia | Triebspitzen welken, sterben ab | 195 | |
| **Nadelgehölze** | Schildläuse | Kolonien der schildförmigen Läuse an Ästen | 164 | |
| | Sitka-Fichtenlaus | Grüne Läuse mit roten Augen an Nadelunterseite; zuerst gelbe Flecken, dann braune Nadeln | 167 | |
| | Tannen- oder Wolläuse | Weiß-wollige Läusekolonien an den Nadeln | 175 | |
| **Rhododendron** | Dickmaulrüßler | Schwarze Käfer; Blattränder bogenförmig ausgefressen; Wurzel von Maden angefressen | 135 | Rhododendren brauchen saure Erde, um gesund zu gedeihen. Geben Sie ihnen Laubkompost oder Rindensubstrat (ohne Kalk)! |
| | Weiße Fliege | Kleine weiße »Fliegen« auf Blattunterseite; oberseits gelb gesprenkelt | 173 | |
| | Rost | Typische Rostpusteln auf Blattunterseite, oberseits rot-braune Flecken | 198 | |
| **Schneeball** | Bohnenblattlaus, Schwarze | Eingerollte, verkrüppelte Blätter; Triebspitzen voller Läuse; Rußtaupilze | 134 | Achten Sie auf genügend Bodenfeuchtigkeit. Trockenheit fördert die Anfälligkeit der Schneeball-Sträucher für Läuse. |
| | Futterwanze, Grüne | Braune Flecken, Fraßschäden an Trieben, Blättern oder Blüten | 173 | |
| **Wacholder** (außer Gemeiner Wacholder) | Gitterrost | Spindelförmige Verdickungen an Zweigen, im Frühjahr schleimig-gelbe Pilzsporen | 183 | |
| **Weißdorn Rotdorn** | Blutlaus | Braun-rote Läuse in watteartigen Ausscheidungen; Wucherungen am Holz | 133 | Rot- und Weißdorn bieten einigen Ostbaumschädlingen »Quartier«. Darauf sollten Sie bei der Standortwahl achten! |
| | Frostspanner | Angefressene Blätter; Blätter und Blüten zusammengesponnen | 141 | |
| | Spinnmilben | Blätter hell gesprenkelt, unterseits winzige Milben; Vertrocknen | 168 | |
| | Gespinstmotte | Dichte, helle Gespinste mit vielen Raupen; Blätter abgefressen; Kahlfraß | 143 | |
| | Feuerbrand | Triebspitzen braun bis schwarz, welken, hakenförmig gekrümmt | 181 | |

# Gedanken zum Ausklang

Es wird wohl keinen Gärtner geben, der dieses Buch von der ersten bis zur letzten Seite wie einen Roman liest. Ein jeder wird sich das herausgreifen, was ihn besonders interessiert und dort nachschlagen, wo er gerade Hilfe braucht. Das ist gut so. Und das war auch so gedacht.

Ich hoffe, daß Sie alle, die dieses Buch benutzen, sich bei keinem Problem im Stich gelassen fühlen und immer finden, was Sie brauchen. Ich hoffe auch, daß Sie beim Blättern und Lesen immer wieder auf ein Anliegen stoßen, das mir besonders wichtig ist: Bleiben Sie geduldige Gärtner und schonen Sie das Leben, wo immer es möglich ist!

Ich habe in diesem Buch in großer Fülle praktische Ratschläge, Rezepte und Wissen über die Natur gesammelt, damit Sie, die Leser und Gärtner, nicht mehr suchen müssen. Sie waren – in Gedanken – immer bei mir, während ich arbeitete. Ich war stets bemüht, dieses Buch für Sie so brauchbar, so umfassend und so interessant wie möglich zu gestalten. Nur eines wollte ich unter gar keinen Umständen: daß diese Sammlung als Gebrauchsanweisung zum »Töten mit natürlichen Mitteln« betrachtet wird.

Wenn Sie bei der Benutzung dieses Buches außer der praktischen Hilfe und den ökologischen Einsichten auch das Mitleid mit allen lebendigen Wesen gewinnen, dann war es für mich alle Mühe wert.

Es war eine große und eine sehr verantwortungsreiche Arbeit. Und ich habe vielen Helfern zu danken, die mich dabei unterstützt haben: Zahlreiche Wissenschaftler und Produzenten haben mich in großzügiger Weise mit wichtigen Informationen versorgt. Im BLV-Verlag fand ich Unterstützung auf allen Ebenen. »Meine Lektorin« hat das »Riesenbaby«, wie sie es liebevoll nannte, mit großem Einsatz betreut. Die »studierten Biologen« des Hauses haben den Text noch einmal durchforstet, damit »keine Laus im Pelz« hängenblieb, wo sie nicht hingehörte. Die Beschaffung des umfangreichen Bildmaterials hätte einen Sonderorden verdient. Und die Arbeit des Herstellers, dem das Buch seine lebendige äußere Gestaltung verdankt, kann gar nicht hoch genug eingeschätzt werden.

Und dann waren da noch meine »guten Geister« in der nächsten Umgebung. Sie halfen mir durchzuhalten bis zu dieser letzten Seite. Ich danke von Herzen Rita Abels, die das 7 Pfund schwere Manuskript blitzschnell und sauber in die Maschine tippte, Wilhelm Abels, der alle Seiten unverdrossen nach Fehlern durchsuchte, Ingeborg Raue-Winkelmann, die meine unentbehrliche Register-Spezialistin ist und Werner Dittmer, der immer neue Biogarten-Fotos hervorzaubert, und der so geduldig erträgt, daß ich monatelang am Schreibtisch »untertauche«.

Und ich danke Regine. Ihr Geist hat mich beflügelt. Ohne sie wäre dieses Buch nicht so geworden, wie es nun gedruckt wird.

# Bezugsquellen   239

## Biologische Pflanzenschutz- und Pflegemittel

(Eine Auswahl empfehlenswerter Firmen ohne Anspruch auf Vollständigkeit)

Ernst-Otto Cohrs
Lebenfördernde Pflegemittel für
Boden, Pflanze und Tier
Postfach 1165
2130 Rotenburg/Wümme

Compo GmbH
»Milsana«, Mehltaumittel
aus Sachalin-Staudenknöterich
Postfach 2107
4400 Münster

»Die Biologischen von Neudorff«
Dünger, Pflanzenpflege, Pflanzenschutz, W. Neudorff GmbH KG
Postfach 1209
3254 Emmerthal 1

Oscorna Spezialdünger
Pflanzenschutz- und Pflegeprogramm
Oscorna Dünger GmbH und Co.
Postfach 4267
7900 Ulm

Propfe GmbH
Düsseldorfer Str. 9–11
6800 Mannheim

Sperli-Bodenkur und Gründüngung
Carl Sperling & Co.
Postfach 2640
2120 Lüneburg

Gebr. Schaette KG
Pflanzenpflegemittel
Postfach 147
7967 Bad Waldsee

*Schweizer Firmen*

Ledax-Bio-
Ledona AG
Postfach 262
CH-6030 Ebikon-Luzern

Stoeckler Bio Agrar AG
Biologisches Pflanzenschutz- und
Pflegeprogramm
Neuhofstr. 5
Ch-8630 Rüti/ZH

*Österreichische Firmen*

ARJOBAS
Biologische Pflanzenschutzmittel
Vertrieb: Karl O. Müller
Salzburger Str. 13, A-4840 Vöcklabruck

Bio-Agrar-Zentrum GmbH
(Ledona-Produkte)
Bienensteingasse 9, A-3250 Vieselburg

BIO-Gartencenter
BIOGAMIN-Düngemittel Ges.m.b.H
Hauptstr. 5, A-3031 Rekawinkel

S. und H. Furtner
Biologischer Fachhandel
u. a. Cohrs-Produkte
Hauptstr. 5, A-3031 Rekawinkel

Franz Praskac
u. a. Cohrs-Produkte
Freundorf, A-3430 Tulln

## Versand-Firmen

### Bio-Spezialfirmen

Bio-Gartenmarkt Keller
Konradstr. 17, 7800 Freiburg i. Br.

vermi-bio-Kultur
Hans-Kurt Landenberger
Postfach 88, 7464 Schömberg

*In der Schweiz:*

Ledax-Bio – Ledona AG
Postfach 262
CH-6030 Ebikon-Luzern

Stoeckler Bio Agrar AG
Biologisches Pflanzenschutz- und
Pflegeprogramm
Neuhofstr. 5, CH-8630 Rüti/ZH

### Gartenfachhandel mit Bio-Programm

Dehner – Alles für den Garten
Postfach 1160, 8852 Rain am Lech

Garten Quelle
8510 Fürth 500

Gärtner Pötschke
Postfach 2220, 4044 Kaarst 2

*In der Schweiz:*

Samen Mauser
Zürichstr. 98
CH-8600 Dübendorf/Zürich

## Spezial-Produkte für den naturgemäßen Pflanzenschutz

(Eine empfehlenswerte Auswahl ohne Anspruch auf Vollständigkeit)

### Schneckenzäune

Neudorff's Intensiv Kultursystem
(mit Schnecken-Abwehrkante)
W. Neudorff GmbH KG
Postfach 1209
3254 Emmerthal 1

Hevo-Schneckenrinne
Hevo Geräte
Freudenstädter Str. 45
7298 Lossburg

emca-Schneckenzaun
(mit Elektrodrähten)
emca GmbH
Postfach 7
7444 Beuren

Schneckenzaun Bio-Fix
Thomas Pfau, Ing.
Geräte für den Umweltschutz
Juchstr. 27
CH-8116 Würenlos/Schweiz

*Bezugsquelle in Deutschland:*

Bio-Gartenmarkt Keller
Konradstr. 17
7800 Freiburg i. Br.

### Nisthilfen
(für Vögel, Fledermäuse, Igel und Insekten)

Schwegler-Vogelschutzgeräte GmbH
Heinkelstr. 35, 7060 Schorndorf

### Gemüsefliegennetz

»Die Biologischen von Neudorff«
Dünger, Pflanzenpflege, Pflanzenschutz, W. Neudorff GmbH KG
Postfach 1209
3254 Emmerthal 1

## 240 *Bezugsquellen*

### Steinmehl- und Steinmehl-Zerstäuber Schilfhäcksel (Cartalit)

vermi-bio-Kultur
Hans-Kurt Landenberger
Postfach 88
7464 Schömberg

*In der Schweiz:*

Zimmerli Mineralwerk AG
Hohlstr. 500
CH-8048 Zürich

*In Österreich:*

S. und H. Furtner
Biologischer Fachhandel
u. a. Cohrs-Produkte
Dürrwienstr. 5, A-3021 Preßbaum

### Nützlinge, die man kaufen kann
(Raubmilben, Schlupfwespen, Gallmücken, Florfliegen)

Institut für Gemüsebau, FH Weihenstephan
Lange Point, 8050 Freising

W. Neudorff GmbH KG
Postfach 12 09
3254 Emmerthal 1

D. Niessner
Hugo-Wolf-Str. 13
4010 Hilden

Dipl.-Ing. Sautter und Stepper
Rosenstr. 19
7403 Ammerbuch 5

Hatto Welte
Maurershorn 10
7752 Reichenau

### Nematoden gegen Dickmaulrüßler

W. Neudorff GmbH KG
Postfach 12 09
3254 Emmerthal 1

*In Holland:*

De groene vlieg
Duivenwaardsedijk 1
NL-3244 LG Nieuwe Tonge

### Indische Laufenten

Karlheinz Bolenz
Hippergstr. 4
6501 Budenheim

Georg Garnreiter
Wernhardsberg 5
8200 Rosenheim

K.-L. Stehling
Gerichtsweg 3
3557 Ebsdorfergrund

August Tappmeyer
Lange Str. 30
4517 Hilter

## Untersuchungsanstalten für Bodenproben

### Biologisch orientierte Institute

Dr. Fritz Balzer
Oberer Ellenberg 5
3551 Amönau

Institut für biologisch-dynamische Forschung
Brandschneise 5
6100 Darmstadt

Institut für Mikrobiologie und Bodenchemie GmbH
Kornmarkt 34
6348 Herborn

Labor für Bodenmikrologie
Dr. Grün-Wollny
Burggarten 9, 3554 Kirchvers

Boden und Pflanze GmbH
Mooseurach 6
8197 Königsdorf

*In der Schweiz:*

Eidgenössische Forschungsanstalt, Schloß
CH-8820 Wädenswil

ACEPSA-Labor
CH-1041 Oulens VD

*In Österreich:*

Mikrobiologisches und chemisches Labor Dr. W. Wenzel
Maygasse 8, A-8010 Graz

### Staatliche Institute

*Berlin*
Pflanzenschutzamt Berlin
Altkircher Str. 1–3
1000 Berlin 33

*Hamburg*
Institut für angewandte Botanik
Marseiller Str. 2
2000 Hamburg 36

*Schleswig-Holstein*
Landwirtschaftliche Untersuchungs- und Forschungsanstalt
Gutenbergstr. 75–77
2300 Kiel

*Niedersachsen*
Landwirtschaftliches Untersuchungs- amt und Versuchsanstalt
Mars-la-Tour-Str. 4
2900 Oldenburg

Landwirtschaftliche Untersuchungs- und Forschungsanstalt
Finkenbornerweg 1A
3250 Hameln

Landwirtschaftliche Untersuchungs- und Forschungsanstalt
Hochstr. 18, 3300 Braunschweig

*Nordrhein-Westfalen*
Landwirtschaftliche Untersuchungs- und Forschungsanstalt
Nevinghoff 40, 4400 Münster

Landwirtschaftliche Untersuchungs- und Forschungsanstalt
Weberstr. 59, 5300 Bonn

*Rheinland-Pfalz*
Landes-Lehr- und Versuchsanstalt für Weinbau, Gartenbau und Landwirtschaft, Institut für Bodenkunde
Egbertstr. 18–19
5500 Trier

Landwirtschaftliche Untersuchungs- und Forschungsanstalt
Obere Langgasse 40
6720 Speyer

*Hessen*
Landwirtschaftliches Untersuchungs- amt und Versuchsanstalt
Am Versuchsfeld 11
3500 Kassel-Herleshausen

Landwirtschaftliches Untersuchungs-
amt und Versuchsanstalt
Rheinstr. 91
6100 Darmstadt

Hessische Lehr- und Forschungsanstalt
für Wein-, Obst- und Gartenbau
Beinstr. 15
6222 Geisenheim

*Baden-Württemberg*
Landesanstalt für Landwirtschaftliche
Chemie der Universität Hohenheim
Emil-Wolff-Str. 14
7000 Stuttgart

Staatliche Landwirtschaftliche Unter-
suchungs- und Forschungsanstalt
Augustenberg
Neßlerstr. 23
7500 Karlsruhe 41

*Bayern*
Bayerische Hauptversuchsanstalt für
Landwirtschaft der TU München
8050 Freising-Weihenstephan

Bayerische Landesanstalt für Boden-
kultur und Pflanzenbau
Vöttingerstr. 38
8050 Freising

## Pflanzenschutzämter

Pflanzenschutzamt Berlin, mit Dienst-
stelle für Forstschutz und forstliches
Saatgutwesen
Altkircher Str. 1 u. 3
1000 Berlin 33 (Dahlem)
Tel. 030/8313882

Institut für angewandte Botanik –
Pflanzenschutzamt – Hamburg
Marseiller Str. 7
2000 Hamburg 36
Tel. 040/41232353

Pflanzenschutzamt des Landes
Schleswig-Holstein
Westring 383
2300 Kiel
Tel. 0431/562015

Pflanzenschutzamt Bremen
Slevogtstr. 48
2800 Bremen
Tel. 0421/3612575

Pflanzenschutzamt Oldenburg
Mars-la-Tour-Str. 9–11
2900 Oldenburg
Tel. 0441/801-1

Pflanzenschutzamt Hannover
Wunstorfer Landstr. 9
3000 Hannover 91
Tel. 0511/40050

Institut für Pflanzenschutz, Saatgut-
untersuchung und Bienenkunde der
Landwirtschaftskammer Westfalen-
Lippe
Nevinghoff 40
4400 Münster/Westfalen
Tel. 0251/2761

Pflanzenschutzamt der Landwirtschaftskammer Rheinland
Rodeweg 5–11
5300 Bonn 3
Tel. 0228/4340

Hessisches Landesamt für Ernährung,
Landwirtschaft und Landentwicklung –
Pflanzenschutzdienst
Friedrich-Wilhelm-von-Steuben-Str. 2
6000 Frankfurt/Main 93
Tel. 069/775051-52

Landespflanzenschutzamt Rheinland-
Pfalz
Essenheimer Str. 144
6500 Mainz-Bretzenheim
Tel. 06131/34001-2

Pflanzenschutzamt Saarbrücken
Lessingstr. 12
6600 Saarbrücken 3
Tel. 0681/65521

Landesanstalt für Pflanzenschutz
Reinsburgstr. 107
7000 Stuttgart 1
Tel. 0711/6676-2573

Bayerische Landesanstalt für Boden-
kultur und Pflanzenbau – Abteilung
Pflanzenschutz
Menzinger Str. 54
8000 München 19
Tel. 089/17991

## Verbände und Kontaktadressen

BUND
Bund für Umwelt und Naturschutz
Deutschlands e.V.
Im Rheingarten 7, 5300 Bonn

Deutscher Bund für Vogelschutz
Hofgarten 4, 5300 Bonn

Arbeitsgemeinschaft für Fledermaus-
forschung und -schutz
Adenauerallee 150, 5300 Bonn 1

Forschungsring für biologisch-dynamische Wirtschaftsweise e.V.
Baumschulweg 19, 6100 Darmstadt

Abtei Fulda
Nonnengasse 16, 6400 Fulda

Arbeitsgemeinschaft Bodenfruchtbar-
keit und Qualitätserzeugung e.V.
Postfach 1112, 7900 Ulm

Arbeitskreis alternativer Landbau im
Bund Naturschutz
Pläntschweg 72, 8000 München 80

Stiftung ökologischer Landbau
Eisenbahnstr. 28–30
6750 Kaiserslautern

Fördergemeinschaft organisch-
biologischer Landbau e.V.
Bahnhofstr. 1
7326 Heiningen

*In der Schweiz:*

Schweizerische Gesellschaft für
biologischen Landbau
Chriesbaumwaid
CH-8302 Fehraltdorf/ZH

Schweizerische Stiftung zur Förderung
des biologischen Landbaus
Bernhardsberg
CH-4104 Oberwil/BL

Biologisch-organischer Landbau
Dr. H. Müller
CH-3506 Grösshöchstetten/BE

*In Österreich:*

Österreichischer Demeterbund
Gauermanngasse
A-1010 Wien

# 242 *Literaturhinweise*

Abtei Fulda: Comfrey, Was ist das?
– Beerenobst im naturgemäßen Anbau
– Obstbau-Kalender auf Biologischer Grundlage
– Pflanzensaft gibt Pflanzenkraft

Alford, David V.: Farbatlas der Obstbaumschädlinge, Ferdinand Enke Verlag, 1987

Bastian, Olaf: Schwebfliegen, Die Neue Brehmbücher, 1986

Bedlan, Gerhard: Gemüsekrankheiten, Verlagsunion Agrar, 1987

Berling, Rainer: Nützlinge und Schädlinge im Garten, BLV Verlag, 1986

Bezzel, Einhard: Vögel beobachten, BLV Verlag, 1982

Buholzer, Theres: Schneckenleben, Kinderbuchverlag, Luzern, 1986

Carter D. J./H. Hargreaves B.: Raupen und Schmetterlinge Europas und ihre Futterpflanzen, Verlag Paul Parey, 1987

Chinery, Michael: Pareys Buch der Insekten, Verlag Paul Parey, 1987

Chinery, Michael: Insekten Mitteleuropas, Verlag Paul Parey, 1984

Dierl/Ring: Insekten, BLV Verlag, 1988

Eisenreich/Lohmann: Hausbuch der Natur, BLV Verlag, 1985

Bitsch, Michael: Pflanzenauszüge zur Bekämpfung des Gurkenmehltaus, Taspo 4/1989

Franck, Gertrud: Gesunder Garten durch Mischkultur, Südwest-Verlag, 1980

Franke, Wolfram: Faszination Gartenteich, BLV Verlag, 1988

Franz, Jost M./Krieg, Aloysius: Biologische Schädlingsbekämpfung, Verlag Paul Parey, 1976

Gartennützlinge – Gartenschädlinge, Bayerischer Landesverband für Gartenbau und Landespflege, 1985

Glaeser, G./Zelger, R.: Wichtige Krankheiten und Schädlinge im Gemüsebau, Bundesanstalt für Pflanzenschutz, Wien, 1982

Godan, Dora: Schadschnecken, Ulmer Verlag, 1979

Graber, C./Suter, H.: Schneckenbekämpfung ohne Gift, Cosmos/Franck'sche Verlagsbuchhandlung, 1989

Howard, Mario: Mischkulturen für Flach- und Hügelbeete, BLV Verlag, München 1985
– Naturgemäßer Gartenbau, Desertina-Verlag, 1978

Jacobs, W./Renner, M.: Biologie und Ökologie der Insekten, Gustav Fischer Verlag, 1988

Kerney, M. P./Cameron R. A. D./ J. H. Jungbluth: Die Landschnecken Nord- und Mitteleuropas, Verlag Paul Parey, 1983

Kreuter, Marie-Luise: Der Bio-Garten, Neuausgabe, BLV Verlag 1988
– So entsteht ein Bio-Garten, BLV Verlag, 1989

– Biologischer Pflanzenschutz, BLV Verlag, 1982
– Das 1×1 des Biogärtnerns, BLV Verlag, 1983
– Kräuter und Gewürze aus dem eigenen Garten, BLV Verlag, 1983

Lohmann, Michael: Das Naturgartenbuch, BLV Verlag, 1988

Pfeiffer, E. und Riese, E.: Der erfreuliche Pflanzgarten, Phil.-Anthrop.-Verlag, Dornach, 1979

Schmid, O./Henggeler, S.: Biologischer Pflanzenschutz im Garten, Verlag Wirz Aarau, 1979, Verlag E. Ulmer, 1984

Seifert, Alwin: Gärtnern, Ackern – ohne Gift, Biederstein Verlag, 1971

Snoek, Helmut: Naturgemäße Pflanzenschutzmittel, Pietsch Verlag, 1984

Steiner, Hans: Nützlinge im Garten, Ulmer Verlag, 1985

Steiner, Rudolf: Geisteswissenschaftliche Grundlagen zum Gedeihen der Landwirtschaft, Landwirtschaftlicher Kursus, Dornach, 1963

Stout, Ruth: Mulch – Gärtnern ohne Arbeit, pala-Verlag

Tiede, Walter: Vögel, BLV Verlag, 1989

Tokin, Prof. B. P.: Phytonzide, Verlag Volk und Gesundheit, Berlin, 1956

Wagner, Christiane: Tierleben in unseren Gärten, BLV Verlag, 1989

# Stichwortregister 243

## Deutsche Namen

Zeichenerklärung:
fettgedruckte
Zahlen = Hauptverweisung
* = Abbildung
T. = Tabelle

### A

Abendsegler 109
Ackerminze 117
Ackerschachtelhalm **50**
Ackerschnecken 28, 215*
Adlerfarn 54*, 88, 218
Afterraupen 21
Alaun **66**
– -Lösung 66
Alaunschiefer 66
Älchen **155**
Algenkalk 40, 70, 81
Alkaloide 86
Alkohol, vergällter 70
Allelopathie 86
Alpenveilchen 185
Ameisen 25, **128**, 132, 134
Ammoniak 37
Amsel 107, 108, 216
Anthroposophie 79
Apfelaroma 86
Apfelbaum 201
– -Gespinstmotte **143**
Apfelblatt-Gallmücke **142**
– -Gallmücken-Larven 143*
Apfelblattlaus, Grüne **128, 129\***, 132
–, Mehlige 129*
Apfelblattsauger **132**
– -Larven 132*
Apfelblütenstecher 25, 84, **129\***
Apfelmehltau 116, **192\***
Apfelsägewespe 158
Apfelschorf **201\***
Apfelwickler 26, 85, **129, 130\***
Arsen 10
Asseln **130\***
Aster 182, **207**
Asternwelke 29, **207\***
Äthanol 70
ätherische Öle 86, 116, 219
Äthylalkohol, denaturierter 70
Ätznatron 70
Auszug, kalter **48**

### B

Bacillus thuringiensis **118**
Bakterien **30, 118**
– -Präparat 119
Bakterienbrand 30, **178\***
Bakterienfäule 30
Bakterienflecken 30
Bakterienkrebs 30
Bakteriensporen 119
Bakterienwelke 30
Bakterienwucherungen 30
Baldachinspinnen **103\***
Baldrian **51**
Baldrianblüten-Extrakt 51
Balsamkraut **116**
Bärenspinner 26

Bärlauch 64
Baumanstrich 67
Baumwanzen **173**
Becherpilze 200
Beerensträucher 229 T
Beerenwanze **172\***
Beinwell **51, 52\***, 88
– -Jauche 39, 52
Beize 56
Berberitze **116**
Bergamottöl 86
Bergmolch **104**
Bienen 25
Bierfallen 219, **220\***
Bio-Präparate 118
biologisch-dynamische
    Präparate 79
–– Spezialpräparate 51
Biologische Bundesanstalt 115, 119
Bioprodukte 115
Birke 117
Birnbaum 181, 183, 201
Birnblatt-Gallmücke **142**
Birnblattsauger, **132,**
– Gefleckter 132*, 133*
Birnengitterrost 30
Birnenpockenmilbe **142**
Birnenschorf **201\***
Bitteresche 67
Bitterholz **67\***
Blasenfüße 23, **171**
Blasenläuse 132, 163
Blättchen 28, **155**
Blattdüngung 213
Blattfallkrankheit **178\***
Blattfleckenkrankheiten **179**
–, Eckige **180\***
Blattflöhe **23, 132\***
Blatthornkäfer 24, 136
Blattkäfer 25, 139
Blattlaus-Eier 131*
– -Geburt 131*
Blattläuse **23**, 54, 91*, 94*, 98, 117, 120, 128*, **131\***, 212*
–, geflügelte 131*
Blattlausfliegen **96**
– -Larve 96*
Blattlauslöwen 24, **93\***
Blattrandkäfer, Gestreifter **137\***
Blattsauger **132\***
Blattwanzen **173**
Blattwespen 161
Blaumeise 107
Blausäure 78
Blei 16
Blindschleiche 44, **106\***, 107*, 216
Blumenkohlkrankheit 138
Blumenwanzen **102\***
Blumenzwiebel-Schutz-
    körbe 223*
Blutlaus 23, 55, 91*, 132, **133\***, 212
– -Krebs 133
Blutlauszehrwespe 91*, 133
Blutmehl 39
Bockkäfer 91
Boden **15**
–, humusarmer 15
–, lehmiger 33
–, sandiger 15, 18, 33

Boden
–, saurer 15, 17
–, verdichteter 15
Bodenanalyse 34
Bodenarten **33**
Bodenbelebung 15
Bodendecken 36
Bodenlebewesen 36
Bodenlockerung 15
Bodenpflege 33, 217
Bodenpilze 29
Bodenprobe 34*
Bodenverbesserung **35**
Bodenverbesserungs-Mittel **40**
Bohnen-Brennfleckenkrankheit **179\***
Bohnenblattlaus, Schwarze 23, 95, 116, 131, 132, **134\***
Bohnenfliege **133**
Bohnenfliegen-Schaden 134*
Bohnengelb-Mosaik-Virus 197
Bohnenkraut 86
Bohnenmosaik, Gewöhnliches **196\***
Bohnenrost **199\***
Bohrfliegen 27
Bor 38
Bordelaiser-Brühe 77
Brackwespen 25, **90**
Branntkalk 40
Braunfäule 29, **190\***
Brennessel **52, 53\***, 88
–, Große 52
– -Jauche 39, 40, 52, 54*, 213
––, gärende 53
– -Kaltwasser-Auszug 54
–, Kleine 52
Brennfleckenkrankheiten **179**
Brennspiritus 70
Brombeeren 184
Brombeermilbe **134**
Brombeermilben-Schadbild 135*
Buchenwollaus 174
Bundesanstalt, Biologischen
    (BBA) 57
Buntspecht 108*
Buntstreifigkeit **197\***

### C

Cadmium 16
Cäsium 17
Chlorophyll 38
Chrom 16
Chrysanthemenblüten-
    Extrakt 118
Chrysanthemengift 118
Citrusöl 117
Chlorkohlenwasserstoff 114
Colorado-Käfer 146
Comfrey **51**
Corynebacterium 138
Cotoneaster 116
Cumarin 223

### D

Dalmatisches Insektenpulver 114
Deckelschildlaus 164
Derris 118
Derris/Rotenon-Präparate **118**
Deutscher Bund für Vogel-
    schutz 109
Diapause 22

Dicke Bohnen 213
Dickmaulrüssler, Gefurchter 15, 120, **135\***
– -Larven 135*
Doldenblütler 45
Dompfaff 108
Douglasienwollaus 24, 174
Drahtwürmer **136\***
Drossel 216
Duft 219
Duftbarriere 85
Duftgewächse 116
Duftkräuter 212
Duftstoffe 85
Düngemittel, organische **39**
Düngen 213

### E

Egelschnecke, Große 28, 215
Eichengallwespe 25
Eichenwickler 119
Eidechsen 44
Eiereinlegemittel 71
Eisen 37, **38**, 38
Eisenmangel 38*
Eisenüberschuß 39
Elektrozaun 219
Engerling 21, **136\***
Entomologen 19
Entwicklungszyklen 22
Erbsen-Brennfleckenkrankheit **179\***
Erbsenblasenfuß **171**
Erbsenblattlaus, Grüne 137
Erbsenblattrandkäfer **137\***
Erbsenmehltau **193**
Erbsenwickler 119, **137**
– -Raupen 137*
Erdbeer-Älchen **138, 155**
––- Schadbild 155*
– -Blättchen **138**
– -Blütenstecher **138\***
– -Mehltau **193**
– -Milben **139**
––- Schadbild 139*
– -Stengelstecher **138**
––- Schadbild 138*
– -Wurzelrüssler **138**
Erdbeeren 184, **207**, 230 T
Erdflöhe 88, **139\***
Erdkröte **105\***
Erdmaus 140
Erdratte 221
Erdraupen-Puppen 140*
Erdraupen/Eulenfalter **140\***
Erntemilbe 27
Erzwespen 25, **91**, 92
Eschenwollaus 174
Essigbaum **116\***
Eulen 26, 109
Eulenfalter-Raupen 140*

### F

Fadenblättrigkeit 31, **204, 205\***
Fadenwürmer 27, 28, **155**
– Wandernde 28
Fallen 83
Fanggürtel 84*
Fangpflanzen 220
Farnblätter 218
Farnblättrigkeit 31, **204, 205\***

Farnkraut **54**, 88
– -Brühe 55
– -Extrakt 55
– -Jauche 39, 55
Feindpflanzen 156
Feldmaus 29, **140***
Feldspitzmaus 111
Fettfleckenkrankheit **180**, **181***
Fettsäure 68
Feuchtgebiete 44
Feuchtigkeit 218
Feuchtigkeitsverhältnisse 44
Feuerbrand 31, 116, **181***
Fichtengallenlaus, Grüne 174
Fichtennadeln 218
Fledermaus-Kasten 125
Fledermäuse **109***
Fliegen **94**
Fliegengift 67
Florfliegen 24, **92**, 93, **119**
– -Puppen-Kokon 93*
– -Eier 93*
– -Larve 92*
– -Puppe 92*
Fransenflügler **23**, 171
Franzosenkäfer 100
Frösche 44, 216
Froschlurche 104
Frostrisse 70
Frostschutzmittel 51
Frostspanner, Großer 26, 84, 119, **142**
– Kleiner 26, **141***
– -Raupe 141*, 142*
– -Weibchen 141*
Fruchtfliegen 27
Fruchtmumie 195
Frühjahrs-Apfelblattsauger **132**
Fungizide 16
Fusarium-Fäule **182**
– -Welke **182***, 207
– an Astern 182
– Erbsen 182
– Gurken 182
– Knoblauch 182
Fußkrankheit **182**
Futterwanze, Grüne **173**

**G**

Gallmilben **142**, **153**
– -Schadbild 143*
Gallmücken 94, **142**, 148, 186
– -Larve 94*, 212*
–, räuberische 120
Gallwespen 25, **92**, **143**, 161
Gartenameise, Schwarze 25
Gartenerde 34*
Gartenlaufkäfer 97*
Gartenrotschwänzchen 108, 108*
Gartenschnirkelschnecken 28, 215*
Gartenspitzmaus 111
Gartenwegschnecken 28, 215*
Gefäßparasiten **29**
Geflügeldünger **40**
Geflügelmist 39
Geisterflecken 185
Gelbstreifigkeit 31
Gemüseeule 26, 140
Gemüsefliegennetz 83
Geranien 185
Gerstenspreu 81, 218

Gesamthochschule Kassel 115
Gespinstmotten 119, **143***
– -Raupe 143*
Gesteinsmehle 81
Gewebeparasiten **29**
Gießen 218
Ginsterzweige 88
Gitterrost **183***
Gladiolen 185, 197
Gladiolenblasenfuß **171***, **172**
Gladiolenthrips 23
Gleichgewicht, ökologisches **42**
Gliedertiere 170
Glühwürmchen 24, **100**
– -Larve 101*, 216
Goldafter 26
Goldauge 92
Goldlaufkäfer **97**
Goldleiste 24, **97**
Goldschmied 24
Granulose-Virus **119**, 130
Grasfrosch **105***
Grauschimmel 116, **184**
– an Bohnen **184**
– – Brombeeren **184**
– – Erdbeeren **184***
– – Gurken **184***
– – Himbeeren **184**
– – Pfingstrosen **185***
– – Salat **185**
– – Tomaten **185***
– – Zwiebelblumen **185***
– – Zwiebeln **185***
Grauschnäpper 107, 108
Grünblüten-Virus-Krankheit 175
Grünfink 108
Guano 39
Gurken-Brennfleckenkrankheit 179
Gurkenmehltau **193***
Gurkenmosaik **196***
– -Virus 197, 204

**H**

Hainlaufkäfer **97**
Hainschnirkelschnecken 28, 215
Handelspräparate **121** T
Harlekinbär 26
Haselnuß-Gallmilbe **142**
Haselnußbohrer 25, **144**
– -Larve 144*
Hasen 29
Haushaltsschmierseife 69
Hausmittel 10
Hausmutter 140
Hausrotschwänzchen 107, 108*
Haussperling 107
Hausspitzmaus 111
Hautflügler **25**, **90**
Hecken 44
Heiliges Basilikum **117***
Herbizide 16
Hermelin 112
Hiltner, L. 77, 114
Himbeer-Gallmücke **143**
Himbeeren 184
Himbeerkäfer **144***
Himbeermade 144
Himbeerrutenkrankheit **186***
Höhlenbrüter 109
Holunder **55***

Holunderblätter-Jauche 55, 222
Holunderbär 26
Holzasche 39, 81
Holzwespen 91
Honigtau 132, 147, 160, 199
Hornkiesel-Präparat **80**
Hornmehl 39
Hornmist-Präparat **80**
Hornspäne 39
Hummeln 25
Humus 33
Hundszunge 87, 222
Hyphen 29

**I**

Igel 44, **110***, 216
– -Höhle **110***
Indische Laufenten 216
Insekten **19**, **20**, **90**
–, Körperbau 20
–, Larvenformen 21
–, Metamorphose 20*
–, System **23**
Insektenforschung 115
Insektenpflanzen 45
Insektenvernichtungsmittel 16
Insektizide 16
Institut für Biologische Schädlingsbekämpfung 115
Iris-Rhizomfäule **186**

**J**

Jacobs/Renner 19
Jamaikabitterholz 67
Jauche **48**
Jod 17
Johannisbeer-Blasenlaus **145***
– -Gallmilbe **145***
– -Glasflügler **146***
– -Rost **187***
Johannisbeerblatt-Gallmücke **142**
Johannisbrot-Köder 223
Jungfernzeugung 131
Junikäfer 24

**K**

Käfer **24**, **97**
Kaiserkrone 87, 222
Kali **37**, 66
– -Alaun 66
– -Dünger 39
– -Seife 69
–, übermangansaures 66
– -Wasserglas 71
Kalilauge 68
Kalimagnesia 39
Kalimangel 37*
Kaliüberdüngung 38
Kalium-Permanganat **66**
– – -Lösung 66
Kaliumkarbonat 69
Kaliumsilikat 70
Kalk **38**, 40, 66, 70, 218
–, kohlensaurer 40, 81
Kalkanstrich 70
Kalkgehalt 41
Kalkmangel 41
Kalkmergel 40
Kalk-Test 34
Kalküberdüngung 38*
Kamille **56***

Kamillen-Auszug 56
– -Tee 56
Kapuzinerkresse **56***, 86, 212
– -Tee 57
Kartoffelkäfer 22, 25, 102*, **146***
– -Eier 147*
– -Larven 146*
Kartoffeln 190
Kartoffelnematoden 156
Kartoffelschorf, Gewöhnlicher **187***
Kartoffelwasser 213
Kartoffelzystenälchen 28
Katzen-Attrappe 83
Katzenschwanz 50
Keimlingskrankheit **202***
Kerbtiere 19
Kernpolyedrose-Virus **119**
Kiefernspanner 26
Kiefernwollaus 174
Kieselsäure 50
Kirschenblattlaus, Schwarze **147***, 213*
Kirschensterben **206**
Kirschfruchtfliege 27, 84, **147**, **148***
Kirschfruchtfliegen-Falle 148
Kleiber 108
Kleie 220
Kleiner Fuchs 45
Kleinklima **15**
Klima **13**, **42**
Kneipp 67
Knoblauch **57***, 86, 87, 182
– -Jauche 57
– -Präparat 116
– -Tee 57
Knoblauchkraut 64
Knochenmehl 39
Knollenfäule 114, 151, **190***
Knollengewächse 232 T
Knotenameise **128***
–, Rotgelbe 25
Knöterich-Auszug 116
Kohl **58***
– -Jauche 58
Kohlblätter-Jauche 188
Kohlblattlaus, Mehlige 23, **148***
Kohldrehherzmücke **148**
Kohldrehherzmücken-Schadbild 149*
Kohlerdfloh 25
Kohlfliege, Kleine **149**
Kohlfliegen-Made 149*
Kohlgallenrüßler **149**
– -Schadbild 150*
Kohlhernie 29, 58, **188***
Kohlkragen 84
Kohlmeise 107
Kohlmotte 119, **150**
Kohlmotten-Larve 150*
Kohlmottenschildlaus 174
Kohlschabe 26, **150**
Kohlschaben-Larve 150*
Kohlschnake 27
Kohlweißling 63, 85, 87, 88, 119
–, Großer 26, **150**, **151***
–, Kleiner 26, **151**
Kohlweißlings-Eier 150*
– -Puppe 151*
– -Raupe 90*, 150, 151*

Kohlzünsler 26
Kommaschildlaus 24
–, Gemeine **165**
Kompost 35*
Kompostmieten 35*
Könemann 70
Königslilie 185
Kontaktgifte 77, 78
Kontaktmittel 68
Kragenfäule **189***
Kräuselkrankheit 31, **189***
Kräuter-Jauche 59
– -Mischungen **58**
Krautfäule 29, 114, 116, **190***
Kreuzblütler 188
Kreuzkröte 105
Kreuzspinnen **103***
Kriechtiere **106**
Kropfkrankheit **188***
Kröten 44, 104, 216
Krötenhaut 206
Kuckucksspeichel 175
Kuhmist 70
Kupfer 37, 38, **77**
– -Brühe 77
– -Kalk-Brühe 77
– -Kalkbrühe 114*
Kupferoxid 77
Kupfersulfat 77
Kurzflügler **99**

**L**

Landwanze 173
Landwirtschaftliche Forschungs-
 anstalten (LUFAS) 34
– Untersuchungsanstalten 34
Langfühlerschrecken **23**
Langohr, Braunes 109
Laubfrösche 104
Lauch 64
Lauchmotte 60, 87, **152**
Lauchmotten-Schadbild 152*
Lauch-Papierfleckenkrankheit 191
– Purpurfleckenkrankheit **191***
Laufkäfer 24, **97**
– -Larve 97*
Laufkäferarten 216
Läuse 81, **212***
Läuseabwehr 212
Lavendel 87*, 117, 211, 212
Lebensbaum 117
Lebensbedingungen **13**
Lebensraum 11, 44
Lederfäule **191, 192***
Lehmbrühe **67**, 70
Leimfolie, gelbe 84*
Leimring 84*
Ligusterschwärmer 26
Lilien 185
Lilienhähnchen 22, 25, **152***
Lindenschwärmer 26
Lockstoffmethode 85
Lorbeerschildlaus **165**
Löwenzahn **59***
– -Jauche 59
– -Tee 59
Luftverschmutzung 16
Lurche **104**

**M**

Madaus, Gerhard 86
Maden 21
Madonnenlilie 185
Magermilch **67**
– -Spritzung 67*
Magnesium **38**
Magnesiumgehalt 41
Magnesiummangel 38*
Magnesiumüberdüngung 38
Mahonie **116**
Maikäfer 24, **136***
Maiszünsler 26
Malvenrost **199***
Marienkäfer 24, **98***
– -Eier 98*
– -Larve 98*
– -Puppe 98*
Marienkäfer, 2-Punkt **99***
–, 7-Punkt **99**
–, 14-Punkt **99**
–, 22-Punkt **99**
Massenpopulation 22
Mauereidechse **106***
Maulwurf **111***, 216
Maulwurfsgang 111
Maulwurfsgrille 83, **153***
Maulwurfsgrillen-Eier 153*
Mausefalle 83
Mausohr, Großes 109
Mauswiesel **112***
Medizinal-Rhabarber 61
Meeresalgen 81
Meerrettich **59***, 87
– -Brühe 60
– -Tee 60
Meerrettichblattkäfer 116
Mehlschwalbe 108
Mehltau 58
–, Echter 29, 114, 115, 177*, **192***
–, Falscher an
–,– – Kohl **194**
–,– – Salat **194**
–,– – Spinat **194***
–,– – Zwiebeln **194**
Meisenkasten 125
Mikroorganismen 36
Milben 27, **103, 153**
Mineralöl-Emulsionen 77
Mischkulturen 40*, **41**, 85, 213
–, schädlingsabwehrende 41 T, **86**
Moderkäfer 99*
Möhren 185
Möhrenfliege 27, 87, **154**
Möhrenfliegen-Schadbild 154*
Möhrenkraut **60***
– -Tee 60
Möhrenminierfliege **154**
Möhrenminierfliegen-Schadbild
 154*
Molche 104
Molisch, Hans 86
Molke **67**
Moll 111
Mollmaus 221
Molybdän 38
Monilia 29, 60, 87, 207
– -Fruchtfäule **195***
– -Spitzendürre **195***
Mosaik-Krankheiten 31, **195**
Moskito 117
Mottenschildläuse 23, **173***
Mücken **94**
Mulch 88
Mulchdecken 217
Mulchen **36**, 213
Mulchkompost 35
Mulchmaterial 36, 217
Mundstachel 28
Mykoplasten 31
Myzel 29

**N**

Nachtkerzenschwärmer 26
Nacktschnecken 28, 215, 217
Nadelholz-Laus 174
Nährstoffe 36
Nahrungsmangel **16**
Nahrungsüberfluß **16**
Napfschildlaus, Gemeine **165***
Narrenkrankheit **197***
Narzissen 87, 222
Narzissenfeuer 185
Narzissenfliege, Große **154**
Naßfäule 186
Natrium-Wasserglas 71
Natriumsilikat 70
Natron-Seife 69
Natronlauge 68
Nelkenthrips 23
Nematoden 27, 87, 88, **155**
–, räuberische 120
Nesselgift 52
Netze 83
Netzflügler, echte 24, **92**
Netzmittel 68
Netzschwefel 69, **78**
– -Spritzung 79
Nickel 16
Niembaum **117***
Nikotin 10, 78
– -Vergiftung 78
Nisthilfen 125
Nistkästen 109, 110
Nitratwerte 37
Nitritwerte 37
Nußbaumblätter 222
Nützlinge **90**
–, käufliche **119**

**O**

Obstbaumkrebs **198***
Obstbaumminiermotte **157**
Obstbaumminiermotten-Raupe
 157*
– -Schadbild 157*
Obstbaumspinnmilbe 27, **169**
Obstbaumspinnmilben-Eier
 169*
Obstmade 130
Obstmadenschaden 130*
Obstzüchtung, angepaßte 42
Ohrwürmer 23, **101***
Oleanderschildlaus **165**
Onion yellow dwarf virus 208

**P**

Papierfleckenkrankheit 191
Paprika 185, **207**
Paraffin, festes 77
–, flüssiges 77
Paraffinöl 71, 77
Parasitismus 29
Petersilie 87
Pfefferminze 88, 117
Pfefferminzöl 86, 117
Pferdemist **40**
Pfirsichblattlaus, Grüne 23, 116,
 132, **157**
Pflanzen-Auszüge 115
– -Brühe **48**
– -Duftstoffe 86
– -Ernährung **36**
– -Grundrezepte **48**
– -Spitzbrühen **48**
–, wühlmausvertreibende 222*
Pflanzenfadenwürmer, fest-
 sitzende 28
– wandernde 28
Pflanzenläuse **23**
Pflanzenmulch, schädlings-
 abwehrender **88**
Pflanzennachbarschaften 87
Pflanzenschutz **224**
– im Gemüsegarten **224 T**
– – Kräutergarten **227 T**
– – Obstgarten **228 T**
– – Ziergarten **231 T**
Pflanzenschutzpräparate,
 käufliche **121 T**
Pflaumen-Gespinstmotte **143**
Pflaumenblatt-Beutelgallmilbe
 **142***
Pflaumenmade **158, 159***
Pflaumensägewespe, Gelbe **158**
– -Made 158*
Pflaumenwickler **159**
pH-Wert 17, 34, 38, 69
Pheromonfallen 85*, 130
Phlox 120*, **177***
Phoma-Pilz 206
Phosphat 16
Phosphor **37**
– -Dünger 39
Phosphormangel 37*
Phosphorüberdüngung 37
Phytonzide **86**
Pilze **29**
Pilzinfektionen 86, 173
Pilzvernichtungsmittel 16
Pinien-Prozessionsspinner 26
Porree-Papierfleckenkrankheit
 191
Pottasche 69, 70
Puppenräuber 24, **97**
Purpurfleckenkrankheit 191
Pyrethrine 116, 118
Pyrethroide 118
Pyrethrum 115, **118***
Pyrethrumarten 114

**Q**

Quarzsand 70
Quassia **67***
– -Brühe 67
– -Schmierseifen-
 Brühe 70

**R**

Radioaktivität 17
Radnetzspinnen **103**
Rainfarn **60***, 117
– -Brühe 61
– -Jauche 61
– -Tee 61, 70
Rapsöl 77
Raubkäfer **99**
Raubmilben 69, **103***, 120
Raubwanzen 69, **102***

# 246 *Stichwortregister*

Rauchschwalbe 108
Raupen 21
Raupenfliegen **96**
– -Puppen-Kokon 96*
Raupenfliegenei 96*
Regelsysteme, ökologische 22
Regenwasser 17
Rhabarber **61***
– -Brühe 62
Rhabarberblätter-Jauche 62
– -Tee 62
Rhizomfäule 30
Rindenpflege 213
Rindermist **40**
Ringelblumen **62**, 88
– -Jauche 62*
Ringelspinner 26, 119, **159***
– -Raupe 126*, 159*
Rittersporn-Mehltau **193**
– -Schwarzfleckenkrankheit **198**
Ritterwanzen 13*
Rizinusschrot 39
Röhrenblattlaus 132, 167
Röhrenwürmer 161
Rosen 233 T
– -Mehltau **193***
Rosenapfel 161*
Rosenblattlaus 23
–, Große **160**
Rosenblattrollwespe **160**
Rosenblattrollwespen-Schaden 160*
Rosenblattwespe, Schwarze **160**
Rosenblattwespen-Larve 160*
Rosenblütenstecher **161**
Rosengallwespe 25, **161**
Rosengallwespen-Larve 161*
Rosenkäfer 24, **161***
– -Puppe 161*
Rosenrost 199
Rosentriebbohrer, Abwärts-
steigender 161*
–, Aufwärtssteigender **161**, 162*
Rosenwickler 26, **162**
Rosenzikade **162***
Rosenzikaden-Larve 162*
Rostkrankheiten **198**
Rote Spinne 27
Rotenon 118
Rotfleckenkrankheit **208**
Rotkehlchen 108
Rübenzystenälchen 28
Rundwürmer 27
Rüsselkäfer 25, 129, 135, 137,
138, 144, 161
Rußtau **199**
– -Pilze 132, 147, 160
Rutenkrankheit 29, 186
Rutenmücke, Gefleckte 166

## S
Saateule 26
Saatschnellkäfer 24
Sachalin-Staudenknöterich **115***
Sadebaum 183
Sägemehl 81, 218*
Sägewespen **163**
Salamander 104
Salat 184
Salatfäulen **200**
Salatmosaik **196**
Salatwurzellaus 132, **163***

Salbei 88, 117
Samenbeize 56
Sammetmilben 27
Samtmilbe 103*
San-José-Schildlaus 24, 92, **164***
Sand 82, 218
Saprophyten 29
Sauerkirschenblattlaus, Schwarze
**147**
Säugetiere **29, 109**
Säulchenrost 64, 87, **187***
Säure-Test 34
Säuregehalt 38
saurer Regen 17
Sauzahn 217
Schachtelhalm 50*
– -Brühe 50*, 70
– -Jauche 51
Schädlinge **127**
Schadpilze 29
Schadstoffe **16**
Schafgarbe 62*
Schafgarben-Kaltwasser-
Auszug 63
Scharkakrankheit 31, 158, **200***,
**201***
Schattenstauden 43*
Schaufellaufkäfer 97*
Schaumzikaden **175***
Schermaus 29, 140, 221
Schierling 86
Schildläuse 23, **24**, 132, **164***, 174,
212
Schildwanzen **173**
Schilf, gehäckseltes 218
Schilfhäcksel 82, 88
Schlafapfel 161*
Schlupfwespen 19*, 25, **90***, 91*,
120, 176*
– -Puppe 90*
Schmeißfliege 94
Schmetterlinge **25**
Schmierseife **68***
Schmierläuse 133
Schmierseifen-Lösung 69
– -Spiritus-Lösung 69
Schnabelkerfen 23
Schnaken 27, **166**
– -Larven 166*
– -Puppen 166*
Schnecken **28**, 88, **214***
Schneckenabwehr **218**
Schneckenbrühe 219
Schneckenei 216*, 217
Schneckenfallen 219, 220*
Schneckenkanten 83, 218
Schneckenvermehrung 216*
Schneckenvertilger 216
Schneckenzäune 219*
Schnellkäfer 24
– -Larven **136***
Schnirkelschnecken 28
Schnittlauch 64, 117
Schorfkrankheiten **201**
Schrotschußkrankheit **202***
Schutzstreifen 82, 218
Schwalbennest 125
Schwalbenschwanz 21*
–, Puppe 21*
–, Raupe 21*
Schwanzlurche 104
Schwärmer 26

Schwarzbeinigkeit 29, **202***, 202,
207
Schwarzdrossel 107
Schwärzepilze 194, 199
Schwarzfäule **200**
Schwebfliegen 27, 89*, **94**, 95*
– -Eier 94*
– -Larve 68, 81, 95*
– -Puppe 95*
Schwefel **78**
– -Spritzung 79
Schwefelblume 78
Schwefelbrühe 114*
Schwefeldioxid 16, 79
Schwefelleber **69**
– -Lösung 69
Schwefeln 79
Schwefelsäure 16
Schwefelsaure Tonerde 66
Schwefelverbindungen,
natürliche 65, 85
Schweinefett 77
Schweinemist 39
Schwermetallbelastungen 16
Schwermetalle 34
Schwertlilie 186
Seifenbrühe 70
Seifenlösung 68, 114
Sellerie 117, 185
– -Blattfleckenkrankheit **203***
– -Blattminierfliege 167
– -Rost 203
– -Schorf **203**
Selleriefliege 27
Selleriefliegen-Schadbild 167*
Senf 88
Sexuallockstoffe 84
Sichelwanzen **102**
Siebenpunkt 25, 98*
Sitkafichtenlaus **167***
– -Schadbild 167*
Sklerotinia-Krankheit **200***
Soda 70
Soldatenkäfer 24, **100***
Sommerblumen 231 T
Spanner 26
Spannerraupe 96*
Spargelfliege **168**
Spargelhähnchen 25
Spatz 108
Spechtmeise 216
Spinnen **103**
Spinnentiere 27, **102**
Spinnmilben 120, **168**
Spinnmilbe, Gemeine **168, 169***
– -Schadbild 169*
Spiritus **70**
Spitzmäuse 44, **112***, 216
Spritzmittel, biologisch-
dynamische 79
–, mineralische **65**, **76 T**, 76 T
–, pflanzliche 72 T
Sprühfleckenkrankheit **203***
Spurenelemente **38**, 41
Stachelbeer-Blattwespe 25, **170**
– -Blattwespen-Larve 170*
– – -Schaden 170*
– -Mehltau, Amerikanischer
**193***
Stachelbeerspanner 26
Stammanstrich **70***, 213
Standort **42**, 213

Standortbedingungen, feuchte 43
–, schattige 43
–, sonnige 43
–, trockene 44*
Stangenschwefel 78
Star 108
Stäubemittel **80**
Stauden 231 T
Staudenris 186
Stechmücke 94
Steiner, Rudolf 51, 79
Steinhaufen 44
Steinklee 88, 222
Steinmehl 40, 41, 70, 218
Stengelälchen 28, **156**
Stengelgrundfäule 29
Stengelkrankheit **182**
Sternrußtau **204***
Stickoxid 16
Stickstoff 16, **37**
– -Dünger 39, 213
Stickstoffmangel 37*
Stickstoffüberdüngung 37*
Stieglitz 108
Stockälchen **156**
Stockkrankheit 156*
Sträucher 44
Streumittel **80**
Streusalz 17
Strontium 17
Stubenfliege 94
Studentenblume 87
Sumpfschachtelhalm 50
Sumpfschnake 166
Süßkirschenblattlaus, Schwarze
**147**
Symbiose 29

## T
Tabak 10, **78***
Tabakbrühe 78, 114
Tabakmosaik **196**
Tabakmosaikvirus 204
Tabakthrips 23
Tagetes 87, 88, 117, 156
Tagpfauenauge 45
Tannenläuse **174, 175***
Tannennadeln 82
Tannentrieblaus 174
Taschenkrankheit **197***
Tausendfüßer **170, 171***
Tee, Zubereitung 48*
Teich 44
Teichfrosch **105***
Teichmolch **104***
Terpentinöl 86
Theobaldsche Lösung **66**
Thomasmehl 39
Thripse 23, **171***
Thymian 88, 222
Thymianöl 117
Tokin 86
Tomaten 117, 190
– -Fadenblättrigkeit **204, 205***
– -Farnblättrigkeit **204, 205***
– -Stengelfäule **205***
– -Welke **205**, 207
Tomatenblätter **63**, 218
– -Jauche 63
– -Kaltwasser-Auszug 63*
Tomatenmosaik **196**
Tonmehl 70

Topinambur 222*
Trauermücken **172**
– -Larve 172*
Trockenmäuerchen 44*
Tschernobyl 17
Tulpenfeuer 185
Tulpenmosaik **197***
Tüpfeltausendfuß **170**

**U**
Überdüngung 16
Ulmen-Blattrollenlaus 23
Umfallkrankheiten 202, **206**,207
Umweltbedingungen **13**
Umweltschäden **17**
Umweltschutz **10**
Universität Hohenheim 115
Unken 104
Unkrautvernichtungsmittel 16

**V**
Valsa-Krankheit **206***, 207
Verticillium-Welke **207**
Viren **30, 118**
Virosen **195, 200, 201***, 207
Virus-Präparate 119
Viruserkrankungen 134
Virusinfektionen 31, 132, 145, 158, 173
Vliese 83
Vögel **107**
Vogelscheuche 83*
Vogelschutznetze 83*
Vogeltränke 109

**W**
Wacholder 117, 183
Waldameise, Rote 25
Waldschachtelhalm 50
Wanzen 13*, **24, 101, 172**
Wasser **15, 43**
Wasserglas 66, **70**
– -Lösung 71
Wasserhaushalt 37
Weberknechte **103**, 216
Wechselkröte 105
Wegameise, Schwarze 128
Wegschnecke, Braune 28
–, Große 28, 214, 215*
Weichfäule 186, **207**
Weichhautmilben **153**
Weichkäfer 24, **100***
Weichwanzen **102**, 173
Weinbauklima 13
Weinbergschnecke 28
Weinbergseife 69
Weintrauben 185
Weiße Fliege 23, 120, **173***, **174**
Weißfleckenkrankheit **208***
Weißlinge 26
Weißöl 77
Weißstreifigkeit 31, **197**
Welkekrankheiten **182**, 207
Wermut **63***, **87***
– -Brühe 64
– -Jauche 64
– -Tee 64
Wespen 25
Weymouths-Kiefer 187
Wickler 26, **174**
Wiesel, großes 112
Wiesenameise, Gelbe 128

Wiesenschaumzikade **175**
Wiesenschnake 27, 166
Wiesenwanze, Gemeine **173**
Wiesenwanzen-Schadbild 173*
Wildkaninchen 29
Wildkräuter 44
Wildpflanzen 44
Wintereier 213
Winterbohnenkraut 117
Winterheckezwiebel 64
Wintersaateule 140
Winterspritzmittel 77
Wirbeltiere **104**
Wirtelpilz 207
Wolfsmilch 88*
–, Kreuzblättrige 222
Wolfsspinnen **103**
Wolläuse **174**
Wühlmaus 29, 55, 87, 140, **221***
– -Falle 223*
– -Jäger 223*
– -Köder 223
Wühlmausabwehr 88, 222
Wurmfarn **54**, 55*, 88*, 218
Wurzelälchen, Wandernde **156**
Wurzelbrand 202
Wurzelfäule 29
Wurzelgallenälchen **156**
Wurzelnematoden, Zysten-bildende 156*, **156**

**X**

**Y**
Ysop 88

**Z**
Zäune 83
Zauneidechse **106***
Zaunkönig 108
Zehrwespen **91**, 92, 164
Ziergehölze **207**
Zikaden **23, 175**
Zimtöl 117
Zink 16, 38
Zinnkraut 50
Zirbel-Kiefer 187
Züchtungen, mehltauresistente 42
Zünsler 26
Zweiflügler **27, 94**
Zwergfledermaus 109
Zwergwiesel 112
Zwergzikaden **175**
Zwetsche 197
Zwetschgen-Gespinstmotte 26
– -Napfschildlaus 24
Zwiebel-Gelbstreifigkeit **208**
– -Jauche 65
– -Tee 64
Zwiebelblasenfuß **171**
Zwiebelblumen 232 T
Zwiebelfäule 29
Zwiebelfliege 60, 87, **176***
– -Puppe 176*
Zwiebeln **64***, 86
Zwischenwirt 30
Zystenälchen 28

## Wissenschaftliche Namen

**A**
Abraxas grossulariata 26
Acalitus essigi 134
Acari 103, 153
Achillea millefolium 62
Acrolepia assectella 152
Acyrtosiphon pisum 137
Adalia bipunctata 99
Adelges laricis 174
Adelgidae 174
Agriotes lineatus 24
Aleochara 100
Aleurodes proletella 174
Aleurodina 173
Alliaria petiolata 64
Allium cepa 64
– fistulosum 64
– sativum 57
– ursinum 64
Allothrombium fuliginosum 103
Altenaria porri 191
Amphibia 104
Amphidoletes aphidimyza 94
Amphimallon solstitialis 24
Anacyclus pyrethrum 114
Anchenorrhyncha 23
Angius fragilis 106
Anthocoris 102
Anthonomus pomorum 25, 129
– rubi 138, 161
Aonidia lauri 165
Apanteles ater 91
– glomeratus 90
Aphelenchoides 28
– -Arten 155
– fragariae 138, 155
– ritzemabosi 155
Aphelinus mali 91
Aphididae 132
Aphidina 131
Aphidius matricariae 91
Aphidoletes aphidimyza 120
Aphis fabae 23, 134
– pomi 128
Aphrodes bicinctus 175
Apiosporium-Arten 199
Arachnida 102
Araneae 103
Ardis brunniventris 161
Argiopidae 103
Arion ater 28, 214
– hortensis 28, 215
– subfuscus 28
Armoracia rusticana 59
Artemisia absinthium 63
Arvicola terrestris 221
Ascogaster quadridentatus 91
Asochyta pinodella 179
– pisi 179
Aspidiotus hederae 165
Aves 107
Azadirachta indica 117

**B**
Bacillus thuringiensis 118
Berberis vulgaris 116
Blanjulus guttatus 170

Blennocampa elongatula 161
– pusilla 160
Blumeriella jaapii 203
Botrytis allii 185
– cinerea 184, 185
– elliptica 185
– gladiolorum 185
– paeonia 185
– polyblastis 185
– sp. 184, 185
Braconidae 90
Brassica oleracea 58
Bremia lactucae 194
Brevicoryne brassicae 23, 148
Bufo bufo 105
– calamita 105
– viridis 105
Bupalus piniarius 26
Byturus tomentosus 144

**C**
Calendula officinalis 62
Caliroa 160
Calosoma sycophanta 24, 97
Cantaris fusca 100
Cantharidae 100
Carabidae 97
Carabus auratus 24, 97
– hortensis 97
– memoralis 97
– violaceus 24, 97
Carduelis carduelis 108
– chloris 108
Cecidomyiidae 212
– = Itonididae 142
Cecidophyopsis ribis 145
Centonia aurata 161
Cepaea hortensis 28
– nemoralis 28
Cepea hortensis 215
– nemoralis 215
Cercopidae 175
Cetonia aurata 24
Ceutorhynchus pleurostigma 149
Chalcidoidea 91
Chamaemyiidae 96
Chiroptera 109
Chrysanthemum balsamita 116
– cinerariaefolium 118
– vulgare 60
Chrysopa carnea 92, 119
Chrysopidae 92
Cicadellidae 175
Clasterosporium carpophilum 202
Coccina 164
Coccinella septempunctata 25, 99
Coccinellidae 98
Coccoidea 132
Coleoptera 24, 97
Colletotrichum lagenarium 179
– lindemuthianum 179
Contarinia nasturtii 148
Corynebacterium michiganense 205
Cricoceris asparagi 25
Crocidura leucodon 111
– russula 111
– suareoleus 111
Croesia bergmanniana 26, 162
Cronartium ribiculum 187
Cryptomyzus ribis 145
Curculio nucum 25, 144

Cynipidae 92, 143
Cynips kollari 25
Cynoglossum officinale 222

**D**
Dasineura mali 142
– pyri 142
– tetensi 142
Daucus carota ssp. sativus 60
Delichon urbica 108
Deraecoris ruber 102
Dermaptera 23, 101
Deroceras reticulatum 28, 215
Diaeretus rapae 91
Diaspididae 164
Didymella applanata 186
– lycopersici 205
Diplocarpon earliana 208
Diplolepis rosae 25, 161
Diptera 27, 94
Ditylenchus dipsaci 28, 156
Dolycoris baccarum 173
Drepanopeziza ribis 178
Dreyfusia merkeri 174
– nordmannianae 174
Dryopteris filix mas 54
Dysaphis plantaginea 129

**E**
E. sylvaticum 50
Elateridae 136
Elatobium abietinum 167
Encarsia formosa 91, 120
Encyrtus fuscicollis 92
Ensifera 23
Ephedrus persicae 91
– plagiator 91
Epistrophe balteata 27
Episyrphus balteatus 95
Equisetum arvense 50
– palustre 50
Erannis defoliaria 26, 142
Erinaceus europaeus 110
Eriophyidae 153
Eriosoma lanigerum 23, 133
Eriosomatidae 132
Erithacus rubecula 108
Erwinia amylovora 181
– carotovora 207
Erysiphe cichoricearum 193
– polygoni 193
Eulecanium 165
– corni 24
Euphorbia latyris 88, 222
Euproctis chrysorrhoea 26
Evergestis forficalis 26

**F**
Forficula auricularia 101
Formica rufa 25
Formicidae 128
Formoidea 128
Fritillaria imperialis 222
Fusarium culmorum 182
– lateritium 182
– oxysporum 182
– solani 182
– sp. 182

**G**
Geocorisae 173
Gilletteella cooleyi 24, 174

Globodera rostochiensis 28, 156
Grapholitha funebrana 158
Gryllotalpa gryllotalpa 153
Gymnosporangium sabinae 183

**H**
Helix pomatia 28
Hemerobiidae 24, 93
Hemerobius humulinus 93
Hepar sulfuris 69
Heterodera 156
– schachtii 28
Heteroptera 24, 101, 172
Heterorhabditis 120
Hirundo rustica 108
Homoptera 175
Hoplocampa 163
– flava 158
– testudinea 158
Hymenoptera 25, 90

**I**
Ichneumonidae 90
insectum 19
Isopoda 130
Itonididae 94

**J**
Jassidae 175
Juniperus communis 183
– sabina 183

**K**
Kakothrips pisivorus 171
– robustus 171
Kalium sulfuratum pro balneo 69

**L**
Lacerta agilis 106
– muralis 106
Lampetia equestris 154
Lampyridae 100
Lasioptera rubi 143
Lasius flavus 128
– niger 25, 128
Laspeyresia nigricana 137
– pomonella 26, 129
Lepidoptera 25
Lepidosaphes ulmi 24, 165
Leptinotarsa decemlineata 25, 146
Leptosphaeria coniothyrium 186
Leucostoma personii 206
Liliocieris lilii 22, 25, 152
Limax maximus 28, 215
Linyphiidae 103
Lycoria-Arten 172
Lycosidae 103
Lygus pabulinus 173
– pratensis 173
Lyonetia clerkella 157

**M**
Macrosiphon rosae 23, 160
Mahonia aquifolium 116
Malacosoma neustria 26, 159
Mamestra brassicae 26, 140
– oleracea 26, 140
Mammalia 109
Marssonina rosae 204
Matricaria chamomilla 56
Meloidogyne 156

Melolontha melolontha 24, 136
Microtus arvalis 140
Mimas tiliae 26
Miridae 102, 173
Monilia fructigena 195
– laxa 195
Muscicapa striata 107
Mustela erminea 112
– minuta 112
– nivalis 112
Mycosphaerella fragariae 208
Myotis myotis 109
Myriapoda 170
Myrmica laevinodis 25
Myzus cerasi 147
– persicae 157
– prunavium 147

**N**
Nabidae 102
Napomyza carotae 154
Nectria galligena 198
Nematoda 156
Nematus ribesii 170
Nephrotoma maculata 166
Nicotina tabacum 78
Noctua pronuba 140
Noctuidae 140
Nyctalus noctula 109

**O**
Ocimum sanctum 117
Operophthera brumata 26, 141
Opiliones 103
Orius minutus 102
Ostrinia nubilalis 26
Otiorhynchus 135
– rugosostriatus 138
Otiorhynchus sulcatus 25

**P**
Panonychus ulmi 27, 169
Paraffinum liquidum 77
– solidum 77
Parus caeruleus 107
– major 107
Passer domesticus 107
Pectobacterium carotovorum 186
Pemphigus bursarius 163
Pentatomidae 173
Peronospora destructor 194
– brassicae 194
– spinaciae 194
Philaenus spumarius 175
Phoenicurus ochruros 107
– phoenicurus 108
Phoma apiicola 203
– lingam 206
Phorbia antiqua 176
– brassicae 149
– platura 133
Phragmidium mucronatum 199
Phygadenon 91
Phyllotreta 139
– nemorum 25
Phytocoptella avellanae 142
Phytophthora 114, 116
– cactorum 189, 191
– infestans 190
– porri 191
Phytoptidae 142

Phytoptus pyri 142
– similis 142
Phytoseiidae 103
Phytoseiulus persimilis 120
Picoides major 108
Picrasma excelsa 67
Pieris brassicae 26, 150
– rapae 26, 151
Pilophylla heraclei 27, 167
Pineus pini 174
Pipistrellus pipistrellus 109
Planipennia 24, 92
Plasmodiophora brassicae 188
Platyparea poeciloptera 168
Plecotus auritus 109
Plutella xylostella 26, 150
Podosphaera leucotricha 192
Pratylenchus-Arten 156
– penetrans 156
Propylaea 14-punctata 99
Proserpinus proserpina 26
Prospaltella perniciosi 92
Prospatella perniciosi 164
Pseudococcidae 174
Pseudomonas delphinii 198
– lachrymans 180
– mors prunorum 178
– phaseolicola 180
Psila rosae 27
Psilla rosae 154
Psylla mali 132
– pirisinga 132
Psyllidae 132
Pteridium aquilinum 54
Pteromalus puparum 92
Pteronidae 170
Pteronidea ribesii 25
Puccinia apii 203
– malvaicearum 199
Pyrrhula pyrrhula 108

**Q**
Quadraspidiotus perniciosus 24, 164
Quassia amara 67

**R**
Rana esculenta 105
– temporaria 105
Reptilia 106
Reynoutria sachalinensis 115
Rhagoletis cerasi 27, 147
Rhagonycha fulva 24, 100
Rheum palmatum 61
– rhabarbarum 61
Rhizoctonia solani 200
Rhus typhina 116
Rhynchites germanicus 138
Rhynchota 23
Rhyssa persuasoria 19

**S**
Sacchiphantes viridis 174
Sambucus nigra 55
Schizoneura ulmi 23
Sciarya-Arten 172
Sclerotinia minor 200
– sclerotiorum 200
Scotia segetum 26, 140
Scymnus 99
Septoria apiicola 203
Sinapis alba 88

# Stichwortregister 249

Sitona lineatus 137
Sitta europaea 108
Solanum lycopersicum 63
Soricidae 111
Sphaerotheca fuliginea 193
– humuli 193
– mors uvae 193
– pannosa 193
Sphinx ligustri 26
Spilarctia lubricipeda 26
Staphylinidae 99
Staphylinus 99
Sternorrhyncha 23
Stethorus punctillum 99
Streptomyces scabies 187
Sturnus vulgaris 108
Sulfur (S) 77
Symphytum officinalis 51
– peregrinum 51
Synanthedon tipuliformis 146

Syrphidae 94
Syrphus ribesii 95

**T**
Tachinidae 96
Taeniothrips dianthi 23
– simplex 23, 172
Talpa europaea 111
Tanacetum vulgare 60
Taphrina deformans 189
– pruni 197
Taraxacum officinale 59
Tarsonemidae 153
Tarsonemus pallidus fragariae
139
Tetranychidae 168
Tetranychus urticae 168
Thaumetopoea pityocampa 26
Thea vigintiduo 99
Thripidae 171

Thrips tabaci 23, 171
Thysanoptera 23
Tipula oleracea 27, 166
– paludosa 27, 166
Tipulidae-Arten 166
Tortricoidea 174
Trialeurodes vaporariorum 23,
174
Trichodorus spp. 156
Trichogrammatidae 92
Triturus alpestris 104
– vulgaris 104
Troglodytes troglodytes 108
Trombicula autumnalis 27
Trombidium holosericeum 27
Tropaeolum majus 56
– nanum 56
Trybliographa rapae 92
Turdus merula 107
Typhlocyba rosae 162

**U**
Uromyces appendiculatus 199
Urtica dioica 52
– urens 52
Utetheisa pulchella 26

**V**
Valeriana officinalis 51
Venturia cerasi 201
– inaequalis, V. pirina 201
Verticillium albo-atrum 207
– dabliae 207

**Y**
Yponomeuta malinellus 143
– padellus 26, 143
Yponomeutidae 143

**Z**

---

# Naturgemäß gärtnern – mit BLV Büchern

Marie-Luise Kreuter
**Der Bio-Garten**

Das Standardwerk für den naturgemäßen Anbau von Gemüse, Obst und Blumen: alles über Aussaat, Pflanzung, Pflege und Ernte; Anlage eines Naturgartens; mit vielen Tips zu Sorten, Präparaten, Geräten und Methoden. Ausgezeichnet mit dem Buchpreis der Deutschen Gartenbau-Gesellschaft

12. Auflage, 319 Seiten, 334 Farbfotos, 143 farbige Zeichnungen

---

BLV Garten- und Blumenpraxis 330
Mario Howard
**Mischkulturen für Flach- und Hügelbeete**

Grundlagen und Anleitungen für Mischkulturen: Kompostieren, Saat- und Pflanzmethoden, Pflanzenkombinationen, Düngung, Pflege, Ernte.

2. Auflage, 127 Seiten, 83 Farbfotos,
30 zweifarbige Zeichnungen

---

Michael Lohmann
**Das Naturgartenbuch**

Grundlagen und praktische Anleitungen: Klima, Wetter, Biologie von Pflanzen und Tieren; Planung, Obst- und Gemüsegarten, Hecken, Gehölze, Blumenwiese, Gartenteich, Steine, Felsen, Mauern.

Neuausgabe, 176 Seiten, 99 Farbfotos, 16 s/w-Fotos, 39 Zeichnungen

---

BLV Garten- und Blumenpraxis 335
Rainer Berling
**Nützlinge und Schädlinge im Garten**

Wechselbeziehungen zwischen Nützlingen und Schädlingen, Vorteile eines gesunden Gleichgewichts, Porträts von Nützlingen, Lebensweise der Arten, Regelmechanismen, biologischer und integrierter Pflanzenschutz.

2. Auflage, 134 Seiten, 7 farbige Zeichnungen

---

BLV
Verlagsgesellschaft
München

In unserem Verlagsprogramm finden Sie Bücher zu folgenden Sachgebieten:

**Garten und Zimmerpflanzen · Natur · Angeln, Jagd und Waffen Pferde und Reiten · Sport und Fitness · Reise und Abenteuer Wandern und Alpinismus · Auto und Motorrad · Essen und Trinken Gesundheit.**

Wünschen Sie Informationen, so schreiben Sie bitte an:
BLV Verlagsgesellschaft mbH, Postfach 40 03 20, 8000 München 40